叶敬忠　刘　娟　等/著

农民视角的乡村振兴

（上　册）

理　解　与　需　求

Rural Revitalization
Farmers' Perspectives

社会科学文献出版社
SOCIAL SCIENCES ACADEMIC PRESS (CHINA)

本书撰写人员

叶敬忠　刘　娟　贺聪志　潘　璐　金炜玲
可靖涵　王艺璇　张　森　陈　诺　董怡琳
唐成玲　孔　铭　胡　琴　王　惠　尹　瑶
李理想　赵　云　张皓迪　赵泽阳　吕宇航
卜斯源　戴小燕　王莎莎　萧子扬　刘京雨

前　言

　　2005 年底，党的十六届五中全会正式提出建设社会主义新农村的目标，并把它作为我国现代化进程中的重大历史任务。此后，围绕"生产发展、生活宽裕、乡风文明、村容整洁、管理民主"这二十字方针，社会各界开展了轰轰烈烈的讨论和行动。在此过程中，我们注意到，关于新农村建设的主张和建议几乎都来自两个群体，即官员和学者；农民作为建设主体和最终受益者，则集体失语。那么，农民如何理解新农村建设，他们面临什么困难，有什么期望和需求？为此，我们研究团队设计并开展了一项"农民视角的新农村建设研究"。我们深入乡间田野，倾听农民声音，调查农民对新农村建设的理解、期待和需求。研究成果《农民视角的新农村建设》一书在政策、学术和社会层面产生重大影响。

　　此后，"农民视角"成为学术研究、社会讨论和行动实践广泛采用的话语，并在一定程度上推动了人们对农民主体性、农民知识系统、农民生计逻辑、农民生活方式、农民参与等方面的理解、尊重和重视。在学术研究和行动实践中，我们研究团队持续深化"农民视角"，始终践行"看见普通人、走进普通人、讲述普通人"的理念，坚持倡导"像弱者一样感受世界"的关怀。

　　在 12 年之后的 2017 年，党的十九大提出实施乡村振兴战略，要求按照"产业兴旺、生态宜居、乡风文明、治理有效、生活富裕"这二十字方针，加快推进农业农村现代化，统筹推进农村经济建设、政治建设、文化建设、社会建设、生态文明建设。此后，多项相关政策在各部门相继出台，多种实践活动在各地相继开展。与"新农村建设"一样，"乡村振兴"再次成为学术界和媒体关注的焦点。截至目前，相关文献已超过10万篇。虽然不乏真知灼见，但大部分仍然停留在对乡村振兴的解读、阐述和证明等层面，且再次被官员和学者两个群体所主导，而看不到农民关于乡村振兴的立场、主张和建议。可以说，作为乡村振兴的主体和受益者，农民在关乎自己家乡和自身利益的乡村建设、乡村发展与乡村治理中再次集体失语。为此，我们研究团队计划开展"农民视角的乡村振兴研究"，并于2021年开始具体实施。

围绕"关于乡村振兴，农民到底怎么想"这一直接而朴素的问题，我们研究团队延续扎根乡土、扎根乡村、科学研究的传统，选取河北省、陕西省、湖南省、山东省、浙江省5省5县的10个乡镇10个村庄作为调研地点，以农民、县级和乡镇干部、村干部、新型农业经营主体等为主要调研对象，通过一对一访谈式问卷调查、半结构式访谈、小组访谈、主要知情人访谈、座谈会与研讨会等方式，完成农民问卷529份、各类访谈154份，形成访谈资料156万字。

作为研究成果，呈现给读者的这部《农民视角的乡村振兴》分上、下两册。上册聚焦农民对乡村振兴的理解与需求。一是呈现农民对乡村振兴及其五个具体方面——产业兴旺、生态宜居、乡风文明、治理有效、生活富裕——的理解、期待和需求，二是分析不同地区农民、不同性别农民、不同年龄农民、不同文化程度农民、不同职业农民以及外出与留居农民、重点村与非重点村农民、农民与基层干部在对乡村振兴的理解和需求等方面的多元性和差异性。下册聚焦乡村振兴的问题与挑战。一是分析乡村振兴实践所面临的村庄多维失活、人口老龄化、青年返乡悖论等问题和原因，二是呈现粮食安全、劳动力与雇工、小农户与新型农业经营主体联结、集体经济发展、乡村旅游、乡村基本公共服务、巩固脱贫成果与实现共同富裕等现实和挑战，三是探讨政策传播、政策进村、项目进村、示范村建设、农民主体性建设、基层组织建设、干部队伍建设、多元主体动员、数字乡村建设、乡村社会建设等过程和逻辑。

近日，中央再次强调要大兴调查研究之风。这部《农民视角的乡村振兴》正是深入调查研究的成果。全面推进乡村振兴，既需要对乡村发展的动态变化有更深入的调查研究和更深刻的认识理解，又需要在调查研究和认识理解的基础上设计更有效的社会政策和更稳妥的制度保障，更需要通过具体的实践创新回应乡村发展与农业农村现代化进程中的各种问题和挑战。我们期望，本书所呈现的分析和思考能够丰富社会各界对乡村振兴的认识与理解，为乡村振兴的学术研究、政策设计和行动实践提供参考与启发。

"农民视角的乡村振兴研究"由中国农业大学人文与发展学院叶敬忠教授主持、刘娟副教授协调。课题组成员包括人文与发展学院的多位教师、博士研究生和硕士研究生。其中，叶敬忠、刘娟、贺聪志、潘璐、金炜玲、可靖涵、王艺璇、张森、陈诺、董怡琳、唐成玲、孔铭、胡琴、王惠、尹瑶、李理想、赵云、张皓迪、赵泽阳、吕宇航、戴小燕、王莎莎、萧子扬、邵念念、杨虎、乔璐宁、石晓慧、胥夷、燕思涵、罗智杰、李雪莹、梁东勤、王良瑞、卢丽芳、乔麒百、暨金果、宋金科、马文庆、江星星、刘晓倩、董文琪、王慧华、庞敏等完成了实地调研与调研资料整理工作，刘娟、陈诺、卜斯源、张森等完成了政策与文献的收集整理工作。此外，卜斯源、刘京雨、刘启慧、许睿卓、蔡东源、郭珂君、黄明雪、任雅兰等参与了研究设计阶段的部分讨论以及问卷录入和数据核查的部分工作，吴惠芳、汪淳玉、花晓波等参与了调研资料分析阶段的部分研讨。全书由叶敬忠教授和刘娟副教授统筹与修订。在此一并致谢！

实地调研的开展得到 5 省相关县市、乡镇和村庄广大干部群众全方位的支持与帮助，我们由衷地感谢他们！希望本书能够传递和表达他们对乡村振兴的想法和关切。

感谢社会科学文献出版社编辑韩莹莹认真细致且充满热情的工作，其专业能力和严谨风格是确保出版质量的关键。使用本研究部分调研材料的少数篇章论文曾应邀在《中国农业大学学报（社会科学版）》（2022 年第 4 期和 2023 年第 2 期）发表，且获得期刊授权包含在本书中出版，在此表示感谢！

本研究的部分内容是国家社科基金重大项目"从脱贫攻坚到乡村振兴的有效衔接与转型研究"（20&ZD163）的阶段性成果。本研究获得中国农业大学"中央高校建设世界一流大学（学科）和特色发展引导专项资金"和"中央高校基本科研业务费专项资金"的支持，研究团队的相关研究还得到国家乡村振兴局的指导和支持，在此深表感谢！

叶敬忠　刘娟

2023 年 3 月于北京

目　录

上　册

农民视角的乡村振兴

——理解与需求

1
研究背景与研究设计

一　研究背景

党的十九大提出实施乡村振兴战略，指出"农业农村农民问题是关系国计民生的根本性问题，必须始终把解决好'三农'问题作为全党工作重中之重。要坚持农业农村优先发展，按照产业兴旺、生态宜居、乡风文明、治理有效、生活富裕的总要求，建立健全城乡融合发展体制机制和政策体系，加快推进农业农村现代化"①。

2018年中央一号文件《中共中央 国务院关于实施乡村振兴战略的意见》对乡村振兴战略进行了全面部署，进一步明确要"统筹推进农村经济建设、政治建设、文化建设、社会建设、生态文明建设和党的建设，加快推进乡村治理体系和治理能力现代化，加快推进农业农村现代化，走中国特色社会主义乡村振兴道路，让农业成为有奔头的产业，让农民成为有吸引力的职业，让农村成为安居乐业的美丽家园"②。

---

① 《习近平：决胜全面建成小康社会　夺取新时代中国特色社会主义伟大胜利——在中国共产党第十九次全国代表大会上的报告》，新华网，2017 年 10 月 27 日，http：//www.xinhuanet.com/politics/19cpcnc/2017-10/27/c_1121867529.htm，最后访问日期：2022 年 2 月 25 日。

② 《中共中央 国务院关于实施乡村振兴战略的意见》，中国政府网，2018 年 2 月 4 日，http：//www.gov.cn/zhengce/2018-02/04/content_5263807.htm，最后访问日期：2022 年 2 月 25 日。

2018 年 9 月，《乡村振兴战略规划（2018—2022 年）》① 发布，对实施乡村振兴战略作出阶段性谋划，分别明确至 2020 年全面建成小康社会和 2022 年召开党的二十大时的目标任务，细化实化工作重点和政策措施，部署重大工程、重大计划、重大行动，确保乡村振兴战略落实落地，是指导各地区各部门分类有序推进乡村振兴的重要依据。随后，各省（区、市）相继制定了省级乡村振兴战略规划及具体的行动计划或实施意见；与此同时，以农业农村部为主的国家各部委单独或联合出台了实施乡村振兴的意见、规划、通知、行动计划、方案、工作要点等。

据不完全统计，自党的十九大以来，中央和国家层面围绕乡村振兴整体或某一方面工作出台的政策文件已有一百余份，形成了较为完备的政策体系和制度框架。除了最基础的《乡村振兴战略规划（2018—2022 年）》《中国共产党农村工作条例》《中华人民共和国乡村振兴促进法》和 2018 年以来多个"中央一号文件"这些核心政策文件外，其余主要涉及乡村产业发展、农村人居环境整治、乡村治理与基层组织、乡风文明建设、巩固拓展脱贫攻坚成果、城乡融合发展等方面或更具体的问题，以及土地、财政、金融、人才、科技创新等要素支持。

在政策的指引下，各地各部门陆续制订相应的计划，并在不同程度上开展了一些具体的工作，采取了一系列实际的行动，取得一定的成效，甚至有些地方已经总结出一些经验和案例。例如，作为乡村振兴先驱示范的浙江省部署了包括农村产业融合发展示范工程、"千村精品、万村景区"工程等在内的十二大标志性工程，取得显著成效②。2022 年，以农业农村数字化改革为亮点，浙江省将建设未来乡村、建设浙江乡村大脑 2.0 等行动纳入年度"三农"重大突破性抓手清单③，计划全省每年建设 200 个以上未来

---

① 《中共中央 国务院印发〈乡村振兴战略规划（2018—2022 年）〉》，中国政府网，2018 年 9 月 26 日，http://www.gov.cn/zhengce/2018 - 09/26/content _ 5325534. htm，最后访问日期：2022 年 2 月 25 日。

② 《全国唯一省部共建乡村振兴示范省！浙江晒出"期中成绩单"》，浙江在线，2021 年 12 月 31 日，https://js.zjol.com.cn/ycxw _ zxtf/202112/t20211231 _ 23583902. shtml，最后访问日期：2023 年 1 月 31 日。

③ 《浙江印发 2022 年高质量推进乡村全面振兴的实施意见》，中国政府网，2022 年 5 月 17 日，http://www.gov.cn/xinwen/2022-05/17/content _ 5690796. htm，最后访问日期：2023 年 1 月 31 日。

乡村①。湖北省按照江汉平原乡村振兴示范区、都市城郊乡村振兴先行区、扶贫片区乡村振兴试验区三大片区精准施策，把乡村振兴的五大任务统筹细化成73项重大工程、重大行动、重大计划②。湖南省将全省所有县市区（场）划分成先行区、重点区、攻坚区三类③，因地制宜设计振兴路径，并确定了2371个省级乡村振兴示范创建村④。河南省围绕实施乡村振兴战略重点工作，构建"1+1+N+1"政策体系⑤，以"四美乡村""美丽小镇""五美庭院"建设为载体，计划每年建设10个"四美"乡村先进县（市、区）、200个"四美"乡村先进乡镇、3000个"四美"村⑥。

除了推进乡村振兴工作的常规性部署，巩固拓展脱贫攻坚成果同乡村振兴有效衔接也是各地方在过渡期内的重要关切和行动导向（尤其针对刚刚脱贫的地区）。例如，贵州省聚焦"巩固拓展脱贫攻坚成果样板区"的创建目标，把巩固拓展脱贫攻坚成果作为首要任务，助力省内20个国家乡村振兴重点帮扶县实现从脱贫攻坚到乡村振兴的平稳过渡⑦。

在近几年的乡村振兴地方实践中，涌现了不少成熟的乡村振兴模式，打造了诸多成功样板。例如，甘肃省成立了"法律明白人"培训网校，采用

① 《浙江省人民政府办公厅关于开展未来乡村建设的指导意见》，浙江省人民政府网，2022年2月7日，https://www.zj.gov.cn/art/2022/2/7/art_1229019365_2392197.html，最后访问日期：2023年1月31日。

② 《湖北省发布首个乡村振兴五年规划》，中国政府网，2019年2月15日，http://www.gov.cn/xinwen/2019-02/15/content_5365910.htm，最后访问日期：2023年1月31日。

③ 《湖南省乡村振兴战略规划（2018—2022年）》，湖南省人民政府网，2018年9月7日，http://www.hunan.gov.cn/hnszf/xxgk/wjk/swszf_1/201809/t20180907_5233648.html，最后访问日期：2023年1月31日。

④ 《关于湖南省省级乡村振兴示范创建村名单的公告》，湖南省乡村振兴局网站，2021年11月26日，https://hnsfpb.hunan.gov.cn/hnsfpb/xxgk_71121/tzgg/202111/t20211126_21178922.html，最后访问日期：2023年1月31日。

⑤ 《河南构建乡村振兴"1+1+N+1"政策体系》，中国政府网，2018年11月7日，https://www.moa.gov.cn/ztzl/xczx/dfxd/201812/t20181207_6164542.htm，最后访问日期：2023年1月31日。

⑥ 《关于开展"四美乡村"建设的指导意见》，河南省农业农村厅网站，2019年8月21日，https://nynct.henan.gov.cn/2019/08-21/942612.html，最后访问日期：2023年1月31日。

⑦ 《贵州省全力巩固拓展脱贫攻坚成果同乡村振兴有效衔接》，新华网贵州频道，2022年3月28日，http://gz.news.cn/2022-03/28/c_1128508854.htm，最后访问日期：2023年1月31日。

"互联网+培训"的新模式推进法治乡村建设，提供基层法治人才保障[1]；重庆市将3.8万平方米的稻田向社会开放认养，以"互联网+助农"的形式，进一步推进乡村振兴[2]；江西省新余市妇联积极发挥村妇女小组组长的作用，将"渝铃村嫂"作为服务乡村振兴的亮丽名片[3]；河南省鹤壁市淇滨区创新设立了"乡村运营官"，高质量打造乡村振兴"淇滨样板"[4]；山东省枣庄市山亭区创新采取"庭院+观光""庭院+采摘""庭院+民宿""庭院+电商"等多种运营模式，依托"美丽庭院"，为当地的乡村振兴开拓新前景[5]；福建省漳州市策划打造了36条"串点连接成片"精品线路，串联出生态宜居的"风景线"、产业兴旺的"振兴线"[6]；等等。

2018年末，教育部印发了《高等学校乡村振兴科技创新行动计划（2018—2022年）》，引导高校深度参与和主动服务乡村振兴战略的实施。各高校积极响应，纷纷协同各方力量，制定服务乡村振兴工作方案，成立了乡村振兴学院、乡村振兴研究中心等研究和社会服务平台，同时通过举办各类乡村振兴论坛、乡村振兴会议讨论相关议题。2021年12月30日，全国40余所具有不同学科、地域特点的高校发起成立全国乡村振兴高校联盟，以中国农业大学为第一届理事长单位，致力于打造服务乡村振兴的高端智库和协同创新平台，助力乡村振兴和农业农村现代化的实现。

乡村振兴也成为近年媒体讨论和学术研究的热门话题。从搜索引擎检索结

---

[1]《甘肃为乡村振兴培养"法律明白人"》，甘肃省人民政府网，2022年3月30日，http://www.gangu.gov.cn/html/2022/snzcxx_0330/32539.html，最后访问日期：2023年1月31日。

[2]《重庆3.8万平米稻田向社会开放认养 互联网+助农推进乡村振兴》，国家乡村振兴局网站，2022年5月20日，http://nrra.gov.cn/art/2022/5/20/art_4317_195230.html，最后访问日期：2023年1月31日。

[3]《江西新余妇联积极发挥村妇女小组长作用 "渝铃村嫂"融入乡村治理"大舞台"》，国家乡村振兴局网站，2022年3月31日，http://nrra.gov.cn/art/2022/3/31/art_4317_194674.html，最后访问日期：2023年1月31日。

[4]《河南鹤壁市淇滨区："乡村运营官"助力乡村振兴》，国家乡村振兴局网站，2022年7月26日，http://www.nrra.gov.cn/art/2022/7/26/art_4317_196060.html，最后访问日期：2023年1月31日。

[5]《山东枣庄山亭区以庭院"小美"推动乡村"大美""美丽庭院"美出乡村振兴好"钱"景》，国家乡村振兴局网站，2022年3月3日，http://www.nrra.gov.cn/art/2022/3/3/art_4317_194269.html，最后访问日期：2023年1月31日。

[6]《"串点连线成片"促振兴——福建省漳州市探索乡村振兴新路径》，国家乡村振兴局网站，2021年11月29日，http://nrra.gov.cn/art/2021/11/29/art_4317_192789.html，最后访问日期：2023年1月31日。

果（截至 2022 年 5 月）来看，百度检索"乡村振兴"，结果有超过 1 亿个页面，必应检索"乡村振兴"，结果有超过 1100 万个页面；主流新闻媒体平台检索结果显示，人民网共有乡村振兴相关新闻页面超过 30 万个，新华网共有乡村振兴相关新闻报道超过 1 万篇。除了媒体热烈的讨论，相关学术研究成果亦呈现井喷式增长，在中国知网以"乡村振兴"为主题检索，共有超过 11 万篇文献（截至 2022 年 5 月），其中包括 8 万余篇期刊文章、超过 1 万篇报纸文章、近 1 万篇学位论文、2000 余篇会议论文和其他一些类型的文献，而这些几乎都是 2017 年以后生产的，在 2021 年单一年度甚至达到创纪录的 3.52 万篇。

研究者围绕乡村振兴的政策背景、历史脉络、内涵要义、内容逻辑、实践路径等，以及农业转型、农村集体经济、农村土地制度、绿色农业发展、乡土文化风俗、乡村治理转型、乡村人才振兴等热点议题，开展了持续的对话与讨论。然而，在这种热闹与繁荣的讨论背后，在乡村人口大量进城外流、乡村老龄化程度日益加深的背景下，乡村是否还有往日的活力？被政策规划定义为乡村振兴主体的农民，当前的生产生活状况如何？他们对乡村振兴有什么样的理解、需求与期望？这些理解、需求、期望在不同地区、不同性别、不同年龄、不同文化程度、不同在村时间的农民之间存在怎样的差异和分化？乡村到底需要什么样的振兴？农民和其他各主体应在其中扮演什么样的角色？乡村振兴应从过往"三农"工作经验中延承哪些好的做法，又应该避免走哪些弯路？

带着上述疑问，中国农业大学人文与发展学院研究团队选取河北省、陕西省、湖南省、山东省、浙江省 5 省 5 县 10 乡镇 10 村庄开展了深入调研，以农民和基层各级干部为主要调研对象，在倾听农民声音、理解乡村现实的基础上，形成对农业、农村、农民最新动态的学理性认识和判断，力图把握新发展阶段"三农"问题的本质、重点和难点，在呈现农民视角的乡村振兴整体图景和农民群体的迫切需求基础上，重点分析当前乡村振兴中亟须关注的问题和挑战，找准不同特征地区和群体在乡村振兴中的定位，为具体开展乡村振兴行动提供更加切实可行的方向和建议，以加快推进农业农村现代化和共同富裕的实现。

二 研究设计

本研究采用调查研究与实地研究有机整合的方式，以便深入理解农民对乡村振兴的理解与需求。考虑到全国各地区乡村振兴工作进展程度不一，本研究选取河北省、陕西省、湖南省、山东省、浙江省 5 省的 10 个村庄作为调研地点，主要以问卷调查、半结构式访谈、小组访谈为资料收集方法，并在县（市）、乡（镇）和村庄层面访谈不同主体。基于问卷的描述性统计信息，以及在县（市）、乡（镇）和村庄层面对不同主体进行访谈所获得的定性资料，本研究分析了农民和其他主体对乡村振兴的理解与需求，并重点关注当下乡村振兴推进过程中的问题与挑战，最终形成对新时期"三农"问题的学理性认识和判断，以期为乡村振兴研究、政策与行动等方面的工作提供实践参考。

（一）研究目标

本研究旨在深入了解农民对乡村振兴的基本认知，分析不同类型的农民对乡村振兴的理解与需求差异，同时关注各级基层干部、新型农业经营主体等行动者对乡村振兴的认知与期待。在此基础之上，本研究希望对乡村振兴推进过程中的问题和挑战进行深入探讨，以找准不同特征地区和群体在乡村振兴中的定位，从而服务于乡村振兴的学术研究、政策设计与行动实践。

（二）研究内容

基于上述目标，本研究主要包括以下两大部分内容。

第一，农民对乡村振兴的理解与需求，主要包括农民对"乡村振兴"内涵的阐释，以及对相关政策的了解；农民对乡村振兴五个维度——产业兴旺、生态宜居、乡风文明、治理有效、生活富裕——的认知与理解，以及在各个维度的发展现状与需求；不同地区、性别、年龄、文化程度、职业的农民对乡村振兴的认知、理解和需求差异。另外，农民个人是否常年在村、所在村是否为重点村等，也是差异性分析的重要维度；农民群体与基层干部对乡村振兴的理解和需求差异也是本研究关注的内容。

第二，乡村振兴所面临的问题与挑战，主要包括乡村老龄化与活力式微、农民生活面临多重压力、青年返乡存在困境、粮食安全面临挑战等。同时，剖析小农户与新型农业经营主体的联结现状、乡村社会的雇工图景，以及数字技术、政策传播、项目进村对农民日常生产生活和乡村社会的影响等，反思乡村旅游与集体经济发展、重点村打造等过程中存在的问题与风险，探讨基层组织建设与干部队伍建设、乡村振兴中的农民主体性与参与主体的行动分工、村庄的社会建设与适老化发展可能性等。除了这些现实问题和农民关切，本研究还特别关注脱贫攻坚同乡村振兴有效衔接，以及迈向共同富裕进程中面临的挑战。

（三）调研地点

本研究在全国范围内选取 5 个省，每个省选取 1 个县，每个县选取 2 个乡（镇），每个乡（镇）选取 1 个行政村作为调研地点（见表 1-1）①。考虑到各地区乡村振兴工作开展进度不一，为对比不同地区农民对乡村振兴的理解与需求，本研究在省和县一级调研地点的选取上，覆盖了《乡村振兴战略规划（2018—2022 年）》所划分的攻坚区（原贫困地区）、重点区（主战场）、引领区三个梯次，其中河北省千山县和陕西省红石县都曾被列入全国 832 个贫困县名单，属攻坚区，湖南省照水县和山东省青云县属重点区，浙江省天歌县属引领区。由于本研究需要对比重点村农民和非重点村农民对乡村振兴的认知、理解、需求和能动性，因此在乡（镇）和村一级调研地点的选取上，尽可能保持乡村振兴重点推进村和非重点普通村庄的数量均衡。

表 1-1 调研村庄分布

乡村振兴发展梯次	省	县	乡（镇）	村	备注
攻坚区 （原贫困地区）	河北省	千山县	林台镇	坡上村	
			柳音乡	山桃村	
	陕西省	红石县	涧河乡	松涛村	重点村
			寒岩镇	鹿鸣村	
重点区 （主战场）	湖南省	照水县	竹西镇	关下村	重点村
			田陌乡	飞燕村	
	山东省	青云县	新雨镇	红果村	重点村
			桂园乡	川溪村	
引领区	浙江省	天歌县	潭塘镇	前楼村	重点村
			清玉乡	茶岭村	

---

① 按照学术惯例，本研究中调研地的地名和人名均为化名（除省份名外）。

（四）调研对象与资料收集

本研究的调研对象主要包括农民、县和乡（镇）级干部、村干部、新型农业经营主体，资料收集方式主要包括文献与政策梳理、问卷调查、半结构式访谈、小组访谈、主要知情人访谈、影像记录、研讨会等。在问卷调查的农民样本选取上，考虑到农村青壮年人口普遍外流，如果采用概率抽样的方法，抽到的农户可能无法保证在村接受问卷调查，或者可能是只有老人在家而无法完整回答一套问卷，因此本研究采用偶遇抽样、判断抽样和滚雪球抽样的方式选取问卷调查对象。本研究在整体上控制每个村庄的问卷样本量基本相同并保持性别比例的适当均衡，其他如年龄分布、原贫困户比例等，则尽可能反映在村农民的人口学特征。所有问卷都由研究团队成员在农民家里或田间地头以访谈方式完成，每份问卷完成时间为 2 小时左右。在访谈对象的选取上，县和乡（镇）干部以主管乡村振兴及相关工作的干部为样本，村干部以村委会主要干部为样本，新型农业经营主体以村庄内的主要合作社、企业、家庭农场、专业大户等为样本。此外，在问卷调查的基础上，平均每个村选择 5 位农民作为案例对象进行深度访谈。分性别小组访谈的样本选取以未参加问卷调查的群体为主，以减少问卷对农民的影响，同时尽量保证每组年龄分布均衡。为了解村庄概况，主要知情人访谈的样本选取以熟知村庄整体情况的村干部为主。本研究的资料收集情况见表1-2。

表 1-2　资料收集清单

研究内容	研究对象/参与人员	资料收集方式	预期数量和成果
1. 政策背景	党的十九大以来有关乡村振兴的政策	政策文件梳理	政策文件汇总
	已有乡村振兴研究	文献梳理	文献综述
2. 县域概况	主要知情人、地方志、各级网站和宣传材料等	①主要知情人访谈 ②文字材料和电子资料收集	每县 1 份
3. 县级层面的政策接收、解读与具体做法、计划等	县级主管干部	深度访谈	每县 2—4 份
	县级计划与项目	文件和影像收集	政策文件和影像材料
4. 乡（镇）乡村振兴战略落实与行动情况	乡（镇）主管干部	深度访谈	每乡（镇）1 份

研究内容	研究对象/参与人员	资料收集方式	预期数量和成果
5. 村庄概况	主要知情人、地方志、各级网站和宣传材料等	主要知情人访谈	每村 1 份
6. 农民视角的乡村振兴	普通农民	①问卷	每村 50 份
		②深度访谈	每村 5 份
		③分性别小组访谈	每村 2 份
	新型农业经营主体	深度访谈	每村 5 份
	村干部	深度访谈	每村 2 份
7. 研讨与分析	团队成员	①研究设计讨论	20—30 次
		②每日调研讨论	每组每日 1 次
		③调研总结	2 次
		④问卷录入与数据分析	数据输出 1 份
		⑤访谈资料汇编	每省 1 份
		⑥写作研讨	20 次

（五）研究过程

本研究包括政策与文献梳理、研究设计、试调研、正式调研、资料整理和数据录入、资料分析、研究报告撰写、出版和成果发布等环节（见表1-3）。其中，试调研在河北省千山县2个乡（镇）中的2个村庄进行。在后续正式调研期间，研究团队分成4个调研小组，在其他4省4县同步调研。

表 1-3　研究过程

时间	研究活动
2020.12-2021.03	确定研究主题,政策梳理与文献回顾
2021.04-2021.05	问卷和访谈提纲设计与讨论
2021.05	河北省千山县试调研
	试调研后交流研讨,调整问卷和访谈提纲
2021.06	分调研小组赴陕西省、湖南省、山东省、浙江省开展实地调研
	正式调研后交流研讨

续表

时间	研究活动
2021.07-2021.08	调研资料整理,问卷录入模板设计
	问卷录入与数据分析、数据核对
2021.09-2021.10	调研资料阅读与分析、写作提纲研讨
2021.11-2022.03	完成研究报告初稿,研究团队交流研讨
2022.04-2022.07	研究报告修改
2022.08-2023.03	研究成果出版与发布

（六）研究创新

第一,农民视角与多元分析。本研究从农民视角出发,深入乡村振兴基层一线,倾听和记录农民的所思所想所盼,获得大量丰富的一手资料,呈现现阶段中国乡村振兴的生动样貌,尤其是农民群体如何理解乡村振兴,在政策和实践层面对乡村振兴有何需求与期待,以及他们参与乡村振兴的意愿与能动性等。这在一定程度上弥补了现有政策设计、学术研究和行动实践中农民视角的缺乏,有利于识别农民群体的迫切需求和乡村振兴的有效着力点,增强乡村振兴政策分析与理论研究的经验解释力和实践效能。而无论是基于人口学特征的差异性分析,还是对不同发展阶段、不同地域、不同行动主体有关乡村振兴的差异化理解和判断的学理分析与学术探讨,均有助于增强社会各界对乡村振兴微观实践的多元性与多样性认知。

本研究中的问卷调查并非统计抽样,因此一些数据的比较,尤其是多维度比较,主要是为了呈现一种差异性和复杂性。而每一个方面的具体差异,有的可能是来自调研的误差,即不一定都有充分的解释逻辑,因此,结果仅供读者参考。

此外,本研究的发现和结论基本源自农民和基层一线工作者的声音。这些基层声音是真实的,但反映的内容不一定全面。也不必苛求这些声音一定要全面,因为这些声音只是供有关部门和决策者参考。而从各地政府部门的视角对乡村振兴工作的各类统计信息和成绩总结,是国家和决策者最不缺少的。因此,本研究只聚焦基层干部、群众的声音和他们的所思所想所盼。

第二,问题导向与机理分析。乡村振兴无疑是近年的热门概念和热点话题。有别于跟随潮流地通过碎片化的概念、理论或者往往无关联的经验将乡村振兴置于学术话题和学术讨论之中，本研究致力于在丰富的经验材料基础上，透过表象识别、理解与分析乡村振兴实践（也是乡村社会发展变迁过程）中的一些核心性、基础性、规律性问题，深入剖析其中的机理和逻辑，以形成对乡村振兴认知上的创新性贡献。

本研究坚持问题导向，但发现问题不是否定成绩。显然，中国的脱贫攻坚取得伟大成就，乡村振兴已经做出很多成绩。问题导向和问题意识是学术研究的基本要求和基本定位。而学术研究中的问题分析不一定能够做到全面，也不必要求一定做到全面。因为发现问题、指出不足，或许不尽全面，却能起到提醒作用，帮助决策者更全面、更深入地考虑不利因素，从而进一步完善各项政策、措施、工程、规划、方案等（王君琦，2010）。因此，本研究的问题分析或许不尽全面，但可以提供一种看待乡村现实的不同视角。

第三，社会研究与政策行动。本研究始于对既往乡村振兴研究和政策实践的疑惑与反思，通过对乡村振兴的政策与行动实践展开研究，探讨其中的若干"真问题"，进而延展出进一步的研究判断、政策建议与行动倡议。这种将研究、政策与行动一体化关联考虑的思路，充分体现了研究的公共性与实践感，凸显了政策研究和实践检验之于政策效果的重要性，以及投身乡村振兴行动实践对于社会研究主题挖掘、政策建议与举措设想、行动倡议与计划产生的意义。这一思路将为乡村振兴的理论研究、政策过程和行动实践带来更为丰富的想象空间与可能性。

本研究虽然对发现的问题提出对策建议，但不一定有可以两三招制胜、立竿见影的对策措施。其实，找出问题、找准问题、找出问题背后的原因，是一切工作的前提。同时，解决问题本身可能很复杂，研究者也未必有能力找出最恰当的解决措施，而这本身也是相关部门的工作职责，需要研究者与政府部门和社会各界共同努力。此外，还需要认识到，这些问题的解决措施或许正蕴含在人民群众的日常实践之中。

三　资料收集概况

本研究以政策和文献梳理、问卷调查、访谈为主要的资料收集方式，并以实地调研过程中获得的其他文件和影像资料为补充。

（一）政策文件

自 2017 年党的十九大报告提出乡村振兴战略以来，以 2018 年《中共中央 国务院关于实施乡村振兴战略的意见》和《乡村振兴战略规划（2018—2022 年）》为纲，党中央、国务院、国家各部委围绕乡村振兴发布了一系列意见、规划和行动方案，乡村振兴政策体系逐渐健全。截至 2022 年 5 月，研究团队收集和整理的中央和国家层面的政策文件超过 160 份，且在持续积累和增加中。以发布/报告时间、文件/报告名称、发布机关/报告人为依据，研究团队对政策文件进行了系统的编号和统计（见表 1-4），以方便进行专门的政策分析，或在一些专题内容的撰写中使用政策文本。

表 1-4　中央和国家层面有关乡村振兴的政策文件（部分）

编号	发布/报告时间	文件/报告名称	发布机关/报告人
1	2017.10	《决胜全面建成小康社会 夺取新时代中国特色社会主义伟大胜利——在中国共产党第十九次全国代表大会上的报告》（党的十九大报告）	习近平
2	2018.01	《中共中央 国务院关于实施乡村振兴战略的意见》（2018 年中央一号文件）	中共中央、国务院
3	2018.01	《关于编制〈农业综合开发扶持农业优势特色产业规划（2019—2021 年）〉的通知》	国家农业综合开发办公室
4	2018.01	《关于大力实施乡村振兴战略加快推进农业转型升级的意见》	农业部
5	2018.02	《农村人居环境整治三年行动方案》	中共中央办公厅、国务院办公厅
...	...	...	...
62	2020.12	《关于实现巩固拓展脱贫攻坚成果同乡村振兴有效衔接的意见》	中共中央、国务院
63	2021.01	《关于全面推进乡村振兴加快农业农村现代化的意见》（2021 年中央一号文件）	中共中央、国务院
...	...	...	...
76	2021.04	《中华人民共和国乡村振兴促进法》	第十三届全国人大常委会
...	...	...	...
156	2022.04	《关于开展 2022 年农业现代化示范区创建工作的通知》	农业农村部、财政部、国家发展和改革委员会

编号	发布/报告时间	文件/报告名称	发布机关/报告人
157	2022.05	《乡村建设行动实施方案》	中共中央办公厅、国务院办公厅
158	2022.05	《社会组织助力乡村振兴专项行动方案》	国家乡村振兴局、民政部
159	2022.05	《关于推进以县城为重要载体的城镇化建设的意见》	中共中央办公厅、国务院办公厅
160	2022.05	《支持乡村振兴税费优惠政策指引》	国家税务总局

（二）农民问卷

本研究共完成农民问卷 529 份，覆盖了不同地区、不同性别、不同年龄、不同文化程度、不同职业的农民，同时纳入了农民是否有外出务工经历、是否常年在村、是否党员、所在家庭是否属于原建档立卡贫困户（以下简称"原贫困户"）等区分维度。

从地区分布看，按照研究初期设计，即每个村至少完成问卷 50 份，研究团队在河北省千山县、陕西省红石县、湖南省照水县、山东省青云县、浙江省天歌县分别完成 104 份、108 份、101 份、104 份、112 份问卷，保证了样本数量在地区分布上的均衡性。从性别分布看，整体上保持了男女比例均衡（51.4%、48.6%）。从年龄分布看，被访农民的年龄为 16—86 岁，平均年龄为 55.6 岁，整体年龄偏大，其中男性平均年龄高出女性平均年龄 6.3 岁；40 岁以下年龄段人数较少（山东省青云县和浙江省天歌县 40 岁以下的被访农民占比极小）且女性较多，60 岁及以上年龄段人数较多。这些基本反映了农村在村人口年龄分布的总体情况（见表 1-5）。

表 1-5　农民调研样本的年龄分布

单位：%

		40 岁以下	40（含）—50 岁	50（含）—60 岁	60（含）—70 岁	70 岁及以上
	总体	11.9	19.5	28.5	24.0	16.1
地区	河北省千山县	23.1	19.2	26.0	20.2	11.5
	陕西省红石县	13.9	21.3	31.5	23.2	10.2

续表

		40 岁以下	40（含）—50 岁	50（含）—60 岁	60（含）—70 岁	70 岁及以上
地区	湖南省照水县	16.8	24.8	27.7	19.8	10.9
	山东省青云县	1.9	13.5	31.7	28.9	24.0
	浙江省天歌县	4.5	18.8	25.9	27.7	23.2
性别	男	8.1	14.7	26.1	30.5	20.6
	女	16.0	24.5	31.1	17.1	11.3

就文化程度分布看，初中及以下文化程度占比达 79.4%，大专及以上文化程度占比相对较低，仅为 4.4%。具体来说，未上过学占 11.9%，小学及以下占 32.0%，初中占 35.5%，高中/中专/职高占 16.3%，大专及以上占 4.4%。

就职业（目前从事的工作）分布看，超过 60.0% 的被访农民从事农业活动（包括纯务农和兼业），从事其他工作的占 7.8%，主要包括在读学生、离休干部、村两委工作人员、在家待业人员等。纯务农的农民占 37.6%，且大体上呈现年龄越大，纯务农的占比越高的趋势；只做家务的女性占比远高于男性，而从事其他工作的男性占比远高于女性（见表 1-6）。59.4% 的被访农民有外出务工经历，其中男性占 60.5%，远高于女性占比（39.5%）。此外，本次的被访农民以已婚、汉族为主，分别占被访农民总数的 87.9%、98.5%，所在家庭的人口规模以 2—6 人为主，60.7% 的家庭至少有 1 人在外务工。

表 1-6　农民调研样本的职业类型分布

单位：%

		纯务农	兼业	非农工作	只做家务	其他
	总体	37.6	29.1	15.9	9.6	7.8
性别	男	35.7	30.5	15.8	5.5	12.5
	女	39.7	27.6	16.0	14.0	2.7
年龄	40 岁以下	12.7	28.6	30.2	15.9	12.7
	40（含）—50 岁	21.4	31.1	34.0	7.8	5.8
	50（含）—60 岁	38.4	36.4	13.3	6.6	5.3
	60（含）—70 岁	52.8	28.4	4.7	5.5	8.7
	70 岁及以上	51.8	15.3	4.7	18.8	9.4

就在村时间看，84.1% 的被访农民常年在村，其中湖南省调研村被访农民常年在村的占比最低，农民流动性相较于其他调研地区更大（见表 1-7）。整体上，常年在村的农民以 50 岁及以上的群体为主，一年中在外时间更长的被访农民中超半数是 50 岁以下的群体。

表 1-7　农民调研样本的在村时间分布

单位：%

		6 个月以下	6（含）—12 个月	12 个月
总体		8.7	7.2	84.1
地区	河北省	7.7	8.7	83.7
	陕西省	8.3	3.7	88.0
	湖南省	15.8	12.9	71.3
	山东省	1.0	4.8	94.2
	浙江省	10.7	6.3	83.0

具有党员身份的被访农民为 99 人，占样本总量的 18.7%，其中 57.6% 的党员在 60 岁及以上。需要说明的是，由于目前农村党员老龄化严重且留在村中的群体以老人为主，以及党员农民的交流表达能力较好，因此本研究 529 位被访农民中的党员占比远高于农村平均党员占比。

在 529 位被访农民中，有 79 人所在家庭属于原贫困户，占 14.9%，集中分布在属于攻坚区的河北省千山县（原贫困户占 30.4%）和陕西省红石县（原贫困户占 53.2%）。

综合而言，本研究所调查的农民群体主要呈现以下特征：年龄分布在 16—86 岁，以中老年群体为主，初中及以下文化程度者居多，大部分从事农业活动且常年在村，半数以上有外出务工经历，所在家庭的规模为 2—6 人且大部分至少有 1 人在外务工。整体上，该样本符合中国在村农民群体的人口学特征。

（三）各类访谈

本研究还分别针对县和乡（镇）各级主管干部、村干部、新型农业经营主体、部分村民进行了深度访谈，并组织了分性别村民小组访谈，与各调研村主要村干部和知情人共同完成了村庄概况的搜集，总计 154 份，文字整理 156 万字，具体完成情况如表 1-8 所示。

表 1-8　各类访谈完成情况

单位：份

	河北省	陕西省	湖南省	山东省	浙江省	合计
县概况	1	1	1	1	1	5
县主管干部深度访谈	4	3	3	4	4	18
乡（镇）主管干部深度访谈	1	4	2	4	4	11
村庄概况	2	2	2	2	2	10
村干部深度访谈	2	4	2	3	10	21
新型农业经营主体深度访谈	1	6	2	3	7	19
分性别村民小组访谈	4	4	4	4	4	20
村民深度访谈	10	10	10	10	10	50

　　第一，县级访谈主要以座谈会、主管干部深度访谈的方式进行。研究团队在 5 个调研省访问的部门、人员和方式并非完全一致，访谈内容主要包括县级层面在乡村振兴方面的行动举措和目标规划、县级主管干部对乡村振兴的理解、在实践过程中的困惑和遇到的挑战等。

　　第二，乡（镇）访谈和村干部访谈主要采用座谈和主要干部单独访谈的形式，访谈内容主要包括乡（镇）和村级层面已经开展的乡村振兴工作，推进过程中遇到的问题与挑战、主要经验，以及干部自身对乡村振兴的理解和需求等。同时，通过对部分村干部和主要知情人的访谈，完成村庄概况的搜集。

　　第三，新型农业经营主体深度访谈的对象是村庄主要合作社、专业大户、家庭农场、农业企业的负责人，访谈内容包括新型农业经营主体与小农户的联结情况、参与乡村振兴的情况，以及负责人对乡村振兴的理解、态度和行动意愿等。

　　第四，农民深度访谈的对象主要是完成问卷调查的部分农民。针对部分有想法、有表达意愿的被访农民，研究团队成员在问卷调查之后进行深度访谈，访谈内容包括小农户如何与市场对接，村集体、新型农业经营主体、乡贤在乡村振兴中的作用，对撤并村庄、集中居住（农民上楼、易地搬迁）、进城买房的看法，对未来乡村的想象，等等。

　　第五，分性别村民小组访谈主要面向未参加问卷调查的农民，研究团队成员分别组织男性村民小组访谈和女性村民小组访谈，每组 5—10 人。研究团队成员围绕对乡村振兴及其五大方面的理解、乡村振兴及其五大方面需要依靠的主体、对本地推进乡村振兴优劣势的认识、对农民组织方式的思考、乡村振兴中各个主体应该发挥的作用等主题进行提问。小组成员进行讨论发言，研究团队成员在卡片纸上记录每人的发言内容。

（四）其他补充材料

在政策文件、问卷、访谈之外，研究团队还在实地调研和研讨会过程中收集到丰富的文件材料和照片等影像资料。另外，在实地调研期间，形成各小组每日讨论记录；在试调研与正式调研后，形成总结研讨记录。这些资料不仅记录了研究团队整个研究的过程，也呈现了当下各地乡村振兴开展情况的生动图景。

四 县域与村庄概况①

（一）河北省千山县

千山县位于河北省中西部，总人口超过 57 万人，总面积约 2500 平方公里，下辖 28 个乡、镇和街道，共 469 个行政村和社区。2021 年，全县生产总值近 120 亿元，农村居民人均可支配收入超过 1.1 万元。千山县于 2018 年 9 月退出国家级贫困县序列，2019 年在县农业农村局下设乡村振兴办公室。千山县在产业发展中，坚持把粮食生产作为"农业的压舱石"。2016 年以来，千山县粮食生产连年丰收，全县粮食种植面积稳定在 52 万亩左右。同时，当地以林果、中药材、畜牧为重点特色产业，果树种植面积约为 5.6 万亩，中药材种植面积约为 1.3 万亩。千山县多次荣获"生猪调出大县"称号，并建成 16 个市级以上现代农业园区。千山县旅游资源丰富，2019 年被评为国家"全域旅游示范区"，近年来乡村旅游蓬勃发展。在"十三五"期间，千山县完成河道清理整治 27 公里，造林 27.3 万亩，林木绿化率达到 56.4%；农村自来水普及率达到 85.0%，改造农村厕所 2.9 万座、危房 4601 户，并实现了清洁取暖全覆盖、垃圾处理市场化全覆盖；城乡居民基本医疗保险参保率达到 98.3%，大部分乡镇卫生院配置了 B 超机、X 光机等医疗设备，贫困村卫生室配备了基础设备；37 所农村中小学新建了塑胶跑道，并招聘特岗教师 1167 名。

---

① 本部分中的所有数据资料均来源于访谈资料汇编。

1. 林台镇坡上村

坡上村位于千山县西南部，隶属于林台镇，距镇政府所在地 2.5 公里，距县城 50 公里，下辖 2 个自然村，共 8 个村民小组。村庄总面积 4.7 平方公里，其中耕地 750 亩、林地 350 亩。全村共有 288 户 821 人，常年在村约 700 人，60 岁及以上老人 180 人，党员 50 人。坡上村是一个传统的山区农业村，村民主要种植小麦、玉米、蔬菜、水果等。村民的收入主要来源于外出务工。坡上村于 2015 年成立苹果经济合作社，2019 年获益 1 万元，2020 年获益 15 万元。该村还有 2016 年私人投资的金银花种植基地，该基地雇用了大量本村劳动力，每年向被雇用村民发放工资约 30 万元。目前村庄还有若干肉鸡、猪、羊和牛养殖专业户。由于当地尚未进行厕所改造，该村垃圾处理使用的是全县推广的政府购买保洁环卫服务。该村有 1 间农家书屋、1 所幼儿园、1 所小学、1 个村卫生室、2 名村医，没有养老相关机构或组织。在能源使用上，村民日常做饭主要使用液化气，近年取暖主要使用清洁煤。

2. 柳音乡山桃村

山桃村隶属于千山县柳音乡，距乡政府所在地 6.2 公里，距县城 22 公里，下辖 5 个自然村，共 7 个村民小组。村庄总面积 11 平方公里，其中耕地 1275 亩。全村共有 377 户 1307 人，常年在村约 1000 人，60 岁及以上老人 330 人，党员 69 人。该村外出务工 300 余人，其中有 200 余人主要从事古建筑修复中的油漆彩绘工作，已形成一定的规模和品牌。山桃村主要种植玉米、红薯和花生等粮食作物，此外有近 400 亩的核桃和 1000 亩的板栗。有少数新型农业经营主体从事养殖业，村内的合作社尚处于起步阶段。山桃村无统一的垃圾回收处理机制，村内有 200 多户村民参与厕所改造，建有 3 个公共厕所，但无专门的污水处理设施。山桃村内建有 2000 余平方米的广场，还建有村民活动中心和农家书屋等。山桃村约 80% 的村民拥有智能手机，宽带入户率为 60%—70%，村组入户道路硬化率为 70%，通往部分偏远家户的道路尚未硬化。此外，山桃村有从县城入村班车，一天三趟往返，交通便利。村内无快递点。清洁煤已实现全村覆盖。村内有 1 所小学、1 个村卫生室、1 名村医，还有 1 家私人中医诊所。村民的基本医疗保险和基本养老保险的参保率达 100%。

（二）陕西省红石县

红石县位于陕西省东南部，总人口约 23 万人，总面积约 2600 平方公里，耕地面积近 35 万亩，下辖 11 个乡、镇和街道，共 149 个行政村和社区。2021 年，红石县生产总值超过 100 亿元，农村居民人均可支配收入约 1.1 万元。2019 年，红石县顺利实现脱贫摘帽，并被列为市级乡村振兴先进县。近年来，红石县重点发展茶叶、生态猪、中药材、富硒粮油等产业，创建了国家级重点龙头企业 1 家、省级重点龙头企业 6 家、省市级家庭农场 10 家，培育了市级农业园区 7 个、产业化联合体 5 个，被誉为省级农产品质量安全县。脱贫攻坚时期，红石县建设社区工厂 89 家，提供就业岗位 6000 余个，累计培育了 113 家电商企业和 1000 多家活跃网店，农产品电商年销售额达 15 亿元。红石县牢固树立"绿水青山就是金山银山"理念，广泛发动群众实施"增绿工程"。2021 年，全县森林面积为 354.6 万亩，森林覆盖率达 76%。红石县还依托当地特色的自然资源和生态环境优势，大力发展全域旅游，打造了多个乡村旅游景区，荣获"中国优秀生态旅游县"称号。近年来，红石县加快补齐农村水、电、路、信、网等基础设施短板，基本实现了行政村光纤网络、移动通信、电视信号、电商网点的全覆盖。该县还通过"自强标兵"评选、"苦干脱贫光荣户"评选、建立"民风积分爱心超市"、发布"红黑榜"等方式，强化乡风文明建设。

1. 涧河乡松涛村

松涛村位于涧河乡西北部，距乡政府所在地 5 公里，距县城 22.5 公里，下辖 12 个村民小组。村庄总面积约 13 平方公里，其中耕地 3736 亩、林地 15752 亩。全村共有 638 户 2514 人，常年在村 2102 人，60 岁及以上老人 408 人，党员 54 人。松涛村在 2019 年被列为乡村振兴示范村，2020 年荣获"市级美丽家园示范村"称号。松涛村种植普通茶叶 2600 亩、特色茶叶 1000 亩、水稻 200 亩、桃树 500 亩、有机大棚蔬菜 120 亩，同时建有茶叶加工厂 4 家、粮油加工厂 2 家、电子器件社区工厂 1 家。此外，全村有养殖专业大户 2 户，养猪 1100 头，养羊 100 头。截至 2021 年上半年，该村厕所改造工程已完成 90%，在建污水处理厂 1 个。松涛村村委会所在院内建有活动中心、农家书屋和健身体育设施。2015 年，该村开始设立村级大学生奖学金，为优秀大学生提供资金支持。松涛村已实现移动网络全覆盖，62% 的村民拥有智能手机，宽带入户率为 63%；村组入户道路硬化率达 80% 以上，自来水入户率为 100%。松涛村共有 1 处物流网点、1 个公共卫生室、1 名村医，村民基本医疗保险参保率达 95% 以上，基本养老保险参保率为 60% 左右，购买商业保险的村民占 15%—20%。该村日常使用的生活能源包括普通燃煤、液化气、电等。

2. 寒岩镇鹿鸣村

鹿鸣村位于红石县西南部，隶属于寒岩镇，距镇政府所在地2.6公里，距县城42公里，共10个村民小组，村庄总面积约55平方公里，耕地2500亩，其中水田30亩、旱地2470亩。全村共有371户1055人，常年在村743人，60岁及以上老人296人，党员39人。鹿鸣村2014年被评为贫困村，原贫困户203户535人，共安置移民搬迁户251户772人，于2020年脱贫摘帽。村民的收入以外出务工收入为主，人均年纯收入7000元左右。鹿鸣村以发展茶叶、中药材、魔芋、生猪四项产业为主。截至2021年上半年，村内有4个种植养殖专业合作社，另建有1个袜子厂，带动村民就业增收。全村村组入户道路硬化率为100%，自来水入户率为100%，宽带入户率约70%，基本医疗保险参保率达99%。该村拥有村级污水处理厂，但未实现全村覆盖；共有1家公共卫生室、1家私人诊所；已配备广场、健身器材、书屋等基础设施。村内通过新民风宣讲、道德评议、民风积分爱心超市、村规民约等形式，推进新民风建设。

（三）湖南省照水县

照水县地处湘中腹地，总人口约89万人，总面积约1600平方公里，下辖16个乡、镇和街道，共523个行政村和社区。2021年，全县生产总值超过270亿元，农村居民人均可支配收入超过1.4万元。照水县2018年实现脱贫摘帽，2020年底实现8.6万贫困人口全部脱贫，2021年5月正式挂牌成立乡村振兴局。照水县每年粮食播种面积近120万亩，年均产量超过50万吨，获得"中国好粮油示范县"荣誉称号。该县依托特色种植、养殖产业，推进农产品深加工，打造了多个地方农产品品牌，自2019年起三年内新增5家省级龙头企业、10家市级龙头企业，打造了100个特色家庭农（林）场、100个示范农民专业合作社。近年来，照水县还围绕丰富的自然资源与人文资源，大力推动全域旅游开发，并在生态环境保护和人居环境整治方面持续开展工作。该县农村生活垃圾无害化处理率超过90%，下辖所有行政村饮水安全达标。此外，照水县共建设图书馆、文化馆分馆28个，通过开展"最美乡村教师""最美乡村医生""最美乡贤""最美家训"等一系列评选活动，繁荣农村公共文化事业。2020 年，照水县完成 45 所学校提质升级，实现行政村标准化卫生室和全科医生团队签约服务全覆盖。截至 2021 年上半年，该县行政村光纤通达率超过 98%，4G 网络覆盖率超过 99%，并积极推进 5G 试点示范和公共区域无线局域网全覆盖。

1. 竹西镇关下村

关下村位于竹西镇西北部，由 2 个行政村合并而成。村庄距镇政府所在地 4.8 公里，距县城 13 公里，下辖 17 个自然村，共 17 个村民小组。村庄总面积 4.5 平方公里，其中耕地 150 亩。全村共有 460 户 1428 人，60 岁及以上老人 310 人，党员 52 人。该村入选为 2021 年省级乡村振兴示范创建村，并于同年入选为第二批全国乡村治理示范村。村集体收入主要通过入股脐橙产业获得，年收益约 12 万元，村民收入主要通过外出务工获得。脐橙、金银花、芦笋、优质稻米和紫薇花是该村的支柱产业，保证了劳动力本村本地就业。关下村的垃圾处理采用"户分配、村收集"模式。村内建有 5 个抽水"电排"和 2 个水坝，有无害化生态厕所 101 座、公厕 1 座，但无专门的污水处理设施。关下村 70% 的村民拥有智能手机，宽带入户率为 60%，道路硬化率达 100%。村内有 1 处快递物流网点，无学校，有 2 个公共卫生室，村民基本医疗保险和基本养老保险参保率为 90%。

2. 田陌乡飞燕村

飞燕村位于田陌乡西部，由 2 个行政村于 2016 年合并而成。村庄距乡政府所在地 3.5 公里，距县城 22 公里，下辖 20 个村民小组。村庄总面积 3.5 平方公里，耕地 1660 亩，其中水田 1510 亩、旱地 150 亩。全村共有 587 户 1987 人，60 岁及以上老人 400 人，党员 55 人。村集体没有收入，村民收入主要来源于外出务工。在流转土地之后，飞燕村农业生产以水稻种植、小龙虾养殖为主，水稻有 1510 亩，小龙虾有 380 亩，没有其他支柱产业。村内自来水尚未实现全覆盖，建有统一的污水处理设施，有 60 户左右的村民参与厕所改造。飞燕村一半以上的村民拥有智能手机，宽带入户率为 20%，入户道路硬化率为 60%。村内没有公立、私立学校，有 2 个公共卫生室，村民的基本医疗保险参保率达 90% 以上。

（四）山东省青云县

青云县位于山东省东部，总人口约 63 万人，陆地总面积约 1900 平方公里，下辖 18 个乡、镇和街道，共 743 个行政村和社区。2021 年，青云县生产总值约 460 亿元，农村居民人均可支配收入超过 2 万元。青云县拥有毛衫企业 450 余家，从业人员超过 12 万人。青云县还围绕沙滩体育游、民俗文化游、山水风情游等特色旅游项目，开展全域旅游建设。该县近年来完成造林 7.7 万余亩，建设绿化示范村 594 个，打造了近 2 万户"美丽庭院示范户"，实现美丽乡村建设全覆盖。青云县政府大力实施"文化惠民"工程，截至 2021 年上半年，文化基础设施建有率为 100%，并有超过 70% 的村庄组织起秧歌队。此外，青云县社会救助保障与养老服务水平稳步提升，教育投入力度不断加大，公共卫生服务条件持续改善。2019 年以来，青云县先后举办"青云人才归乡恳谈会"等招才引智活动 31 场，引进省部级及以上高端人才 60 人，引才数量和质量均创历史新高。

1. 新雨镇红果村

红果村位于青云县北部，隶属于新雨镇，距镇政府所在地 6 公里，距县城 50 公里。村庄总面积约 5 平方公里，其中耕地面积 3975 亩。全村共有 500 多户 1740 人，常年在村 1500 人，60 岁及以上老人 450 人，党员 80 人。红果村曾被授予省级"明星村""综合治理示范村""文明村""旅游特色村"等荣誉称号。红果村主打苹果产业，建设有近 150 个果蔬大棚，主要种植蓝莓、草莓和圣女果。同时，该村依托观光采摘园、生态果业园等，满足游客季节性的观光采摘需求，发展乡村旅游。2020 年，村集体收入约 80 万元，以果树和大棚收入为主。作为农村综合改革试点村，红果村自 2017 年开始持续三年投入资金，共计 900 万元，兴建 21 个大棚以及 96 家果品批发市场、果品收购网点，并鼓励市场个体经营户投资兴建 6 座冷库。全村自来水、有线电视入户率均达到 100%，基本医疗保险、基本养老保险参保率达 95%。村里建有小学、幼儿园、医疗室、敬老院、老年活动室、文化大院、休闲公园各 1 所（处），另建有图书室 1 个，藏书 1 万册。村内已开展"美丽庭院家庭评选"活动，在垃圾整治方面尤其重视对反光膜进行治理。红果村撰有村志，并开通了微信公众号对村庄事务进行宣传。

2. 桂园乡川溪村

川溪村位于青云县西南部，隶属于桂园乡，距乡政府所在地 3 公里，距县城 23 公里，下辖 1 个自然村，共 20 个村民小组。村庄总面积 6.3 平方公里，其中耕地面积 2822 亩。全村共有 1000 户 2700 人，常年在村 1500 人，

60 岁及以上老人 800 人，党员 130 人。近年来，川溪村连续获得市级"文明村"和"信用村"等荣誉称号。川溪村主要种植小麦 2000 亩、玉米 1000 亩、大豆 100 亩，且已全部实现机械化生产；村内有 20 户从事生猪养殖，生猪数量上万头。川溪村以针织业为支柱产业，有 2 家大型私营企业和多家小型针织厂，雇工以本村劳动力为主。村内建有广场、书屋和健身器材等基础设施，自来水尚未实现全天候供应，物流尚未到村。村内无学校，只有 1 个卫生室。川溪村自 2017 年开始进行"厕所革命"，开展环卫整治、美丽庭院建设等活动，成立 8 人专业保洁队，实现垃圾日产日清。

（五）浙江省天歌县

天歌县位于浙江省西部，总人口约 36 万人，总面积约 2200 平方公里，下辖 15 个乡、镇和街道，共有 255 个行政村和社区。2021 年，全县生产总值近 170 亿元，农村居民人均可支配收入超过 2 万元。2020 年，天歌县粮食产量 5.98 万吨，油料产量 1.12 万吨，蔬菜产量 9.71 万吨，食用菌产量 1.27 万吨，果用瓜产量 0.70 万吨，中蜂饲养 5 万群，中药材种植 2.3 万亩。该县特色养鱼系统入选为中国重要农业文化遗产。天歌县林地面积 286.9 万亩，森林面积 270.8 万亩，森林抚育 5.2 万亩，彩色健康林 0.2 万亩，林木蓄积量 1273 万立方米，森林覆盖率达到 80.9%。全县全部乡、镇和街道均已建成符合省定标准的综合文化站，图书馆分馆总量达 11 家，图书馆馆外图书流通点达 255 个。近年来，天歌县多次举办乡村音乐节、民俗节庆、文艺展演等文化活动，繁荣乡村文化，丰富群众文化生活。天歌县共有中小学校 55 所、疾控中心 1 个、卫生监督所 1 个、医疗机构 188 个、社会福利院 1 个，机构养老床位数 2406 张，建设示范型居家养老服务中心 5 个，培训机构养老护理员 120 名、家庭照护者 140 名。

1. 潭塘镇前楼村

前楼村位于天歌县西北部，隶属于潭塘镇，距镇政府所在地 1.4 公里，距县城 11 公里。村庄总面积 1.4 平方公里，其中耕地面积 656 亩，林地面积约 1470 亩。前楼村下辖 2 个自然村，共 5 个村民小组。全村共有 314 户 987 人，常年在村 784 人，60 岁及以上老人 188 人，党员 40 人。该村曾获得"中国最美乡村""中国美丽休闲乡村"等 7 个国家级、17 个省级荣誉称号。该村在 2016—2020 年获得超过 1 亿元投资。截至 2021 年上半年，村集体固定资产为 9500 万元，村集体经济收入 220 万元。2020 年，村民人均收入超 3 万元。前楼村基本不涉及主粮生产和养殖业，种植约 300 亩瓜果蔬菜，以旅游业为支柱产业。全村现有民宿（农家乐）35 家，2020 年旅游经营收入达到千万元以上。全村自来水入户率达 100%，村组入户道路硬化率约为 99%，宽带入户率达 100%，基本医疗保险参保率为 100%。该村没有学校，有 1 个卫生室。村内建有 3 处专门的污水处理设施，有 8 个公厕，采用分类回收、集中清运的模式对垃圾进行有效管理。该村在每个传统节日均举办活动，公共文化设施主要有综合文化服务中心、文化广场、宗祠，另运营着 2 个对外宣传的微信公众号。

2. 清玉乡茶岭村

茶岭村位于天歌县北部，隶属于清玉乡，距乡政府所在地 6 公里，距县城 40 公里。村庄面积约 3.8 平方公里，耕地面积 1137 亩，其中旱地 120 亩，养殖水面约 40 亩。茶岭村下辖 7 个自然村，共 14 个村民小组。全村共有 456 户 1510 人，常年在村 662 人，60 岁及以上老人 314 人，党员 54 人。2011 年，茶岭村与其他若干自然村合并后，被列为扶贫重点村，现为重点帮扶村（2018—2022 年）。该村在 2016—2020 年获得总额达 580 万元投资。2020 年，村集体收入 20 多万元，村民人均收入超过 1.7 万元。村内种植水稻 200 余亩、玉米 80 余亩、茶叶 700 余亩、瓜果蔬菜 100 亩；养殖业以特色鱼为主，开办有特色养鱼家庭农场。村组入户道路硬化率约为 80%，部分偏远家户入户道路尚未硬化。村内饮水已实现自来水供水全覆盖，垃圾、污水均已实现集中处理，基本医疗保险参保率约为 96%。村内有 1 所小学（一至二年级）、1 个卫生室、1 座宗祠。茶岭村组建了舞龙队，每年中秋开展传统舞龙活动，在全村游行庆祝，由村委会出钱组织。

2
乡村振兴的社会研究

自 2017 年党的十九大报告正式提出实施乡村振兴战略以来，学界围绕乡村振兴开展了大量研究和讨论，呈现百家争鸣的繁荣景象。在中国知网中以"乡村振兴"为主题进行检索，显示截至 2022 年 5 月，期刊论文、硕博士学位论文、报纸和会议文章等相关文献超过 11 万篇，并在总体上呈现持续增加的趋势。这些研究除了关注乡村振兴战略本身，还关注乡村高质量发展、城乡融合发展、乡村产业兴旺、乡村旅游、乡村治理、乡村人居环境、乡村文化振兴、脱贫攻坚与乡村振兴有效衔接、新型农业经营主体与职业农民等具体主题，主要涉及经济与管理、农业科技，以及包含马克思主义、政治学、社会学、人口学、教育学等在内的综合性社会科学。其中，农村社会研究领域对乡村振兴的基础理论、政策制度和实践经验进行了多维度的研究与探讨，同时在产业、生态、文化、治理等领域的现实关切问题上产生了许多论争。这些研究和讨论为理解乡村振兴战略提供了较为广泛的文献基础，但也存在大量重复性的证明阐释或流于问题表象的分析，以农村社会现实与实践为基础的深入调研仍较为稀缺，由此导致有些研究在一定程度上既未能准确把握乡村振兴实践中的关键现实问题，也未能有效回应国家发展过程中的农政转型等重大理论问题。因此，乡村振兴研究、政策与实践存在一定程度的脱节。

围绕乡村振兴主题，本研究梳理了近年来农村社会研究领域具有代表性的中文期刊论文，以及部分已出版的学术著作和英文文献，旨在呈现当前社会科学视角的乡村振兴研究概貌与核心论争，并在对文献进行述评与反思的基础上，探讨如何开拓未来乡村振兴研究、乡村振兴政策和乡村振兴行动的更多可能空间。

一 社会科学视角的乡村振兴研究概貌

基于不同的出发点，农村社会研究者从不同主题、不同维度和不同层面关注乡村振兴，总体上呈现多元和多样的研究图景。这既反映了学界的普遍性共识，也体现出研究者的差异化贡献。按照研究内容侧重点和分析视角取向，这些文献从历史脉络与政策阐释、现实问题与主要挑战、城乡关系与要素关联、模式探索与行动研究、国际视野与本土实践五个主要维度，对乡村振兴展开了全方位的分析和探讨。

（一）历史脉络与政策阐释

实施乡村振兴战略是脱贫攻坚之后国家"三农"工作的历史性转移。该战略与其他涉农政策一脉相承、相互联系，共同构成国家推进乡村发展与现代化建设的政策力量。乡村振兴政策的历史脉络、政策内涵和重点及其与其他政策之间的关系是研究者关注的重要内容。研究者回答了乡村振兴政策的历史必然性、现实必要性等基础性问题，并基于国家对乡村振兴的若干政策部署进行了解释和说明。

首先，一些研究以论证乡村振兴的历史必然性与现实必要性为主要目标。有研究者认为，乡村振兴战略的提出根植于中国的百年乡村振兴实践，与中国共产党领导的农村革命、社会主义建设、改革开放、社会主义新农村建设一脉相承，是中国共产党围绕农村发展形成的重大制度创新与变革（陆益龙，2021；周立，2018）。虽然改革开放的历史成就为中国农村发展提供了物质、观念、理论和制度等多方面的支持，但农业、农村还是中国社会发展中的短板，因此，乡村振兴战略是基于中国基本国情和经济社会发展的现阶段特征提出的重要战略（陈锡文，2018a）。

其次，研究者对乡村振兴政策的内涵和重点进行了解释与说明。关于乡村振兴政策的内涵，研究者从乡村振兴"二十字方针"（产业兴旺、生态宜居、乡风文明、治理有效、生活富裕）的要求入手各抒己见，指出乡村振兴"二十字方针"是对社会主义新农村建设总体要求的升级和发展（叶敬忠，2018；黄祖辉，2018a；叶兴庆，2018a）。关于乡村振兴政策的重点，有研究从政策部署层面提出乡村振兴是一个系统工程，认为要科学编制乡村振兴规划，总体上要以"人、地、钱"为主线，完善体制机制，加速要素流动和产业融合，促进城乡分工体系和新型农业体系建设（刘彦随，2020；罗必良，2017），重点解决农业产业、农业机械、农业绿色发展、农村基础设施、农村互联网建设、农村人居环境、乡村治理、乡村文化、基层政权、农村改革这十个方面的突出问题（高兴明，2018）。还有研究从制度层面指出，乡村振兴需要巩固和完善农村基本经营制度、深化农村集体产权制度改革、推动小农户和现代农业发展有机衔接（陈锡文，2018a）。另外，有研究从农村法治层面指出，乡村振兴内涵丰富，涉及的农村发展内容范围广泛，需要建立起系统全面的法律制度保障（任大鹏，2021）。此外，还有一些研究关注乡村振兴的指标体系建设，围绕产业、环境、基础设施、制度体系等领域，以及乡村振兴制度设计的阶段性与长期性、发展要素的交叉性、地区之间的差异性等特征，建构了相应指标体系（闫周府、吴方卫，2019；张挺等，2018）。

　　除了关注乡村振兴政策本身，还有大量研究关注乡村振兴政策与其他涉农政策之间的关系，尤其是与脱贫攻坚政策的衔接。巩固拓展脱贫攻坚成果是实施乡村振兴战略的基础和关键点（黄承伟，2021a）。脱贫攻坚具有特殊性、局部性、紧迫性和突击性，乡村振兴则具有综合性、整体性、渐进性和持久性（张琦，2019）。因此，二者要在重点目标、体制机制、政策措施和成效认定四个方面进行衔接（汪三贵、冯紫曦，2019）。乡村振兴战略的提出不代表减贫事业的终结，相对贫困治理和乡村振兴都是国家治理的长期战略，要从多维扶贫、城乡扶贫、制度扶贫和社会扶贫四个重点出发，构建与乡村振兴相融合的减贫框架（高强，2020）。然而，从脱贫攻坚到乡村振兴的转变不仅仅是脱贫地区的任务，政策设计、实践行动和学术研究也都应该突破脱贫地区的思维局限，统筹脱贫地区和非脱贫地区的建设与发展，将这一转变过程视为整个国家发展阶段或发展时代的衔接和转型（叶敬忠，2021）。另外，还有研究关注乡村振兴战略与新型城镇化战略的关系（刘双双、段进军，2021；张琛、孔祥智，2021；卓玛草，2019）、乡村振兴与共同富裕的关系（叶敬忠等，2022；张琦等，2022；王博、王亚华，2022；王春光，2021；黄承伟，2021b）等。

　　对乡村振兴历史脉络和政策内涵的阐释，是当前较为热门的一类农村社会研究，但尚未形成具有创新性的突出理论贡献，一些政策阐释失去了研究的反思性和灵活性，陷入做"证明题"的取向。宏观层面的讨论能够勾勒出乡村振兴的理想轮廓，但往往"不接地气"，缺乏实践操作意义；微观层面的讨论则往往停留在表象问题上，对乡村振兴政策体系的具体实践逻辑缺乏系统性和整体性的把握，容易将问题简单化，忽视乡村振兴政策与实践所承载的广泛社会关联及在不同层次、不同群体中可能产生的差异化影响。如果将对政策的理解从刻板的文本印象扩展到政策落实的全过程，就会发现在政策传播、政策在基层的运行实践、政策主体与客体之间的互动等方面还存在相当广阔的研究空间，与政策相关的许多紧迫和关键问题正在基层发生，亟须深入的研究与进一步的政策调整回应。

（二）现实问题与主要挑战

相较于从历史脉络和政策阐释视角对乡村振兴应然解释的强调，农村社会研究中的问题视角则强调对乡村振兴实然问题的反思，其关注的核心问题是当前乡村振兴面临的阻碍、挑战以及需避免陷入的误区等。

在产业兴旺方面，有研究认为，乡村产业具有分散化、多元化的特点，在不同行业和区域之间都呈现较大的差异，其发展的一般规律难以被把握（付伟，2018）。并且，乡村产业面临制度制约、资源约束、环境压力、金融供给不足、人力资本不足、配套服务薄弱等困境（任常青，2018）。通过三产融合促进乡村产业发展是很多研究者的共识，但是也有研究者指出，产业兴旺不能只关注三产融合，因为全国大部分农村地区不具备三产融合的条件，大部分农村的主导产业只能是农业（贺雪峰，2018），而农业发展面临资源环境制约、产业化基础薄弱、经济效益低下、科技和人才支撑不足、支持与保障体系不完善等问题（辛翔飞、王济民，2020）。

在生态宜居方面，有研究认为，农村环境问题的产生缘于农村在微观层面的过度现代化，这些环境问题不断发生变化并关联到城市环境问题，只通过短期的环境整治无法实现长久的生态宜居（王晓毅，2018）。农村自然环境保护和人居环境整治虽实施已久，但主要依靠各类项目支持，村庄对项目资源的配置和整合能力不足，此类项目的持续性难以保证（杜焱强，2019）。此外，相关主体责任缺失的问题依旧严重，地方政府"主导者"角色缺位、地方企业漠视环保政策、农民环保意识淡薄、社会组织能力有限等，都使农村生态环境治理长期陷入困境（张志胜，2020）。

在乡风文明方面，有研究认为，当前社会对城乡文化的定位产生认知偏差，乡村文化认同缺失（王宁，2018）；农民面临普遍的道德焦虑问题，农民价值观产生嬗变，出现政治参与角色不明晰、乡情效能感断裂等问题（姜姝，2018）；在农村移风易俗过程中，政府角色错位导致风俗被误读或破坏（唐钱华，2019）。因此，亟须通过乡村公共文化建设，推进乡村文化复兴。然而，乡村文化建设存在建设主体匮乏、文化治理体制不健全、政府供给失衡、文化服务内容单一等问题（陈波，2018；吕宾，2019；刘红，2022），还需要在人才培育、创新体制机制等方面进一步改进。

在治理有效方面，有研究认为，乡村治理要重点解决人的精神思想、社会管理、公共服务三大问题（秦中春，2020）。当前乡村治理面临治理主体单一、治理力量短缺、村民参与自治的积极性不高、党组织作用难发挥等问题，不同治理主体之间相互嵌入程度不够，多主体参与治理却造成职责消解等问题（李蓉蓉等，2022；李建平、梅晓光，2021；侯宏伟、马培衢，2018）；文化治理要素短期有效而长期失效，村规民约制定不规范，内容空泛，缺少有效的执行机构支持和政府监督（王留鑫、赵一夫，2022；刘思思，2021）；数字技术等新治理技术效果有限（沈费伟、杜芳，2022）；乡村出现"强行政，弱自治"局面，乡村治理内生秩序生成受到阻碍（李梅，2021）等。这都造成乡村治理的各种政策创新效果不佳。

在生活富裕方面，研究者关注了农民在日常生活中所关切的多个方面。第一，农业收入低。农村劳动力主要通过在外务工满足家庭需要，青年劳动力由于缺乏从事农业生产的经验而选择外出就业，因此农民回乡就业意愿普遍较弱（蒋海曦、蒋玲，2019）。第二，农村缺乏优质医疗资源。有研究认为，农民公共卫生意识不足，医疗保障形式单一且作用有限，农民享受医疗服务的水平受到家庭经济条件的影响（林建，2020；白描，2020）。第三，乡村教育衰败。有研究发现，乡村学校专任教师流失严重、办学硬件设施较差，大量农村中小学撤并增加了农村儿童的就学负担，乡土文化融入教材的难度较大，乡村教育总体质量不高（徐金海，2021；石鸥、周美云，2019；刘奉越，2018）。第四，农村人口老龄化问题严重，老年抚养比较高，养老服务存在巨大缺口（李建伟、周灵灵，2018）；目前养老投入多向城市侧重，农村养老服务水平低、供需不平衡且转型艰难（张志元，2021）。第五，在基础设施建设与基本公共服务水平方面，仍然存在较大的城乡差距，且中部和西部地区农村发展水平明显低于东部（许庆等，2022；陈宗胜、朱琳，2021）。

最后，还有研究者从总体上提出乡村振兴需要避免的一些错误做法。例如，在乡村振兴战略实施过程中，要避免大跃进、无参与、太单一、增负担，而是要循序渐进、激活村民、因地制宜、精准解压（刘合光，2018）。乡村振兴既要避免"一刀切"式振兴、单方面物质振兴、依赖外力振兴、黑色振兴、运动式振兴、输血式振兴等方式（刘润秋、黄志兵，2018），又要避免陷入行政工作中的"敷衍塞责"误区、制度设计中的"衔接不畅"误区、行动实践中的"脱离群众"误区（卢黎歌、武星星，2020）。还有研究指出，乡村振兴不是"去小农化"，不是乡村过度产业化，不能盲目推进土地流转，不能消灭农民生活方式差异，不能轻视基层"三农"工作等（叶敬忠，2018）。

关注乡村振兴面临的现实问题与挑战，指出应避免陷入的政策与实践误区，有利于乡村振兴研究迈向政策反思和理论批判。但是这些问题分析在宏观思维与微观思维之间的桥接上尚有不足，存在微观分析过于具体和表象化、宏观分析过于抽象和脱离现实的情况。乡村振兴虽然是国家层面的一个长期宏观战略，但无论是政策文本、具体举措还是项目体系，都非常庞杂。乡村振兴战略还会经历纵向传递、横向碰撞或前后调整，其中会存在多元主体持续不断的解构与重构，也会存在主体间的矛盾与冲突，以及来自内外环境的挑战，每一个因素都可能会对农民的生产生活细节产生影响。例如，农户粮食生产会因为生态保护政策限制而遭到野生动物破坏；区域产业转型升级会通过影响村庄劳动力结构而改变农户家庭生产决策；网络技术的进步和短视频的普及会在打破信息传播时空限制的同时，增加农民从非正式渠道误读政策的可能性；等等。因此，乡村振兴研究既要以小见大，又要由表及里，从具体的行动遭遇透视制度根源，通过不断在宏观与微观之间穿梭，考察问题产生的机制与逻辑，准确把握乡村振兴中的本质问题。

（三）城乡关系与要素关联

乡村振兴不只关乎乡村，还会影响国家现代化发展整体方向与进程。乡村振兴战略的全局特性决定了相关研究既要注重乡村振兴政策自身的整体性，也要看到其关联性，即乡村作为社会结构的一部分与其他子系统之间的互动关系，乡村发展对其他结构发展和社会整体发展的影响。乡村振兴政策的出台和落实会激发很多潜在的社会关联，这些社会关联反过来又会作用于乡村振兴战略的实施。

首先，对乡村振兴的研究绕不开对城乡关系的讨论。城乡之间发展不平衡，农村发展相较于城市发展不充分，农业农村现代化相较于城镇化、工业化和信息化有所滞后，这些是中国发展中最大的不平衡（周立，2018）。一些研究者认为，传统中国的城乡关系体现出"相成相克"的历史特征（李金铮，2020）。虽然城乡关系逐步从分割走向融合，但是乡村衰败的情况愈发严重（张海鹏，2019）。在发展过程中，劳动力、土地、公共资源等投入长期偏向城市，且城市发展对农村的辐射与带动作用不足（刘润秋、黄志兵，2018），导致城乡之间的发展差距愈发显著。因此，城市与乡村应该构成一个相互支持的可持续有机体，要坚持乡村振兴与城镇化双轮驱动，促进城乡要素双向流动循环，构建新型城乡结构关系（陈丹、张越，2019；刘彦随，2018）。

其次，农业现代化发展关系到全产业链的协调与融合。全球范围内的产业分割导致农业丧失多功能性，并进一步造成了乡村衰落（周立等，2018）。因此，推进产业兴旺是实施乡村振兴战略的首要任务，可以为乡村发展提供扎实基础和强劲依托（姜长云，2018）。农业是乡村的主要产业，但是以农业为主的乡村产业对国民经济和农民收入增长的贡献并不显著，必须推动农村一二三产业融合发展（李国祥，2018）。乡村产业融合基于产业要素的同质性和差异性，土地、劳动力、资本、技术、信息等要素在一二三产业的配置和重组决定着产业融合的方式与水平（江泽林，2021）。因此，乡村产业要以农业为核心，基于农业多功能性，培育乡村产业融合新业态，充分发挥六次产业的加法效应和乘法效应，以产业兴旺激活乡村振兴（周立等，2018）。

最后，区域之间乡村发展水平和乡村振兴路径之间的关系也是研究者关注的重点。有研究指出，东部、中部、西部呈阶梯分布状态，且东部地区的内部发展差异大于中西部地区（芦风英等，2022），因此东部经济发达地区的村庄建设应该定位为"更强、更富、更美"，中西部农业型村庄的乡村振兴应该重视公共服务和基础设施的健全与完善（桂华，2018a）。除了关注地理区域，还有一批研究者专注于边疆民族地区的乡村振兴。他们认为，边疆民族地区受到自然、历史、文化等多重因素的影响，在乡村产业发展、生态环境建设、乡村治理等方面都面临更为严峻的挑战，是乡村振兴战略实施的重点和难点（曹昶辉，2018），但是民族地区在地理区位、文化多样性、特色资源等方面存在天然优势（钟海燕、郑长德，2020；安治民、任坤，2019）。

乡村振兴事关国家发展全局，因此在研究中需要特别重视分析局部与局部、局部与整体的关系。例如，应重视对城镇化与乡村振兴的双向影响、城乡人口流动对人才振兴的影响、产业融合中的农业转型升级、乡村振兴的区域协作机制等的研究。除了制度层面的考量，还需要关注不同物质链与社会关联中行动者的角色定位、任务分工、权责分配等问题，探索多个行动者之间如何构成高效、协调的乡村振兴行动关系网络，等等。

（四）模式探索与行动研究

从政策文本、制度设计、理论阐释层面探讨乡村振兴，构成了乡村振兴主题相关文献的很大一部分。这类研究能够为乡村振兴提供丰富的内涵说明和方向性启发，但与乡村振兴的具体行动和实践还存在较大距离。有研究者指出，乡村振兴研究应当重视学术的实践品格，从"围观"走向"行动"（樊凡、刘娟，2019），促进田野工作与行动研究的并轨（孙庆忠，2021）。有些研究者开始将研究视野聚焦地方做法和模式经验总结；另外一些研究者则参与乡村振兴的具体实践行动，创新和推行一些地方性的"行动试验"，力求通过行动与研究的互动，探索乡村振兴的多样化实践方案。

根据地方发展经验和效果，研究者总结了多种乡村振兴模式。例如，集体经济模式，贵州省塘约村在村党组织的领导下，通过发展农村集体经济和合作经济实现了脱贫致富，探索出一条实现乡村振兴的内生发展路径，形成了"塘约经验"（冯道杰、程恩富，2018）；再如，城乡融合的区域协调发展模式，苏南地区形成的"新苏南模式"充分发挥了大城市经济辐射作用和工农业相互促进的优势，构建了一个区域协调和城乡联动的格局（武小龙、谭清美，2019）。还有研究将乡村分为集聚提升类、三产融合类、城郊融合类、特色保护类、搬迁撤并类，认为要根据不同的乡村类型，探索差异化的乡村振兴模式（文琦、郑殿元，2019）。例如，有研究就专门指出山区乡村产业振兴的路径，提出要重新审视山区资源价值，注重农业和非农业两方面发展，通过引进人才、重塑业态等，为山区发展提供保障（叶兴庆，2018b）；还有研究指出，民族地区村庄在乡村文化产业发展方面具备比较优势，适合以文化产业推动乡村振兴（叶林，2021）。

除了地方政府引导乡村发展，社会组织也是乡村振兴的重要行动者。社会组织既包括农村内部的农民自组织，也包括外来的非正式社会组织。外来社会组织能为乡村带来新的发展思路、发展理念和发展力量。有研究指出，智库对地方乡村振兴实践的"弱干预"，能够对政府"强干预"形成重要补充（姜庆志，2018），如高校团队在河北省村庄探索的"巢状市场减贫与乡村振兴试验"（贺聪志、叶敬忠，2020）、在河南省村庄开展的以乡土文化复兴为目标的"弘农试验"（何慧丽等，2021）、在云南省农村培育的"乡村CEO"（李小云，2022）、在河南省农村创办的"社区大学"（孙庆忠，2019）等，以及发起投身乡村振兴战略的行动倡议（叶敬忠等，2022）、探索"社区为本"的乡村振兴模式（文军，2022）、推动新乡贤建设实践（胡荣，2022）等。还有一些研究关注民国时期乡村建设运动，从历史经验中获得对当代乡村振兴、乡村建设行动的启示（郭占锋、黄民杰，2021；刘金海，2021；潘家恩等，2020）。

这些地方行动和实践呈现了乡村振兴从理想到现实的转变。乡村振兴战略实施时间尚短，脱贫地区将精力大多投入巩固脱贫攻坚成果和防止返贫方面，非脱贫地区虽然已经开展一些乡村振兴实践，但仍然处于摸索阶段，其具体效果需要时间来检验。虽然一些地区已经形成经验或模式，但相关研究对这些经验和模式的呈现流于简单的描述，缺乏对实践中复杂矛盾与机制的深入学理分析。因此，围绕乡村振兴的行动研究虽已崭露头角，但尚未形成有影响力的系列研究，既有成果多是在脱贫攻坚行动基础上延续而来。对乡村振兴的研究应该充分发挥学术研究的实践品格，细致入微地分析乡村振兴的有效做法与经验教训，聚焦不同行动主体的行动方案及其分工与互动，从理论上思考结构与行动的相互制约和改造，在方法上体会制度分析与过程分析的交融互通，基于实践考察乡村振兴中农民主体性、项目进村、青年返乡等问题，充分体现社会科学研究者发现问题、理解问题、把握问题、阐释问题的学术素养，同时也要通过参与和投身乡村振兴实践的行动，彰显知识分子的社会关怀。

（五）国际视野与本土实践

乡村发展是任何一个国家实现现代化绕不过的话题，先发国家在应对这一问题的过程中探索出一些模式和路径。有研究者专注于乡村发展的国际经验研究，通过引介一些研究成果或实践案例，为中国本土乡村振兴提供启示与借鉴。

一方面，研究者关注欧美等发达国家和地区乡村发展的经验。英美两国的乡村发展具有相似性，两国都是通过严密的法律和政策为乡村发展提供制度保障，并着重关注乡村基础设施建设和公共服务水平，引导农业规模化经营并通过延伸产业链实现产业增值，通过专项发展计划进一步提升欠发达地区发展能力（龙晓柏、龚建文，2018）。欧盟主要成员国通过构建多元化经济政策、魅力型社区发展政策、创新性农村组织培育政策、兼容性生态保护政策等政策体系，应对农村社会在现代化进程中面临的多元问题（芦千文、姜长云，2018）。澳大利亚围绕"社区自助"的核心理念，注重对社区能人的培育和对社区文化的塑造，通过增强乡村社区自身发展能力促进乡村发展（武小龙、刘祖云，2019）。瑞典通过打造多元新型社会网络，助推乡村发展（李玉恒等，2019）。德国在"城乡等值化"理念的引导下，推动打造多功能农业和多功能乡村，以"自下而上"的乡村规划更新乡村发展格局（茅锐、林显一，2022）。法国通过强化土地管理、开展农民职业教育和农业经营资格认证等方式，为乡村发展提供稳定均衡的土地资源和高素质的劳动力（汪明煜、周应恒，2021）。

另一方面，日本、韩国等东亚国家乡村发展的经验也是学界关注的重要内容。东亚国家的乡村变迁在理论和模式上存在关联性与连带性，围绕日本、韩国开展社会政策比较研究能够为中国乡村振兴提供借鉴（田毅鹏，2018）。日本充分发挥顶层设计政策的引导作用，围绕缩小城乡差距，形成了完善的法律保障与政策支撑体系（曹斌，2018），在具体实践上探索形成了"一村一品"运动、公路特色驿站、"农工商连协"农业产业融合模式等（胡霞、周旭海，2021；李娜，2020；李玉恒等，2019），为解决乡村发展问题提供了有益支持。韩国自1970年开始开展"新村运动"，逐步解决乡村地区的发展问题（陈业宏、朱培源，2020），形成了政府主导、政策激励的机制，探索了村庄承包经营、复次项目管理等模式，充分发挥了村庄精英的领导力和村民参与协同创新的能力（韩道铉、田杨，2019），助推本国乡村实现了现代化转型。

此外，一些学者陆续在国际期刊发表有关中国乡村振兴战略研究的英文成果。这些成果除介绍和阐释这一战略，还涉及乡村振兴中的规划与土地、劳动力与人力资源、乡村旅游、农村电商网络、生态农业等议题（Long et al.，2019；Ma et al.，2019；Wang et al.，2019；Rao，2022）。然而，从各大数据库检索结果以及这些文章的文献引用和被引情况来看，英文学术领域有关中国乡村振兴战略的讨论仍以中国研究者为主，国外研究者在相关研究中处于缺席状态，有效的国际学术讨论和对话尚未形成。部分涉农国际组织和机构在相关会议或报告中，对全球范围及中国的乡村振兴给予了关注，议题涵盖农业创新、青年乡村就业、可持续食物体系、能源与环境等诸多方面（FAO，2018，2019；IFPRI，2019）。国际食物政策研究所（IFPRI，2019）在《2019 年全球粮食政策报告》中，聚焦和呼吁通过乡村振兴，应对世界各地农村持续存在的危机，强调乡村振兴是实现《2030 年可持续发展议程》和改善农村生活的重要途径。

通过对不同国家乡村发展历程的比较，可以发现政策干预、立法保障、乡村自主是众多先发国家乡村发展的共性经验，但是不同国家的发展基础、条件和目标均存在差异。总体来看，关于国际乡村发展的研究，仍存在细致程度不够、研究成果同质性强、对前沿理论和经验的引介不足等问题，既缺乏中国研究者对国际乡村发展的海外田野研究，也缺少海外研究者对中国乡村改革发展历程的全面深入了解。如此格局的出现，主要是因为中国研究者长期缺席国际乡村研究与农政研究的理论讨论，未能参与到国际学术界对一些关键问题的持续对话中。因此，面对国际乡村发展经验，尊重、借鉴是基本原则，既不能盲目夸大其适用性，也不能简单搬出"国情特殊论"将其拒斥或贬低，而是要在充分认识历史差异、文化差异等的基础上进行客观评价与审视，在尊重前提下有选择地借鉴。中国研究者也应放眼全球，理解和阐释中国乡村振兴经验与模式，以高质量研究成果参与国际学术对话与讨论，在国际舞台上讲好中国故事。

二　乡村振兴研究的学术争鸣

乡村振兴是中国涉农领域的重大发展战略，从实践层面来看，涉及乡村发展的多个方面，相关的行动主体、实践议题、体制机制等均具有非常复杂的特征。研究者虽然在很多方面形成共识，但是围绕其中的一些关键问题存在持续的对话与争论。

（一）小农生产与规模化经营的适用性

农业是乡村的基础产业，乡村振兴离不开农业产业的发展转型。围绕小农生产与规模化经营的适用性问题，一些研究认为，规模化是实现农业现代化的关键，家庭种植小规模经营方式无法提高农业竞争力（张红宇，2020），因此实现农业现代化最为关键的一步，就是向集约化和规模化的种植经营方式转型（郎丽娜、吴秋林，2019）。发展规模化农业能够促进村庄新型农业经营主体的增加，并带动小农户对接市场，从而获得经营效益（黄博，2020）。

另一部分研究者则主张在小农农业的基础上，探索农业现代化转型道路。他们认为，"规模农业是必然趋势，但不是理想的结果"，农业规模经营是若干条件发展成熟后的产物（朱启臻，2018a）。目前，中国农业的主体仍是小农户，而不是规模农业，且中国小农经济还有较大的继续现代化的发展空间（黄宗智，2021）。在农业功能向生态、生活等领域延伸的背景下，小农户更具有发挥多功能农业作用的潜力（叶敬忠，2019：89），而由资本主导的大规模农业在乡村遭遇诸多实践困境，难以适应地方性生产条件和乡土社会关系网络（吴存玉、梁栋，2019）。还有研究发现，小农户在粮食生产中拥有充分的经济理性和自我执行能力，并对市场要素的变化拥有灵活的响应能力，能够自行选择具有比较优势的粮食作物，从而在家庭经营层面保证中国的粮食安全（罗必良等，2018）。因此，乡村振兴不应该是简单的"去小农化"过程（叶敬忠，2018）。

小农户和规模农业不存在非此即彼的绝对冲突关系，农业农村现代化也并不意味着一定要以规模化、机械化经营替代传统的家户经营。有研究认为，小农户和新型农业经营主体能够发展出一个互利共赢的耦合机制（徐晓鹏，2020）。因此，国家提出适度规模化以及小农户与现代农业发展有机衔接两种方案并行的策略，探索适合当前国情与地方实际情况的农业转型道路。

（二）壮大新型农村集体经济及其风险反思

自中华人民共和国成立以来，集体经济虽然经历了多次调整和改革，但一直是农村经济的重要组成部分，是实施乡村振兴战略的重要依托（高鸣、芦千文，2019）。有研究指出，新型农村集体经济是在农村基本生产经营制度不变的基础上，通过现代产权制度改革，秉持农民自愿合作、自愿联合的理念，以成员共同富裕为目标的村庄经济组织新形态（余丽娟，2021）。以村集体为基础的农业组织化，能够充分发挥整合小农户的作用，促进小农户与现代农业发展有机衔接（潘璐，2021）。农村集体经济还能发挥社会保障功能，弥补国家社会保障的不足或盲区，快速应对农民的需求（唐丽霞，2020）。农村集体经济还能提升农村集体行动能力，有利于村庄开展公共事务，并能够通过提升乡村社区公共财力、重塑乡村社会秩序与文化、增进乡村社区凝聚力三个机制，促进乡村实现有效治理（王亚华、臧良震，2020；吕方等，2019；吴重庆、张慧鹏，2018）。

除了上述对农村集体经济功能的肯定，一些研究还对农村集体经济进行了反思。在实践层面，有研究通过对"传统苏南模式"和"新苏南模式"的对比发现，依赖集体产权的"传统苏南模式"具有政企不分的发展局限，在产权界定、市场调节方面不如以自由市场和混合经济模式为特征的"新苏南模式"（武小龙、谭清美，2019）。还有研究以"塘约经验"为标靶，指出中国中西部贫困地区取得的发展成就主要得益于政府政策支持和资金倾斜，并非直接受益于农村集体产权制度改革，集体经济也并不能成为乡村治理的根本影响因素（夏柱智，2021）。在制度层面，有研究指出，中国农村集体经济统分结合、双层经营的形态存在重"分"轻"合"的问题（李韬等，2021），导致集体和农户利益联结机制缺失；在实践中过分强调其经济目标，导致社会的缺席（李文钢、马良灿，2020）。

有关农村集体经济的研究，存在案例特殊性和理论模糊性两个局限。首先，支持农村集体经济发展的研究往往使用一些特殊的集体化村庄案例，这些案例常常具备时代烙印和个体特征明显的发展要素，拥有特殊的外部支持，难以成为可供参考的模式。这就导致基于案例形成的理论，很难指导大部分乡村的发展实践，只能作为一种带有学术色彩的经验总结。其次，关于农村集体经济的反思性研究成果也存在模糊性局限。很多研究呈现的实际上是多个时代农村集体经济遭遇的共同问题，并没有结合新的时代要素提出理论上的创见，在指出问题之后也没有提供具有实践价值的替代方案。

（三）农村土地的市场潜力与风险

土地是农业、农村发展最重要的生产资料，也是农民生活的空间基础。

农村土地制度改革关系到农村生产要素的调整和生产方式的变化。农村宅基地入市、农民承包地流转是乡村振兴研究中备受关注的两大议题。

是否将农村宅基地定位为有待激活的"沉睡资产"，是研究者的一个关键争论点。有研究者认为，推进宅基地"三权分置"改革能够激活百万亿的农村宅基地市场，宅基地的产权化改革能够增加土地的财产性功能，成为乡村振兴新抓手（任大鹏、王俏，2019；郑风田，2018）。另一些研究者则认为，宅基地进入市场不仅有可能造成资源错配，还会切断进城失败农民的返乡退路，因此需要让农民进城后一段时间仍保留宅基地，这是农民的基本保障和合理的资源冗余（贺雪峰，2021，2019：179-195）。

农民承包地流转是研究者讨论的另一焦点。有研究认为，土地流转政策为农村产业发展提供了很大便利，可以为农村人口向城市转移的过程中有土地转换收益和退路，推动城市人口下乡、促进产业发展（谢地、李梓旗，2020）。适度的土地流转能够催生新的农民阶层和经济组织，对提升农村集体行动能力具有正面影响（苏毅清等，2020）。还有一部分研究强调土地流转之后的潜在风险。例如，农户将土地流转给资本开展规模经营，会面临土地权益风险、社会保障风险和土地利用风险，这些风险会同时对农户、社会经济子系统、土地生态子系统造成负面影响（陈振等，2018）。土地流转不仅会影响小农户生产和生计，对流转方及相关主体也并非一定有利。例如，市场化的土地流转模式对于企业来说增加了人力和物力成本，埋下了企业与农户之间的矛盾隐患；行政化的土地流转模式会增大地方政府的财政兜底压力（陈义媛，2020a）。

学界关于农地市场潜力及其风险的研究和对话由来已久。农地具有多元属性，既是乡村产业的基本生产资料，也是农民生活的物理空间，还是农民乡土文化的情感寄托。土地制度变革关系到国家粮食安全、城乡发展格局、农民生活保障、农民精神情感等诸多层面，若处理不当还有可能导致地方发展受限、激化基层矛盾等微观现实问题。因此，农地制度是"牵一发而动全身"的核心制度体系，虽然国家政策设计和法律法规在持续完善，但对其效果的评判还需要更多案例积累和经验检验。

（四）绿色农业的发展困境

绿色农业发展不仅是乡村产业问题，也是生态问题。很多研究将实现绿色农业的希望寄托在绿色农业耕作技术的推广和应用上，认为通过生物防治、水土资源管理、减少化肥农药投入、有机肥替代等方案，就可以推动农业的绿色转型（张云华等，2019；于法稳，2018），并总结出当前绿色农业发展的多种模式和生产体系，如"小麦+"绿色高效生产、种养循环生产模式等（何劲，2021）。

然而，绿色农业发展不仅仅是技术问题，还涉及农业生产、农村生态、农民生活的全过程，蕴含着经济、社会、生态等全方位的可持续发展目标（孙炜琳等，2019）。已经有研究发现，中国的绿色农业长期依赖于技术进步的单方面驱动，并没有有效解决农业污染和环境损耗问题（郭海红、李树超，2022）。因此，除了技术要素，还有很多社会性要素影响绿色农业的发展。例如，有研究发现，农户采用农业绿色技术在很大程度上受到社会网络和同伴效应的影响（刘瑞峰等，2022），农户在寻求生产绿色转型的过程中面临规则性压力、规范性压力、文化—认知性压力等制度性约束（陈卫平，2018）。因此，绿色农业发展需要建立集技术、模式、制度等于一体的生产体系，加快绿色生产与绿色服务的融合发展（何劲，2021），并不断强化宣传引导、完善补贴政策、重建有机食物社会信任（文丰安，2022；左喆瑜、付志虎，2021；何劲，2021；卢成仁、郭锐，2020）。只有这样，才能有效推动绿色农业在生产、流通、消费等环节的协调发展。

学界围绕绿色农业的对话源于不同学科领域的差异化研究贡献，这些差异化研究从不同专业角度呈现了绿色农业发展的不同侧面。绿色农业、生态农业、有机农业、循环农业等环境友好型农业发展道路，都涉及复杂的生产、流通、消费过程，是物质条件、自然规律、技术手段和社会安排等内容协调统一的结果，同时存在多元利益与话语之争，需要多学科、多领域、多视角的交叉研究成果引领其进一步发展完善。

（五）乡土文化风俗的保护与改造

乡土文化代表了中国乡村社会的传统底色，是实现乡村振兴的重要文化基础。然而，城镇化快速发展导致乡土文化受损衰落，一些农民对乡土文化价值也缺乏深刻认识和理解，造成乡土建筑遗产等被破坏、损毁（黄震方、黄睿，2018；索晓霞，2018）。乡土文化丰富多样，涉及多种类别，需要以差异化的政策对待。哪些乡土文化形式该被抛弃，哪些该被保护和传承，哪些该被改造，是研究者讨论的焦点。

首先，封建迷信、落后风俗、陈规陋习等乡土文化糟粕应该被抛弃。移风易俗是实现乡风文明的重要内容，与社会建设、治理有效紧密相关。国家和政府在移风易俗进程中居于主导地位，实施了大量移风易俗行动，但是单纯的文化管理模式有可能导致政府角色错位，引发乡村文化主体的抵制（唐钱华，2019）。其次，名胜古迹、非物质文化遗产等具有历史价值的传统乡土文化形式应该被保护和传承。有研究认为，中国传统村落数量在不断减少，在村落保护方面存在复合型、碎片化问题，农民对乡村文化遗产的记忆与价值认同正在不断流失（叶敬忠，2019：295-313；孙庆忠，2020）。因此，乡村振兴中的农业文化遗产保护应该以农民利益为出发点，促进农业文化在乡村社会中的建设（陈加晋、卢勇，2022）。最后，农民对日常生活文化的需求在不断升级，需要与时俱进地对乡村文化进行改造和优化。乡村公共文化空间弱化是普遍问题（陈波，2018），因此要在文化供给上形成以政府为主体、多元配合的供给体系，丰富文化供给内容的层次性，使乡村文化符合农村人口日益增长的对美好文化生活的需要（徐勇，2018）；要以综合主义进路理解文化治理，促进社会组织参与乡村文化振兴，形成多元发展主体合作共治机制（吴理财、解胜利，2019；徐顽强等，2019）。

有关乡土文化保护、传承与建设的研究容易陷入抽象的阐述，缺少可操作的、策略性的知识供给。因此，此类研究应该强化行动层面的田野调查和田野实践，探索具体的乡土文化治理和乡村文化振兴的路径与方案。

（六）乡村治理中现代治理手段与传统治理要素之间的张力

关于乡村治理体系和治理能力现代化的研究，是乡村振兴研究的重要方面。随着社会主要矛盾的转化，传统乡村管理方式开始面临困境，乡村治理需要进行优化升级（张新文、张国磊，2018）。在国家权力、乡村体制和基层社会三个因素的交织影响下（桂华，2018b），中国乡村治理探索出很多新的手段，形成了新的特征。第一，国家权力通过项目下乡、农村基层党建、财政支付干部报酬等方式，全面渗入乡村社会（景跃进，2018），"行政吸纳"机制在乡村治理的很多领域中奏效（陈义媛，2020b；张明皓、叶敬忠，2020）。第二，脱贫攻坚形成的第一书记、驻村工作队制度在乡村振兴中仍将发挥重要作用，并逐步转向常规化、常态化（王晓毅、阿妮尔，2021）。

有研究认为，驻村工作队队员是"具身的国家"，国家和社会能够因此实现联结与"互见"（邓燕华等，2020）。这种制度也能提升乡村治理的规范化和正式化水平（程同顺、许晓，2020）。第三，网络技术的发展和普及促进了数字乡村建设，在乡村治理领域掀起了对技术治理的研究热潮（刘少杰，2021；沈费伟，2020）。

基于上述变化，国家对乡村事务直接介入的能力不断强化。有一些研究者对这一趋势表达了担忧，并开始强调乡村治理中传统要素的重要性。他们认为，国家在权力不断下沉的过程中，要摆正"公共事务管理者""公共物品提供者"的角色，明确其公共性（于建嵘，2019）。政府应认识到社会力量是乡村治理的重要主体，应鼓励和引导社会力量积极投身乡村振兴，形成"乡村社会治理共同体"（李怀瑞、邓国胜，2021）。另外，现代化转型要求并不意味着排斥传统治理方式，要注意保持传统乡村管理体制的部分稳定性，以适应大部分农村发展需要，避免用管理城市的办法管理传统农村（贺雪峰，2017）。在激活传统乡村治理资源方面，研究者关注较多的是新乡贤作用的发挥，形成了"补偿型经纪""任务型乡贤"等阐释，认为培育新乡贤是乡村振兴内生主体基础构建的重要路径（吴晓燕、朱浩阳，2020；许汉泽、徐明强，2020；龚丽兰、郑永君，2019）。

研究乡村治理现代化转型的基本观察单元，是治理要素和治理手段的更新与变化，这触及传统与现代的遭遇这一根本性问题。在具体的研究中，应该观察到传统要素的现代化嬗变，以及现代要素发挥作用时的社会基础，同时着眼于国家制度环境、政策顶层设计等强关联要素对乡村治理的影响机制，并重视农民群体结构变化以及他们对治理技术的体验与反馈，深入对治理实践与行动系统的参与观察，扎根田野，探索乡村治理的民族志研究方法，推进关于乡村治理有效的研究。

（七）引入与培育并行的"双轨"人才振兴机制

当前，在乡村振兴战略实施过程中存在人才短缺问题，急需产业经营管理人才、环境治理人才、文化传播人才、乡村治理人才、医疗和教育等专业技术人才扩充乡村人才队伍（卞文忠，2019）。当前，研究者围绕外部引入和内部培育两种人才振兴机制开展了广泛讨论。

首先，引进外部人才在很大程度上依靠政策支持和特殊制度安排，如大学生村官、驻村工作队等制度。在地方实践中，部分地区探索出以聘用制和行动式策略引入专业技术人才（唐丽霞，2021）、通过建设市场共同体吸引人才等方式（郭占锋等，2021）。

其次，吸引长期在外的能人返乡，也是引进外部人才的一种方式。当前，农村人口外出规模仍然大于返乡规模，但是人口回流增速已经超过外流增速（雷鹏飞、赵凡，2020）。有研究发现，农村青年返乡创业的意愿强烈（林龙飞、陈传波，2018）。有一部分研究指出，外出农民返乡能够促进乡村组织建设，推动社区文化复兴，增强村庄内生动力，等等（刘祖云、姜姝，2019；孙九霞、李怡飞，2020；朱冬亮、洪利华，2020）；还有一部分研究认为，农民返乡会遭遇制度困境、权威困境、市场困境、行动困境等问题（陈军亚，2019；林龙飞、陈传波，2018；聂飞，2018；吴瑞君、薛琪薪，2020）。

此外，村庄内部仍然有一些人才存量，需要通过精心激活和培育，发挥其作用。有研究指出，虽然农村留守人口仍面临严峻的照料负担、婚姻危机、疾病隐患等（汪淳玉、叶敬忠，2020），但是农村青年女性通过有限的机会和途径主动学习技术，融入与扩大家庭农业生产，发挥女性生产力，甚至通过进入公共政治领域或相关产业，成为村庄精英或骨干（蒋燕等，2021；陈义媛、李永萍，2020）。还有研究表明，可以通过组建老年人协会的方式，帮助留守老人对接外部资源，激发老年人的主体性并带动村庄内的其他群体（李永萍，2019）。

在乡村振兴中，外部人才和内部人才都是不可或缺的力量，二者之间可以做到优势互补。当前的乡村人才振兴研究，大多数是对乡村人才振兴重要性、可行性、类型、困境等基础问题的阐释，而那些呈现乡村人才振兴实践方案的研究虽然具有一定的启发性，但所提出的机制或模式因受制于太多前置条件而不具备一般可推广性。因此，有关乡村人才振兴的研究应该进一步细化和聚焦，思考促进城乡人才流动的制度设计、产业与人才的互动关系、留住人才的资源支持网络等具有现实意义的关键问题。

总之，上述关于乡村振兴研究学术争鸣的梳理，是对目前研究者关注较为集中的几个方面及代表性观点的梳理，并没有穷尽所有研究者的相关论述，而且随着研究成果的不断发表，相信会有越来越多的深入分析或替代方案呈现在学术舞台上。

三　对乡村振兴研究的反思与展望

总体来说，农村社会研究者围绕乡村振兴开展了大量研究，其中不乏具有理论价值和实践意义的创新成果。例如，对乡村振兴历史必然性和现实必要性的解释为政策实施提供了坚实的理论基础，对国际经验和地方经验的研究为乡村振兴工作的推进提供了可借鉴和参考的方案，一些组织或机构参与乡村建设的行动为乡村地区带去了新的活力。但是，海量的文献中也存在一些质量较低的重复性工作，并缺少以深入一线的农村社会调查为基础的研究；所形成的研究结论往往过于简单化，对相关研究领域和学术体系的基础理论问题缺乏必要的回应；一些研究成果流于纸面，对乡村振兴实践行动的指导意义有限，更缺乏现实的行动响应。因此，在对当前农村社会研究的整体图景和学术争鸣进行梳理与总结的基础上，本研究认为，未来的乡村振兴研究可以在农民视角、问题意识与问题取向、学术实践框架等方面继续深耕，以提升学术研究的整体性与层次感，增强其真实性与实践感。

（一）丰富农民视角的乡村振兴研究

乡村振兴战略一经提出，就受到政界、学界和社会舆论的广泛关注。然而，在热烈讨论的背景下，很难听到作为乡村振兴最重要主体和核心受益者的农民群体所发出的声音。在乡村振兴研究中，回答"谁的振兴""谁来振兴"两个问题至关重要。虽然多数研究强调农民在乡村振兴中的主体地位，并在理论层面进行了说明和阐释，但是农民视角并未被充分纳入研究和实践中，农民的想法和评价往往被裹挟进各式各样的立场与观点中，他们或是被代言，或是被误解，或是被忽视。

围绕乡村振兴开展研究，倾听农民的声音、了解农民的想法是最为基础和关键的环节。农民是乡村振兴政策最主要和最直接的体验者，知晓他们的生产选择、文化需求、政治诉求、生活策略，能够为乡村振兴政策设计与决策提供根本性依据。在乡村振兴研究中，将研究视角聚焦农民群体，与宏观的政策研究和抽象的学术分析并不矛盾，反而能够成为把握乡村振兴中真实问题的牢固抓手和稳定根基，可避免研究者常见的过于重视专业知识或过分追求高度概括的结论而忽视生活实践，进而陷入"制度消解个体及其微观实践"的视野局限。因此，乡村振兴研究要将农民的主体性问题置于思考的前端，从倾听农民心声、理解乡村现实出发，发现乡村发展面临的真实问题，将农民对乡村振兴的理解和期待内化于学术研究中，找准激发农民主体意识和农村内生动力的方向，为政策的完善与优化提供有益参考。

深入农民群体的调研提醒我们，农民眼中的美好生活是基于自身生存本位、职业本位、经验记忆、情感牵绊、内外信息碰撞而生成的生活体验（李红艳，2019）。返乡创业者、留守老人、留守妇女、留守儿童都有能力成为乡村振兴的主体，这些内生力量不应该被遮蔽或陷入争议（赵月枝、沙垚，2018）。从农民视角切入观察就会发现，乡村振兴中还存在很多其他视角的研究未能给予足够关注的问题。例如，农村土地制度除了涉及市场化与经营规模，也会在一定程度上对农民生计、乡村其他产业发展造成制度阻碍；农民进城或返乡不单单是为了提高家庭收入，子女教育、赡养父母、个人养老、市场机遇等也都是影响农民去留选择的真实因素，其背后还存在性别、年龄、文化程度等方面的差异；村庄有政策、有项目并不意味着一定能优化农民生产生活条件，其间还存在分利秩序不平等、农民消极参与等现实问题。因此，在研究中增加农民视角的理解与阐释，能够大大提升乡村振兴研究的层次，增强其真实感与实践感。

（二）强化乡村振兴研究的问题意识与问题取向

目前，围绕乡村振兴的研究存在大量重复性工作，主要表现为对已形成共识的结论进行反复论证和说明，如阐述乡村振兴的重要性、必要性和具体内涵，揭示乡村振兴面临的风险与挑战、困境与误区，以及对某些发达国家或地区乡村发展经验的介绍，等等。而在关于实践案例的研究中，存在较多对脱贫攻坚时期做法的重述，或只是用乡村振兴的理念和框架对一些实践案例进行重新包装。通过这一类型的研究实现对关键问题的强调固然必要，但更多的研究力量应投在对乡村社会发展变迁基础性和规律性问题的识别、理解与分析上，通过对乡村振兴研究中问题意识与问题导向的强化，推动研究创新和对既有知识的增量贡献。

首先，聚焦乡村发展变化是提出有意义的研究问题的策略之一。这要求研究者能够敏锐地捕捉到乡村振兴战略背景下影响乡村发展的存量与增量要素，识别哪些传统要素仍在发挥作用，又有哪些新的要素加入进来；还要求研究者准确把握各种要素的动态变化，即传统要素在新背景下产生何种变化，新要素又建立在何种传统条件之上，二者的互动产生了怎样的结果；等等。例如，思考如何对脱贫攻坚既有成果进行拓展以适应乡村振兴战略目标，新的治理手段和技术的加入给乡村治理带来什么样的变化，政策不断调整会对农民造成什么困扰，农民在医疗、养老、教育等方面有哪些长期忧虑和新的需求，等等。关注因时代发展变化而出现的新现象、形成的新问题，能够避免学术研究陷入旧事重提、老生常谈的重复工作之中，有助于产生创新性观点和突破性成果。

其次，通过学术对话提出问题也是培养农村社会研究中问题意识的关键方法。第一，围绕乡村振兴的学科间交流与对话非常必要。不同学科领域观察乡村振兴的视角具有差异性，即便针对同一问题，关注的焦点也各有不同。例如，关于乡村产业发展这一问题，经济学更强调产业经济效益，地理学更倾向于研究产业空间布局，社会学则更关注产业如何嵌入乡村社会，等等。这些基于学科本位的问题发现在学理上不存在优劣之分，但其呈现的往往只是复杂社会现实的一个侧面，若能使多个侧面交融碰撞，则能更加精准透彻地把握问题的本质。而乡村振兴涉及的人、事、物和关系非常庞杂，要求社会科学研究者拥有更多跨学科的思维，以各具特色的研究思路和研究方法共同促进对乡村振兴相关问题的整体性理解。第二，加强与经典理论、命题、概念的对话，回应学术体系和理论脉络关切的根本问题，强调乡村振兴研究的学术价值与使命传承，并将乡村振兴研究成果回嵌到相应的学术脉络中去，促进基础理论与研究方法的革新。第三，加强与国际学术界的沟通交流。除了要推动中国学者积极参与国际学术交流并向国内引介海外相关研究成果，还要鼓励中国学者围绕国际乡村发展经验开展海外田野调查，并支持国际学者到中国开展合作研究，在相互了解的基础上开展国际乡村发展比较研究，从而拓展乡村振兴研究的视野与面向。

最后，已有的乡村振兴研究存在为自己设置"证明题"的问题取向，这也成为当前该领域缺乏高质量成果的重要原因之一。不少研究对国家提出的发展理念、实施的政策方案反复进行再解释以证明其合理性，对乡村振兴的地方实践进行模式建构以证明其可推广性。诚然，一定数量对政策文本的解读拓展和对地方实践的总结提升是有必要和价值的，但若能在此基础上进一步思考政策设计的深层背景与逻辑、乡村如何灵活运用其他地方的经验形成自己的发展路径、政策和实践的结构性与制度性背景、相关主体的能动性及其互动，相关研究就会更加立体、生动、深入。在开展有关乡村振兴的社会研究时，故意靠近政策热点、刻意迎合政策要求的心理不可取，研究者应调整善做"证明题"的研究取向，围绕乡村发展遭遇的真问题进行批判性思考，从而为政策制定与执行提供有效的智力支持。

围绕乡村振兴所能提出的研究问题难计其数，理解这些问题的整体性特征并把握其中的复杂关联任务艰巨。目前，研究者大多根据自己的学科特色和研究专长进行分门别类的研究，这具有一定的局限性，容易将复杂问题简单化，无助于对问题的认识和理解，甚至可能制造更多新的问题。因此，在乡村振兴研究中，需要强化问题意识，修正一些虚假的问题取向，积极参与并推动学术对话与争鸣，拓展学术研究视角，丰富研究的想象力，探索构建学科交叉、沟通、协作、创新、共享的合作研究机制，从而不断厘清乡村振兴所涉及的若干根本问题，提升研究的整体性和关联性。

（三）构建"研究—政策—行动"一体化的学术实践框架

学术研究不应封闭在象牙塔内，农村社会研究更应将文章写在祖国大地上。在全面推进乡村振兴的背景下，研究者有必要围绕乡村振兴的整体实践，反思农村社会研究中的研究问题、研究过程、研究方法和研究意义，推动构建"研究—政策—行动"一体化的学术实践框架。

首先，乡村振兴研究应以田野和实践为基础，践行良好的实践品格，形成既具有深刻的学术意义，又具有政策和行动启示意义的研究成果。研究者应该深入乡村振兴的广袤田野，积极投身乡村建设行动，在丰富的田野实践中发现具有理论意义和（或）实践价值的研究问题，并通过扎实的田野调查和（或）伴随田野实践的细致观察，形成对问题的科学认知和判断，恰当运用无学科偏见的方法，分析问题背后的逻辑与规律，进而为下一步的研究、政策与行动提供方向性的启示和支撑。

其次，乡村振兴政策的生命力在于围绕其所开展的源源不断的研究与行动实践。除了对政策进行阐释，农村社会研究更应该关注乡村振兴政策传播的过程、媒介、效果以及农民的反馈，乡村振兴政策进入乡村的过程及其在基层的遭遇，乡村振兴的政策蓝图与地方实践之间的偏差，乡村振兴政策所产生的各种未预后果，等等。只有倾听基层声音，理解乡村振兴各种政策实践及其背后的逻辑，才能形成良性的政策互动与政策变迁，减少政策设计、执行、转换等过程可能带来的不利影响。政策总是需要具体的行动去落实，也需要通过行动实践来检验其效果。只有在对具体的政策实践与行动实践进行深入研究的基础上，新的政策建议与行动倡议才可能生成。乡村振兴研究者是政策上下沟通的桥梁，也是集政策、研究、行动角色于一身的综合实践者。

最后，乡村振兴行动既是相关研究和政策得以落地和落实的途径，也是可供挖掘新的研究主题与方案、新的政策建议与举措以及新的行动倡议与计划的富矿。乡村振兴需要全社会的广泛参与和行动，而对于大多数身处高等院校或研究机构的农村社会研究者来说，其参与乡村振兴行动的方式不仅可以是指出行动的可能性和方向，以便赋予学术研究以行动意义，还可以是与地方合作建设相关研究平台、实践基地或集多种功能于一体的综合性平台等，投身乡村振兴一线开展广泛的社会行动实践与试验，促进乡村振兴政策在各地的执行与落实，从不同层面支持和服务于乡村振兴工作的实质性推进。研究者参与乡村振兴行动的过程，也是在实践层面对既往研究、政策、行动的质量、效果、适用性、可持续性等的检视，以便改进和优化其中的一些内容、方法和制度等。

如此，始于政策过程与行动实践的乡村振兴问题，通过扎实的田野实践和学术研究，可以推动进一步的学术讨论与思考、政策优化与调整、行动方向与方案。这样的"研究—政策—行动"一体化的学术实践框架，亟待在乡村振兴的广阔舞台上得到更为充分的检验。

3
农民理解的乡村振兴

乡村振兴战略一经提出，就引发了社会各界的广泛讨论。不同群体基于各自的立场，形成了风格各异的乡村振兴理解体系。在政策设计者的理解中，乡村振兴战略是新时代"三农"工作的总抓手，在顶层设计层面要坚持"产业兴旺、生态宜居、乡风文明、治理有效、生活富裕"的总体要求，推动产业振兴、人才振兴、文化振兴、生态振兴、组织振兴，从而全面推进农业农村现代化。在学术讨论中，研究者基于不同的学科领域和研究专长，围绕乡村振兴的历史脉络、时代定位、主要挑战、模式探索、国际经验等方面形成了大量研究成果（陆益龙，2021；陈锡文，2018b；刘合光，2018；叶敬忠，2018；田毅鹏，2021），构成了有关乡村振兴政策与理论的阐释性理解体系。在基层工作推进层面，已脱贫地区将巩固拓展脱贫攻坚成果同乡村振兴的有效衔接作为主要工作抓手（张琦、万君，2022）；非贫困地区在乡村振兴的制度框架和政策体系方面取得重要进展，正在朝乡村振兴的第二阶段目标迈进（尹成杰，2022）；发达地区制定了更高的乡村振兴工作标准和目标，主要通过融合科技、文化等要素探索农业新业态，探索高质量乡村发展道路（唐丽霞，2022；朱思柱、卢勇，2021）。

相较于这些热火朝天的讨论与实践，农民群体的声音和行动尚未引起广泛的关注。作为乡村振兴的主体，农民不仅是乡村振兴的建设者，也是乡村振兴发展成果的受益者。因此，关注农民的理解，对于乡村振兴战略的顶层设计及其政策实施，具有重要的理论价值和现实意义。

一 农民对乡村振兴理解的整体图景

在调研中，研究人员以"您认为什么是乡村振兴？"开启问卷的主体部分，希望在与农民进行访谈之前，考察其对乡村振兴较为直接、直观的认识。在529位被访农民中，有418位明确表达了自己的理解，占比79.0%；有111位表示"不知道""不了解""说不上来"等，未能给出明确的回答。

通过对相关回答的梳理和归类可以发现，农民对乡村振兴的理解主要聚焦现实生活层面，他们结合个人的生产、生活现实，来表达对乡村振兴概念的理解。这些表达反映了农民心目中乡村振兴的实施主体及目标，畅想了实现乡村振兴的预期效果。因此，农民的理解可以按照主体导向、措施导向、目标导向、实践导向四个维度来划分。

第一，主体导向的理解维度回答了乡村振兴"为了谁"和"谁来做"两个关键问题。首先，在乡村振兴的目标群体层面，农民的答案特别突出"农村"和"农民"两个关键主体。很多农民表示，"乡村振兴就是要让农村发展起来"，"让家乡经济变好"，"让农民有事做，让老百姓生活富裕、精力充沛、身体健康"。这说明农民认为乡村需要进一步发展，广大农民群体是乡村振兴发展成果的受益者。其次，在乡村振兴的行动主体层面，农民大多认为乡村振兴的实施者应该是国家、政府、干部等主体。例如，有农民认为，"乡村振兴就是要把乡村建设好，但这是村书记的事情"，"乡村振兴如何发展，全靠党的政策"，"乡村振兴是一个国家帮农村、振兴农村的计划"。这在一定程度上反映出农民对国家政策有较强的信心，也揭示出农民并没有把自己置于乡村振兴建设者的位置，而是呈现较明显的被动性和依赖性。

第二，措施导向的理解维度主要从战略实施的重点方向切入。首先，很多农民认为，"乡村振兴应该把农村建设好"，主要包括"提升居住环境""让乡村有新的环境、新的面貌"等。其次，农民也给予了发展乡村产业以提高农民收入较多关注，希望"乡村振兴把农业方面搞好，在村里搞合作社，搞产业"，"提升农民收入，使他们不用外出务工"。最后，还有一部分农民将乡村振兴的重点聚焦于民生层面。例如，在医疗方面"要让乡村医保报销更多，特别是对大病、重病的报销，防止因病返贫"，在养老方面"要让老百姓无后顾之忧，解决养老问题"，在教育方面"要振兴农村教育，让孩子们有机会走出去"。关于如何落实这些措施，农民大多寄希望于"政策""项目"等，这与农民认为乡村振兴主要靠政府、干部高度相关。农民提出的相关措施既涉及村庄层面的整体发展构想，又涉及与其切身利益相关的个体需要，能够反映出他们目前较为关切的若干现实问题。

第三，目标导向的理解维度主要反映了农民对乡村振兴预期成效的期待。部分农民比较满足于现状，认为"有吃有喝就好，现在就挺好"，"以前生活条件艰苦，现在不错了，已经算振兴了，路修好了，都有车了，生活都过关"。然而，还有更多的农民提出更高的目标要求。例如，有农民会认为，乡村振兴就是要让农村"像城里一样"，让自己的村庄"像某村（当地示范村）一样"。农民构想的乡村振兴目标及其对政策效果的期待较为模糊和抽象，很少有农民提出确定性的期望，而是往往会采用一些相对的说法。例如，用"越来越好""发展起来"等缺少确定边界和程度的说法来描述自己对乡村振兴的想象。这在一定程度上说明农民理解的乡村振兴不存在严格意义上的标准，他们的目标聚焦于实际生活的变化和改善，并且不同个体之间存在差异。

第四，实践导向的理解维度突出了农民对乡村振兴实际行动效果的关注。在调研中，不少农民对政策实践与设计之间的断裂表示担忧。他们提到，"国家政策很好，但是实施起来不像想象中那样"。因此，农民更希望看到政策设计在行动与实践层面有实质性的落实。"为农民办实事""根据实际情况解决实际问题"成为农民的普遍期待。另外，农民对乡村振兴的完成进度有不同的看法：81.9%的被访农民对实现乡村振兴有信心，但大多数被访农民对于乡村振兴的推进步骤和实现时间没有概念，或认为三五年、十年左右可以完成，或持悲观的态度，认为乡村日渐凋敝，城乡差距越来越大，实现乡村振兴道阻且长。

除了上述回答，如前所述，还有21.0%的被访农民对乡村振兴缺乏基本的了解和认知，表示"不知道什么是乡村振兴"或"说不出来"。这反映出乡村振兴政策的宣传力度和覆盖面还不够，也揭示出农民对乡村振兴政策的兴趣不足。因此，在脱贫攻坚与乡村振兴衔接过渡阶段，不仅要在政府层面推进政策导向的转换，还要重视在农民群体中传播新的政策话语，以激发农民参与乡村振兴的主体性。

总之，从农民对乡村振兴的直观理解可以看出，农民的朴素观点深深地根植于他们的日常生活经历和体验中。有农民认为，"乡村振兴就是好日子，好日子就是能就业、看得起病、老有所养、有稳定的生活来源。这是农村老百姓普遍的需求，解决这些后，乡村振兴就有希望"；还有农民认为，"乡村振兴就是人人有漂亮的房子，有舒适的环境，有充裕的票子，老有所养，重大疾病国家有担当，孤寡老人有照顾"；还有农民认为，"要集中住房、集中医疗、集中教育、集中管理、集中上班，在村里实现良性循环。让企业开在村里，让老百姓务工挣钱；在村里开加工厂，让村民在村里把钱挣了；有餐厅，老百姓挣钱在村里，花钱在村里"。更多的农民用十分简短的语句表达了自己的看法。他们认为，"乡村振兴就是把农村建设好"，"乡村振兴就是卫生好、环境好，每一样都好"。农民的这些表达紧紧围绕他们在日常生活中所依赖的各种资源展开，既涉及提高村庄生活空间质量，又涉及确保家庭收入稳定，还涉及医疗支出、老人照料等社会福利的兜底保障。尽管农民没有对这些直观理解做出系统阐释，但这些理解是农民关于其复杂生活经历与体验的集中表达，对理解农民视角的乡村振兴具有基础性意义。

二 农民对乡村振兴各个维度的理解

除了考察农民对乡村振兴的整体理解，本研究还考察了农民对乡村振兴中产业兴旺、生态宜居、乡风文明、治理有效、生活富裕五个方面的理解。本部分首先简要呈现农民一些直观的话语表达，详细分析将在后续内容中呈现。

（一）农民对产业兴旺的理解

从产业类型来看，农民的理解主要涉及农业、乡村工业、以乡村旅游为代表的第三产业。一是通过农业实现产业兴旺。有农民认为，"在农村，要走农业发展的路。中国是粮食大国，如果片面发展工业，环境会遭到破坏，粮食安全也将得不到保障"。还有农民认为，"粮食价格不提高的话，产业不可能兴旺"，或者认为需要通过发展特色农业来提高农业的附加值。二是通过工业企业实现产业兴旺。对于普通农民来说，打工收入远高于种地收入，因此他们期待"当地有工厂、有项目，自己能进企业里面打工"。还有一些农民提出，"以工业发展为主导，以农业发展为基础，以工补农、工农协调"。三是通过兴办乡村旅游实现产业兴旺。部分农民认为，"乡村旅游有前途，提供的就业岗位多"，"乡村旅游可以吸引外出的人返乡打工"。

从产业特点来看，农民认为需要集中发展产业并形成规模。农民对集中发展产业的认识主要体现在土地的集中利用上，认为"把土地集中起来办产业，农民可以打工或分红"。还有农民关心村集体的作用，认为村集体"要带领村民搞手工业或者种植经济作物，提高村民收入"。此外，农民认为产业必须形成规模，只有这样才能带动个体家庭收入的提高。例如，有农民认为，"一个地方70%到80%的人从事一个产业才叫产业兴旺"。"规模化经营""形成规模"等都是农民回答中高频出现的词组。

从产业效果来看，农民对产业兴旺的理解往往与其个人经济收入相关联。农民认为，产业兴旺的最终目标是为农民带来效益。有农民认为，"产业兴旺就是老百姓经济变好，让老百姓赚到钱"，"产业兴旺就是家里和村里都有活儿干，有钱赚，有吃的，有田种粮食和茶叶"。

在实现产业兴旺所依靠的主体方面，45.5%的被访农民认为应该主要靠政府。他们认为，"国家力量大，国家支持哪个村，哪个村就能发展"，"农民个人与村干部视野不高、规划性不强，需要政府来做"。37.3%的被访农民认为应该主要靠村干部/村集体。他们认为，"外来的投资者不实诚，还是要靠村里的干部"，"领头羊很重要，要带领村民致富"。还有35.6%的被访农民认为应该主要靠外来企业/外来投资者。他们认为，"外来企业能够带来资金和技术"，"大企业会管理，生产效率更高"。另外，分别有29.7%、18.4%、8.3%的被访农民认为应该主要靠村民、本地能人、返乡人员。从这些数据和回答可以看出，大部分农民将产业兴旺寄希望于其他主体，较少考虑自身能够在产业兴旺中发挥什么样的作用。

（二）农民对生态宜居的理解

经过长期的人居环境整治，农民的居住条件、农村的生态面貌都有了明显的改善。在调研中，大多数被访农民对目前乡村的生态环境比较认可，尤其是在空气质量、垃圾处理、污水处理等方面给出肯定性的回答。农民认为，"人们现在愿意住在村里，就证明村里环境不错"，"现在城市里的空气质量差，村里的空气清新"，"村里水清了，没有垃圾了，家里也干净了"。

但是还有一些农民指出，村庄在规划、绿化、美化等方面仍有待提升。一些农民认为，村庄需要进一步统一规划，以达到生态宜居的标准。他们认为，"村里的老房子太多，巷道太窄，需要重新规划"，"规划中要把基础设施配套建设好"。部分山区调研村庄的农民还希望村组道路、沿河堤坝进一步加固和修缮。在村庄绿化、美化方面，农民希望"路边的杂草变成绿化带、种上花、种上树"，"村里也有像城市一样的公园"。还有农民希望村里"有山有水，鸟语花香"，"人与自然和谐相处"。

在实现生态宜居所依靠的主体方面，57.8%的被访农民认为应该主要靠自己。他们认为，"村民应该自觉维护村庄环境卫生"，"生态宜居需要自家自户做一些工作"，"只要大家都遵守村里的有关规定，保证自然环境不被破坏，每家每户就都能受益，不论是对于身体健康还是对于村里的环境、产业发展来说，都是一件好事"。53.5%的被访农民认为应该主要靠村干部。他们认为，村干部要加强引导、管理和监督，并向上级争取人居环境改善资金。48.2%的被访农民认为应该主要靠政府。他们认为，"政府可以提供政策、资金等支持"，"政府在环境整治和处罚方面具有强制力"。5.1%的被访农民认为应该主要靠企业、投资者，主要是因为企业有资金，但是更多的农民认为企业只追求利益，不会主动投资以优化村庄的生态环境。这些数据和回答反映了农民在生态宜居方面具有较强的责任意识，超过半数的被访农民能够意识到生态环境保护和人居环境整治是自己的事情。这也在一定程度上说明当前农民已经具备一定的环保意识和理念。

（三）农民对乡风文明的理解

农民主要从个人社会关系和村庄整体风气两个方面，来表达他们对乡风文明的理解。一方面，农民聚焦人与人之间的关系，主要包括邻里关系和家庭关系。在邻里关系上，农民表达最多的是希望"邻里和睦""不打架""有人情味"；在家庭关系上，农民认为要"尊老爱幼""赡养老人、抚养教育孩子"，形成长幼有序的和谐家庭关系。另一方面，一些农民从村庄公共事务层面理解乡风文明，认为：村庄红白事等仪式性活动应一切从简，不攀比、不浪费；村里应多组织一些文化娱乐活动，如在节庆日组织表演等；村干部应在公共资源分配上公平公正，拒绝不良风气，"大家应该有平等的发言权"。总之，农民在乡风文明方面期待"村庄上下一条心"，形成"团结、有爱、和气"的氛围。

从上述理解可以看出，农民主要基于生活道德对乡风文明水平进行评判，并从个人层面扩展到村庄整体层面。为了推进乡风文明建设，有农民认为需要每个人提高自身素质，不偷不抢，不赌博，"语言和行为都要有礼貌"，村干部、教师等村庄文化的代表要起到榜样作用。还有农民认为，乡风是否文明与经济水平高低有关，"很多时候，矛盾是由一点利益分歧导致的，所以只要生活质量提高，大家钱多了，矛盾也就会变少"。另一些农民指出，当前乡风文明建设遭遇了一些难题，如村里老人仍然存在封建迷信思想、年轻人受网络不良风气影响严重等。

在实现乡风文明所依靠的主体方面，65.6%的被访农民认为应该主要靠自己，他们认为"村民自觉最重要"。54.6%的被访农民认为应该主要靠村干部，他们认为村干部可以在宣传政策、组织活动等方面起到关键作用。32.9%的被访农民认为应该主要靠地方政府，因为地方政府可以提供资源支持，并起到监督的作用。还有8.6%、3.8%、3.6%的被访农民分别认为应该主要靠乡贤或文艺能人、社会组织、企业或投资者。

（四）农民对治理有效的理解

农民对治理有效内涵的理解比较宽泛，既涉及村庄选举、村务公开、治安维稳等典型的治理内容，又涉及产业发展、环境整治等方面。那些与农民和村干部相关的诸多乡村发展议题，都被纳入村庄治理有效议题的范畴中。其中，农民关心最多的是村干部问题，他们认为要想实现治理有效，必须让"有能力的人为村民服务"。有农民提到，可以"空降村支书，请大学生来做村官"。农民认为，村干部不仅要做好村庄的日常管理工作，保证"以身作则，处理事情公平公正"，还要成为村庄产业发展的引路人。例如，有农民表示，"村干部要敢想敢干，去招商引资，带领大家致富"。

相较于治理的内容和形式，农民更关心治理的效果。农民认为，乡村治理必须把上级的政策落到实处，"解决老百姓的实际困难"，"在老百姓想做事情的时候，村里能够提供好的支持与服务"。因此，有农民希望"干部与农民团结一致"，甚至表示"只要干部处处为农民着想，怎么治理我们都听"。

在实现治理有效所依靠的主体方面，76.6%的被访农民认为应该主要靠村两委，因为村两委是管理农村的最主要力量，可以"起到带头作用"；42.3%的被访农民认为应该主要靠政府，他们认为政府"具有强制力"，可以通过指令式政策对乡村治理产生影响；34.2%的被访农民认为应该主要靠自己；17.6%的被访农民认为应该主要靠党员；另外还有11.3%、9.1%、7.0%、3.6%的被访农民分别认为应该主要靠乡村贤能人才、驻村工作队或帮扶单位等、企业或投资者、村庄各类协会及村民互助组织。只有较少的农民认为乡村治理可以依靠单一主体实现；大部分农民认为应该靠多元主体，如有农民表示，"乡村治理靠大家，村干部要带头，村民要配合"。

（五）农民对生活富裕的理解

农民对生活富裕的理解包括三个维度。一是个人收入维度。农民首先认为，收入应该稳定，并且"不欠债，还有存款"，"日常消费得到满足，偶尔可以去饭店，吃肉喝酒"。还有农民希望，"到大城市买房子，自己有车子"。二是家庭保障维度。农民最关心的是教育、医疗、养老、就业四个方面。有农民表示，"现在家家户户生活得都挺好，唯独医疗、养老、买楼对老百姓来说压力特别大"。还有农民认为，生活富裕就是"身体健康，没有大病，小孩教育、医院看病不愁钱"。还有一些农民希望，"村里有产业和工厂，打工不用跑太远，能顾得上家里"。三是精神文化维度。部分农民提到，"生活富裕不仅要物质富裕，还要精神富裕"，"一家人生活幸福和睦是不能用金钱来衡量的"，他们都希望自己能拥有好的精神状态。

总体来看，农民对生活富裕的要求并不局限在单一的经济收入维度，他们对收入的要求也不是单向度的增长，而是以个人生活水平和生活质量为标准，"吃穿不愁、够吃够喝"是农民对富裕生活的最直接想法。同时，也有农民对现在的生活处境感到困惑，认为"之前穷但幸福感强，现在生活富裕了，反而不如之前幸福了"。

三　农民理解乡村振兴的思维逻辑

通过对农民回答的整理可以发现，他们对乡村振兴的理解存在相对集中的几类思维逻辑。农民习惯从比较视角出发，关注政策影响下的乡村变化，强调推动乡村振兴的条件与步骤。

（一）基于比较的思维逻辑

在基于比较的思维逻辑中，隐藏着农民自主建构起来的参照体系。这一体系至少包括城市、其他村庄、过去的村庄三个参照对象，构成了农民理解自己所处时代、所处村庄的意义基础。

　　首先是与城市的比较。城市是被农民纳入比较范畴的最普遍参照对象。由于城乡二元结构长期存在，城市被农民认为是现代、先进、富裕的象征，从乡村流向城市的过程也为农民了解城市开辟了一个重要窗口。因此，农民认为乡村振兴应该缩小城乡之间的差距，如"像建设城市一样建设乡村""像城市一样有退休金""像城里一样有公园"等。其次是与其他村庄的比较。农民对其他村庄的了解，一方面来自社会交往过程中的信息交换，另一方面来自网络、电视等媒介的信息传播。例如，有农民表示，"乡村振兴就是像坡下村那样"①，"乡村振兴就像电视上演的那样"。这些以其他村庄为参考对象的说法，具体化了农民对乡村振兴的想象。最后是与过去的村庄进行比较。这种比较建立在农民对所在村庄变化的感知上。农民大多认为现在的乡村比过去好，尤其是年龄比较大的农民表示，"原来都吃不上饭，现在比原来好多了"。

　　农民的比较包含了从个人推及社会、以现在对照过去和未来的立场与视角。与过去的乡村进行比较，能够提升农民的满足感；与城市和其他村庄的比较，有时则会使农民产生心理落差，这也使农民对乡村振兴充满期待。通过这种比较，农民可以感知到政策构想与现实生活之间的差距，也能拓展对乡村振兴的想象空间，只是这些想象会受到农民所获取信息的深度、广度、信度等的影响或限制。

（二）期望改变的思维逻辑

　　农民经常使用"产业越来越好""村容村貌有大变化""生活越来越好"等语句，表达他们对乡村振兴的理解。对变化的追求，反映了农民对乡村振兴政策的希冀，以及他们对未来乡村生活的憧憬。

　　这种思维逻辑源于农民对当前生活状态的忧虑，他们希望针对现状做出改变。例如，面对农村人口外流的现实，有农民表示，"村里人越来越少，没有人气，村庄会自然消亡"，"有哪一天农民不想跑到外面去了，乡村振兴就实现了"。另外，农民并非仅停留在对这些改变的设想上，而是更强调对变化的感知与体验。有农民表示，"乡村振兴应该是各个方面都要振兴，而且一定要拿出实际行动来"，他们希望在具体的实践中促成变化的发生。

---

　　①　坡下村是河北省千山县相对成熟的旅游村，被周边村庄视为乡村振兴的典范和样板。

农民所希望的变化体现出他们对现代化生活的憧憬。例如，很多农民认为农业应该走规模化、机械化的道路，通过建设工厂实现村庄产业转型升级；村庄的绿化、美化、亮化工程应该像现代都市一样；农村的医疗、教育、养老等基本公共服务水平应该得到提升。

农民的相关描述反映了他们对现代化生活的开放态度。不难看出，农民想象中的农业农村现代化是以城市现代化为蓝本的，他们对农业农村特殊背景和现实需要的考虑略显不足。此外，政策干预促成的变化很多时候意味着短时间内的改造和重组，意味着打破原有秩序而建立新秩序。因此，农民如何适应变化之后的新生活是更重要的问题。例如，有些农民响应易地扶贫搬迁政策，从山上搬进小区、住上楼房，过上他们曾经想象中的美好生活，但是新的居住地点距离农田较远导致农业生产面临诸多不便，新的生活方式增加了他们社会交往的难度和日常生活成本，很多农民并不能完全适应搬迁后的生活。

（三）强调条件的思维逻辑

农民的回答中还涉及乡村振兴所依赖的必要基础条件。例如，有农民认为，"留不住年轻人，不可能振兴乡村"，"乡村振兴要有钱，如果没有钱，想的那些发展就都是空话"，"先把路修好了，老百姓的生活就奔小康了"，等等。这些回答表明，乡村振兴必须有劳动力、资金、基础设施等要素的支持。因此，需要聚焦农村发展中的这些短板，提供充足且成熟的必要资源，只有这样才能在一个稳定的基础上推进乡村振兴。

强调条件的思维逻辑还涉及乡村振兴的必要步骤和所遵循的规律，反映了农民对发展优先顺序的思考。例如，有农民认为，"乡村振兴还是要靠产业带动，先把产业的生命力问题解决了，再思考生态、文化等方面的内容"。因此，在农民的理解中，发展乡村产业以打牢乡村振兴的经济基础应该成为首要任务。但这并不代表产业是唯一重要的因素，因为乡村振兴的不同方面是相互联系的。例如，有农民指出，"文化振兴排在最后，不是因为文化振兴不重要，而是因为文化是需要载体的。如果前面（指产业振兴）没做好就直接搞文化，是很不稳固的"。因此，在农民的理解中，乡村振兴除了要考虑线性发展，还要考虑点与面的关系，即要考虑乡村振兴的整体性和系统性，单一方面不可能脱离其他方面而自己发展，乡村也不可能仅依赖单一方面的发展而振兴。

四　结论：乡村振兴的农民视角

农民对乡村振兴的理解，脱胎于他们的生活经验与生命体验。这些朴素的理解能够折射出乡村发展中的短板，以及那些亟待解决的现实问题。在农民的理解中，他们自己是享受发展成果的主要目标群体，乡村振兴需要多元主体分工明确、共同参与，瞄准农民的现实需要，以实际行动推动乡村产业建设、生态环境建设、民生保障建设等，最终实现农业农村现代化目标。通过对农民理解的整理和分析可以看出，农民对乡村振兴的想象与期待，建立在与城市、其他村庄、过去的村庄等参照对象的比较之上，聚焦乡村振兴政策影响下的乡村变化，他们对全面推进农业农村现代化发展充满期待。不仅如此，农民还关注乡村振兴所依赖的必要条件和基础要素，强调乡村振兴需要遵循必要的步骤和规律。此外，农民的回答也呈现多元、开放的特征。这充分说明农民对乡村振兴的理解存在差异性，农民不同的身份背景和生活经历影响着他们的现实诉求、政策体会与时代感悟。例如，不同地区、性别、年龄、文化程度、职业的农民对乡村振兴的理解和需求都存在差异，而恰恰是这些个体性与结构性要素的相互交织构成了丰富多彩的农民视角。

自乡村振兴战略提出以来，学术界围绕乡村振兴的研究层出不穷。关注农民的认知、理解和行动，能够为当前研究做出重要补充和提供多元对话。国家和地方涉农政策的制定与出台，也应该基于农村发展现实，回应农民需求，调和乡村发展中的结构性矛盾，逐步解决制度性问题，提高政策的公平性和有效性。对于活跃在乡村振兴一线的基层行动者来说，更应该了解农民的所思、所想、所盼，有针对性地开展工作，提升基层服务的水平与质量。

4
农民视角的产业兴旺

2017 年，党的十九大报告提出乡村振兴战略的二十字方针，其中"产业兴旺"被放在首要位置。2019 年中央一号文件提出"发展壮大乡村产业，拓宽农民增收渠道"[①]，明确了发展乡村产业与农民增收的直接关联性和对应性。通过构建现代乡村产业体系，实现农业农村现代化，让农民过上更美好的生活，是乡村产业发展与农民生产生活之间的基本逻辑关系。规模庞大的小农户如何与现代农业发展有机衔接，以什么样的形式和角色在农业农村现代化进程中发挥作用，是乡村产业发展的核心问题（陈锡文，2018b）。从这个意义上说，产业兴旺说到底是兴旺农民。农民兴旺起来，农业才能做强，农村才能振兴，农业农村现代化与全体人民共同富裕才能实现。

由于乡村产业发展仍处于实践探索的初期阶段，既有研究多从政策解读和理论探讨的角度对乡村产业的目标定位与战略意义进行剖析（李国祥，2018；贺雪峰，2018；温铁军等，2018；郭芸芸等，2019），而较少从农民视角对乡村产业进行微观层面的研究。本研究通过分析农民对产业兴旺的理解及其在乡村产业中的实际境况，考察农民视角下乡村产业政策的推进情况和乡村产业发展的制约因素，为进一步探讨乡村产业的发展问题和发展潜力以及乡村产业如何惠农兴农提供参考。

[①] 《中共中央 国务院关于坚持农业农村优先发展做好"三农"工作的若干意见》，中国政府网，2019 年 2 月 19 日，http：//www.gov.cn/xinwen/2019-02/19/content_5366917.htm，最后访问日期：2022 年 8 月 22 日。

一 农民对产业兴旺的理解

政策话语往往从国家战略的角度阐释产业兴旺。例如，《中共中央 国务院关于实施乡村振兴战略的意见》（2018 年中央一号文件）指出，产业兴旺"必须坚持质量兴农、绿色兴农，以农业供给侧结构性改革为主线，加快构建现代农业产业体系、生产体系、经营体系，提高农业创新力、竞争力和全要素生产率，加快实现由农业大国向农业强国转变"[①]。该文件强调了乡村产业发展对保障粮食安全、发展绿色农业、构建农村三产融合发展体系、提高农业国际竞争力、促进小农生产进入现代农业发展轨道的作用。与这一宏观视角不同，农民群体对产业兴旺的理解比较具体且贴近实际生产生活。在529 位被访农民中，有 12.1% 表示难以回答"您认为怎样才算是产业兴旺"这一问题，有 87.9% 做出有效回答。尽管这些答案的角度分散且内容简单，但呈现较为一致的根本性观点，即产业兴旺就是让农民有活儿干、有钱赚。下文将从产业要素和产业结构两个方面分析农民的回答。

（一）从产业要素的角度理解产业兴旺

产业兴旺的要素是与乡村产业形成、成长和演进相关的各种内外部因素，主要包括人才、资金、基础设施、信息、环境和科技等（蒋辉、刘兆阳，2020）。在这些要素中，被访农民提及最多的是土地。他们认为，产业兴旺的首要条件是农业规模化生产经营，土地过于分散、各家各户独立生产的状况阻碍了产业形成规模效益和品牌效益。基于对自身增收的思考，他们提出多种土地整合的思路：把土地流转给信誉度高的企业，农民只负责耕种；提高土地租金，以利于农民把土地流转给大户，释放出劳动力在村内外工厂打工；由村集体统一承包土地，委托大户对生产经营进行管理；等等。少量被访农民（14 人）提到技术的重要性，认为只有技术支持下的产业才能健康发展。另有 9 位被访农民提到机械化程度提高和基础设施（包括道路和水利设施等）条件改善是产业兴旺的表现。

[①] 《中共中央 国务院关于实施乡村振兴战略的意见》，中国政府网，2018 年 2 月 4 日，http://www.gov.cn/zhengce/2018-02/04/content_5263807.htm，最后访问日期：2022 年 8 月 1 日。

（二）从产业结构的角度理解产业兴旺

对于农业产业，被访农民表示，产业兴旺的必要条件是种粮收入提高。他们认为，粮食生产与农民增收之间存在一定的矛盾，正在影响和改变农业生产。在粮食价格短期内无法有效提高的情况下，乡村产业的出路只有三条：一是对种粮给予补贴；二是发展工业或工程建设；三是发展特色产业，如茶叶、中药材、养殖业等。在529位被访农民中，仅有4人提到产业兴旺需要考虑粮食安全。

对于非农产业，被访农民的理解则侧重于旅游业。他们认为，"有农家乐，就可以算产业兴旺"。特别是，旅游试点村的人气和村貌是周边农民认为最直观的产业兴旺。在没有足够的生态资源、农业资源与硬件设施做支撑，地形条件又不适合发展规模农业的村庄，乡村旅游是救命稻草，支撑着农民的产业梦。值得注意的是，在529位被访农民中，仅有12人提到第二产业，认为村内有农产品加工业才可以实现产业兴旺，因为"农民可以进厂打工"；仅有3人提到产业链，表示村里形成生产种植、加工、销售的完整产业链才算产业兴旺；仅有1人提到一、二、三产业融合发展才算产业兴旺。从产业链和产业融合被提及的次数可以看出，农民对产业链和三产融合的意识较为薄弱。根据《国务院关于促进乡村产业振兴的指导意见》，实现乡村产业振兴的路径是三产融合，产业发展的惠农目标是农民增收渠道持续拓宽。目前，农民虽然对产业发展的惠民目标有一定了解，但对实现产业发展目标的路径缺乏认知。

总体上，被访农民对产业兴旺的直观理解就是就业机会与收入增加，对一、二、三产业的感知和态度可以总结为"对一产无力、对二产生疏、对三产仰慕、对三产融合没有概念"。这既反映了乡村产业发展未能充分实现农民的增收愿望，又体现了农民对乡村产业发展前景的迷茫。

二 农民在乡村产业中的现状

根据《乡村振兴战略规划（2018—2022年）》《国务院关于促进乡村产业振兴的指导意见》，"构建现代农业产业体系、生产体系、经营体系"是乡村振兴战略的主要措施之一，也是乡村产业发展的重要条件。这三大体系不仅涉及农业，也涉及依托于农业资源的第二、三产业。本研究所调研的绝大多数农户属于这三个体系的相关群体，通过分析这些农户在这三大体系中的参与状况，可以发现普通农民的现实处境，以及这些产业政策在乡村的推进效果和产业发展困境。

（一）游离在现代农业产业体系边缘

现代农业产业体系的特征包括：重视产业结构与产业区域布局的合理性，具有新产业、新业态、农业全产业链，农业与现代产业要素跨界配置，一、二、三产业融合发展（罗千峰，2021；黄祖辉、胡伟斌，2022）。这意味着，农民要想融入现代农业产业体系，首先其所在村庄内外应具备依托于农业农村资源的产业链，然后农民参与产业链生产、加工或服务环节并得到产业增值收益。

从村庄层面看，在 10 个调研村庄中，有 4 个具有符合产业融合特点的产业链，但这些村庄中的农民参与情况并不乐观。例如，某调研村有十几户农户将红薯种植与粉皮加工相融合，进行粉皮加工和销售，年增收约 2 万元。但该村村内没有加工作坊或加工厂，只能由农户个体独立完成生产、加工、销售。某调研村一位返乡创业青年建立了油坊，将油菜籽种植与榨油加工相融合，吸纳了十余户原贫困户。由于资金限制，该油坊专注于产品初加工，把菜籽脱壳磨粉制成毛油，在县内集市销售。由于缺少品牌化包装和市场化运营，油坊产品无法进入商超，收益与规模难以突破，对于村内绝大多数非贫困户来说吸引力很小。在另一个调研村，在地方政府行政指令下成立的合作社，虽然获得产业扶贫资金支持，但没有实现对农户的有效组织和管理，在实际生产种植与销售中，仍然依靠小农户独自经营，产业效益没有得到提升，农户也没有形成产业参与感。在这 4 个调研村中，唯一具有较好产业规模效应的是某旅游明星村。该村利用地理位置和生态环境优势，将经济作物生产销售与旅游相结合，形成休闲农业产业，吸纳了 60 余户农户和约 120 人的本地雇工。然而，这一产业依靠的是政府和社会大量投资、集中打造的旅游项目，已不涉及主粮生产和养殖。这种高度依赖自然禀赋优势与社会资本的产业，很难被复制到其他地区的普通村庄。

从农户个体看，乡村中单一的农业生产仍然占主导地位，农户对第二、三产业的参与度较低。图 4-1 为所调研村庄中农户从事各类产业活动的情况。在 529 位被访农民中，有 425 户①（占 80.3%）从事农业生产活动。其中，从事种植业（含林果）的占 75.0% 以上，从事畜牧养殖的占 15.5%，从事水产养殖、林业的只占少数。有 19.7% 的被访农户完全不从事农业生产活动，只参与农产品加工、工业加工、建筑业、交通运输业和服务业（如农家乐、卖保险、租赁单车）等。在没有扶贫项目支持和明星村光环的普通村庄，涉及农产品加工业、农旅结合产业的农户寥寥可数，他们的产业类型也较为分散，经营形式多为个体商贩，与其他农户和商贩之间也几乎没有互动。

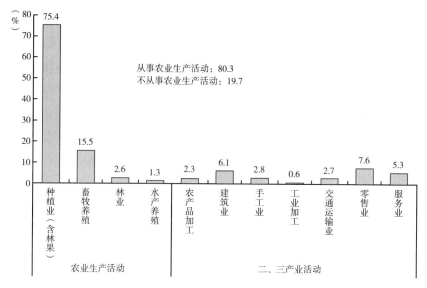

图 4-1　调研地区从事不同产业活动的被访农户比例（可多选）

从整体上看，村庄层面的产业融合情况，以及农户与产业链的融合情况，反映出农民尚未真正融入现代农业产业体系，而是游离在体系边缘，伴随所依附产业的演化进行着临时性、低效能、自负盈亏的产业活动。理想的乡村产业结构优化是主导产业在一、二、三产业之间顺次推移，并对社会经济产生积极的旁侧效应，继而持续推动乡村产业结构向合理化、均衡化有序发展（郭芸芸等，2019）。目前，农民在乡村产业体系中的边缘状态，说明主导产业在一、二、三产业之间的推移滞缓，产业结构仍有较大调整空间。

---

①　包含 410 户小农户和 15 个新型农业经营主体。

（二）在现代农业生产体系中双向脱嵌

现代农业生产体系是生产要素的组合和配置体系，其特征是以现代生产方式改造传统农业，提高机械化、科技化、信息化水平（罗千峰，2021；黄祖辉、胡伟斌，2022）。调研发现，农户在现代农业生产体系中呈现双向脱嵌的现象，即农户既未能融入现代农业生产体系，也无法回到传统农业生产方式。下文将主要从家庭劳动力分工与生产方式、土地利用与种粮意愿这两个方面进行分析。

1. 家庭劳动力分工与生产方式

现代农业生产体系中的关键改造对象是劳动力。产业结构调整实质上是劳动力结构调整（田生，1985）。各产业之间劳动力要素的自由流动，可以使各产业的工资水平收敛并趋于一致，最终提升产业发展结构的合理化程度（吴万宗等，2018）。

调研显示，被访农民职业分布状况虽仍以纯务农者最多（见表1-6），但纯务农农民仅占37.6%，其次为兼业农民（29.1%）和非农工作农民（如乡村教师、医生、快递员等）（15.9%）。此外，还有一定比例的只做家务农民（9.6%）和其他情况（7.8%）。在被访农民中，文化程度越高，从事兼业和非农工作的占比之和越高。在大专及以上文化程度的被访农民中，仅有4.4%纯务农，65.2%从事兼业和非农工作。中青年男性劳动力外出后，家里的农业生产活动主要由父母辈完成。留在村内的中青年女性大都不承担农活，她们主要负责家务或接送孩子上下学。如果家中老人无法继续从事农业生产，家中土地将被流转或者抛荒。

调研发现，农业生产仍高度依赖家庭劳动力，家庭劳动力呈现高度老龄化和兼业化趋势。在从事农业生产的425户农户中，408户（占96.0%）的农业生产劳动由家庭劳动力完成，利用雇工、邻里或亲戚等帮工、农业社会化服务者的农户分别仅占5.9%、3.1%、3.3%。图4-2展示了农户农业生产家庭劳动力的年龄和性别分布情况。在农业生产主要由家庭劳动力完成的408户农户中，回答"由40岁以下青年劳动力完成"的农户极少，回答"由40岁以上中老年劳动力完成"的农户占绝大多数。调研结果显示，农户农业生产家庭劳动力的平均年龄为60岁左右。60岁成为一个分界点，在60岁以下劳动力为农业生产主要家庭劳动力的农户中，依靠女性劳动力的农户多于依靠男性劳动力的农户；在 60 岁及以上劳动力为农业生产主要家庭劳动力的农户中，依靠男性劳动力的农户多于依靠女性劳动力的农户。值得关注的是，选择主要由 70 岁及以上男性完成农业生产劳动的农户和选择主要由 70 岁及以上女性完成农业生产劳动的农户比例分别为 16.7% 和 8.8%，可见农业生产中劳动力老龄化程度较高。

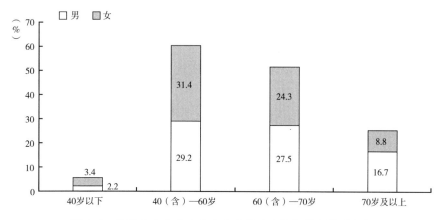

图 4-2　被访农户农业生产中家庭劳动力的年龄和性别分布

　　农户家庭内部劳动力呈现清晰的分工：中老年人（特别是老年人）专注于农业生产；越年轻和越有知识的中青年，越远离农业生产。中老年人在农业生产过程中对化肥和农药较为依赖，并在不断增加使用频率和数量。调研显示，近三年，化肥、农药（杀虫剂）和农药（除草剂）使用量有所增加的农户分别占 20.2%、15.5% 和 16.3%。中老年人在劳动力有限、土地面积有限、雇用帮工支出有限的条件下，试图利用化学品提高生产率。这也是农民接受现代农业技术改造的内容之一，而这样的改造形成了工业化农业对精耕细作、有机循环、尊重生态环境的农业生产方式的取代。

2. 土地利用与种粮意愿

　　对于农民来说，土地是最重要的农业生产资料。调研显示，在从事农业生产的农户中，家庭人均承包土地面积小于 1.0 亩的农户占 61.3%，1.0（含）—5.0 亩的占 36.8%，5.0 亩及以上的仅占 1.9%。在这些农户中，有 32.8% 向外流转土地，减少农业生产活动的趋势增强。但农户转出的土地通常不多，1.0 亩以内占较大比例。也有一定比例的农户转入土地，占从事农业生产农户总数的 20.3%。转出土地的去向一般是村集体、新型农业经营主体，也有少量流向亲戚朋友等其他普通农户。农民向外流转土地的原因主要有两个：一是土地规模小且分散，生产率低，化肥、农药等生产资料的价格高，单位时间内的劳动回报远低于进城务工，从事农业生产的机会成本高；二是受到家庭农业劳动力老龄化的影响，在调研中，常常有老年人表示，"年龄大，种不动地"，他们会逐渐把土地流转出去。理论上，农地流转会对农地进行有效配置，缓解耕地抛荒现象。然而，仍有 9.2% 的被访农户有耕地抛荒行为（抛荒面积主要在 0.5 亩以下）。其中，浙江省、湖南省、陕西省 3 省调研村有耕地抛荒行为的农户占比分别为 16.9%、11.1%、9.9%。

表4-1　被访农户土地流转和耕地抛荒情况

单位：%

		0亩		0—0.5亩		0.5(含)—1.0亩		1.0(含)—5.0亩		5.0亩及以上	
		转出	转入	转出	转入	转出	转入	转出	转入	转出	转入
土地流转	总　体	67.2	79.7	19.8	6.1	8.5	4.7	4.0	7.6	0.5	1.9
	河北省	57.6	82.6	26.1	4.4	13.0	5.4	3.3	6.5	0	1.1
	陕西省	89.0	82.4	2.2	5.5	2.2	3.3	5.5	4.4	1.1	4.4
	湖南省	51.4	83.3	23.6	8.3	18.1	2.8	6.9	5.6	0	0
	山东省	90.7	62.8	1.2	2.3	3.5	10.5	3.5	20.9	1.2	3.5
	浙江省	43.4	88.0	48.2	10.8	7.2	1.2	1.2	0	0	0
耕地抛荒	总　体	90.8		5.2		1.9		1.9		0.2	
	河北省	94.6		3.3		1.1		1.1		0	
	陕西省	90.1		2.2		2.2		4.4		1.1	
	湖南省	88.9		9.7		0		1.4		0	
	山东省	96.5		2.3		1.2		0		0	
	浙江省	83.1		9.6		4.8		2.4		0	

注：在从事农业生产的 425 户农户中，共有 424 户农户对土地流转和耕地抛荒的相关题目做出有效回答。

调研发现，农户的种粮意愿持续下降。在从事农业生产的农户中，79.2% 种植粮食作物，粮食作物人均种植面积小于 1.0 亩的占 56.0%，超过 5.0 亩的占 22.0%；59.3% 种植非粮食作物，非粮食作物人均种植面积小于

1.0 亩的占 41.6%，超过 5.0 亩的占 44.5%。如表 4-2 所示，在种植粮食的
农户中，21.2% 表示过去三年粮食种植面积有所减少，8.7% 表示有所增加。
在每年在村时间较短的农户中，过去三年减少粮食种植面积的农户占比显著
高于长期在村内的农户，分别为 36.4% 和 19.9%。对于未来三年的粮食种植
面积，回答会减少的农户显著多于回答会增加的农户，分别占 12.9%
和 5.7%。

当下，虽然土地流转相关制度不断健全，但仍有 7 成左右的被访小农户
不参与土地流转。而且，不参与流转的大多数小农户并没有增加粮食种植面
积以发展农业产业，而是维持土地现状，甚至部分计划减少粮食种植面积，
进城务工。农民的土地利用行为和种粮意愿，体现出他们在粮食生产体系中
的脱嵌趋势。其中的关键问题在于粮食生产体系中的劳动要素配置合理化程
度不高。目前，农民不具备优化生产方式的能力，只能依附于其他主体或缩
小生产规模。

表 4-2　被访农户粮食种植面积过去三年变化和未来三年打算

单位：%

		增加	减少	保持不变	不了解
过去三年	总　体	8.7	21.2	68.7	1.4
	河北省	10.9	8.7	79.4	1.1
	陕西省	6.6	35.2	57.1	1.1
	湖南省	6.9	20.8	70.8	1.4
	山东省	16.3	7.0	76.7	0
	浙江省	2.4	34.5	59.5	3.6
未来三年	总　体	5.7	12.9	73.4	8.0
	河北省	9.8	13.0	69.6	7.6
	陕西省	5.5	16.5	67.0	11.0
	湖南省	2.8	11.1	76.4	9.7
	山东省	4.7	14.0	76.7	4.7
	浙江省	4.8	9.5	78.6	7.1

注：①从事农业生产的 425 户农户都对粮食种植面积相关题目做出有效回答。②"过去三年"
和"未来三年"均相对于访谈时间而言。

（三）在现代农业经营体系中合作消极

现代农业经营体系具有主体多元、融合发展、利益共享的特点，其核心是通过不同经营主体之间的合作，提高农业经营的组织化、规模化、专业化、社会化水平（罗千峰，2021；黄祖辉、胡伟斌，2022）。新型农业经营主体作为合理化农产品发货和流通成本、促进规模化生产经营、帮助小农户对接大市场的重要桥梁，被视为在这一体系中发挥引领作用的核心主体（黄祖辉，2018b）。同时，小农户的农产品销售情况是其合作化程度的重要体现。因此，本研究主要考察小农户与新型农业经营主体的联结状况，以及农民的农产品销售情况，以反映农民在现代农业经营体系中的发展状况。

1. 与新型农业经营主体的联结

在调研的5省10村中，小农户的产业经营方式主要有两种，一是独立经营，二是与新型农业经营主体合作经营。对于不具备客观条件对接大市场的小农户来说，与新型农业经营主体合作，借力完成市场对接是一个重要路径。然而，调研结果显示，目前这一路径面临挑战。

在所有被访小农户中，共有151户与新型农业经营主体建立了联结，占36.9%[①]。联结的新型农业经营主体类型主要包括合作社、农业企业、专业大户，与之联结的小农户分别有67户、59户、31户，在所有被访小农户中分别占16.4%、14.4%、7.6%。另外，仅有1户被访小农户提及与家庭农场有联结。表4-3展示了被访小农户与新型农业经营主体的联结情况。小农户与新型农业经营主体的联结形式主要是土地流转和务工。务工和获得销售服务由于可以带来直接收入，是最受小农户欢迎的联结方式。调研各地务工日薪有所不同，河北省调研村为60元，陕西省调研村为100—200元，湖南省调研村为200元，山东省调研村为100元，浙江省调研村为200元。小农户对土地流转的满意度整体不如务工，因为流转土地虽然能得到租金收入，但存在租金价格较低和租金拖欠的问题。值得关注的是，调研各地土地流转的年租金也相差较大：河北省调研村是1000元/亩；陕西省调研村是800—1500元/亩[②]；湖南省调研村是150—400元/亩；山东省调研村是800元/亩；

[①] 被访的小农户数量为410户，其中有1户的问卷中缺失了对小农户与新型农业经营主体联结情况的回答，因此，此处的占比为36.9%。

[②] 陕西省调研村的山地流转费是100—200元/亩。

浙江省调研村是500—700元/亩。

总体上，小农户与新型农业经营主体的联结状况并不理想，现阶段的联结主要停留在土地的联结上，而没有真正实现利益的联结。虽然大部分新型农业经营主体表示愿意带动小农户，但他们对小农户的实际带动作用比较有限。这种有限性既体现在联结的有无上，也体现在联结的方式上，小农户主要通过土地流转释放更多家庭劳动力外出务工，而并未通过入股、生产、加工等行为参与本地产业的发展，因而也难以依托乡村产业实现家庭增收。

表4-3 被访小农户与新型农业经营主体的联结情况

单位：%

新型农业经营主体	联结小农户数量占比	主要联结方式及占比	小农户满意度
苹果合作社	3.7	入股分红(33.3)	100.0
		获得生产服务(100.0)	100.0
蓝莓大户	3.7	务工(33.3)	100.0
		获得生产服务(33.3)	100.0
		获得销售服务(33.3)	100.0
苹果生态种植企业	1.2	获得销售服务(100.0)	100.0
苹果合作社	35.6	土地流转(93.8)	80.0
		土地托管(3.1)	100.0
		务工(18.8)	100.0
金银花种植企业	24.4	土地流转(95.5)	90.5
		务工(21.7)	100.0
		入股分红(8.7)	100.0
肉鸡养殖大户和养羊专业户	2.2	土地流转(100.0)	100.0
特色鱼养殖企业和草莓企业	23.8	土地流转(100.0)	73.7
		务工(15.0)	100.0
葡萄种植大户和养鱼大户	3.6	土地流转(33.3)	0
		务工(66.7)	100.0
有机稻合作社	4.8	土地流转(25.0)	100.0
		务工(50.0)	100.0
		获得销售服务(25.0)	100.0

新型农业经营主体	联结小农户数量占比	主要联结方式及占比	小农户满意度
特色鱼农家乐家庭农场	1.2	务工（100.0）	—
龙虾养殖企业、种植芦笋的生态农业企业	15.5	土地流转（100.0）	73.7
		务工（15.0）	100.0
种粮大户	31.0	土地流转（95.5）	76.2
		获得生产服务（4.6）	0
领办合作社	2.8	务工（50.0）	0
特色茶叶种植和林下养鸡大户	1.2	土地流转（100.0）	85.7
养猪合作社、富硒水稻合作社、中药材专业合作社、养鸭专业合作社、有机蔬菜合作社	31.3	土地流转（26.9）	85.7
		土地托管（3.9）	100.0
		务工（11.5）	66.7
		入股分红（15.4）	75.0
		获得生产服务（42.3）	90.9
		加工仓储物流（7.7）	100.0
		获得销售服务（57.7）	93.3
茶叶和粮油加工企业	6.0	获得生产服务（40.0）	0
		获得销售服务（60.0）	100.0
蟠桃家庭农场	0	—	—

注：表中新型农业经营主体为调研中小农户与之产生联结的所有新型农业经营主体，其中有些没有参与我们的问卷调查和访谈。联结小农户数量占比指在该调研地所访农户总数中的占比。由于参与各类联结的小农户较少，有些不到10户，所以满意度的统计结果整体上比较高。满意度为0的情况，是因为该调研地相关联结方式涉及的小农户只有1户或2户，一旦选择不满意，占比数据即为0。

小农户与新型农业经营主体联结的困境，既受到新型农业经营主体自身发展境况的影响，也与小农户对联结的多重疑虑有关。从新型农业经营主体来看，首先是其所从事的产业本身存在结构问题。调研地的新型农业经营主体主要是生产和销售初级农产品，只有约10%的新型农业经营主体涉足农产品精深加工。新型农业经营主体的加工环节薄弱，产业链条不完整，产品难以持续优化，产品附加价值得不到挖掘，无法获得高比例回报。80.0%的新型农业经营主体没有建立自己的品牌，更没有形成区域性公用品牌，无法借助品牌效应扩大区域产业规模，也无法创造出更多就业机会让农民参与其中。各类新型农业经营主体的销售方式比较传统，超过半数仍然采用等人上门采购的方式销售，46.6%靠自己本地销售，40.0%采用约定销售方式。传统销售方式相对被动，无法与市场紧密对接。不成熟的产加销体系导致农业产业无法快速持续地发展。其次是新型农业经营主体对产业项目的运营管理能力不高，并存在本地化适应问题。调研地的新型农业经营主体还处在发展起步阶段，尚未建立良性的资金运转机制，还面临雇工难、地方关系协调难、土地流转难、基础设施不完善、政策限制、技术跟不上和缺乏经营管理人才等问题。有合作社提到，说服小农户理解和加入合作社的沟通成本过高。一方面，当地人际关系复杂，小农户嫌合作麻烦；另一方面，村里大多为老年人，他们对信息的接受能力较低，对其进行培训的人力与时间不足，因此只能放弃或减少小农户加入。值得关注的是，相较于资源性的生产资料（如资金、劳动力、土地等），经营者自身的管理能力鲜少被提及。可能的一个原因是，经营者通常不会意识到自身管理的问题，容易在这个方面低估人才的重要性。乡村产业发展是一个复杂的问题，需要撬动多方资源投入，而撬动的基础是要建立一个经过设计的、可以有效运转的产业模式，能够完成这种设计并付诸实践的则是经过培训、具有市场经验的经营管理人才。目前在所调研的新型农业经营主体中，这样的人才还非常稀缺。这也是依靠新型农业经营主体组织小农户所面临的一大挑战。

小农户方面，他们对于与新型农业经营主体的联结存在以下四个方面的担忧。一是关于流转费。农民对流转费低、支付拖欠或支付中断十分抵触。例如，某调研村在产业扶贫期间成立了苹果合作社，虽然吸纳了较多小农户参与，但由于技术限制和气候影响，2020年才开始产生盈利，而当年投入费用是盈利收入的4倍。村两委一直通过借债的方式支付农民土地流转费并发生过拖欠，这严重影响了村民参与农业产业的积极性。二是关于土地和水的质量。农民担心流转后土地用途和生产内容被改变，原有生产环境被破坏，土地未来难以复耕复产。例如，某调研村村民提到，土地流转后变成了龙虾养殖场，水质遭到破坏，合同结束后种回粮食不一定能保障产量；另一调研村村民提到，土地流转给大户种特色茶叶后，被挖得像河沟一样，种完特色茶叶之后就无法继续种水稻，只能改种玉米。三是关于合作的稳定性。农民对产业持续性没有信心。例如，某调研村村民反映，村里的小龙虾产业建立在扶贫资金补贴的基础上，实际上一直处于亏损状态，持续不了多久，并且产业经营者是外来人，这些外来人一旦遇到风险就可能会跑路。再如，一位村民提到，自己与大户签的合约是三年，但对方在第二年用完政府补贴资金后就退回土地，没有履行合约。四是关于产品价格。农民认为价格决定权在他人手中，自身议价能力低，权益无法得到保障。例如，某调研村村民表示，自己种植的茶叶卖给合作社会被压价，还不如卖给别人；还有农民认为，合作社在收购价上打压农民，村干部建立合作社并不是为了村民，而是为了自身利益。

整体上，农民与新型农业经营主体的合作较为消极，既有完全不参与合作的显性消极，也有虽参与合作却只流转土地、没有其他互动的隐性消极。信任的缺失与各自生产经营能力的欠缺，导致农民的合作热情难以被激发、新型农业经营主体的引领能力难以被释放，二者都像在"单打独斗"。

2. 农产品去向与销售方式

对于农民来说，农产品既是维系家庭食物消费的物资，也是支持家庭生计的商品。调研村庄小农户农产品商品化程度较高，但仍以传统销售方式为主，鲜少有销售合作。所有被访小农户都生产农产品，其中77.6%的小农户生产粮食，60.5%的小农户生产非粮食农产品。如图4-3所示，粮食和非粮食农产品的商品化程度都比较高；非粮食农产品更倾向于销售，粮食更倾向于满足家庭需求。

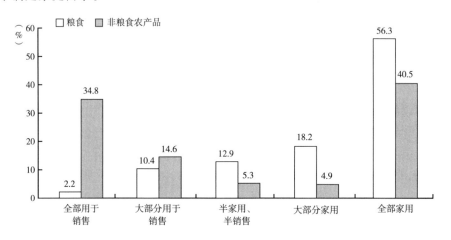

图4-3　被访小农户生产的农产品去向

注：生产粮食的小农户有318户，全部对农产品去向的相关问题做出有效回答。生产非粮食农产品的小农户有248户，其中1户对农产品去向的相关问题没有作答，因此共有247户做出有效回答。

在有销售活动的 249 户被访农户中，以等人上门采购为最主要销售方式的占 67.9%，自己本地销售的占 22.9%，二者占比之和超过 90.0%；采取约定销售和电商销售等与市场耦合更紧密的销售方式的农户占比非常小，分别为 1.6% 和 0.4%，采取这两种方式的主要是大专及以上文化程度的农民。约定销售和电商销售可以减少中间环节，让农民获得更多收益，但非常依赖完善的基础设施和现代的物流体系。大部分调研村庄不具备畅通且完善的物流线路。值得关注的是，20 世纪 90 年代初，山东省率先探索建立了"公司+农户"的长期稳定的契约关系，公司与农户通过签订购销合同，规定双方在农产品生产、销售、服务、利益分配和风险分担等方面的权利与义务。然而，本次调研中，山东省调研地参与约定销售的小农户仅占 3.4%，约定销售的辐射程度并没有明显提高。

总体而言，在从事农业生产的小农户中，超过 9 成依靠传统销售方式，即等人上门采购或在本地小市场独立销售。进行独立生产销售的小农户看起来与大资本没有隶属关系，实则形式自主性强、事实自主性弱。一方面，在被大户或企业垄断的本地市场，小农户没有议价话语权；另一方面，具有较强合作与沟通能力的小农户被新型农业经营主体吸纳，剩余小农户与其他主体合作的机会被挤占，只能独立经营。因而，小农户对于合作经营，既有基于信任欠缺的主动消极，也有基于事实自主性弱的被动消极。消极合作也使小农户在现代农业话语体系和社会关系中的存在感较弱。

三　农民对乡村产业的实际需求

产业兴旺中的产业是农民视角和农村视角的产业（朱启臻，2018b）。只有符合乡土社会发展规律、满足农民需求的产业兴旺，才能真正匹配国家对乡村产业的定位与期待。调研发现，农民对乡村产业的实际需求与期待，主要体现在产业要素和依靠主体两个方面。

（一）农民在产业要素方面的需求

被访农民反映，目前制约农业生产的问题有缺少劳动力、自然灾害、缺少土地、缺少资金、基础设施不完善、缺少技术、缺少设备、销售难和政策限制，其中最主要的制约问题是缺少劳动力（见图 4-4）。50 岁以下的中青年农民群体和 70 岁及以上的老年农民群体，尤其强调劳动力问题。按照一般逻辑，老年人从事农业生产若感到力不从心，会让在外务工家人返乡，然而在现实中，在农业生产劳动力不足的情况下，农民家庭主要劳动力仍然会选择离开村庄在外务工。这说明，农民并非因为村内家庭劳动力剩余才选择外出务工，而是在其他多种因素共同作用下做出的决策。

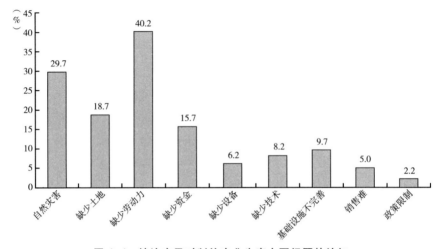

图 4-4　被访农民对制约农业生产主要问题的认知

注：共有 401 位被访农民对制约农业生产的相关问题做出有效回答。

一方面，随着城镇化的发展，农村人口逐渐减少，农户需要通过雇用补充劳动力维持农业生产，但农业基本要素长期被外部市场定价（温铁军等，2018），人工成本与生产资料成本不断提高，农民难以负担，只能投入更多劳动力外出务工维持家庭生计或干脆减少土地面积。例如，一位农民提到，"以前一个帮工 30—40 元，现在 100—120 元，再加上农药、化肥等成本，完全不赚钱，不赔钱就不错了"。另一方面，家庭收入的增长并不能有效缓解农民的支出压力。2000—2020 年的 20 年间，我国农村居民人均可支配收入增长了约 5.6 倍①，然而一般消费品价格指数、城镇不动产价格、家庭平均教育投资和医疗费用也在普遍上涨，给农民带来比较强烈的危机感和较大的储蓄压力，这也是导致小农户种植面积减少和经营分散的因素之一。

---

①　根据 2021 年和 2001 年《中国统计年鉴》中的数据计算得出，具体数据参见国家统计局网站发布的相关年份年鉴数据资料，http：//www.stats.gov.cn/tjsj/ndsj/。

对于土地细碎化的状况，农民认为很难改变，原因有两点。一是地理环境与地形条件制约。例如，陕西省调研村农户将其地域环境形象地概括为"八山一水一分田"，认为这种地形不利于种植业发展，也给发展第二、三产业带来困难，如找不到合适的地方建立工厂或产业园、现代化农业机械无法进入或无处存放、新技术无法应用等。这些困难增加了产业发展的初期投入，增大了产业投资风险，提高了农户参与产业的门槛，不仅会影响农民的农业生产意愿，也会影响社会资本的投入热情。二是政策执行异化。由于基层政府的非精细化管理以及不同侧重点的政策之间的矛盾，乡村产业发展规划在落实过程中并没有起到优化土地利用的作用。以某调研县为例，全县计划推广中药材种植时，给每个乡镇分配了任务指标，某镇有 1 万亩种植任务但并无合适的土地，只能把土质优良的平地茶园改造成中草药种植基地。这一举措不仅没有整合已有的零散土地，还浪费了优质土地资源，加剧了土地零散状况。该地农民同时指出，作为重要的水源地，当地严格实施生态环境保护政策，不允许在河流附近养殖，养殖必须上山，因此养殖企业必须在山上找有水的地方，无法扩大养殖规模。

农民表示，目前最需要的是直接补贴和提高土地租金。其中，补贴形式可以包括对丧失劳动力的老年人补贴、技术补贴、小农户种粮补贴等。农民的另一重要需求是信息平台，希望政府推出公共信息平台，分享用工信息、就业信息、市场行情、地方政策等。

与普通农户不同，专业大户最需要的是资金方面的支持。以陕西省调研地的一个专业大户为例，该户提到，一亩水田理想状况下可以收获 1000 斤水稻，打出 500 斤粳米，粳米 5 元/斤，通过销售可获得 2500 元。而投入资金包括租金 700 元、犁地 200 元、插秧 300 元、收割 200 元、种子和肥料 200 元、管护 100 元，再加上加工费、柴油费、维修费和给雇工发的工资，高于销售所得。因此该大户认为，自主生产不如利用机械为其他经营主体提供加工服务，希望得到产业补贴和低息贷款。

（二）农民在依靠主体方面的期待

《国务院关于促进乡村产业振兴的指导意见》明确指出，农民是乡村产业发展的主体。然而，农民自身对乡村产业发展主体有不同认识。在农业生产方面，农民认为主要依靠新型农业经营主体。其中，选择专业大户/家庭农场的农民最多，占 35.6%；其次是选择小农户、合作社、企业的农民，依次占 27.8%、23.4%、22.0%①。农民选择专业大户②的原因是，专业大户是他们身边最常见的规模主体。农民选择企业的原因是，他们认为村庄内部的一些矛盾不适宜由内部人员解决，需要外部企业通过市场化规范管理来规避。农民选择合作社的原因是，合作社可以获得国家补贴。遗憾的是，农民选择小农户，并不是因为对小农户的未来持乐观态度，而是认为其他主体无法依靠，或者对所在地区地形条件不抱希望。在新型农业经营主体看来，未来中国农业生产主要依靠专业大户/家庭农场，这一点与小农户的想法高度一致。一位被访的经营者提到，未来要靠具有农业现代化市场能力的人才，需要建立机制来培养这样的能人大户。

在乡村产业发展方面，农户倾向于选择政府、村干部/村集体和外来企业/外来投资者作为主体，选择比例依次为 45.5%、37.3%、35.6%③。农民认为，乡村产业发展首先需要靠政府的资金扶持和制度支持；村干部/村集体了解本地特点和村民需求，容易沟通，但需要避免执行政策时过于死板和教条；而外来企业/外来投资者掌握更多信息渠道和营销经验。

尽管农业产业化发展和乡村振兴战略已经推动众多资源要素向乡村聚集，乡村产业市场潜力不断增大，但来自乡村外部的资源并没有真正唤醒农民的主体性。农民极少意识到提升自身素质和发挥主体作用的必要性。有研究指出，产业兴旺的主体虽然是农民，但不是传统农民，而是掌握基本科学技术、具有一定市场意识的新型职业农民（蒋辉、刘兆阳，2020）。然而，目前新型职业农民仍然较少。把普通农民转化为新型职业农民面临的挑战是，"应该"以及究竟"可以"转化哪些农民，是村内的老人与妇女，还是外出务工回流人口。从目前普通村庄的产业资源基础和产业业态来看，期待城市人口或务工人口回流并不现实，乡村产业发展仍将面临劳动力问题与可持续性问题。换句话说，目前乡村产业布局和产业结构调整的节奏尚未与城镇化步伐合拍，这种错位可能会继续加剧农民在乡村产业中的主体性缺失。

---

① 共有 410 位被访农民对农业生产主体的相关问题做出有效回答。
② 在所调研的 10 个村庄中，几乎没有家庭农场。
③ 共有 528 位被访农民对乡村产业发展主体的相关问题做出有效回答。

四 结论与思考

本研究分析了农民对产业兴旺的理解、在乡村产业中的实际处境和对乡村产业的实际需求，从农民视角考察了乡村产业发展的现状与问题。研究发现，产业兴旺的重要目标之一是"兴旺农民"，但当前乡村产业实践距离实现这一目标还面临重重困境。第一，农民对产业兴旺的理解和认知难以匹配政策话语中产业兴旺的实现路径，具体表现为农民虽然了解产业兴旺在拓宽农民就业与增收渠道方面的作用，但对产业融合的理念和经验较为陌生，产业链意识与三产融合意识较弱。第二，农民游离于现代农业产业体系边缘，大多数小农户未参与具有产业融合特征的现代农业产业体系，少数参与者在所依附产业中进行着临时性、低效能、自负盈亏的活动。第三，农民在现代农业生产体系中双向脱嵌，既无法完全融入现代农业，也无法回到传统农业，具体表现为农户的生产种植方式被现代农业部分改造，农业生产缺少具备现代农业生产能力的劳动力，老龄化的农业劳动力已形成对化学品的高度依赖，无法进行有机循环的绿色农业生产。第四，农民在现代农业经营体系中与新型农业经营主体或其他农户的合作比较消极，既有基于信任欠缺的主动消极，也有基于事实自主性弱的被动消极，具体表现为与新型农业经营主体的联结较少，联结形式较为单一，仍以独立生产销售为主。对于自身在乡村产业中的境况，农民具有较为实际的需求：在产业要素方面，农民最需要直接补贴、提高土地租金、信息平台；在依靠主体方面，农民希望依靠新型农业经营主体进行农业生产，依靠政府、村干部/村集体和外来企业/外来投资者主导多元产业融合发展。

农民在乡村产业中的上述境况，不仅是他们在乡村发展中遭遇的困境，也是乡村产业自身发展需要正视和解决的问题。在目前的困境中，农民的主体性尚未被唤醒，乡村产业主体的缺位只能由其他主体来补齐。目前的乡村产业在横向上存在两种类型的主体建构方式：由外向内型，主要包含外部企业进驻村庄投资产业、中青年返乡创业；由内向外型，主要包含村集体建立领办合作社并向外寻求市场合作，大户在村内扩大规模并向村外延长产业链。在纵向上，乡村产业发展存在两种类型的发展动力：自上而下型，主要包含行政力量支持产业项目，完成行政任务；自下而上型，主要包含农户为转移劳动力，自发地将土地流转给大户或村集体。小农户高度期待，并将在很长一段时间内只能期待由外部主体发展本地产业。然而，外部主体很难在共享经济利益、提升民生福祉、传承乡土文化等方面真正做到为农民着想，也可能会导致乡村产业的系统性失调。

对于目前的乡村产业发展状况，研究者需要进一步探讨农民视角下乡村产业发展的内生动力机制和外部激励机制，从经济、制度、文化、家庭伦理、社会关系、民生福祉等多个维度，对已经融入现代乡村产业的农户的产业适应性和尚未融入现代乡村产业的农户的特征进行全面系统的研究，一方面厘清农民在现代农业产业体系、生产体系、经营体系中的作用机制；另一方面构建农民嵌入乡村产业发展的理论逻辑框架，尤其需要关注制度创新的社会基础，以及社会资本和文化规范对农民主体性建构的作用。乡村产业实践者需要将"兴旺农民"作为产业发展的出发点，在实践中因地制宜地制定本地乡村产业融合规划，为农民提供高效获得社会化服务与产业信息的平台，完善农地管理规范，提高供需协调能力，加强农村教育，改善医疗卫生服务条件，加大对产业项目经营管理者和农民的培训力度，鼓励社会组织参与招募和培训乡村产业人才，通过宣传引导增强城乡互动，激发乡村活力，在政策制定过程、产业规划过程、指标体系建设过程、技术导入和普及过程、土地获取过程、产业建设过程、产业日常经营与利润分配过程等全过程中充分考虑农民权益，充分倾听并纳入农民的声音，重视农民与乡村产业发展的相互作用。

5

农民视角的生态宜居

实现生态宜居，是乡村振兴战略的总体要求之一。中共中央、国务院印发的《乡村振兴战略规划（2018—2022年）》指出，"乡村振兴，生态宜居是关键"。建设生态宜居的美丽乡村，构建人与自然和谐共生的乡村发展新格局，实现百姓富、生态美的统一，是乡村振兴战略的重要目标之一。实现生态宜居的具体措施则着眼于推进农业绿色发展、持续改善农村人居环境、加强乡村生态保护与修复三个领域。可以看出，该规划进一步拓展了之前社会主义新农村建设中村容整洁和美丽乡村建设的关注范畴。

从宏观上看，这些围绕生态宜居的政策举措是国家在现代化转型过程中对乡村社会和城乡关系的一种定位与回应。基于不同的历史背景和社会条件，不同国家促进城乡融合的转型范式主要有两种：一种是在市场机制驱动和国家引导下，在大城市和农村之间建立中间地带、建设小城镇，避免超大城市和弱小乡村之间断裂，为乡村流出的人口提供生计转换的空间，如英国推行的"田园城市建设""新城镇运动"，法国采取的"慢速城市化"、发展"绿色城市"等战略（魏南枝、黄平，2015；邱泽奇，2020）；另一种则是以强国家干预的方式，促进乡村的"内生性发展"，恢复乡村活力，最大限度地维持过疏化地域社会的常态运行，如日本、韩国两个"后发"东亚国家都为了遏制乡村过度衰败，在乡村基础设施建设、人居环境改造、公共服务、产业发展等方面采取了大量政策举措（张春阳，2014；张玉林，2016），其中日本自20世纪50年代以来推行"一村一品"产业发展、农民的组织化建设和"造村运动"，韩国于20世纪70年代开展"新村运动"、90年代后开展"企业型新农村建设"。在新发展理念指导下，中国乡村振兴战略中也包含对可持续和绿色发展的关注，这也是生态宜居的重要建设目标。这种发展路径的调整，既是对具有生态破坏性的发展主义和生产主义范式的全球性反思，也体现了中国式现代化的特点。

农民是乡村社会的主体，包括生态宜居在内的乡村振兴战略直接关系到他们的切身利益。在以往人居环境整治政策和项目自上而下推行的过程中，农民既缺少表达的空间，也缺少表达的主体性。大量政策和项目具有"改善的意愿"，却在推行过程中事与愿违，陷入政策失灵和偏离农民现实需求的复杂境地。乡村振兴战略的实施过程要避免陷入类似困境，无论是研究过程还是政策制定和实践，都应关注和纳入农民视角。

在乡村振兴的发展背景下，乡村生态宜居建设不仅是国家乡村振兴战略的重要组成部分，也是农村发展与变迁研究的新切入点。已有研究多从国家视角分析公共管理和市场介入如何在乡村生态宜居建设方面发挥作用。例如，讨论生态宜居的实现路径（杨苹苹，2017），探讨如何从加强农村基础设施建设方面保障生态宜居的实现（曾福生、蔡保忠，2018），分析不同地域对乡村生态宜居建设的模式探索（孔祥智、卢洋啸，2019）。尽管有研究者强调了农民在生态宜居建设中的主体性（曹桢、顾展豪，2019），但从农民视角分析生态宜居建设现有成果、问题及相应对策的研究并不多见。

农民如何理解生态宜居？他们在生态宜居建设过程中的参与情况和实践体验如何？其中存在哪些亟待解决的问题和矛盾？他们对目前村庄生产生活环境以及相关的环境整治行动是否满意？关于生态宜居乡村，他们有什么样的期望和设想？本研究将呈现农民对生态宜居目标的理解和价值表达，以及现实中的需求、意愿和困境，并在分析农民主体性表达的基础上，对进一步的研究、政策和行动进行思考。

一 生态宜居的基层实践逻辑与村庄底色

乡村振兴也是地方资源、农村景观和农村生计结构重新配置的过程。政策的推行和落地过程深刻地嵌入地方社会结构与制度背景中，其实施效果直接取决于地方相关行动者如何实践和回应。

（一）绿色发展转型中的地方政策导向与基层实践逻辑

在政策实施过程的背后，蕴含着极其复杂的政治、经济、社会和生态关系，包含着多元行动者之间的博弈和互动。对于生态宜居，地方政府如何理解和定位、遵循什么样的行动逻辑，会直接影响地方的政策导向、实践过程和最终效果。调研发现，尽管不同地区基层政府结合本地的财政能力和资源禀赋等现实条件，对生态宜居具体内容实施的范围和程度存在很大差异，但在实践逻辑和发展路径方面，呈现以下共同特点。

1. 高度重视生态宜居，力图制定与生态保护兼容的乡村振兴框架

在县级层次的座谈与访谈中发现，各调研地的乡村振兴发展思路均赋予生态宜居很高的权重。处理好发展与生态保护的关系，也成为地方实践的重要指导原则，如强调要"在保护中发展，在发展中保护"，"把生态保护置于首位"。例如，陕西省红石县提出，要走"生态经济化、经济生态化"的发展新路。浙江省天歌县则把"生态化""低碳化"作为"未来乡村"的示范方向。此外，在靠近北京市的河北省千山县，随着近几年对大气污染治理的重视和雄安新区建设的推进，环境治理也成为当地发展的重要指挥棒。

2. 以人居环境整治和污染防治为切入口，将农业绿色转型等置于次要位置

调研发现，基层政府各个层面的实践重点都在人居环境整治和污染防治两个领域。围绕人居环境整治，每个调研县都在先前美丽乡村建设行动的基础上，从垃圾治理、厕所改造、庭院美化、环境绿化等方面继续深化一系列"革命"。例如，在河北省千山县，地方政府把"产业和人居环境两手抓"作为行动方针；在陕西省红石县，村容村貌被地方政府认为是产业之外首先要改变的农村"短板"；在山东省青云县，人居环境整治被地方政府定义为"践行乡村振兴的第一场硬仗"。访谈发现，人居环境整治之所以被赋予优先性，一方面缘于其相对容易操作和执行；另一方面在于村容村貌治理既可短期见效，又具有视觉上的"可见性"，容易达到当前考核机制要求。与此同时，在各级政府部门刚性政策要求和考核压力下，对空气污染、污水、采矿破坏等开展环保治理，成为各地政府积极主抓的另一项重要工作。各地政府的关注点涵盖大气、水和土壤污染等层面，不同程度地推行了退耕还林、清洁能源改造、关停污染企业、养殖禁令、禁燃烟花、禁止秸秆焚烧等一系列具体举措。

然而，对于生态宜居所涉及的另一些相对"不可见"的层面，如影响很多村庄宜居的道路、饮水、医疗、教育等基础设施和公共服务短板，以化学投入品减量化、生产清洁化、废弃物资源化、产业模式生态化等为目标的农业绿色转型等，地方政府尽管在相关政策叙事中不断强调其重要性，但在实践中却普遍将其置于次要位置，这主要是因为对资金投入和效果可见性的权衡会影响地方政府的重视程度与积极性。

3. 相关实践普遍处于方案模糊、举措碎片化阶段

乡村振兴提出了生态宜居的目标，但是地方政府对于怎样结合地方实际具体操作，普遍还十分模糊，处在"摸着石头过河"的阶段。同时，在脱贫攻坚与乡村振兴的衔接转换期，各地乡村振兴的组织架构和协调机制正在建立，大多尚未形成明确、稳定的职能分工和组织机制。而生态宜居涉及复杂、多维度的面向，牵涉部门众多。以某调研县为例，仅人居环境整治工作便涉及农业农村局、生态环境局、城管局、住建局等 14 个部门。在另外一个调研县，有基层干部指出，"生态宜居涉及很多部门，分工非常细碎。例如，土壤整治工作涉及的重金属、土壤面源污染等由生态环境局一个股主管，固体废物又由另一个股主管。厕所改造由农业农村局负责，污水处理由生态环境局主抓，生活垃圾处理由执法局负责，管网建设由水利局负责，'农口'则在主抓'美丽乡村'……"当下，各调研县具体的工作实践主要还是依托各个政府职能部门实施，缺少县域整体性、系统性的谋划。这也导致了生态宜居具体实践的碎片化，难以形成资源的有效协调与整合。

4. 着力典型示范打造，财政资源投放集中、不平衡

与脱贫攻坚一样，乡村振兴也是一个资源在地区和村庄之间重新配置的过程。与脱贫攻坚不同，乡村振兴需要覆盖所有村庄。面对有限的公共财政资源、人力、物力，地方政府普遍采取"不撒胡椒面""树典型、抓示范"的资源集中投放策略。例如，某调研县一位基层干部在谈及资源配置时提到，"选择区位条件好、产业基础好、发展前景好的镇村先行先试，对地处偏远、有可能自然消亡的村只需巩固脱贫成果即可"。这种行动取向尤其反映在人居环境整治和乡村旅游的打造上。那些资源禀赋较好、在脱贫攻坚阶段已奠定一定发展基础的少数村庄，进入新的发展阶段后得以继续"锦上添花"，而其他大部分普通村庄很可能继续被忽略。这种行动逻辑将导致村庄之间发展机会的不均衡和发展状况的进一步分化。

5. 积极寻求将乡村的生态和环境资源商品化

在生态转型的背景下，各地政府都在探索如何将生态保护与经济发展相结合，把生态优势、生态产品转化为经济价值。在此背景下，引入外部资本，利用自然环境优势发展区域休闲旅游业，努力挖掘"旅游+"产业，成为各地普遍采取的发展战略。在5个调研县中，有些县是在国内很早就确立发展生态经济思路的先锋县。例如，某调研县正在致力于将"美丽环境"转化为"美丽经济"，在沿河流域开发"水经济"。同时，该县积极开发生态旅游和茶叶、特色鱼、蜂蜜等生态农产品，并力图通过打造某区域公共品牌，推动"绿水青山"的生态价值转换。另一调研县则在摸索"生态经济化"的发展新路，并推动特色茶等农产品的品牌化。其他调研县也在采取各种措施，推动乡村生态和环境资源的商品化。例如，某县在打造油菜花乡村景观，发展无公害楠竹等生态产业；另一县在以湖水资源为轴心，拓展全域旅游；另一县致力于开发海洋景观和红色旅游资源。

调研发现，各地乡村旅游业的打造过程，大多伴随着巨额的资金投入和乡村环境的深度改造。然而，这种改造背后的设计思维，主要是满足城市居民的短期休闲和康养需求，而非满足在地村民的生产生活需求。在地方干部关于未来的乡村振兴愿景中，乡村旅游被期望产生更多的前向、后向联系和"加乘效应"，包括吸引更多的外部投资、吸引更多的年轻人回流、促进乡村三产融合等。但在现实中，乡村旅游业的发展效果大多不尽如人意。

（二）流动背景下的村庄形态与农村生计

当前，在城乡之间人口和资源深度流动的背景下，村庄形态和农村生计呈现新的特点。这既会影响农民对生态宜居的理解，也会影响农民对相关活动的参与意愿和行动选择。

1. 流动背景下的村庄形态与人口结构

在10个调研村，劳动力大量外流、老人和部分妇女儿童留守是普遍特征。同时，这些村庄的"空心化"趋势不断加剧，留居人口结构正在走向更加严重的老龄化，被访农民的年龄中位数高达56岁即明显的反映。调研村庄青壮年人口在村的比例非常低，且大多为基层干部或村医、乡村教师等基层公共服务体系从业者，少数为因抚养责任难以远行者，或在当地从事经商、运输或其他产业的创业者。最近十年，随着城镇化程度的不断加深、农民进城购房的普遍化和乡村教育的上移，妇女和儿童留守村庄的比例已显著降低。在 10 个调研村中，陕西省和湖南省的调研村还有相对较多 45 岁以下的妇女在村，较高比例的儿童在村庄附近就读；但在其他 3 省的 6 个调研村，在村中青年妇女和儿童均为数不多，甚至连隔代监护现象也已经显著减少。

不过，伴随农民工的代际更替和国内外局势变化对经济社会发展的冲击，乡村也在接纳越来越多的回流者。返乡养老、务工伤残或不再被原务工行业接纳，成为农民回流的主要原因。与此同时，越来越多的农民进入一种在城乡之间往返穿行的就业和生活状态。访谈发现，很多留守老人周期性或不定期地进城与子女团聚、协助子女育儿，其生活空间在城乡之间不断切换；留守妇女不定期进城与丈夫团聚或陪读现象亦十分普遍；同时，随着交通便利性的增强，乡村正成为一些外出村民周末和假期返乡休闲度假的空间。

2. 农村混杂生计的普遍性与城乡二分法的模糊化

各种形式的永久迁移和往返迁移，正在加剧农民的去农业化。农村生活与农业生产正在逐渐"脱钩"，农民家庭的生计正在变得更加多样化，乡村空间的生产和生活功能也在不断重构。

在 10 个调研村中，有 8 个村庄存在大面积的土地流转和不同规模的农业产业。同时，这些村庄出现了不同类型的乡村加工业、餐饮民宿等服务业以及其他新兴业态。此外，还有很多劳动力在农村和城市之间循环流动。在县域范围内，"在村居住、进城务工"和"在城居住、进村兼业"同时存在。这些跨越城乡的家庭生计策略正在打破传统的"农村—城市"二分法，模糊城乡边界，并促生当代语境中的"新村性"（Fairbairn et al.，2014）。有研究者也将这样的农村家庭形态，表述为"半无产阶级化、半全球化和日益半城市化"（Hecht，2010）。

流动背景下的村庄形态和人口结构以及农村混杂生计的普遍性，给乡村振兴带来了挑战，也使生态宜居目标的实现面临多重困境。

二　农民对生态宜居的理解与愿景

被访农民对"怎样才算是生态宜居"这一开放性问题的回答，体现了他们对生态宜居的基本认知和理解，也反映了他们的一些态度和愿景。87.1%的被访农民对此有一定的表述内容，12.9%的被访农民则表示很难回答或不清楚，其中以老人尤其是女性老人居多。45.0%的被访农民提及农村自然环境，既有笼统性的"环境好"等表述，也有"水好""空气好""山清水秀""有山有水、环境优美""没有污染"等较为具体的表达。23.1%的被访农民提及农村公共空间的清洁，特别是垃圾、畜禽粪便的处理。此外，村庄道路和交通（9.6%）、村庄绿化（9.3%）、村民生态环境保护意识（7.5%）、村庄基础设施（4.3%）、村庄规划布局（3.8%）、饮水质量（3.6%）、村庄照明（2.5%）也是被访农民关于生态宜居的叙事中出现频率较高的方面。

具体来看，在乡村振兴背景下，农民关于生态宜居的叙事具有以下几方面特点。第一，农民希望拥有清洁、自然的生活空间，并对垃圾治理有强烈诉求。"环境好""没有污染"是被访农民最频繁提到的概括性表达。有些被访农民还具体延伸到良好的自然生态环境、较高的空气和水体质量，以及清洁卫生的乡村生活空间等方面。其中，有2成被访农民提到垃圾问题，表达了对垃圾治理的诉求。第二，农民对生态宜居的关注点更多指向公共空间而非私人的居住环境空间。当下，各地基层政府正大力推进改厨、改厕、庭院美化等人居环境整治工作，瞄准的都是农户的私人空间领域。然而，认为上述领域需要改造的被访农民很少（只有3人提及）。第三，农民认为，宜居不仅仅在于村容村貌提升和环境改善，配套基础设施完善、公共服务水平提升和生计机会增加同样重要。与老年人相比，年轻人则融入更具时代感、现代性和城市化的标准，涉及的维度也更多，如生态环境保护意识、舒适度和便利性、艺术美学、文化娱乐、就业机会等。更具现代性、城市化的标准和美学观念，塑造着农民对美好农村人居环境的认知与想象。第四，农业绿色转型是生态宜居的核心目标之一，而农民对其重要性的认知严重缺失。被访农民对生态宜居的关注点主要在于生活环境，提及农业生产方式的只有1人。在农民的意识中，当下农村的污染主要来源于工业，他们对农业中存在的污染则普遍盲视。第五，农民普遍认为，与城市相比，农村在宜居方面具有无可比拟的环境优势和人文优势。尽管农村基础设施和公共服务水平与城市有显著差距，但农民对自己的村庄生态环境普遍给予很高评价。近2成被访农民甚至认为，本村已经达到自己心目中的生态宜居标准，并对此感到自豪和满足。从"空气好""环境好""人情好"等被访农民频繁提及的话语中可以看到，对农民而言，乡村的价值不仅仅关涉环境和自然，还融合了熟人社会的社群纽带、乡土文化和家园情结，而后者正是乡土性、乡村性的重要价值所在。它驱使在外者惦记返乡、在村者不愿进城，并转化为工业化转型过程中始终存在的各种"乡愁"叙事。

总之，农民对生态宜居的叙事是多样化和生活化的。很多被访农民对乡村振兴、生态宜居的愿景在向城市看齐。例如，湖南省飞燕村一位老人表示，"农村环境、交通、水利以及整体化的建设，应该和城市是一样的"。有较长时间流动和城市生活经历的返乡和入乡群体，以城市条件和美学为标准的倾向更显著。这种认知和价值偏好也反映在农民的行动中，影响着其对住房、庭院环境、家居设施设备的改造或选择，并正在推动形成一种混杂城乡风貌的新乡村性。在农村，一栋栋美丽的建筑拔地而起，街巷日益清洁美丽，村民用上了水冲厕所，但同时，畜禽饲养、粪肥蓄积、粮食和农业工具仓储的空间都在消失或缩减。这种新的趋势不仅模糊了城乡的景观界限，也在远离传统的小农经济体系。

三　农民在生态宜居方面的参与和实践

（一）人居环境整治对农户的覆盖情况

本研究针对人居环境整治对农户的覆盖情况进行了调研，涉及生活垃圾处理、生活污水处理、厕所改造、道路硬化、村庄亮化、环境绿化/村容美化六个方面。从数据结果（见表5-1）可以看出，人居环境整治在农户层面的总体覆盖率仍然很低。不论是生活垃圾处理、生活污水处理、厕所改造等环境卫生方面，还是道路条件改善等基础设施方面，都还存在较大短板。同时，还有4成被访农户住房周围没有路灯，也缺少美化绿化。总体而言，对比国家在人居环境提升方面提出的目标，调研村庄还存在较大差距。而在5个调研地区中，河北省和湖南省的调研村在人居环境整治方面的农户覆盖率相对更低。

表 5-1 调研地区人居环境整治对农户的覆盖情况

单位：%

	生活垃圾处理	生活污水处理	厕所改造	道路硬化	村庄亮化	环境绿化/村容美化
总　体	67.8	50.7	52.4	65.8	62.4	58.9
河北省	63.7	29.7	29.4	65.4	52.0	37.6
陕西省	75.9	71.3	65.4	66.7	70.4	77.8
湖南省	54.5	39.6	38.6	51.5	49.5	49.5
山东省	82.2	48.5	71.3	84.2	75.5	67.3
浙江省	62.5	61.6	56.3	61.6	64.3	60.7

　　具体来看，调研地区在农村人居环境整治方面呈现以下特点。第一，基层实践大多优先选择从可见的村容村貌和环境整治切入。目前，各调研地都在积极采取措施，推进生活垃圾处理、村庄亮化、环境绿化/村容美化，但生活污水处理、生态保护与修复等更深层次的环境治理，则在优先序中被置于次要位置。第二，中西部偏远农村地区在道路、饮水等基础设施方面仍然存在较大短板。河北省、陕西省和湖南省的调研村仍然不同程度地存在主要道路未硬化、自来水浑浊而无法饮用等问题。第三，生活垃圾和生活污水是当下影响农村人居环境的显著因素。目前，这两项的治理对农户的覆盖率分别只有 67.8% 和 50.7%。在生活垃圾处理方面，只有约 3 成（30.3%）被访农户能够进行一定程度的垃圾分类，且主要集中在浙江省天歌县的调研村。浙江省天歌县前楼村采取了开办垃圾兑换超市等一系列举措，很好地培育了农户的垃圾分类习惯。其余调研村的生活垃圾处理服务，则大多还停留在集中清运方面。在陕西省鹿鸣村和湖南省飞燕村，垃圾清运则因难以向村民收费而陷入困境。在生活污水处理方面，由地方统一（清洁）处理的被访农户只约占 4 成（39.5%），约 34.8% 的被访农户自家采取了清洁排放措施，其余 18.9% 的被访农户还是随意排放。从数据来看，每个调研村都有部分农户未被公共的生活垃圾和生活污水处理服务覆盖。这部分农户大多分散居住于距离主村较远处，相关服务因成本问题而没有将其纳入。第四，农民对厕所改造的参与较少、评价较低。目前已对传统农村旱厕进行改造的被访农户只占 30.1%，其中有些是由政府推动的，有些是农户改建房屋时的自发行为。调研发现，对于政府推动的厕所改造，农民的评价普遍较低，易冻、不易水冲、清运收费以及失去农家肥等是农民经常抱怨的方面。此外，一部分农户

为了获得农家肥，在新建水冲厕所的同时，保留了传统旱厕。这种现象在陕西省的两个调研村更为常见。

从总体上看，虽然当下农村各类基础设施水平均有提升，各级政府对农村人居环境建设工作也都十分重视，但是地方政府在人居环境整治方面的行动逻辑是以自己的行政偏好为出发点，而非以农民的现实需要为出发点。部分地区的人居环境整治和改造项目不是农民所需，甚至与农民现有的生产生活空间和家庭生计存在冲突。

（二）农户在农业生产绿色转型方面的行为变化

调研发现，农村土地流转非常普遍，小农户存在显著的去农业化和农业副业化趋势。同时，在村农户的农业生产出现了明显分化：大部分农户缩减了农业生产；一小部分农户则转向黄宗智（2020）所提到的"新型小农经济"，即从以种粮为主转向种植资本化程度更高的经济作物；还有部分农户虽然生活在乡村，但已经不再从事农业生产。

调研数据显示，在被访农民家庭中，仍然从事农业生产的只占80.3%，另外2成农户则完全从农业经营中退出，他们或转向非农领域，或因衰老伤残不能再下地；正在以兼业或全职形式从事非农产业的被访农民占52.7%。在仍然从事农业生产的这部分农户中，大部分家庭的耕作面积较少，其中相当一部分农户只保留了菜地。因经济发展、资源禀赋和土地流转程度不同，不同调研地区小农户保留农业耕种的程度也不同。在浙江省的两个调研村，因产业发展和旅游开发，农户土地大量流转，85.5%的被访农户家庭耕作面积已不足1.0亩，存在土地抛荒现象的被访农户占比达16.9%。陕西省调研村土地流转面积较少，大量小农户仍然保持完好的土地家庭经营；66.0%的被访农户家庭耕作面积在1.0亩及以上，其中5.0亩及以上的占12.1%。

农业生产对于农户重要性的变化，农民"为市场生产"与"为自己生产"的比例变化，以及农民在农业生产参与方面的分化，也会直接影响农民在农业生产方面的化学品投入和废弃物处理行为。

1. 农业生产化学品投入

调研数据显示（见表5-2），近三年，在化肥、农药（杀虫剂或除草剂）投入量方面，部分被访农户有所增加，部分被访农户有所减少，部分被访农户表示不清楚。此外，被访农户使用添加剂的情况很少，原因在于没有相关产业，或产量有限、没有必要。

表5-2　被访农户近三年农业生产化学品投入情况

单位：%

	减少	不变	增加	不清楚	不适用	总计
化肥	13.2	37.4	20.2	1.7	27.4	100.0
农药（杀虫剂）	14.4	35.2	15.5	1.9	33.1	100.0
农药（除草剂）	11.5	30.6	16.3	1.9	39.7	100.0
添加剂	2.3	4.5	1.5	2.7	89.0	100.0

农业生产化学品投入量较大或有所增加的这部分被访农户，大多还保留着相对较多的耕种。其中，部分农户种植中药材、油茶、林果等经济作物，面向市场进行生产。访谈发现，他们之所以不减量甚至增加投入量，主要有三方面原因。一是多年的化学品投入导致地力衰退，若减少化学品投入量，将导致减产。例如，很多农民表示，"地越种越'柴'，土质变差、土壤板结，不放化肥就不长"，"量少了就没有产量"，"土质变差了，施的一年比一年多，不想施那么多也不行"，"虫子抵抗力强了，得多用药"。二是家庭养殖减少，导致农家肥减少。随着家庭养殖业的衰落，农户不得不用更多的化学品替代农家肥。三是劳动力逐渐衰弱和短缺，农民只能以化学品替代劳动力投入。调研显示，40.2%的被访农民提及农业生产中缺少劳动力的问题。其中，在陕西省被访农民中，认为存在这一问题的比例高达60.2%。在谈及为什么使用除草剂时，一些被访农民表示，"地里一时不打就长草，年纪大没人锄地"，"以前都是把草翻到土里沤肥，现在劳动力不足"。湖南省一位留守老人也谈道："以前农村人多，大家有时间精耕细作，可以把草直接翻到土壤下面，用来堆肥。现在缺人，化肥越用越多，土壤的肥力也在下降。"在农业生产已经普遍严重老龄化的今天，这种现象正在加剧。此外，很多农民对化学品的危害没有足够的认识，再加上商品化农产品生产的相对匿名化，成为化学品投入量增加的重要原因。

部分农户减少了化学品投入量，则主要出于家庭食品安全的考虑。这类农户往往只保留少量菜地或口粮地，并将产出主要用于满足家庭消费。他们在生产过程中更注重用农家肥养护土地，也会尽可能减少或不用化学品，认为"用多了不好，都是自己吃"，"最好不用，以自己吃为主，要考虑身体健康问题"，"只种点菜园子，自己吃肯定要少用"。湖南省某调研村一些农民表示，"现在种田是消遣。粮食价格低，多种无意义。我只种一点蔬菜，养点鸡鸭。自己家吃，什么药都不加。自己种的菜、养的鸡，吃着更健康、更安心"。

通过以上分析可以看出，农户在农业化学品投入方面呈现两种趋势。一方面，乡村劳动力的减少和老龄化，家庭养殖业的衰落，以及化学品长期施用带来的土壤退化，正在加剧一部分农民农业生产过程的化学化。另一方面，随着乡村土地流转的深化，越来越多的小农户从农业生产中退出或只保留少量土地，成为自给型农户，减少了化学品的投入。与此同时，一些研究者观察到的"一家两制"现象（徐立成等，2013）在调研村庄普遍存在，即农户在农业生产化学品投入方面同时采取两种策略，其中家庭消费部分（尤其是蔬菜方面）少用或不用化学品，面向市场的部分则并不减量甚至加量使用化学品。

2. 农业生产废弃物处理

农业生产废弃物主要包含四类：种植业生产废弃物（秸秆等）、禽畜养殖废弃物、农膜（地膜）以及化肥、农药包装废弃物。本研究对农民如何处理这些废弃物进行了调研，具体结果如下（见表5-3）。

表5-3　被访农民对农业生产废弃物的处理方式

单位：%

	资源化利用	出售	随意丢弃	由村里集中处理
种植业生产废弃物(秸秆等)	85.6	1.1	10.8	5.5
禽畜养殖废弃物	97.2	0.5	1.8	0.5
农膜(地膜)	20.3	6.8	40.6	36.8
化肥、农药包装废弃物	42.0	6.6	18.3	48.3

第一，种植业生产废弃物。种植业生产废弃物主要是秸秆。调研显示，在529户被访农户中，有381户有种植业生产废弃物（占72.0%）；有148户无种植业生产废弃物（占28.0%）。在有种植业生产废弃物的农户中，85.6%的农户对秸秆等进行了资源化利用，方式包括填埋沤肥、转化为饲料、焚烧（俗称"烧火粪"）等。另外，有少部分农户的处置方式是随意

丢弃，出售或由村里集中处理的只是极少数。需要提及的是，调研地区很多农民有焚烧秸秆的习惯，并视之为土壤增肥的有益做法。尽管有些调研地区政府对此明令禁止，但有些农民对这项规定并不太能接受，存在私下焚烧现象（如趁夜）。

第二，禽畜养殖废弃物。调研显示，在529户被访农户中，有217户有禽畜养殖废弃物（占41.0%），有312户无禽畜养殖废弃物（占59.0%）。除陕西省红石县两个调研村小农户养猪依然较为普遍外，其余调研村庄散户养猪现象已经极少，当地养猪业都已经走向专业化、规模化。以湖南省飞燕村为例，该村共500余户，调研时仅有3户在养猪。而牛、马等役畜，在所有调研村庄都已经极为少见。总体来看，小农户在养殖业方面的废弃物虽然很少，但几乎全部得到较好的资源化利用，但这远远无法满足农户对农家肥的需求。

第三，农膜（地膜）以及化肥、农药包装废弃物。调研显示，在从事农业生产的农户中，生产过程中使用农膜（地膜）的占25.1%，产生化肥、农药包装废弃物的占66.2%。在产生农膜（地膜）的农户中，36.8%的农户处理方式是由村里集中处理；在产生化肥、农药包装废弃物的农户中，48.3%的农户处理方式是由村里集中处理。有约4成农户对农膜（地膜）的处理方式是随意丢弃，有近2成农户对化肥、农药包装废弃物的处理方式是随意丢弃。例如，一位农民表示，"部分人会使用薄膜，用了之后一般都是混合在土里面，特别是种植烤烟，很多都是搅到了土里去。严格来说，土壤里面不能有胶，但是没办法，量大了很难捡出来。对于农药的包装袋，少数有常识的农民会用口袋装起来烧掉，大部分人是哪用扔哪"。

四 农民对村庄环境的满意度和评价

（一）农民对村庄居住环境的满意度

1. 对村庄居住环境的整体满意度

调研发现，被访农民对村庄居住环境的整体满意度非常高。5个调研地区被访农民满意率都超过80.0%，总体满意率高达88.2%。特别需要提及的是，16.5%的被访农民认为本村已经实现生态宜居。满意度如此高的原因主要有两个：一方面，如前所述，尽管与城市相比，农村在基础设施、公共服务等很多方面仍有差距，但农村在自然、生态和人文环境方面具有优势，再加上农民有浓厚的家园情怀，这让很多农民对村庄人居环境感到很满足；另一方面，被访农民主要为更容易满足的老年人，他们对村庄各方面的要求没有年轻人高。

被访农民对村庄居住环境的评价，呈现一定的代际、地区和是否重点村差异。第一，年龄越大，对村庄居住环境的满意度越高。在 60 岁及以上的老年人中，认为本村已经实现生态宜居的超过 4 成（41.3%）；在 45 岁以下群体中，这一比例仅为 5.7%。农村老人大多以过去为参照，认为"一年比一年好"，表示"现在很知足"。他们对物质环境的要求普遍不高，更珍视在村生活的自由和社群温情。相比之下，年轻群体则认为村庄居住环境还有很多待改善之处，并希望缩小城乡差距。第二，不同地区的经济条件、资源禀赋不同，农民的满意度也存在差异。在 5 个调研地区中，山东省被访农民的满意度最高（95.2%），而陕西省被访农民、湖南省被访农民的满意度（分别为 85.2%、83.2%）明显低于其他地区。访谈发现，影响陕西省被访农民与湖南省被访农民满意度的重要因素，是生活垃圾处理等公共服务和道路、饮水等基础设施还很不完善。第三，重点村被访农民对村庄居住环境的整体满意度比非重点村被访农民高。另外，在认为本村已经实现生态宜居的 87 位被访农民中，69.0%来自重点村。在持续数年的大量集中投入之下，重点村村容村貌和人居环境得到显著改善，这是重点村农民满意度高的主要原因。

2. 对村庄居住环境不满意的方面

本研究还考察了农民对村庄居住环境具体方面的评价状况。有近 6 成（59.4%）被访农民表示没有不满意的方面，该群体以老年人为主。另外，有 4 成多被访农民表达了对具体方面的不满意看法。调研数据显示，农民对村庄居住环境最不满意的方面排序依次是：村庄美化/绿化/亮化（23.3%）、污水处理（26.5%）、道路和饮水等基础设施（20.5%）、垃圾处理（17.2%）、厕所改造（12.6%）。

农民对村庄居住环境具体方面的评价，呈现显著的地区差异。河北省被访农民最不满意的是村庄美化/绿化/亮化，其次是污水处理；陕西省被访农民最不满意的是垃圾处理，其次是道路和饮水等基础设施；湖南省被访农民最不满意的是道路和饮水等基础设施，其次是村庄美化/绿化/亮化；山东省被访农民最不满意的是污水处理，其次是村庄美化/绿化/亮化；浙江省被访农民最不满意的是污水处理，其次是厕所改造。

（二）农民对村庄环境问题的感知

本研究也关注了农民对村庄各种环境问题的感知情况，涉及土壤污染、水污染、废弃物污染、大气污染、噪声污染等（见表5-4）。调研数据显示，近7成（67.9%）被访农民认为本村不存在生产活动导致的环境问题，对环境污染没有感知。

表5-4　被访农民对村庄生产活动可能带来的环境问题的感知

单位：%

	土壤污染	水污染	废弃物污染	大气污染	噪声污染	其他	没有环境问题
总　体	6.1	16.8	8.3	6.6	2.1	4.9	67.9
河北省	15.4	23.1	6.7	10.6	1.0	5.8	56.7
陕西省	4.6	12.0	14.8	6.5	7.4	7.4	63.0
湖南省	4.0	15.8	7.9	2.0	0	3.0	73.3
山东省	6.7	12.5	6.7	8.7	0	5.8	73.1
浙江省	0	20.5	5.4	5.4	1.8	2.7	73.2

注：若不选"没有环境问题"，则可多选。

另外，32.1%的被访农民不同程度地感知到一些污染问题。首先，在所有被提及的生产性污染中，被访农民对水污染的感知程度最高。不同调研地区水污染背后的指向不同：河北省被访农民、陕西省被访农民和湖南省被访农民提及最多的是饮用水质量问题；山东省被访农民提及更多的是加工业的污水排放问题；浙江省被访农民关注的则是外来资本驱动的集约化水产养殖业对水源的污染问题。其次，一部分被访农民认为存在废弃物污染和大气污染问题。其中，陕西省被访农民对垃圾废弃物污染的反应最强烈，河北省被访农民则对大气污染有最明显的感知。此外，少数被访农民提及土壤污染，以及乡村加工、养殖业等带来的其他一些环境污染问题。需要提到的是，尽管当下农村普遍存在严重的农业面源污染，但对于这种不具有视觉可见性的污染问题，农民的感知程度非常低。

（三）农民认为生态宜居方面存在的问题

部分被访农民在谈及自己对生态宜居的理解和愿景时，也指出了本村存在的一些问题。这些问题集中表现在以下几个方面。

1. 村庄规划缺失，民居建设无序

很多被访农民认为村庄建设缺少规划，希望优化居住空间布局和景观。他们提及的问题集中在三个方面。一是很多村民搬走后，出现空心村。山东省某调研村一位老人在谈及周围没人管的老屋时，无奈地表示，"像这些破房子、烂房子，要是能处理得清清亮亮的，就算让个人拿个钱，咱也愿意"。二是由于缺乏规划和管控，很多村民无序建房。例如，浙江省一位农民反映，"有人盖房子把河道占了，结果河道越来越窄"。三是农民现代性的生活追求与原先的农村空间设计之间存在一些矛盾。最为典型的是，很多家庭买了私家车，但村庄巷道过窄不便于车行，也缺少停车空间。例如，河北省千山县坡上村村民拥有的私家车已经超过 100 辆，不少村民在接受访谈时提及迫切希望对村庄进行功能划区，为行车和停车提供更充足的空间。

2. 村庄公共基础设施和公共服务仍存在较多短板

宜居不仅需要良好的人居环境，也需要良好的配套公共基础设施和服务。很多被访农民认为，要实现生态宜居，村庄在不少方面还需改进，如垃圾处理、道路、饮水等方面。他们表达了对村庄现状的一些不满："村民自觉性差，有垃圾箱也不往里倒"；"连没垃圾、没苍蝇都做不到，更谈不上什么鸟语花香、没有污染了"；"最起码得把道路弄好，村里的小路得修，路边的杂草得清"；"道路至少要平整，不能坑坑洼洼的"；"池塘的堤坝要塌了，需要维修"；"住的地方需要环境优美、水电路方便，能住得下人，也要养得下人，现在还达不到"；等等。道路、饮水是被访农民反映最多的两个方面，特别是在陕西省和湖南省的调研村。可以看到，对于当下很多农村地区尤其是中西部偏远农村地区来说，如何尽快补齐基础设施和公共服务方面的短板，是实现生态宜居的重要挑战。

3. 投入失衡造成发展分化与农民心理落差

正如一些研究者所指出的，市场资本投入和政府项目支持成为农村分化的重要促成因素（Wan and Zhou，2005；Yan et al.，2020）。在前期的社会主义新农村建设、美丽乡村建设中，打造试点村现象普遍存在。在精准扶贫过程中，公共财政和项目资源投入主要向贫困村倾斜。进入乡村振兴阶段，各地普遍延续示范村、重点区域打造逻辑，尤其是在文旅开发的驱动下。在此过程中，发达地区的村庄、少数资源禀赋较好的村庄（经常是村组）可以获得上千万甚至上亿元的资金投入，而中西部普通村庄在不同的发展阶段普遍被"遗漏"，至今连村组道路硬化和饮用水安全问题都未得到全面解决。这种差异化投入所形成的累积效应，也直观反映在村容村貌、基础设施方面的显著差别上。湖南省田陌乡一位基层干部认为，非贫困村的各种发展和环境改造反而比贫困村滞后。他说："目前对非贫困村的支持还比较小。贫困村的状况已经好些了。解决饮用水问题时，会优先照顾贫困村。道路硬化、村庄的亮化和绿化，也包括产业发展等，贫困村都有资金支持。大部分资金倾向于贫困村，非贫困村则很少。"

调研发现，这种由资源倾斜导致的农村分化，不仅表现在城乡之间、不同地区之间、不同村庄之间，也存在于村庄内部。例如，在某调研村，数千万元资金主要用于打造主村部分，很少惠及其他自然村。在访谈中，不少农民以其他重点村、其他村组为参照，表达了希望向之靠齐的愿望。例如，河北省某调研村村民经常提及"希望像坡下村（示范村）那样"。山东省一位被访农民则表示，"东升村（示范村）环境、卫生、收入都好，我们村还差得远"，"像红光村（示范村）那样就是生态宜居，道路修得好，种花种草"。村庄内部的不平衡投入，容易引发被发展"遗漏"的村庄村民的心理落差感，甚至引发村庄矛盾。

4. 生态政策与农民生计和生产方式之间存在矛盾

在向绿色发展转型的过程中，各调研地政府都结合本地实际，出台了一系列生态政策。这些政策有时会与农民的生计和生产方式相冲突，缺乏因地制宜的灵活性和弹性。

在访谈中，农民列举了生态治理范式之下，他们遭遇的种种政策矛盾和生计困境。例如，在生态和生物多样性保护过程中，野生动物带来一定的破坏。浙江省某调研村一位村民表示，"村里的野猪很猖獗，村民种的庄稼有时会被毁得一干二净，尤其是红薯、玉米，最容易被野猪拱。然而，野猪是国家保护动物，不能伤害"陕西省某调研村一位留守妇女也遭受了类似的损失，她说："去年在林下种植了几十亩魔芋，全部被野猪弄完了。"这种现象在河北省、陕西省调研村普遍存在，部分农户不得不因此转为种树，或将土地抛荒。另外，在河北省千山县，清洁煤的推行加重了很多原本用柴草做饭的农户（尤其是老年人）的经济负担，很多老人反映一年购买清洁煤的投入超过2000元。在陕西省红石县，面对秸秆焚烧禁令，农民普遍表示对政策不理解。有农民说："我们这里宣传不让烧火粪，说是环境原因。火粪是好肥料，现在不让烧了，化肥就用得多了。生态环境、蓝天白云是保住了，但是土壤环境有没有考虑过？"此外，每个调研地区都对养殖业进行了严格管控，特别是力图打造乡村旅游的地区。一些小农户不得不放弃家庭养殖，这不仅导致副业机会减少，也导致种养结合的循环农业方式难以为继。

可以看到，在生态转型的过程中，农民的生计和生产生活遭遇了新的风险与压力。有些生态政策一方面挤压了农民的生计空间，同时没有给予农民合理的补偿；另一方面又常常陷入一边保护、一边加剧另一种污染的悖论。

5. 资本进村和新型产业发展带来生态与生计基础破坏

土地是农民最重要的生计资本。在基层政府积极招商引资的背景下，10个调研村庄存在不同程度的规模化土地流转。一些外来资本或本村精英进行了各种类型的产业开发，如发展林果种植、中药材种植、水产养殖等农业项目，或经营民宿。针对当下农业生产后继乏人的状况，大多数被访农民认为，产业化、规模化经营是未来农业的必然走向。然而，对于资本的进入，他们又普遍存在一种既寄托希望又担忧风险的矛盾心理。

农民最担忧的风险是农业产业的不确定，及其可能对土地造成的破坏性影响。在不少调研村庄，农民曾经历或正目睹土地被污染或破坏。例如，一些农民从种水稻改为种茶树，在外来投资者流转土地后，又砍掉茶树，发展鱼塘。几年下来，农民不仅担心这种密集型养鱼方式会破坏水源，也担心将来土地无法恢复。一位农民说："外面来做鱼塘的，签个协议，10年一付。但是这里还有个问题，原来种粮食的好田改了鱼塘，10年之后还能不能用？会不会报废？"另一调研村存在类似的问题，对于村里正在发展的规模化小龙虾养殖项目，很多农民忧心忡忡。一位农民说："养虾的把农田搞坏了，田都变成淤泥了。万一项目失败了，还能不能复垦，成本谁承担？"在某调研村，曾有外来投资者流转了大面积稻田和茶园，发展特色茶叶等产业，但外来投资者几年后失败退出，土地的肥力和保水功能遭到破坏，农民不得不调整种植结构，改种玉米。

可以看到，基层政府鼓励农业产业化发展，但对产业开发可能带来的负面效应，不仅缺少有效的风险预防措施，还在责任承担方面较为模糊。现实中，很多产业开发不仅没有带来多少收益，还破坏了农民最重要的生计基础。

6. 公共资源的私营化、商品化与原住村民的利益、价值之间存在张力

调研各地在乡村旅游的打造过程中，为了让"没人气"的乡村地区"引来人"，大多按照商业化模式和城市需求偏向，对乡村的空间和景观进行重构与再生产。这在创造出一个个特色小镇、风景小镇的同时，也使乡村出现一个个"旅游孤岛"。乡村民宿和旅游开发，也意味着公共资源的私营化与商品化，并可能与原住村民的利益和价值相矛盾或相偏离。调研发现，乡村旅游的收益分配在村庄内部存在不平衡现象，受益者往往是外部投资者和本村精英。另外，打造乡村旅游的过程还有可能挤占原本用于其他公共设施或服务的资源。例如，在调研的某重点村，有农民反映，在田园综合体建设导向下，计划用于修筑河堤和学校建设的经费，被用于农家乐和旅游观光水泥路。最终，旅游没有发展起来，集体经济收益和村民分红也未能实现。访谈中，一部分农民对本村旅游开发过程中的一些现象表达了不满，如认为游客扰民、地方特色被破坏等。在外来资本较多的村庄，原住村民与旅游开发者之间也存在乡村田园风光等方面的审美冲突等，这给基层治理带来新的挑战。

五　农民对生态宜居的参与意愿和需求

在考察了农民对生活宜居的理解与愿景，以及他们在生态宜居方面的实践和评价后，本研究进一步从参与意愿、参与方式和如何合作几个角度，对农民在生态宜居方面的参与态度和主体性进行了考察。

（一）参与村庄环境改善活动的意愿

调研显示（见图5-1），8成左右的被访农民表示愿意参与村庄环境改善活动，整体参与意愿非常高。其中，参与意愿最高的是环境绿化/村容美化、生活垃圾处理和道路硬化，参与意愿最低的是厕所改造。农民的参与意愿存在一定的群体差异。从地区维度看，农民参与意愿由高到低依次是陕西省、山东省、河北省、浙江省、湖南省。湖南省飞燕村的整体基础设施状况在 10 个调研村庄中最差，当地在垃圾处理等方面曾尝试让农民付费参与，但部分农民不愿交费。从年龄维度看，中间年龄群体参与意愿更高，其中参与意愿最高的是 40（含）—50 岁中年群体。老年群体的参与意愿整体低于其他年龄群体，其中 70 岁及以上老年人的参与意愿最低。

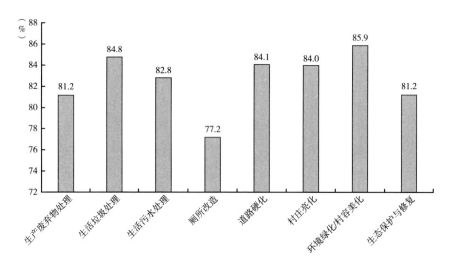

图 5-1　被访农民参与村庄环境改善活动的意愿

　　关于农民愿意怎样参与人居环境改善活动，调研显示，农民在各个方面愿意出钱或出工（义务工）的比例均较高（见表 5-5）。其中，愿意出钱的被访农民超过 7 成，愿意出工（义务工）的被访农民接近 9 成，超过 6 成的被访农民出钱出工（义务工）均愿意。从调研数据来看，相比出钱，农民更愿意以出工（义务工）的形式参与。

　　需要指出的是，农民较高的参与意愿，也意味着在人居环境改善等方面存在激发农民参与的潜力。然而，农民对基层政府和村干部缺乏信任，如何才能真正调动农民的积极性，并将农民的主体意愿转化为切实行动，将是一个难题。此外，在人居环境涉及的各个具体方面，仍有 15%—20% 的被访农民缺少参与的动力。从这部分农民的构成看，他们多数是年岁已高、身体衰弱的老人，或者是家庭已在城市购房、生活重心已向外转移的农民。尽管不愿意参与的农民不是很多，但在需要农户共同分担的公共品方面，少数农户不愿意参与会导致其他农户也拒绝参与。例如，陕西省、湖南省调研村的垃圾处理均出现了这种现象：村委会试图通过集资的方式，建立长效的垃圾处理机制，但少数农民不愿意交费，还有一些农民流动在外，村委会找不到人收费，因此其他农民也不愿意继续交费。如何破解这种"少数人"效应，也是基层治理面临的一个挑战。

表5-5 被访农民愿意参与村庄环境改善活动的方式

单位：%

	愿意出钱	愿意出工（义务工）	出钱出工（义务工）都愿意
生产废弃物处理	72.5	88.2	67.3
生活垃圾处理	73.2	84.8	64.2
生活污水处理	73.9	85.6	65.2
厕所改造	75.8	86.2	68.3
道路硬化	74.6	86.0	66.4
村庄亮化	73.7	85.7	66.4
环境绿化/村容美化	73.3	85.5	65.6
生态保护与修复	73.5	86.3	66.1

（二）生态宜居的依靠主体

关于实现生态宜居主要靠谁，调研显示，57.8%的被访农民认为主要靠村民自己，53.5%的被访农民认为主要靠村干部，48.2%的被访农民认为主要靠政府，分别有5.1%、4.0%和2.3%的被访农民认为主要靠企业/投资者、社会组织、其他外部力量。

上述数据揭示了当下农民的一些群体特征和心理特征，以及影响农民认知的文化因素和主体性因素的变化。

第一，在流动状态下，乡村社群和"道义经济"正在瓦解，农民在村庄建设和发展方面的主体意识日趋淡薄。农村人居环境改善的很多方面牵涉村庄公共品，关系到社群共同利益，需要成员共担责任。但调研发现，在当下高度流动和分化的村庄背景下，很多农民家庭的生计和生活重心脱离或半脱离村庄，在村农民多为身体和经济状况都更脆弱的老人、残障者和妇女。很多农民，尤其是流动在外的农民，对社群的归属感、义务感逐渐瓦解。

第二，村庄集体经济"空壳化"，村干部被期待"跑项目"和牵头组织。由于缺少集体资源，农民缺乏公共品投入的自发性和自主性，绝大多数村庄在公共品提供方面陷入无力状态。很多被访农民认为，村庄的公共建设和环境维护，在很大程度上依赖于村干部"跑项目"的能力和组织动员能力。

第三，农民更期待政府的投入，而不是市场化的投入。乡村振兴战略鼓励地方政府引导社会资本多元化投入。很多地方政府在财政吃紧的情况下，寄希望于市场化主体的投入。例如，河北省千山县一位基层干部谈道："现在乡村这块的工作体量太大，政府一下子拿不出那么多钱。不是所有的方面都要靠政府，要引入市场化投入。国家层面也支持市场化投入垃圾处理、污水处理、改厕等工作。例如，污水处理工作，前期可以让企业投入，后期可以谈条件，如让企业收取服务费。"访谈发现，农民已经习惯于将农村基础设施改造和环境治理当作国家责任的一部分，对政府投入高度依赖。正如湖南省一位基层干部所言，"现在要老百姓集资搞项目基本不可能，他们两眼望着政府"。对于企业的进入，农民则很警惕，认为"企业的目的是赢利，靠不上"，同时他们对企业收取服务费较为排斥。

生态宜居包含非常复杂的内容，牵涉到各个层面的多元行动主体。不论是基层干部还是农民，在谈及生态宜居的主体时，都仍然只局限于人居环境方面，很少扩展到农业绿色发展和生态治理方面。

六　结论与思考

生态宜居的实现是一个发展干预的过程，这一过程必然要嵌入农民的微观生活世界，并对农民的生计和生活产生重要影响。本研究呈现了地方政府的实践逻辑、流动背景下村庄的形态，以及农民关于生态宜居的主体性表达和实践情况，得出以下结论和思考。

（一）村庄和农民逐渐分化及其需求日益多样化给生态宜居带来挑战

在人口流动日益频繁和城镇化程度不断加深的背景下，村庄和农民逐渐分化，其需求日益多样化，乡村形态和农村生计正在经历一场根本性的重构。随着大量人口去农业化、去乡村化，村庄逐渐转型为老弱人口的主要承载空间、返乡农民工的康养之地，农村生计逐渐跨越城乡边界，村庄之间、农民之间的分化也在不断加深。调研发现，基层政府和农民、外来资本和本村人、年轻人和老年人、生计脱离或半脱离的城归者和在村农民，对生态宜居有着非常多元的认知、愿景和情感联结，这催生出多样化的社会心理和社会行动，生成了新的物理空间和社会空间。乡村社会和城乡关系的这种变迁和复杂性，构成了当下乡村振兴所立足的背景和底色。

外部和内部动力相结合共同塑造的新乡村性，已越来越脱离传统的小农经济体系。政府积极引进外部资本，推进土地流转和农业规模化，并致力于将村庄的自然环境和生态资源商品化。而农民家庭的生计和发展重心，已经普遍外移和城市化。他们更倾向于将村庄定义为养老、生活、休闲的空间，而不再是家庭经营和生计所依托的重要空间。他们对美好乡村人居环境的认知和想象，也越来越多地受现代化、城市化标准和美学观念形塑。这种"自上而下"和农民内生的双向过程，正在使乡村变迁日益脱嵌于原有的社会、生态和文化体系，生成新的地理景观和乡村性。同时，这个过程也隐含着乡村价值的衰落，以及小农经济体系的进一步瓦解。

（二）政府主导的生态宜居实践与农民需求和构想之间存在一定的偏离

在绿色发展转型、平衡发展与保护关系的发展叙事之下，地方政府和市场力量正在共同推动一轮将自然环境和生态资源商品化的浪潮。带有"生态""绿色"标签的乡村资源与文化，正在成为资本积累的新领地。然而，目前围绕生态宜居开展的指令性、简单化和碎片化的政府实践，与农民需求和构想之间存在一定的偏离。特别是，各地政府普遍将主要的资源用于打造以满足城市居民休闲需求为导向的乡村旅游地，以及具有短期可视化效果的人居环境项目，而未着力解决垃圾和污水处理等基础设施、公共服务方面的较多问题。部分村庄成为养老和康养空间已呈显著趋势。在人居环境改善方面，应重视适应农民的这种需求和特点，给乡土知识和经验留下空间；应更重视服务于在村农民的生产生活需求，而不是更偏向于服务市场和城市需求。

部分生态政策的执行与农业产业的导入，可能会给农民生计带来风险。一些生态政策在实施中缺乏弹性，与农民的生计发展需求产生一定的张力，有时则可能会陷入一边保护、一边加剧另一种污染的悖论。与此同时，基层在引入外部资本和发展新型产业的过程中，有时会对产业开发可能带来的负面效应缺少认知，对环境责任缺乏清晰界定。很多农民对乡村产业发展可能带来的生态和生计基础破坏存在担忧，实践中也出现过类似现象或风险。因此，在引入乡村产业时，应该更加审慎，并加强对乡村产业发展生态影响的监测。同时，生态宜居方面资源投入的不平衡会带来一定的社会后果。当下发展的不平衡不仅存在于城乡之间、地区之间，也存在于村庄之间和村庄内部。政府项目和市场投入成为驱动农村分化和发展失衡的重要因素，且不断形成累积效应。这种分化直观表现为基础设施和村容村貌方面存在显著差别，并导致"被遗漏"群体产生极大的心理落差感。乡村振兴应立足地方现实，注重人居环境改善在各个层面的平衡，重视资源投入的公平性和包容性。

（三）建立有效的动员机制和多元主体合作机制是实现生态宜居的路径选择

调研发现，当前农村地区农业化品和农业废弃物污染严重，农民对农业绿色转型重要性的认知不足。当下，农民在农业生产方面已经显著分化：部分农民完全退出农业，或只保留少量土地，成为自给农户；部分农民仍然保有较大面积耕地，其中部分转向新型小农经济。尽管有些农民在自给的少部分土地上注重绿色生产，但从农村地区的整体情况看，农民对绿色转型重要性的认知不足，且农业生产对化肥、农药等化学品的依赖程度仍然非常高。土壤肥力退化，农村劳动力短缺和弱化，在地农民逃避农业生产劳动的劳苦，以及乡村家庭养殖业衰落，将加剧农业食物体系可持续性危机。与此同时，地方政府在农业绿色转型方面缺乏有力举措，对农业废弃物污染的治理存在缺位。

尽管大多数被访农民表示愿意以出工、出钱的形式参与改善农村人居环境，但将意愿转化为切实的行动具有很大挑战。在人口流动的背景下，农村社群和"道义经济"正在瓦解，农民在乡村发展方面的主体性意识日趋淡薄，他们对以政府为主体的投入高度依赖，而对市场化投入充满戒备。在农民对基层政府和村干部信任不足的情况下，如何建立有效的动员机制和多元主体合作机制，对实现生态宜居的目标十分关键。

6

农民视角的乡风文明

乡村振兴，乡风文明是保障。从党的十六届五中全会提出社会主义新农村建设到党的十九大提出乡村振兴战略，乡风文明一直是中国共产党做好"三农"工作的重要要求之一。进入新时代，乡风文明的重点是要"弘扬社会主义核心价值观，保护和传承农村优秀传统文化，加强农村公共文化建设，开展移风易俗，改善农民精神风貌，提高乡村社会文明程度"（习近平，2019）。乡村振兴战略背景下的乡风文明，是新时代乡村发展的内在要求，将为农业农村现代化发展提供强大动力和精神支撑。

目前，已有研究者就乡村振兴战略背景下乡风文明的价值定位、发展瓶颈和推进路径等方面，进行了专门研究和论述。关于乡风文明的价值定位，研究者多认为，其目的是实现农民群体的现代性转换（米华、王永，2021），核心是引领社会转型期农民的精神文明建设（徐越，2019），重点是消除农民的精神贫困（韩广富、刘欢，2020）。乡风文明是乡村振兴水平和程度的外显，具有政治性、导向性、人民性、人文性（高洪洋，2019），能够为乡村振兴营造积极向上的社会环境，争取农民的广泛支持。关于乡风文明的发展瓶颈，主要表现为文化困境和组织困境两个维度。乡村文化是夯实乡风文明的基础，但目前乡村传统文化遗失（赵璐，2021）、乡土文化断层、乡村价值出现危机、乡村文化秩序失衡（刘志刚，2019）、乡村伦理道德异化（许婕、张磊，2019）、不文明乡风泛滥（徐学庆，2018）等文化困境，成为乡风文明的制约因素。此外，基层党组织的组织能力弱、农民参与积极性低、农民"去主体性"（吴重庆、张慧鹏，2018）等组织困境，阻碍了乡风文明建设行动的有效开展。面对以上制约因素，研究者提出相应的推进路径。关于文化困境，研究者充分肯定乡村文化的价值，提出一系列推进举措：构建适宜乡村传统文化（包括伦理文化、乡贤文化、法治文化等）发展的社会场域（宋才发，2020）；实现文化嵌入（唐兴军、李定国，2019）；因地制宜推进移风易俗（韩俊，2019）；建立家庭、学校、社区三位一体的乡土文化教育体系（高维，2018）；从制度文化供给的角度进行制度重构，形成情感、道德、制度认同的共同体（姜姝，2018）；等等。关于组织困境，研究者提出一系列推进方向：发挥红白理事会等组织的社群治理功能（魏程琳，2022）；通过政治、价值、组织和法治引领，加强党建引领（于健慧，2022）；尊重农民主体地位，激发农民参与热情（汪盛玉，2019）；推进乡风文明建设和城乡新型社区建设（林聚任等，2018）；等等。

相关研究不仅厘清了理论层面乡风文明的价值内涵，也从实践层面提出乡风文明可能面临的瓶颈和推进路径，对乡村振兴有一定的指导意义。然而，现有研究大多停留在对政策文本的解释层面，对乡风文明行动具体实践的探讨不足。此外，乡村振兴的最终目标是从物质和精神两个层面提高农民的生活水平，因此在推进乡村建设和促进乡风文明建设的过程中，了解农民的实际需要非常必要。本研究一是倾听和分析农民对乡风文明的总体认知；二是从农民的感知、参与和评价出发，考察《乡村振兴战略规划（2018—2022年）》中擘画的乡风文明建设行动（加强农村思想道德建设、弘扬中华优秀传统文化、丰富乡村文化生活）在乡村的具体落实情况；三是剖析农民对乡风文明建设主体和角色分工的认知，并在此基础上提出有助于加强乡风文明建设的建议，为乡风文明的有效落实提供参考。

一 农民对乡风文明的理解

认识农民对乡风文明的理解，是剖析乡风文明建设行动实践效果、探讨优化路径的重要基础。本研究首先对开放题"您认为怎样才算是乡风文明"的回答结果进行处理、判断和归类。529份问卷去除5份无效回答问卷后，分为以下几种情况：由于对政策话语不了解、文化程度较低等原因，有96位被访农民表示"不知道""不懂""说不出来"乡风文明的内涵；有25位被访农民用"现在就很好""本村已实现"等方式进行回答；剩余403位被访农民对乡风文明的内涵进行了具体阐释。为更清晰地呈现农民对乡风文明的具象化理解，本部分只针对403位被访农民的回答内容进行判断和分类。

分析发现，农民对乡风文明的理解具体可概括为精神、物质、文化组织和活动、干部群体品格和作风四个层面。

（一）从精神层面理解乡风文明

70.3%的被访农民从精神层面理解乡风文明，认为乡风文明是指良好的乡村社会风气，包括消除不良风气和培育良好家风民风两个方面。一方面，农民认为，消除赌博、打架斗殴、偷盗、家庭暴力等社会不良风气是实现乡风文明的底线任务。例如，很多农民提到，"也不是说非得搞得轰轰烈烈的，没有那些危害的风气也是一种乡风文明"。另一方面，农民普遍认为，家庭和睦、邻里风气好等良好家风民风是实现乡风文明的根本表现。首先，邻居间要减少攀比，要和睦相处、互帮互助。例如，有农民表示，"乡风文明就是大家和和气气，不要因为一些小事，争得脸红脖子粗"，"乡风文明就是人与人互相帮衬，心比较真诚，不要勾心斗角、趋炎附势"。其次，村民之间要相互团结，形成村民组织，充分发挥党员干部、乡贤等的表率和调解矛盾的作用。例如，有农民表示，"乡风文明就是邻里和睦，党员干部、退休教师等发挥表率作用"，"乡风文明就是干什么都一条心，几匹马分不同方向拉，什么都办不好"。总之，农民认为乡风文明外显为精神层面的社会风气，消除不良风气是底线，营造良好家风民风是根本表现。

（二）从物质层面理解乡风文明

12.8%的被访农民从物质层面理解乡风文明。正所谓"仓廪实而知礼节"，农民认为物质基础提升是实现乡风文明的基本条件，主要包含个人家庭物质财富增长和村容村貌整体提升两个方面。一方面，农民认为，乡村的很多矛盾是由物质资源匮乏引起的，随着个人家庭物质财富的增长，乡风文明程度自然会提升。例如，有不少农民表示，"现在大家不愁吃、不愁喝，自然就乡风文明了"，"只有条件好了，文明等级才能提高"，"大家钱多了，矛盾也就少了"。另一方面，农民认为，村容村貌的整体提升是乡村物质基础提升的表现，硬件设施齐全、环境卫生好都是乡风文明的重要表现。例如，有农民表示，"乡风文明就是搞好卫生，不乱扔垃圾，不随地吐痰"，"乡风文明就是环境干净，保护环境"。由此观之，以个人家庭物质财富增长和村容村貌整体提升为代表的乡村物质基础提升，是农民心中实现乡风文明的基础条件。

（三）从文化组织和活动层面理解乡风文明

9.0%的被访农民从文化组织和活动层面理解乡风文明。部分农民期待通过开展广泛的文化活动，活跃村庄氛围。例如，有农民提到，"乡风文明要多做活动，如家风建设、文化下乡等，把这些做出来，乡风文明也就出来了，看得到的改变"，"乡风文明就是每天晚上有广场舞，有唱歌的，多热闹"。但与此同时，也有农民认为，已有的乡村文化组织和活动并没有充分调动村民的积极性，在推动乡风文明方面的效果并不明显，需要进一步改进和创新。例如，有农民提到，"文化广场搞起来，别形式化"，"像放电影这种活动没必要组织，哪有人去看"。总之，农民认为组建乡村文化组织、开展丰富文化活动可以成为乡风文明建设的一条可尝试路径，但从目前的实施情况来看，还存在较大的提升空间。

（四）从干部群体品格和作风层面理解乡风文明

7.9%的被访农民从干部群体品格和作风层面理解乡风文明。农民认为，干部做事不公平、形式主义、不作为等行为都是乡风不文明的体现，会极大地影响乡村风气；只要村干部起好模范带头作用，就会引导村风向好的方向发展，实现乡风文明的发展目标。例如，有农民表示，"当官的要公平，不欺负老人。干部好，老百姓就好，风气也就好了"，"现在这个风气最主要的是不能干什么都得讲关系，这对于老百姓来说就非常不公平，更别提什么给面子、讲形象之类的东西"，"乡风文明，干部带得好，就有文明"。总之，农民将基层干部群体的品格和作风视作乡风文明的风向标，认为干部群体的优良作风是实现乡风文明的价值引领。

综合来看，农民对乡风文明内涵的理解，更多地是延续传统乡村中仁义礼智信等道德价值标准，遵循的是乡土逻辑，强调乡村干部、乡贤、家庭长辈等以身作则、率先垂范，在乡村消除不良风气，营造文明乡风、良好家风、淳朴民风，最终在村民之间形成一种紧密、和谐、平等的互助关系。此外，在乡风文明的实践路径上，农民认为物质基础的提升是实现乡风文明的基本条件，村民个人家庭物质财富的增长和村容村貌的整体提升能规避部分乡村矛盾，从而促进乡风文明。丰富的乡村文化组织和活动是推进乡风文明的可尝试路径，但是形式和内容上要更契合农民的需要。值得注意的是，乡村干部群体的品格和作风是农民眼中乡风文明建设的风向标，会起到重要的价值引领作用，在乡村实践中亟须加以重视。

二　农民视角的乡村思想道德建设

加强乡村思想道德建设是乡风文明建设的第一项重点工作。在具体实践中，乡村思想道德建设主要包含思想政治教育、民主法治教育、道德规范教育、科普教育等教育活动，以及家风建设、移风易俗等传统乡村家风民风培育行动。

（一）现代公民思想道德教育

1. 农民对思想道德教育活动的参与

调研发现，关于思想政治教育、民主法治教育、道德规范教育、科普教育四种思想道德教育活动，从参与过此类活动的被访农民数量比例来看，四种活动之间差别不大，分别为75.2%、79.9%、68.7%、67.1%。从性别来看，男性农民对四种活动的参与度普遍高于女性农民，男性农民和女性农民参与度最高的均为民主法治教育活动。从是否党员来看，党员农民对四种活动的参与度普遍高于非党员农民。从是否重点村来看，重点村农民对四种活动的参与度普遍高于非重点村农民。从是否原贫困户来看，非贫困户农民对四种活动的参与度普遍高于原贫困户农民。从年龄来看，随着年龄的增加，农民参与度整体呈上升趋势。以思想政治教育活动为例，40岁以下的农民中仅有70.0%表示参与过此类活动，而70岁及以上的农民中有86.1%表示参与过此类活动。

2. 农民对思想道德教育活动的认知

77.9%的被访农民认为，有必要开展思想政治教育、民主法治教育、道德规范教育、科普教育这四种思想道德教育活动。关于思想政治教育活动，农民认为这种活动有利于提高村民素质和思想认识，应该增加举办频率。有农民表示，"这类活动可以开导思想，希望密度加大，一年两次甚至四次"。当然，农民认为此类活动有效的关键在于落实和执行。例如，有农民抱怨，"这些东西太虚，没有意义"，"光听没用，要实际行动"，"采取实际措施执行，说到做到"。关于民主法治教育活动，农民认为这种活动有利于祛除陈旧思想、规范村民行为。例如，有农民认为，"有必要，这些对人的陈旧思想有一定影响，通过这种方式可以去掉一些旧思想"。与此同时，农民希望加强网络电信防诈骗宣传、消防安全宣传以及多利用广播车等宣传方式。关于道德规范教育活动，农民认为这种活动有利于树立典范、激励村民孝敬长辈、营造文明乡风，应该加强评比类活动，但是评比活动的举办需要注重公平性和避免形式主义。农民表示，"讲是一回事，做是另一回事"，"现在的各类评选结果，都是村干部内部决定的"，"不要太形式，要务实一些"，"要更公平，规则公开"。关于科普教育活动，农民认为这种活动有利于帮助他们掌握多种技能。他们认为，一是应该增加此类技术培训活动的数量和单次持续时间；二是应该增强培训的实用性、针对性，如增加果树病虫害防治等农技科普活动；三是应该避免仅针对大户，要将普通小农户和原贫困户纳入培训对象；四是应该增加适合年轻人的培训，激励年轻人参与。

（二）传统乡村家风民风培育

1. 乡村家风民风培育活动的开展情况

在中国乡村，悠久的农耕文化依旧深深影响着农民的认知与行动。家风建设和移风易俗是近年来基于乡村文化特质，开展家风民风培育的主要政策手段。从调研结果来看，河北省、陕西省、湖南省、山东省、浙江省5省都不同程度地开展了家风建设和移风易俗行动。家风建设表现为建设祠堂、设立家风家训、开展文明评比等。例如，在陕西省红石县，每个村庄都要组建一支新时代农民宣讲队，发展一个民风积分爱心超市，每户悬挂一个新民风"中国结"，每季度开展一次道德评议、公布一次善行义举榜，每年评选一次自强标兵。移风易俗通常由红白理事会进行宣传、执行和监督。例如，湖南省照水县关下村农民在红白理事会的带动下丧事简办、婚事新办，使花销标准削减成效显著。针对家风建设和移风易俗，不同地区、不同性别、不同年龄的被访农民呈现细微差别，陕西省被访农民在5个调研省份中对家风建设和移风易俗的期待值最高。此外，男性农民对于此类活动的期待值高于女性农民；年龄越大的农民对家风建设的期待值越高，年龄越小的农民对移风易俗的期待值越高。

2. 农民对乡村家风民风培育活动的认知

关于家风建设活动，85.9%的被访农民认为很有必要。农民视角下家风建设的必要性可以归结为四点。一是开展家风建设是农村社会的现实需求。目前，农村社会仍然存在不孝顺老人、婆媳不和、相互攀比、打架斗殴、邻里不和等现象。二是家风具有规范作用，是农村社会的基础，需要不断传承。农民将家风视为不成文的规定，认为家风评比具有监督作用，有助于形成尊老爱幼、互敬互爱的家风民风，而良好的家风民风是每个人在社会立足的基本品德，是社会和谐、国家稳定发展的基础。例如，有农民表示，"有必要，国家也是依靠家风。有了好的家风，社会才会平安"。三是对下一代的期待激励农民做好家风建设。例如，很多农民表示，"家风建设有必要，因为人总有老的一天，要给下一代做榜样"，"有必要，一代传一代的，应该以身作则。如果这一代做不好，下一代肯定做不下去的"。四是家风建设活动的公平公正至关重要。很多农民表示，目前的村庄家风评比由于没有做到公平公正而导致村庄矛盾升级。例如，有农民抱怨，"没必要，评比活动从来没通知过我们参加，不公平"，"没必要，这种评比并不公平，形式主义，文明户家庭其实并不文明，这不是教人学坏嘛"。

关于移风易俗活动，78.2%的被访农民认为有必要开展。农民主要将移风易俗理解为避免红白喜事大操大办，认为避免大操大办可以减轻农民生活负担。有农民表示，目前农村的人情开支太大，大操大办不仅浪费钱，还耗费精力和资源。除此之外，农民认为移风易俗还可以避免农民之间因攀比而造成借款、赌博等其他社会不良风气，"没钱的人为争面子可能借款都要搞，不搞大，人家会说不孝顺，这种风气不好"。但也有农民表示，在农村推行移风易俗存在一定难度：一是有相当一部分农民认为红白喜事是一生中最重要的仪式，只要不过度浪费都可以接受；二是一部分农民认为红白喜事等属于家庭私事，不同的社交圈和家庭条件有不同的办事规格，不应该过度干涉；三是一些农民认为礼尚往来是乡村自古以来的惯习，改变不了，也不需要改变。

综合来看，农村思想道德建设一方面要通过现代公民思想道德教育增加农民的科学知识，帮助他们建立正确的价值观和法治观；另一方面要在充分利用传统乡村文化的同时，规避不良惯习。针对目前的乡村风气状况，本研究设定了"您认为本村是否普遍存在以下不良风气或现象"这一题目。结果显示，65.3%的被访农民表示自己所在村庄不存在赌博、偷盗、打架斗殴、游手好闲、封建迷信等题目中所列的所有不良风气。除分别有12.1%和

10.8%的被访农民认为本村存在赌博和红白喜事大操大办的不良风气外，认为存在偷盗、打架斗殴、游手好闲、封建迷信、信仰邪教、天价彩礼、互相攀比、邻里不和、家庭不睦、虐待或不赡养老人等不良风气或现象的比例均低于10.0%。偷盗、打架斗殴现象基本消失，说明目前农村社会风气普遍向好。

三　农民视角的乡村传统文化建设工程

弘扬中华优秀传统文化是乡风文明建设的第二项重点工作。本研究针对农耕文化传承保护、乡村文化资源挖掘与传承、乡村史志汇编修编三类传统文化建设工程，开展了必要性调研和意见建议调研。从地区来看，浙江省被访农民认为最有必要开展农耕文化传承保护，有81.3%的被访农民选择此项，其余4省被访农民均认为最有必要开展乡村史志汇编修编。从年龄来看，40岁以下的被访农民认为最有必要开展乡村文化资源挖掘与传承，40（含）—50岁的被访农民认为最有必要开展农耕文化传承保护，50岁以上的被访农民认为最有必要开展乡村史志汇编修编。但在具体实践中，三类传统文化建设工程的实施并不乐观，分别遭遇不同的发展瓶颈。

（一）农耕文化需要传承保护但极少保留

调研显示，仅有67.2%的被访农民认为有必要开展农耕文化传承保护。从地区来看，浙江省被访农民对农耕文化传承保护的需求最高，81.3%的被访农民认为有必要开展；湖南省被访农民对农耕文化传承保护的需求最低，仅有46.5%的被访农民认为有必要开展。认为有必要开展保护的农民表示，农耕文化具有纪念意义，是文明的见证，需要妥善保护和留存，保护好农耕文化是不忘初心的体现，对后辈有教育作用。例如，有农民表示，"以前怎么样，留下还有个影响，老东西放在那里，看看也是舒服的"，"做个留念也是好的，可以代代传下去"。然而，目前农耕文化传承保护情况并不乐观。大部分被访农民认为目前村庄已经基本不存在此类文化，即使存在也比较零散，失去了保护的必要。而且，农民并不认为自己需要承担农耕文化传承保护的责任。例如，浙江省一位农民表示，"农耕文化保护没有什么利益，跟农民没关系"。

（二）乡村文化资源挖掘与传承缺乏市场和传承人

被访农民普遍表示，有必要进行乡村文化资源挖掘与传承，但目前乡村文化资源的传承面临缺乏市场和传承人的发展瓶颈。一方面，农民认为乡村文化是乡村的特色，具有发展潜力和社会价值，应该持续做好挖掘与传承工作。例如，有农民表示，"有必要，像一种传承一样，一代人有一代人的责任"。另一方面，农民认为乡村文化资源挖掘与传承面临困难。一是乡村文化资源的经济价值低。农民认为"靠传统手工艺吃饭很难，除非自己有兴趣"。二是乡村很多手艺已经被现代化技术替代，传统手工艺人已经被市场淘汰。农民表示，"本身有手艺的，都找不到事干，都出去打工了"。三是乡村传统文化技艺常以学徒制为传承方式，但现在年轻人不愿意学习。例如，河北省某调研村农民擅长古建筑修复，但他们表示，"年轻人不愿意学古建（油漆彩画）手艺，受不了风吹日晒这个罪"。再如，陕西省某调研村擅长竹篾编织的民间技术能人表示，"老手艺好，问题是留不下来"，"现在都没人做了，老一辈会手艺的都 70 多岁了"。四是目前乡村一些文化技艺传承比较零散，手工艺人之间缺少合作，也没有形成合力，难以形成市场竞争力。五是缺乏资金支撑。这也是制约乡村文化资源保护和传承的一大瓶颈。农民认为，只有通过外在手段干预，才有可能保护和传承好乡村文化资源。

（三）乡村史志汇编修编有必要但受到人力、物力制约

被访农民主要从现实和未来两个维度，思考乡村史志汇编修编的必要性。从现实角度出发，农民认为，村史可以让村民知道村庄内部人与人之间的伦理秩序，有利于增强村民对村庄的归属感，继承和弘扬优秀家风、村风。例如，陕西省一位农民表示，"编制村史有利于总结过往经验教训，对比现在可以起到一定的表彰、批评的作用"。湖南省一位农民表示，"村史档案可以帮助村民更好地了解村庄历史，增强村民归属感，但是这项工作往往被大家忽视。我觉得未来的乡村振兴，应该多关注这些东西"。山东省一位农民表示，"村史可以让下一辈别忘记这个村在历史上是从哪边迁来的，老一辈是从哪迁来的。这个应该有个记载"。从未来角度出发，农民认为，村庄的发展历程是值得被记载的，通过编写村史，可以记录村庄的变化，让后

人铭记。例如，河北省一位农民表示，"我觉得这个试有必要，为什么呢？起码能够让下一代（后代）看见我们做过什么，不论好坏，有个记录的作用"。但是也有不少农民表示，自己所在村庄没有名胜古迹或名人轶事，既缺乏编撰的人力、物力，又缺乏编撰的内容和素材，很难实现。

农民虽深知乡村传统文化对于乡村的重要意义和传承价值，但并不认为自己是乡村传统文化保护和传承的主体责任者。农民认为，国家和政府应该投入资金、人力和物力承担乡村传统文化保护和传承的主体责任。此外，虽然部分农民想要保护或传承乡村传统文化，但迫于生计压力或技术难题，往往难以有所成效，表现出在乡村传统文化保护和传承中的无力与无奈。

四　农民视角的乡村文化生活

丰富乡村文化生活是乡风文明建设的第三项重点工作。在具体实践中，乡村文化生活包含农民休闲娱乐生活和乡村公共文化活动两个维度。

（一）农民休闲娱乐生活

为了解农民的休闲娱乐生活状况，本研究专门针对农民串门聊天、打牌打麻将、看电视、玩手机、参加广场舞等文艺活动、读书看报、旅游参观的频率进行了调研。结果显示，分别有79.9%、80.4%、80.6%、81.8%的被访农民很少或从不读书看报、打牌打麻将、旅游参观、参加广场舞等文艺活动，即使排名前三的看电视、玩手机和串门聊天，选择频繁和经常的比例也仅为46.3%、32.3%、24.3%。这说明，农民的休闲娱乐方式整体较为单一和匮乏，以看电视、玩手机、串门聊天为主，参加广场舞等文艺活动、旅游参观、打牌打麻将、读书看报等暂未成为农民休闲娱乐生活的主流（见图6-1）。从地区来看，在7种常见的休闲娱乐方式中，湖南省被访农民频率最高的休闲娱乐方式是玩手机，其他4省被访农民频率最高的休闲娱乐方式均为看电视。从性别来看，男性和女性频率最高的休闲娱乐方式均是看电视。男性频率最低的是参加广场舞等文艺活动，89.3%的男性表示很少或从不参加广场舞等文艺活动；女性频率最低的是读书看报，84.4%的女性表示很少或从不读书看报。从年龄来看，年龄越大，看电视的频率越高；年龄越小，玩手机的频率越高。从文化程度来看，文化程度高的农民，读书看报、旅游参观和玩手机的频率高，但总体呈现低水平。从是否党员来看，党员读书看报的频率高于非党员，86.0%的非党员很少或从不读书看报。在其他方面，农民的休闲娱乐方式没有较大的差异。

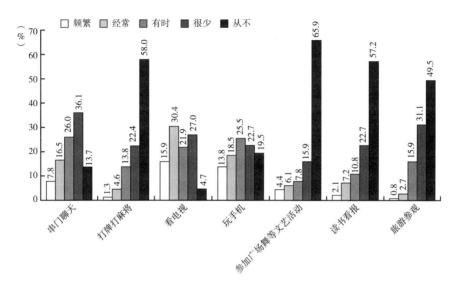

图 6-1　被访农民休闲娱乐活动状况（不同频次的占比）

（二）乡村公共文化活动

1. 农民具有较为强烈的公共文化活动需求

乡村公共文化活动主要包括节日或民俗活动、公共文艺活动、群众性体育活动以及其他集体活动。本研究针对以上四种活动的村庄供给与农民参与度和满意度进行了调研。结果显示，虽然目前村庄公共文化活动供给的数量较少，但是农民的需求、参与度和满意度都较高。以节日或民俗活动为例，仅有24.2%的被访农民表示自己村庄有此类活动，62.3%的被访农民认为有必要开展此类活动，74.2%的被访农民参与过此类活动，87.2%的被访农民对此类活动感到满意，表明农民对节日或民俗活动有较强烈的需要。通过表6-1可以发现，农民对公共文艺活动、节日或民俗活动的需求最为强烈。

表 6-1 公共文化活动的村庄供给与农民需求、参与和满意度

单位：%

	节日或民俗活动	公共文艺活动	群众性体育活动	其他集体活动
供　给	24.2	65.9	12.8	8.8
需　求	62.3	79.1	57.2	47.3
参与度	74.2	58.7	49.2	59.1
满意度	87.2	83.0	76.7	75.6

2. 公共文化活动有助于营造村庄氛围

期待公共文化活动的农民普遍认为，人们参与公共文化活动的目的是"图热闹"，公共文化活动最主要的作用是创造人与人之间相聚的机会，增强村民之间的团结性，营造良好的村庄氛围。例如，有农民表示，"有必要，放电影时，大家会去，但是其实不怎么看，主要是去找回过去的回忆，不是去看电影，而是大家凑一块热闹热闹，聚到一起闲聊天"，"有必要，宣传、热闹。自己平时会去看电影，不好看也去看，就是图个热闹"，"有必要，村里人的生活太单调，要借此活跃氛围"。农民普遍认为，公共文化活动对老年人尤其重要，因为相比年轻人，大部分老年人不会用智能手机且外出不便，缺少与人交流、娱乐的机会。例如，有老年人表示，"有必要，跑着玩呗，我可以和老哥几个待一会儿"，"有必要，有利于丰富老年人生活，增加回忆"，"有必要，可以让老年人有娱乐，几十个老人聚在一起，至少热闹"。这些都体现了公共文化活动对于老年人的特殊意义。

（三）影响农民乡村文化生活的因素

农民的私人娱乐生活往往较为匮乏，他们对公共文化活动有较为强烈的需求，期待通过公共文化活动营造良好的村庄氛围。然而，在实践中，自上而下的公共文化服务供需不匹配和自下而上的乡村主体自身因素限制，始终制约着农民乡村文化生活实践。

1. 自上而下的公共文化服务供需不匹配

首先，在公共文化设施方面，虽然大部分村庄已基本配备公共文化设施，但普遍存在人均占有量低和配套设施不完善的问题。目前，大部分村庄的公共文化设施以小广场为主，部分村庄配有农家书屋。农民表示，自己虽

有意愿使用公共文化设施，但因其离自家住房较远而无法随时前往。

其次，在村庄公共文化活动方面，存在内容形式单一、供给数量不足的问题。从村庄公共文化活动的供给、需求来看，已有的公共文化活动基本为公共文艺活动，而且供给无法满足需求。节日或民俗活动、群众性体育活动以及其他集体活动供需缺口也较大，仅有24.2%、12.8%、8.8%的被访农民表示所在村庄有这三类活动。河北省和陕西省调研村庄公共文化活动供给的单一和不足表现得最为明显，均有超过90.0%的被访农民表示村庄没有节日或民俗活动、群众性体育活动以及其他集体活动。

最后，在公共文化产品内容方面，存在两方面问题。一方面，公共文化产品内容与时代发展脱节，主要表现为农家书屋中的图书未能及时更新且缺乏专人管理，农民多选择通过电视等方式获取新知识，且在村人口以老年人为主，文化水平有限，对农家书屋等既有公共文化服务的需求较低，在谈及农家书屋时多表示，"对有知识的人来说是有必要的，但是老年人本身都没有文化，不识字"，"老百姓不喜欢看书，文化水平低"。另一方面，已有公共文化产品未能适应农村公共文化服务需求日益差异化的发展趋势，这一矛盾主要体现在电影下乡过程中。电影下乡的低参与率是农村的普遍现象，尤其年轻人很少参与，他们表示"放电影这些就没必要，年轻人手机上就能看，跟老年人也有代沟，如果让大家都去看，你放什么好呢？""没必要，送电影下乡没一个人看，何苦呢？"这反映了农民差异化的公共文化产品需求未得到满足，存在供需脱节现象。

2. 自下而上的乡村主体自身因素限制

首先，村干部的品格和作风将影响农民参与的积极性。一是农民在参与村庄公共文化活动的过程中主观能动性不足，认为是否参与取决于村干部是否组织，表示"我觉得重不重要不重要，主要看领导有没有心情组织。若组织了，自己爱热闹肯定参加，但是没听说组织了"。二是部分农民认为，目前大多数村庄公共文化活动过于形式化，且只有与村干部"有关系"的人，才有机会参与。

其次，农民休闲时间匮乏是影响农民参与村庄公共文化活动的一个重要因素。一是农民的兼业化倾向明显。虽然95.5%的被访农民依然保有土地，但迫于生计压力，45.0%的被访农民选择从事兼业或完全从事非农工作，他们要么需要长时间外出务工而无法参与村庄公共文化活动，要么需要早出晚归而严重缺乏休闲时间。他们表示，"对需要糊口的人来说，没有用"，"没时间参与，顾不上"，"没必要，没有工夫去参加"。二是在劳动力外流背景下，留守农村从事农业劳动的人口劳动压力较大，不愿意花时间参与村庄公共文化活动，表示没必要举办此类活动，因为"大家都很累，不想参加活动"，"没必要，农业生产活动已经很累"，"种田辛辛苦苦，哪还有时间和精力去搞那些事"。

再次，电子产品普及背景下农民的个体化和原子化同样影响其参与村庄公共文化活动的热情。一方面，具有丰富性和前沿性的电子产品文化服务与资讯替代了村庄公共文化服务，尤其是对电影下乡、农家书屋等公共文化服务供给冲击最大。另一方面，电子产品的普及加速了村民关系的原子化和圈子化，导致村民更多选择个体化的生活，而越来越缺乏集体意识和参与集体活动的积极性。例如，关于是否有必要举办村庄公共文化活动，有农民认为，"搞不起来，都是各过各的"，"没必要，关系好的可以一起去，村庄组织到一起就不太可能了"，"个体独立，无集体活动，管好自己即可"。

最后，村庄地理环境、人口数量、集体资产等因素也会影响村民对村庄公共文化活动的参与。农民表示：人口分散的山区村庄往往难以举办高质量的公共文化活动；合村并居后，村庄人口数量过多也不利于公共文化活动的举办；村集体资产是举办村庄公共文化活动的基础，集体资产薄弱的村庄往往难以保证公共文化活动举办的数量和质量。

从整体来看，农民视角下的乡村文化生活比较单一和匮乏。这主要是由于自上而下的公共文化设施、公共文化活动、公共文化产品等公共文化服务供给与农民实际需求不匹配。另外，自下而上的乡村主体中村干部的品格和作风、农民休闲时间匮乏、电子产品普及背景下农民的原子化、村庄地理环境和人口数量等多种因素，也对乡村文化生活产生了影响。

五 乡风文明建设的主体与角色分工

为了解农民对乡风文明依靠主体的认知，本研究设计了"您认为要实现乡风文明主要靠谁"这一多选题，选项包括村民，乡贤、文艺能人，村干部，地方政府，企业、投资者，社会组织以及其他，同时设置了开放题，以了解农民选择的理由。调研结果显示，70.3%的被访农民认为乡风文明需要多元主体共治，仅仅依靠某一个主体是不行的。例如，有农民表示，应该"靠村民和村干部，光靠村民一团散沙，光靠干部一声不响"。具体来看，认为村民、村干部、地方政府是实现乡风文明最核心的三个主体；乡贤、文艺能人，企业、投资者，社会组织以及其他主体则在乡风文明建设中起辅助作用（见图6-2）。农民认为，不同的主体在乡风文明建设中需要发挥不同的作用，只有各司其职、互相配合，才能最终实现乡风文明。

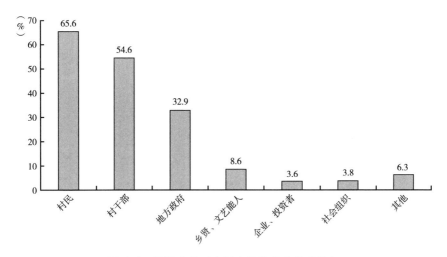

图 6-2　被访农民对乡风文明依靠主体的认知

（一）村民在自我提升方面是主体，在村庄活动中是客体

农民普遍认为，村民在乡风文明中具有双重角色。一方面，在自我文明素养提升上，村民是主体，应该依靠自我规范和家庭教育来实现自我文明素养的提升。农民认为，自我文明素养的提高既是"小事"，又是"私事"。所谓"小事"，是认为村容村貌、村民素养提升与村干部负责的其他事务相比，属于"小事"。例如，一位农民表示，"这些都只有靠自己，村干部管大事情，这些事情都要靠村民"。所谓"私事"，是认为文明素养的提高属于村民自己的事情，是"家庭琐事"，需要依靠村民个人意识的提高，政府和村干部只能起推动作用。例如，有农民提到，"乡风文明肯定是靠村民，村民自觉最重要"，"依靠村民自己实现，依靠别人监督是不能实现的"。另一方面，在乡风文明活动中，农民认为自己是客体，需要积极参与并配合、

协助村干部，但在此过程中也要避免让自己过于被动。例如，有农民表示，"社员就是茅茅草，让干什么就干什么，不让干就不干"。

（二）村干部应做好规范制定、发挥好带头作用

农民认为，村干部在乡风文明建设中，关键是要制定规范和发挥带头作用。一方面，农民认为，村干部是乡风文明的当家人，需要制定村规民约，搭建村民和村干部定期交流的平台，公平公正处理村民之间的矛盾，承担监督、调解职责。另一方面，农民认为，村干部要成为乡风文明的带头人。农民认为，村干部的行为规范是村民的行动标杆，只有村干部做好示范、榜样，才能引导和监督村民文明待人、文明处事。很多农民表达了此类看法，如"乡风文明，要我们文明，最起码干部要先带头，他们做得好，下面的人才做得好"，"靠村干部，一个村得有带头人做示范、做榜样，一盘散沙不行"，"靠村干部，干部风气好，村里风气就会好"，"靠村干部，好的带头人是关键"。

（三）地方政府应重在监督、宣传和资金保障

农民认为，地方政府在乡风文明建设中是"定乾坤"的主要力量，其核心任务是制定规范、严格监督和处理农村不规范现象，通过抓典型的方式，避免出现偷盗、村霸等恶性事件。此外，农民认为，地方政府需要为村民提供资金支持，并监督和规范资金的使用，地方政府应和村干部共同宣传、引导、弘扬正能量。

（四）乡贤/文艺能人、企业/投资者、中央政府应有所作为

农民认为，乡贤/文艺能人、企业/投资者要起带头作用，协助调解矛盾，尽可能提供资金支持；中央政府除了要提供资金和政策支持，还要做好推广宣传，把握大环境，因为国家总体发展形势也会影响农民的生活，"国家太平，生活就平稳"。

综合来看，在农民眼中，乡风文明建设是村民、村干部、地方政府等多主体的协同行动，其中最重要的是村庄内部的行动与规范。值得关注的是，农民认为村干部能否做好规范制定和发挥带头作用至关重要，这也与农民视角下乡风文明的内涵相吻合。一方面，村干部的品格和作风是村民行为规范

的风向标，村民以村干部行为为标准约束自身；另一方面，村干部是村庄公共文化活动的组织者、村规民约的制定者，村干部对相关活动的积极性将在很大程度上决定村庄乡风文明建设的成效。

六　结论与建议

本研究从农民的感知、参与和评价出发，思考自上而下的乡风文明政策的理论内涵和行动路径，倾听、理解和分析农民视角下乡风文明的实践成效，发现农民理解的乡风文明与政策话语中的乡风文明存在偏差，这种偏差导致乡风文明行动与农民期待之间不匹配，形成了乡风文明的基层实践困境。

（一）农民对乡风文明的理解与政策话语中的乡风文明存在一定的偏差

农民对乡风文明的理解与政策话语中的乡风文明存在偏差，主要表现在概念辨析、核心要义、对象主体三个方面。从概念辨析来看，已有政策文本并没有对乡风文明进行明确的概念界定，仅从加强农村思想道德建设、弘扬中华传统文化、丰富乡村文化生活三个维度对其内容范围进行了框定。相比来看，农民对乡风文明的理解更为具体、范围更窄。农民主要从精神层面理解乡风文明，认为乡风文明是一种"社会风气"，要实现乡风文明，需要个人和村庄的物质基础提升，同时需要以丰富的文化活动营造村庄良好氛围，更为重要的是干部群体的品格和作风是乡风文明建设的风向标。从核心要义来看，政策话语中乡风文明的目的是实现新时代农民群体的现代化转换（米华、王永，2021），但传统乡村社会价值观念系统的维系（朱启臻，2017）才是农民理解乡风文明的核心向度，良好的家风民风才是乡风文明实现的根本表现。农民对丰富文化活动的期待也源于对紧密的村庄关系、热闹和谐的村庄氛围的期盼，而不仅仅是对文化活动本身的期待。从对象主体来看，政策话语和实践提倡通过村民自治组织或乡贤理事会等，以文明积分、红黑榜等方式对农民行为进行引导和规范。在政策话语中，农民是乡风文明的政策对象，而村干部是乡风文明建设的责任主体。但是在农民眼中，村干部、乡贤/文艺能人、地方政府都应该是乡风文明的政策对象，而且干部群体的品格和作风在乡风文明建设中起风向标作用。

（二）乡风文明行动与农民期待存在一定程度的不匹配

针对农村思想道德建设行动，农民普遍认为，通过思想道德建设行动，可以祛除陈旧思想，规范村民行为，提高农民素质和能力，营造良好的社会风气。但在实践中，由于存在形式化严重、实用性不足、宣传形式单一、公平公正未得到体现等问题，农村思想道德建设行动的社会效益并不明显。针对乡村传统文化建设工程，大多数农民认可发掘、保护和传承传统文化的重要意义，但他们认为存在资金和技术双重制约，而且并不认为自己是传统文化保护与传承的责任主体，这就导致乡村传统文化建设工程的责任主体缺失和落地困难。针对乡村文化生活，农民期待通过丰富的乡村文化生活，营造充满活力和凝聚力的乡村氛围，但在农村人口老龄化和电子产品普及的背景下，农家书屋、电影下乡等传统公共文化服务对农民来说已不具有吸引力。

（三）基于乡村文化的社会建设是实现乡风文明的路径选择

本研究认为，应该从农民对乡风文明的理解出发，充分重视传统乡村社会价值观念系统维系对乡风文明建设的价值。正如产业扶贫中家庭本位、伦理本位的社会文化为国家和农民"对接"提供了通道（周飞舟，2021），在乡风文明建设中，也要体现"家国一体"的中国特色，充分认识和发挥乡村文化的治理功能，将基于乡村文化的社会建设作为实现乡风文明的路径选择。

首先，明确丰富乡村文化生活的核心目标是再造村庄凝聚力，营造良好的村庄氛围。农民对乡村文化生活的需求，主要来自对亲密村民关系、热闹村庄氛围的期待，所以公共文化产品供给的关键是要有助于增加人与人之间的联结，而联结的关键在于供给内容对农民的吸引力和可及性。因此，本研究建议：一是加强公共文化空间建设，依据村民房屋聚集情况，合理配置公共文化设施，并配备相应器材（运动器材、音响等）；二是考虑公共文化活动的实用性和时代性，如改电影下乡为农业技术培训；三是成立专门组织或配备专门管理人员、指导老师，加强对公共文化活动、设施的管理；四是有针对性地满足不同人群的差异化需求，以适应变化的人口结构需要；五是增加政策宣传解读类文化活动。

其次，循序渐进推进移风易俗行动。虽然红白喜事大操大办、天价彩礼等风俗习惯在农村引发了互相攀比等社会不良风气，但乡土社会这些不成文、约定俗成的民俗信仰与观念对农民有一定的约束和规范作用，对于构建独特的道德制约机制和稳定的村落秩序具有重要价值（文忠祥，2011）。例如，在部分农民看来，儿女为父母举办寿宴是重要的生命仪式，属于家庭私事范畴，不同的社交圈、家庭条件有不同的举办规格，政府不应该过度干涉。民俗信仰和观念具有建构和打破并重组乡村社会秩序的双重性（宣朝庆、郝光耀，2018），在移风易俗等乡风文明建设行动中要注意区分传统文化中的精华与糟粕，在保护优秀乡村文化价值、发挥其功能的前提下采取柔性手段，循序渐进推进对不良习俗的摒弃，避免激化社会矛盾。

最后，利用微基金、微组织激发村党支部、地方政府推进乡风文明建设工作的积极性。正如乡绅在传统乡村社会中扮演了文化主导者的角色，对于如今的农民而言，村干部、地方基层干部等乡村干部应该在乡村社会风气的塑造中发挥模范带头作用，成为推动乡风文明建设的领头羊、风向标、当家人。村干部和地方基层干部能否身体力行推动乡风文明活动开展、践行乡风文明规范，对农民行为、村庄风气影响显著。建议为地方配备乡风文明行动微基金，考虑引进社会组织等提高村干部、地方基层干部活动组织能力，并尝试鼓励村干部、地方基层干部个人及其家庭带头成为乡风文明榜样。

7
农民视角的治理有效

治理有效是乡村振兴的基础，是社会建设的基石，也是国家治理的重要组成部分。《乡村振兴战略规划（2018—2022 年）》指出，社会治理的基础在基层，薄弱环节在乡村。实施乡村振兴战略是健全乡村治理体系和现代社会治理格局的固本之策，也是推进国家治理体系和治理能力现代化的重要内容。从社会主义新农村建设的"管理民主"到乡村振兴的"治理有效"，乡村治理的模式、主体和方式在转变，对治理体系和治理能力现代化的要求也在不断提高。目前，学界已对乡村治理的现状、路径、问题和对策等展开充分的研究与论述，但大多聚焦理论或村庄层面，缺乏以深入田野实践和农民视角为基础的分析。本研究以农村社区为微观分析单元，通过深入的田野调查和资料分析，从农民的主体性视角出发，分析乡村振兴背景下农民对乡村治理的理解、评价和需求，并在此基础上提出有助于加强乡村治理的建议，为当前乡村治理实践提供参考。

一 农民对治理有效的理解

要实现乡村的有效治理，了解作为重要治理主体的农民如何理解治理有效非常关键。对于"您认为怎样才算是治理有效"这一问题，农民的回答集中在"村干部""发展经济""集体致富""村民配合"等方面。许多农民认为，村干部办事公道、带动村民致富、为百姓做实事，就是乡村的有效治理。

第一，农民对治理有效的理解，体现在其对村干部角色的应然想象上。在大部分农民看来，一方面，村干部需要将国家政策落实到村庄具体事务上，并在这一过程中办事公平公正、廉洁自律、为民服务，如有农民表示，

"村干部要动员大家参与"，"村里百姓想做事时，村干部要能够提供支持与服务，加强与村民交流，没有私心，及时听取老百姓的困难和需求"；另一方面，村干部需要招商引资、发展村庄经济，以带领农民发家致富，如有的农民表示，村干部"要有组织能力和发展眼光"，"在村干部的组织动员下，大家共同建设村庄"。

第二，农民对治理有效的理解，也体现在其对村庄经济发展的期许上。在部分农民看来，治理有效既是乡村基础设施的完善，也是居住环境和就业环境的改善。例如，有农民表示，治理有效就是"把基建和水利搞好"，"大家有事做、有就业机会"。

第三，农民对治理有效的理解，还体现在其对自身发家致富的期盼上。部分农民迫切希望自己的收入"尽量向城市水平靠近"。所以，他们认为"治理有效就是带领村民发家致富"，通过积极发展乡村产业，增加农民收入，提升农民生活水平，达到"人人都丰衣足食"的目的。

第四，农民对治理有效的理解，还体现在其对乡村治理的参与上。在部分农民看来，治理有效的根本在于增强村民自我管理、自我治理的意识和能力。有农民表示，"治理有效就是不用治，事情有规范和制度约束，人人自觉，就达到治理有效了"。因此，在他们看来，村干部应起带头作用，农民也需要参与村庄公共事务，"不能由村干部包办"，要不断增强自治意识和自治能力。

除上述四个方面外，农民对治理有效的理解还涉及村庄党支部建设、乡风文明建设和生态宜居建设等方面。在党支部建设方面，部分农民认为，治理有效需要发展年轻党员，动员有事业心的年轻人参与乡村治理；在乡风文明建设方面，部分农民认为，村民关系和谐、团结和气、消灭村匪村霸是治理有效的重要内容；在生态宜居建设方面，部分农民认为，治理有效需要美化乡村环境、改善村容村貌、清理垃圾、治理污水等。

二　农民对乡村治理现状的评价和参与

（一）农民对村两委例行化管理满意度较高，对其经营性管理满意度不高

村党支部是党在农村的最基层组织，处于村庄各项组织和工作的领导核

心地位；村民委员会则是农民自我管理、自我教育、自我服务的基层群众性自治组织，肩负宣传贯彻国家政策、管理村庄集体土地和资产、发展合作经济、管理公共事务和公益事业、调解民间纠纷等职责。由村党支部和村民委员会构成的村两委，是村庄的管理和服务主体，也是农民自治的组织载体。在"一肩挑"和"交叉任职"的制度安排下，调研各地村两委交叉任职情况较为普遍（见图7-1）。

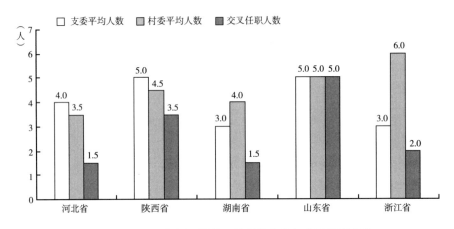

图 7-1　调研 5 省调研村村两委平均人数与交叉任职人数

在对村庄治理各项事务的评价上，本研究设置了满意度量表（很不满意＝1，不太满意＝2，一般＝3，满意＝4，非常满意＝5），用以分析农民对村庄治理各项事务的满意度。调研结果（见表7-1）表明，被访农民对村庄治理整体较为满意，其中，村庄选举的满意度最高，得分为3.65分，62.9%的被访农民表示满意，11.8%的被访农民表示不满意；村务管理、公开、决策的满意度居第二位，得分为3.57分，53.4%的被访农民表示满意；土地开发、流转、征用等的满意度居第三位，得分为3.42分，48.6%的被访农民表示满意，16.4%的被访农民表示不满意；集体资产经营管理/发展集体经济的满意度居第四位，得分为3.38分，37.7%的被访农民表示满意，17.8%的被访农民认为一般，12.6%的被访农民表示不满意。可以看出，农民对村两委例行化的村务管理较为满意，但对村两委的经营性管理满意度不高，认为有待进一步提升。

表 7-1   被访农民对村庄治理各项事务的满意度评分

单位：分

		土地开发、流转、征用等	集体资产经营管理/发展集体经济	村务管理、公开、决策	村庄选举
总　体		3.42	3.38	3.57	3.65
地区	河北省	3.49	3.11	3.55	3.62
	陕西省	3.28	3.52	3.69	3.76
	湖南省	3.77	3.64	3.74	3.82
	山东省	3.52	3.41	3.67	3.80
	浙江省	3.10	3.31	3.20	3.25
文化程度	未上过学	3.28	3.67	3.54	3.51
	小学及以下	3.34	3.27	3.38	3.48
	初中	3.36	3.32	3.57	3.67
	高中/中专/职高	3.66	3.49	3.87	3.96
	大专及以上	4.11	3.53	3.86	3.91
是否重点村	是	3.58	3.72	3.84	3.85
	否	3.30	3.13	3.38	3.51
是否党员	是	3.95	3.83	4.07	4.12
	否	3.28	3.25	3.43	3.53

从表 7-1 还可以看出，农民对村庄管理的满意度存在地区差异。在乡村振兴示范区、引领区的浙江省，调研村农民对村庄管理的满意度反而较低，特别是在村庄选举、村务管理、土地开发利用方面，体现了村庄快速发展和村干部能力局限之间的矛盾。一位村干部指出，"村集体目前很难发挥带领乡村产业发展的作用，主要因为我们这里都是老头子，传统观念比较强，文化水平太低"。

从文化程度来看，大体表现为农民文化程度越高，对村庄管理的满意度越高。例如，在村庄选举方面，高中/中专/职高文化程度的农民满意度最高，得分为 3.96 分，比小学及以下文化程度的农民高 0.48 分；在村务管理、公开、决策方面，高中/中专/职高文化程度的农民满意度最高，得分为 3.87 分，比小学及以下文化程度的农民高 0.49 分；在土地开发、流转、征用等方面，大专及以上文化程度的农民满意度最高，得分为 4.11 分，比未上过学的农民高 0.83 分。但是，在集体资产经营管理/发展集体经济方面，未上过学的农民满意度最高，得分为 3.67 分。

从是否重点村来看，重点村农民对村庄管理的满意度明显高于非重点村农民。重点村农民对村庄管理的满意度倾向于 4 分赋值的"满意"，而非重点村农民对村庄管理的满意度倾向于 3 分赋值的"一般"。重点村农民在村庄选举，村务管理、公开、决策，集体资产经营管理/发展集体经济，土地开发、流转、征用等方面的满意度得分分别比非重点村农民高 0.34 分、0.46 分、0.59 分和 0.28 分。可以看出，重点村的发展更能获得农民的认可，农民在村庄发展变迁中有更强的认同感和获得感。

从是否党员来看，具有党员身份的农民对村庄管理的满意度明显高于非党员身份的农民：具有党员身份的农民对村庄选举的满意度得分为 4.12 分，比非党员身份的农民高 0.59 分；具有党员身份的农民对村务管理、公开、决策的满意度得分为 4.07 分，比非党员身份的农民高 0.64 分；具有党员身份的农民对集体资产经营管理/发展集体经济的满意度得分为 3.83 分，比非党员身份的农民高 0.58 分；具有党员身份的农民对土地开发、流转、征用等的满意度得分为 3.95 分，比非党员身份的农民高 0.67 分。在访谈中我们发现，党员对村庄管理的了解和参与，让他们更加熟悉和理解村庄管理的现状与需求，对村庄面临问题时采取的举措感知度更高，因而其满意度较高。

（二）办事公平公正、不谋私利和带领群众致富是农民最看重的村干部能力

村干部所承担的角色及其能力，对乡村治理具有重要影响。调研发现，办事公平公正、不谋私利和带领群众致富成为农民最看重的村干部能力。71.0%的被访农民希望村干部办事公平公正、不谋私利，如有农民表示，"像我们村上的老干部，德高望重，说话威望很高，处事公平公正。有时候村里的事情，他一句话就能给解决"，"不要干什么都得讲关系，这对老百姓来说就很不公平"。65.7%的被访农民希望村干部带领群众致富，甚至有乡镇干部也认为，"如果（村干部）自己都穷，就没法说服村民，别人就会不信任他。如果自己家穷，家人出门打工变富有了，老百姓不知道，村民就会对其产生怀疑，认为有贪污倾向"。也正因如此，在当前的乡村治理中，富人治村成为比较典型的治理模式。

从表 7-2 可以看出，10 个调研村庄的村党支部书记大多有外出务工经

历，家庭生计也从纯务农转移到第二或第三产业，以获得农业生产之外的稳定收入来源。在调研中，与村干部工作关系密切的一位镇政府工作人员表示，之所以出现富人治村的现象，与社会经济发展水平有很大关系，在资源有限、机会缺失、普遍贫穷的年代，村干部有责任心、公平公正即可，但是随着村庄贫富分化愈发明显，村干部自身经济发展基础也成为评判其能力的重要指标，也是村干部获得村民认可的重要来源。

表 7-2　调研村庄村党支部书记的基本情况

	性别	年龄	是否有外出务工经历	家庭经营
陈书记	男	49岁	是	建筑包工
沈支书	男	55岁	是	建筑包工
杨书记	男	35岁	是	建筑工程、菌类种植
朱书记	女	38岁	是	社区工厂
吴书记	男	57岁	否	禽畜养殖
周书记	女	55岁	是	公司经营
郑书记	男	68岁	是	建筑工程、材料加工等
冯书记	男	67岁	否	禽畜养殖、茶果种植
赵支书	男	60岁	是	木制品加工业
李书记	男	31岁	是	文化产业

从表 7-3 可以看出，农民对村干部能力的看重情况存在明显的地域差异，这也会影响农民与村干部的关系，并进一步影响乡村治理实践。相比其他省份的调研村，陕西省调研村农民更看重村干部办事公平公正、不谋私利和带领群众致富的能力，89.7%的被访农民认为村干部需要具备办事公平公正、不谋私利的能力，76.6%的被访农民认为村干部需要具备带领群众致富的能力。这一方面是因为，在缺乏企业、资本等市场和社会力量介入的情况下，村庄的发展在很大程度上需要依靠村干部，农民对村干部带领群众致富的诉求更为强烈；另一方面是因为，随着从脱贫攻坚到乡村振兴战略的实施，国家大量资源、项目等下沉至乡村，村干部在资源分配中的作用提升，办事公平公正、不谋私利成为农民对村干部的角色期待。浙江省调研村农民也希望村干部办事公平公正、不谋私利（70.5%）和带领群众致富（57.1%），其对村干部跑项目、跑政策能力和招商引资能力的看重程度在5省调研村中最低，其对村干部帮贫帮弱能力的看重程度在5

省中最高。这说明，在村庄持续向好发展的过程中，共同富裕已成为当地农民的重要诉求。

表 7-3　被访农民对村干部能力的看重情况

单位：%

	跑项目、跑政策	招商引资	带领群众致富	自身经济实力	办事公平公正、不谋私利	帮贫帮弱	组织动员能力	有知识、有主意
总　体	38.6	34.9	65.7	15.3	71.0	37.0	38.6	36.1
河北省	43.7	35.9	66.0	10.7	59.2	30.1	35.0	31.1
陕西省	43.9	40.2	76.6	21.5	89.7	43.9	46.7	40.2
湖南省	44.6	37.6	54.5	10.9	70.3	27.7	32.7	29.7
山东省	36.6	32.7	75.3	15.8	64.4	37.6	42.6	45.5
浙江省	25.0	28.6	57.1	17.0	70.5	44.6	35.7	33.9

（三）农民对村庄活动或事务的参与程度不高

乡村治理既是公共权力对乡村公共事务和公众行为进行组织、管理和调控的过程，也是农民参与乡村公共事务、影响公共权力的过程。农民在村庄公共事务中的参与程度和范围，是衡量乡村民主化程度的重要指标。当前，村民自治制度、党内民主制度、村规民约制度和集体经济管理制度等，为农民参与村庄公共事务提供了制度保障。但是，调研发现，农民对村庄公共事务的参与程度并不高，虽然有82.2%的被访农民参与了村干部选举，41.0%的被访农民参加过村民会议，但是被访农民对村庄发展规划讨论、村规民约制定、村务监督等公共事务的参与比例均不足20.0%，分别为17.4%、14.2%和13.4%，更有15.3%的被访农民表示近三年他们对以上活动都没有参与过（见表7-4）。

从表7-4还可以看出，被访农民对村庄公共事务的参与在不同地区、性别、年龄之间存在明显的差异，也与其在村时间长短、是否原贫困户、是否党员等有关，还受其所属村庄是否重点村影响。从地区来看，陕西省和山东省调研村被访农民对村庄公共事务的参与更为积极，分别仅有9.3%和7.7%的被访农民表示近三年没有参与过，88.0%的陕西省调研村被访农民和90.4%的山东省调研村被访农民参与了村干部选举，70.4%的陕西省调研村被访农民和41.4%的山东省调研村被访农民参与了村民会议，两省调研村被访农民在村庄发展规划讨论和村务监督方面的参与程度也高于其他省份调研村被访农民。原因在于，在陕西省和山东省调研村的乡村治理中，开会成为农民教育和动员的重要方式。一位村干部表示，"每次开会，我们都让党员、村庄能人、退休干部率先发言谈意见。有可能一些村民原本不支持某个观点，但是这些村民和这些老干部的关系不错，一旦这些老干部在会上明确表示支持这个观点，原本不太支持的村民也就不好意思反对了"。开会的方式既有利于村两委将政策、项目等信息传递给农民，也可为农民参与村庄公共事务提供途径，有利于增强农民在乡村治理中的主体意识和能力。

表 7-4　被访农民参与村庄活动或事务情况

单位：%

		村干部选举	村庄发展规划讨论	村规民约制定	村务监督	村民会议	以上都没有
总体		82.2	17.4	14.2	13.4	41.0	15.3
地区	河北省	88.5	10.6	7.7	9.6	32.7	10.6
	陕西省	88.0	25.9	20.4	16.7	70.4	9.3
	湖南省	74.3	18.8	18.8	10.9	33.7	21.8
	山东省	90.4	20.2	14.4	20.2	41.4	7.7
	浙江省	70.5	11.6	9.8	9.8	26.8	26.8
性别	男	82.0	25.0	20.6	19.1	46.7	14.3
	女	82.5	9.3	7.4	7.4	35.0	16.3
年龄	40 岁以下	73.0	11.1	4.8	9.5	33.3	23.8
	40(含)—50 岁	76.7	17.5	14.6	13.6	42.7	21.4
	50(含)—60 岁	84.1	15.9	12.6	12.6	42.4	13.9
	60(含)—70 岁	86.6	19.7	17.3	15.8	40.2	11.0
	70 岁及以上	85.9	21.2	18.8	14.1	43.5	10.6
一年中的在村时间	6 个月以下	54.4	8.7	4.4	4.4	17.4	45.7
	6(含)—12 个月	84.2	13.2	13.2	18.4	50.0	13.2
	12 个月	84.9	18.7	15.3	13.9	42.7	12.4
是否原贫困户	是	86.1	8.9	6.3	6.3	50.6	11.4
	否	81.6	18.9	15.6	14.7	39.3	16.0
是否重点村	是	80.2	24.5	20.8	18.4	51.4	17.0
	否	83.6	12.6	9.8	10.1	34.1	14.2
是否党员	是	91.9	54.6	47.5	42.4	73.7	5.1
	否	80.0	8.8	6.5	6.7	33.5	17.7

农民对村庄公共事务的参与，呈现非常明显的性别差异。总体来讲，男性农民的参与程度明显高于女性农民，参与范围明显广于女性农民。14.3%的男性农民表示没有参与过村庄公共事务，而女性农民这一比例为16.3%。除此之外，与男性农民相比，女性农民对村庄公共事务的参与集中在村干部选举（82.5%）等涉及面广的事务上，她们对决策性的公共事务，如村庄发展规划讨论、村规民约制定和村务监督的参与程度极低，参与率分别仅为9.3%、7.4%和7.4%。由此可见，女性农民对村庄公共事务的参与程度有待提升。

越是年轻的农民，参与村庄公共事务的比例越低。在40岁以下的被访农民中，有23.8%没有参与过村庄公共事务。年轻人在乡村治理中缺位的现象较为明显，这与在村年轻人数量较少且多忙于其他事务有关。这也说明，需要鼓励和促进青年群体参与村庄公共事务。在有的调研村，村干部坦言，35岁以下的年轻人无暇顾及村庄公共事务，因而有时难以达到村干部选举对年龄的要求。调研各地村干部选举时，均有调研村庄出现首轮结束后没有35岁以下年轻人入围，不得不通过进一步动员和单独划定年轻人选举名额等方式来满足要求的情况。

农民在村时间越长，对村庄公共事务的参与程度越高。一年中在村时间6个月以下的农民，近一半（45.7%）不会参与村庄公共事务，而在村时间6（含）—12个月的农民，这一比例降至13.2%。由此可见，如何吸引农民返乡就业和创业，如何创新外出务工人员参与村庄公共事务的形式，成为当前乡村治理的重要内容。

从是否原贫困户来看，原贫困户农民和非贫困户农民对村庄公共事务的参与表现出较为明显的差异。原贫困户农民对村庄公共事务的参与更为积极，仅有11.4%的原贫困户农民表示没有参与过村庄公共事务，非贫困户农民这一比例为16.0%。与非贫困户农民相比，原贫困户农民对村庄公共事务的参与集中在村干部选举（86.1%）和村民会议（50.6%）上，对决策性的公共事务，如村庄发展规划讨论、村规民约制定和村务监督的参与程度不高，参与率分别仅为8.9%、6.3%和6.3%，不足非贫困户农民参与率的一半。可以看出，虽然脱贫攻坚提升了原贫困户农民参与乡村治理的主动性，但是他们对村庄决策性公共事务的参与仍不足，参与的主动性和积极性尚待进一步提高。

从是否重点村来看，与非重点村农民相比，重点村农民对村庄公共事务的参与程度更高、范围更广，他们更愿意参与村庄发展规划讨论（24.5%）、村规民约制定（20.8%）、村务监督（18.4%）和村民会议（51.4%）。随着对重点村政策、项目和资源的倾斜，重点村农民对村庄的发展规划更有信心和期待，因此也更愿意参与到村庄的具体公共活动中，形成的反馈也更为积极，这有利于形成农民参与村庄公共事务的良性循环。

从是否党员来看，具有党员身份的农民与具有非党员身份的农民在对村庄公共事务的参与上，形成了非常明显的差异。具有党员身份的农民更为积极，且参与的程度更高、范围更广，除积极参与村干部选举（91.9%）和村民会议（73.7%）外，还会参与村庄发展规划讨论（54.6%）、村规民约制定（47.5%）和村务监督（42.4%）。这与党内民主制度的制度性参与方式有关，也与党员参与村庄公共事务的意识和能力较强有关。

三　农民对治理有效的需求

（一）强化农村基层党组织在乡村振兴中的领导作用

农村基层党组织是推动农村改革发展的战斗堡垒，在乡村治理中处于领导核心地位，发挥着宣传党的主张、贯彻党的决定、领导基层治理和团结动员群众的作用。本研究发现，农民认为村庄党组织建设和村内党员作用发挥有待加强。

1. 加强有能力村干部的选拔和聘用

调研发现，22.2%的被访农民认为村庄党组织建设应该加强，既包括以党组织为核心的组织体系建设，也包括基层党组织带头人队伍建设。

在以党组织为核心的组织体系建设方面，村党支部书记"一肩挑"和村两委成员交叉任职的制度安排，有效协调了村两委的关系，能够将党的领导和村民自治有机统一起来，受到大部分被访农民的认可。在浙江省调研县，村集体经济、合作组织等新型经济组织和社会组织比较活跃，村党支部书记担任村集体经济和合作组织的负责人。除此之外，河北省和山东省调研县的村党支部领办合作社，陕西省调研县的"党支部+乡村振兴""党支部+产业""党支部+集体经济"等模式，以及湖南省调研县的"党支部+扶贫电商"工程，也在探索以党组织为核心的组织体系建设，但是因为尚处于探索阶段，农民的认可度和获得感有待进一步提升。

在基层党组织带头人队伍建设方面，52.4%的被访农民认为村庄最需要选拔有能力的村干部。一位镇干部表示，"在乡村振兴过程中，一个村如何落实政策，取决于村党支部书记的素质、能力和德行。好的干部能够很好地把乡村振兴落到实处，不好的干部虽然也在推动，但效果欠佳。"调研发现，由于薪资待遇低、发展机会少、工作强度大、社会认可度低等，基层党组织带头人队伍建设呈现动力不足、创新不够、后备力量不强等问题，干部老龄化和年轻人外流给基层党组织建设带来巨大挑战，迫切需要实施基层党组织带头人整体优化提升行动。目前，调研各省虽然也在探索向村党组织派驻第一书记、从优秀村党支部书记中选拔乡镇干部、考录乡镇公务员、招聘乡镇事业编制人员等方法，但是相应的组织保障和长效机制还有待进一步探索。

2. 有效发挥农村党员先锋模范作用

乡村社会的有效治理，需要增强党员的主体责任和服务意识，使其知农、爱农、兴农，充分发挥先锋模范作用。调研发现，5省调研村党员平均年龄为58.9岁，其中60岁及以上老人占57.6%，党员老龄化现象明显。调研村党员作用的发挥，集中在自身能力建设和道德模范作用发挥两个方面，34.2%的被访农民认为党员在村庄发展中做了表率，23.3%的被访农民认为党员宣传了国家政策，19.5%的被访农民认为党员发挥了道德模范的作用。但在党员先锋引领作用方面，农民认为其带领村民共同富裕的能力、团结凝聚群众的能力和帮助群众解决实际困难的能力还有待进一步增强，分别仅有18.0%、16.1%和15.1%的被访农民认为党员做到了以上三个方面。

调研结果显示，不同年龄和文化程度的农民，对村内党员所发挥作用的认知存在差异。年龄越大，特别是60岁及以上的农民，对党员所发挥的作用越持谨慎态度。而年轻农民积极认可党员所发挥的作用，特别是40岁以下的青年群体，他们认为党员在村内的作用具有多元性，既具有模范示范作用（如42.9%认为党员在村庄发展中做了表率），也具有先锋引领作用（如22.2%认为党员帮助群众解决了实际困难、带领村民共同致富）。

文化程度越高的农民，对党员在村内所发挥的作用越认可。在高中及以上文化程度的农民中，5 成以上认为党员在村庄发展中做了表率。此外，重点村农民对党员所发挥作用的认可度明显高于非重点村农民，具有党员身份的农民比具有非党员身份的农民更加认可党员在村庄发展中的作用。

（二）加强农村群众性自组织建设，深化村民自治实践

农民的组织化往往被认为是解决"三农"问题、实现乡村振兴的重要基础，不仅有利于延伸和巩固农业产业链，实现小农户与现代产业发展的有效衔接，也有利于村民的议事协商和制度性参与，是激发乡村活力、动员村民参与乡村治理的重要载体。但是，本研究发现，当前农民对村庄组织化建设的感知度普遍较低，87.8%的被访农民不知道所在村庄有无志愿者协会/服务队，86.3%的被访农民不知道所在村庄有无老年协会，80.1%的被访农民不知道所在村庄有无生产互助组织（如专业合作社、家庭农场等），72.1%的被访农民不知道所在村庄有无文艺队，58.6%的被访农民不知道所在村庄有无民间调解委员会，58.2%的被访农民不知道所在村庄有无红白理事会（见图 7-2）。可以看出，在当前中国农村，农民之间的凝聚与合作关系减弱，以组织化链接现代产业、以组织化驱动治理参与存在明显不足，农村群众性自组织建设水平有待提高。

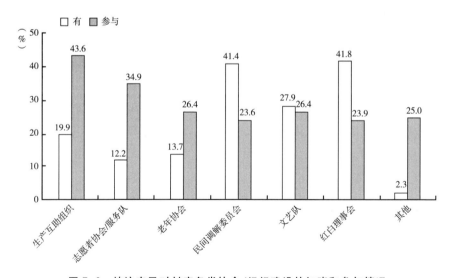

图 7-2 被访农民对村庄各类协会/组织建设的知晓和参与情况

从整体上看，农民对村庄各类协会/组织的参与率不高。从图 7-2 可以看出，43.6% 的被访农民参与了生产互助组织，虽然在所有协会/组织中的参与率最高，但未达到 50.0%。农民往往通过土地流转、劳动力雇工、订单式合作等方式参与生产互助组织。随着党支部领办合作社制度的全面推行，农民专业合作社在整合村庄农业资源、开拓稳定的消费市场、促进乡村社会共同发展方面的作用进一步凸显，但是农民参与积极性不高，农民专业合作社的社会效力较低。除此之外，农民参与其他协会/组织的动力也不足，仅有 34.9% 的被访农民参与了志愿者协会/服务队，26.4% 的被访农民参与了老年协会和文艺队，23.9% 的被访农民参与了红白理事会，23.6% 的被访农民参与了民间调解委员会。农民组织化参与不足，不仅不利于以组织为载体的自治实践，也会影响农民参与乡村振兴的主体性。调研数据显示，15.9% 的被访农民不了解村务管理、公开、决策情况，17.7% 的被访农民不了解土地开发、流转、征用等情况，32.0% 的被访农民不了解集体资产经营管理/发展集体经济情况。

（三）推进乡村法治建设，提升农民德治水平

乡村治理，自治为基，法治为本，德治为先。村民自治是乡村治理的核心，法治保障是乡村治理的主要方法，德治教化是乡村治理的重要优势。健全自治、法治、德治有机结合的乡村治理体系，是加强基层政权建设、健全农村基层管理体制、提升基层治理现代化水平的重要举措。调研发现，在当前乡村治理中，农民的法治意识有待增强，德治水平也有待提升。

在法治建设方面，虽然 57.2% 的被访农民认为所在村庄举办过民主法治教育活动，如普法宣传、选举动员会等，被访农民参与的比例（79.9%）也较高，并且有 86.8% 的被访农民表示满意，但是被访农民认为所在村庄民主法治教育活动的举办频率较低，部分调研村庄三年才举办一次。对此，79.8% 的被访农民认为村庄有必要开展民主法治教育活动，16.1% 的被访农民认为当前村庄最应该加强的三方面工作之一是法律服务、法律知识学习和法治意识培养。

在德治建设方面，将熟人社会蕴含的道德规范与社会治理的时代要求进行结合和创新，强化道德教化在乡村治理中的作用，是实现乡村有效治理的重要路径。在德治建设上，23.2% 的被访农民认为当前村庄最应该加强的三

方面工作之一是村民道德修养的提升，8.9%的被访农民认为是村规民约的制定与执行。调研发现，54.7%的被访农民认为所在村庄举办过道德规范教育活动，如道德讲堂、星级文明户评比、文明家庭评比等，68.7%的被访农民参加过此类活动，82.3%的被访农民对此类活动表示满意。但是，与民主法治教育活动一样，调研村庄道德规范教育活动的举办频率也不高，甚至有的村庄三至五年才举办一次。道德规范教育活动（如新民风积分超市、道德评议"红黑榜"、好公婆评选、好儿媳评选等）的举办模式一般为政府主导、农民参与，虽然有77.0%的被访农民认为此类活动很有必要，但是部分农民和村干部认为此类活动的道德教化效果一般。例如，有些调研地区的道德评选存在形式主义的问题，道德教化的效力和影响力较低。

除此之外，德治建设还包括村民道德激励约束、发挥新乡贤作用和移风易俗等内容。其中，由乡村内外致富带头人、能人、好人、贤人、艺人等构成的乡贤，是村庄道德教化和民风培育的重要示范来源，在崇德向善和勤俭节约等新风尚的培育方面具有凝聚和助推的作用。调研发现，30.4%的被访农民认为当前村庄最应该加强的三方面工作之一是贤能人才作用的发挥。但是，通过对新乡贤的访谈，本研究也发现，很多新乡贤由于长期在外，对村庄社会发展和治理情况不甚了解，参与乡村治理的主动性和积极性不强，在未来的生活规划中仍希望有机会回到城里居住和生活，对乡村的归属感不强。

四　农民对治理有效主体的理解

如何实现乡村的治理有效，一直是政府和学界关注的议题，涉及政府、企业、村两委、村民、村庄各类协会和社会组织等多元主体。调研发现，对于"您认为要实现村庄的有效治理主要靠谁"这一问题，76.6%的被访农民认为主要靠村两委，42.3%的被访农民认为主要靠政府，34.2%的被访农民认为主要靠村民（见图7-3）。

首先，在农民看来，乡村的有效治理需要靠村两委。例如，有村民说："你搞什么东西，都离不开村两委，第一他们是村里的领导，第二他们对当地的人员非常熟悉，大部分老百姓都买他们的账。"究其原因，在于村两委扮演双重角色：一方面，村两委是国家治理体系在乡村的神经末梢，对国家的治理政策、资源和方式更为熟知，能够通过政策项目、招商引资等促进村庄发

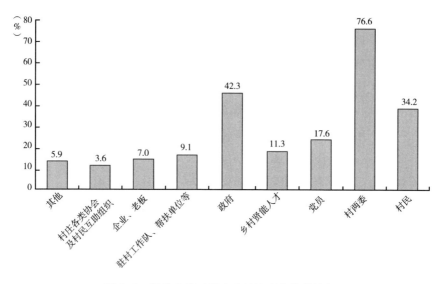

图 7-3　被访农民对村庄有效治理主体的认知

展；另一方面，村两委是村庄的当家人，需要承担维护村庄社会秩序、实现公平公正、带领群众致富的责任。

其次，农民认为，乡村的有效治理也需要政府的参与。在农民看来，政府是政策的制定者、资源的分配者和村庄的监督者。乡村有效治理需要政府从政策上予以引导，也需要政府在资源分配上予以支持。甚至有部分农民认为，政府的支持是根本性的，政府下沉到乡村的项目和资源是乡村治理的重要基础。除了政策和资源外，农民认为，政府还承担着监督的职能。政府对村庄发展，特别是对村两委、驻村干部的监督，是各项政策、项目、资源得到有效落实的重要保障，也是乡村有效治理的重要保障。

再次，村民也被农民认为是乡村有效治理的重要参与主体。农民认为村民享有知情权、参与权、管理权和监督权；为实现有效治理，村民不仅要积极配合政府和村两委开展相关工作，也要增强自身的集体意识和管理能力，实现"自己管自己"，并参与村庄公共事务。

除此之外，党员（17.6%），乡村贤能人才（11.3%），驻村工作队、帮扶单位等（9.1%），企业、投资者（7.0%）也被农民认为是乡村实现有效治理的主体。党员先锋模范作用的发挥，乡村贤能人才道德示范效应的发挥，驻村工作队、帮扶单位等的出谋划策，以及企业、投资者的资金项目支持，可以将乡村社会的自治、法治、德治相结合，实现乡村社会的有序、有效治理。

五 结论与建议

加强和改进乡村治理是乡村振兴的重要保障。2018 年中央一号文件《中共中央 国务院关于实施乡村振兴战略的意见》明确指出，必须把夯实基层基础作为固本之策，建立健全党委领导、政府负责、社会协同、公众参与、法治保障的现代乡村社会治理体制，坚持自治、法治、德治相结合，确保乡村社会充满活力、和谐有序。本研究从农民对乡村治理的理解、评价与需求出发，呈现了当前乡村治理的一些状况，得出如下结论。

第一，中国的脱贫攻坚战略，形成了良性而有效的地方政府参与乡村治理的体制机制，如第一书记、总队长、大督查、联席会议、涉农资金整合等。这些体制机制作为制度遗产运用到乡村振兴中，为地方政府在乡村治理中发挥领导和监督作用提供了有力的保障。相比经济更为发达的浙江省调研县，河北省和陕西省调研县的地方政府在乡村社会发展中的作用更易被农民感受到。

第二，在农村基层党组织建设方面，村党支部书记"一肩挑"和村两委成员交叉任职基本实现，这有利于将党的领导和村民自治结合起来，夯实基层政权。但是，以党组织领办农民经济合作组织的模式尚处于探索阶段，党组织领导作用的发挥以及农村新型经济组织和社会组织的党建工作有待加强。在人才队伍建设方面，一方面，农村基层党组织带头人队伍老龄化、年轻人外流现象明显，带头人队伍亟须整体优化提升；另一方面，农村党员队伍以老年人为主，模范引领作用有待进一步发挥。

第三，在农村法治和德治建设方面，调研村庄会定期举办民主法治教育活动和道德规范教育活动，提升了乡村法治和德治水平。但是，部分调研村庄相关活动组织的频率不高，且存在形式主义，影响了民主法治教育活动和道德规范教育活动的效力。在新乡贤作用发挥方面，新乡贤是乡村治理的重要主体，发挥着道德教化和民风培育的作用，但是新乡贤参与乡村治理的主动性和积极性不高，对乡村社会的归属感不强，需要拓展和创新新乡贤参与乡村治理的制度化渠道。

第四，在村庄管理方面，办事公平公正、不谋私利和带领群众致富成为农民最看重的村干部能力。相比其他省份调研村，在经济机会和社会资源相对缺乏的陕西省调研村，农民对村干部的这两项能力更为看重，村庄发展对村干部的依赖性更强。此外，农民对村庄选举，村务管理、公开、决策等的满意度较高，但对集体资产经营管理/发展集体经济和土地开发、流转、征用等的满意度不高，村两委的经营管理能力有待进一步提升。

第五，在农民组织化方面，农村组织化建设水平较低，8成以上被访农民认为所在村庄没有生产互助组织、志愿者协会/服务队、老年协会，只有不到3成的被访农民认为所在村庄有文艺队，4成左右的被访农民认为所在村庄有民间调解委员会和红白理事会。可以看出，当前农民之间的凝聚与合作关系减弱，以组织化链接现代产业、以组织化驱动治理参与存在明显不足。从组织参与看，农民对村庄各类协会/组织的参与积极性不高。相比其他组织，农民对生产互助组织这种能够直接给农民带来实际经济收益的组织参与率最高，但也仅有4成左右。

第六，在农民自治方面，农民对村庄公共事务的参与程度不高，虽然8成以上的被访农民参与了村干部选举，但是仅有4成左右的被访农民参与过村民会议，对村庄发展规划讨论、村规民约制定和村务监督的参与率均不足2成。农民对村庄公共事务的参与也表现出明显的地区、性别、年龄、是否重点村和是否具有党员身份差异。陕西省和山东省调研村的基层治理将开会作为动员和教育农民的主要方式之一，提升了农民参与村庄公共事务的程度。另外，男性农民对村庄公共事务的参与程度明显高于女性农民，老年农民的参与程度明显高于年轻农民，重点村农民的参与程度高于非重点村农民，具有党员身份的农民参与积极性高于具有非党员身份的农民。

第七，在对治理有效的理解方面，农民更加注重村干部能力、村庄经济和农民增收等方面，强调村干部执行国家政策、公平公正、廉洁自律和为民服务的能力，强调完善乡村基础设施建设、改善乡村居住环境、增加乡村就业机会，强调缩小城乡差距、发展乡村产业、增加农民收入。在对治理有效主体的理解上，农民更加倚重政府和村两委的作用，强调政府制定惠农政策、村两委落实国家政策、村民配合实施的责任分工。

基于上述结论，本研究认为，现代乡村治理体系的构建和有效治理的达成，既需要各相关主体对乡村治理现状有更深入的理解和思考，又需要在研究、政策和行动方面积极拓展治理创新空间。

首先，乡村治理研究需要在充分汲取海内外大量研究成果的基础上，关注当前乡村治理生态中的新元素、新现象、新问题，深入剖析和理解乡村治理的本质、实践运行逻辑和变迁过程，及时为政策制定和行动实践提供精准有力的支撑。这既要求乡村治理研究者在乡村基层开展深度沉入式的田野观察和参与行动，又要求研究者有更为整体性和关联性的视野，从而跨越层级和部门，连接微观和宏观，在剖析乡村治理经验层面种种现象和问题的基础上，形成具有中国特色的现代乡村治理理论。

其次，乡村振兴的有关政策设计需要回应当前乡村治理体系中的关键问题。在乡村振兴政策体系逐渐丰富的过程中，政策的层级传递、不同政策之间的关系、政策的实践过程和效果等，最终都体现在乡村基层，最直接地影响着乡村治理尤其是村级治理的方方面面。因此，系统梳理和分析已有的乡村振兴政策及其他涉农政策——包括总体政策、分类政策和单项政策的设计、执行与产生影响的过程——与乡村治理之间的关系，是有效识别乡村治理中的关键问题，明确"治理什么、谁来治理、怎么治理"，进而提升乡村治理效能的首要任务。在此基础上，新的政策思路应致力于通过政策的制度性供给，回应当前乡村治理中的结构性困境和治理主体能动性不足等问题，其着力点一方面在于乡村治理中事务、人才、组织、资源、技术等的制度优化和制度性保障，另一方面在于加强基层干部和群众尤其是农民在政策全过程中的参与。

此外，在新时期乡村治理实践中，有着广阔的行动空间，包括基层治理主体和资源的广泛动员、治理组织和机制的创新、治理方式和方法的优化、治理能力的综合提升等。这既需要乡村治理体系内部的自觉自主，又需要研究体系和政策体系的协同发力，以共建共治共享理念推进现代乡村治理体系的构建，提升乡村实际治理效果，确保广大农民安居乐业、农村既安定有序又充满活力。

8
农民视角的生活富裕

生活富裕是党的十九大报告明确提出的乡村振兴战略的五大要求之一，是继社会主义新农村建设"生活宽裕"目标后，国家为满足新时代农民日益增长的美好生活需要，对农民生活水平和生活质量提出的更高目标。2018 年中央一号文件进一步指出，生活富裕是乡村振兴的根本，并提出六项基本任务：优先发展农村教育事业；促进农村劳动力转移就业和农民增收；推动农村基础设施提档升级；加强农村社会保障体系建设；推进健康乡村建设；持续改善农村人居环境。政策文本中的农民生活富裕目标，不仅包含农民就业充分、收入增加、物质需求得到满足，还包括农村基础设施和就医、就学、就业等基本公共服务的整体改善。

学界对生活富裕的含义及其在乡村振兴战略中的位置进行了研究。"生活富裕"的目标高于"生活宽裕"，要求持续促进农民增收、促进农民消费升级、提高农村民生保障水平（叶兴庆，2018a）。具体而言，从收入上看，生活富裕指多数农民进入中等收入生活水平，相对贫困和低收入的农民居少数（李培林，2018）；除了物质层面的财富增加，生活富裕还包括精神、文化等方面的生活质量同步提升。也有研究者强调，在中国特色社会主义理论体系中，共同富裕是生活富裕的应有之义（夏英、王海英，2021）。生活富裕在乡村振兴总要求中位于最后，其"目标导向"的地位凸显，表明"三农"工作的奋斗目标和最终归属是让亿万农民生活得更美好、更幸福（蒋永穆，2018）。通过梳理乡村振兴与共同富裕的内在逻辑，有研究者指出，农民生活富裕既是出发点，也是落脚点，共同富裕是高质量实施乡村振兴的目标指引与行动指南（黄承伟，2021b）。还有研究者针对生活富裕建构了指标体系，如贾晋等（2018）从农民收入、收入差距、生活品质三个维度衡量生活富裕，卢泓钢等（2021）从农民生活水平、乡村基础设施、乡村公共服务三个方面设立指标。

生活富裕涉及农民最关心、最直接、最现实的利益问题。农民在生活富裕方面的现状和期待，反映着他们当前的生活水平和基本需要，也影响着他们参与环境改造、文化传承、村庄治理等乡村振兴其他方面活动的态度和行为。过往研究多从宏观层面、客观角度出发探讨生活富裕，为乡村振兴目标的实现提供了理论指导和实证依据，但较少从农民视角出发，探究农民对生活富裕的理解与需求。乡村振兴战略坚持农民具有主体地位的基本原则，在发展中充分尊重农民意愿。因此，首先需要了解农民的所思所想，倾听农民真实的意见和诉求。本研究试图以农民视角为切入点，考察农民生活现状，探究农民如何理解生活富裕的内涵、对相关条件有怎样的要求和预期，了解农民生活的实际困难和迫切期待，进而把握乡村振兴的核心议题。

一 农民对生活富裕的理解

是否生活富裕是对农民生活水平的总体衡量。农民是生活富裕的实践者，也是生活富裕的受益者，对生活富裕也有不同于政府、学界的，更为切身、实际的诠释。调研发现，农民理解的"生活富裕"主要可以归纳为以下三个方面。

（一）物质获得感

1. 衣食住行需求的高水平满足

大多数被访农民从基本生活需要的角度出发，认为"吃穿不愁"是生活富裕的基本要求；但也有一些被访农民指出，不能仅限于简单解决温饱问题，而是要"上一个档次"，如"吃到绿色蔬菜"，"实现水果自由，肉蛋奶等基本营养品有保障，粗粮细粮的营养均衡搭配"。住房改善和私家车购置也是被访农民认为的物质生活的必要条件，有超过 10.0% 的被访农民认为"有车有房"是衡量生活富裕的重要标准。一部分被访农民认为，在城市购买商品房才能算生活富裕；不打算进城买房的被访农民则认为，房屋能够翻建和改善代表生活富裕。另外，多数被访农民认为，拥有私家车是出行便利的重要保障。

2. 家庭积蓄的增加和给付能力的提升

在回应如何理解生活富裕时，近 4 成的被访农民直接提到钱的问题，主要涉及四个角度。其一，更高的收入。对于收入的标准，农民的个体认知差异较大，有的认为每月养老金有 600—800 元就足够了，有的认为每月养老金要达到 2500—3000 元，有的认为年收入要达到 5 万—6 万元，有的认为月收入超过 1 万元才算富裕。总体而言，农民希望收入是稳定、可提升的。其二，有结余、有存款。农民对存款额度有不同程度的期待，如 3 万—4 万元、8 万—10 万元、20 万—30 万元、100 万元。一些农民虽然没有给出具体的标准，但希望尽可能多地为后代教育积累充足的费用，包括进城接受义务教育和上大学的费用。还有一些农民希望有能力承担子女结婚的各类支出，包括购置或装修婚房、筹备彩礼等。其三，没负债。有农民表示，"不欠人钱，手里有点钱，就算生活富裕了"。其四，收入来源多样化。农民不仅希望在农业生产方面扩大经营、提升产量，还希望有副业，或务农和务工相结合。例如，有农民希望，"粮食卖出好价钱，加上打工赚些钱"。

（二）社会安全感

1. 基本公共服务水平的提升

"有保障"是被访农民经常提及的生活富裕标准。他们对公共服务有提供安全感的期待，尤其体现在医疗、教育和养老上。农民认为，"少生病最关键"，"看得起病""不怕生病"是家庭抗风险能力强的主要体现，能做到"小病看得起、大病能报销"是生活富裕的基本衡量标准。农村教育和养老服务也是农民普遍提及的问题。农民认为，"子孙有学上""老了有保障"，这些实现了才谈得上富裕。农民提出，公共服务要以"老有所养，少有所依"为目标。此外，交通便利、有自来水等，也构成农民对基本公共服务的基本要求。

2. 就业机会的稳定

在农民眼中，"就业有保障"就是"收入有保障"。农民将"能就业"与生活富裕紧密关联，认为生活富裕就是有更多稳定的工作机会，老年人和年轻人都能就业，大家都"有事做"。一些农民尤其希望村庄产业有所发展，有本地就业的空间。例如，河北省某调研村一位家庭经济条件较好的女性农民表示，"打工能在家门口，不需要跑远，能顾上家里，就算生活富裕"。

（三）生活幸福感

1. 精神生活的丰富

农民对生活富裕的理解不局限于物质生活方面，还包括精神生活层面。例如，湖南省某调研村一位文化程度较高的年轻女性农民表示，"（生活富裕就是）喜欢的东西不用问价格，想去的地方不用管远近，财务自由，精神生活丰富，物质充足，小孩、老人身体健康"。一些农民强调，生活富裕需要精神层面的充实和满足，主要包含四个方面：其一，有丰富的文化娱乐生活，如培养爱好、跳广场舞、有文化设施供休闲消遣等；其二，家庭和睦，邻里友爱，人际关系和谐；其三，精神状态良好，心情愉悦、心态健康，有满足感和幸福感；其四，有知识、有文化，找到人生意义和价值。

2. 对美好生活的想象

生活富裕关乎农民对美好生活的期待。一些农民借助与一些对象的比较，来界定什么是生活富裕：其一，与过去进行比较，认为超过以前就是富裕；其二，与其他人进行比较，认为已在城里买房、已购私家车、旅游次数较多的人达到了富裕水平；其三，与城市进行比较，认为"农村和城市的服务设施一样便捷"就是富裕。还有部分农民无法给出具体的定义和标准，认为富裕是"没有顶的"，"有再多钱，也不觉得生活富裕"。

由上述分析可见，农民对生活富裕的理解，不仅是他们结合自身家庭和所在村庄的实际情况做出的表达，还凝聚着他们对未来美好生活的期许、对乡村发展和资源公平分配的需求。

二 农民生活富裕的现状

农民家庭的经济和生活状况，是衡量是否生活富裕的重要标准。本研究从客观层面和主观层面两个维度，家庭生计、家庭物质资产和设备、对经济状况的评价和预期三个方面考察农民家庭的经济和生活状况。

（一）家庭生计状况

1. 家庭经济状况

农民家庭收入的主要来源在很大程度上决定了其生活水平。稳定和多样的收入有助于农民家庭抵抗风险和维持生计。调研结果显示，被访农民家庭收入的主要来源为本地农业经营收入和在外务工收入，本地务工收入和本地非农业经营收入也被一些被访农民家庭视为主要经济来源（见表8-1）。从本地的收入来看，41.4%的被访农民家庭主要依靠本地农业经营收入，26.7%的被访农民家庭主要依靠本地务工获得收入，19.9的被访农民家庭主要依靠本地非农业经营收入；从外地的收入来看，主要包括务工和经商两种形式，39.1%的被访农民家庭收入的主要来源是在外务工，仅有2.8%的被访农民家庭主要靠在外经营经商；低保、养老金等社会保障收入是17.8%的被访农民家庭的主要收入来源，表明一部分被访农民家庭收入有限，仍需依赖社会保障维持生计。此外，较少的被访农民家庭主要依靠亲属支持（9.6%）、退休金（7.8%）和租金、分红等资产资源性收入（4.0%）。

表8-1 被访农民家庭收入的主要来源

单位：%

	本地农业经营收入	本地非农业经营收入	本地务工收入	在外务工收入	在外经营经商收入	租金、分红等资产资源性收入	投资理财收入	亲属支持	退休金	社会保障（低保、养老金等）收入	其他
总　　体	41.4	19.9	26.7	39.1	2.8	4.0	0.8	9.6	7.8	17.8	2.5
河北省	47.1	15.4	25.0	51.9	2.9	5.8	0	8.7	3.9	18.3	0
陕西省	60.2	21.3	22.2	37.0	0.9	1.9	0.9	2.8	6.5	11.1	1.9
湖南省	20.8	15.8	25.7	44.6	3.0	5.9	1.0	12.9	11.9	7.9	2.0
山东省	56.7	28.9	26.0	12.5	0	1.0	1.0	16.4	10.6	26.0	3.9
浙江省	22.3	17.9	33.9	49.1	7.1	5.4	0.9	8.0	6.3	25.0	4.5

被访农民家庭收入的主要来源在不同调研地区之间有较为明显的差异。在陕西省和山东省调研村，均有半数以上的被访农民家庭以本地农业经营收入为主要来源。山东省调研村被访农民家庭以本地收入为主，主要依靠在本地的农业经营、非农业经营和务工获得收入的家庭分别占56.7%、28.9%和26.0%，而以在外务工收入为主的家庭仅占12.5%，明显低于其他4省，呈现"不离土，不离乡"的特征。与山东省相似，陕西省调研村被访农民家庭也非常依赖本地农业经营收入（60.2%），但仍有近4成（37.0%）家庭以在外务工收入为主要来源。在浙江省和湖南省调研村，被访农民家庭收入更

倚重在外务工，较少依靠本地农业经营，两省分别有 49.1% 和 44.6% 的被访农民家庭将在外务工收入作为主要来源，均有约 20.0% 的被访农民家庭将本地农业经营收入作为主要来源；当回答哪一项收入是最主要来源时，两省被访农民家庭"重务工、轻务农"的特征更为显著，仅有 2.7% 的浙江省被访农民家庭和 5.9% 的湖南省被访农民家庭将本地农业经营收入作为最主要来源。此外，浙江省被访农民家庭中还有 7.1% 将在外经营经商收入视为主要来源，在调研的 5 省中比例最高。在河北省调研村，超过半数（51.9%）的被访农民家庭以在外务工收入为主，接近半数（47.1%）的被访农民家庭以本地农业经营收入为主，均高于总体平均水平。相较于其他 4 省，河北省农民留在本地获得非农业、务工收入的机会较少，外出务工和留乡种地几乎成为他们仅有的两种选择。

2. 家庭支出与负债状况

通过对农民家庭各方面支出所占比例进行分析，可以了解农民家庭最主要消费支出的基本情况（见表 8-2）。排在第一位的是日常生活开支（36.9%），其次是教育支出（21.2%）、看病就医（18.4%）、城市购房（及装修）（6.1%）和村内房屋翻建（及装修）（5.5%）。由此可见，除日常生活开支外，教育支出和看病就医是被访农民家庭的主要经济负担。同时，一部分被访农民家庭可以支付城市购房（及装修）或村内房屋翻建（及装修）费用，生活水平有所提升。此外，人情往来也对农民家庭造成压力，5.1% 的被访农民家庭认为这方面的花销最大。受礼尚往来传统观念和乡土社会风俗成规的影响，当前农村人情名目繁多，往来范围扩大，金额逐年提升，形成"攀比风""人情债"，成为农民家庭隐性重负。如何减轻沉重的"人情负担"，恢复适度的人情交往，成为乡风文明建设的重要课题。

5 个调研地区的被访农民家庭在最主要消费支出方面也有所不同。河北省调研村的被访农民家庭认为花费最多的是看病就医（31.7%），其次是教育支出（28.9%），比例均高于其他 4 省，这与当地经济发展水平和教育医疗条件有关，农民家庭相关负担较重；湖南省调研村被访农民家庭的教育支出压力也较大，认为家庭最主要消费支出是教育支出的被访农民家庭占27.7%；浙江省和陕西省调研村被访农民家庭认为人情往来开支是最主要消费支出的相对较多，占比分别为 9.8% 和 8.3%。

表8-2　被访农民家庭的最主要消费支出

单位：%

	日常生活开支	教育支出	看病就医	人情往来	彩礼支出	购买家具家电	购买私家车	城市购房（及装修）	村内房屋翻建（及装修）	其他	缺失、漏填
总　体	36.9	21.2	18.4	5.1	0.4	0.2	1.1	6.1	5.5	3.2	1.9
河北省	22.1	28.9	31.7	1.0	0	0	1.0	6.7	3.9	4.8	0
陕西省	49.1	16.7	18.5	8.3	0	0	0	0.9	4.6	1.9	0
湖南省	34.7	27.7	9.9	5.0	1.0	1.0	0	5.9	7.9	0	5.9
山东省	40.8	19.4	14.6	1.0	1.0	0	2.9	6.8	1.9	9.7	1.9
浙江省	37.5	14.3	17.0	9.8	0	0	0.9	9.8	8.9	0	1.8

考察负债状况，有助于进一步分析农民家庭的大宗开支所在。调研结果显示，共有161个被访农民家庭存在负债情况，占被访农民家庭总数的30.4%。村内房屋翻建（及装修）（23.6%）、城市购房（及装修）（19.9%）和看病就医（19.3%）是较为主要的负债原因。一些被访农民家庭也陈述了其他原因，如由于建大棚、做生意、搞养殖业、扩大经营等产业发展和经营原因而需要临时周转，存在这些情况的被访农民家庭约占负债家庭总数的10.0%。可见，住房、医疗和产业经营构成被访农民家庭负债的主因。

（二）农民家庭设施、设备或物品拥有情况

从前文分析可知，随着农民生活水平的提高和城市化进程的加速，在城市购房（及装修）已成为一部分农民家庭的大项支出，购买家具家电已不构成他们的最主要花销，但家庭物质资产的购置与设备设施的持有仍可以反映农民家庭的生活质量。图8-1显示，在被访农民家庭中，冰箱和洗衣机的普及率均已超过90.0%，热水器（太阳能、电、燃气）的普及率达到86.2%，这说明基础性的家用电器消费品已在调研地区普及，农民的基本生活质量得到保障。

在网络通信方面，自2015年中国推进电信普遍服务建设工作以来，农村的通信基础设施水平显著提升，信息"大动脉"逐步打通。随着"村村通宽带"工作的不断升级，5个调研地区被访农民家庭宽带网络普及率达到76.1%，农民智能手机的使用率为76.4%。可见，农民家庭获取信息的渠道

大幅拓宽，城乡之间的"数字鸿沟"有所弥合。

同时，超过 2 成的被访农民家庭出于子女教育、子女婚姻、医疗条件、就业机会等方面的考虑，在城镇购买商品房（21.6%）。被访农民家庭的私家车拥有率达到 44.5%，老年代步车拥有率为 13.8%，电脑（含平板电脑）拥有率为 37.3%，表明私家车和电脑（含平板电脑）已经不再是奢侈品，农民家庭整体生活水平已经有较大提升。

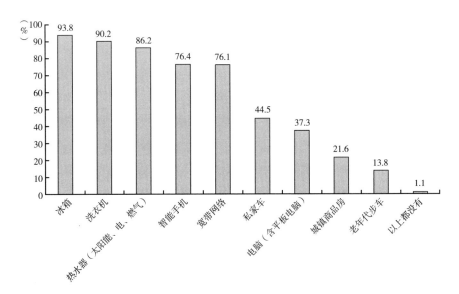

图 8-1　被访农民家庭设施、设备或物品拥有情况

从表 8-3 可以看出，浙江省和湖南省的被访农民家庭在城镇商品房、私家车、电脑（含平板电脑）上的拥有率明显高于其他 3 省，超过 3 成的被访农民家庭在城镇购房，半数以上的被访农民家庭拥有私家车，买电脑（含平板电脑）的被访农民家庭占 40.0% 以上。另外，湖南省被访农民家庭三种家用电器设备的拥有率高于其他 4 省。

（三）对自家经济条件的评价和对家庭收入的预期

虽然前文从客观层面描述了被访农民家庭生计，以及家庭设施、设备或物品拥有情况，但还不足以呈现农民家庭生活水平的全貌。为充分把握农民视角的生活富裕，还需从农民对自家经济条件的评价和对家庭收入的预期入手，考察主观层面的状况。

表 8-3　调研 5 省被访农民家庭设施、设备或物品拥有情况

单位：%

省　份	重要固定资产			家用电器设备			网络通信设备		
	城镇商品房	私家车	老年代步车	热水器（太阳能、电、燃气）	洗衣机	冰箱	宽带网络	电脑（含平板电脑）	智能手机
河北省	13.5	43.3	1.9	81.7	90.4	95.2	73.1	35.6	86.5
陕西省	7.4	25.0	21.3	86.1	96.3	91.7	75.0	28.7	75.0
湖南省	30.7	56.4	14.9	92.1	97.0	99.0	82.2	45.5	83.2
山东省	22.3	44.7	10.7	85.4	81.6	92.2	73.8	36.9	74.0
浙江省	33.9	53.6	19.6	85.7	85.7	91.1	76.8	40.2	64.3

　　从农民自我评价的结果可知，接近一半（48.1%）的被访农民认为自家经济条件在本村处于中间水平，约 1/4（23.3%）的被访农民认为自家经济条件在本村处于中低水平，仅有 1.0% 的被访农民认为自家经济条件在本村算得上高水平，另有 11.6% 的被访农民自认处于中上水平，16.1% 的被访农民自认处于低水平。究其原因：其一，从家庭生计方面考虑，中国仍有相当一部分农民以农业经营收入为主要经济来源，易受自然灾害和市场价格影响，收入相对较低；作为农民家庭收入的另一个主要来源，务工收入具有季节性和波动性；就医、教育、人情等开支负担，也使农民在评价自家经济条件时持相对保守的态度。其二，被访农民家庭中有 14.9% 属于原贫困户，虽然已经实现全面脱贫，但有的家庭由于家中有重病病人、伤残人员等情况而仍处于相对贫困的状态。这些家庭对自身经济状况的评价往往较低，其中认为处于本村低水平的占 38.0%、中低水平的占 26.6%。其三，一些农民会与他人进行比较，认为自家经济条件与"真正的富裕"相比仍存在一定差距。例如，有农民指出，本村富裕户都进城买房、送孩子进城读书等。又如，有农民认为，"我还没有车，不能说是富裕"。还有一些农民希望"藏富"、避免"显富"，即便觉得自家经济状况较好，也不愿意选择"高水平"，而是倾向于回答"中间水平"或"中上水平"。

　　在农民对家庭收入的预期方面，仅有 25.4% 的被访农民认为未来三至五年家庭收入会继续增长；约 1/3 的被访农民觉得会保持稳定；26.0% 的被访

农民认为不稳定，难以判断收入的变化趋势；15.0%的被访农民认为会有所减少。总体而言，被访农民对未来家庭收入的预期较低（见表8-4）。

表8-4　被访农民对未来三至五年家庭收入的预期（选择此项的农民占比）

单位：%

		会继续增长	会保持稳定	不稳定，难以预判	会有所减少
总　体		25.4	33.7	26.0	15.0
地区	河北省	18.3	42.3	25.0	14.4
	陕西省	23.2	25.0	39.8	12.0
	湖南省	31.7	30.7	22.8	14.9
	山东省	18.5	43.7	21.4	16.5
	浙江省	34.8	27.7	20.5	17.0
年龄	40 岁以下	42.9	23.8	25.4	7.9
	40(含)—50 岁	34.0	31.1	28.2	6.8
	50(含)—60 岁	21.9	28.5	30.5	19.2
	60(含)—70 岁	15.8	42.5	21.3	20.5
	70 岁及以上	22.6	40.5	22.6	14.3
职业	纯务农	19.2	36.4	25.3	19.2
	兼业	23.4	31.8	28.6	16.2
	非农工作	41.7	29.8	21.4	7.1
	只做家务	23.5	29.4	35.3	11.8
原贫困户	是	19.0	24.1	41.8	15.2
	否	26.5	35.4	23.2	14.9
重点村	是	30.7	35.4	22.6	11.3
	否	21.8	32.6	28.2	17.4

从不同调研地区的情况来看，山东省和河北省调研村预期家庭收入保持稳定的被访农民占比最高（分别是43.7%和42.3%），而预期家庭收入会继续增长的被访农民占比都相对较低（分别是18.5%和18.3%）。从两省被访农民家庭收入来源的情况（见表8-1）来看，山东省被访农民主要依靠在本地的各类收入，最主要的经济来源是本地农业经营；河北省被访农民以外出务工收入为主，本地非农就业和务工机会较少，留守和返乡的农民主要从事农业经营且收入较低。可见，收入来源单一会对农民收入预期造成一定影响，农民会因此认为未来收入不会有太大变化，也不太可能变得更加富裕。陕西省被访农民对外出务工和本地农业经营的依赖程度较高（见表8-1），

有接近 4 成的被访农民无法判断未来收入的走向。浙江省调研村对家庭收入持乐观预期的被访农民占比最高（34.8%），但认为家庭收入会减少的被访农民占比在调研地区中也最高（17.0%）。浙江省被访农民家庭收入的最主要来源是务工，在外经营经商的也相对较多，最不需依赖农业经营来维持生计。对比其他 4 省，浙江省农民家庭更多受到市场环境的影响，体现在收入预期上，则是预期增收的占比高，预期减收的占比也高。与浙江省相似，湖南省被访农民的收入来源结构也有"重务工、轻务农"的特点，但没有浙江省明显。在收入预期方面，湖南省调研村觉得收入会增加的被访农民占比也较高（31.7%），认为收入会保持稳定的被访农民占比也超过 30.0%。

表 8-4 还呈现了其他因素对农民收入预期的影响。从年龄上看，预期收入增加的被访农民集中于 40 岁以下，60（含）—70 岁和 70 岁及以上的被访农民有较高的比例认为收入会保持稳定。还需注意到，50（含）—60 岁和 60（含）—70 岁两个年龄段中有不少农民认为未来收入会有所减少。这是由于随着年龄的增长，面向这一年龄群体的务工机会逐渐减少，由他们挣钱养家的可能性不断下降，这影响了他们对收入的预期。从职业来看，纯务农和兼业让农民很难相信未来收入会增加，非农工作往往会使农民对收入有更积极的预期。此外，原贫困户和非重点村的农民对收入增加的预期相对较低。

总结而言，当前全面建成小康社会的成果显著，农民生活得到明显改善，但仍存在诸多不稳定因素，反映出农民家庭生计的脆弱性。在家庭收入方面，农民倚重农业经营和在外务工，收入来源的多样化程度有限；农业经营收入较低，农业和农村所能提供的收入机会较少，同时仍有一些农民家庭主要依靠社会保障，缺乏长期、稳定的经济来源。在家庭支出方面，教育、医疗、住房、人情方面的开支较大，给农民家庭带来较大负担。上述结构性困境造成农民对自身家庭经济状况的评价不高，对未来家庭收入的预期也不高。尤其是，部分原贫困户存在返贫风险，与生活富裕目标仍有距离。

三　农民对村庄公共设施和服务的评价、需求与期待

乡村振兴的"根基"在于基础设施和公共服务，关乎生活富裕的成色

（夏英、王海英，2021）。随着统筹城乡发展战略的深入，农村基本公共服务逐渐向城乡一体化供给格局转变，但目前农村与城市的差距仍然较大，存在总量不足、结构失衡、质量较差、效率低下等问题（马志敏、吴朝阳，2013；徐艺宁、潘伟光，2021）。那么，农民对基本公共服务的现状如何评价，农民最迫切的需求集中在哪些方面？本研究试图从农民的感受和表达出发，分析农民对村庄公共设施和服务的评价、需求与期待。

（一）对村庄公共设施和服务的评价

被访农民对村庄不同公共设施和服务的评价存在差别（见表8-5）。首先，农民对居住环境的满意率最高，近9成的被访农民对村庄的居住环境感到满意；其次，农民对网络通信和便民服务的满意率均超过85.0%；再次，农民对防灾救灾、交通和物流的评价也较高，均有75.0%以上的被访农民感到满意。

不满意率由高到低进行排序，前六位依次是农村教育（31.3%）、医疗卫生（29.0%）、就业（28.3%）、养老（服务）（25.7%）、自来水（25.3%）和交通（21.3%）。结合对被访农民家庭支出的分析，教育和医疗构成农民家庭生计主要负担的重要原因在于，农村社区内相关设施、机构缺位或质量堪忧，在需求无法得到满足的情况下，农民不得不去乡镇甚至县城寻求更好的服务，这带来较大的开销和不便。例如，山东省调研地一位兼业运输的农民，坚持让孩子在县城上学，因为"成绩就是比在镇里的好，基本上多20分"，为此他每年需多支出3万元教育费用。医疗方面，河北省某调研村一位60岁女性村民的表述很具代表性："看病非常不容易，村里的医疗站和乡里的卫生院医疗水平有限，稍微大点的病就要去县医院，去了就要住院，做各种检查，得花很多钱。"

结合对被访农民家庭收入的分析，社区内就业信息不畅、渠道阻塞、服务缺失也让农民感到失望，阻碍了农民本地收入形式的多样化和收入水平的提升，他们只得背井离乡外出务工，或留守村里种地为生。例如，河北省某调研村一位返乡农民工，因附近大城市建筑工地不再接收60岁及以上劳动力而滞留家中种地，始终无法找到合适的本地就业机会。他希望，"无论是服装加工厂，还是木材加工厂，本地有的话，至少能让人进去打工挣点钱"。

同时，中国人口老龄化的程度持续加深，这一深刻变化对农村的影响远超城市①，而目前农村养老服务，无论是供给总量还是供给质量，都无法满足农村老年人口日益增长的需求，对农村基本公共服务提出严峻挑战。例如，浙江省某调研村一位务农村民提出，"老了烧不动饭，社区互助养老让我去吃口饭就好"。

表 8-5　被访农民对村庄公共设施和服务的评价

单位：%

	满意	不满意	不适用
交通	77.4	21.3	1.3
自来水	68.3	25.3	6.5
燃料改造(煤改气、煤改电、清洁煤使用等)	65.3	15.4	19.2
居住环境	88.2	9.9	1.9
农村教育	56.2	31.3	12.5
医疗卫生	66.6	29.0	4.4
养老(服务)	57.2	25.7	17.1
就业(信息、渠道、服务)	55.7	28.3	16.0
物流	76.9	15.9	7.2
网络通信	86.7	6.1	7.2
便民服务(商店、取款等)	85.2	10.3	4.6
防灾救灾	78.1	10.0	11.9

为探讨地区差异，本研究对调研 5 省被访农民最满意和最不满意的三类公共设施和服务进行排序（见表 8-6），发现各调研省被访农民最满意的类别与 5 省被访农民总体情况基本一致，而最不满意的类别各省之间存在差别。

湖南省调研村被访农民最不满意自来水（51.5%），其次是交通（46.5%）。调研村受山地丘陵地形和居住形式分散限制，不具备铺设自来水管网的条件，自来水入户率低（20.0%以下）。调研村农户生活用水依靠水井，虽然相较于自来水经济实惠，但村民普遍反映井水水质差、不宜饮用，

---

① 截至 2020 年，中国城市人口中 65 岁及以上老年人口占比为 10.8%，乡村人口中 65 岁及以上老年人口占比为 17.7%。相较于城市，农村人口的老龄化情况更为严重（国家统计局，2021：33、55）。

表 8-6　调研 5 省被访农民对村庄公共设施和服务满意度的排序

单位：%

省　份	最满意的三类公共设施和服务 （满意人数占该省样本的比例）	最不满意的三类公共设施和服务 （不满意人数占该省样本的比例）
河北省	网络通信（93.0） 居住环境（89.2） 防灾救灾（80.0）	就业（47.5） 农村教育（36.3） 养老（服务）（35.6）
陕西省	便民服务（93.5） 防灾救灾（90.3） 燃料改造（88.8）	医疗卫生（27.8） 农村教育（26.9） 就业（25.0）
湖南省	网络通信（87.1） 居住环境（83.2） 便民服务（76.2）	自来水（51.5） 交通（46.5） 医疗卫生（45.5）
山东省	居住环境（95.2） 便民服务（94.2） 交通（87.5）	农村教育（24.0） 燃料改造（21.2） 医疗卫生（18.3）
浙江省	居住环境（88.4） 便民服务（84.8） 自来水（83.9）、网络通信（83.9）	农村教育（31.3） 就业（24.1） 养老（服务）（22.3）

他们"希望能喝上干净的饮用水"。交通方面，由于资金缺乏，湖南省某调研村道路狭窄、硬化率较低，入村道路不够便利，引发村民普遍不满。

　　河北省调研村被访农民对本村就业相关服务最不满意，不满意率达47.5%。这是由于城市的建筑业经营实体不再雇用 60 岁及以上的劳动力，老一代农民工只能返回农村，但农村合适的工作岗位较少、工资过低，与在外务工的收入落差较大。就业岗位的缺乏产生一系列影响，既制约了农民家庭的收入，也加剧了农村养老难的困境。一方面，本村能够提供的岗位无法满足农民家庭开支，老年群体依靠自身劳动获得的收入微薄，他们对未来的养老问题深感忧虑；另一方面，缺少就业机会导致外出打工的人缺乏返乡意愿，留守乡村的一部分农民也会因"家乡没有发展前途，回来没有发展空间"而不期待在外的家人返乡，这也导致老年群体面临缺乏家人赡养和照料的困难。

（二）对村庄公共设施和服务的需求

农民对"最关心的村庄公共设施和服务"的回应，可以反映出他们在生活中最亟待满足的需求（见图8-2）。首先是医疗卫生（27.3%），随后是交通（18.8%）、农村教育（16.1%）、养老（服务）（15.2%）、自来水（13.3%），这几项与农民最不满意的村庄公共设施和服务类别排序一致。这些类别或是与农民生产生活密切相关的基础设施（道路、自来水），或是与农民家庭生计紧密相连、体现社会保障和社会福利综合水平的公共服务（教育、医疗、养老），深刻影响着农民对生活富裕的感知。

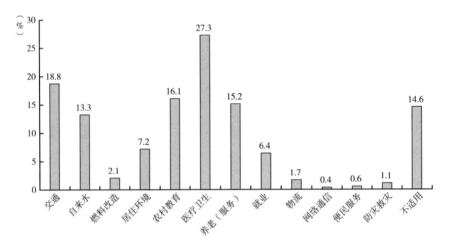

图8-2　被访农民最关心的村庄公共设施和服务（选择此项的农民比例）

此外，14.6%的被访农民属于"不适用"类别，基本包含两种情况。其一，被访农民因"说不清""没想好""不知道"而未作答。这类农民一般年龄偏大或文化程度较低，他们并非对公共服务没有需求，而是无法准确表述自身需求。其二，被访农民最关注的内容在选项之外，难以归类。例如，浙江省某调研村村民以茶叶种植和特色鱼养殖为主，周边山中的茶田经常遭到野生动物滋扰，特色鱼则病害频仍，正常年份病死率达30%—40%。农民对农业技术、农业保险等社会化服务存在需求，而这些需求在选项之外。

对于本研究考察的十二类村庄公共设施和服务，调研5省被访农民的需求不尽相同。湖南省调研村被访农民高度关心医疗卫生（36.6%）、交通

（33.7%）和自来水（32.7%）。将医疗卫生排在首位的，还有山东省被访农民（28.2%）、河北省被访农民（27.9%）和浙江省被访农民（21.4%），3省被访农民次要关心的则有所不同，山东省被访农民关心养老（服务）（27.2%），河北省被访农民关心农村教育（24.0%），浙江省被访农民则关心居住环境（11.6%）。陕西省被访农民最关心交通问题（25.0%），其次是医疗卫生（23.2%）。相较于其他4省，浙江省调研村经济发展状况较好，被访农民关心的村庄公共设施和服务的类别相对分散（见图8-3）。

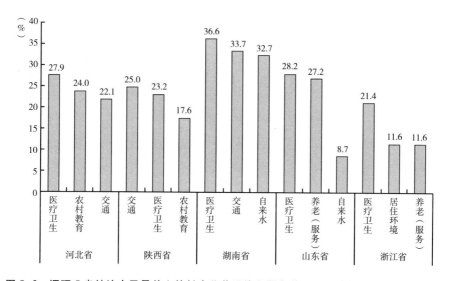

图 8-3 调研 5 省被访农民最关心的村庄公共设施和服务前三项（选择此项的农民占比）

（三）农民对村庄公共设施和服务的期待

针对本村公共设施和服务现状，农民主要有以下五方面期待。

1. 期待改善农村教育环境，降低教育收费

农民充分重视教育，认为只有教育环境改善，才能培育人才，激发村庄的发展潜力。其一，希望保护和支持乡村小学建设。撤点并校后，一些村庄不再设置学校，部分村民希望保留村小，他们希望"不要撤并太多"，否则"孩子们读书不方便"。其二，希望改善村庄的基础教育条件，加大对农村教育的投入，提高师资素质和水平。仍保留学校的村庄，面临基础设施落后、教学资源薄弱、师资质量较差、教育设施不完备等问题。其三，希望降低学费。农民反映，教育负担沉重，学费太高，尤其是私立学校、补习班、培训班、幼儿园费用昂贵。

2. 期待降低医疗保险费用，提高医疗报销比例，改善村级镇级医疗条件

首先，农民反映医保费用难以承受，对农民家庭构成负担，希望降低医保费用。其次，农民期待扩大医保报销覆盖范围、提升报销比例，向大病倾斜，解决报销难的问题，促进城乡医疗保障体系统一。例如，山东省某调研村一位纯务农的女性村民，身患糖尿病和白内障，治病报销比例较低，希望解决看病难、看病贵的问题。针对就近看病不便的现状，农民希望加大对乡村医疗资源的投入和补贴，增加村级卫生室和乡镇卫生院的医疗设备、药品储备，提升医疗人员水平。

3. 期待提高社会保障性质的养老补助，加强多种类型的社区公共养老服务

农民反映，绝大多数农村老年人没有退休金，养老补助无法维持基本生活需要，也难以应对生活中的突发情况，希望老年人获得更多养老保障和补助。除了家庭养老，农民还寄希望于社区公共养老服务，希望由村庄为农民养老提供支持。其一，建立公益性质的集中养老机构。农民反映养老院费用较高，希望村庄修建集中养老设施，降低收费。其二，搭建社区养老服务平台，提供多种形式的养老服务，如提供老年食堂、老人餐桌，提供生活照料的钟点工、上门服务和日间照料中心，建设满足日常活动需求的老年活动室，等等。其三，提升养老服务的公平性。农民反映，城乡养老待遇差距大，在村庄内部对五保户和普通户的关注也存在差别，普通村民只能依靠子女养老。

4. 期待村庄招商引资，增加就业岗位，提供就业信息

在就业岗位方面，由于存在城乡用工差异、城乡社会保障差异等结构性因素，农民工返乡后难以找到本地非农就业机会。农民希望村庄通过引进企业、开办工厂、振兴产业，提供更多的工作岗位，解决本地就业问题。在就业服务方面，就业渠道有限、就业信息不畅是农民反映的主要问题。农民希望通过多种形式获知就业信息，期待村庄集中、公开、及时发布招聘信息，并组织技能培训。

5. 期待村庄基础设施补齐短板、提档升级

针对交通，农民期待拓宽、平整、硬化入村道路和村内道路，修整和清理通向家户的小路，增加公共交通频次，强化对车辆的管理。针对用水，农民期待接通自来水，提升水质，降低水费，解决水污染问题。针对燃料改造，农民期待有统一的天然气管道入户，并希望天然气收费不要过高。

总结而言，生活富裕不仅关涉农民家庭生计的稳定和改善，还涉及社区层面基本公共服务的达标和提升。当被问及对当前生活状态的总体评价时，66.0%的被访农民持相对满意的态度，而认为"一般"、"不太满意"或"很不满意"的被访农民，或因孩子上学费用高而倍感压力，或因医疗条件差、看病花销大、养老金太低而深感苦恼，或因无处就业、工作不稳定、与大城市落差大而感到不满，生活满意度和幸福感较低。可见，虽然农民家庭的生活水平已有看得见的提高，但依然面临农村教育资源和医疗资源上移、就业服务普遍缺失、基础设施建设存在严重短板等问题。这些是影响农民生活富裕感受的重要因素，也是城乡差距的关键所在。

四　结论与建议

生活富裕是"以人为本"的乡村振兴战略的评价标准，是使农民成为乡村振兴真正受益者的最终体现。调研发现，农民理解的生活富裕，既包括个体和家庭在物质生活上的富足，也包括基本公共服务带来的安全感和幸福感。

从家庭生计来看，当前农民生活水平已有明显提升，家庭物质资产和设备条件获得改善，但农民家庭生计仍具有脆弱性。农民家庭主要依靠本地务农和在外务工维持生计。在本地非农就业机会有限的情况下，他们只能通过改善农业生产或继续外出打工来增加收入，收入渠道相对狭窄，且受制于自然环境、市场波动和城乡结构性差异等因素，收入存在不确定性和不稳定性。反观支出，除了维持日常生活，子女教育和看病就医是农民家庭最主要的经济负担，人情往来的花费也构成一定的压力。此外，住房、医疗和产业经营还可能会给农民家庭带来债务风险。这些情况影响了农民生活富裕目标的实现。农民对收入提升的预期较低，对自身家庭经济状况的评价不高。

从基本公共服务来看，农村基本公共服务供给现状难以满足农民需求。农民需求最为强烈的基本公共服务，主要是与家庭生产生活密切相关的基础设施（交通、自来水）和社会公共服务（教育、医疗、养老、就业）。目前，部分省份农村的交通和自来水问题，成为农民生活水平提升的最主要短板，并带来产业发展、村庄治理方面的一系列问题，引发农民不满。教育和医疗卫生支出成为农民家庭的沉重负担，则缘于乡村基本公共服务供给与城市之间存在巨大差距，机构缺位、资源缺乏、人员缺失、质量低下是其最主要的表现。随着农村老龄化程度的加深，农民养老问题愈发突出。由于就业机会的缺乏和就业信息渠道的阻塞，农民若留在村庄则会面临家庭生计困境，因此人口外流的趋势并未改变。基本公共服务的缺位，深刻影响着农民生活富裕目标的实现。

基于上述分析，本研究提出以下建议。

第一，筑牢乡村产业发展基础，促进农民收入来源多元化。因地制宜推动乡村产业发展，大力发展特色农业、农产品加工业、非农产业等。通过政策补贴和技术支持，为农业产业发展提供助力，强化农技推广服务体系建设，减少自然灾害和技术缺失带来的农业经营损失。引入社会投资，促进乡村其他产业发展，补齐乡村产业的资金短板，为农民提供多种类型的本地就业机会，拓宽农民家庭的收入渠道。

第二，将农民作为就业政策的优先扶持重点，建立全方位的就业服务体系。加强对农民的职业技能培训，提高农民就业技能；促进乡镇和村庄层面招聘、就业信息的公开和流通；促进乡村产业发展，为农民提供多种形式的就业机会，为返乡农民工就业创业搭建平台。

第三，强化农村基本公共服务供给，改善教育、医疗、养老服务，减轻农民负担。推动城乡义务教育一体化发展，加强乡村教学资源配置和师资力量培养；完善统一的城乡居民基本医疗保险制度和大病保险制度，提高医疗保险报销比例；完善农村居民基本养老保险制度，加大社会事业在农村地区的覆盖面和实施力度。

9

不同地区农民视角的乡村振兴

2021 年，我国东部地区生产总值 592202 亿元，是中部地区的 2.4 倍、西部地区的 2.5 倍、东北地区的 10.6 倍[①]。在中西部地区巩固拓展脱贫攻坚成果并努力实现其同乡村振兴的有效衔接时，东部部分发达地区已经开始探索推进高质量发展、建设共同富裕示范区的行动。因此，不同地区乡村振兴的基础是不同的，践行乡村振兴的模式和行动也具有差异性。正是这些差异性，导致不同地区农民对乡村振兴的理解和需求不同。在乡村振兴过程中，我们需要充分尊重这些具有差异性的基础和需求，重视不同地区乡村发展的历史延续性和乡村社会存续的基础，而不是按照一定的标准进行"格式化"建设，导致乡村多样化特质被单一的标准或模式取代。

一　不同地区农民对乡村振兴的认知

（一）对乡村振兴的了解

调研结果显示，对于是否听说过乡村振兴或乡村振兴战略，陕西省、山东省调研村和河北省调研村分别有 69.4%、69.2%、68.3% 的被访农民听说过，占比较高；浙江省调研村有 57.1% 的被访农民听说过，而湖南省调研村仅有 51.5% 的被访农民听说过，占比最低。相较于浙江省、湖南省调研村，陕西省、山东省和河北省调研村的被访农民更加关心政府关于"三农"的

---

① 国家统计局：《中华人民共和国 2021 年国民经济和社会发展统计公报》，中国政府网，2022 年 2 月 28 日，http://www.gov.cn/xinwen/2022-02/28/content_5676015.htm，最后访问日期：2022 年 6 月 16 日。

举措。

从获知途径来看，电视仍是各调研地被访农民获知乡村振兴信息的最主要载体，选择此项的农民比例为59.9%。相比其他调研地区，山东省调研村被访农民通过电视获知乡村振兴信息的比例最高，达76.4%（见图9-1）。在调研5省中，山东省调研村被访农民的老龄化程度最高，平均年龄为60.8岁，他们更加倚重传统的信息获取方式。

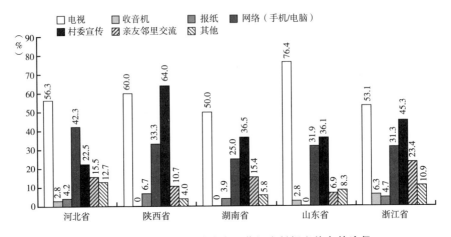

图9-1　不同调研地区被访农民获知乡村振兴信息的途径

相比其他调研地区，浙江省调研村被访农民通过亲友邻里交流获知乡村振兴信息的比例最高，达23.4%。主要原因在于，浙江省调研村被访农民有外出务工经历的比例最高（73.2%），非正式的亲友邻里交流成为他们获知乡村振兴信息的重要方式。相比其他调研地区，陕西省调研村被访农民通过村委宣传获知乡村振兴信息的比例最高，达64.0%，这也是陕西省调研村被访农民获知乡村振兴信息的最主要途径。在实践中，为了宣传国家政策，陕西省地方政府培养培训村干部，将乡村振兴的政策和理念传递给他们，再由他们通过村民大会或村党员会议等形式传递给村民，由此形成了良性的政策宣传模式。某调研乡乡长说："我们这里的主要办法就是开会，通过开会，推动乡村建设，也通过开会，教育农民。"这主要得益于脱贫攻坚时期形成的工作机制为地方政府开展乡村振兴相关行动提供了便利。村委会的作用和权威也在这一过程中得到强化，村民对村委会在乡村发展中的作用更为看重和依赖。

（二）对乡村振兴的理解

对于"什么是乡村振兴"，被访农民有主体导向、措施导向、目标导向和实践导向等不同角度的理解。而不同地区的被访农民，普遍会基于村庄发展现状和对村庄发展的期许，将乡村振兴具体化为各自村庄有待完善或提升的事项。对该题的回答分调研省进行关键词词频统计发现，他们对乡村振兴的理解有共同的地方，也有不同的侧重点。

河北省调研村被访农民对乡村振兴的理解侧重于"改善生活""修路""发展乡村产业"。河北省调研村人多地少且易受自然灾害影响，二、三产业发展基础相对薄弱，农民务农收益较低，大量年轻农民外出务工，村庄的空心化、老龄化和土地撂荒等现象明显，村庄基础设施不完善。其中一个调研村还存在进村交通和村内道路不畅的情况。农民则面临家庭养老、教育、医疗等社会问题。因此，改善基础设施和生活条件、发展乡村产业成为河北省调研村被访农民对乡村振兴的期望。

陕西省调研村被访农民对乡村振兴的理解侧重于"发展乡村产业""完善基础设施""乡村环境整治"。陕西省调研县因地制宜地发展了茶叶、生态猪、中药材、富硒粮油等特色产业，但是农民处于产业链的上游，主要承担种植或养殖工作，负责原材料的供给，获益较少。因此，实现集约化和产业化经营成为陕西省调研村被访农民迫切的愿望。同时，因为陕西省调研村存在易地扶贫搬迁的情况，被访农民对水、电、道路、通信、网络等生活设施和公共服务有着迫切的需求。

湖南省调研村被访农民对乡村振兴的理解是"发展乡村产业""修路""乡村环境整治"。作为国家重要的粮食产区，耕地红线对湖南省调研县农村二、三产业的发展限制较大。尽管调研县政府对农机、种子、生产基地等进行了政策补贴，以最大程度地保障粮食安全，但是当地以粮食生产为主的农业生产依然面临劳动力短缺和老龄化的问题。而湖南省调研村被访农民则希望通过发展乡村产业，探索农业发展的多种模式，如休闲农业等，实现农业的多功能价值和农民的持续增收。同时，因为该调研县各村道路硬化工程尚未普及，已经硬化的道路缺少维护，所以改善交通条件、实现道路硬化也成为湖南省调研村被访农民对乡村振兴的愿望。

山东省调研村被访农民对乡村振兴的理解侧重于"农民富起来""发

展农村经济""年轻人返乡"。对于山东省调研村被访农民而言，外出务工是增加家庭收入的重要途径。当地土地利用率和收益较低，存在摞荒现象。农民希望通过乡村振兴，发展村庄经济，实现生活富裕，也希望通过乡村振兴，吸引青年返乡就业或创业，激发乡村活力，推动乡村发展。

浙江省调研村被访农民对乡村振兴的理解是"发展乡村产业""村干部能力提升""乡村环境整治"。虽然浙江省调研县"九山半水半分田"，但是在农业产业精品化、精致型发展的基础上，该县通过盘活土地，逐渐发展起茶叶、油茶、特色鱼、中蜂和中药材等产业。目前，该调研县农村产业的发展方向是产业集聚，通过引进产业平台、产业主体、产业资源，形成产业基地，带动农户发展。产业的集聚发展需要充分发挥村干部的作用，村干部需要承担组织者和推动者的角色，发挥带领群众致富和招商引资的功能。因此，村干部能力提升也成为浙江省调研村被访农民对乡村振兴的期望。

二 不同地区农民视角的产业兴旺

（一）产业兴旺的现状

1. 家庭经营土地面积

从土地面积来看，陕西省调研村被访农民家庭人均经营土地最多，为4.5亩；其次是山东省、河北省和湖南省调研村被访农民家庭，分别为2.0亩、1.6亩和1.0亩；最后是浙江省调研村被访农民家庭，仅为0.6亩。家庭承包土地是农民耕种土地的主要来源，特别是河北省调研村，承包土地占家庭耕种土地的94.1%。相较其他调研地区，浙江省和陕西省调研村土地流转最为普遍，浙江省调研村15.4%的被访农民、陕西省调研村13.9%的被访农民所耕种土地来自流转。

从土地种植结构来看，山东省、河北省和湖南省调研村被访农民家庭以粮食种植为主，人均粮食种植面积分别为3.3亩、2.9亩和2.4亩，且7成以上被访农民表示近三年粮食种植面积基本不变；陕西省和浙江省调研村被访农民家庭以非粮食种植为主，人均非粮食种植面积分别为2.8亩和2.1亩，且分别有35.2%和34.5%的被访农民表示近三年粮食种植面积明显减少。对于粮食种植计划，陕西省调研村16.5%的被访农民、山东省调研村

14.0% 的被访农民、河北省调研村 13.0% 的被访农民、湖南省调研村 11.1% 的被访农民、浙江省调研村 9.5% 的被访农民表示未来三年将缩小粮食种植面积。劳动力老龄化和粮食作物经济收益低等原因，正在挫伤农民种粮的积极性。

2. 农业生产劳动力构成

从农业生产劳动力构成来看，家庭劳动力是目前中国农业生产的最主要劳动力，占被访农民家庭农业生产劳动力总数的 9 成以上。除家庭劳动力外，在粮食种植大省山东省和湖南省的调研村，农业社会化服务者开始参与农业生产劳动，占被访农民家庭农业生产劳动力总数的比例分别为 7.0% 和 11.1%；在就近务工比较普遍的河北省调研村，邻里、亲戚等帮工依然是农业生产劳动的重要支撑力量；在土地流转较多和大户经营模式下的陕西省调研村，雇工成为农业生产劳动的新兴力量（见表 9-1）。

表 9-1　不同调研地区被访农民家庭农业生产劳动力构成

单位：%

		河北省	陕西省	湖南省	山东省	浙江省
		96.7	93.4	94.4	97.7	97.6
家庭劳动力	40 岁以下男性	3.4	1.2	1.5	3.6	1.2
	40 岁以下女性	7.9	5.9	1.5	1.2	0
	40（含）—60 岁男性	23.6	34.1	41.2	32.1	17.1
	40（含）—60 岁女性	31.5	32.9	42.7	29.8	22.0
	60（含）—70 岁男性	24.7	24.7	30.9	32.1	25.6
	60（含）—70 岁女性	21.4	25.9	22.1	20.2	31.7
	70 岁及以上男性	15.7	11.8	4.4	23.8	25.6
	70 岁及以上女性	6.7	7.1	2.9	11.9	14.6
雇工		3.3	13.2	6.9	4.7	1.2
邻里、亲戚等帮工		7.6	1.1	2.8	3.5	0
农业社会化服务者		0	0	11.1	7.0	0
其他		0	1.1	0	1.2	1.2

从完成家庭农业生产的主要劳动力年龄和性别结构看，各调研省被访农民家庭中农业生产主要由 40 岁以下家庭劳动力完成的比例都很低，更多主要由 40—70 岁的中老年农民完成。河北省调研村被访农民家庭的农业生产

主要由 40 （含） —60 岁女性和 60 （含） —70 岁男性完成；陕西省调研村被访农民家庭的农业生产主要由 40 （含） —60 岁的中年劳动力完成；湖南省调研村被访农民家庭的农业生产主要由 40 （含） —70 岁的家庭劳动力完成，相比其他调研地区，该省调研村农民家庭主要由 70 岁及以上家庭劳动力完成农业生产的情况较少；山东省和浙江省调研村被访农民家庭的农业生产主要由 70 岁及以上老人完成的比例很高，其中浙江省调研村最为突出，即农业老龄化现象最为明显。

3. 农产品去向与销售方式

从农产品去向来看，粮食和非粮食农产品存在较大的差异。从粮食的去向来看，被访农民生产的大部分粮食用于自家使用，特别是浙江省、陕西省和湖南省调研村，分别有 96.3%、80.9% 和 72.7% 的被访农民生产的粮食全部供自家使用。而在山东省和河北省调研村，仅有 37.0% 和 32.2% 的被访农民生产的粮食全部供自家使用。除此之外，农民会把粮食用于销售，其中山东省调研村 22.2% 的被访农民生产的粮食一半家用、一半销售，河北省调研村 14.9% 的被访农民生产的粮食一半家用、一半销售，19.5% 的被访农民生产的粮食大部分用于销售。可以看出，在具有耕种传统的华北地区，小农户种植粮食的商品化程度比较高。从非粮食农产品的去向来看，调研 5 省非粮食农产品商品化程度差异较大。山东省和陕西省调研村大部分被访农民生产的非粮食农产品全部用于销售，占比分别为 60.6% 和 72.0%；河北省调研村被访农民对于生产的非粮食农产品，45.8% 选择全部家用，29.2% 选择大部分销售，16.7% 选择全部销售；在浙江省和湖南省调研村，大部分被访农民生产的非粮食农产品全部自家使用，占比分别为 63.5% 和 80.5%。主要原因在于，浙江省调研村人均耕地面积较少，种植的非粮食农产品，如中药材和茶叶等，难以形成规模效应；而对于粮食主产区湖南省调研县而言，耕地红线限制了非粮食作物的种植，且非粮食农产品，如油菜花、向日葵和菊花等，多用于观赏和发展乡村旅游产业，用于销售的比例较低。

从农产品销售方式来看，等人上门采购依然是当前被访农民家庭农产品销售的主要方式，7 成以上被访农民家庭农产品销售方式是等人上门采购，特别是浙江省调研村，80.0% 的被访农民家庭主要通过这一形式销售农产品。另外，自己本地销售也是被访农民家庭农产品销售的重要方式，陕西省调研村 34.3% 的被访农民家庭通过这一方式销售农产品。除此之外，湖南省调研村10.0%的被访农民家庭、山东省调研村5.1%的被访农民家庭还会通过约定销售的方式销售农产品。在电商日益普及的背景下，湖南省调研村5.0%的被访农民家庭、山东省调研村3.4%的被访农民家庭利用电商的方式拓宽农产品的销售渠道。

4. 农业生产之外的其他乡村产业

大部分调研地区的被访农民家庭并不从事农业生产之外的其他乡村产业，特别是在工业化、城镇化、市场化发展水平较低的陕西省和河北省调研县，分别有83.3%和76.9%的被访农民家庭并不从事其他乡村产业。与之相比，湖南省、浙江省和山东省调研村乡村产业更为多元，其中湖南省调研村18.8%的被访农民家庭从事建筑业，山东省和浙江省调研村被访农民家庭从事商业或服务业的比例较其他地区调研村高（见表9-2）。在东部地区，区域经济的发展为农村非农产业的发展提供了契机，以城乡融合为主题的茶园、民宿、采摘等新型乡村产业开始出现，促进了农村商业和服务业的发展。

表9-2 不同调研地区被访农民家庭从事其他产业情况

单位：%

	河北省	陕西省	湖南省	山东省	浙江省
工业加工	1.0	0	1.0	1.0	0
农产品加工	1.9	1.9	0	3.9	3.7
手工业	2.9	0.9	3.0	5.8	1.9
建筑业	3.9	0.9	18.8	3.9	3.7
交通运输业	1.9	4.6	2.0	1.9	2.8
商业	8.7	4.6	6.9	9.6	8.3
服务业	5.8	0	5.0	7.7	8.3
其他	1.0	3.7	5.9	0	13.9
没有其他产业	76.9	83.3	61.4	69.2	64.8

（二）对产业兴旺的需求

1. 制约产业兴旺的问题

受资源禀赋和社会经济条件不同等因素的影响，不同地区被访农民面临不同的农业发展问题。对于河北省、陕西省和湖南省被访农民来说，农业生产最主要的制约问题是缺少劳动力。特别是陕西省，选择此项的被访农民比例达 60.2%。对于山东省被访农民来说，农业生产最主要的制约问题是缺少劳动力和自然灾害。自然灾害既包括气候等自然原因所致的灾害，又包括随着一些环境整治措施和野生动物保护政策的实施而出现的新矛盾关系。除此之外，缺少资金也是湖南省被访农民农业发展的重要制约问题，随着土地流转和规模经营的增加，农业生产需要更多雇工、设备、设施等投入，资金的短缺限制了其农业规模化发展的道路。不同于上述 4 省，缺少土地是浙江省被访农民农业生产最大的制约问题，人均 0.6 亩的土地面积难以促进农业生产经营进一步发展（见表 9-3）。

表 9-3 不同调研地区被访农民对制约农业生产主要问题的认知

单位：%

	河北省	陕西省	湖南省	山东省	浙江省
自然灾害	37.8	24.1	23.9	37.3	24.4
缺少土地	23.3	20.5	8.5	8.0	30.5
缺少劳动力	40.0	60.2	42.3	37.3	20.7
缺少资金	15.6	20.5	23.9	13.3	6.1
缺少设备	7.8	1.2	16.9	2.7	3.7
缺少技术	8.9	4.8	19.7	5.3	3.7
基础设施不完善	13.3	0	15.5	17.3	3.7
销售难	3.3	7.2	5.6	6.7	2.4
政策限制	0	1.2	2.8	1.3	6.1
其他	37.8	24.1	23.9	37.3	24.4

2. 产业兴旺的依靠主体

对于"未来中国农业生产主要靠谁"这一问题，河北省调研村认为主要靠专业大户/家庭农场和企业的被访农民比例最高，分别为 33.3% 和 31.1%，他们认为农业生产需要通过土地流转实现规模化经营；陕西省调研村认为主要靠小农户和专业大户/家庭农场的被访农民比例最高，均为 41.0%，他们认为小农户经济作物种植和专业大户/家庭农场的规模化经营可以让农业惠及农民；湖南省调研村认为主要靠专业大户/家庭农场的被访农民比例最高，达 50.7%，他们认为规模化生产经营是农民发展农业的主要途径；山东省调研村认为主要靠合作社的被访农民比例最高，为 32.9%，他们认为应该通过农民合作的形式，应对农业生产的风险并实现农业的产业化；浙江省调研村认为主要靠村集体的被访农民比例最高，为33.3%，他们认为应该通过发展集体经济，带动小农户的多元参与。

对于"乡村产业的发展主要靠谁"这一问题，河北省和湖南省调研村认为主要靠政府和外来企业/外来投资者的被访农民比例最高，河北省调研村分别为49.5%和44.7%，湖南省调研村分别为49.5%和45.5%；山东省和浙江省调研村认为主要靠村干部/村集体和政府的被访农民比例最高，山东省调研村分别为40.4%和39.4%，浙江省调研村均为44.6%；陕西省调研村认为主要靠村民、政府和外来企业/外来投资者的被访农民比例最高，分别为43.5%、44.4%、40.7%，得益于脱贫攻坚和社会动员，该省乡村建设中农民的主体性得到提升，农民充分意识到村民参与乡村产业发展的重要性。可以看出，各调研地被访农民普遍认为乡村产业发展主要靠政府，希望通过政府的产业发展政策，实现产业兴旺的目标。

三　不同地区农民视角的生态宜居

（一）生态宜居的现状

1. 农业生产化学品投入

在农业生产化学品投入上，大部分被访农民近三年在化肥、农药（杀虫剂）和农药（除草剂）的投入量上处于不变的状态（即不同调研地区选择不变的被访农民占比均最高），但是浙江省除外，该省被访农民在农药（杀虫剂）和农药（除草剂）上，选择减少的占比均最高，分别为31.3%和25.0%（见表9-4）。这一方面与浙江省调研村人均耕地面积较少，且农产品相比其他调研村多用于家用有关；另一方面与浙江省重点生态功能示范区定位、国家生态保护区建设和生态农业经济产业引导有关。与浙江省被访农民相比，其他4省特别是河北省、山东省和陕西省被访农民增加化肥、农药（杀虫剂）和农药（除草剂）投入的占比较高，这主要与其农业生产劳动力的老龄化有关，由于无法完全承担农业生产中的耕作、施肥、除草等劳作任务，农业生产劳动力不得不通过加大化肥、农药（杀虫剂）和农药（除草剂）的投入来降低劳动量，从而保障农业产出。

表 9-4　不同调研地区被访农民近三年农业生产化学品投入情况

单位：%

		河北省	陕西省	湖南省	山东省	浙江省	总体
化肥	减少	8.7	10.2	8.9	6.7	30.4	13.2
	不变	39.4	33.3	40.6	42.3	32.1	37.4
	增加	27.9	24.1	14.9	27.9	7.1	20.2
	不清楚	3.9	0	0	2.9	1.8	1.7
	不适用	20.2	32.4	35.6	20.2	28.6	27.4
农药 （杀虫剂）	减少	10.6	9.3	11.9	7.7	31.3	14.4
	不变	33.7	34.3	39.6	43.3	25.9	35.2
	增加	23.1	15.7	9.9	25.0	4.5	15.5
	不清楚	3.9	0	1.0	3.9	0.9	1.9
	不适用	28.9	40.7	37.6	20.2	37.5	33.1
农药 （除草剂）	减少	9.6	4.6	9.9	7.7	25.0	11.5
	不变	35.6	32.4	32.7	35.6	17.9	30.6
	增加	24.0	13.9	12.9	27.9	3.6	16.3
	不清楚	3.9	0	0	4.8	0.9	1.9
	不适用	26.9	49.1	44.6	24.0	52.7	39.7

2. 农村生活污染的处理

对于日常生活垃圾，河北省调研村 82.7%的被访农民、陕西省调研村 80.6%的被访农民和山东省调研村 97.1%的被访农民采用无分类集中处理的方式，而湖南省调研村 48.5%的被访农民和浙江省调研村 71.4%的被访农民将日常生活垃圾分类后再进行集中处理。可以看出，随着生态环保宣传教育的加强和人居环境整治行动的推进，湖南省和浙江省调研村被访农民垃圾分类意识和能力逐渐提高，他们能够自觉接受、支持和参与日常垃圾分类行动，这有助于形成常态化的垃圾治理长效机制。

对于日常生活污水，自家清洁处理和地方统一清洁处理是目前中国农村主要的处理方式。其中，河北省调研村被访农民以自家清洁处理为主，72.1%的被访农民通过自家渗水池的过滤来处理日常生活污水。浙江省和陕西省调研村被访农民以地方统一清洁处理为主，选择这一处理方式的被访农民占比分别为 85.7%和 54.6%。日常生活污水由村镇集中收集，统归市政管网，有效避免了污水对农村环境的影响。与之相比，山东省和湖南省调研村被访农民日常生活污水处理方式较多。其中，山东省调研村被访农民以地方统一清洁处理为主，选择这一处理方式的被访农民占34.6%，但也有28.9%的被访农民采用自家清洁处理的方式，27.9%的被访农民采用随意排放的方式；湖南省调研村被访农民则以自家清洁处理为主，选择这一处理方式的被访农民占41.6%，但是随意排放的占比也较高，达36.6%。

3. 环境改善活动开展情况与农民参与意愿

改善乡村人居环境，建设生态宜居美丽乡村，是乡村振兴的重要内容。为此，全国各地农村开展了一系列整治和改善乡村环境的活动。调研发现，从农民视角来看，不同地区农村开展的相关活动具有较大的差异性。浙江省和陕西省调研村环境整治和改善活动较为全面，不仅注重村庄人居环境整治，还强调生态保护与修复。其中，浙江省调研村60.7%的被访农民认为所在村庄进行了生产废弃物处理；陕西省调研村71.3%的被访农民认为所在村庄进行了生活污水处理，77.8%的被访农民认为进行了环境绿化/村容美化，在调研5省一系列整治和改善乡村环境的活动中选择比例最高。同时，浙江省调研村56.3%的被访农民和陕西省调研村54.6%的被访农民认为所在村庄进行了生态保护与修复，比例明显高于其他3省。与之相比，山东省调研村更偏重人居环境整治，特别是在生活垃圾处理、厕所改造、道路硬化和村庄亮化方面，分别有82.2%、71.3%、84.2%和75.5%的被访农民认为所在村庄开展了相关活动，选择比例在调研5省中最高。河北省和湖南省调研村开展的环境整治和改善活动较为有限，且集中在生活垃圾处理、道路硬化和村庄亮化方面，河北省调研村被访农民选择比例分别为63.7%、65.4%、52.0%，湖南省调研村被访农民选择比例分别为54.5%、51.5%、49.5%，在生产废弃物处理、生活污水处理、厕所改造、环境绿化/村容美化、生态保护与修复等方面，两省认为所在村庄开展相关活动的被访农民占比均未超过50.0%。

从参与改善环境活动的意愿来看，大部分被访农民愿意参与村庄环境改善活动，特别是山东省和陕西省调研村被访农民的参与意愿明显高于其他调研地区。其中，山东省调研村被访农民愿意参与生产废弃物处理、厕所改造、道路硬化、村庄亮化等活动的比例最高，分别为85.0%、85.6%、90.1%和90.0%；陕西省调研村被访农民愿意参与生活垃圾处理、生活污水处理、环境绿化/村容美化、生态保护与修复等活动的比例最高，分别为92.7%、90.5%、94.8%和90.5%。在5省中，湖南省调研村被访农民参与环境改善活动的意愿最低，愿意参与环境绿化/村容美化活动的比例在所有环境改善活动中最高，但也仅为 76.0%，明显低于其他调研地区。

（二）对生态宜居的需求

1. 对村庄环境的评价

大部分被访农民对村庄环境比较满意。67.9% 的被访农民认为所在村庄的生产活动没有带来环境问题，特别是湖南省、山东省和浙江省调研村均有 7 成以上的被访农民认为所在村庄没有环境问题。在认为所在村庄存在环境问题的被访农民眼中，村庄最主要的环境问题是水污染，特别是河北省和浙江省调研村分别有 23.1% 和 20.5% 的被访农民认为所在村庄存在水污染问题。由于水量小、居住分散、供水设施简陋，农村自来水的普及率较低，很多地区特别是偏远山区农民的用水得不到保障，地下水成为农民日常生活用水的主要来源。但是，由于农业生产过量使用化肥农药、禽畜养殖排泄物倾倒、工业生产污染物排入以及农民生活污水排放等，农村水污染增多，以致影响到农民的日常生活。

对于村庄的居住环境，大部分调研省近 6 成的被访农民表示满意，但河北省调研村被访农民的满意率最低，仅为 50.0%。从最不满意的方面来看，山东省和浙江省调研村不满意污水处理的被访农民占比最高，分别为 50.0% 和 55.3%；河北省和湖南省调研村不满意村庄美化、绿化、亮化的被访农民占比最高，分别为 28.9% 和 27.9%；陕西省调研村不满意垃圾处理的被访农民占比最高，为 40.7%。

2. 生态宜居的依靠主体

对于"村庄生态环境治理与改善主要靠谁"这一问题，被访农民普遍认为主要靠村民、村干部和政府。其中，山东省和浙江省调研村认为最主要靠村干部的被访农民比例最高，分别为 68.3% 和 58.0%。村干部不仅需要落实国家的相关政策，还需要发挥带头作用，引领农民积极参与。陕西省、湖南省和河北省调研村认为最主要靠农民的被访农民比例最高，分别为 65.7%、62.4% 和 55.8%。有农民表示，"这不是一个人的事，大家都干才可以"，"自己搞好自己的"，"大家一起维护"。同时，政府也是生态宜居需要依靠的主体，陕西省、河北省、浙江省、湖南省和山东省调研村认为主要靠政府的被访农民比例分别为 55.6%、51.0%、50.9%、42.6% 和 40.4%，他们认为需要政府为乡村生态宜居提供政策、项目和资金支持。除此之外，浙江省调研村有 8.9% 的被访农民认识到社会组织的重要性，湖南省调研村有 8.9% 的被访农民注重企业、投资者在乡村生态宜居中的作用，希望他们能够参与乡村环境的治理和改善活动。

四　不同地区农民视角的乡风文明

（一）乡风文明的现状

1. 农民休闲娱乐生活

为了解农民的休闲娱乐生活，本研究分别从玩手机、打牌打麻将、串门聊天、看电视、参加广场舞等文艺活动、读书看报、旅游参观七个方面进行了调研。从结果来看，看电视、玩手机和串门聊天是被访农民主要的休闲娱乐方式。其中，山东省调研村看电视的被访农民比例最高，58.5% 的被访农民经常看电视；湖南省调研村玩手机和串门聊天的被访农民比例最高，45.6% 的被访农民经常玩手机，35.7% 的被访农民经常串门聊天。

在调研 5 省中，湖南省调研村被访农民的休闲娱乐活动参与率最高，除了看电视和参加广场舞等文艺活动之外，被访农民在玩手机、打牌打麻将、串门聊天、读书看报、旅游参观上的参与率均最高；陕西省调研村被访农民对七项休闲娱乐活动的参与率最低，种植作物对劳动力的高需求和较大的生活压力导致该省农民日常休闲时间较少。

2. 村庄公共文化设施建设与使用

从村庄公共文化设施建设情况来看，大部分调研省份的农村具有供村民休闲娱乐使用的公共文化设施。但是，不同调研地区村庄公共文化设施建设的种类和提供的服务存在较大的差异。河北省调研村村集体经济薄弱，村庄无法承担相关公共文化设施与公共空间的建设。例如，河北省某调研村公共文化设施只有使用率极低的农家书屋，缺乏文化类、养老类公共空间和设施。河北省调研村仅有 77.9% 的被访农民认为所在村庄有公共文化设施，这一比例在调研 5 省中最低。与之相比，山东省调研村的公共文化设施较为完善，87.4% 的被访农民认为所在村庄有公共文化设施，这一比例在调研 5 省中最高。从使用情况来看，河北省调研村被访农民对公共文化设施的使用率最高，达 78.4%；陕西省调研村被访农民对公共文化设施的使用率最低，仅为49.4%。

3. 公共文化活动组织和参与

从村庄公共文化活动组织和参与情况来看，公共文艺活动（如广场舞等）是被访农民最为熟知、群众基础最广的文化活动形式，特别是在山东省调研村，82.2%的被访农民了解村庄的公共文艺活动。这主要是因为，广场舞作为山东省调研县全民运动的一个重要指标被纳入乡村文化振兴建设体系，以政府为主导的大型文化建设带动了农村的秧歌汇演和广场舞表演，跳广场舞由此成为农村妇女休闲娱乐的重要方式。浙江省调研村被访农民更加注重节日或民俗活动以及其他集体活动，如饺子宴、流水席等，70.0%的被访农民参与了村庄的节日或民俗活动；73.3%的被访农民参与了村庄的其他集体活动，但大部分被访农民并不认为村庄专门组织此类活动，而更多是自发的参与。为了保护和弘扬优秀传统文化，浙江省调研村基本每个节日都会在建好的宗祠中举办活动，并通过技术教育培训等形式对传统技艺进行挖掘和保护，将村庄各类文化元素融入乡村旅游发展，促进传统文化的保护和传承。相比其他省份，湖南省调研村在群众性体育活动方面比较活跃，43.5%的被访农民参与了村庄的此类活动。陕西省调研村的文体活动较为单一和匮乏，主要集中在公共文艺活动方面，且被访农民参与率不高，仅为45.7%，在调研5省中最低。

4. 思想道德教育活动开展和参与

从思想教育活动及其参与情况来看，被访农民更为熟知民主法治教育活动，如普法宣传和选举动员等，对这类活动的参与率最高。在调研5省中，陕西省调研村思想教育活动最被农民所认知，81.5%的被访农民知晓村庄思想政治教育活动，83.2%的被访农民知晓村庄民主法治教育活动，88.8%的被访农民知晓村庄道德规范教育活动，86.7%的被访农民知晓村庄科普教育活动。这与陕西省农村在脱贫攻坚过程中形成的良好沟通机制有关，村委作为政府的"代理人"和村民的"当家人"，起到较好的桥梁作用，可以通过宣传、引导、示范，使农民及时了解国家政策。与之相比，浙江省调研村分别仅有29.7%和31.5%的被访农民认为村庄组织过思想政治教育活动和民主法治教育活动；河北省调研村分别仅有28.4%和12.6%的被访农民认为村庄组织过道德规范教育活动和科普教育活动，但是被访农民的参与率较高，分别为66.7%和83.3%。

（二）对乡风文明的需求

1. 村庄社会风气

认为所在村庄不存在不良风气或现象的被访农民占比达 65.3%。就不同调研地区来说，山东省调研村相应占比最高，为 81.7%；陕西省调研村相应占比最低，为 51.9%。从不良风气或现象的类型来看，山东省和浙江省调研村被访农民认为村庄最突出的不良风气或现象是赌博，选择此项的比例分别为 6.7% 和 24.3%；河北省调研村被访农民认为村庄最突出的不良风气或现象主要是红白喜事大操大办、相互攀比和天价彩礼，选择这三项的比例分别为 12.5%、11.5% 和 10.6%，他们希望根据自身实际情况操办红白喜事，不要相互攀比；湖南省调研村被访农民认为村庄最突出的不良风气或现象主要是天价彩礼和封建迷信，选择这两项的比例分别为 18.8% 和 11.9%；陕西省调研村被访农民认为村庄最突出的不良风气或现象有红白喜事大操大办、游手好闲、赌博和相互攀比，选择这四项的比例分别为 25.9%、18.5%、16.7% 和 15.7%，认为需要通过乡风文明行动进行整治。

2. 文化活动的必要性

对于乡风文明建设活动，陕西省调研村被访农民认为必要的比例最高，特别是认为家风建设、移风易俗和乡村文化资源挖掘与传承活动有必要的比例，在调研 5 省中最高，分别为 96.3%、92.5% 和 78.9%（见表 9-5）。这与陕西省在脱贫攻坚到乡村振兴过程中对国家政策的宣传和引导、对农民主体性的激发有关，也与乡村社会发展变迁中的实际需求有关。如前所述，相比其他省份，陕西省调研村出现游手好闲、打架斗殴、封建迷信、红白喜事大操大办、相互攀比、家庭不睦及虐待或不赡养老人等现象的概率更高，农民迫切希望通过文化振兴和乡风文明建设活动予以整治。

表 9-5　不同调研地区被访农民对乡风文明建设活动必要性的认知

单位：%

	河北省	陕西省	湖南省	山东省	浙江省
家风建设	83.3	96.3	84.2	82.5	83.0
移风易俗	81.4	92.5	84.2	78.6	56.3
文化进村与文化下乡	75.7	80.6	45.4	74.8	83.0

	河北省	陕西省	湖南省	山东省	浙江省
农耕文化传承保护	50.5	80.0	46.5	75.7	81.3
乡村文化资源挖掘与传承	62.4	78.9	49.5	78.6	75.0
乡村史志汇编修编	64.0	82.9	54.5	83.5	72.3

相比其他省份，浙江省调研村被访农民对文化进村与文化下乡和农耕文化传承保护活动的需求最大，分别有83.0%和81.3%的被访农民希望开展此类乡风文明建设活动，在调研5省中比例最高。把文化引入农村，丰富农民的日常生活，促进乡村旅游业发展，对浙江省调研村乡风文明建设活动来说非常必要。山东省调研村被访农民对乡村史志汇编修编必要性的认知明显高于其他省份，希望开展此类活动的比例为83.5%。这与山东省农村合村并居等城镇化进程密切相关，有农民认为"村庄的文化或许就在其中消亡了"，因此迫切希望通过乡村史志汇编修编的方式对村庄文化予以保留。

3. 乡风文明的依靠主体

对于"村庄乡风文明建设主要靠谁"这一问题，认为主要靠村民和村干部的被访农民比例最高，分别为65.6%和54.6%。从不同地区来看，河北省调研村被访农民更加强调村民自身在村庄乡风文明建设中的作用，选择村民的被访农民比例为67.0%，他们认为只有村民认识到位，村庄乡风文明建设活动和文化振兴才能真正实现。山东省、浙江省和湖南省调研村被访农民强调村民和村干部的力量，选择村民的被访农民比例分别为68.6%、60.7%、66.3%，选择村干部的被访农民比例分别为56.9%、50.9%、52.5%，他们认为乡风文明建设既需要村民自觉提高生态环保意识、组织文化活动、参与地方实践，也需要村干部的号召和引导。陕西省调研村被访农民更加强调村干部在乡风文明建设过程中的引领作用，选择村干部的被访农民比例达66.7%；其次是强调村民和地方政府的作用，选择村民和地方政府的被访农民比例分别为65.7%和38.0%。

五 不同地区农民视角的治理有效

（一）治理有效的现状

1. 对村庄治理活动和组织的参与

在村庄公共事务参与方面，调研 5 省 82.2% 的被访农民参与了村干部选举。从不同调研地区来看，山东省调研村被访农民参与率最高（90.4%），浙江省调研村被访农民参与率最低（70.5%）。多个调研地区的被访农民表示，村干部选举存在形式主义，他们参与的积极性不高。这进一步表现在其对村庄选举的评价上，山东省调研村被访农民的满意率最高，达 75.0%，而浙江省调研村被访农民的满意率最低，仅为 42.8%。在村民会议参与方面，陕西省调研村被访农民的参与率最高，为 70.4%；其次是山东省调研村被访农民，参与率为 41.4%；湖南省和河北省调研村被访农民的参与率相当，分别为 33.7% 和 32.7%；浙江省调研村被访农民的参与率最低，仅为 26.8%。除干部选举和村民会议外，被访农民对村庄其他公共事务的参与率均不高。陕西省调研村被访农民对村庄发展规划讨论和村规民约制定的参与率最高，分别为 25.9% 和 20.4%；山东省调研村被访农民对村务监督的参与率最高，为 20.2%。

在农民组织化方面，山东省调研村被访农民更偏向于娱乐休闲性的联结，对文艺队的参与率最高，为 37.5%；河北省调研村被访农民更偏向于生产互助性的联结，对生产互助组织的参与率最高，达 76.9%；浙江省调研村被访农民更偏向于自治类的联结，分别有 36.0% 和 34.5% 的被访农民参与了村庄民间调解委员会和老年协会；湖南省调研村被访农民更偏向于志愿者协会/服务队，参与率达 56.3%；陕西省调研村被访农民对生产互助组织、志愿者协会/服务队的参与率较高，分别为 45.5% 和 40.0%。

2. 对村干部和党员的评价

村干部是农民的代理人，是当前农村工作的主力军，是"三农"工作的重要抓手，是乡村振兴的关键力量。山东省和河北省调研村被访农民更看重村干部带领群众致富的能力，选择这一项的被访农民比例分别为 75.3% 和 66.0%。浙江省、湖南省和陕西省调研村被访农民更看重村干部办事公平公正、不谋私利的能力，选择这一项的被访农民比例分别为 70.5%、70.3% 和

89.7%。特别是陕西省调研村被访农民，更加强调村干部办事公平公正、不谋私利，带领群众致富，跑项目、跑政策，帮贫帮弱，组织动员，招商引资和自身经济实力等方面的能力，选择这七项的被访农民比例在调研5省中均最高，分别为89.7%、76.6%、43.9%、43.9%、46.7%、40.2%和21.5%。

对于村内党员作用的发挥，有农民说："你看党员都外出打工了，怎么实现党建引领？"山东省、湖南省和陕西省调研村被访农民认为，党员主要发挥了在村庄发展中做表率的作用，选择这一项的被访农民比例分别为44.2%、40.6%和38.9%（见表9-6）。可以看出，目前调研村庄党员发挥的作用有限且主要集中在做表率方面，在引领村民和解决实际困难层面的作用还有待进一步加强。

表9-6　不同调研地区被访农民对党员所发挥作用的认知

单位：%

	河北省	陕西省	湖南省	山东省	浙江省
宣传国家政策	17.3	34.3	25.7	25.0	14.3
在村庄发展中做表率	29.8	38.9	40.6	44.2	18.8
带领村民共同致富	8.7	20.4	18.8	30.8	11.6
道德模范	15.4	19.4	21.8	30.8	10.7
帮助群众解决实际困难	12.5	8.3	25.7	20.2	9.8
团结凝聚群众	8.7	13.0	21.8	26.9	10.7
其他（包括村民评价）	16.4	2.8	7.9	4.8	15.2
没有发挥作用	36.5	19.4	10.9	20.2	25.0
不知道	8.7	25.0	24.8	19.2	27.7

3. 对村庄治理的评价

对于土地开发、流转、征用等，湖南省调研村被访农民的满意率最高，为60.4%；其次是山东省、陕西省和河北省调研村被访农民，满意率分别为52.9%、46.3%和44.2%。虽然浙江省调研村土地流转最为普遍，但是被访农民对村庄土地开发、流转、征用等的评价最低，仅有40.2%的被访农民表示满意。

对于集体资产经营管理/发展集体经济，山东省调研村被访农民的满意率最高，为43.7%；其次是浙江省、陕西省和湖南省调研村被访农民，满意率分别为41.1%、37.0%和36.6%。河北省调研村被访农民的满意率最低，仅为29.8%。

对于村务管理、公开、决策，陕西省调研村被访农民的满意率最高，为63.0%；其次是山东省、河北省和湖南省调研村被访农民，满意率分别为61.2%、53.8%和53.5%。浙江省调研村被访农民的满意率最低，为36.6%。

（二）对治理有效的需求

1. 村庄需要加强的工作

河北省调研村被访农民认为，村庄最需要加强的三项工作是有能力的村干部选拔、贤能人才作用发挥和村庄党组织建设，选择这三项的被访农民比例分别为59.2%、29.1%和20.4%，他们更加强调村干部在乡村振兴中的作用。陕西省调研村被访农民认为，村庄最需要加强的三项工作是有能力的村干部选拔、贤能人才作用发挥和村庄党组织建设，选择这三项的被访农民比例分别为66.7%、46.3%和28.7%。湖南省调研村被访农民认为，村庄最需要加强的三项工作是有能力的村干部选拔、贤能人才作用发挥以及法律服务、法律知识学习和法治意识培养，选择这三项的被访农民比例分别为51.5%、24.8%和20.8%。山东省调研村被访农民认为，村庄最需要加强的三项工作是村民道德修养提升、有能力的村干部选拔和贤能人才作用发挥，选择这三项的被访农民比例分别为35.9%、34.0%和24.3%，他们更加强调村民道德修养的提升。浙江省调研村被访农民认为，村庄最需要加强的三项工作是有能力的村干部选拔、贤能人才作用发挥和村民道德修养提升，选择这三项的被访农民比例分别为50.0%、26.8%和22.3%。可以看出，有能力的村干部选拔和贤能人才作用发挥是调研5省被访农民的普遍共识，需要村庄进一步加强。

2. 治理有效的依靠主体

对于"实现村庄治理有效主要靠谁"这一问题，调研5省认为主要靠村两委和政府的被访农民比例最高，分别为76.6%和42.3%。从不同调研地区来看，河北省调研村选择乡村贤能人才的被访农民比例在调研5省中最高，为14.4%；山东省调研村选择村两委和党员的被访农民比例在调研5省中最高，分别为81.7%和24.0%；浙江省调研村选择村庄各类协会及村民互助组织的被访农民比例在调研5省中最高，为6.3%；陕西省调研村选择政府和村民的被访农民比例在调研5省中最高，分别为52.8%和38.9%；湖南省调研村选择驻村工作队、帮扶单位和企业、投资者的被访农民比例在调研 5 省中最高，分别为 11.9% 和 7.9%（见表 9-7）。

表 9-7　不同调研地区被访农民对村庄有效治理依靠主体的认知

单位：%

	河北省	陕西省	湖南省	山东省	浙江省
村民	37.5	38.9	31.7	31.7	31.3
村两委	69.2	79.6	79.2	81.7	73.2
党员	19.2	15.7	15.8	24.0	13.4
乡村贤能人才	14.4	10.2	11.9	12.5	8.0
政府	44.2	52.8	30.7	38.5	44.6
驻村工作队、帮扶单位等	11.5	10.2	11.9	2.9	8.9
企业、投资者	4.8	7.4	7.9	7.7	7.1
村庄各类协会及村民互助组织	1.0	4.6	3.0	2.9	6.3
其他	4.8	2.8	5.0	9.6	7.1

六　不同地区农民视角的生活富裕

（一）生活富裕的现状

1. 家庭经济状况

从农民家庭收入来源看，本地农业经营收入和在外务工收入构成当前被访农民家庭最主要的收入来源，选择这两项的被访农民比例分别为 41.4% 和 39.1%。从不同调研地区来看，山东省和陕西省调研村被访农民家庭的收入来源主要是本地农业经营收入，选择这一项的被访农民比例分别为 56.7% 和 60.2%，他们主要通过种植经济作物和发展生态农业来获得稳定的收入。河北省、浙江省和湖南省调研村被访农民家庭的收入来源主要是在外务工收入，选择这一项的被访农民比例分别为 51.9%、49.1% 和 44.6%，他们进城成为建筑工人、快递员或工厂流水线上的职工，通过劳动密集型的工作获得稳定的收入。对于浙江省调研村被访农民家庭而言，本地务工收入也是其重要的收入来源，选择这一项的被访农民比例为 33.9%（见表 9-8）。随着乡村工业化、产业化和城镇化的发展，乡村企业、工厂甚至个体经营为本地村民提供了就业机会，使他们可以在本地即能获得务工收入。

表 9-8　不同调研地区被访农民家庭收入的主要来源

单位：%

	河北省	陕西省	湖南省	山东省	浙江省
本地农业经营收入	47.1	60.2	20.8	56.7	22.3
本地非农业经营收入	15.4	21.3	15.8	28.9	17.9
本地务工收入	25.0	22.2	25.7	26.0	33.9
在外务工收入	51.9	37.0	44.6	12.5	49.1
在外经营经商收入	2.9	0.9	3.0	0	7.1
租金、分红等资产资源性收入	5.8	1.9	5.9	1.0	5.4
投资理财收入	0	0.9	1.0	1.0	0.9
亲属支持	8.7	2.8	12.9	16.4	8.0
退休金	3.9	6.5	11.9	10.6	6.3
社会保障(低保、养老金等)收入	18.3	11.1	7.9	26.0	25.0
其他	0	1.9	2.0	3.9	4.5

　　从家庭经济条件来看，大部分被访农民（83.0%）认为自家经济条件在村里处于中等（合中上、中间和中下）水平。其中，山东省、浙江省和湖南省调研村分别有 55.3%、49.1% 和 44.6% 的被访农民认为自家经济条件在村里处于中间水平，分别有 17.5%、12.5% 和 13.9% 的被访农民认为自家经济条件在村里处于中上水平。而属于乡村振兴攻坚区的河北省和陕西省调研村虽然分别有 50.0% 和 41.7% 的被访农民认为自家经济条件在村里处于中间水平，但分别有 43.3% 和 51.0% 的被访农民认为自家经济条件在村里处于中间水平以下，尤其是两省分别有 21.2% 和 20.4% 的被访农民认为自家经济条件在村里处于低水平。

2. 家庭支出

　　从农民家庭消费支出来看，日常生活开支、教育支出和看病就医是被访农民家庭近三年最主要的三大消费支出类型。其中，陕西省 88.9% 的被访农民家庭近三年主要消费支出是日常生活开支，这一比例在调研 5 省中最高；河北省 50.0% 的被访农民家庭近三年主要消费支出是教育支出，66.4% 的被访农民家庭近三年主要消费支出是看病就医，这两项支出比例在调研 5 省中最高；浙江省近三年主要消费支出为人情往来、村内房屋翻修（及装修）和城市购房（及装修）的被访农民家庭比例在调研 5 省中最高，分别为 45.5%、17.0% 和 14.3%。除此之外，被访农民家庭在租房、娱乐消遣和外出旅游等方面的支出极少，浙江省被访农民家庭选择这三项的比例在调研 5 省中均最高，但均只有 1.8%，明显低于其他消费支出类型。

从农民家庭负债情况来看，30.0% 的被访农民家庭有负债。其中，河北省和陕西省调研村被访农民家庭负债率最高，分别为 36.5% 和 36.1%，负债的主要原因是村内房屋翻修 （及装修），选择这一原因的被访农民比例分别为 34.2% 和 20.5%。浙江省和湖南省调研村被访农民家庭负债率相近，分别为 35.7% 和 33.7%，负债的主要原因是城市购房 （及装修），选择这一原因的被访农民比例分别为 25.0% 和 29.4%。山东省调研村被访农民家庭负债率最低，仅为 9.6%，负债的主要原因是城市购房 （及装修） 和看病就医，选择这两个原因的被访农民比例分别为 40.0% 和 30.0%。

3. 养老现状

从 60 岁及以上老年人的养老现状来看，山东省调研村被访老年人对物质生活条件/经济支持、生活上的照料、情感和精神需求的满足这三个方面的养老保障满意率最高，分别为 82.7%、82.8% 和 89.7%，而浙江省调研村被访老年人对这三个方面的满意率最低，分别为 53.6%、60.7% 和 67.8% （见表 9-9）。

表 9-9　不同调研地区被访农村老年人对养老服务的满意率

单位：%

	河北省	陕西省	湖南省	山东省	浙江省
物质生活条件/经济支持	66.7	67.6	77.4	82.7	53.6
生活上的照料	66.7	67.6	80.7	82.8	60.7
情感和精神需求的满足	69.7	73.0	80.7	89.7	67.8

在养老方式上，大部分被访农民最希望以居家生活的方式养老，特别是在河北省、陕西省和山东省调研村，分别有 62.5%、56.6% 和 51.2% 的被访农民希望年老之后居家生活，没有上门养老服务也可以。与此相比，浙江省调研村被访农民更偏向于有上门养老服务的居家养老方式，并愿意承担上门养老服务的相关费用。在机构养老和社区互助养老方面，各调研省被访农民选择意愿均较低，山东省调研村愿意通过这两种方式养老的被访农民占比最高，分别为 13.5% 和 9.6%。

4. 生活满意度

从对目前生活状态的评价来看，山东省调研村被访农民对生活的满意率最高，为 79.8%；其次是湖南省和陕西省调研村被访农民，满意率分别为 66.3% 和 65.7%；浙江省调研村被访农民对生活的满意率最低，仅为 58.9%。作为一个综合性的指标，生活满意度反映了农民对自身、家庭和农村发展的总体性评价，并不必然以收入为主要或唯一的考量维度。

（二）对生活富裕的需求

1. 对村庄公共设施和服务的需求

在交通方面，山东省调研村被访农民的满意率最高，达 87.5%；其次是陕西省、浙江省和河北省调研村被访农民，满意率分别为 83.3%、82.1% 和 79.4%。湖南省调研村被访农民的满意率最低，仅为 53.5%。这主要与湖南省农村多山地、交通不便、基础设施不完善有关。该省被访农民认为，道路有待进一步拓宽，路面硬化程度有待进一步提升。

在自来水方面，浙江省和山东省调研村被访农民的满意率最高，分别为 83.9% 和 83.7%。这两个省的调研村均实现了自来水的集中供应，入户率达 100.0%，解决了农民的饮水问题。其次是陕西省和河北省调研村被访农民，满意率分别为 75.0% 和 58.4%。湖南省调研村被访农民的满意率最低，为 51.5%。由于多是山地、丘陵地形，农民居住分散，湖南省有些地区的村庄不具备铺设自来水管网的条件或铺设成本较高，因此自来水未能实现全覆盖。湖南省某调研村自来水入户率仅为 20.0%，大部分农民的用水需求难以得到保障。

在燃料改造方面，陕西省调研村被访农民的满意率最高，为 88.8%，普通燃煤、液化气、电是他们日常生活使用的主要能源。其次是浙江省、湖南省和山东省调研村被访农民，满意率分别为 66.1%、64.4% 和 54.8%。河北省调研村被访农民的满意率最低，为 51.5%。虽然河北省调研村被访农民日常生活使用的能源主要是液化气，采暖时使用的是清洁煤（补贴 500 元/吨），但他们认为清洁煤价格高，家庭采暖负担重，采暖问题大。

在居住环境方面，山东省调研村被访农民的满意率最高，达 95.2%。其次是河北省、浙江省、陕西省和湖南省调研村被访农民，满意率分别为 89.2%、88.4%、85.2% 和 83.2%。

在农村教育方面，陕西省调研村被访农民的满意率最高，为 64.8%。在脱贫攻坚过程中，陕西省通过干部包干、企业包干和社会帮扶机制等机制和形式，解决了农村上不起学、愁学的问题，保障了农村学生在义务教育阶段的生活。与之相比，浙江省调研村被访农民对农村教育的满意率最低，仅为43.8%。从教育设施和资源来看，浙江省的农村教育优于其他4省，但是浙江省调研村被访农民对农村教育的评价，往往以城镇教育为标准，因此满意率不高。

在医疗卫生方面，浙江省调研村被访农民的满意率最高，为75.0%。其次是山东省和陕西省调研村被访农民，满意率分别为73.1%和71.3%。河北省和湖南省调研村被访农民的满意率较低，分别为58.8%和53.5%。

在就业方面，山东省、湖南省和陕西省调研村被访农民的满意率较高，分别为62.5%、62.4%和62.0%，这3省农业的产业化为农民本地就业提供了可能。其次是浙江省调研村被访农民，满意率为55.4%。河北省调研村被访农民的满意率最低，仅为35.6%。

在物流方面，陕西省调研村被访农民的满意率最高，为88.0%。其次是浙江省、山东省和河北省调研村被访农民，满意率分别为80.4%、76.9%和71.6%。湖南省调研村被访农民的满意率最低，为66.3%。

在网络通信方面，被访农民的整体满意率较高。从不同调研地区来看，河北省调研村被访农民的满意率最高，为93.0%。其次是湖南省、陕西省、浙江省和山东省调研村被访农民，满意率分别为87.1%、87.0%、83.9%和82.7%。

在便民服务方面，山东省和陕西省调研村被访农民的满意率较高，分别为94.2%和93.5%。其次是浙江省调研村被访农民，满意率为84.8%。河北省和湖南省调研村被访农民的满意率较低，分别为76.5%和76.2%。

在防灾救灾方面，陕西省调研村被访农民的满意率最高，为90.3%。其次是河北省和山东省调研村被访农民，满意率分别为80.0%和79.8%。浙江省和湖南省调研村被访农民的满意率较低，分别为71.4%和69.3%。

从农民最关心的公共设施和服务来看，医疗卫生、交通、农村教育和养老成为被访农民最主要的关切点。从不同调研地区来看，山东省和浙江省调研村被访农民最关心医疗卫生和养老，河北省、湖南省和陕西省调研村被访农民最关心医疗卫生、农村教育和交通。

2. 对家庭收入的预期

对于未来三至五年的家庭收入预期，33.7%的被访农民认为家庭收入会保持稳定，25.4%的被访农民认为家庭收入会继续增长，15.0%的被访农民认为会有所减少。从不同调研地区来看，山东省和河北省调研村被访农民较为乐观，分别有43.7%和42.3%的被访农民认为家庭收入会保持稳定，分别有18.5%和18.3%的被访农民认为会继续增长；浙江省和湖南省调研村被访农民较为自信，分别有34.8%和31.7%的被访农民认为家庭收入会继续增长，分别有27.7%和30.7%的被访农民认为会保持稳定；陕西省调研村被访农民则较为谨慎，39.8%的被访农民认为收入不稳定，难以做出判断。

七　结论与建议

从以上分析可以看出，不同地区的农村在产业兴旺、生态宜居、乡风文明、治理有效和生活富裕五个方面的社会基础不同，农民对乡村振兴的理解以及对这五个方面的具体需求也不尽相同。因此，要从农村的实际发展情况出发，结合产业、生态、乡风、治理和农民生活实际，以满足农民实际需求为导向，有差异、有策略地推进乡村振兴战略。

第一，从农民对乡村振兴的了解情况来看，在以农业经营为主要收入来源的村庄，农民对乡村振兴的了解程度更高，他们也更关心国家的"三农"政策；而在以外出务工为主要收入来源的村庄，农民对乡村振兴的了解程度较低。从了解内容来看，虽然发展产业、提高收入、改善生活是农民对乡村振兴的主要理解，但是不同地区产业发展的基础不同、"三农"面临的问题不同、振兴发展的路径不同，农民对乡村振兴的具体理解也不同。因此，地方政府在乡村振兴推进过程中，一方面要加强宣传引导，提高农民对乡村振兴的了解程度，调动农民的主体性和积极性；另一方面要结合国家政策与地方实践，形成差异化和可持续的乡村振兴道路。

第二，从产业兴旺的现状和需求来看，陕西省和浙江省调研村土地流转最为普遍，种植结构以非粮食种植为主，且所种粮食主要供自家使用；河北省和山东省调研村所种粮食商品化程度最高；湖南省调研村农业社会化服务者开始成为新的农业生产力量。因为各调研地制约农业生产的因素不同，所以农民对产业兴旺所依靠主体的认知不同。因此，各地乡村产业振兴要注重其与农民和农村的关系，坚持以农民为主体、以农村为载体的产业振兴，优化农业生产结构，促进三产深度融合，走出一条具有地方特色的产业兴旺之路。

第三，从生态宜居的现状和需求来看，浙江省调研村农民在化肥、农药（杀虫剂和除草剂）等化学品的投入量上呈现明显的减少趋势，且日常生活垃圾分类意识和能力在调研5省中最强，调研村庄在改善乡村环境方面的整治行动也最为全面。河北省、陕西省和山东省调研村农业生产中化学品投入增加，与其劳动力老龄化有关。农民难以承担耕种、施肥、除草等劳作，不得不通过加大化学品投入来减少劳动量，并保障农业产出。湖南省调研村开展的环境整治和改善活动较为有限，且农民参与意愿在调研5省中最低。在对生态宜居依靠主体的认知上，调研5省被访农民具有高度的一致性，均强调村民、村干部和政府的作用，但是中西部地区调研村的农民更强调村民的自觉，而东部地区调研村的农民更依赖村干部。

第四，从乡风文明的现状和需求来看，东部地区调研村公共文化设施和资源更为丰富，农民更偏向于群众自组织的文化活动，村庄存在的不良风气或现象主要是赌博；而中西部地区调研村公共文化设施和资源有待加强，农民更偏向于政府或村委会组织的教育活动，如思想政治教育、民主法治教育等，且村庄存在的不良风气或现象主要是天价彩礼、红白喜事大操大办等。在对乡风文明依靠主体的认知上，农民主要强调村民、村干部的作用，同时西部地区调研村的农民更加依赖地方政府的力量。

第五，从治理有效的现状和需求来看，浙江省调研村农民对村庄公共事务的参与率最低，满意率也最低，他们更偏向于自治类的联结。与之相比，陕西省调研村农民对村庄公共事务的参与率较高，党员作用的发挥也更为明显。在对治理有效依靠主体的认知上，调研5省被访农民一致认为主要靠村两委和政府，但陕西省调研村农民更强调政府的作用。

第六，从生活富裕的现状和需求来看，在收入来源方面，山东省和陕西省调研村农民以本地农业经营收入为主，河北省、浙江省和湖南省调研村农民以在外务工收入为主。其中，河北省和陕西省调研村被访农民中原贫困户占比较高，因而整体上对家庭经济状况的评价较低，两省调研村被访农民家庭负债率较高，需要继续巩固脱贫成果、防止返贫。但河北省调研村农民对家庭收入预期较为乐观，陕西省调研村农民则更为谨慎。虽然浙江省调研村农民收入较其他调研地区高，但是农民生活满意率最低。因此，乡村振兴不仅要满足农民对经济收益的追求，还要从人居环境、社会保障、组织参与等方面满足农民对更美好生活的期待。

10
不同性别农民视角的乡村振兴

在乡村振兴过程中，农民是关键的行动者，家户则是社会、经济与政治的基本单元。农民并非同质性群体，家户内部不同性别成员的需求和利益也并不一致。大量性别研究和分析表明，在家庭内部，两性之间存在角色和分工的不同，也存在利益冲突、资源分配和权利关系的不平等（Agarwal，2003）。

通过"性别透镜"分析发展政策和发展过程，是近半个世纪的一次重要思想转型。自 20 世纪 70 年代开始，伴随对现代性和传统发展主义范式的反思，女性/性别问题逐渐被纳入发展议程。以埃丝特·博斯拉普（Ester Boserup）的研究成果《女性在经济发展中的角色》（1970 年发行初版）（Boserup，2010）为代表，大量研究开始关注女性在发展中扮演的角色，以及发展政策对该群体产生的影响，从性别视角分析发展政策及其实践过程中的问题。一些研究者对"发展是性别中立的"这一假设提出质疑，并揭示了内嵌于具体发展政策和实践中的男性偏向，以及现代话语和父权制结构对女性的生产与再生产角色、女性在经济发展中的贡献的盲视（Razavi，2009；Jackson and Pearson，1998）。与此同时，一种新的思想逐渐获得广泛认同，即忽视性别关系和性别差异的发展模式，不仅会给女性的发展机会和福祉带来负面后果，也会影响农业效率的提高和减贫等发展目标的实现（Simmons，1992；Agarwal，1990）。

这一次思想转型倡导重新审视发展进程中的性别关系，凸显了女性被长期遮蔽的劳动、贡献和需求，也推动了对发展过程中性别问题的认知及相关行动实践（Tinker，1990）。20 世纪 70 年代以来，围绕女性与发展的关系，国际上先后形成了三种实践和理论话语的"范式更替"，分别是

"女性参与发展"（Women in Development, WID）、"女性与发展"（Women and Development, WAD）、"发展中的社会性别"（Gender in Development, GID）。在这一过程中，相关研究视域和维度不断得到深化与拓展：从单纯聚焦生产领域，拓展至关注再生产、无酬劳动领域；从关注女性在家庭和社会中居从属地位的生物性原因，扩展至探究该现象的文化和结构性根源；从关注女性的权益和福利，延伸至关注性别问题与经济、农业、就业、反贫困、环境等各个发展领域的关联（Whitehead and Kabeer, 2001；World Bank, 2003；徐进等，2021）。与此同时，性别与发展议题也开始逐渐走向专业化和制度化，并对包括联合国在内的多边发展机构和各国政府的发展议程、政策与项目产生了重要影响（胡玉坤等，2008；徐进等，2021）。20 世纪 90 年代以后，国际发展援助和很多国家的政策议程、项目实践开始纳入性别视角，致力于"让女性融入发展"。一些研究者和实践者则倡导将性别分析框架融入发展政策的整体构想和设计中，将性别问题主流化，以赋权女性，推动实现性别平等。

乡村振兴战略作为国家层面的一种发展干预，其政策和实践同样需要纳入性别视角，应具有性别敏感性。只有这样，才能将农村女性从一般发展项目中被排斥的"他者"，转化为乡村振兴的主体和动力。但目前来看，围绕乡村振兴的各种政策、实践和学术研究，仍然较为普遍地存在性别盲视。基于此，本研究从性别维度出发，考察不同性别农民基于不同的性别劳动分工、性别角色和关系所呈现的生产、生活与生计状况，及其对乡村振兴的主观理解、需求与态度差异，并在此基础上得出相关政策启示。

一　不同性别样本的人口学特征

本研究问卷调查的总样本量为 529，其中男性样本量为 272，占 51.4%，平均年龄为 58.7 岁；女性样本量为 257，占 48.6%，平均年龄为 52.4 岁。样本性别比例相对均衡，但在村人口的老龄化程度较高。

从文化程度来看，男性被访农民文化程度整体上明显高于女性被访农民。在女性被访农民中，未上过学和小学及以下文化程度的占比高达 51.8%，男性被访农民中这一占比仅为 36.4%。同时，女性被访农民中高中及以上文化程度的占比明显低于男性被访农民（见表 1）。可见，尽管近年来农村教育方面的性别不平等情况已经得到很大改善，但在本次调研的在村人口中，男性和女性在受教育程度方面仍存在一定的差距。

表 10-1 不同性别被访农民的文化程度

单位：%

	未上过学	小学及以下	初中	高中/中专/职高	大专及以上	总计
男	8.5	27.9	38.2	21.3	4.0	100.0
女	15.6	36.2	32.7	10.9	4.7	100.0

如表 10-2 所示，不论是男性被访农民还是女性被访农民，从事兼业或非农工作的占比都非常高，分别为 46.3% 和 43.6%。可见，农民家庭的生计多样化现象已经非常普遍，男性农民和女性农民都在积极结合农业和非农业，延伸发展多重、多元、多样的生计策略。相较而言，男性从事农业以外有酬劳动的比例普遍高于女性，而女性只做家务的比例显著高于男性。这说明在当前农村，无酬照护工作仍然是一个高度女性化的领域。尽管男性劳动力和女性劳动力都已经高度流动和商品化，但男性还是获得了比女性更多的市场化就业机会，女性则承担了更多的家庭再生产活动。年轻人整体上的农业参与率很低，而年轻女性只做家务的比例较高，直接参与农业生产等任何经济活动的年轻女性相对较少。各调研村呈现农业生产老龄化与年轻人去农业化的特点。

表 10-2 不同性别被访农民的职业类型

单位：%

	纯务农	兼业	非农工作	只做家务	其他	总计
男	35.7	30.5	15.8	5.5	12.5	100.0
女	39.7	27.6	16.0	14.0	2.7	100.0

改革开放和城乡人口迁移的过程，伴随着大量农村劳动力的市场化和商品化。在本研究中，近 6 成被访农民有过或长或短的流动经历，其中一部分农民仍处于流动状态。对比不同性别被访农民的流动经历可以看出，男性中有外出经历的比例达 69.9%，高于女性相应比例约 20 个百分点。在过去 40 多年中，农村劳动力的流动呈现阶梯化的性别模式和等级制度：家庭中的

男性通常优先获得进入劳动力市场的机会，女性则留守乡村，承担回报率更低的农业生产和无酬照护劳动。随着人口流动和城镇化的不断深化，年轻女性的流动性日益增强。当出现刚性的照护需求时，很多农民家庭采取的策略是让女性回流。但从总体来看，随着农村女性的流动性增强和农村教育的上移，近年来留守在村的年轻女性和儿童数量已显著减少。

二 不同性别农民对乡村振兴的认知

（一）对乡村振兴的了解

调研发现，女性农民对乡村振兴的知晓率显著低于男性农民。当被问及"是否听说过乡村振兴"时，男性农民中表示听说过的占 76.1%，而约半数（50.6%）女性农民表示完全没有听说过。

从获知乡村振兴信息的途径看，不论是男性农民还是女性农民，最主要的三个途径都是电视、村委宣传和网络（手机/电脑）。但相对来说，男性农民的信息渠道更为广泛，通过电视、收音机和报纸获知乡村振兴信息的比例均显著高于女性农民；女性农民则更多从村庄的公共宣传和非正式交流中获知乡村振兴信息（见表 10-3）。

表 10-3 不同性别被访农民获知乡村振兴信息的途径

单位：%

	电视	收音机	报纸	网络（手机/电脑）	村委宣传	亲友邻里交流	其他
男	68.6	3.4	5.8	33.3	39.1	12.1	6.8
女	45.7	0.8	0.8	33.1	44.9	17.3	11.0

男性农民与女性农民对乡村振兴政策相关信息的了解，总体上均较为浅显和碎片化。但相对来说，男性农民的知晓范围较女性农民更广，知晓内容也更为深入。当被问及对乡村振兴政策的知晓内容时，大部分男性农民能够阐述一个或多个关键点，如改善基础设施、发展产业、改善环境卫生等；多数女性农民则难以给出清晰回答，只能表示"不清楚""不知道"。这也说明，女性农民对乡村振兴等政策信息的接触和关心较少，知晓得并不充分。

（二）对乡村振兴的理解

在谈及对乡村振兴的理解时，被访农民的叙述覆盖了非常广泛的维度。在男性农民的叙述中，"农村发展""产业""项目""生活水平""基础设施"等关键词出现的频率最高。由这些关键词可以发现，该群体对农村经济高度关注，尤其重视农村产业的发展和基础设施的完善。很多男性农民还表达了对村容村貌、生态环境、村庄规划、养老与医疗保障等人居环境和公共服务方面的需求与愿景。

女性农民对乡村振兴的关注点虽然与男性农民有很多共同之处，但关注面较窄。女性农民关注最多的几个方面为农村经济、收入、就业、乡村旅游、村庄基础设施和环境，其中对农村经济和收入这两个方面的提及频率最高。相比男性农民，女性农民对就业、乡村旅游和村容村貌更为重视，对产业发展则关注较少。与此同时，不同年龄段和不同文化程度的女性农民对乡村振兴的认知也存在一定分化：年龄较大、文化程度较低的女性农民难以表述自己对乡村振兴的具体看法；文化程度较高的年轻女性农民则普遍能表达更具体的理解，谈及的内容也能覆盖更多面向。

三 不同性别农民视角的产业兴旺

（一）参与农业生产的现状

调研显示，以纯务农或兼业形式参与农业生产的男性农民和女性农民比例相差不大，分别为66.2%和67.3%。同时，在从事农业生产且农业生产主要由家庭劳动力完成的被访农民家庭中，40（含）—60岁的女性是最主要的家庭劳动力来源（选择比例为31.4%）（见表10-4）。

如前所述，年轻男性劳动力和年轻女性劳动力已经在很大程度上去农业化，农业领域很少有新增的年轻劳动力，农业生产领域存在明显的代际分化。中老年人成为农民家庭农业生产的主力，也是当前农村地区农业雇工的主要来源。在某调研村，在村年轻男性农民大多从事跑运输、做生意、装修等非农生计，其家庭农业生产主要由年迈父母承担。当面临人手不足困难时，这些老年人常常会选择雇工，而不是选择让其年轻子女参与。在某调研村，我们访谈到多个年轻儿媳和婆婆共同留守的家庭。这些家庭普遍存在一种新的"婆媳分工"现象：人情往来、农业生产等由婆婆维系，儿媳则主要负责照看孩子。在被问及对农业生产的看法时，这些年轻女性农民表示，"光种地太费劲，累得慌，又不挣钱"，"出去还能挣钱，种地不划算"。对于有过外出务工经历，但因家庭抚育和照料责任而不得不返乡的女性农民来说，她们中的很多人只是暂时回流，仍有外出规划。对于农业，她们往往既不掌握生产技能，也在心理上"不太在乎"，其中部分女性农民甚至不了解自己家的土地面积和位置。

表10-4　农业生产以家庭劳动力为主的不同性别被访农民家庭农业生产劳动力构成

单位：%

	40岁以下	40(含)—60岁	60(含)—70岁	70岁及以上
男	2.2	29.2	27.5	16.7
女	3.4	31.4	24.3	8.8

需要提及的是，在全球很多发展中国家，由于非农领域的性别不平等，伴随劳动力流动而产生的农业生产女性化是普遍且持续较长时间的转型过程。中国农村地区也经历了这样的过程（吴惠芳、饶静，2009；Judd，2007）。但从本研究来看，随着劳动力流动的深化和两性在外出方面的差距缩小，流动早期阶段所出现的农业生产女性化特征已明显弱化，农业生产老龄化趋势则不断加剧。如今，70多岁的老人仍在下地干活，这已成为乡间的惯常图景。

（二）农业生产方面的困难和需求

1. 对制约农业生产主要问题的认知

调研显示，对于当前制约农业生产的主要问题，男性农民和女性农民均认为，缺少劳动力、自然灾害、缺少土地是最为突出的三个问题。但相比之下，女性农民对缺少劳动力、自然灾害、缺少技术和设备以及销售难方面的感知度比男性农民高，这与女性在体力上弱势、更亲近自然、文化程度更低有一定关联；男性农民则对土地和基础设施相关问题更为关注（见表10-5）。

表10-5 不同性别被访农民对制约农业生产主要问题的认知

单位：%

	自然灾害	缺少土地	缺少劳动力	缺少资金	缺少设备	缺少技术	基础设施不完善	销售难	政策限制	其他
男	28.9	20.6	37.8	15.7	4.9	7.8	11.3	3.4	1.5	30.9
女	30.5	16.8	42.6	15.7	7.6	8.6	8.1	6.6	3.1	27.4

2. 在农业生产方面最需要的帮助

对于目前家庭在农业生产方面最需要什么帮助，男性农民和女性农民的看法接近。近半数（49.6%）男性农民和近半数（47.5%）女性农民表示，目前家庭不存在农业生产困难，不需要支持，其主要原因在于家中土地已部分或全部流转，不再耕种或耕种面积不多。另外，超过半数男性农民和超过半数女性农民则表示需要一定的帮助。对于需要帮助的被访农民来说，他们对劳动力、农业投资、农业机械化（尤其是在山区和丘陵地区）、农业灌溉、农业技术的帮助需求最多。此外，销售难或售价低、农业收益太低、农业基础设施不完善、土地过于细碎化和动物对农作物造成破坏等，也是男性农民和女性农民提及较多、希望解决的问题。

（三）对产业兴旺的理解

1. 怎样才算是产业兴旺

无论是男性农民还是女性农民，对"怎样才算是产业兴旺"的理解普遍是：产业发展要能够给农民带来更多收入。对于如何发展产业和增加收入，他们的回答集中在发展经济作物/农业特色产业、发展乡村旅游、发展乡村工业、增加乡村就业机会、集中和规模化土地以及发挥新型农业经营主体等角色作用等方面。其中，发展经济作物/农业特色产业、发展乡村工业和增加乡村就业机会是农民最为关注的三个方面，分别有25.5%、13.2%和12.9%被访农民提及。

对比发现，男性农民与女性农民对产业兴旺的理解表现出一定的差异（见表10-6）。首先，男性农民更侧重"应该如何做"，女性农民则更侧重"希望有什么"。其次，男性农民更关注如何改变传统的小农经济形态，他们将发展经济作物/农业特色产业、走土地集中和规模化发展道路作为传统小

农经济的替代性选择，同时更强调新型农业经营主体等角色对于促进产业
兴旺的重要性；承担着更大照护压力的女性农民则更期望发展乡村旅游、
乡村工业（包括各种进入门槛较低的社区工厂）以及增加乡村就业机会，
她们对乡村经济多样化和本地非农就业机会有强烈需求，因为有这些机会
的话，她们就可以将家庭再生产与有薪工作灵活结合，其外出家庭成员也
会有在本地就业的可能性。

表10-6 不同性别被访农民回答"怎样才算是产业兴旺"时提及的关键内容

单位：%

	发展经济作物/农业特色产业	发展乡村旅游	发展乡村工业	增加乡村就业机会	集中和规模化土地	发挥新型农业经营主体等角色作用
男	27.2	4.9	11.3	12.7	18.6	8.3
女	23.7	8.4	17.9	13.7	5.3	6.3

2. 产业兴旺的依靠主体

首先，对于未来农业生产主要靠谁，认为主要靠小农户的男性农民和女
性农民分别只占24.2%和31.5%。可以看出，无论是男性农民还是女性农
民，都普遍对小农经济的前景信心不足。同时，多数被访农民（尤其是年轻
人）缺乏增加农业投资的动力，认为农业未来会走向土地集中和规模化，且
主要靠专业大户/家庭农场等各类新型农业经营主体维持和经营。相比较而
言，对于未来农业生产主要靠谁，女性农民中选择小农户和集体的比例分别
为31.5%和19.2%，而男性农民中相应比例分别为24.2%和17.4%。男性农
民比女性农民更倾向于靠各类新型农业经营主体来支撑，认为未来农业生产
主要靠专业大户/家庭农场、合作社和企业的男性农民比例均高于女性农民。

其次，对于未来乡村产业发展主要靠谁，不同性别农民普遍不再寄望于
农民本身（不论是普通村民，还是本地能人）。在他们看来，乡村产业发展
最主要靠政府，其次是村干部/村集体、外来企业/外来投资者。相比较而
言，认为主要靠村民和外来企业/外来投资者的女性农民比例分别高出男性
农民4.4个和6.7个百分点，认为主要靠政府和返乡人员的男性农民比例分
别高出女性农民4.0个、4.8个百分点（见表10-7）。

表10-7 不同性别被访农民对乡村产业发展依靠主体的认知

单位：%

	村民	本地能人	返乡人员	外来企业/外来投资者	村干部/村集体	政府	其他
总体	29.7	18.4	8.3	35.6	37.3	45.5	9.5
男	27.6	18.4	10.7	32.4	37.5	47.4	10.7
女	32.0	18.4	5.9	39.1	37.1	43.4	8.2

四 不同性别农民视角的生态宜居

（一）对村庄环境的评价与态度

1. 对村庄居住环境的满意度

调研显示，大部分被访农民对目前的村庄居住环境感到满意。其中，女性农民中表示满意的占62.7%，高出男性农民这一比例约6个百分点。

还有一些被访农民对当前村庄居住环境的某些方面存在不满。调研显示，污水处理、村庄美化/绿化/亮化、道路和饮水等基础设施状况是被访农民最不满意的三个方面（见表10-8）。对比不同性别农民的评价发现，男性农民对污水处理、垃圾处理、道路和饮水等基础设施这三个方面的不满意率均高于女性农民。女性农民则对村庄美化/绿化/亮化和厕所改造这两个方面的不满意率明显高于男性农民。

表10-8 不同性别被访农民对村庄居住环境最不满意的方面

单位：%

	垃圾处理	污水处理	厕所改造	村庄美化/绿化/亮化	道路和饮水等基础设施
总体	17.2	26.5	12.6	23.3	20.5
男	19.3	28.6	9.2	21.0	21.9
女	14.6	24.0	16.7	26.0	18.8

2. 对村庄环境问题的感知

调研数据显示，近7成被访农民认为本村不存在生产活动导致的环境问题，另外3成左右被访农民则不同程度地感知到一些污染问题。

男性农民和女性农民对不同类型环境问题的敏感度存在一定差异。男性农民中认为存在水污染和废弃物污染的分别占 18.4% 和 10.7%，而女性农民中相应的比例仅分别为 15.2% 和 5.8%，明显低于男性农民。女性农民中认为存在大气污染的占 8.6%，远高于男性农民的这一比例（4.8%）。由此可见，男性农民对水污染和废弃物污染的认知度和敏感度较高，而女性农民对大气污染有更高的敏感度。值得注意的是，不论是男性农民还是女性农民，都对农业生产领域的环境健康影响缺乏足够的意识。

3. 对环境改善活动的参与意愿

在参与环境改善活动的意愿方面，男性农民和女性农民都表达了非常高的积极性。针对生产废弃物处理、生活垃圾治理、生活污水处理、厕所改造、道路硬化、环境绿化/村容美化、生态保护与修复等各种环境改善活动，男性农民和女性农民中均有超过 9 成表示愿意出钱或出工，均有超过 6 成表示愿意既出钱又出工，在参与和投入意愿方面并不存在明显的性别差异。

（二）对生态宜居的理解和愿景

1. 怎样才算是生态宜居

围绕"怎样才算是生态宜居"，被访农民表达了非常多元化的理解和愿景。其中，良好的自然生态环境（如"环境好""空气好""青山绿水"）、村庄卫生及垃圾的治理、道路等基础设施的完善、村庄的美化绿化、水和空气等污染的治理，是他们对于生态宜居最为关注的五个方面。此外，少数被访农民表达了对优化村庄规划、完善公共服务等方面的需求。

不同性别农民对生态宜居的理解和愿景存在一定的差异：一是男性农民比女性农民更重视村庄的自然生态环境，表达了这方面愿景的男性农民占27.6%，明显高于女性农民的这一比例（19.8%）；二是男性农民比女性农民更关注环境污染问题及其治理状况，并对现代商品生产和生活方式所造成的环境影响更为敏感，提及这些方面的男性农民占 10.7%，女性农民只占5.8%；三是男性农民比女性农民更关注村庄规划问题，提及该问题的男性农民占 4.8%，女性农民提及的比例为 1.2%；四是女性农民比男性农民更关注村庄的环境卫生问题，20.2% 的女性农民表达了对垃圾治理、改善村庄环境卫生的愿望，高于男性农民的这一比例（16.5%）。

2. 生态宜居的依靠主体

关于"村庄生态环境治理与改善主要靠谁",不论是男性农民还是女性农民,都表现出对村干部和政府较高的依赖,认为主要靠这两个主体的都在5成左右。

与男性农民相比,女性农民的主体性意识更弱,对村干部以及政府、企业/投资者、社会组织等外部力量的依赖更为明显。调研数据显示,女性农民中认为主要靠村民的比例(54.1%)明显低于男性农民中相应比例(61.4%),认为主要靠村干部的比例(56.4%)则高于男性农民中相应比例(50.7%)。与此同时,女性农民中认为主要靠政府、企业/投资者、社会组织等外部主体的比例均略高于男性农民中相应比例。

五　不同性别农民视角的乡风文明

(一)农村文化活动与社会风气现状

1. 农民休闲娱乐生活

不同性别农民主要的休闲娱乐方式在不同方面呈现如下特点。

第一,玩手机、看电视等更加个体化的活动正在消解乡村人际互动,男性农民比女性农民在社交方面更为疏离。如今,电视(包括网络电视)和智能手机在乡村地区已高度普及,看电视和玩手机等更加个体化和私人空间化的活动成为农民打发闲暇的主要方式。尤其是,近8成被访农民会使用智能手机,不同性别农民中表示经常或频繁玩手机、存在一定依赖的均超过3成。与此同时,串门聊天等日常邻里互动现象明显减少。男性农民闲暇时比女性农民更倾向于"宅家"消遣,与邻里之间的人际往来相对更少。调研数据显示,男性农民中经常或频繁看电视的占52.6%,从不或很少串门聊天的占54.3%,均明显高于女性农民中的相应比例(分别为39.7%和45.0%)。

第二,女性农民使用智能手机娱乐、聊天和网购的现象更为普遍。女性农民中会使用智能手机的占80.2%,略高于男性农民中的相应比例(72.8%)。在会使用智能手机的这部分女性农民中,分别有69.9%、64.6%会将智能手机用于娱乐、聊天,均高于男性农民中的相应比例(分别为56.1%、58.1%)。同时,女性农民中用智能手机进行网购的比例(36.4%)

也显著高于男性农民（23.2%）。而相比之下，男性农民中用智能手机获取政策和知识信息的比例高于女性农民。59.6%的男性农民会通过智能手机上网了解政策新闻，12.6%的男性农民会通过智能手机获取生产经营信息，女性农民在这两项上的比例分别为31.1%和4.4%。

第三，具有更强知识性、成长性的乡村公共文化活动匮乏，而打牌打麻将成为农民主要的休闲娱乐活动。尽管大部分调研村庄有农家书屋/图书室、活动广场，但因缺乏有效的管理和组织机制、缺少有吸引力的图书和器材、农村人口结构老龄化、农民居住分散等，这些空间大多处于闲置状态，或使用者寥寥。在此背景下，农民很少参与知识性、成长性更强的公共文化活动。近6成被访农民从不读书看报，其余被访农民空闲时偶尔会读书看报，有一定的阅读习惯、会经常或频繁读书看报的被访农民不足1成（9.3%）；会参加广场舞等文艺活动的被访农民只占34.1%，其中经常或频繁参加的仅占10.5%。从不同性别农民的对比来看，男性农民中有读书看报习惯的比例比女性农民高；女性农民在公共文化活动方面比男性农民更活跃。男性农民中会读书看报的比例（49.4%）高于女性农民（35.8%），有经常阅读习惯的比例（12.6%）超过女性农民（5.9%）；女性农民中会参加广场舞等文艺活动的比例（42.8%）显著高于男性农民（25.8%），经常或频繁参加的比例（17.1%）也超过男性农民。与此同时，农村地区打牌打麻将的风气盛行。约4成被访农民表示有打牌打麻将的习惯，且男女两性农民的参与都十分普遍。尽管大多数农民将其作为休闲娱乐活动，但是其中也有相当一部分将其作为赌博的一种方式，对乡村社会风气造成了一定的负面影响。

第四，外出旅游参观已成为农村新潮流，而且男性农民比女性农民有更多外出机会。随着农村经济社会发展水平的提升，外出旅游参观已从只是城市中产阶级和富裕家庭的一种"奢侈"消费，逐渐成为大众化的休闲选择。调研显示，超过半数被访农民表示平时会外出旅游参观。从不同性别农民的对比看，男性农民中表示会外出旅游参观的比例（54.2%）明显高于女性农民（46.5%），能够经常或频繁外出旅游参观的比例（4.8%）超过女性农民（2.0%）。

2. 村庄社会风气

调研显示，被访农民普遍认为，乡村社会风气近年来整体向好，家庭不睦、虐待或不赡养老人、打架斗殴、偷盗等现象已经很少，但仍然存在赌博、红白喜事大操大办、互相攀比、封建迷信和天价彩礼等不良风气。

对比不同性别农民的评价发现，男性农民更关注农村赌博现象，认为存在赌博现象的占 14.8%，女性农民这一比例仅为 9.3%；女性农民更在意农村的互相攀比现象，认为存在这种现象的占 10.5%，男性农民这一比例仅为 7.0%。

3. 村庄公共文化设施使用与文化建设活动参与

调研显示，在村庄公共文化设施使用、文化建设活动参与方面，不同性别农民之间差异不大。但在公共文艺活动、群众性体育活动、聚餐类集体活动以及思想政治教育、民主法治教育、道德规范教育、科普教育等活动方面，男性农民与女性农民呈现不同的偏好。

相比男性农民，女性农民更偏好公共文艺活动和聚餐类集体活动。女性农民中对这两类活动表示支持的分别占 61.5%、62.5%，均明显高于男性农民相应比例（分别为 56.0%、55.0%）。同时，对于聚餐类集体活动，女性农民中认为存在必要性的占 50.0%，显著高于男性农民相应比例（44.5%）。

而对于思想政治教育、民主法治教育、道德规范教育和科普教育活动，男性农民的支持率显著高于女性农民。男性农民对这四种活动的支持率分别为 81.1%、84.4%、80.3% 和 77.7%，高于女性农民 10—20 个百分点。

（二）对乡风文明的理解

对于"怎样才算是乡风文明"，不论是男性农民还是女性农民，其叙述和愿景大多集中在以下两个方面。一是认为乡村社群关系和谐、有人情味算乡风文明。其中，"邻里和睦""邻里互助""和和气气""尊老爱幼"是被提及最多的关键词。也有部分被访农民提及家庭和睦（尤其是婆媳关系和睦），以及子女对父母的"孝"与"养"。有些被访农民在表达其对互惠互助社群关系的憧憬时，也会流露出对农村关系个体化、市场化趋势的厌倦。例如，有被访农民谈道："村里人现在你不搭理我，我不搭理你，各人过各人的，关系淡漠，不热情了。以前互帮互助，现在干什么都要钱，没有谁白干"。二是认为乡村各种不良风气和不文明行为消失算乡风文明。农民提及最多的乡村不良风气和不文明行为是打架斗殴、赌博、互相攀比和说闲话。还有部分被访农民希望减少乱扔垃圾、不讲卫生等不文明行为。此外，少数被访农民希望村庄有丰富的文化生活、村干部对乡村风气产生正向影响等。

被访农民对乡风文明的理解呈现一定的性别差异。女性农民比男性农民更关注和谐的邻里关系。女性农民中提及这方面的占 39.0%，明显高于男性农民相应比例（27.1%）。作为村庄公共生活的活跃主体，女性农民比男性农民更容易卷入各种邻里矛盾，对社群关系也更为敏感，尤其在意村庄中的互相攀比和说闲话现象。而男性农民比女性农民更关注当下乡村各种不良风气和不文明行为，特别是赌博、打架斗殴等现象，提及这两种现象的占 23.4%，高于女性农民相应比例（18.3%）。

（三）对促进乡风文明举措的认知与需求

调研结果显示（见表 10-9），针对各种乡村文化振兴和乡风文明建设活动，如家风建设、移风易俗、文化进村与文化下乡、农耕文化传承保护、乡村文化资源挖掘与传承、乡村史志汇编修编等，不论是男性农民还是女性农民，认为有必要开展的比例均接近或超过 70.0%。同时，不同性别农民均认为最有必要开展的活动是家风建设。

从不同性别农民的对比看，男性农民对于开展各种乡村文化振兴和乡风文明建设活动必要性的认知普遍高于女性农民，特别是在家风建设、农耕文化传承保护和乡村史志汇编修编方面。

表 10-9　不同性别被访农民对乡村文化振兴和乡风文明建设活动必要性的认知

单位：%

	家风建设	移风易俗	文化进村与文化下乡	农耕文化传承保护	乡村文化资源挖掘与传承	乡村史志汇编修编
男	90.0	79.3	73.4	69.6	68.4	74.0
女	81.6	77.2	71.1	64.7	69.8	69.1

六　不同性别农民视角的治理有效

（一）对村庄治理的参与

1. 农村党员中的性别比

农村基层党员是农民群众的带头人，是联系和凝聚群众的桥梁与纽带。

在被访农民中，党员占 18.7%，而在党员中，男性占 76.8%，远高于女性占比（23.2%）。可以看出，农村党员以男性为主，性别比例严重失衡，且年龄段越高，这种失衡越显著。

2. 对村庄活动或事务的参与

调研显示（见表 10-10），除村干部选举外，被访农民在村庄发展规划讨论、村规民约制定、村务监督、村民会议等村庄活动或事务方面的参与率均较低。此外，还有约 15.0% 的被访农民没有参与过任何村庄活动或事务。从不同性别农民的对比看，除村干部选举外，女性农民在其他各种村庄活动或事务方面的参与率均显著低于男性农民。这一结果也表明，农村女性在村庄治理中仍然只是边缘角色。

表 10-10　不同性别被访农民对村庄活动或事务的参与情况

单位：%

	村干部选举	村庄发展规划讨论	村规民约制定	村务监督	村民会议	以上都没有
男	82.0	25.0	20.6	19.1	46.7	14.3
女	82.5	9.3	7.4	7.4	35.0	16.3

3. 对村庄治理各项事务的知晓度

从不同性别农民的对比看，女性农民不仅在各种村庄活动或事务方面的参与率更低，对村庄治理各项事务的知晓度也更低。例如，35.6% 的女性农民对集体资产经营管理/发展集体经济不了解（男性农民为 28.7%），18.7% 的女性农民对村务管理、公开、决策不了解（男性农民为 13.3%），19.9% 的女性农民对土地开发、流转、征用等不了解（男性农民为 15.5%），9.0% 的女性农民对村庄选举不了解（男性农民为 5.9%）。

调研还发现，在村年轻女性普遍表现出对村庄政治的疏离和不关心，缺乏了解和参与村庄治理各项事务的兴趣与主动性。正如一位年轻女性所言，"村里的事情我不关心，我最关心的是如何把孩子教育好"。这种对村庄治理各项事务的淡漠在年轻女性中非常普遍。她们中的很多人只是因再生产责任而暂时返乡，其长期的发展和生活规划则是向外的。这种暂时在村的状态，也会使她们在心理层面主动从村庄治理各项事务中抽离。

（二）对村庄治理的评价

1. 对村干部能力和表现的看重情况

对于看重村干部哪些能力和表现，男性农民选择比例较高的前三项依次是"办事公平公正、不谋私利"（70.5%）、"带领群众致富"（67.2%）、"跑项目、跑政策"（41.0%），女性农民选择比例较高的前三项依次是"办事公平公正、不谋私利"（71.5%）、"带领群众致富"（64.0%）、"有知识、有主意"（40.3%）。该结果表明，不论是男性农民还是女性农民，都最看重村干部办事能否公平公正、不谋私利，以及能否带领群众致富。除此之外，男性农民更关注村干部在争取项目、发展村庄经济方面的能力，女性农民则更关注村干部个人的知识素养和团结整合村庄方面的能力。

2. 对村庄治理的评价

本研究考察了农民对村庄治理的评价，内容涉及土地利用、集体资产经营管理/发展集体经济、村务管理以及村庄选举等几个方面。调研结果显示（见表10-11），不论是男性农民还是女性农民，对村庄治理的整体满意度都偏低。除村庄选举外，对村庄治理其余方面给予积极评价的男性农民和女性农民均不到6成；还有少数被访农民表达了对这些方面的不满，其中对土地利用方面的评价尤其消极。从不同性别农民的对比看，女性农民对村庄治理各个方面给出积极或消极评价的比例都不同程度地低于男性农民，而模糊地表示"一般"的比例相对更高。这样的结果一方面体现了村庄治理本身的状态和成效；另一方面反映了很多女性农民对村庄治理的了解和参与不多，这也从侧面印证了女性农民在村庄治理中的边缘化。

表 10-11　不同性别被访农民对村庄治理各项事务的评价

单位：%

	土地开发、流转、征用等		集体资产经营管理/发展集体经济		村务管理、公开、决策		村庄选举	
	积极评价	消极评价	积极评价	消极评价	积极评价	消极评价	积极评价	消极评价
男	51.7	18.1	41.2	14.3	56.5	13.7	64.3	13.2
女	45.3	14.5	34.0	10.6	50.2	10.9	61.5	10.1

注：积极评价包括非常满意和满意，消极评价包括不太满意和非常不满意。

（三）治理有效的依靠主体

对于"实现村庄治理有效主要靠谁"，男性农民和女性农民的看法较为一致。不论是男性农民还是女性农民，选择主要靠村两委的比例均最高，均超过75.0%；其次是选择主要靠政府的比例，均为40.0%左右；选择主要靠村民的比例，都只有约30.0%。从该结果可以看出，男性农民和女性农民在村庄治理中的主体意识都不强，他们均对村两委和政府存在明显的依赖心理。同时，他们对于乡村贤能人才、驻村工作队/帮扶单位等、村庄各类协会及村民互助组织、企业/投资者等主体在村庄治理中发挥的作用都不乐观，认为主要靠这些力量的比例均很低。

表10-12　不同性别被访农民对村庄有效治理依靠主体的认知

单位：%

	村民	村两委	党员	乡村贤能人才	政府	驻村工作队/帮扶单位等	企业/投资者	村庄各类协会及村民互助组织	其他
男	32.4	77.2	18.4	11.8	42.7	8.5	5.5	3.3	5.5
女	36.2	75.9	16.7	10.9	42.0	9.7	8.6	3.9	6.2

七　不同性别农民视角的生活富裕

（一）对自己目前生活状态的评价

被访农民对自己目前生活状态的评价呈现显著的性别差异。调研数据显示，男性农民中对自己目前生活状态感到满意或非常满意的占72.1%，女性农民中这一比例为59.6%。而且不论在哪个年龄段，女性农民的自我评价都低于男性农民。其中，部分女性农民谈及不满意的原因时表示，"开支大，无处就业，家里种菜又不赚钱"，"赚不到钱，孩子的教育、日常开支处处都要花钱"，"家庭条件不够好，想工作，不想看孩子"。可以看出，这些年轻女性农民因担负再生产责任而不能外出，在本地也难以获得合适的非农生计机会，对自我处境感到失落和焦灼。

（二）对未来三至五年家庭收入的预期

被访农民对未来三至五年家庭收入的预期，受到家庭生命周期、政治经济形势等诸多因素的影响，在某种程度上可以反映农民个体的经济安全感。调研发现，被访农民对未来三至五年家庭收入的判断整体上并不乐观，认为"会继续增长"的被访农民只占25.4%，表示"不稳定，难以判断"或"会有所减少"的被访农民则占40.0%左右。

从不同性别农民的对比看，男性农民中预期家庭收入"会继续增长"的占比（22.9%）明显低于女性农民（28.0%），预期家庭收入"不稳定，难以判断"或"会有所减少"的占比（43.9%）则显著高于女性农民（37.8%）。可以看出，男性农民对于未来家庭收入的预期比女性农民更为悲观。作为"养家糊口"的主力，男性农民对外部政治经济形势、劳动力市场的起伏变化都更加关注，更容易感受到各种风险和不确定性。

（三）对村庄公共设施和服务的评价与需求

农村地区公共设施和服务的状况，直接关系到农民的生活质量。调研数据显示（见表10-13），就业、农村教育和养老（服务）是被访农民最为关注和最不满意的三大方面，他们对这三个方面的满意率均不到60.0%。

不同性别农民的评价和需求存在一定差异。相比女性农民，男性农民更关注交通、自来水和网络通信等公共基础设施，对这几个方面的满意率均更低。女性农民则更重视就业、养老（服务）、医疗卫生、教育等公共服务。而这些方面的完善程度和质量，不仅直接关系到女性农民要耗费的时间和精力，也会影响其生计决策和个体福利。在访谈过程中，很多女性农民提及村庄在这些方面存在的问题和希望得到的改善。例如，在就业方面，希望"有个厂子在附近，农闲时可以打打工"；在养老（服务）方面，希望提高农村基础养老金标准，提供针对脆弱老人的公共照护服务；在医疗卫生方面，希望解决农村医疗点服务质量差，以及农村医疗保险报销程序复杂、门槛高等问题；在教育方面，希望解决农村师资配置差、孩子上学远、陪读成本高、上私立学校负担重等问题。其中，女性农民对基层教育质量和儿童福利尤为关注，并能敏锐地注意到农村教师流动对儿童情感和学习等造成的影响。

表 10-13 不同性别被访农民对村庄公共设施和服务的满意率

单位：%

	交通	自来水	燃料改造	居住环境	农村教育	医疗卫生	养老（服务）	就业	物流	网络通信	便民服务	防灾救灾
总体	77.4	68.3	65.3	88.2	56.2	66.6	57.2	55.7	76.9	86.7	85.2	78.1
男	75.9	66.3	65.4	88.2	57.0	68.2	58.5	58.9	75.9	82.5	85.6	81.3
女	79.0	70.3	65.2	88.3	55.3	65.0	55.9	52.3	77.8	91.0	84.8	74.6

八 结论与思考

本研究考察了不同性别农民在乡村振兴中的参与状况，及其对乡村振兴具体方面的理解、需求和愿景，主要得出以下结论。

第一，随着劳动力流动和城镇化的深化，农村男性养家糊口、女性照料家庭的分工模式发生了很大改变。农村女性的流动性和非农活动参与率日益提升，不同性别农民进入劳动力市场的机会差距在不断缩小。然而，无酬照护仍然是一个高度女性化的领域，抚育和照料通常被自然化为女性责任，女性往往承受着更大的照护压力，也更容易因家庭生育和照护需求而返乡。

第二，劳动力乡城流动早期阶段的农业生产女性化，正在转化为日益加剧的农业生产老龄化，而青壮年男性和女性已显著去农业化。在农业产业方面，不论是男性农民还是女性农民，都认为缺少劳动力、自然灾害、缺少土地是制约当下农业产业发展的突出问题。男性农民和女性农民普遍对小农经济的未来缺乏信心，并认为土地走向规模化经营、发展特色经济作物是更合适的替代性选择。对于未来乡村的产业兴旺，他们也都更寄望于政府、村干部/村集体和外来企业/外来投资者等其他主体。与此同时，不同性别农民在乡村非农生产体系中的生计机会存在差异。与男性农民相比，女性农民受困于家庭再生产责任人角色，获得的非农经济机会更加有限。在此背景下，她们对乡村经济多样化和本地非农就业机会有更为强烈的需求。

第三，不论是男性农民还是女性农民，对村庄居住环境的满意度整体均较高。良好的自然生态环境、村庄卫生及垃圾的治理、道路等基础设施的完善、村庄的美化绿化、水和空气等污染的治理，是所有被访农民对于建设生态宜居村庄的共同关注和需求。对比而言，男性农民更在意村庄的自然生态环境，并对环境污染及其带来的影响更敏感。同时，男性农民更关注村庄规划、垃圾处理和基础设施状况。女性农民则对大气污染更为敏感，同时更在意村容村貌和厕所环境。在参与环境改善活动的意愿方面，男性农民和女性农民虽然都表现出非常高的积极性，但对村干部、政府等主体都存在明显的依赖心理。与男性农民相比，女性农民在建设生态宜居村庄方面的主体性意识相对更弱。

第四，知识性、成长性较强的乡村公共文化活动匮乏，而玩手机、看电视等个体化和私人空间化的休闲活动正在消解乡村人际互动，同时打牌打麻将风气在乡村盛行。女性农民对村庄公共文化活动和线上娱乐、聊天和网购的参与度更高，而对阅读等知识性活动的参与更少。男性农民闲暇时更偏好"宅家"，在面对面人际互动方面更为疏离。不论是男性农民还是女性农民，都认为农村存在赌博、红白喜事大操大办、互相攀比、封建迷信和天价彩礼等不良风气与行为，并希望对这些不良风气和行为进行治理。男性农民比女性农民更在意农村赌博和打架斗殴现象；女性农民则对社群关系更为敏感，更容易受到互相攀比、说闲话等不良风气影响。男性农民和女性农民都认为最应该着力开展家风建设，促进乡风文明。对于其他活动和举措，女性农民更偏好公共文艺活动和聚餐类集体活动；男性农民则对思想政治教育、民主法治教育、道德规范教育和科普教育活动有更高的参与意愿，也更支持开展农耕文化传承保护、乡村史志汇编修编等乡风文明建设活动。

第五，相比男性农民，女性农民在村庄治理中的参与度、对村庄治理各项事务的知晓度和关注度都更低。在调研村庄党员中，女性占比很低，在村年轻女性对村庄治理尤为疏离和不关心。不论是男性农民还是女性农民，对当前村庄治理各项事务的整体满意度都不高，其中对土地利用方面的评价尤其低。无论是男性农民还是女性农民，都最看重村干部能否办事公平公正、不谋私利；除此之外，男性农民更看重村干部争取项目、发展村庄经济方面的能力，女性农民则更看重村干部个人的知识素养和团结整合村庄方面的能力。同时，男性农民和女性农民都认为实现治理有效主要靠村两委和政府，他们参与村庄治理的主体性意识均不强。

第六，从生活富裕方面来说，女性农民对自己目前生活状态的评价低于男性农民。其中，年轻留守女性在承担无酬照护责任和加入劳动力市场方面普遍存在强烈的心理冲突，对当前的生活满意度也最低。而男性农民对未来家庭收入的预期比女性农民更为消极，整体上更缺乏经济安全感，在劳动力市场中丧失竞争力的中老年男性农民尤其如此。对于村庄公共设施和服务，男性农民更重视交通、自来水和网络通信等基础设施状况的改善，而女性农民更重视就业、养老（服务）、医疗卫生、教育等公共服务的改善。

　　由上述结论可以看到，性别关系内嵌于乡村振兴的政策和实践之中，并会影响乡村振兴的行动过程和最终成效。乡村振兴的学术研究、政策议程和实践过程应纳入"性别透镜"，具有性别敏感性，并重视赋权农村女性。这不仅有利于调动女性群体在乡村振兴中的主体性，也对推动实现更广泛的性别平等至关重要。

11

不同年龄农民视角的乡村振兴

根据卡尔·曼海姆关于代的社会学理论，代作为一种社会现象，意味着出生于同一时期的一群人在社会整体中占有类似的位置，具有相似的社会经验与思维模式（陈辉、熊春文，2011）。联系现实，对于不同年代出生、经历不同时代变迁的农民而言，他们当前的生产生活状态、对乡村振兴的理解与需求呈现一定的代际差异。"乡村振兴为农民而兴、乡村建设为农民而建。"① 鉴于不同农民群体存在年龄、代际差异，从年龄视角出发考察农民群体对乡村振兴的理解与需求显得十分必要。然而，目前相关研究仅聚焦乡村振兴背景下特定年龄群体（如农村青年、老年人）的境况以及相关行动、逻辑（梁栋、吴存玉，2019；罗敏，2019；张有春、杜婷婷，2021），既缺少在较长年龄跨度视野下对农民状况的考察，又缺少不同年龄农民对乡村振兴理解和需求的对比研究。基于此，本研究从年龄视角切入，考察不同年龄农民的生产生活状态及其对乡村振兴的理解、需求与行动意愿，明晰不同年龄农民的当前状况与未来期望，以此思考乡村振兴如何更好地为农民而兴。

一 调研村庄人口年龄分布与群体特征

在围绕具体内容展开之前，本研究首先对调研村庄人口年龄分布和不同年龄群体特征进行阐述。按照 40 岁以下、40（含）—50 岁、50（含）—60

---

① 《中共中央 国务院关于做好 2022 年全面推进乡村振兴重点工作的意见》，中国政府网，2022 年 2 月 22 日，http://www.gov.cn/zhengce/2022-02/22/content_5675035.htm，最后访问日期：2022 年 6 月 9 日。

岁、60（含）—70 岁和 70 岁及以上这五个年龄段，对 529 位被访农民进行
划分，分别对应 63 人、103 人、151 人、127 人和 85 人，占被访农民总数的
比例分别为 11.9%、19.5%、28.5%、24.0% 和 16.1%，被访农民年龄中位
数为 56 岁。此外，为了方便后续比较和分析，本研究将 40 岁以下、40
（含）—60 岁、60 岁及以上的农民群体分别称为"年轻人""中年人""老
年人"，以此呈现和对比不同年龄农民群体的代际差异。从整体来看，被访
农民群体年龄偏大。这既因为在村庄调研时难以见到年轻人而导致样本选择
受限，又因为日趋老龄化是村庄的普遍现实。

从文化程度来看，作为年轻人，40 岁以下被访农民的文化程度主要为初
中或高中/中专/职高。他们大多有外出务工经历，目前主要从事非农工作或
兼业，纯务农比例是所有年龄段农民中最低的。另外，相较于其他年龄，在
村年轻人以女性居多。这些年轻女性主要是为了照顾年幼子女或年迈父母而
不得不暂时留守在家，因而她们只做家务的比例较高。此外，不少年轻人并
非常年在村，流动性特征突出。

作为中年人，40（含）—50 岁、50（含）—60 岁被访农民的文化程度
主要是初中。其中，40（含）—50 岁被访农民有外出务工经历的比例在所
有年龄段被访农民中最高。他们目前主要从事非农工作或兼业。相较于年轻
人，40（含）—50 岁被访农民的流动性略低，这与其所处生命历程的阶段
有关。这一年龄段的农民往往背负着子女教育、老人赡养等生活重担，他们
更可能选择相对稳定的生产生活方式。至于 50（含）—60 岁被访农民，他
们有外出务工经历的比例略低于 40（含）—50 岁被访农民，其纯务农比例
更高，兼业比例也相对较高。该群体以从事农业生产为主，辅以其他工作。
另外，这一年龄段农民常年生活在村庄，流动性较低，且身体状况良好，是
村庄农业生产经营的重要力量。

作为老年人，60（含）—70 岁和 70 岁及以上被访农民的文化程度皆较
低，前者集中在小学及以下和初中，后者则有近半数为小学及以下。这两类
群体有外出务工经历的比例低于前几类群体，但纯务农比例较高。这说明，
相较于其他年龄群体多样化的生计方式，老年人的生计方式主要为农业生产
这一农村传统生计方式。

207

二 不同年龄农民对乡村振兴的认知

（一）年轻人相对更了解乡村振兴

超过 6 成被访农民听说过乡村振兴或乡村振兴战略，其中年轻人的知晓率最高，达 74.6%。此外，尽管众多被访农民听说过乡村振兴或乡村振兴战略，但从整体来看，他们对乡村振兴的了解均较为浅显，认为"乡村振兴就是乡村建设、乡村规划、产业发展"，"乡村振兴就是要让老百姓过得更好"。

（二）不同年龄农民获知乡村振兴信息的途径各异

被访农民获知乡村振兴信息的最主要途径是电视，其次是村委宣传、网络（手机/电脑）。从不同年龄被访农民的对比来看，40 岁以下被访农民获知乡村振兴信息的最主要途径是网络（手机/电脑）；40 岁及以上被访农民获知乡村振兴信息的主要途径是电视，且通过电视获知乡村振兴信息的比例随着年龄段的提高呈上升趋势，通过网络（手机/电脑）获知乡村振兴信息的比例随着年龄段的提高呈下降趋势（见表 11-1）。

表 11-1 不同年龄被访农民获知乡村振兴信息的途径

单位：%

	电视	收音机	报纸	网络（手机/电脑）	村委宣传	亲友邻里交流	其他
40 岁以下	38.3	0	2.1	48.9	40.4	10.6	19.2
40（含）—50 岁	50.7	1.5	4.4	49.3	42.0	13.0	5.8
50（含）—60 岁	55.8	0	2.3	41.9	47.7	16.3	3.5
60（含）—70 岁	72.3	7.2	4.8	18.1	39.8	14.5	8.4
70 岁及以上	79.6	2.0	6.1	6.1	32.7	14.3	10.2

（三）年轻人与中老年人对乡村振兴的理解不同

不同年龄农民对乡村振兴的理解存在差异。其中，年轻人偏重乡村产业发展和就业，中年人和老年人则偏重生活保障、医疗健康和村庄基础设施建设。此外，各年龄段皆有不少被访农民对于"什么是乡村振兴"非常模糊。具体来看，很多年轻人对乡村振兴的理解，围绕乡村产业发展和就业展开，如"乡村振兴就是产业发展"，"老百姓不用外出打工，就能有稳定收入"。中年人和老年人则从生活保障、医疗健康和村庄基础设施建设几个方面表达自己对乡村振兴的理解，如"乡村振兴就是不愁吃穿"，"乡村医保可以报销更多，特别是对于大病重病的报销，防止因病返贫"，"到组到户的硬化路要搞好，通上自来水"。另外，不少被访农民对乡村振兴的理解非常模糊，他们将乡村振兴简单描述为"改变农村的现状""把乡村建设得更好"。这表明，一些农民对乡村振兴的理解仅为一种美好愿景，缺乏更深层次的理解与认知。

（四）老年人对实现乡村振兴的信心程度偏低

超过8成的被访农民对实现乡村振兴有信心，其中40（含）—50岁被访农民最有信心，50岁及以上被访农民的信心程度偏低。具体来看，在40（含）—50岁被访农民中，有92.2%表示对实现乡村振兴有信心，如"我对乡村振兴非常有信心。只要国家有政策，肯定是偏向农村人的，肯定是对老百姓有好处的。乡村振兴三至五年的时间就可以实现"。70岁及以上被访农民对乡村振兴有信心的比例最低，仅为71.8%，他们大多相信国家推进乡村振兴的实力和魄力，但是对实现时间不太确定，部分人认为自己有生之年或许看不到乡村振兴的实现，需要下一代人的努力。

三　不同年龄农民视角的产业兴旺

（一）粮食种植面积变化暗含未来无人种地危机

尽管各年龄段被访农民中均有较高比例表示自家粮食种植面积过去三年和未来三年保持不变，但是在60（含）—70岁被访农民中，有27.2%表示过去三年减少了粮食种植面积，而23.7%表示未来三年打算减少粮食种植面积。由此可见，不少老年人的粮食种植面积呈现减少趋势。随着村庄人口老龄化现象日益严峻，未来"谁来种地"问题成为乡村发展的一大隐患。

（二）缺少劳动力是制约农业生产的最主要问题

被访农民认为，制约农业生产的最主要问题是缺少劳动力，其次是自然灾害、缺少土地（见表11-2）。具体来看，除50（含）—60岁被访农民外，其他年龄段被访农民均认为缺少劳动力是制约农业生产的最主要问题，如"目前农业生产最主要的问题就是缺劳动力，因为年轻人不干农活，年纪大的人越来越干不了农活"。50（含）—60岁被访农民则认为，自然灾害是制约农业生产的最主要问题。例如，有农民反映，农业生产干旱问题严重且容易受洪涝、冰雹等其他自然灾害影响。

表11-2　不同年龄被访农民对制约农业生产主要问题的认知

单位：%

	自然灾害	缺少土地	缺少劳动力	缺少资金	缺少设备	缺少技术	基础设施不完善	销售难	政策限制
40岁以下	21.7	17.4	52.2	15.2	8.7	15.2	6.5	6.5	0
40（含）—50岁	21.4	20.0	44.3	18.6	7.1	7.1	4.3	7.1	2.9
50（含）—60岁	34.5	22.4	33.6	19.0	8.6	8.6	10.3	6.9	0.9
60（含）—70岁	33.3	15.7	38.0	13.0	4.6	7.4	13.0	3.7	5.6
70岁及以上	29.5	16.4	42.6	11.5	1.6	4.9	11.5	0	0

（三）不同年龄被访农民对农业生产所需帮助存在差异化表达

对于"您家在农业生产方面最需要什么帮助"这一问题，不同年龄被访农民的看法存在差异。其中，年轻人认为农业生产最需要的帮助是技术指导和提供机械化设备，如"目前农民种田没有专业人员指导"，"想要适合山区的小型机械设备"。除了技术和设备，中年人还强调了农业生产基础设施的修建与完善，如"这里靠天吃饭，需要解决水源问题"，"希望把去山上的道路修好一点，这样去山上种地就方便一些"。老年人则认为，更需要农业劳动力的支持，如"自己年龄大了，体力跟不上"，"没有劳动力"。老年人对雇用劳动力经济成本的权衡，也暗含着其对无人种地的担忧，如"需要找人帮忙干活，但是花钱雇人太贵了"。

（四）不同年龄被访农民对产业兴旺的理解较多元

对产业兴旺的理解，不同年龄段被访农民的侧重点存在差异。其中，老年人更多从生计视角出发，认为产业兴旺要在村庄现有农业发展基础上发力，包括流转土地实现规模化经营、种植经济作物、提高农产品价格等。有老年人表示，"土地统一收回村集体，之后由大户来种植，农民获得土地租金"，"种植魔芋等经济作物"，"粮食有销路、价格高"，"本地没有别的，只能靠合作社种水果、药材"，"山上种的所有东西收成都好、收入最高，就是产业兴旺"。中年人对产业兴旺的理解则偏重结果导向，强调只要解决就业问题、增加收入，就算是产业兴旺。有中年人表示，"村内产业能够让人们有一份收入"，"村里有活干、老百姓有钱拿，就很好"，"只要让老百姓挣上钱就行"。除了农业，年轻人还将产业兴旺寄希望于村庄工业、旅游业的发展。有年轻人表示，"开工厂才能发展起来"，"需要靠第二产业辅助农业发展，以工业吸引家乡人建设"，"旅游业有前途，像坡下村发展旅游业，就能实现产业兴旺"。

（五）未来中国农业生产主要靠专业大户/家庭农场

被访农民很少认为未来中国农业生产依靠单一主体就可以实现。就选择比例来看，被访农民认为未来中国农业生产最主要靠专业大户/家庭农场，其次是小农户、合作社和企业（见表11-3）。从不同年龄农民的对比来看，除60（含）—70岁被访农民选择小农户的比例较高，其他年龄段被访农民皆认为专业大户/家庭农场是未来中国农业生产最主要的依靠主体。例如，有农民表示，"大户承包百亩地，便于推广技术、开展管理"，"要靠大户，因为小农户提高不了效率，挣不了钱"，"家庭农场有规划、规模大、收入高，散户小富即安，没有长远规划"。此外，值得注意的是，被访农民选择专业大户/家庭农场的比例随着年龄段的提高整体呈下降趋势。而在70岁及以上被访农民中，有20.3%表示不知道未来中国农业生产主要依靠谁，如"我也不知道要靠谁，等再过十年，村里就没人种地了，一个都没有"。可见，老年人对于未来"谁来种地"持较为悲观的态度。

表 11-3　不同年龄被访农民对未来中国农业生产依靠主体的认知

单位：%

	小农户	专业大户/家庭农场	合作社	企业	集体	其他	不知道
40 岁以下	30.4	52.2	37.0	39.1	28.3	4.4	8.7
40（含）—50 岁	28.2	38.0	19.7	23.9	21.1	4.2	9.9
50（含）—60 岁	28.0	36.4	18.6	22.0	10.2	7.6	17.8
60（含）—70 岁	29.7	27.9	27.9	18.0	21.6	11.7	12.6
70 岁及以上	21.9	32.8	18.8	14.1	17.2	12.5	20.3

（六）乡村产业发展主要靠政府

被访农民认为，乡村产业发展最主要靠政府，其次是村干部/村集体、外来企业/外来投资者。这说明，农民认为政府最应该承担起发展乡村产业的重任。具体来看，除 40（含）—50 岁被访农民选择外来企业/外来投资者的比例最高，其他年龄段被访农民皆认为政府是乡村产业发展最主要的依靠主体。例如，有农民表示，"政府能出台有利于农民的政策"，"村里没啥资金，政府支持才能振兴"。此外，从整体来看，各年龄段被访农民选择外来企业/外来投资者的比例均较高，但这一比例随着年龄段的提高呈下降趋势。一些年长的被访农民对于外来企业/外来投资者参与乡村产业发展持较为谨慎和警惕的态度。另外，不少被访农民表示，乡村产业发展要靠政府、外来企业/外来投资者、村干部/村集体、村民等几类主体共同推动，如"农村经济条件差，需要外来企业和投资者投资，村里领导和带动村民，村民有积极性之后去做事情"。

四　不同年龄农民视角的生态宜居

（一）年轻人对村庄生产环境、居住环境的满意度偏低

近 7 成被访农民认为，村庄的生产活动没有带来任何环境问题。这说明，被访农民对于村庄的生产环境整体上是比较满意的。但相较而言，年轻人的满意率最低，表示满意（认为没有环境问题）的比例仅为 58.7%。

相较于生产环境，被访农民对村庄居住环境的满意率普遍偏低。从不同

年龄农民的对比来看，年轻人的满意率最低。具体来看，59.4%的被访农民对村庄居住环境表示满意，但年轻人的满意率仅为47.6%（见图11-1）。被访农民对生产环境与居住环境的满意率存在差异，是因为相较于生产活动所导致的环境问题，居住环境的好坏更容易被农民感知到，而且农民本身更在意自身的居住环境。至于被访农民对生产环境和居住环境的满意率存在年龄差异，是因为年轻人的环保意识往往强于中老年人，对村庄环境问题更为敏感。

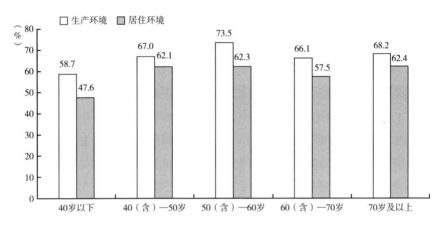

图 11-1　不同年龄被访农民对村庄生产环境、居住环境的满意率

（二）不同年龄被访农民对生态宜居的理解较多元

对于"怎样才算是生态宜居"，老年人强调村庄环境干净整洁、无污染。例如，有老年人表示，"生态宜居就是搞好卫生和绿化"，"注意卫生，不乱焚烧，不乱扔垃圾"，"没有污染，天蓝蓝的，水清清的，山绿绿的"。中年人则非常关注村庄基础设施建设与改善，认为生态宜居体现在村庄房屋规划、道路修缮和供水维护等方面。例如，有中年人表示，"生态宜居的面很广，但对于老百姓来说，生态宜居就是基础设施改善，老百姓有住的、有看的、有玩的"，"村庄规划好，实行小区式管理，整齐协调"，"道路硬化好，晚上出门有路灯"，"自来水供水设施有人维护，用水便利"。此外，年轻人对生态宜居有着更为多元的理解与想象。例如，有年轻人表示，"当前村庄已经达到干净整洁、令人满意的状态，希望村庄未来能够更加美丽，而且还

要赋予环境文化元素，使环境和文化结合在一起"，"最好能像城市那样有公园，自己忙完之后可以走一走、玩一玩"，"建设废物利用、资源回收的产业链"。

（三）生态环境治理与改善依靠村民、村干部和政府三者协同

被访农民认为，村庄生态环境治理与改善最主要靠村民、村干部和政府。这说明，农民认可自己在村庄生态环境治理与改善中的重要角色，同时认为村干部和政府应该在村庄生态环境治理与改善中发挥重要作用。从不同年龄农民的对比来看，70岁以下被访农民认为村民是最主要的依靠主体，如"这是村民自己的事情"，"靠大家一起来维护"，"人人都是村庄的一分子"。70岁及以上的老年人则认为村干部是最主要的依靠主体，如"老人家干不动，所以得靠村干部"。另外，就趋势而言，越年轻的被访农民，越认为村民是最主要的依靠主体（见表11-4）。这说明，年轻人在村庄生态环境治理与改善方面的主体意识更强。此外，不少被访农民认为村庄生态环境治理与改善要靠村民、村干部和政府相互配合、各司其职。例如，有农民表示，"村民、村干部、政府各三分之一，村民维护环境，政府给人、钱、物，村干部领导"。

表11-4　不同年龄被访农民对村庄生态环境治理与改善依靠主体的认知

单位：%

	村民	企业、投资者	村干部	政府	社会组织	其他
40岁以下	71.4	7.9	55.6	42.9	7.9	1.6
40（含）—50岁	62.1	6.8	53.4	54.4	6.8	1.0
50（含）—60岁	57.0	4.0	50.3	45.7	2.0	2.7
60（含）—70岁	56.7	4.7	52.0	48.0	3.9	1.6
70岁及以上	45.9	3.5	60.0	49.4	1.2	4.7

五　不同年龄农民视角的乡风文明

（一）老年人的休闲娱乐活动单一匮乏，对公共活动的参与度低

尽管不同年龄被访农民在休闲娱乐活动方面呈现较大差异，年轻人偏向

于玩手机，老年人则倾向于看电视，但不同年龄被访农民的休闲娱乐活动整体较为单一、匮乏，对广场舞等公共活动的参与度低。具体来看，年轻人玩手机比较频繁，且被访农民玩手机的频繁程度随年龄段的提高呈下降趋势。相较于其他年龄段，老年人看电视更为频繁。对于老年人来说，电视是获知外部信息、休闲娱乐的重要手段。此外，不管是读书看报，还是广场舞等文艺活动，各年龄段被访农民的参与比例都比较低。另外，各年龄段被访农民平时旅游参观的频率也比较低，其中50岁及以上不同年龄段被访农民皆有超过半数从未旅游参观。这说明，被访农民尤其是老年人的物质和精神文化活动水平尚未达到较高层次，对休闲娱乐活动的参与呈现层次较低、相对匮乏的特征。

（二）中老年人更看重村庄公共文化设施建设

在村庄公共文化设施及文化建设活动方面，被访农民认为最有必要建设公共文化设施，其次是开展民主法治教育活动和公共文艺活动。从不同年龄被访农民的对比来看，中年人和老年人皆认为建设公共文化设施是最有必要的，"现在的广场太小了，设备不齐全"，"希望丰富文化形式，让年轻人和老人都有活动项目"，"希望加强建设，让公共空间成为村民聊天、传播信息的地方"。年轻人则认为，开展民主法治教育活动最有必要，因为"普法宣传能够提升村民素质"，同时希望这类活动"不要太形式主义，要务实一些"。

（三）中年人对村庄公共文化设施与文化建设活动的使用率、参与率和满意度最高

被访农民使用率/参与率最高的三项村庄公共文化设施及文化建设活动依次是民主法治教育活动、思想政治教育活动和节日或民俗活动。从不同年龄被访农民的对比来看，40（含）—50岁被访农民对多项村庄公共文化设施的使用率及对文化建设活动的参与率最高，其中包括"公共文化设施""节日或民俗活动""公共文艺活动""民主法治教育活动"等。这说明，作为村庄中坚力量，这一年龄群体使用村庄公共文化设施和参与文化建设活动的积极性最高。另外，40（含）—50岁的中年人对多项村庄公共文化设施及文化建设活动的满意度也是最高的，其中包括"公共文化设施""节日或民俗活动""公共文艺活动"等。

（四）乡风文明建设活动偏好呈现新老代际冲突

在乡风文明建设活动方面，被访农民认为家风建设最有必要，其次是移风易俗。从不同年龄被访农民的对比来看，50岁及以上被访农民认为家风建设最有必要，表示"家风建设可以用来教育年轻人"，"这些传统的东西不能丢"，"评比活动有助于弘扬良好风气、塑造积极向上的氛围"。50岁以下被访农民则认为移风易俗最有必要。而且，被访农民越年轻，越认为移风易俗有必要，因为"老年人的传统思想需要改变"，"一些观点是有危害的，如重男轻女，移风易俗有助于改变老年人的这些错误思想和观念"，而且"陈规陋习本身会造成浪费"，"人情钱、份子钱每年太多，对农民没有好处"。从不同年龄被访农民对乡风文明建设活动的偏好中，可以看到老年人与年轻人之间存在思想上的潜在冲突。一方面，老年人希望通过家风建设活动，弘扬孝老敬老的风尚，以此实现对年轻人的教化；另一方面，年轻人更强调移风易俗，以此消除老年人的传统陋习与错误观念。

（五）不同年龄农民对乡风文明的理解较多元

各年龄段被访农民对乡风文明的理解，皆从村庄、家庭和个人这三个维度出发进行阐述。其中，在村庄层面，关注村庄风气以及村民之间的关系。例如，有农民表示，"乡风文明就是民风淳朴，乡里乡亲的关系都很好，互帮互助"，"避免赌博等不良风气"，"邻里之间能和平相处，相互理解、相互照应"。在家庭层面，强调家庭成员之间的关系。例如，有农民表示，"没有家庭暴力"，"家庭和睦，婆媳、夫妻关系处好了，乡风自然文明了"。在个人层面，强调农民自己的文化素质与行为举止。例如，有农民表示，"只要大家都有礼貌，不打架、不骂人，那么就是乡风文明了"，"文明很简单，就是不要随地吐痰、不要乱扔果皮纸屑"。此外，中年人还强调村庄公共文化设施的建设与公共文化活动的开展，认为乡风文明就是"在村中多提供一些健身设备，供老年人转转、遛弯"，希望"村里搞些文化娱乐活动，丰富百姓生活"，希望"多搞点放电影等文艺活动，减少打架、赌博行为"。

（六）乡风文明主要依靠村民、村干部和地方政府，其中年轻人的主体意识更强，老年人则更依赖村干部

各年龄段被访农民均认为，实现乡风文明最主要靠村民、村干部和地

方政府（见表11-5）。这说明，被访农民对于自己在乡风文明建设中的重要作用具有一定的认知。此外，村干部和地方政府在乡风文明建设中也被寄予厚望。具体来看，60岁及以上被访农民多认为村干部是实现乡风文明的主要依靠主体。例如，有农民表示，"在20世纪80年代，存在很多婆媳矛盾，经常会闹到村委会。当时刚刚上任的村书记就有那股子劲，他不管面对的是不是老人，就看事情到底是谁的错。如果是老人的错，他也敢指着鼻子骂他/她。就是这样一步步地，村里的风气才变好了"，"村干部要多宣传，做好村庄风气的引导工作"。60岁以下被访农民则大多认为，村民是实现乡风文明的主要依靠主体。这说明，中青年农民在乡风文明建设方面的自觉性和主体性意识更强。例如，有农民表示，"文明靠大家，村民每个人的改变是文明基础"，"最主要的就是村民，只有村民才是村里的主人"。此外，不少被访农民认为，乡风文明要靠村民、村干部和地方政府三类主体共同实现，其中地方政府和村干部负责规划和引导，村民积极参与并保持自觉性。例如，有农民表示，"村干部和地方政府负责规划，不然村民不知道该怎么做，但是光规划、村民不参与，也是不行的"，"政府号召，村干部宣传，村民自己增强意识"。

表11-5　不同年龄被访农民对乡风文明依靠主体的认知

单位：%

	村民	乡贤、文艺能人	村干部	地方政府	企业、投资者	社会组织	其他
40岁以下	79.4	17.5	52.4	33.3	7.9	12.7	11.1
40（含）—50岁	68.9	8.7	51.5	37.9	4.9	5.8	5.8
50（含）—60岁	70.2	6.0	49.0	23.2	2.0	2.0	5.3
60（含）—70岁	58.7	7.9	61.9	37.3	3.2	2.4	4.8
70岁及以上	53.0	7.2	59.0	37.4	2.4	0	7.2

六　不同年龄农民视角的治理有效

（一）老年人对村庄活动或事务的参与率最高

在村庄活动或事务方面，各年龄段被访农民对村干部选举的参与率都最高，其次是村民会议（见表 11-6）。从整体来看，越年轻的农民，在村庄活动或事务方面的参与率越低。此外，就不同村庄活动或事务来看，在村干部选举方面，50 岁及以上被访农民的参与率较高；在村民会议方面，40 岁及以上不同年龄段被访农民的参与率普遍高于 40 岁以下被访农民；在村庄发展规划讨论、村规民约制定和村务监督方面，各年龄段被访农民的参与率普遍不高，但总体上 60 岁及以上老年人的参与率高于中青年群体。

表 11-6 不同年龄被访农民对村庄活动或事务的参与情况

单位：%

	村干部选举	村庄发展规划讨论	村规民约制定	村务监督	村民会议	以上都没有
40 岁以下	73.0	11.1	4.8	9.5	33.3	23.8
40（含）—50 岁	76.7	17.5	14.6	13.6	42.7	21.4
50（含）—60 岁	84.1	15.9	12.6	12.6	42.4	13.9
60（含）—70 岁	86.6	19.7	17.3	15.8	40.2	11.0
70 岁及以上	85.9	21.2	18.8	14.1	43.5	10.6

（二）年轻人对村庄治理各项事务的满意度偏低

不同年龄段被访农民对村庄治理工作的满意度存在差异。年轻人的满意度略低于其他年龄群体，老年人则有更高比例表示不了解。具体来看，在土地开发、流转、征用等方面，年轻人表示"一般"的比例较高，中年人和老年人表示"满意"的比例最高。在集体资产经营管理/发展集体经济方面，年轻人的满意度低于中年人，老年人表示不了解这一事项的比例最高。在村务管理、公开、决策以及村庄选举方面，各年龄段被访农民的满意度相差不大，皆普遍表示满意。

（三）老年人对村内党员的满意度偏低

被访农民认为，村内党员最主要发挥了"在村庄发展中做表率"的作用，其次是"宣传国家政策"的作用。具体来看，各年龄段被访农民选择村内党员"在村庄发展中做表率"的比例均是最高的，说明被访农民对于党员在村庄发展中发挥先锋模范带头作用的认可度比较高。此外，被访农民对于党员"在村庄发展中做表率"的选择比例随年龄段的提高呈下降趋势。这说明，老年人对村内党员这方面表现的满意度低于年轻人。

（四）不同年龄被访农民普遍对村干部抱有很高期望

各年龄段被访农民普遍对村干部在村庄治理中的角色抱有很高期望。具体来看，在改进村庄治理工作方面，被访农民普遍认为最应该加强"有能力的村干部选拔"，其次是"贤能人才作用发挥"和"村民道德修养提升"。此外，各年龄段被访农民对于"怎样才算是治理有效"的回答，皆聚焦村干部作用的发挥，但侧重点不同。具体来看，被访农民普遍看重村干部"办事公平公正、不谋私利"和"带领群众致富"的表现与能力。而针对这两个方面，不同年龄被访农民存在不同偏好，其中 50 岁以下被访农民最看重村干部"带领群众致富"的能力，如表示"村书记有头脑，能带领大家挣钱"，希望"村干部发挥带头作用，组织起群众，带领大家力往一处使"；而 50 岁及以上被访农民更偏重村干部"办事公平公正、不谋私利"的表现，如表示希望"村干部办事公平公正，没有私心"，希望村干部"公平公正传达实施政策，多听民意"。

（五）不同年龄被访农民普遍认为治理有效主要依靠村两委

被访农民认为，实现村庄治理有效的最主要依靠主体是村两委，其次是政府、村民。就不同年龄段被访农民的选择而言，选择村两委的比例皆是最高的（见表 11-7）。例如，有农民表示，"村两委是最重要的，是村庄的领头人"，"村干部更熟悉村民，说话公道一些，能够帮助村民调解矛盾纠纷"。这说明，被访农民非常认可村两委在村庄治理中的作用。另外，被访农民对村民这一主体的选择比例随着年龄段的提高呈下降趋势。这说明，老年人对村民在村庄治理有效中发挥重要作用的认可度低于年轻人。例如，有老年人表示，"靠村两委和政府就行了，因为这就是它们的事"，"村民只会做体力劳动，帮不上什么忙"。此外，不少被访农民认为治理有效要依靠村两委、政府、村民和党员等多元主体协作配合。例如，有农民表示，"村民要参与，村两委带好头，党员做好表率，上级政府领导好、出台好政策"。

表 11-7　不同年龄被访农民对村庄有效治理依靠主体的认知

单位：%

	村民	村两委	党员	乡村贤能人才	政府	驻村工作队、帮扶单位等	企业、投资者	村庄各类协会及村民互助组织	其他
40 岁以下	52.4	76.2	22.2	15.9	54.0	19.1	17.5	15.9	6.4
40（含）—50 岁	35.9	79.6	12.6	9.7	44.7	6.8	9.7	3.9	2.9
50（含）—60 岁	33.1	74.8	16.6	9.9	39.1	7.3	4.6	1.3	3.3
60（含）—70 岁	29.1	79.5	22.1	11.8	40.2	11.0	6.3	1.6	7.1
70 岁及以上	28.2	71.8	15.3	11.8	40.0	4.7	1.2	1.2	11.8

七　不同年龄农民视角的生活富裕

（一）不同年龄被访农民对家庭收入的预期与个体生命历程相关

各年龄段被访农民认为自家经济条件在村里处于中间水平的占比均最高。但对于未来三至五年的家庭收入预期，各年龄段被访农民的态度相差较大。其中，50 岁以下被访农民中认为家庭收入"会继续增长"的占比较高，这说明相对年轻的群体对于家庭生计比较有信心。50（含）—60 岁被访农民则主要认为家庭收入"不稳定，难以预判"或者"会保持稳定"。这可能是因为这一年龄段农民随着年龄的增长，从事生产经营愈发力不从心，因此对家庭收入预期较为悲观和迷茫。60 岁及以上被访农民则多数认为自己家未来收入"会保持稳定"，这可能是因为老年人已经较少或者不从事生产活动，因此他们认为未来家庭收入不会有太大波动。

（二）年轻人对自己目前生活状态较为不满

被访农民对自己目前生活状态表示满意的占比较高（55.8%），其次为"一般"（24.4%）。从不同年龄被访农民的对比来看，40 岁及以上不同年龄段被访农民中对自己目前生活状态表示"满意"的占比均最高，但 40 岁以下被访农民主要认为自己目前生活状态"一般"。由此可见，尽管年轻人对未来家庭收入预期更有信心，但是对目前生活状态较为不满。

（三）高龄老年人对养老现状的满意度更高

关于对养老现状的满意度，调研对象聚焦 60 岁及以上的老年人，即 60（含）—70 岁和 70 岁及以上这两个年龄段群体。尽管这两个年龄段的老年人对养老现状各方面都比较满意，但相较而言，70 岁及以上高龄老年人的满意度更高。具体来看，在物质生活条件/经济支持方面，两个年龄段被访农民中表示满意（包括非常满意和满意）的分别占 65.9% 和 77.1%；在生活上的照料方面，两个年龄段被访农民中表示满意的分别占 67.5% 和 78.3%；而在情感和精神需求的满足方面，两个年龄段被访农民中表示满意的占比相差不大，分别为 75.4% 和 78.3%。

（四）不同年龄被访农民普遍偏好家庭养老方式

在养老方式的选择偏好方面，调研对象覆盖全部年龄段。各年龄段被访农民均最希望自己能够"居家生活（没有上门养老服务）"，其次则是"居家养老（有上门养老服务）"，对机构养老和社区互助养老的选择比例远远低于上述两项。这说明，不管是年轻人还是老年人，均偏好以家庭为单位的养老模式，对家庭之外的养老方式接受度较低。这也提醒我们，在解决农村养老问题方面，不宜过于简单直接地推行机构养老或社区养老，而是应该在尊重老年人意愿的前提下，探索更符合老年人需求的多样化养老照护模式。

（五）不同年龄被访农民对村庄公共设施和服务的关注点不同

被访农民最关心的村庄公共设施和服务是医疗卫生，其次是交通、农村教育。从不同年龄被访农民的对比来看，50 岁以下的被访农民最关心农村教育，这是因为这一年龄段农民的子女正处于学前教育、九年义务教育或高中/中专/职高等中等教育阶段，他们十分关注子女的教育质量问题。50（含）—60 岁的被访农民则最关心村庄交通，这是因为这一年龄段农民常年在村，不管是开展生产还是日常出行，对便利交通的需求程度都比较高。60 岁及以上的老年人则最关心医疗卫生，这是因为这一群体处于老年阶段，身体状况相对较差，对看病就医的需求程度较高。

（六）老年人对生活富裕的理解更朴素，年轻人则更看重物质、精神需求的双重满足

对生活富裕的理解，各年龄段被访农民均着眼于家庭成员的健康、物质层面的丰裕以及基础设施和服务的满足。其中，物质层面的需求表现为"赚很多钱""有存款""有房有车"等，基础设施和服务的满足则主要涉及教育、医疗和养老等内容。从不同年龄被访农民的对比来看，老年人对生活富裕的理解更为朴素，如表示"钱没有多与少，有吃有喝就行"；其他年龄段被访农民则更为关注物质、精神需求的双重满足，如表示"生活富裕就是物质上想买啥买啥，精神上每天都有好状态"，"生活富裕首先是要在物质上有基本保障，但更重要的是精神上要富裕。当前贫富差距很大，给当代人带来了很大的心理落差。所以现在很重要的是，要让当代人尤其是当代年轻人找到自己的人生价值和生命价值。生活富裕，就是物质和精神两个方面，缺一不可"。

八 结论与建议

本研究从年龄视角切入，考察乡村振兴背景下不同年龄农民的生产生活状态以及他们对乡村振兴的理解、需求和行动意愿。

在产业兴旺方面，随着村庄老龄化现象日益严峻，未来"谁来种地"危机正在浮现。不少老年人正在减少粮食种植面积。各年龄段被访农民皆认为，缺少劳动力是制约农业生产的最主要问题，老年人则表示农业生产最需要的便是劳动力支持。此外，被访农民普遍认为未来农业生产最主要依靠专业大户/家庭农场，但不少老年人表示不知道未来依靠谁，对未来农业生产较为悲观。对产业兴旺的理解，老年人主要从生计视角出发，认为应该在村庄现有农业发展基础上发力；中年人则偏重结果导向，强调解决就业、增加收入；年轻人则寄希望于村庄工业、旅游业的发展。这启示我们，在粮食生产方面，政府应出台相关政策，提高农民粮食种植的补贴标准，激发年轻农民的种粮积极性。另外，通过农技推广、组织农机社会化服务等方式，从各个方面改善农业生产经营条件、提升农民的农业生产经营能力，以增加农业对农民的吸引力。此外，可以通过在村庄发展非农产业，为农民提供更多就

业机会。

在生态宜居方面，被访农民对村庄居住环境的满意度低于生产环境，年轻人的满意度低于中老年人。此外，对生态宜居的理解，老年人强调村庄环境干净整洁、无污染，中年人关注村庄基础设施建设与改善，而年轻人对生态宜居有着更为多元的理解与想象。另外，年轻人在村庄生态环境治理与改善方面的主体意识更强。这启示我们，要建设生态宜居的美丽乡村，政策制定和落实必须紧紧围绕农民的迫切需求，尤其要关注农民的居住环境，"让广大农民在乡村振兴中有更多获得感、幸福感"（习近平，2018）。此外，生态宜居建设应充分发挥年轻人在村庄生态环境治理与改善中的主体意识和自觉性，注意调动中老年人的积极性，以回应农民的多样化需求。

在乡风文明方面，老年人的休闲娱乐活动单一匮乏、公共活动参与度低。与之相对，40（含）—50岁农民对村庄公共文化设施的使用率和对文化建设活动的参与率和满意度最高。此外，中老年人强调村庄最有必要加强公共文化设施建设。年轻人在乡风文明建设方面的自觉性和主体性意识更强，老年人则将乡风文明建设归为村干部的分内之事。另外，在乡风文明建设活动方面，崇尚家风建设的老年人与倡导移风易俗的年轻人之间，存在潜在的代际冲突。这启示我们，在乡风文明建设方面，除了要加强村庄公共文化设施建设，为农民提供文化活动场所，还应充分发挥村庄年轻人、中年人的主动性和积极性，使其带动其他年龄农民尤其是老年人积极创造、参与村庄公共文化活动，丰富农民的闲暇生活，推进村庄乡风文明建设的整体进程。此外，乡风文明建设活动的开展，也应注意化解或规避老年人与年轻人之间的潜在观念冲突。

在治理有效方面，年轻人对村庄活动或事务的参与度较低，且对土地开发、流转、征用等以及集体资产经营管理/发展集体经济等村庄治理工作的满意度较低。然而，年轻人对村内党员的满意度高于中老年人。此外，农民普遍对村干部抱有很高期望，其中年轻人更看重村干部带领群众致富的能力，中老年人则偏重村干部办事公平公正、不谋私利的表现。尽管农民普遍认可村两委在治理有效方面发挥的作用，但是年轻人的自我主体意识更强。这启示我们，实现治理有效，必须充分调动村庄年轻人的参与积极性，在广泛听取年轻人需求与建议的同时，积极吸收青年治理人才进入村两委班子，充分发挥年轻人在治理方面的智识与才能，助推乡村治理现代化。

在生活富裕方面，年轻人对家庭未来生计安排更有信心，但对自己目前生活状态较为不满；中老年人则对自己目前生活状态表示满意。此外，老年人尤其是高龄老年人对养老现状表示满意。在养老意愿方面，农民普遍偏好家庭养老方式。另外，在村庄公共设施和服务方面，50岁以下农民最关心农村教育，50（含）—60岁农民最关心村庄交通，60岁及以上老年人则最关心医疗卫生。在对生活富裕的理解方面，老年人的理解更为朴素，年轻人则强调物质和精神需求的双重满足。这启示我们，生活富裕的实现，要求各地必须围绕不同年龄农民差异化的迫切需求，加快推进村庄公共基础设施建设和公共服务供给，满足农村广大人民群众对美好生活的向往与追求。

12
不同文化程度农民视角的乡村振兴

  农民既是乡村振兴的受益者，又是乡村振兴的主要参与者。坚持农民主体地位、充分尊重农民意愿、维护农民根本利益，是乡村振兴战略实施的基本原则之一。不同文化程度农民之间在就业和收入、资源利用、政治和社会参与等多方面的差异，会导致他们对乡村振兴的认识、态度与需求不同。此外，人力资本是实现经济持续增长的重要动力。农民对乡村资源禀赋和社会生活状况最为了解，是乡村振兴的主要参与者，是人才振兴的重要对象。习近平总书记曾提出，"要推动乡村人才振兴，把人力资本开发放在首要位置，强化乡村振兴人才支撑，加快培育新型农业经营主体，让愿意留在乡村、建设家乡的人留得安心，让愿意上山下乡、回报乡村的人更有信心，激励各类人才在农村广阔天地大施所能、大展才华、大显身手"（《人民日报》，2018），指明了在乡村振兴过程中，需要依据人力资源禀赋的差异，充分发挥不同类型农民的作用。因此，如何协调和充分满足不同文化程度农民在乡村振兴中的差异化需求，并调动其积极性，发挥其资源和能力优势，是推动农业全面升级、农村全面进步、农民全面发展目标实现的重点内容。

  目前，关于农民文化程度与乡村振兴的研究，主要有三种视角。第一种视角是将文化程度作为单一变量，研究文化程度对农民行为的影响，如探究文化程度对农民选择进城发展（李灿等，2021）、农业生产意愿（张斌等，2021；吴易雄，2016）、关注农村环境治理程度（黄森慰等，2017）、长期健康投资意愿（陶娅等，2021）、返乡创业意愿（王轶等，2020）、社会治理参与行为（张翠娥等，2016）、回流乡村意愿（黄敦平、方建，2021）等的影响。第二种视角是延续以西奥多·舒尔茨和罗伯特·卢卡斯为代表的人力资本理论，将文化程度视为人力资本的核心变量，探究文化程度对经济增长的影响，如探究文化程度对农业产值的拉动（楼俊超、刘钊，2020）、文化程度对农民家庭收入的影响（夏玉莲、张园，2018）、文化程度与农业技术进步的关系（刘皇、周灵灵，2022）。第三种视角是在人力资本理论的基础上，从人才振兴的角度，探究开发乡村人力资本、助力乡村振兴的实践困境（周晓光，2019）、动力机制（李卓等，2021）和政策路径（孙柏瑛、齐子鉴，2021）等。以上研究视角，一是多从单一视角出发，探究文化程度对农民某一行为或生活状况的影响，在一定程度上缺乏从整体视角对不同文化程度农民对乡村振兴战略总体认识和认知差异的研究；二是多从乡村外部视角出发提出观点，在一定程度上缺少农民对乡村振兴的理解与需求，并且多是宏观理论研究，在一定程度上缺乏微观层面深入的实地调查。因此，本研究基于实地调研，分析和论述不同文化程度农民对产业兴旺、生态宜居、乡风文明、治理有效、生活富裕五个方面的理解、需求和行动，为协调和调动不同文化程度农民参与乡村振兴提供参考。

一　不同文化程度农民对乡村振兴的认知

本研究共访问 529 位农民。其中，未上过学的农民 63 人，占 11.9%，主要是 60 岁及以上老年人，以务农为主，以本地打零工为辅，在村生活时间最长，属于典型的小农户。小学及以下文化程度 169 人，占 31.9%，年龄大多在 50 岁及以上。其中，女性大多负责农业生产和照顾家庭；男性在农业生产之外，还会选择从事建筑业、矿业等体力劳动，但部分男性农民因受到年龄等限制而被迫返乡，生计压力较大。初中文化程度 188 人，占 35.5%，年龄集中在 50 岁左右。其中，女性以本地工厂务工为主；男性大多选择省内外地或者跨省务工，部分留在本地的男性成为生产大户或小商铺、农家乐等的经营者。高中/中专/职高文化程度 86 人，占 16.3%，年龄集中在 30—50 岁，主要从事兼业或非农工作。其中，在村农民以村干部、村医、退休教师/职工、村庄工厂/作坊经营者、饭店经营者为主，他们大多数有外出工作经历，掌握相关技能，有相对稳定的收入来源，返乡后成为村庄精英。大专及以上文化程度 23 人，占 4.3%，主要包括退休干部、大学生、乡村教师和村干部。除村干部和乡村教师外，他们大部分工作和生活在城市，不从事农业生产，仅放假或退休后回农村短暂生活。由此可见，不同文化程度农民在生计类型、生活环境、在村时间上都有较大的差异。

（一）对乡村振兴的了解

63.1%的被访农民表示听说过乡村振兴，且随着文化程度的提升，听说过乡村振兴的比例逐渐升高。未上过学的被访农民听说过的比例最低，仅为41.3%；大专及以上文化程度的被访农民听说过的比例最高，达87.0%。被访农民通过多渠道获知乡村振兴信息，电视是最普遍的途径，其次是村委宣传和网络（手机/电脑）。初中及以下文化程度农民主要通过电视和村委宣传获知乡村振兴信息，初中以上文化程度农民除了通过电视和村委宣传，还通常通过网络（手机/电脑）获知乡村振兴信息。除此之外，也有农民通过收音机、报纸、亲友邻里交流等方式获知乡村振兴信息。高中及以上文化程度农民通过网络（手机/电脑）、报纸获知乡村振兴信息的比例明显高于初中及以下文化程度农民，而未上过学和小学及以下文化程度农民通过亲友邻里交流获知乡村振兴信息的比例均高于初中及以上文化程度农民，表明文化程度高的农民通过现代化媒介方式获知乡村振兴信息的可能性更高（见表12-1）。

表 12-1　不同文化程度被访农民获知乡村振兴信息的途径

单位：%

	电视	收音机	报纸	网络（手机/电脑）	村委宣传	亲友邻里交流	其他
未上过学	50.0	3.9	0	11.5	34.6	19.2	7.7
小学及以下	59.8	1.2	0	14.6	41.5	20.7	3.7
初中	66.2	2.2	2.9	39.0	42.7	9.6	7.4
高中/中专/职高	55.7	4.3	7.1	50.0	44.3	14.3	14.3
大专及以上	45.0	0	20.0	40.0	30.0	10.0	15.0

（二）对乡村振兴的理解

不同文化程度农民对乡村振兴的理解，既有共性，又有差异。共性在于他们对乡村振兴的理解都包含发展茶叶种植、养殖、果树种植等经济价值高的特色产业，优化生态环境，改善基础设施，实现治理有效。不同的是，小学及以下文化程度农民更多从土地政策改革、乡村旅游发展、乡村数字化和网络化发展、农民实现在村就业等乡村物质层面提升与发展的角度理解乡村振兴，如"旅游业搞得好，人来得多，坐在家里赚钱"，"数字乡村，设备提升，健康医疗设施完善（体检和养生），老年活动中心与共享食堂"；初中文化程度农民强调乡村振兴不仅包含物质层面的丰富，还包含精神层面的富裕，如"脱贫攻坚是解决吃住等日常问题，让基本的生活得到保障，乡村振兴解决的是吃穿住行的更高层次，包括外出游玩、精神追求"；高中及以上文化程度农民更倾向于从城乡差距的视角来理解乡村振兴，认为乡村振兴就是要像城市一般建设农村，让农民享受与城市居民相同的公共服务和生活，如"像城市工人一样，可以有退休金"，"和城市差不多，尤其是在教育、医疗、文化、娱乐方面"。

总之，随着文化程度的提升，农民了解乡村振兴的途径更多元，对乡村振兴内涵的理解也从物质层面的提升延伸至精神层面的丰富和城乡差距的缩小。

二　不同文化程度农民视角的产业兴旺

（一）制约农业生产和其他乡村产业发展的问题

69.9%的被访农民表示，缺少劳动力和自然灾害是制约农业生产的最主要问题。不同的是，当被问及在农业生产方面最需要什么帮助时，初中及以上文化程度农民更倾向于获得土地集中化、农产品销售、农业技术指导和机械设备使用等方面的帮助。随着文化程度的降低，选择增加土地面积的被访农民占比逐渐升高。这说明，农民文化程度越高，越认识到科学技术和设施设备对提高农业生产效率的重要性，越倾向于采取规模化经营和技术创新等现代农业生产方式提高农业生产效率，而文化程度低的农民更关注通过增加土地面积来增加农业收入。对于农业之外的其他乡村产业，资金投入紧张和市场风险大是不同文化程度农民面临的较为普遍的问题。不同的是，初中以下文化程度农民面临的最大问题是就业机会少。这一类农民常以雇工的身份参与到建筑业、服务业中，非农收入缺乏稳定性，因此他们希望政府提供更多就近就业的信息。初中文化程度农民从事的其他乡村产业以零售业为主，此类群体面临的最大问题是资金周转困难。高中及以上文化程度农民面临的最大问题是市场风险大。这是因为，相对于其他文化程度农民，他们从事服务业和其他产业的比例更高，受市场波动的影响更大，他们希望政府提供相应的政策补贴和销售渠道支持。

（二）产业兴旺的依靠主体

被访农民认为，乡村产业发展主要依靠政府、村民、村干部/村集体、外来企业/外来投资者。其中，选择政府的农民最多，占45.5%。不同文化程度农民在依靠主体的选择上，并未呈现明显的差异。但随着文化程度的提升，选择依靠本地能人、返乡人员、外来企业/外来投资者的比例整体呈现上升趋势，且大专及以上文化程度农民认为最应该依靠外来企业/外来投资者（见表12-2）。具体来看，文化程度较高的农民认为，本地能人、返乡人员、外来企业/外来投资者等主体相较于普通农民家庭，更有能力和意愿发展规模农业，是未来农业发展的主力军，可以积极引导和带动农民，且产业兴旺必须依靠这些主体提供资金、技术、销路和智力支持。这说明，随着文化程度的提升，农民对本地能人和外来企业/外来投资者等精英的认可度有所提高，他们更加期待通过精英带动，实现乡村产业发展。

表12-2 不同文化程度被访农民对乡村产业发展依靠主体的认知

单位：%

	村民	本地能人	返乡人员	外来企业/外来投资者	村干部/村集体	政府	其他
未上过学	25.4	14.3	1.6	28.6	42.9	49.2	17.5
小学及以下	33.3	13.7	4.8	32.7	29.8	41.7	6.6
初中	28.7	18.1	9.0	34.6	36.2	40.4	10.6
高中/中专/职高	23.3	24.4	14.0	41.9	51.2	59.3	4.7
大专及以上	47.8	43.5	26.1	60.9	34.8	52.2	17.4

单独从农业产业的发展来看，对于"您认为未来中国农业生产主要靠谁"这一问题，随着文化程度的提升，农民选择靠小农户的比例逐渐降低，

选择靠专业大户/家庭农场、合作社、企业等新型农业经营主体的比例整体逐渐提高。其中，未上过学和小学及以下文化程度农民认为最应该依靠小农户，初中及以上文化程度农民认为最应该依靠专业大户/家庭农场。这表明，文化程度的高低会影响农民对未来中国农业生产主要靠谁的判断，文化程度较低的农民倾向于传统的小农生产模式，而文化程度较高的农民倾向于规模化程度更高的专业大户/家庭农场模式（见表 12-3）。具体来看，文化程度较低的农民认为未来中国农业生产应该主要依靠小农户。一方面，他们认为相比于其他主体，小农户的外出机会更少，更有可能留在农村，成为农业生产的主力，是最稳定的生产者。例如，有农民表示，应该"靠小农户，老百姓出不去，只能种地，现在都是小户种粮，大户和企业不来村里"。另一方面，他们认为农业生产是小农户重要的生计来源，应该由小农户自己掌握主动权。例如，有农民表示，应该"靠小农户，靠别人都靠不上。农户没有地，就没有生存。就我自己来说，我是不想流转土地的"。文化程度较高的农民更倾向于专业大户/家庭农场、合作社、企业等新型农业经营主体。他们一方面认为目前种田的劳动力以老年人为主，未来无人种田，只能依靠合作社等主体；另一方面认为需要采取规模化、集中化农业生产模式，以提高农业生产效率。

表 12-3 不同文化程度被访农民对未来中国农业生产依靠主体的认知

单位：%

	小农户	专业大户/家庭农场	合作社	企业	集体	其他	不知道
未上过学	32.7	28.9	28.9	15.4	23.1	13.5	19.2
小学及以下	30.1	27.4	18.5	19.9	17.8	9.6	17.8
初中	30.0	39.3	21.4	22.1	15.7	7.9	10.0
高中/中专/职高	17.9	44.6	32.1	28.6	16.1	3.6	14.3
大专及以上	6.3	68.8	37.5	37.5	37.5	6.3	6.3

总之，文化程度低的农民更倾向于自给自足的传统小农生产模式，更关注通过增加土地面积来增加农业收入，认为未来中国农业生产的主体还是小农户；文化程度高的农民经营更多样的乡村产业，更关注科学技术和设施设备对提高农业生产效率的重要性，认为未来中国农业生产需要依靠

专业大户/家庭农场、合作社、企业等新型农业经营主体，以实现规模化、机械化发展。

三 不同文化程度农民视角的生态宜居

（一）对村庄环境的评价

67.9%的被访农民认为所在村庄没有环境问题，32.1%的被访农民认为所在村庄存在不同程度的水污染、土壤污染、大气污染等环境问题。从不同文化程度被访农民的对比来看，选择大气污染、废弃物污染比例最高的是大专及以上文化程度农民。此外，对于居住环境，未上过学的农民最不满意的是道路、生活用水、宽带、河堤等基础设施建设和管理，小学及以下文化程度农民最不满意的是垃圾处理，初中文化程度农民最不满意的是污水处理，高中及以上文化程度农民最不满意的是村庄美化/绿化/亮化。在大专及以上文化程度的农民中，26.1%对村庄美化/绿化/亮化不满意；而在未上过学的农民中，对此不满意的仅占6.4%。可见，文化程度越高，对村庄美化/绿化/亮化的不满意率越高。这表明，文化程度可以影响农民的价值观和对环境的认知（黄森慰等，2017）。文化程度越高的农民，对环境的关注度和要求越高。

（二）生态宜居的依靠主体

被访农民认为生态环境治理与改善主要依靠村民、村干部和政府，但未上过学的农民认为最主要靠村干部，小学及以下文化程度农民认为最主要靠政府，初中及以上文化程度农民认为最主要靠村民。这一结果显示，文化程度低的农民更倾向于依靠政府等外在力量，而文化程度高的农民更倾向于由农民自身担负村庄环境治理的主体责任。具体来看，选择村民的农民认为，环境卫生的维护需要依靠村民自觉，如"靠村民，个人习惯是长久问题"；选择村干部的农民认为，村干部是政策的主要落实者，需要发挥带头示范作用，如"靠村干部，村干部可进行一些规划，是具体事务的执行者"；选择政府的农民认为，环境卫生的维护需要政府出台政策，发挥引导和强制作用，如"政府不下政策，没有人干"。

总之，文化程度越高的农民，对生态环境的关注度和要求越高，越倾向于由农民自身承担环境保护的主体责任；文化程度越低的农民，则越倾向于依靠政府等外在力量建设乡村宜居环境。

四 不同文化程度农民视角的乡风文明

（一）农民休闲娱乐生活

本研究对玩手机、打牌打麻将、串门聊天、看电视、参加广场舞等文艺活动、读书看报、旅游参观等常见的农民休闲娱乐生活状况进行了调研，发现随着文化程度的提升，农民玩手机、读书看报、旅游参观的比例逐渐升高，看电视的比例逐渐降低。具体来看，关于玩手机，未上过学的农民中71.4%从不或很少玩手机，而大专及以上文化程度农民中60.8%经常或频繁玩手机；关于读书看报，未上过学、小学及以下、初中、高中/中专/职高、大专及以上文化程度农民经常或频繁读书看报的比例逐渐升高，依次为1.6%、1.8%、9.1%、20.9%和43.4%；关于旅游参观，被访农民旅游参观的频率整体较低，但随着文化程度的提升而升高；关于看电视，文化程度越高的农民，看电视的频率越低，未上过学的农民中55.6%经常或频繁看电视，大专及以上文化程度农民中60.9%很少或从不看电视。

（二）乡村公共文化活动

乡村公共文化设施的使用和文化建设活动的参与程度，是衡量乡风文明的重要指标。调研发现，初中及以上文化程度农民使用公共文化设施和参与文化建设活动的程度均高于初中以下文化程度农民；高中及以下文化程度农民使用公共文化设施的比例高于参与公共文艺活动的比例，而大专及以上文化程度农民参与公共文艺活动的比例高于使用公共文化设施的比例。这说明，高中及以下文化程度农民更加看重村庄的硬件设施建设，而大专及以上文化程度农民对公共文艺活动等具体活动的开展有更高的期待。此外，未上过学的农民参与最多的是思想政治教育活动，他们表示可以通过此类活动获取政策信息。这表明，文化程度低的农民，信息获取渠道较窄，村内宣传依旧是该群体获取信息的重要渠道。小学及以下、高中/中专/职高文化程度农民参与最多的是节日或民俗活动，他们认为此类活动有助于弘扬传统文化，形成热闹的节日氛围。初中文化程度农民参与最多的是民主法治教育活动，他们认为此类活动有助于提高村民法治观念，尤其应该加强防网络电信诈骗等法律常识教育。大专及以上文化程度农民参与最多的是其他集体活动，他们期待通过此类活动凝聚村民，增强集体意识。

（三）村庄社会风气

针对"您认为本村存在哪些不良风气或现象"这一问题，65.3%的被访农民表示本村村风较好，不存在不良风气或现象。从不同文化程度被访农民的对比来看，未上过学的农民选择本村不存在不良风气或现象的比例最高（71.0%），而大专及以上文化程度农民选择此项的比例最低（47.8%）。这说明，文化程度高的农民，对村庄社会风气的判断标准更高。此外，对于红白喜事大操大办，大专及以上文化程度农民选择此项的比例最高，达21.7%；未上过学的农民选择此项的比例最低，仅6.5%。这说明，文化程度的高低，影响农民对不良风气的认知。从访谈中也可以发现，文化程度低的农民认为红白喜事是农村的重要风俗习惯，是农民非常重要的人生仪式，政府不应该过多干预，农民依照自家财力操办是正常现象；而文化程度高的农民认为，红白喜事大操大办是一种浪费，不仅没有必要，还会导致互相攀比等不良风气，应该制止。

（四）乡风文明的依靠主体

对于"您认为要实现乡风文明主要靠谁"这一问题，不同文化程度的农民选择比例较高的前三项均是村民、村干部和地方政府。不同的是，随着文化程度的提升，农民认为乡风文明主要靠村民的比例整体逐渐提高。这说明，文化程度越高，农民的主观能动性越强，越能够认识和承担更多的村庄责任和义务。除此之外，随着文化程度的提升，农民选择乡贤、文艺能人的比例逐渐提高，26.1%的大专及以上文化程度农民选择了此项，未上过学的农民中仅有3.2%选择此项。这表明，文化程度高的农民，对乡贤、文艺能人等的了解程度和信任度高，认为他们应该在乡风文明中发挥示范带头作用，在乡村治理中发挥积极作用；而文化程度低的部分农民表示，乡贤、文艺能人等精英在一定程度上挤占了普通农民参与村庄文化活动和使用村庄公共文化设施的机会，所以文化程度低的农民选择主要靠乡贤、文艺能人的比例较低（见表12-4）。

表12-4　不同文化程度被访农民对乡风文明依靠主体的认知

单位：%

	村民	乡贤、文艺能人	村干部	地方政府	企业、投资者	社会组织	其他
未上过学	62.9	3.2	48.4	38.7	1.6	1.6	6.5
小学及以下	56.3	6.6	59.3	32.9	3.6	2.4	5.4
初中	69.2	8.5	50.5	25.5	4.3	4.3	6.9
高中/中专/职高	73.3	11.6	59.3	40.7	3.5	5.8	7.0
大专及以上	82.6	26.1	52.2	47.8	4.4	8.7	4.4

总之，文化程度高的农民，拥有更为丰富的文化娱乐生活，对村庄社会风气的要求更高，且自身的主观能动性更强，更倾向于通过村民自我约束，推动乡风文明的实现；文化程度低的农民，在公共文化活动上的参与度较低，对乡村传统的风俗习惯有更强的依赖性，并且对乡贤、文艺能人等乡村精英的信任度较低。

五　不同文化程度农民视角的治理有效

（一）对村庄治理的参与

调研发现，随着文化程度的提升，被访农民参与村庄治理活动的类型更加多元。在所有村庄治理活动中，被访农民参与村干部选举的比例最高，不同文化程度农民均有近8成参与过；其次是村民会议，但是不同文化程度农民参与率均低于40.0%；村庄发展规划讨论、村规民约制定、村务监督等活动的参与率均极低，超过90.0%的被访农民表示没有参与过。相较于初中以下文化程度农民，初中及以上文化程度农民不仅广泛参与村干部选举，参与村庄发展规划讨论、村民会议、村务监督的比例也较高。这说明，文化程度的高低，会影响农民参与村庄治理活动的情况，文化程度高的农民更有机会和意愿参与村庄治理活动，对村庄发展情况和各方政策意见更加了解。从村庄各类协会/组织的参与情况来看，初中和高中/中专/职高文化程度农民是中坚力量，他们积极参与志愿者协会/服务队、红白理事会、文艺队、民间调解委员会等村庄组织，在村庄治理中发挥重要作用。

（二）对村庄治理的评价

本研究专门针对农民对村庄主要公共事务的评价进行了调研。结果显示，关于土地开发、流转、征用等，文化程度越高的农民，表示不了解的比例越高，表示很不满意的比例越低。这可能是因为，文化程度高的农民，不从事农业生产的比例高，对村庄土地使用情况的关注度低。与之相反，文化程度越低的农民，从事农业生产的比例越高，家庭收入中农业收入占比越高，因此他们就越关注土地开发、流转、征用等情况，表示不了解的比例也就越低，在关注的过程中也更容易因土地纠纷等产生矛盾和冲突，最终导致满意度降低。关于集体资产经营管理/发展集体经济，大专及以上文化程度农民表示不了解的比例最低（26.1%），表示满意的比例最高（39.1%）；未上过学的农民表示不了解的比例最高（37.1%），表示满意的比例最低（29.0%）。调研发现，文化程度高的农民，在集体经济发展等村级事务中有更多的参与权和话语权，参与度和满意度都较高；文化程度低的农民，参与权和话语权都较低，满意度也相对较低。关于村务管理、公开、决策，高中及以上文化程度农民选择非常满意和满意的比例最高，选择很不满意的比例最低。这说明，这一类农民对村务管理、公开、决策的整体满意度最高。这可能是因为，这一部分农民是参与村庄治理的主要成员，参与村务管理、公开和决策的机会更多。这说明，通过增加农民对村庄事务的参与，可以提升农民对村务管理等事务的满意度。

（三）治理有效的依靠主体

调研发现，随着文化程度的提升，农民对于治理有效依靠主体的选择更加多元。村两委、村民、政府是被访农民公认的最主要依靠主体，但随着文化程度的提升，农民认为主要靠党员、企业/投资者、村庄各类协会及村民互助组织等主体的比例整体有所提高。这说明，文化程度高的农民，更易接受多元的治理主体（见表12-5）。

表 12-5 不同文化程度被访农民对村庄有效治理依靠主体的认知

单位：%

	村民	村两委	党员	乡村贤能人才	政府	驻村工作队、帮扶单位等	企业、投资者	村庄各类协会及村民互助组织	其他
未上过学	28.6	63.5	9.5	7.9	39.7	9.5	3.2	0	11.1
小学及以下	24.9	74.0	14.8	8.9	42.6	7.7	3.0	1.8	7.1
初中	39.9	80.3	16.5	13.8	39.9	6.9	8.5	3.7	4.8
高中/中专/职高	40.7	82.6	26.7	11.6	48.8	11.6	12.8	5.8	3.5
大专及以上	47.8	78.3	34.8	17.4	43.5	26.1	13.0	17.4	0

对于村干部能力和表现，不同文化程度农民的看法有很大的差别。第一，未上过学以及小学及以下文化程度农民最看重村干部是否办事公平公正、不谋私利，分别有 46.6% 和 39.1% 选择此项，远高于这两类农民对其他选项的选择比例。第二，初中文化程度农民最看重村干部带领群众致富的能力。第三，农民对"招商引资""跑项目、跑政策""带领群众致富""组织动员能力""自身经济实力"等村干部能力和表现的选择比例，随着文化程度的提升而提高。这说明，随着文化程度的提升，农民对于村干部能力和表现的标准更高、要求更全面，更看重村干部的经济发展能力。

总之，文化程度高的农民，在村庄治理中有更多的参与机会，对村庄治理的满意度更高，更易接受多元的治理主体，更希望村干部带领群众致富；而文化程度低的农民，在村庄发展规划讨论、村民会议、村务监督等村庄事务中的参与度和满意度都较低，其话语权受到限制，所以更看重村干部"办事公平公正、不谋私利"的表现。

六 不同文化程度农民视角的生活富裕

（一）家庭经济状况

从家庭主要收入来源来看，文化程度的高低对农民家庭主要收入来源有很大的影响。随着文化程度的提升，农民以"本地农业经营收入""亲属支持""社会保障（低保、养老金等）收入"为家庭主要收入来源的比例呈现整体下降趋势，而以"本地非农业经营收入""在外经营经商收入""投资理财收入""退休金"为家庭主要收入来源的比例呈现整体上升趋势（见表12-6）。这说明，文化程度低的农民，以农业收入和外部支持为主；而文化程度高的农民，收入来源更加多元，通过非农经营、经商、投资理财、退休金等提高家庭收入的可能性更大。

表 12-6　不同文化程度被访农民家庭收入的主要来源

单位：%

	本地农业经营收入	本地非农业经营收入	本地务工收入	在外务工收入	在外经营经商收入	租金、分红等资产资源性收入	投资理财收入	亲属支持	退休金	社会保障（低保、养老金等）收入	其他
未上过学	46.0	11.1	36.5	31.8	1.6	6.4	0	15.9	1.6	23.8	3.2
小学及以下	47.3	13.0	26.6	43.8	2.4	2.4	0	12.4	4.7	24.9	2.4
初中	39.4	25.0	23.9	37.8	2.7	4.3	1.1	9.0	6.9	14.9	1.6
高中/中专/职高	34.9	25.6	25.6	36.1	3.5	4.7	1.2	2.3	18.6	7.0	2.3
大专及以上	26.1	30.4	26.1	47.8	8.7	4.4	4.4	4.4	13.0	13.0	8.7

此外，从家庭拥有的设施、设备或物品来看，文化程度越高，农民家庭拥有各种设施、设备或物品的比例越高。文化程度高的农民购买城镇商品房、私家车、老年代步车、热水器（太阳能、电、燃气）、洗衣机、冰箱、宽带网络、电脑（含平板电脑）、智能手机的比例，整体高于文化程度低的农民，尤其是在城镇商品房、私家车、宽带网络、电脑（含平板电脑）、智能手机的配置上差距明显。不同文化程度农民对热水器（太阳能、电、燃气）和洗衣机的拥有率差距稍小，说明他们都对这一类电器有需求且基本都可以承担这笔费用（见表12-7）。

随着文化程度的提升，农民认为未来三至五年家庭收入"会继续增长"的比例逐渐升高，认为"不稳定，难以预判"的比例下降。这说明，文化程度越高的农民，对未来家庭收入的变化越确定，也越有信心；而文化程度越低的农民，对未来家庭收入的预期越不确定，信心也相对缺乏。在高中/中专/职高文化程度农民中，选择"会保持稳定"的比例最高，选择"不稳定，

表 12-7　不同文化程度被访农民家庭设施、设备或物品拥有情况

单位：%

	城镇商品房	私家车	老年代步车	热水器（太阳能、电、燃气）	洗衣机	冰箱	宽带网络	电脑（含平板电脑）	智能手机	以上都没有
未上过学	17.5	27.0	17.5	74.6	81.0	90.5	60.3	14.3	47.6	1.6
小学及以下	13.6	33.1	9.5	78.1	85.8	91.1	68.6	25.4	65.7	0.6
初中	23.5	47.1	13.9	92.0	93.6	95.2	82.4	42.3	84.6	1.1
高中/中专/职高	30.2	68.6	16.3	94.2	96.5	96.5	82.6	54.7	94.2	1.2
大专及以上	43.5	65.2	26.1	100.0	95.7	100.0	100.0	82.6	100.0	4.4

难以预判"的比例相对较低，说明这一文化程度的农民家庭收入较为稳定。但从农民对自己目前生活状态的评价来看，大专及以上文化程度农民对自己目前生活状态的满意度最低，56.5%认为自己目前的生活状态"一般"。这说明，虽然文化程度高的农民收入来源更多元，拥有的家庭设施、设备或物品更齐全，但是他们对自己生活状态的评价更为保守。这是因为，文化程度更高的农民，对生活水平的要求不局限于物质的丰富，而是标准更高，也更多元。例如，有农民提到，"生活充实，有一些精神文化生活"，"钱多钱少无所谓，精神上得到满足才叫富裕"。

（二）对村庄公共设施和服务的需求

从对村庄公共设施和服务的评价来看，不同文化程度农民对居住环境、网络通信和便民服务的满意度都较高，对交通、养老（服务）和就业的满意度都较低。这说明，农村在居住环境、网络通信、便民服务三个方面达到较高水平，得到不同文化程度农民的普遍认可，而在交通、养老（服务）和就业方面有所欠缺，在不同文化程度农民中的评价皆不佳。在最希望的养老方式方面，不同文化程度农民表现出一定差异，即初中以下文化程度农民最希望的养老方式以"居家养老（有上门养老服务）"和"居家生活（没有上门养老服务）"为主，他们对其他养老方式的接受意愿较低；初中及以上文化程度农民对"机构养老"等其他养老方式的接受度高一些。在访谈中，文化程度低的农民常认为，只有没有子女供养的老人，才会选择"机构养老"。60.3%的未上过学的老人表示，仍希望以传统的"居家生活（没有上门养老

服务）"方式养老；而文化程度高的老人表示，"子女工作繁忙，机构养老可以减轻子女负担"。此外，对于燃料改造，未上过学的农民表示满意的比例最低，大专及以上文化程度农民表示满意的比例最高。满意度低的农民主要是对燃料改造后所增加的家庭预算不满意；满意度高的农民则认为煤改气的措施提高了生活的便利度，也有助于环境卫生。这说明，文化程度低的农民更关注燃料的成本问题，文化程度高的农民更关注燃料使用的便利性和是否环保。

（三）对生活富裕内涵的理解

随着文化程度的提升，农民对生活富裕的理解层次和标准都逐步提高。未上过学的农民对生活富裕的理解，更侧重于基本生活需求的满足，主要指温饱问题的解决，认为不需要大富大贵，只要吃穿不愁、身体健康、有劳动能力就算生活富裕，如"开销够自己用的、吃的，就算是富裕"，"我觉得我每个月养老金有 600—800 元，就是生活富裕"。

相较于未上过学的农民，小学及以下文化程度农民对生活富裕的理解，增加了存款增多、教育不愁、农业增收、精神富裕、贫富差距小等维度。关于收入，小学及以下文化程度农民认为不仅要满足吃喝不愁，还要通过扩大农业规模、稳定就业等方式积累存款，如"钱充足，花销之外还有富余"。除此之外，不少小学及以下文化程度农民还认为"精神富裕"也属于生活富裕的范畴，如"第一是物质，想要什么都能满足；第二是精神，精神好、心态好"，也有农民提到收入差距的缩小，如"大家的收入差距不大，而且政府都提供补贴，就算是生活富裕了"。

相较于前两类群体，初中文化程度农民对生活富裕的理解有四点区别。一是在经济收入上不仅要求有更多的存款，还提出要有房、车等固定资产和耐用品；二是对精神文化生活和公共文化设施有更具体的需求，如"生活充实，有一些精神文化生活"，"钱多钱少无所谓，精神上得到满足才叫富裕"；三是对家庭的抗风险能力要求更高，认为"有固定的收入、有抗风险能力，才算富裕"；四是部分农民认为生活富裕还包括个人价值的实现，如"有个人向上的能力，不断创造更好的生活"。

相较于前三类群体，高中/中专/职高文化程度农民对生活富裕的理解有两点区别。一是在生活质量上要求更高。例如，有农民提到，"要实现水果自由，肉蛋奶这些基本的营养品每天都能吃到，并且要粗粮、细粮搭配，营养均衡，吃饱，更要吃好"，"有副业，大城市有房有车，土地附加值增大"。二是在精神富裕上更加注重家庭和睦，并对个人自我价值实现有更强烈的需求。例如，有农民提到，"每家每户都发展得好，贫富差距小，平均化，经济上富裕了，思想也要跟上"。

相较于前四类群体，大专及以上文化程度农民对生活富裕的理解有两点区别。一是在经济收入上要求最高，认为财富自由是生活富裕的标准。例如，有农民表示，"喜欢的东西不用问价格，想去的地方不用管远近，财务自由，精神生活丰富，物质充足，小孩、老人身体健康"。二是更为关注贫富差距的缩小、平均收入的增长以及家庭生活的美满。

总之，文化程度的高低对农民家庭经济状况以及农民对村庄公共设施和服务的需求有很大的影响。文化程度高的农民家庭整体收入水平高于文化程度低的农民家庭，拥有更高品质的生活，思想更加包容，对便利性和环保性的追求更高。此外，随着文化程度的提升，农民对生活富裕的理解层次和标准都逐步提高。

七　结论与建议

本研究从农民视角出发，分别从产业兴旺、生态宜居、乡风文明、治理有效、生活富裕五大维度，对不同文化程度农民的理解、需求和行动进行分析，发现文化程度低的农民在乡村振兴中常面临被"边缘化"的境地，对乡村振兴的预期值和对乡村现代化改造的接受度相对更低。文化程度高的农民不仅在乡村振兴中有较高的积极性和参与度，而且对乡村现代化改造的接受度更高，但与此同时，他们对乡村振兴的要求和标准也更高。因此，在乡村振兴的过程中，要充分考虑不同文化程度农民的现状和需求差异，充分调动他们的积极性。

（一）文化程度低的农民在乡村振兴中面临被边缘化的境地

文化程度低的农民在乡村振兴中面临的被"边缘化"趋势，体现在乡村振兴信息获取渠道窄，以及对村庄公共事务参与度低、话语权低。从对乡村振兴的了解来看，文化程度低的农民主要通过电视、村委宣传和亲友邻里交流获取相关信息，较少使用网络和报纸了解最新资讯，表现为文化程度越低，听说过乡村振兴的比例越低。从对村庄公共事务的参与来看，文化程度高的农民更有机会参与村庄各种类型的治理活动，对村庄发展情况和各方政策意见更加了解。其中，初中和高中/中专/职高文化程度农民是参与乡村治理的中坚力量，在村庄治理中发挥重要作用。此外，文化程度越高，农民的参与度和话语权越高，其对"集体资产经营管理/发展集体经济""村务管理、公开、决策"等事务的满意度也越高。相反，文化程度低的农民在"低参与度"与"低话语权"的双重压力下，表现出对乡村振兴相对较低的满意度和期待值。建议在乡村振兴中重视文化程度低的农民在村庄自组织、村庄治理、文化建设等组织和活动中的参与，防止他们在乡村振兴中被"边缘化"，避免其丧失作为乡村振兴主体的内生动力。

（二）文化程度高的农民对乡村现代化改造的接受度更高

文化程度高的农民对乡村现代化改造有较高的接受意愿，而文化程度低的农民对传统乡村规范的依赖性更强。首先在产业兴旺上，文化程度的高低会影响农民对未来农业发展趋势的判断，文化程度低的农民倾向于传统的小农生产模式，对土地、劳动力的需求更高；文化程度高的农民则倾向于规模化程度更高的专业大户/家庭农场模式，对农业技术、设施设备的需求更高，也更信任本地能人、返乡人员、外来企业、外来投资者等市场主体。其次在乡风文明上，不同文化程度的农民在是否禁止红白喜事大操大办上分歧明显，文化程度低的农民认为红白喜事是农村的重要风俗习惯，是农民非常重要的人生仪式，农民依照自家财力操办是正常现象；文化程度高的农民则认为红白喜事大操大办没有意义，应该禁止。最后在养老需求上，文化程度低的农民对"机构养老"等模式的接受度低，认为只有没有子女供养的老人才会选择"机构养老"，60.3%的未上过学的老人表示仍希望以居家生活（没有上门养老服务）的方式养老。可见，文化程度高的农民对乡村现代化改造的接受度更高，在知识储备、学习能力、经济基础上要优于文化程度低的农民，是实现乡村振兴的村庄内部重要资源，是推进农业农村现代化的重要力量。因此，要充分调动文化程度高的农民的积极性，实现村内资源的最优配置。同时，也要充分考虑文化程度低的农民对乡村现代化改造的不适应，采取循序渐进的方式推进乡村改革和发展。

（三）不同文化程度农民对乡村振兴的要求和标准呈现梯度差异

不同文化程度农民对乡村振兴的要求和标准存在梯度差异，表现在现有基础条件和未来预期两个方面。一方面，文化程度高的农民相对于文化程度低的农民有较高的"起跑线"，其文化生活更丰富，家庭整体收入和支出水平更高。随着文化程度的提升，农民玩手机、读书看报、旅游参观的比例逐渐升高，且通过非农经营、经商、投资理财、退休金等提高家庭收入的可能性更大，其家庭拥有各种设施、设备或物品的比例也更高，尤其在城镇商品房、私家车、宽带网络、电脑（含平板电脑）、智能手机的配置上差距明显。另一方面，文化程度高的农民对乡村振兴的未来预期和要求更高。在对乡村振兴的理解上，小学及以下文化程度农民主要从物质层面进行理解，初中文化程度农民强调精神层面的富裕，而高中及以上文化程度农民更倾向于从城乡差距的视角来理解。在生态宜居上，文化程度越高的农民对环境问题的关注度越高，要求和标准也越高。在治理有效上，文化程度越高的农民对村干部能力的要求和标准更高、更全面，未上过学和小学及以下文化程度农民最看重村干部是否"办事公平公正、不谋私利"，而初中文化程度农民最看重村干部"带领群众致富"的能力。农民对"招商引资""跑项目、跑政策""带领群众致富""组织动员能力""自身经济实力"等村干部能力和表现的选择比例，随着文化程度的提升而提高。在生活富裕上，随着文化程度的提升，农民对生活富裕的理解层次和标准都逐步提高，由低到高涵盖了吃穿不愁、存款增多、有房有车、财富自由、贫富差距小、社会保障完善、个人自我价值实现、精神富裕等多重维度和内涵。可见，在乡村振兴的过程中，要充分考虑不同文化程度农民的需求差异，要在充分了解不同文化程度农民生产生活等各方面现状、广泛征求他们对乡村振兴的看法和需求的基础上，统筹谋划、分类推进乡村振兴战略。

13
不同职业农民视角的乡村振兴

随着市场化、工业化与城市化进程的加速，中国农村经济迈入新的发展阶段，城乡非农就业机会不断增加，农村劳动力开始更多地走向城镇、迈进市场。农民不再只以种地为生，而是从单一的农业职业、农民角色向其他职业、其他身份转移。从事兼业和非农工作的农民越来越多，职业分化程度不断加深。

作为乡村发展的核心主体，农民的态度和需求影响着乡村振兴的方向和重心。而不同职业农民在家庭生计、社会交往、思想观念和行为模式等方面存在差异，他们对乡村振兴的理解和诉求也不同。过往研究较少立足不同职业类型农民的视角，探讨他们对乡村发展的认识。本研究认为，充分理解不同职业农民在乡村振兴中的差异化需求、意愿和行动，可以更好地将资源分配到农村最亟须改善和农民最亟待满足的地方，可以协调和满足不同农民的实际需要。

本研究区分了四类职业：纯务农、兼业、非农工作和只做家务。调研数据显示，在 529 位被访农民中，纯务农农民占 37.6%。他们以种植、畜牧养殖、水产养殖等农业生产活动为生，年龄集中在 50 岁及以上，文化程度多为初中及以下，日常活动范围大多限于村庄内部。兼业农民占 29.1%。他们除从事种植业、养殖业、林业，还通过打零工、做加工、搞运输等方式获得收入，年龄大多在 40 岁以上、70 岁以下，文化程度一般为高中及以下。相较于纯务农农民，兼业农民的人际交往范围更大，收入来源也更多样。从事非农工作的农民（以下简称"非农工作农民"）占 15.9%。他们多在 50 岁以下，文化程度较高，且大多具有外出务工经历，与村庄外部的接触和交流较为频繁，想法也更加开放和活跃。只做家务农民占 9.6%。他们以女性为主，常年在村，与村庄内部各类主体互动紧密。此外，本研究还对其他职业进行了统计，从事其他职业的农民占 7.8%。其他职业情况复杂多样，包括在读学生、离休干部、村两委成员、在家待业人员等。本研究在下文中着重考察已获得明确分类的四种职业类型。

一　不同职业农民对乡村振兴的认知

（一）对乡村振兴的了解

从表 13-1 可知，不同职业农民大多听说过乡村振兴，其中非农工作农民听说过的比例最高，达到 75.0%；兼业农民次之，为 67.5%；只做家务农民最低，仅为 33.3%。

听说过乡村振兴的农民获知相关信息的渠道，与其所从事的职业有关。随着农民对农业生产经营的依赖程度逐渐降低，他们获知相关信息的渠道逐渐增多，且越来越多地依靠网络（手机/电脑）。纯务农农民更多从电视中获知相关信息，选择这一途径的比例达 62.7%，其次是村委宣传（44.9%）；兼业农民选择比例最高的也是电视（60.6%），其次是网络（手机/电脑）（40.4%），再次是村委宣传（37.5%）；而对于非农工作农民来说，电视和网络（手机/电脑）渠道同等重要，选择比例均为 50.8%；只做家务农民与纯务农农民情况类似。

表 13-1　不同职业被访农民对乡村振兴的知晓程度与了解途径

单位：%

	是否听说过乡村振兴		通过什么途径知道乡村振兴						
	是	否	电视	收音机	报纸	网络(手机/电脑)	村委宣传	亲友邻里交流	其他
纯务农	59.3	40.7	62.7	1.7	4.2	18.6	44.9	16.1	4.2
兼业	67.5	32.5	60.6	2.9	3.9	40.4	37.5	15.4	8.7
非农工作	75.0	25.0	50.8	0	1.6	50.8	39.7	12.7	9.5
只做家务	33.3	66.7	58.8	0	0	23.5	52.9	11.8	11.8

（二）对乡村振兴的理解

1. 纯务农农民侧重产业与收入

纯务农农民主要从农业生产、乡村产业发展、收入提升等角度理解乡村振兴，同时较为重视乡村发展过程中的政策支持与干部带头。在回答"您认为什么是乡村振兴"这一问题时，纯务农农民中约 3 成表示"不知道"、"没想过"或"说不上来"。做出明确回答的纯务农农民，对乡村振兴的理解具有如下特点。首先，将乡村振兴理解为乡村产业发展，尤其是农业产业发展：一是改善农业生产经营，实现"产业发展、农业富裕"；二是提升农副产品价格，解决销路问题；三是通过引进工厂、企业，发展各类乡村产业，让农民能"在家门口打工"，让农村女性能"兼顾家务与工作"。其次，将乡村振兴等同于生活富裕，认为解决衣食住行、提高经济收入、"过上小康日子"就是乡村振兴。再次，从基本公共服务完善的角度出发，认为与自身生产活动高度相关的道路交通、用水用电等基础设施的缺位，以及教育、医疗、养老的负担，构成"最尖锐、最实际的问题"，对这些问题的解决才是乡村振兴。最后，认为乡村振兴主要靠国家政策，而在基层实践中领导干部公正无私、为群众着想、带动农民一起发展，是实现乡村振兴的重要路径。

2. 兼业农民侧重非农就业

兼业农民多从带动本地非农就业角度理解乡村振兴，比纯务农农民更关注生态环境和公共服务。与纯务农农民相比，兼业农民中无法对乡村振兴进行明确表达的人占比较少（约 15.0%）。兼业农民对乡村振兴的理解呈现以下特点。首先，与纯务农农民相似，兼业农民也多从产业兴旺和生活富裕的角度理解乡村振兴。一些兼业农民对产业发展方向提出期待，如希望村里开设企业、提供务工岗位，或希望村里发展旅游业。部分兼业农民意识到乡村产业发展对吸引青年返乡、凝聚村庄人气的重要性，明确提出乡村产业应让"老百姓挣钱在村里，花钱在村里"，实现村庄发展的"良性循环"。其次，兼业农民对生态环境予以更多关注，将良好的人居环境、村容村貌视为乡村振兴必不可少的内容，如"乡村振兴涉及每一条路、每一栋房屋，要美观、卫生"。最后，兼业农民较多地提到对教育、医疗和养老等公共服务的要求，如指出乡村振兴最重要的一点是要振兴教育，让孩子们有机会走出乡村；还提出养老、医疗最关键，将乡村振兴定义为"重大疾病国家有担当，孤寡老人有照顾"。

3. 非农工作农民的理解丰富多元

非农工作农民对乡村振兴的理解较为丰富，他们对缩小城乡差距的愿望更强烈。非农工作农民对乡村振兴的理解，除了呈现与纯务农农民、兼业农民相似的特点，还呈现一些新的特点。一方面，非农工作农民对乡村振兴的理解往往涉及较多方面，相较于其他职业农民，提出一些新角度。一是重视文化和精神层面的发展，认为产业发展固然重要，但思想和文化的振兴也不容忽视，如认为"第一是人的思想，觉悟要提高，要有格局"，认为乡村振兴需要实现文明的新气象。二是对乡村治理有更高的期许，如期待自上而下的资源和信息渠道更加畅通，"实现从上级到群众的有效和直接的衔接"。三是期待数字化发展，如提出期待乡村振兴"提升技术设备、建设数字乡村"，实现乡村"数字化、网络化"。另一方面，非农工作农民更多地提及城乡对比，认为乡村振兴意味着城乡差距缩小，实现城乡的均衡分配，如希望农村"和城市差不多，尤其是在教育、医疗、文化、娱乐方面"。

4. 只做家务农民的理解相对单一

在只做家务农民中，有超过1/3没有明确回答什么是乡村振兴，相较于其他职业农民，表示"不理解""不清楚""不会说"的比例最高。有明确回答的农民，与纯务农农民的理解相近，多从乡村产业发展、收入提高、生活宽裕、基础设施改善角度理解乡村振兴，如认为乡村振兴是"本地有工作机会""有吃有喝""危房改造、路通到各家各户、河堤修起来"等。有较多只做家务农民表述相对宽泛和模糊，如"村里发展得越来越好""大家越来越好"。还有部分只做家务农民对本村目前的发展状态表示不满，认为需要改善住房条件、生活环境，干部需要为老百姓办实事，等等。

二　不同职业农民视角的产业兴旺

（一）产业兴旺的现状

1. 家庭土地面积

农业生产离不开土地，家庭土地面积的大小、种植作物的选择可以反映农民家庭的农业生产条件、意愿与偏好。从表 13-2 可知，纯务农农民家庭人均土地面积相对较多，1.0（含）—5.0 亩的占 50.3%，高于其他职业农民相应比例；兼业农民家庭人均土地面积 1.0（含）—5.0 亩的比例低于纯务农农民（43.9%），但 5.0 亩及以上的比例（7.4%）高于纯务农农民（5.3%）；非农工作农民家庭土地较少，人均土地面积集中在 0.5（含）—1.0 亩（39.5%）和 0—0.5 亩（30.2%）；只做家务农民家庭人均土地面积 0—0.5 亩的比例（40.7%）较高。

表 13-2 不同职业被访农民家庭人均土地面积

单位：%

	0 亩	0—0.5 亩	0.5(含)—1.0 亩	1.0(含)—5.0 亩	5.0 亩及以上
纯务农	0	19.6	24.9	50.3	5.3
兼业	0.7	20.3	27.7	43.9	7.4
非农工作	2.3	30.2	39.5	27.9	0
只做家务	0	40.7	29.6	25.9	3.7

2. 粮食种植面积

调研发现，纯务农农民和兼业农民家庭是种粮主力，但在粮食种植面积的变化趋势和未来打算上有所区别。调研数据显示，纯务农农民和兼业农民家庭种植粮食作物较多，纯务农农民家庭人均种植面积比兼业农民家庭稍大。结合时间维度考察，过去三年，近 7 成（68.7%）被访农民保持粮食种植面积不变。从不同职业农民家庭的对比来看，不同职业农民家庭减少粮食种植面积的比例均比增加粮食种植面积的比例高，差别在于非农工作农民家庭增加粮食种植面积的比例最低，减少粮食种植面积的比例较高，削减粮食种植面积的程度最明显；而纯务农农民中有 12.2% 增加了粮食种植面积，增加的比例最高；兼业农民则介乎两者之间（见表 13-3）。对于未来三年粮食种植方面的打算，纯务农农民表示粮食种植面积保持不变的比例最高（77.8%），而兼业农民选择减少粮食种植面积的比例比其他三类职业农民都高，这与粮食种植的收益和家庭收入的渠道有关。相比纯务农农民，兼业农民的社会资本更丰富、收入来源更广泛，在粮食市场价格低、种粮收益不乐观的情况下，兼业农民很可能有空间将有限的精力投入其他领域，进而脱离粮食生产。

247

表 13-3　不同职业被访农民家庭粮食种植面积过去三年变化和未来三年打算

单位：%

	过去三年粮食种植面积变化				未来三年粮食种植方面的打算			
	增加	减少	保持不变	不了解	增加面积	减少面积	保持不变	没想过/没想好
纯务农	12.2	20.1	66.7	1.1	5.8	11.1	77.8	5.3
兼业	6.8	21.6	71.0	0.7	6.1	16.9	68.2	8.8
非农工作	2.3	23.3	69.8	4.7	4.7	11.6	72.1	11.6
只做家务	7.1	25.0	64.3	3.6	7.1	3.6	71.4	17.9

3. 农业生产之外的其他乡村产业

除了进行农业生产，农民家庭中的成员还可能参与到其他乡村产业中，共同为家庭收入开源。然而，受本地乡村产业发展类型单一和水平不高，以及农民的时间、体力、精力、技术等有限的影响，农民家庭经营其他乡村产业的机会和空间有限，其中以纯务农农民家庭最为突出。

调研数据显示，仅有 29.3% 的被访农民家庭在农业生产之外从事其他乡村产业。在纯务农农民家庭中，绝大多数没有经营其他乡村产业（90.5%）。相比其他职业农民家庭，纯务农农民家庭的收入结构更为单一。在非农工作农民家庭中，超过半数（50.6%）会从事其他乡村产业，他们从事商业、建筑业、服务业的比例都相对较高，分别为 20.5%、9.6% 和 8.4%。兼业农民家庭的情况介乎纯务农农民家庭和非农工作农民家庭之间，涉及的其他乡村产业类型也较为多样，包括商业、建筑业、服务业、手工业、交通运输业等。只做家务农民家庭大多没有从事其他乡村产业（占 80.4%），少部分家庭涉及农产品加工、交通运输业等（见表 13-4）。

表 13-4　不同职业被访农民家庭从事其他产业情况

单位：%

	工业加工	农产品加工	手工业	建筑业	交通运输业	商业	服务业	其他	没有其他产业
纯务农	0	0	1.5	3.0	0	0.5	2.5	2.5	90.5
兼业	1.3	4.6	5.3	8.6	5.3	12.6	7.3	6.6	56.3
非农工作	0	2.4	2.4	9.6	3.6	20.5	8.4	7.2	49.4
只做家务	0	3.9	2.0	2.0	3.9	2.0	2.0	3.9	80.4

（二）产业兴旺的困难与需求

1. 制约农业生产和其他乡村产业发展的问题

调研发现，纯务农农民和兼业农民在农业生产方面遭遇多种困难，他们应对风险的能力较差；兼业农民和非农工作农民在发展其他乡村产业中面临资金短缺等诸多问题。

针对农业产业，不同职业农民均认为缺少劳动力和自然灾害是最主要制约因素，纯务农农民和兼业农民还感知到多种其他困境。纯务农农民不仅面临缺少土地（17.7%）、缺少资金（17.7%）的问题，还特别提出两种情况：其一，粮食的市场价格低，从事农业收入少，"做农业不挣钱"；其二，农民自身年纪偏大，"体力不足"或有病在身，无法继续从事农业。兼业农民还遭遇了基础设施不完善（11.0%）和缺少技术（8.0%）的问题，并反映了农资价格贵、土地距离远、土壤质量差等困难。可见，纯务农农民和兼业农民所赖以生存的农业生产困难重重。他们不仅在农业生产过程中面临缺人、缺地、缺水、缺钱的困境，还要担忧成本和收益。农资成本高、农产品价格不稳定的市场环境，对纯务农农民和兼业农民家庭收入的稳定和生活水平的提升造成阻碍。

在农业产业之外，共有155户被访农民家庭从事其他乡村产业，而资金投入紧张是不同职业农民均反映强烈的问题。除资金困难外，兼业农民还面临雇工难（11.9%）、市场风险大（11.9%）、地方关系难协调（9.0%）、政策限制（7.5%）、自身劳动能力下降、受雇机会较少、市场行情不稳定等困难。非农工作农民则提出，乡村产业发展需要填补经营管理人才的缺口。从事商业、服务业等非农工作的农民尤其提出，存在客流量低、生意不好做等其他困难，而农村人口越来越少和店铺区位条件不佳往往是造成这些困难的主因。

2. 未来中国农业生产依靠主体

调研发现，对于"未来中国农业生产主要靠谁"，纯务农农民中认为主要靠小农户的比例较高（34.2%），其次是专业大户/家庭农场（28.8%），再次是合作社（25.5%）；兼业农民和非农工作农民都认为最主要靠专业大户/家庭农场，选择比例均超过40.0%，他们对企业的选择比例也都超过纯务农农民。可见，相较于纯务农农民，兼业农民和非农工作农民对各类新型农业经营主体更有信心。

分析原因，兼业农民和非农工作农民认为，新型农业经营主体具备如下优势。其一，"有专业的人和领头人"，可以对小农户起到带头作用，而带头人在农业产业发展过程中必不可少。其二，可以实现"机械化、统一规模化"经营，一方面能够降低成本，另一方面可以获得补贴和政策支持，从而保证农业经营的可观收益。其三，能将分散的小农户有效组织起来。例如，有农民认为，"要想把大家组织起来，只有靠合作社和企业"。还有农民信任企业的组织管理能力，表示"由现代化企业进行管理，农民成为农业雇工，在公司管理下统一组织"，如此才能推动农业生产现代化，避免资源浪费和效率低下。其四，具备技术优势，便于推广技术。例如，有农民表示，"未来农业生产主要靠专业技术、大型农场，才能供应中国的需求量"，认为新型农业经营主体可以克服小农户个体经营的技术局限。其五，掌握信息和销售渠道。例如，有农民表示，"做任何产业都应该有技术、有信息、有销路，只有这样才可以发展下去"。

3. 乡村产业发展依靠主体

对于乡村产业发展应该主要靠谁，纯务农农民认为最主要靠政府（42.9%），其次是外来企业/外来投资者（32.3%）。村干部/村集体（31.8%）、村民（31.3%）也是纯务农农民所认为的乡村产业发展的重要依靠主体。

兼业农民也认同上述四类主体在乡村产业发展中的重要性，但比纯务农农民更重视外来企业/外来投资者的作用（40.9%），同时对本地能人的期许（25.3%）高于其他三类职业农民。在兼业农民看来，外来企业/外来投资者和本地能人"掌握更多的信息和经验"，而且"有头脑，有地方，成规模，有本钱"，有资金和能力促进规模经营。一些兼业农民尤其看好本地能人，认为"没有能人，我们只会瞎种，谁来收我们种植出来的东西"。这主要是因为，本地能人在技术、资源或资金方面存在优势，又熟悉当地的自然、社会、政策条件，具备分享致富经验、提供务工机会、激活特色产业的潜力，可以惠及兼业农民。因此，兼业农民对本地能人抱有较高期待。

非农工作农民对返乡人员的选择比例（15.5%）比其他职业农民高。他们认为，返乡人员可以通过创业带动就业，在乡村产业发展中能够扮演更加积极的角色；但并非所有返乡人员都能担此重任，"返乡的人还得是在外面有实力的人，普通的回来不行，有正式工作的也不回来"。

　　总结而言，政府对乡村产业的支持和鼓励，在不同职业农民眼中均是产业兴旺的重要前提，但相比于纯务农农民和只做家务农民，兼业农民和非农工作农民分别更多留意到外来企业/外来投资者、本地能人和返乡人员的作用，对这些主体在乡村产业发展中的作用有较高期待。

三　不同职业农民视角的生态宜居

（一）对生态宜居的参与和意愿

1. 对日常生活垃圾和污水的处理

　　调研发现，不同职业农民对日常生活垃圾和污水的处理方式存在一定差异（见表13-5）。大多数被访农民对日常生活垃圾进行集中处理；纯务农农民除集中处理外，自行处理的比例较高（8.5%），还有2.0%随意丢弃。而在日常生活污水的处理上，纯务农农民40.2%依靠地方统一（清洁）处理，24.1%随意排放；兼业农民自家（清洁）处理的比例最高（46.8%）；只做家务农民随意排放的比例最高（27.5%）。相比而言，非农工作农民环保意识较强，对日常生活垃圾多采用分类后集中处理的方式（51.2%），对日常生活污水则多采用地方统一（清洁）处理的方式（51.2%），选择这两种方式的比例均高于其他三类职业农民。但需注意的是，日常生活垃圾和污水处理的方式不仅关涉农民的自主选择和环保意识，还与本村相关基础设施建设水平有关。

表 13-5　不同职业被访农民对日常生活垃圾和污水的处理方式

单位：%

	日常生活垃圾处理方式					日常生活污水处理方式			
	随意丢弃	自行处理	无分类集中处理	分类后集中处理	其他	随意排放	自家（清洁）处理	地方统一（清洁）处理	其他
纯务农	2.0	8.5	69.4	25.6	2.0	24.1	26.6	40.2	9.1
兼业	0	4.6	77.3	20.8	1.3	15.6	46.8	29.9	7.8
非农工作	0	4.8	47.6	51.2	1.2	9.5	34.5	51.2	4.8
只做家务	0	3.9	58.8	33.3	3.9	27.5	35.3	35.3	2.0

2. 参与环境改善活动的意愿

不同职业农民对改善环境的各类活动都有较强的参与意愿，其中兼业农民最突出，不仅在生产废弃物（89.7%）、生活垃圾（92.2%）、生活污水（88.1%）等污染物的处理上有最强的参与意愿，也最希望参与道路硬化（89.7%）、村庄亮化（88.8%）等村庄基础设施的改善与提升，对村庄的生态宜居建设有较高的热情和期待。非农工作农民的参与意愿也较强，尤其在厕所改造（85.0%）和环境绿化/村容美化（90.1%）方面，说明其对自身生活质量和村庄生态环境有更高的需求（见表13-6）。

表13-6　不同职业农民参与村庄环境改善活动的意愿

单位：%

	生产废弃物处理	生活垃圾处理	生活污水处理	厕所改造	道路硬化	村庄亮化	环境绿化/村容美化	生态保护与修复
纯务农	75.4	78.6	80.5	68.3	79.0	80.1	82.1	75.1
兼业	89.7	92.2	88.1	84.7	89.7	88.8	89.4	85.8
非农工作	86.4	87.8	87.7	85.0	88.9	86.6	90.1	85.0
只做家务	77.6	83.3	75.0	79.2	82.4	83.7	85.7	85.7

（二）对生态宜居的评价和需求

1. 对村庄居住环境的评价

共有215位被访农民对目前村庄的居住环境感到不满，占被访农民总数的40.6%。非农工作农民对村庄居住环境的评价相对较高，66.7%认为目前没有不满意的方面。其中，污水处理最令纯务农农民感到不满（29.6%），其次是村庄美化/绿化/亮化（21.6%）；兼业农民与纯务农农民的评价相似；非农工作农民最不满意的是垃圾处理（21.4%）和村庄美化/绿化/亮化（21.4%）；只做家务农民同样最不满垃圾处理（27.3%）和村庄美化/绿化/亮化（27.3%）。此外，不同职业农民还表达了其他不满，集中体现在厕所改造、道路交通、自来水等基础设施方面，如"路面太窄""道路不便""水质不好""饮水成问题"等。

2. 生态宜居的依靠主体

对于村庄生态环境治理与改善主要靠谁，被访农民基本都认同村民、村干部、政府三类主体的重要性，但这三类主体的重要程度在不同职业农民之间存在差异（见表13-7）。兼业农民和非农工作农民大多认为村庄生态环境治理与改善要靠村民，纯务农农民和只做家务农民多依赖村干部。

表13-7　不同职业农民对村庄生态环境治理与改善依靠主体的认知

单位：%

	村民	企业、投资者	村干部	政府	社会组织	其他
纯务农	48.7	4.5	53.8	51.8	2.5	2.0
兼业	66.9	4.6	46.8	43.5	3.3	4.6
非农工作	61.9	4.8	59.5	42.9	6.0	1.2
只做家务	52.9	7.8	60.8	56.9	3.9	0

兼业农民和非农工作农民均认为村民的角色最主要，其次是村干部，再次是政府。这两类农民大多认可村民在村庄生态环境治理与改善中的主体性地位，认为"村民自觉才能搞好环境"，只有村民产生意愿，才能逐步实现生态宜居；而"其他的主体只能起到喊一喊的作用"，或起到对村民监督的作用。可见，兼业农民和非农工作农民更强调村民在村庄生态环境治理与改善中的义务和责任，对村民生态环境保护意识和素质的提升有期待。

纯务农农民和只做家务农民都认为村干部的作用最主要，其次是政府，再次是村民。这两类农民多认为，在生态环境保护方面，村干部统一规划、统一安排和领导带头是关键的，村干部需要发挥监督、指导、沟通和制定规则的作用，引导村庄其他主体共同参与；政府主要通过制定政策、提供资金和管理指导，参与乡村生态环境治理；村民则处于配合、服从的地位。

四　不同职业农民视角的乡风文明

（一）对乡风文明的参与和感知

1. 农民休闲娱乐生活

兼业农民和非农工作农民选择频繁和经常看电视、玩手机的比例较高，读书看报的比例也比其他两类职业农民高。非农工作农民选择频繁和经常旅游参观的比例相比其他职业农民更高。相对于其他活动而言，纯务农农民选择频繁和经常看电视的比例最高，串门聊天的比例次之，他们多通过人际交往和集体活动度过闲暇时间。

2. 村庄公共文化设施使用与文化建设活动参与

从不同职业农民的对比来看，非农工作农民参与各类文化建设活动的比例都相对较高。兼业农民也热衷于文化建设活动，尤其是思想政治、民主法治、道德规范、科普等教育活动，而且使用广场、书屋等公共文化设施的比例（77.1%）高于其他职业农民。这两类职业农民虽然在娱乐方式上倾向于个人消遣，但对村庄组织的文体、教育活动都有较高热情，是村庄文化建设的活跃力量。

纯务农农民参与重阳节、丰收节等节日或民俗活动的比例最高（79.0%）。只做家务农民更多地参加饺子宴、流水席等其他集体活动（66.7%）。这两类职业农民更青睐于节庆聚会和集体活动，通过这些活动增强交往、沟通情感（见表13-8）。

表 13-8　不同职业被访农民对村庄公共文化设施使用与文化建设活动参与情况

单位：%

	公共文化设施	节日或民俗活动	公共文艺活动	群众性体育活动	其他集体活动	思想政治教育活动	民主法治教育活动	道德规范教育活动	科普教育活动
纯务农	56.2	79.0	55.3	43.8	58.8	71.7	73.0	62.8	67.0
兼业	77.1	70.3	65.6	45.0	44.4	82.9	86.4	75.0	73.1
非农工作	60.9	73.1	63.3	66.7	66.7	77.3	84.4	76.7	69.2
只做家务	73.8	72.7	48.7	44.4	66.7	72.0	88.9	59.3	57.9

（二）对乡风文明的认知和需求

1. 对村庄公共文化设施与文化建设活动的需求

不同职业农民均认同公共文化设施建设的必要性，其中兼业农民的认可比例最高（93.0%）。针对各类文化建设活动，兼业农民尤其关注思想政治、民主法治、道德规范和科普教育活动，也更多地期待公共文艺活动的开展（85.0%），如戏曲、广场舞、外来演出等。纯务农农民认为各项活动有必要的比例均低于兼业农民。非农工作农民认为公共文艺活动有必要的比例比其他类型活动高。只做家务农民则更关心各种形式的其他集体活动（见表 13-9）。

表 13-9 不同职业被访农民对村庄公共文化设施与文化建设活动必要性的认知

单位：%

	公共文化设施	节日或民俗活动	公共文艺活动	群众性体育活动	其他集体活动	思想政治教育活动	民主法治教育活动	道德规范教育活动	科普教育活动
纯务农	83.6	54.9	72.2	49.2	41.1	73.5	76.2	70.7	71.5
兼业	93.0	68.2	85.0	63.9	51.0	87.6	87.5	88.1	88.5
非农工作	82.4	67.2	81.7	54.2	51.0	74.2	77.6	75.0	75.0
只做家务	89.8	65.9	81.3	73.2	57.5	68.2	77.8	71.1	74.4

2. 对乡村文化振兴和乡风文明建设活动的需求

乡村文化振兴涉及乡村精神文明建设的诸多方面，既包括对传统文化的扬弃，又包括对城乡间文化区隔的消除，还包括对乡村文化遗产的发掘和保护。对于各类乡村文化振兴和乡风文明建设活动（除乡村史志汇编修编外），纯务农农民认为有必要的比例均相对较低，说明纯务农农民更关注生产、生活改善方面的问题，其文化需求还未充分得到激发。非农工作农民较多地认同文化进村与文化下乡（73.8%）、农耕文化传承保护（77.4%）、乡村文化资源挖掘与传承（71.4%）、乡村史志汇编修编（74.7%）等活动的必要性，这与他们的文化素质相对较高有关。兼业农民对乡村文化资源挖掘与传承和乡村史志汇编修编也予以较高关注。只做家务农民对村庄红白喜事大操大办和天价彩礼感到不满，因此认为移风易俗活动有必要的比例最高（82.4%）。

3. 乡风文明的依靠主体

对于乡风文明建设主体，相较于其他职业农民，非农工作农民更多提及村民（71.4%），乡贤、文艺能人（13.1%），企业、投资者（7.1%）和社会组织（6.0%）（见表 13-10）。这是由于非农工作农民大多认为，只有多个主体共同参与和通力合作，才能促进乡村文化的繁荣和风气的更新：乡贤和文艺能人可以在其中起到带头、引导的作用，企业和投资者可以带来投资、推动文化建设，社会组织可以配合相关活动的组织和开展，这三类主体可以在与村民、村干部和地方政府的相互影响之下促进乡风文明的实现。

表 13-10　不同职业被访农民对乡风文明依靠主体的认知

单位：%

	村民	乡贤、文艺能人	村干部	地方政府	企业、投资者	社会组织	其他
纯务农	56.9	6.6	54.3	38.1	2.5	2.5	5.6
兼业	70.6	7.8	52.3	26.8	2.0	2.6	8.5
非农工作	71.4	13.1	58.3	32.1	7.1	6.0	4.8
只做家务	66.7	5.9	62.8	33.3	3.9	5.9	5.9

五　不同职业农民视角的治理有效

（一）对村庄治理的参与和评价

1. 对村庄治理活动或事务的参与

纯务农农民对村庄各项活动或事务的参与较为普遍，没有参与过村庄任何活动或事务的仅占 8.0%，其参与比例最高的是村干部选举（90.5%）和村民会议（44.7%）；对于村庄各类协会/组织，纯务农农民参与生产互助组织的比例最高（59.5%）。相较于其他职业农民，兼业农民更多地参与村庄发展规划讨论（19.5%）、村规民约制定（18.2%）和村务监督（16.2%），在民主管理和民主监督方面表现出较高的主动性；同时，兼业农民参与志愿者协会/服务队的比例最高（40.0%），是村庄治理的积极力量。非农工作农民中有近 3 成（29.8%）没有参与过村庄各项活动或事务，在村庄各类协会/组织方面，参与文艺队的比例最高（40.7%）。只做家务农民总体不太活跃，对村庄各项活动或事务、村庄各类协会/组织的参与比例均较低。

2. 对村干部和党员的评价

不同职业农民均最看重村干部办事公平公正、不谋私利的品质，其次是带领群众致富的能力，但选择这两项的比例有所差异。其中，非农工作农民对村干部办事公平公正、不谋私利的品质最重视（选择比例达 72.6%），兼业农民对村干部带领群众致富能力的重视程度（选择比例为 68.4%）高于其他三类职业农民。此外，纯务农农民比其他职业农民更看重村干部帮贫帮弱的能力（37.8%）。只做家务农民比较关注村干部在组织动员（43.1%）、是否有知识主见（41.2%）和自身经济实力（21.6%）方面的表现。

不同职业农民对村内党员在村庄治理中的作用看法不同。非农工作农民比较认可村内党员发挥的各类作用，主要认可村内党员在村庄发展中做表率（45.2%）、宣传国家政策（28.6%）、帮助群众解决实际困难（25.0%）等方面发挥的作用。纯务农农民和只做家务农民认可村内党员所发挥作用的比例较低：纯务农农民中有32.2%认为党员没有发挥任何作用，超过其他三类职业农民相应比例；在只做家务农民中，不知道村内党员具体做了哪些工作的人较多，占41.2%。

3. 对村庄治理的评价

调研结果显示，纯务农农民对村庄选举，村务管理、公开、决策给予积极评价的比例较高，对土地开发、流转、征用等事务的评价虽然也相对正面，但给予消极评价的比例也较高（17.6%），尤其是表示很不满意的比例高达10.1%。兼业农民和纯务农农民态度相似，对土地开发、流转、征用等给予消极评价的比例也较高（19.1%）。这表明，在村庄土地管理的各项事务中，并非所有从事农业生产的农民都获得实惠，如纯务农农民和兼业农民中都有一部分人反映土地流转费用较低、租金无法按时交付等问题，他们同时对土地流转后土壤质量变差充满忧虑。

表 13-11 不同职业被访农民对村庄治理各项事务的评价

单位：%

	土地开发、流转、征用等		集体资产经营管理/发展集体经济		村务管理、公开、决策		村庄选举	
	积极评价	消极评价	积极评价	消极评价	积极评价	消极评价	积极评价	消极评价
纯务农	50.8	17.6	34.7	11.1	54.5	14.7	65.8	13.6
兼业	42.8	19.1	35.7	15.6	50.7	11.0	61.7	13.0
非农工作	48.8	9.5	46.4	8.3	56.0	8.3	65.5	7.1
只做家务	43.1	15.7	28.0	14.0	41.2	15.7	45.1	9.8

注：积极评价包括非常满意和满意，消极评价包括不太满意和很不满意。

非农工作农民对村庄治理各项事务的评价总体较为积极，对集体资产经营管理/发展集体经济（46.4%）和村务管理、公开、决策（56.0%）方面的评价比其他职业农民高。在只做家务农民中，有一部分对村庄治理各项事务都不太满意，认为村干部没办实事、未兑现承诺等，对村干部治村能力和个人素质的提升充满期待。

（二）对治理有效的需求

1. 村庄需要加强的工作

调研发现，不同职业农民均认为村庄治理首先需要选拔有能力的村干部，其中纯务农农民的需求最为强烈（55.6%）；其次需要加强发挥贤能人才作用，其中非农工作农民的需求最为强烈（32.1%）。除选贤任能外，纯务农农民认为村庄党组织建设有待加强的比例较高（24.2%），对驻村工作队、第一书记、包村干部、帮扶单位等主体在村庄治理中发挥作用的期待相对于其他职业农民也较高。兼业农民对村庄党组织建设、贤能人才作用发挥、上级政府的领导和监督的选择比例与纯务农农民相近。此外，兼业农民还认为村民道德修养、村庄法律服务方面需要加强。相比其他职业农民，非农工作农民更重视村民自治，对村庄各类协会及村民互助组织建设的需求较强烈（17.9%），认为村庄应该加强村规民约制定与执行的比例也最高（13.1%），同时认为村民的道德修养有待提升的比例也较高（26.2%）。

表 13-12　不同职业被访农民认为村庄主要应该加强的工作

单位：%

	村庄党组织建设	有能力的村干部选拔	贤能人才作用发挥	村规民约制定与执行	村庄各类协会及村民互助组织建设	村民道德修养提升	法律服务、法律知识学习和法治意识培养	上级政府的领导和监督	驻村工作队、第一书记、包村干部、帮扶单位等作用发挥
纯务农	24.2	55.6	29.8	8.6	6.1	19.7	11.1	14.7	11.1
兼业	24.2	53.6	28.1	4.6	5.2	26.8	21.6	15.0	9.2
非农工作	19.1	42.9	32.1	13.1	17.9	26.2	15.5	9.5	8.3
只做家务	13.7	54.9	31.4	5.9	5.9	19.6	13.7	9.8	9.8

2. 治理有效的依靠主体

不同职业农民均认为，治理有效需要多主体通力合作。首先，不同职业农民普遍认为最需要依靠村两委发挥作用，选择村两委的比例均在70.0%以上，其中非农工作农民选择比例最高（81.0%），他们希望村两委明确领导职责、起好带头作用、以上行启下效。其次，不同职业农民选择政府的比例也都较高，其中兼业农民中有近一半（48.1%）认同政府的作用。最后，不同职业农民中均有 30.0% 左右认为村民在村庄治理中可以扮演更为积极和主动的角色，认为需要提高村民的集体意识，让村民自主自觉，使其与村两委相配合、互促进。在其他方面，非农工作农民较为看重党员的作用，这与他们对村内党员的评价较高有关，他们期待党员发挥模范带头作用，胜任解释政策和出面调解矛盾等工作。

六　不同职业农民视角的生活富裕

（一）生活富裕的现状

1. 家庭经济状况

纯务农农民家庭收入来源以本地农业经营收入为主（59.3%），但是仅靠农业生产无法保证家庭生计，因此其家庭成员还会通过其他途径增加家庭收入，其中在外务工是主要途径（31.2%）。此外，纯务农农民还较为依赖低保、养老金等社会保障收入（23.1%）。兼业农民家庭收入来源也以本地农业经营收入为主，但相比纯务农农民家庭，兼业农民家庭收入来源更为多样，本地务工收入和在外务工收入比例都较高，分别为 39.6% 和 37.7%，还有 28.6% 的兼业农民家庭通过本地非农业经营获得收入。非农工作农民家庭收入渠道最广泛，主要是在外务工收入（53.6%），其次是本地非农业经营收入（47.6%），依靠在外经营经商、资产资源、投资理财等收入的比例也明显高于其他三类职业农民家庭。只做家务农民家庭中的其他成员以在外务工收入为主（49.0%），而且对社会保障收入的依赖程度最高（29.4%）。

2. 家庭设施、设备或物品拥有情况

非农工作农民家庭已购城镇商品房的比例超过 30.0%，私家车的拥有率是纯务农农民家庭的 2 倍多，电脑（含平板电脑）的拥有率是纯务农农民家庭的 2.5 倍以上，智能手机的拥有率高达 91.7%。纯务农农民家庭拥有城镇商品房（18.1%）、宽带网络（67.8%）、电脑（含平板电脑）（22.6%）、冰箱（92.0%）、智能手机（63.8%）等设施、设备或物品的比例，在所有职

业农民中均最低。兼业农民家庭设施、设备或物品拥有率处于非农工作农民家庭和纯务农农民家庭之间，城镇商品房的拥有率（18.3%）与纯务农农民家庭相近，但私家车的拥有率是纯务农农民家庭的约1.5倍，电脑（含平板电脑）的拥有率是纯务农农民家庭的2倍以上，宽带网络和智能手机的拥有率也非常高。

3. 对自家经济条件的评价

不同职业农民都更倾向于认为自家经济条件在村里处于中间水平。非农工作农民认为自家经济条件在村里处于中上水平的比例（19.1%）在所有类型职业农民中最高；纯务农农民认为自家经济条件在村里处于低水平的比例最高（22.7%）；兼业农民对自家经济条件的评价基本处于非农工作农民和纯务农农民之间；只做家务农民大多对自家经济条件的评价较低，超过半数的人觉得自家经济条件在村里处于中低水平或低水平。

（二）对生活富裕的预期与需求

1. 对家庭收入的预期

关于对未来三至五年家庭收入的预期，纯务农农民认为会继续增长的比例最低（19.2%），认为会有所减少的比例最高（19.2%），收入结构的单一让纯务农农民对家庭收入的预期更为保守；非农工作农民认为会继续增长的比例最高（41.7%），认为会有所减少的比例最低（7.1%）；兼业农民认为会保持稳定的比例较高（31.8%）；在只做家务农民中，认为不稳定、难以预判的比例最高（35.3%）（见表13-13）。收入来源越是多样，农民家庭越是不主要依赖农业维持生计，农民对家庭收入的预期越乐观，表明收入较低、不稳定、来源单一会对农民的风险感知造成影响，也会降低农民家庭应对风险的能力。

2. 对村庄公共设施和服务的需求

纯务农农民对就业最为不满，表明纯务农农民在开辟就业渠道、拓宽收入来源方面具有强烈诉求；纯务农农民最关心的公共设施和服务除了医疗卫生，还有交通和自来水，说明纯务农农民最关注与自身农业生产和家庭生活息息相关的基础设施。在非农工作农民最不满意和最关心的三类公共设施和服务中，都出现了医疗卫生和农村教育，表明非农工作农民对基本公共服务有更具体、更高水平的需求（见表13-14）。

表 13-13 不同职业被访农民对未来三至五年家庭收入的预期

单位：%

	会继续增长	会保持稳定	不稳定，难以预判	会有所减少
纯务农	19.2	36.4	25.3	19.2
兼业	23.4	31.8	28.6	16.2
非农工作	41.7	29.8	21.4	7.1
只做家务	23.5	29.4	35.3	11.8

表 13-14 不同职业被访农民对村庄公共设施和服务最不满意的三项与最关心的三项

单位：%

	不满意的公共设施和服务前三项	最关心的公共设施和服务前三项
纯务农	就业(32.0) 农村教育(29.8) 医疗卫生(28.8)	医疗卫生(31.7) 交通(20.1) 自来水(15.6)
兼业	农村教育(34.0) 就业(30.7) 医疗卫生(28.1)	医疗卫生(23.5) 农村教育(22.9) 养老(服务)(19.0)
非农工作	医疗卫生(29.8) 养老(服务)(28.6) 农村教育(27.4)	医疗卫生(23.8) 交通(20.2) 自来水(19.1)、农村教育(19.1)
只做家务	农村教育(33.3) 医疗卫生(33.3) 就业(25.5)、交通(25.5)	医疗卫生(27.5) 农村教育(15.7) 交通(17.7)

七　结论与建议

调研发现，不同职业农民对乡村振兴的理解和需求，存在一定的共性和差异。深入探讨不同职业农民对乡村振兴的认识、期待及其原因，对于把握乡村振兴战略实施的重心和难点，满足农民的多样性、差异化诉求，具有重要的意义。本研究通过实地调研和数据分析，得出如下结论。

第一，不同职业农民对乡村振兴的理解，都首先体现在产业兴旺和生活富裕两个方面。纯务农农民关注农业生产经营的改善、乡村产业的发展、基础设施的完善，期待由此实现家庭收入的增加和生活质量的提升；兼业农民对乡村产业发展有更丰富的期许，也更关注生态环境和公共服务的问题；非农工作农民理解乡村振兴的维度更为多元，对于缩小城乡差距有强烈意愿。

第二，纯务农农民是农业生产的主力，但在生产过程中面临缺人、缺地、缺资金、缺技术、缺基础设施等种种困难，收入不稳定，且来源单一，生活富裕水平较低，对未来家庭收入的预期也相对悲观。这也影响了纯务农农民参与村庄治理、生态环境保护、公共文化活动的积极性。纯务农农民期待解决就业问题，改善农业生产条件，并寄希望于政府、村干部发挥带头作用。

第三，兼业农民同时从事农业生产和其他产业，收入渠道较纯务农农民更多元，家庭经济状况也更好，但是在产业经营过程中也面临资金短缺、雇工难、市场风险大、地方关系难协调等困难。兼业农民对于改善村庄环境的活动具有较高的参与意愿，也积极参与乡村的文化建设活动，对乡村振兴有较高期待。

第四，非农工作农民一般具有较好的经济条件，往往也对乡村振兴提出比其他职业农民更高的需求。非农工作农民思想开放，具有较高的文化素质，生态环境保护意识较强，在村庄文化建设活动中较为活跃，对村庄治理也具有丰富和深入的认识，是乡村振兴过程中不可忽略的一支力量。

第五，只做家务农民信息渠道相对狭窄，对乡村振兴的理解有限。这类农民大多常年在村，家庭经济条件与纯务农农民相似，对村庄风气和治理状况较为敏感。

针对上述结论，本研究提出如下建议。

第一，需关注纯务农农民农业生产经营投入、生产、产出、销售等一系列环节，从推广农业技术、加大资金投入、完善基础设施、拓展销售途径、建立生产互助组织等方面提供助力；推动乡村产业发展，积极提供就业服务，多渠道促进农民就业创业，切实提高农民收入。

第二，在基本公共服务方面，竭力缩小城乡差距，扩大社会事业在农村地区的覆盖面并加大实施力度，尤其关注农村教育、医疗和养老服务，满足农民日益增长的公共服务需求。

第三，激发不同职业农民参与村庄治理的积极性，在村庄选举的过程中注重选贤任能，调动农民在村庄规划、监督管理和村民自治等方面的积极性，推动村庄基层党组织建设、各类协会组织建设。

第四，针对多样化的文化需求，着力加强村庄公共文化设施建设，积极开展移风易俗活动，推广不同类型的文化教育和科普教育活动。

14

外出与留居农民视角的乡村振兴

改革开放以来，伴随工业化的迅速推进与城乡体制的持续改革，大量人口尤其是青壮年劳动力离开农村，前往城镇务工或寻求农业以外的其他生计方式。与此同时，一些中老年人则选择继续留村务农。与这一现象相对应的，便是常年在村的留守人口、"中坚农民"等留居群体，以及像候鸟一样往返于城乡之间的不常在村的外出农民群体（叶敬忠，2011；贺雪峰，2015；陈映芳，2005）。对于常年在村的留居农民来说，他们深嵌于乡村社会场域之中，是乡村振兴至关重要的实践主体。而对于不常在村的外出农民而言，他们目前的生产生活部分或全部脱嵌于乡村，对乡村振兴实践的直接参与相对较少（黄志辉，2022）。但外出农民与乡村的联结并未彻底断裂，他们往返于城乡之间，且仍有较大可能回归乡村。从这一角度来看，他们又是乡村振兴潜在的重要实践者。

那么，作为乡村振兴的重要主体，留居（常年在村）农民与外出（不常在村）农民目前的生产生活状况如何？他们是如何理解乡村振兴的？在全面推进乡村振兴战略实施的过程中，他们扮演着怎样的角色，对未来又有怎样的期待？针对上述问题，本研究从是否常在村的视角着手，对比考察留居农民与外出农民的生产生活状态以及他们对乡村振兴的理解、需求与行动意愿，进而为更好地发挥不同农民群体在乡村振兴中的作用以及实现以农民为主体的乡村振兴提供参考。

一 留居农民与外出农民的群体特征

根据研究主题，本研究将"留居农民"界定为过去一年累计在村居住时间不少于 6 个月的农民，将"外出农民"界定为过去一年累计在村居住时间不足 6 个月的农民。为保证对比有效性，本研究在分析过程中将常年在外读书的学生和目前居住在村的城市退休职工等特殊群体从总样本中剔除。最终，样本量为 498 人，其中留居农民 446 人、外出农民 52 人。本部分的分析主要围绕 498 位被访农民相关数据信息展开，区别于本书其他章节基于 529 位被访农民的数据分析。

为了清晰呈现群体特征，本研究首先对留居农民和外出农民进行群体刻画。具体来看，留居农民的男女比例（48.2∶51.8）较为均衡，但整体年龄偏大。在留居农民中，有 41.5% 是 60 岁及以上的老年人，这一特征与村庄人口日趋老龄化的现实相符。此外，留居农民的文化程度偏低，主要是小学及以下和初中。留居农民主要从事纯务农工作，此外还有部分兼做农业以外的其他工作。与之不同，外出农民的男女比例为 59.6∶40.4，这与农村男性外出务工比例较高有关。另外，80.8% 的外出农民年龄在 60 岁以下。这一群体整体较为年轻，一方面是因为村庄年轻人更可能选择外出务工；另一方面是因为 60 岁及以上农民在城市往往很难找到工作，他们只好被迫返乡。此外，外出农民的文化程度主要为初中，他们主要从事非农工作，除外出务工外，还有少数农民是因陪读、照料等家庭分工安排而在外时间较长。

二　留居农民与外出农民对乡村振兴的认知

（一）对乡村振兴的了解

留居农民主要通过电视（59.9%）、村委宣传（44.5%）和网络（手机/电脑）（30.2%）获知乡村振兴信息，外出农民则主要通过网络（手机/电脑）（58.8%）和电视（50.0%）等获知乡村振兴信息。由此可见，看电视、上网等媒体渠道是农民获知乡村振兴信息的主要途径，其中外出农民对手机、电脑这些新兴媒体渠道的使用比例明显高于留居农民。另外，村委宣传也是留居农民获知乡村振兴信息的重要渠道（见表 14-1）。

表 14-1 留居农民与外出农民获知乡村振兴信息的途径

单位：%

	电视	收音机	报纸	网络 （手机/电脑）	村委宣传	亲友邻里 交流	其他
留居农民	59.9	2.6	2.9	30.2	44.5	14.0	7.0
外出农民	50.0	0	0	58.8	20.6	23.5	2.9

调研发现，被访农民对乡村振兴的认知，会受到获知渠道的影响。不管是留居农民还是外出农民，通过电视、网络（手机/电脑）等媒体渠道获知的乡村振兴信息都往往较为模糊，主要停留在政策词语上。例如，一位留居农民表示，"我一下想不起来了，平时都是在电视上看到的"；外出农民表示，"现在电视、手机都在讲这个事。我听到的主要是什么新农村建设、合村并居，具体的还是不知道怎么回事"，"在抖音上看到有一个地方在搞乡村振兴，具体怎么做的，不是很清楚"。与外出农民相比，留居农民获知乡村振兴信息的途径更多样，对乡村振兴的认知更多元。例如，一些留居农民在村委宣传之下，将乡村振兴具体化为本村正在做的工作。一位留居农民表示，"我们村的田园综合体就是乡村振兴，乡村振兴就是环境美化、住房美化"；同村的另一位留居农民也表示，他了解到的乡村振兴就是"村委开会说搞田园综合体"。

（二）对乡村振兴的理解

留居农民对乡村振兴的理解更为具体、更具针对性，他们最关注的是村庄产业发展，其次是以道路为主的村庄基础设施建设。例如，有留居农民表示，"乡村振兴就是村庄有产业链，农民有经济来源"，"先把路修好了，老百姓的生活就能奔小康了"。与之相对，外出农民则倾向于从农民生活水平视角出发，阐述自己对乡村振兴的理解，他们的表述往往较为抽象模糊。例如，有外出农民表示，"乡村振兴就是使劲发展农村，让老百姓生活变得更好。但是，如何使劲、如何发展，全靠党的政策"，"只要能为老百姓谋利益、富裕百姓，就是乡村振兴"。对于外出农民来说，尽管"生于斯长于斯"，但由于常年在外，他们在看待乡村时往往夹杂着一种"外来者"视角，这种与乡村的疏远感使他们对乡村振兴的理解较为抽象和模糊。

（三）对乡村振兴五个方面依靠主体的认知

留居农民与外出农民均认为自己是乡村振兴各个方面的依靠主体之一，但认为自身所扮演的角色主要是作为其他主体的配合者。具体来看，在生态宜居方面，留居农民与外出农民均认为主要依靠村民，其次是村干部、政府。其中，政府出台政策、提供资源支持，"国家一个政策下来，才能做好"；村干部发挥带头作用，积极引导村民保护生态环境，"村干部起决定作用，上面有好的政策，村干部要带好头"。尽管留居农民与外出农民选择主要靠村民的比例均最高（分别为56.3%和61.5%），但皆认为村民应该积极配合政府和村干部的工作，身体力行，自觉保护生态环境。在乡风文明方面，情况同样如此。尽管留居农民与外出农民选择主要靠村民的比例均最高（分别为64.8%和63.5%），但认为村民的主要作用在于配合村干部的工作。例如，有农民表示，"干部是第一人，领导得好，农民就做得好；领导得不好，农民就做不好"。在治理有效方面，留居农民与外出农民均认为主要依靠村两委和政府，其次才是村民。其中，政府提供政策支持，村两委具体落实和动员村民，村民则要自觉配合。例如，有农民表示，"政府制定政策，村委重视，村民配合"。此外，在乡村产业发展方面，留居农民与外出农民均认为主要依靠政府，其次是村干部/村集体，村民则配合政府和村干部的工作。

然而，在"未来中国农业生产主要靠谁"这一问题上，首先，无论是否常在村，农民都认为未来中国农业生产主要靠专业大户/家庭农场的比例均最高，因为"大户有规划、规模大、收入高"；其次，留居农民更强调小农户在未来中国农业生产中的主体地位，他们中有30.3%认为小农户是主要依靠主体，而外出农民中仅有11.4%认为小农户是未来中国农业生产的主要依靠主体。留居农民之所以看重小农户在未来中国农业生产中的作用，一方面是认同农业生产对于维持自家生计的重要性，"小农户自己种可以保证自己的口粮"；另一方面则是出于其他主体靠不住或无法依靠的一种判断，"只能靠小农户，因为那些大公司不可靠，政策落实也不到位"，"因为这里是山区，使用不了机械，大户也不行，人工成本太高，没有利润"。

三 留居农民与外出农民视角的产业兴旺

（一）外出农民在认知、意愿与技能方面去农业化特征明显

一些外出农民尤其是年轻群体对家庭农业生产情况不了解，同时缺乏从事农业生产活动的意愿和技能。当然，这一特征也体现在部分年轻留守妇女身上。具体来看，由于常年在外，一些农民对于家庭土地面积、种植养殖类型等农业生产的基本情况非常陌生。例如，一位常年在县城陪读的女性表示，自己不清楚家庭土地面积有多少。就从事农业生产活动的意愿和技能来看，一些外出农民表示，尽管家人仍在从事农业生产，但自己并不愿意或无法提供帮助。例如，一位常年在外从事建筑行业的男性农民表示，"自己19岁高中毕业，就开始外出务工。母亲在家种地，身体不太好，她在农忙时想让父亲和自己兄弟俩回家帮忙，但大家其实是不想回来的，太不划算了"。还有一些外出农民，由于脱离农业生产太久，已经不会种地。例如，一位在外从事涂料工作的男性农民表示，"我已经不会种地了。像我这样长期在外打工的年轻人，已经脱离农业生产很久了，主要的农活还是由妻子与父母打理"。总体来看，不少外出农民既不从事农业生产活动，也不了解家庭农业生产活动情况，更缺少从事农业生产活动的意愿和技能，他们的去农业化特征明显。与之相关，未来"谁来种地"已成为乡村振兴的一大难题。

（二）外出农民不种粮的意愿更明显，留居农民对粮食生产重要性的认知更全面

尽管留居农民与外出农民中均有较高比例表示过去三年和未来三年自家粮食种植面积保持不变，但在外出农民中，有37.1%表示过去三年减少了粮食种植面积，17.1%表示未来三年打算减少粮食种植面积，上述比例均明显高于留居农民（分别为20.2%和12.9%）。这说明，外出农民的不种粮意愿明显比留居农民强烈（见表14-2）。

表 14-2　留居农民与外出农民家庭粮食种植面积过去三年变化和未来三年打算

单位：%

	过去三年粮食种植面积变化				未来三年粮食种植面积打算			
	增加	减少	保持不变	不了解	增加	减少	保持不变	不了解
留居农民	9.4	20.2	69.3	1.1	5.4	12.9	73.3	8.4
外出农民	2.9	37.1	54.3	5.7	8.6	17.1	68.6	5.7

就个人对粮食种植的认知来看，留居农民与外出农民存在显著差异，留居农民对粮食生产重要性的认识更为全面。调研结果显示，只有一位外出农民从国家粮食安全角度表示粮食生产很重要，"粮食安全对于老百姓而言就是要种庄稼，不能在耕地上种其他作物。从其他国家进口粮食十分危险，会受制于人"；其他外出农民皆无关于粮食生产重要性的论述。与之相对，留居农民则从自家粮食安全、家庭生计安排和粮食食用口感等多个维度，表达了对粮食生产的重视。例如，一位留居农民表示，希望自己家种粮食，因为"至少可以保证自己的口粮，还可以用于喂养牲畜"。另一位留居农民表示，近年来增加粮食种植面积，是"因为自己种的小麦口感好，留着自家食用"。

（三）留居农民在土地流转方面态度更保守、顾虑更多

在土地流转方面，留居农民的态度更保守、顾虑更多。具体来看，外出农民在土地流转方面的态度更为开放，其中一些农民考虑到土地流转的经济效益而选择流转。例如，某调研村的脐橙基地在村里流转了大量土地，村中一位和丈夫常年在外务工的妇女表示，自家的两亩地都流转给了脐橙基地。尽管流转了土地，但她并不了解基地的经营情况，"对于老百姓来说，只要每年返本、分红，自己有钱拿就可以了，其他的我们也管不了那么多"。另外，还有一些外出农民选择流转土地是一种从众行为。例如，一位在外务工的妇女表示，"大家都在流转土地，所以我们也就跟着一起流转了"。与之相对，留居农民群体内部对于土地流转存在两种声音。其中一部分农民明确表示，自己不愿意将土地流转出去，"一是自己本来地就少，二是流转出去后，别人没有自己种得精细，给的钱也没有自己赚得多"。另外一些留居农民则迫于家庭劳动力短缺而选择流转土地。例如，一位在家务农的留守妇女表示，丈夫和儿子都在外务工，自己体力又有限，"劳动力不足，所以还是比

较愿意把土地流转出去的"。由此可见，留居农民对于土地流转的意愿，往往受到家庭其他成员尤其是青壮年劳动力是否常在村的影响。

另外，留居农民与外出农民对土地流转态度的差异，还体现在他们对"您认为目前与新型农业经营主体的联结存在哪些问题和风险"这一问题的回答上。农民关注的问题与风险，集中于土地流转费用给付不及时和流转费过低等方面。例如，一位外出农民将土地分别流转给村集体合作社种植苹果、外来企业种植金银花，结果"今年果园和金银花厂的租金都还没给，处于拖欠状态"。一位 75 岁的在村老人将土地流转给外来企业种植草莓，但"今年租金还没给，垫去搞建设了。之前说 70 岁以上的老人会发 100 块钱，今年也还没发。不好说以后怎么样"。另外，还有农民表示，"现在流转费太低，还不如自己种着卖点"。除了土地流转费用问题外，一些留居农民还担心土地流转之后的地力损耗会影响自己未来的种植。例如，一位留居农民将土地流转给外来企业养殖小龙虾，但"养小龙虾要把土地挖很深的坑，然后往土里灌水。自己担心养小龙虾的人走后，地力无法恢复"。

（四）农民普遍认为缺少劳动力是制约农业生产的最主要问题

留居农民与外出农民皆认为，制约农业生产的最主要问题是缺少劳动力，选择这一项的比例分别为 40.6% 和 39.4%。随着农村人口尤其是青壮年劳动力不断外流，"无人种地"已成为农民的普遍担忧。除此之外，31.1%的留居农民认为自然灾害严重影响了农业生产，其中包括野猪肆虐、干旱缺水和风灾等。与之不同，外出农民中则有较高比例（30.3%）认为缺少土地是制约农业生产的重要问题（见表 14-3）。正如一位外出农民所言，"种地根本就是赔钱，因为现在不是大面积地种地，也不能进行机器收割"。

表 14-3　留居农民与外出农民对制约农业生产主要问题的认知

单位：%

	自然灾害	缺少土地	缺少劳动力	缺少资金	缺少设备	缺少技术	基础设施不完善	销售难	政策限制
留居农民	31.1	18.6	40.6	16.6	5.4	7.1	8.9	5.1	2.3
外出农民	24.2	30.3	39.4	12.1	15.2	15.2	15.2	0	3.0

四 留居农民与外出农民视角的生态宜居

（一）留居农民对村庄生产环境更不满，问题感知更强烈

对于村庄生产环境，留居农民的满意率低于外出农民（见图14-1）。留居农民对村庄生产环境不满的原因在于，他们大部分在村从事生产活动，对生产环境问题更了解，感知也更强烈。而外出农民表示满意的比例比留居农民高，一方面是因为他们不常在村，偶尔返乡更能察觉乡村的积极改变。例如，一位外出农民表示，"自2018年以来，最能感知到的村庄变化就是生态环境的改善，如保洁员的配备、日常垃圾的清运以及道路的硬化等"。另一方面则在于他们将城市作为参照，对乡村怀有"田园牧歌"式的向往和怀念。例如，一位在外务工农民表示，"在城市是没办法，你要在那里赚钱，为了生活。等以后孩子开始工作了，自己肯定要回来。还是乡下的生活质量更好一些，环境好、水好、空气好"。再如，另一位外出农民则认为，"农村更像是度假村一般的存在，时不时回来看看，还能吃到无公害蔬菜"。

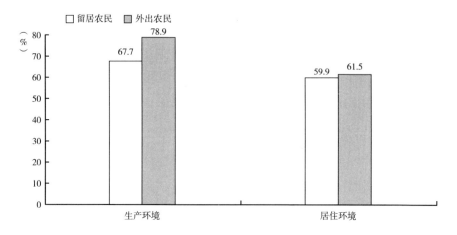

图14-1 留居农民与外出农民对村庄生产环境、居住环境的满意率

对于村庄生产活动带来的环境问题，留居农民与外出农民皆认为水污染是最主要的生产环境问题。例如，一位农民表示，"村庄河流受到了污染，这是村民使用的农药、化肥包装袋在水中冲洗造成的"。除水污染问题外，

还有不少留居农民认为，村庄生产活动带来了土壤污染、废弃物污染和大气污染等环境问题。

（二）留居农民最关注污水处理问题，外出农民则更强调村庄美化、绿化、亮化等

相较于生产环境，农民对村庄居住环境表示满意的比例更低。具体来看，留居农民和外出农民的满意比例分别为 59.9% 和 61.5%，较为接近。但就对村庄居住环境问题的反馈来看，留居农民与外出农民对相关问题的感知存在差异。其中，留居农民关注日常的人居环境问题，如污水处理问题。例如，一位留居农民表示，生活污水排放已经影响到村庄环境和地下水资源，"生活污水通过化粪池流出去，流到池塘和河流里面。井在屋门口，也知道倒掉的污水会渗下去，所以家里的井水基本不吃，吃了这些水可能会长瘤，但有的人家还是喝这个水"。与之相对，外出农民则表达了自己对村庄美化/绿化/亮化等村庄居住环境的更高追求。例如，一位在外务工农民表示，应该"从村口开始搞多个小型绿化带，沿着道路排开"。

五　留居农民与外出农民视角的乡风文明

（一）留居农民的休闲娱乐生活更为单一匮乏

被访农民的休闲娱乐活动主要为看电视、玩手机和串门聊天等。相较而言，留居农民的休闲娱乐活动更为单一匮乏，其频繁和经常看电视、玩手机、串门聊天的比例之和分别 47.3%、30.3% 和 24.5%，外出农民相应的比例分别为 42.3%、42.4% 和 25.0%。除此之外，在打牌打麻将、读书看报、参加广场舞等文艺活动方面，留居农民与外出农民的参与频率均比较低。另外，就旅游参观这一项而言，尽管留居农民与外出农民频繁或经常旅游参观的比例均较低，但外出农民有时旅游参观的比例（28.9%）明显高于留居农民（13.3%）。由此可见，外出农民的休闲娱乐生活相对丰富一些。

（二）留居农民对村庄不良风气或现象的感知更强烈

留居农民对村庄不良风气或现象的感知明显比外出农民更强烈。具体来看，留居农民和外出农民中分别有 63.8% 和 78.9% 认为本村不存在任何不良风气或现象。就存在的不良风气或现象来看，留居农民与外出农民皆认为主要是赌博问题，此外还有不少留居农民认为本村存在红白喜事大操大办、互相攀比的情况。

（三）外出农民更注重村庄公共文化设施和文化建设活动

在村庄公共文化设施及文化建设活动方面，留居农民与外出农民皆认为公共文化设施（广场、书屋等）的建设最有必要。但梳理发现，农民对公共文化设施的需求主要体现在村庄活动广场上，而非农家书屋等场所。例如，有农民希望村庄"每个片弄一个广场，因为村委会的广场离自己远"，或者抱怨本村"公共设施太少，都没有广场"。提到农家书屋时，有农民则表示，"老百姓不喜欢看书，文化水平低"，即使"村委会有儿童之家、老人之家和农家书屋，也基本上不会有人去。大家都很忙，谁去那里啊。就是闲着，也不会去"。此外，对比来看，外出农民在多项村庄公共文化设施及文化建设活动方面认为必要的比例高于留居农民，其中包括公共文艺活动、科普教育活动、节日或民俗活动等。

（四）留居农民更偏重乡风文明建设活动

在乡风文明建设活动方面，留居农民与外出农民皆认为家风建设最有必要。例如，有农民表示，"家风建设是有必要的。一代传一代，以身作则。如果这一代做不好，下一代肯定就做不下去了"。此外，农民对移风易俗的认可度也比较高。例如，有农民表示，"移风易俗之后，可以在这方面少花钱，钱留着过好日子"。除上述两项外，留居农民对于乡村史志汇编修编、乡村文化资源挖掘与传承、农耕文化传承保护等的选择比例均高于外出农民。其中，在乡村史志汇编修编方面，留居农民的选择比例较高（73.4%），外出农民的选择比例较低，仅为 47.1%（见表 14-4）。以陕西省松涛村为例，一位留居农民认为，"乡村史志汇编修编很有必要，因为可以了解村庄的历史，看看其中的变化，也可以传承给后代，给后代讲述"；同村的一位外出农民却表示，"没必要，我们没有啥历史"。

表 14-4 留居农民与外出农民对乡风文明建设活动必要性的认知

单位：%

	家风建设	移风易俗	文化进村与文化下乡	农耕文化传承保护	乡村文化资源挖掘与传承	乡村史志汇编修编
留居农民	85.8	78.7	72.8	67.9	70.6	73.4
外出农民	82.7	75.0	69.2	57.7	50.0	47.1

六 留居农民与外出农民视角的治理有效

（一）外出农民对村庄活动或事务的参与度低，且存在不在意、不情愿的态度

在村庄活动或事务方面，被访农民对村干部选举的参与率最高，其次是村民会议。从具体活动或事务来看，外出农民的参与率普遍低于留居农民，外出农民未参与任何一项活动或事务的比例高达30.8%（见表14-5）。与之相应，一些外出农民对于参与村庄各项活动或事务，表现出不在意或不情愿的态度。例如，一位在外务工的农民表示，"自己不仅没有参加选举，也很少参加其他组织或活动。天天在外面跑，没有时间参加"。一位常年在外务工的村民小组组长则表示，"虽然是这个组的小组长，但是由于这个组的位置比较偏，我本身也不经常在村里，所以自己很少参与村里的事情。即便是村干部选举，也是不得不去参加。如果按照自己的兴趣的话，是不愿意去参加村干部选举的。选谁都一样，没有什么差别"。由于常年不在村庄居住，外出农民不仅无法及时有效地关注村内事务，也缺乏关注村内事务的热情与动力，这势必会影响村庄活动或事务的开展成效。

表 14-5 留居农民与外出农民对村庄活动或事务的参与情况

单位：%

	村干部选举	村庄发展规划讨论	村规民约制定	村务监督	村民会议	以上都没有
留居农民	85.9	18.2	15.0	13.9	43.7	11.7
外出农民	69.2	5.8	3.9	7.7	21.2	30.8

（二）留居农民对村庄治理各项事务的满意度高于外出农民

被访农民最满意的村庄治理工作是村庄选举，其次是村务管理、公开、决策。从具体工作内容来看，留居农民对村庄治理各项工作表示满意（包括非常满意和满意）的比例皆高于外出农民。其中，留居农民和外出农民对村庄选举表示满意的比例分别为 64.4% 和 50.0%，而对村务管理、公开、决策表示满意的比例分别为 54.4% 和 38.5%，对土地开发、流转、征用等表示满意的比例分别为 49.6% 和 38.5%。此外，对于集体资产经营管理/发展集体经济，留居农民和外出农民均有较高比例表示不了解，分别为 31.0% 和 40.4%。

（三）留居农民对村干部有更高期望

在改进村庄治理工作方面，留居农民与外出农民皆认为最应该加强有能力的村干部选拔。当被问及"您看重村干部哪些方面的能力和表现"时，留居农民与外出农民皆认为最主要的是办事公平公正、不谋私利，其次是带领群众致富。但相较而言，留居农民对村干部各项能力和表现的选择比例均高于外出农民（见表14-6）。这说明，留居农民更看重村干部在村庄治理中的作用，对村干部的多项能力和表现抱有更高的期望。例如，一位留居农民多次强调，村干部的能力要进一步提升，"乡村振兴能否实现，在很大程度上取决于村干部能力的强弱。村干部要具备招商引资的能力，即便引入的企业最终运营失败，工厂和设备还是会留在村里，成为村庄的集体资产"。另一位留居农民则表示，"农村必须有一个好带头人。村干部的能力和责任心，缺一不可。村干部对村庄的规划布局很重要，需要具备长远的眼光、周全的考虑。不能只管大事、不管小事，不能只管好事、不管坏事"。

表 14-6　留居农民与外出农民对村干部能力和表现的看重情况

单位：%

	跑项目、跑政策	招商引资	带领群众致富	办事公平公正、不谋私利	帮贫帮弱	组织动员能力	有知识、有主意	自身经济实力	其他
留居农民	38.5	34.4	64.7	71.5	36.9	38.7	36.9	15.4	14.0
外出农民	33.3	27.5	58.8	62.8	25.5	21.6	19.6	5.9	27.5

七　留居农民与外出农民视角的生活富裕

（一）外出农民对未来家庭收入的预期更乐观

留居农民与外出农民认为自家经济条件在村里处于中间水平的比例均最高，但外出农民认为自家经济条件处于高水平或中上水平的比例略高一些。此外，对于未来三至五年家庭收入预期，留居农民与外出农民的回答呈现较大差异。其中，留居农民认为未来三至五年家庭收入"会保持稳定"的比例最高，其次是"不稳定，难以预判"。与之相对，外出农民认为未来三至五年家庭收入"会继续增长"的比例最高，其次是"会保持稳定"（见表14-7）。这说明，外出农民对未来家庭收入的预期更为乐观。这是因为，他们目前主要在外打工且较为年轻，更有可能通过打工持续获得较高收入。正如一位在外务工农民所言，"种地赔钱，一般村里过得好的，都是出去打工挣的钱"。

表14-7　留居农民与外出农民对未来三至五年家庭收入的预期

单位：%

	会继续增长	会保持稳定	不稳定,难以预判	会有所减少
留居农民	23.4	33.5	27.8	15.3
外出农民	34.6	26.9	21.2	17.3

（二）留居农民对自己目前生活状态更满意

留居农民对自己目前生活状态的满意度高于外出农民。其中，留居农民对自己目前生活状态非常满意和满意的比例合计为67.3%，而外出农民的这一比例仅为52.0%。具体来看，留居农民与外出农民对自己目前生活状态满意的原因较为一致，他们主要从家庭基本生活条件层面展开。例如，一位留居农民表示，"现在基本上钱够花，吃穿还可以，不能攀比，一般化就可以了"；一位外出农民表示，"和别人比不了，跟自己家以前比已经挺好了，至少房子住得好了"。但对比来看，外出农民的满意度低于留居农民，且有较高比例（32.7%）表示自己目前生活状态一般（见表14-8）。调研结果表明，外出农民满意度低的原因，在于经济收支不平衡、家庭负担重。例如，一位外出农民表示，"生活状态一般，因为挣钱不多，但需要花钱的地方却很多"，"现在经济压力大，钱难赚，还有小孩要养。"由此可见，尽管外出农民对于未来三至五年家庭收入预期更有信心，但是在外赚钱难度较大、生活开支较大等原因使他们对于家庭收支情况并不乐观。另外，从年龄来看，外出农民主要是中年群体，他们背负着抚养孩子、赡养老人的重担，生活压力较大。因此，他们对自己目前生活状态的满意度较低。

表 14-8　留居农民与外出农民对自己目前生活状态的评价

单位：%

	非常满意	满意	一般	不太满意	很不满意
留居农民	9.9	57.4	23.1	8.3	1.4
外出农民	3.9	48.1	32.7	13.5	1.9

（三）留居农民与外出农民普遍对农村教育、医疗卫生和就业等乡村公共服务不满意

留居农民与外出农民最不满意的村庄公共设施和服务均是农村教育，其次是医疗卫生、就业，外出农民还有较高比例对交通表示不满意。留居农民与外出农民最不满意的皆是农村教育，比例分别为30.8%和39.2%。一位外出农民认为，"农村教育质量有待提升，或者需要创造农村孩子进城读书的条件"。一位留居农民则表示，"教育资源应该向农村倾斜，抓好农村教育。现在城市挤不进去，农村又很空"。除此之外，外出农民对交通的不满意程度与农村教育相近，认为"加大道路建设力度是非常有必要的"。此外，留居农民与外出农民对医疗卫生均表示不满。例如，有农民表示，"现在医疗报销程序很复杂，条条框框很多。而且费用一年比一年交得多，压力很大，而且有很多项目不能报销"。尽管如此，外出农民在医疗方面有更强的保险意识。例如，一位外出农民表示，"我最关心的乡村公共服务是医疗卫生。自己努力挣钱的一个重要原因是，希望尽可能多地购买商业保险，从而在年老时可以像城镇职工一样看病。生活有了保障，还能减轻子女的负担"。另外，留居农民和外出农民对就业也表示不满，比例分别为27.5%和35.3%。

从整体来看，外出农民对村庄公共设施和服务的不满意程度更高，其中包括农村教育、交通、医疗卫生、就业、养老（服务）等。

（四）留居农民与外出农民普遍偏好家庭养老方式

在养老方式的选择方面，留居农民与外出农民均最希望自己居家生活（没有上门养老服务），其次是居家养老（有上门养老服务），机构养老和社区互助养老的选择比例远远低于上述两者。这说明，不论在村时间长短，农民都更偏好以家庭为单位的养老方式，尤其是没有上门养老服务的居家生活养老方式，他们对其他养老方式的接受度仍然很低。对于留居农民而言，选择以家庭为单位的养老方式契合其当前的生产生活状态。但对于外出农民而言，他们同样偏好以家庭为单位的养老方式，其中一个重要原因在于他们缺少城市养老保障，未来仍要返乡养老。例如，一位外出农民表示，"有条件还是想去城里养老，但现在没条件"；另一位外出农民则表示，"年纪大了回家，老了还是觉得家里好"。而偏好没有上门养老服务的居家生活养老方式，也映射出外出农民对养老经济负担的担忧。例如，一位外出农民表示，自己"没有保险，怕老了没有钱养老"；另一位外出农民则担心给子女带来过重负担，"独生子女一代的赡养老人压力非常大"。

（五）留居农民对生活富裕的理解偏重基本生活保障，外出农民则强调物质丰裕

对生活富裕的理解，被访农民主要聚焦基本生活的保障、物质条件的丰裕和精神需求的满足。其中，基本生活的保障包括吃穿不愁，能够享受养老、医疗和教育等基础服务；物质条件的丰裕包括有足够的钱、有房有车等；精神需求的满足则体现在有丰富的精神文化活动和愉悦的精神状态。对比来看，留居农民对生活富裕的理解更偏向基本生活的保障。例如，有留居农民表示，"生活富裕就是过上好日子。普遍的期望是看得起病，得个病不用砸锅卖铁，老了仍有稳定的生活来源"。外出农民则有更高比例强调物质条件的丰裕，如表示"生活富裕就是城里有房、有车有存款"。此外，留居农民与外出农民中还有较少比例认为，生活富裕是精神需求的满足或者物质、精神需求的双重满足，如表示"家庭收入稳定是前提，还要有精神生活，物质生活和精神生活都得富裕"。

八　结论与建议

本研究从是否常在村的视角切入，考察乡村振兴背景下留居农民与外出农民的生产生活状态以及他们对乡村振兴的理解、需求与行动意愿。从整体来看，留居农民对乡村振兴的认知更多元，对乡村振兴的理解更具体、更具针对性，而外出农民对乡村振兴的理解较为抽象和模糊。另外，留居农民与外出农民均认为自己是乡村振兴的重要配合者。除此之外，留居农民更强调小农户在农业生产中的主体地位。

在产业兴旺方面，外出农民的去农业化特征明显，留居农民则更看重粮食生产、更珍视土地。具体来看，外出农民尤其是年轻群体往往对家庭农业生产情况不了解，同时缺乏从事农业生产活动的意愿和技能。此外，这一群体的不种粮意愿也更明显。与之相比，留居农民对粮食重要性的认知更全面，在土地流转方面更为保守、顾虑更多。这启示我们，一方面要充分发挥留居农民在农业生产尤其是粮食生产方面的重要作用，通过提供政策支持和经济补贴等多种形式为其提供保障，充分调动留居农民从事农业生产活动的积极性；另一方面要加大力度支持和引导符合条件的外出农民结合自身在外经历，以农业农村资源为依托，返乡就业创业，为乡村产业发展贡献自己的力量。

在生态宜居方面，留居农民与外出农民对村庄居住环境的满意度均低于对生产环境的满意度，留居农民的满意度低于外出农民。具体来看，留居农民对村庄生产环境更不满，对水污染等问题的感知更强烈。相较于生产环境，被访农民对村庄居住环境的满意度更低，但留居农民与外出农民的感知存在差异。其中，留居农民关注日常的人居环境问题，外出农民则表达了对村庄美化/绿化/亮化等的更高追求。这启示我们，要通过加强村庄基础环保设施修建与完善、提升村民环保意识等方式，优化村庄生产、居住环境。在此基础上，通过开展村庄绿化行动、实施美化工程等途径，提升农民在村居住的舒适度和愉悦感。如此，才能既为留居农民"留住绿水青山"，又让外出农民"记住乡愁"。

在乡风文明方面，被访农民尤其是留居农民的日常闲暇活动较为单一、匮乏。就偏好而言，外出农民偏重公共文艺活动等村庄公共文化建设活动，留居农民则偏重家风建设等乡风文明建设活动。这启示我们，一方面要大力开展农民喜闻乐见的文化活动，充盈农民的闲暇时间，丰富农民的精神文化生活；另一方面要注重乡村文化资源的保护与传承，厚植乡村文化底蕴，留住乡土文化本色。

在治理有效方面，外出农民在村庄治理活动或事务方面的参与度低，且存在不在意、不情愿的情况，而留居农民不仅参与度高，对村庄治理工作的满意度也更高。此外，留居农民对村干部有更高期望。这启示我们，尽管外出农民常年在外，但他们仍是村庄发展的重要力量，要充分调动外出农民尤其是在外贤能人才参与村庄治理活动的积极性，鼓励他们为村庄发展建言献策。

在生活富裕方面，尽管外出农民对未来家庭收入预期更乐观，但留居农民对自己目前生活状态更满意。就村庄公共设施和服务而言，留居农民与外出农民普遍对教育、医疗和就业不满。此外，外出农民还对村庄交通表示不满。在养老方面，外出农民与留居农民普遍偏好以家庭为单位的养老方式。在对生活富裕的理解上，留居农民偏重基本生活的保障，外出农民则强调物质条件的丰裕。这启示我们，尽管留居农民与外出农民对生活富裕的理解和需求存在差异，但要想实现生活富裕，必须首先保障农民的基本生产生活，其中包括就业、教育、医疗、养老等，通过推进基本公共服务均等化，惠及全体农民。在此基础上，搭建平台、做好服务，为农民追求更高层次的美好生活保驾护航。

15

重点村与非重点村农民视角的乡村振兴

鉴于乡村振兴任务的长期性与艰巨性，2018 年中共中央、国务院印发《乡村振兴战略规划（2018—2022 年）》，要求以"统筹谋划，典型带动，有序推进，不搞齐步走"为原则有序推进乡村振兴，并强调"科学把握我国乡村区域差异，尊重并发挥基层首创精神，发掘和总结典型经验，推动不同地区、不同发展阶段的乡村有序实现农业农村现代化"①。自此之后，全国各地陆续因地制宜地制定并出台了本地乡村振兴战略规划，掀起了一波打造乡村振兴示范点的热潮，即有针对性地选择一些有条件的地区重点推进，示范引领，以点带面，推动乡村走向全面振兴（刘金发等，2021）。

示范、试点作为具有中国特色的政策执行工具，在中国早期的社会主义新农村建设实践中即成为有效解决"点面"矛盾的重要手段。示范村建设在全国范围内的兴起，也引起了研究者广泛的关注。在承认其推动乡村发展的积极作用之外，也有不少研究者关注到在实践中出现了资源集中投放导致推广效度不高、资源反复投入造成浪费等示范失效现象（韩国明、王鹤，2012），进而产生了资源依赖、供给需求断层、贫富差距拉大等负向效应（李云新、袁洋，2015）。

当下，示范村建设仍然是推进乡村振兴战略的有效方式。为发挥有限资源的集聚效应，地方往往会将项目与资金倾斜于重点村，从"五大振兴"入手全面推进乡村振兴重点村的建设（《三秦都市报》，2019；《湖北日报》，2021）。因此，在当下示范先行的乡村振兴推进初期，重点村与非重点村在开展乡村振兴行动的广度和深度上具有明显差异。

---

① 《中共中央 国务院印发〈乡村振兴战略规划（2018—2022 年）〉》，中国政府网，2018 年 9 月 26 日，http://www.gov.cn/zhengce/2018-09/26/content_5325534.htm，最后访问日期：2021 年 1 月 25 日。

那么，作为感知最为深切的主体，重点村农民与非重点村农民对乡村振兴的理解和需求有何不同？重点村的乡村振兴推进工作，是否具有可复制的示范意义？本部分将考察并对比重点村农民与非重点村农民在产业兴旺、生态宜居、乡风文明、治理有效、生活富裕方面的发展现状、需求和改进建议，并分析其在乡村振兴主体性认知方面的异同。希望本研究的结论和延伸思考，能够为今后乡村振兴的推进方式和工作方法提供有效借鉴。

根据村庄是否获得示范村荣誉称号或推进乡村振兴试点示范项目，本研究将调研村庄分为重点村和非重点村①两种类型。在 10 个调研村庄中，分别有 4 个重点村和 6 个非重点村（见表 15-1），分别涉及被访农民 212 人、317 人。

表 15-1　调研村庄相关信息

村庄类型	村庄名称	荣誉称号	核心示范项目
重点村	陕西省松涛村	陕西省三产融合示范型乡村振兴示范村	田园综合体项目
	湖南省关下村	湖南省乡村振兴示范创建村	现代农业产业园基地建设
	山东省红果村	山东省综合治理示范村、山东省明星村、山东省文明村、山东省旅游特色村	农村综合性改革试点试验项目
	浙江省前楼村	中国最美乡村、浙江省美丽乡村特色精品村	未来社区
非重点村	河北省坡上村、河北省山桃村、陕西省鹿鸣村、湖南省飞燕村、山东省川溪村、浙江省茶岭村		

一　重点村农民与非重点村农民对乡村振兴的认知

（一）对乡村振兴的了解

1. 非重点村农民对乡村振兴的认知更为泛化

调研数据显示，被访农民听说过乡村振兴的比例不高，重点村被访农民中表示听说过乡村振兴的占 67.5%，非重点村被访农民中表示听说过乡村振

---

① 在本研究中，非重点村又包括原贫困村和非贫困村。

兴的占 60.3%，总体相差不大。就对乡村振兴具体内容的了解程度而言，重点村农民对所了解到的乡村振兴的描述，主要从本村开展的乡村振兴项目切入，推断其可能包含的方面（如人居环境治理、产业基地建设等）；非重点村农民的描述则较为泛化，其了解程度大多停留在"让老百姓的生活好起来""国家大力支持乡村发展"等层面，少数非重点村被访农民会以当地的重点村为标准，去推断乡村振兴可能涉及的内容。部分原贫困村被访农民则将扶贫工作等同于乡村振兴，认为乡村振兴就是"有驻村书记"，"帮扶贫困户，扶持贫困户搞产业"。这表明，被访农民对乡村振兴的了解，在很大程度上来自本村或周边村庄的乡村发展实践工作。由于仍处于乡村振兴发展初期或巩固拓展脱贫攻坚成果的时期，非重点村农民对乡村振兴的了解还不确切和深入。

2. 重点村农民与非重点村农民获知乡村振兴信息的途径均较多样

在党中央高度重视并大力推进乡村振兴工作的背景之下，被访农民获知乡村振兴信息的途径呈现多样化的形态，其中电视、村委宣传和网络媒体是主要的三大渠道。对比来看，重点村中通过村委宣传获知乡村振兴信息的被访农民比例（51.1%）远远高于非重点村（34.0%）。这表明，重点村村干部在乡村振兴的宣传和实施工作中，发挥着实质性作用。

（二）对乡村振兴的理解

1. 重点村农民缺乏具体想象

从被访农民对乡村振兴理想形态的描述来看，重点村农民对乡村振兴的理解，主要是从村内已经开展的乡村振兴活动出发，认为乡村振兴就是村里正在发展（或筹划）的乡村旅游，他们把本村当下的发展状态视作乡村振兴的理想状态，缺乏更具体的想象。少数重点村农民则提出更高层次的要求，他们或是向城市看齐，如"可以美化成城市那样就更好了，尤其是在孩子的教育和娱乐方面"，"乡村振兴就是把农村建设得越来越好，有特色，和城市一样，治理好污水和卫生，修建新的房屋"；或是追求精神需求的满足，如"乡村振兴还应该解决农户的精神生活问题，尤其是怎么玩的问题"，"乡村振兴解决的是吃穿住行的更高层次，包括外出游玩、精神追求"；等等。

2. 非重点村农民侧重表达需求

非重点村农民对乡村振兴的理解，主要是从个人或公共需求出发，因而更加切实具体，涉及乡村发展的各个细化方面。在基础设施方面，谈及最多的是道路的修缮，如"先把路修好了，老百姓的生活就能奔小康了"，"这个道路要修好，不说修到每家每户门口，起码每个小队都要通"。在公共服务方面，表达了对教育、医疗、文娱等方面的期待，如"最重要的一点是要振兴教育，让孩子们有机会走出去"，"乡村医保可以报销更多"，"闲暇时间太多，可多组织集体活动"。此外，不少非重点村农民在表达期待的同时，对本村发展现状表示担忧。例如，有农民表示，"现在村里的荒地太多，大家都不愿意劳动了，这些土地还是得利用起来"，"改善农民生活，解决经济来源问题。目前种地成本高，卖不了多少钱"，"应该是对农村的基础设施和当地的产业进行规划和发展。实际上，我们村里的环境问题还是有点严重的"。部分非重点村农民也会以周边重点村的发展现状为样板，认为振兴的乡村应该向重点村的发展模式看齐，如"像坡下村（某重点村）那样，搞旅游业发展起来"。

由此可见，重点村农民主要从"有什么"出发，理解乡村振兴的具体样貌，也会与城市相对比，追求更高层次的生活质量；非重点村农民主要从"没有什么"出发，理解乡村振兴的应然状态，表达其在基础设施、公共服务、产业发展、农民增收等方面的期待。值得关注的是，重点村所呈现的乡村振兴样态在农民视角下就是对"乡村振兴"这四个字的实践具象化过程，影响着农民对乡村振兴的具体认知。

（三）对乡村振兴工作的评价

1. 重点村农民对乡村振兴的感知度强，褒贬不一

重点村农民对于目前开展的乡村振兴活动有强烈的感知，一方面感受到村庄天翻地覆式的变化，另一方面对这些活动是否能够真正让农民获益以及是否能够公平施惠存有疑虑。部分重点村农民认为其所在村庄产业发展良好，为农民创造了就业和增收机会，他们对已开展的人居环境提升工作也给予了肯定评价。也有不少重点村农民表达了不满和担忧，认为村庄产业发展与自家发展不同步、村庄内部存在发展差距。

第一，产业发展问题。一是关注产业自身效益问题。例如，湖南省某调研村一位被访农民认为，"搞了四个产业基地，脐橙、金银花之类的，都不好，本都回不来，全靠上面扶持着"；浙江省某调研村一位被访农民对已经成熟的旅游产业深表担忧，"旅游产业容易市场饱和，大家都做，很快就没有钱挣了"。二是关注村庄产业发展与自家发展的关系。部分被访农民认为，

村庄产业发展与自家关系不大，甚至牺牲了自家的利益。例如，陕西省某调研村一位被访农民对村内引进的特色茶叶外来投资持负面评价，认为土地流转之后土地结构变化导致无法耕种自家原有的作物；湖南省还有被访农民认为，"当前村内的四大产业基地与自家都没有多大的关系，自己和家人都没有在其中获得一些其他的收益"，并认为"带动周围的群众一起富起来，才算真正的产业。如果就一个人富裕，那不叫产业"。

第二，同一行政村内部存在乡村振兴的"断裂"。例如，某重点村下辖2个自然村（北河和南河），南河村农民大多能感知到两个自然村的发展差距，有农民将其形象地比喻为"北河是大拇哥，南河是小拇指"，认为"虽然南河和北河属于同一个行政村，但是村庄的公共文化设施及文化建设活动基本上都在北河村，南河村的居民都不太了解，也没有使用或参与"。再如，另一重点村地处山区，部分居住在离主村较远村组的农民也认为村内发展差距大，表示"村里都是在马路边上搞发展项目"，"在距离村委会比较远的地方，水泥路有些被雨水冲烂了，也没有路灯，这些基础设施问题没有解决，感觉把这些偏的地方给忘了，只想把主干道那边建设好"。

2. 非重点村农民对乡村振兴的体验感弱，存在相对剥夺感

非重点村农民对乡村振兴的感知十分微弱，他们大多并不知晓"乡村振兴"这一概念。某非重点村村干部甚至直言，"有些村干部都不知道这是什么概念，因为乡村振兴搞产业这一块没东西搞"。其中，非重点的原贫困村农民大多数认为，村里没有开展乡村振兴工作，或是将前期扶贫工作内容视作乡村振兴。非重点的非贫困村农民对乡村振兴的体验感极其微弱，在对比中不平衡感强烈，如"现在最穷、最落后的地方都解决了贫困，开始发展起来了，慢慢赶上来了。本村原来属于一般的村庄，现在还是一般的。这样是不行的，再不发展就要落后，成为最差的了"，"（本村）没有产业，没有集体资产，也没有项目，所以越走越落后。目前，本村落后其他先进村十多年"。

二 重点村农民与非重点村农民视角的产业兴旺

（一）村庄产业发展概况

1. 重点村享受倾斜性投资，非重点村受到资金掣肘

本次调研所涉及的4个重点村都承接了较多的乡村振兴项目和资金。这

些项目和资金的重要投向之一便是乡村产业。例如，某重点村已培育出成熟的旅游产业，其他 3 个重点村都以经济作物种植为主导产业。某重点村自2016 年以来每年都能接收到来自上级政府的千万元级投资，用于基础设施建设、景区升级、河道治理和历史文化保护等方面。另一重点村已将茶叶、烤烟等产业作为支柱产业，目前围绕田园综合体项目已启动民宿建设、农场建设和桃园建设，是后期旅游产业的子模块。某重点村自 2017 年以来共接收上级政府投资和外来资本投资数千万元，发展了生态芦笋、脐橙、金银花、优质稻米、紫薇花海五大产业。另一重点村自 20 世纪 80 年代末以来发展苹果产业，已建成高标准优质果园 3000 亩，形成了集果品收购、验级、储藏、加工于一体的果品批发市场，实现了果业产业化。该村计划今后以综合性改革试点试验项目为契机，建设综合农业产业园，发展观光采摘园。

在 6 个非重点村中，原贫困村在扶贫期间在产业发展、基础设施建设方面打下了坚实的基础，目前处于脱贫成果稳固期。例如，某原贫困村借助扶贫资金发展了村庄产业，但由于后续扶持减少，村集体陷入欠债危机。另外两个非重点村作为非贫困村，没有接收过政策性倾斜的扶贫资金，在乡村振兴推进过程中又因为不具备重点村身份而再次被忽视，面临缺少资金支持的困境。

2. 重点村与非重点村的产业发展现状差距大

本次调研的 4 个重点村都具备优越的地理位置和资源条件，皆发展了多样的特色产业，如以茶叶、苹果、脐橙等经济作物为主，或致力于发展实现产业融合的乡村旅游。重点村借助于政府支持的产业发展类或综合发展类项目，已基本拥有较为完备的农业基础设施，也吸引了不少外来资本投资。因而，重点村往往围绕多样化的产业，形成了家庭农场、合作社、专业大户等多种类型的新型农业经营主体，且规模较大。依托政府支持的综合发展类项目，重点村还提供了许多本地非农就业机会，如景区服务、个体经营农家乐等。调研数据显示，重点村从事非农工作的农民占比（24.1%）高于非重点村（10.4%），不从事农业生产活动的农民家庭占比（25.5%）也高于非重点村（16.1%）。

本次调研的 6 个非重点村分布于 5 个调研地区，均以农业生产为主，相对于本地的重点村而言，区位优势均不明显。由于各调研地区资源禀赋和发展程度不一，非重点村的产业发展也呈现不同的形态。从产业类型来看，非重点村以传统的小麦、玉米、水稻等粮食作物种植为主，部分供自家消费，部分面向市场销售，或拥有茶叶、中药材、小龙虾养殖等特色种养产业，但因交通不便等而在销售方面存在难度，其中一个非重点村以针织业为村庄支柱性产业。在劳动力方面，非重点村农业生产大都依靠人力，但也有个别村在耕地和收割时实现了机械化；拥有非农产业的村庄，能够较大程度地吸纳本村劳动力。

（二）村庄产业发展现状与需求

1. "种粮不挣钱"成为普遍共识

从种植类型来看，重点村农民种植粮食作物的比例（72.6%）低于非重点村（83.1%），种植非粮食作物的比例（76.4%）远高于非重点村（49.2%）。这与重点村和非重点村基于村庄的整体产业布局相一致。

从粮食种植面积变化趋势来看，重点村农民与非重点村农民差异不大，大多数过去三年粮食种植面积没有变化，且未来三年打算继续保持现状。值得注意的是，无论是重点村农民还是非重点村农民，过去三年减少粮食种植面积的比例都超过20.0%（重点村农民22.8%，非重点村农民20.2%），且未来三年打算增加粮食种植面积的比例均不到6.0%（重点村农民5.7%，非重点村农民5.6%）。不少非重点村农民表示，只种粮无法实现家庭增收和乡村发展，"光种地太费劲，累得慌不挣钱"，"粮食不挣钱，农民苦，没有钱"，"种大棚、种药材都行，种什么都比种农作物强"。

2. 重点村小农户经营第三产业的机会更多

被访农民家庭多以农业为唯一产业。非重点村中未从事其他乡村产业的被访农民家庭占比达到75.6%，高于重点村相应比例（64.6%）。少部分被访农民家庭从事第二、第三产业，重点村中从事第三产业（交通运输业、商业、服务业）的农民家庭占比高于非重点村，非重点村中从事第二产业（加工业、手工业）的农民家庭占比高于重点村（见图15-1）。这表明，重点村第三产业的发展态势更好，农民家庭参与的机会更多。

3. 重点村小农户的农产品销售方式更多元

被访农民家庭的农产品销售方式较多样化，大多数采取等人上门采购和自己本地销售的方式，重点村与非重点村中采用电商销售、约定销售等其他销售方式的被访农民家庭比例差异不大。就最主要的农产品销售方式而言，

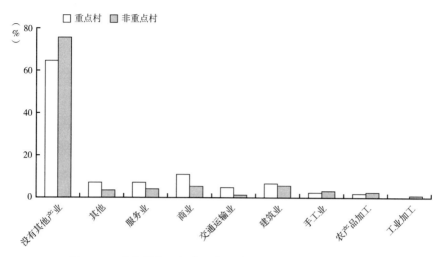

图 15-1　重点村农民与非重点村农民家庭从事其他产业情况

大多数非重点村农民家庭选择等人上门采购，而重点村农民家庭除选择等人上门采购外，选择自己本地销售的比例达到 32.5%，而非重点村农民家庭这一比例仅为 18.3%。相较而言，重点村农民家庭销售农产品的途径更多元，也更容易在本地找到销售市场。

4. 非重点村小农户发展产业受到的限制更多

农村青壮年人口的流出和以代际分工为基础的"半工半农"家庭生计模式的形成，使农业劳动力老龄化趋势愈发严重，加剧了本地农业劳动供给的不足（项继权、周长友，2017；李俊鹏等，2018）。在此背景之下，重点村农民和非重点村农民大多认为，缺少劳动力是制约农业生产的主要问题，选择比例分别为 39.0% 和 40.8%。不同的是，除了缺少劳动力，非重点村农民还把自然灾害列为制约农业生产的重要因素，且他们选择缺少资金、基础设施不完善、政策限制的比例均高于重点村农民（见图 15-2）。

在农业生产方面，重点村农民大多数认为自家不需要帮助，少数表示需要劳动力和更多的土地支持；非重点村农民则多表示在农业投入资金、农业基础设施（道路、水利等）、农产品销路等方面需要获得帮助。值得关注的是，虽然由于地区差异，重点村农民和非重点村农民的需求有所不同，但在投入资金方面，他们普遍表示"化肥、农药价格太高"导致"农业不挣钱"，希望"化肥、农药的价格降一降"或者国家提供补贴，这一点在非重点村农民的回答中尤其多见。

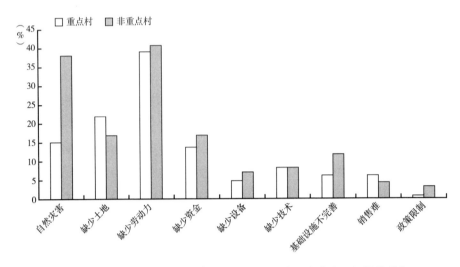

图 15-2　重点村农民与非重点村农民对制约农业生产主要问题的认知

三　重点村农民与非重点村农民视角的生态宜居

（一）村庄生态与人居环境建设情况

1. 重点村的环境改善活动更丰富

无论是服务于贫困治理还是乡村振兴，10 个调研村庄都开展了道路硬化、生活垃圾和污水处理、厕所改造、村容村貌提升等环境改善活动，只是程度不同。重点村作为乡村振兴的示范标杆，开展的活动比非重点村更加多样且执行力度更大，公共设施和服务供给相对完善。陕西省松涛村计划建设社区服务场所和文化广场，实施全村范围内的亮化、绿化工程，建设生态河堤人行观光道。除此之外，4 个重点村都采用垃圾集中清运模式。其中，湖南省关下村和浙江省前楼村已采用"分类收集、集中清运"的垃圾处理模式。在污水处理上，山东省红果村和浙江省前楼村都有集中污水处理设施，陕西省松涛村已在建污水处理厂 1 处，湖南省关下村已建成生态无害化卫生厕所 100 余座。部分非重点村面临缺少资金支持的困境，尽管村干部能够意识到村庄整体发展进度滞后，但表示"心有余而力不足"。例如，湖南省某调研村村干部表示，村里的基础设施建设，仍需要"村委干部在各处'化缘'、农民自筹"，以提供改造资金。

从实际工作开展情况和农民感知的角度而言，重点村在环境改善方面的行动力度和受惠人口的覆盖面都大于非重点村。调研数据也显示，在每一项环境改善活动方面（除道路硬化外），重点村认为村庄已经落实的农民比例普遍高于非重点村，尤其表现在生产废弃物处理和环境绿化/村容美化上（见表15-2）。

表15-2　重点村农民与非重点村农民认为村庄有各类环境改善活动的比例

单位：%

	生产废弃物处理	生活垃圾处理	生活污水处理	厕所改造	道路硬化	村庄亮化	环境绿化/村容美化	生态保护与修复
重点村	57.4	71.6	60.7	54.8	64.5	66.8	70.6	46.4
非重点村	33.3	65.2	43.9	50.8	66.7	59.4	51.0	36.8

2. 重点村农民对村庄环境的满意度更高

就村庄存在的环境问题而言，重点村与非重点村均有半数以上的被访农民认为，村内的生产活动没有引致环境问题，比例分别是74.5%和63.4%。

就村庄整体的居住环境而言，重点村农民的满意度较高，67.0%表示没有不满意之处，而非重点村这一比例为54.3%。多数非重点村缺乏集中处理污水设施，对村庄污水处理表示不满意的农民较多，且农民将其列为最不满意的方面。非重点村农民在垃圾处理、污水处理、厕所改造方面的满意度均低于重点村农民。重点村农民则对村庄美化/绿化/亮化方面提出更高的要求。

（二）农民的绿色生产生活实践与行动意愿

1. 重点村农民的绿色生产意识更明显

在从事农业生产的农户中，多数近三年在化肥、农药（杀虫剂）、农药（除草剂）和添加剂的使用量上保持不变。值得关注的是，不少农户在农业生产中已不使用化学品。这一现象在重点村表现得更加明显，如不再投入化肥的农民占34.4%，不再投入农药（除草剂）的农民占49.1%；在非重点村，相应的比例则分别是22.7%和33.4%。

在农业生产废弃物处理方面，重点村农民和非重点村农民大多选择将种植业生产废弃物（秸秆等）和畜禽养殖废弃物视作资源进行再利用，但对农膜（地膜）和化肥、农药包装废弃物的处理方式略有不同。非重点村中使用农膜的农民有半数选择随意丢弃；重点村中随意丢弃农膜的农民只占32.4%，45.1%的农民会让村里集中处理。同样，在处理化肥、农药包装废弃物方面，非重点村选择随意丢弃的农民比例（22.7%）也高于重点村（11.2%）。可见，重点村农民的农业生产环保意识稍强于非重点村农民。

2. 非重点村农民的绿色生活实践受限于村庄设施与服务供给

随着农村人居环境治理要求的提高、农村人口环保意识的增强，95.0%以上的被访农民表示其日常生活垃圾交由村庄集中处理（垃圾集中清运）。从重点村农民和非重点村农民的对比看，非重点村农民近80.0%不会将日常生活垃圾进行分类后投放垃圾箱，重点村农民进行垃圾分类的占近50.0%。分类集中处理日常生活垃圾的农民，大多来自浙江省和湖南省的重点村，因为这两个村都是整村实行"分类收集、集中清运"的垃圾处理模式。其中，浙江省前楼村将日常生活垃圾按可腐与不可腐分类收集，可腐垃圾由专门垃圾处理池处理，不可腐垃圾则由垃圾兑换超市回收。

非重点村农民随意排放日常生活污水的比例高于重点村农民，一半以上的重点村农民通过地方统一（清洁）处理日常生活污水，比例远高于非重点村农民（28.7%）。除农民自身的环保意识外，村庄污水处理设施是否完备也是影响农民选择日常生活污水处理方式的重要因素。调研显示，4个重点村基本都在本村设有污水处理厂。湖南省关下村尽管没有专门的污水处理设施，但针对厕所污水，建有专门的生态无害化卫生厕所。除浙江省茶岭村外，非重点村基本没有统一的集中处理污水设施，大多数农民将日常生活污水引入自家化粪池或渗入地下水中。部分非重点村尽管建有污水处理设施，但仅能覆盖1—2个村民小组。

3. 重点村农民与非重点村农民参与环境改善活动的意愿普遍较高

大多数被访农民表示愿意参与各类环境改善活动，且愿意以出钱出工的方式支持。在每一项环境改善活动方面，重点村农民愿意出钱出工的比例均高于非重点村农民，而非重点村农民选择只出工的比例远高于重点村农民（见表15-3）。

表 15-3　重点村农民与非重点村农民愿意参与村庄环境改善活动的方式

单位：%

	只出工		出钱出工	
	重点村	非重点村	重点村	非重点村
生产废弃物处理	14.6	25.6	75.2	61.4
生活垃圾处理	15.1	24.5	72.7	58.1
生活污水处理	12.1	26.2	74.6	58.7
厕所改造	11.8	21.7	77.8	62.3
道路硬化	12.4	24.1	77.0	59.7
村庄亮化	13.3	23.7	75.3	60.0
环境绿化/村容美化	13.3	24.5	74.6	59.2
生态保护与修复	12.4	25.4	74.5	60.5

四　重点村农民与非重点村农民视角的乡风文明

（一）村庄民风与文化建设情况

1. 重点村农民对本村乡风民风的评价较高

从农民的感知角度来看，74.1%的重点村农民认为村内不存在不良风气或现象，而非重点村这一比例仅为59.5%。重点村和非重点村认为村内存在不良风气或现象的农民都认为，赌博、红白喜事大操大办是村内相对显著的不良风气。从对各种不良风气或现象的感知看，非重点村农民认为存在的比例比重点村农民高（见图15-3）。

2. 重点村的公共文化设施相对完备，文化建设活动丰富多元

在公共文化设施上，在本次调研的4个重点村中，湖南省关下村和浙江省前楼村除有基本的广场、农家书屋、健身设施外，还设有日间照料中心、儿童之家、老人餐厅等公共空间。在文化建设活动上，湖南省关下村有端午节划龙舟、春节舞龙灯等节日或民俗活动；陕西省松涛村积极开展文明创建活动，如"十星级文明户""最美家庭"等评选活动。总体而言，由于重点村承接的外来投资较多，其公共文化设施的数量更多、占地面积更大，且文化建设活动更多，因此相关设施的使用频率也更高一些。非重点村大多只拥有基本的公共文化设施，且文化建设活动组织难度大。例如，受山区地形影

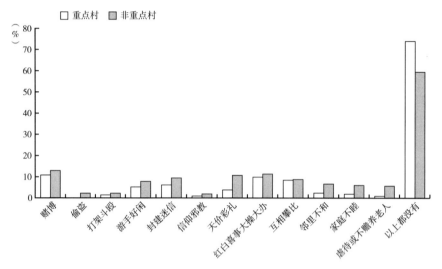

图 15-3　重点村农民与非重点村农民认为村庄存在各类不良风气或现象的比例

响，河北省山桃村农民居住分散，因此开展各种活动都不方便，农民的参与积极性不高，村干部也表示目前"家族凝聚存在，社会凝结不足"。山东省川溪村的村委成员提及了相似的困境，"人都去挣钱了，农民的重心离'文化'方面越来越远"。

（二）农民文化生活参与情况与文化需求

1. 重点村农民公共文化生活参与度更高，文化生活较丰富

调研数据显示，重点村农民更能感知到村庄举办的各类文化建设活动，知道村庄有各类公共文化设施或文化建设活动，且使用或参与的比例普遍高于非重点村农民（见表 15-4）。

表 15-4　重点村农民与非重点村农民对村庄公共文化设施与
文化建设活动的感知、使用/参与

单位：%

	是否有		是否使用/参与	
	重点村	非重点村	重点村	非重点村
公共文化设施	85.9	78.5	68.1	64.3
节日或民俗活动	33.7	17.7	80.0	66.7

续表

	是否有		是否使用/参与	
	重点村	非重点村	重点村	非重点村
公共文艺活动	78.3	57.2	66.5	51.2
群众性体育活动	20.4	7.6	47.6	52.2
其他集体活动	13.3	5.6	63.0	52.9
思想政治教育活动	65.2	46.7	75.9	74.5
民主法治教育活动	67.5	50.2	80.4	79.5
道德规范教育活动	68.7	44.9	75.5	61.5
科普教育活动	60.6	37.6	74.8	58.8

对于对日常闲暇生活的安排，重点村农民与非重点村农民在消遣类的娱乐方式（看电视、玩手机等）上差异不大。对于广场舞等文艺活动、读书看报、旅游参观，表示从未参与过的非重点村农民比例普遍高于重点村农民。尤其是在广场舞等文艺活动方面，表示频繁或经常参与的重点村农民比例明显高于非重点村农民（见表15-5）。

表 15-5　重点村农民与非重点村农民参加广场舞等文艺活动、
读书看报和旅游参观的频率

单位：%

	广场舞等文艺活动		读书看报		旅游参观	
	重点村	非重点村	重点村	非重点村	重点村	非重点村
频繁	8.0	1.9	1.9	2.2	1.4	0.3
经常	10.9	2.9	9.0	6.0	3.3	2.2
有时	6.6	8.5	11.8	10.1	19.3	13.7
很少	17.0	15.2	29.3	18.4	36.8	27.3
从不	57.6	71.5	48.1	63.3	39.2	56.5

由此可见，在需要村庄或家庭提供条件支持的活动以及自我提升类的活动上，部分非重点村农民由于受到客观条件限制而没有机会或能力参与此类活动。例如，河北省某非重点村由于村集体经济薄弱，没有能力建设村庄公共文化空间，仅有一个农家书屋，而且少有人来。该村村干部认为，农民将越来越多的时间投入家庭增收和产业发展，因此文化活动难以组织起来。

2. 重点村农民有增量和优化需求，非重点村农民对村庄凝聚力缺乏信心

重点村农民与非重点村农民对村庄公共文化的需求，都主要表现在公共文化设施、公共文艺活动、思想教育活动（思想政治教育活动、民主法治教育活动、道德规范教育活动、科普教育活动）以及乡村文化振兴和乡风文明建设活动（家风建设、移风易俗等）上，均有70.0%的被访农民认可了其必要性，但在对必要性的具体表达上存在差异。在公共文化设施和公共文艺活动方面，重点村农民倾向于从必要的角度出发陈述其增量需求，即在保证基本文化设施和文化活动的基础上提出更高的要求，如"引进高科技，增加老百姓见识"，"图书馆的图书要更新"，"广场舞要有老师教"，"再多一点秧歌表演"，等等。非重点村农民则更多阐述其认为这些活动没必要开展的理由，他们或是认为缺乏资金支持，如"大队没钱，有还挺好的"，"村里没人组织，办得花钱，不是空口办"；或是对村庄凝聚力没有信心，如"在这里办不起来，村庄没有凝聚力"；或是更多地认为缺少闲暇时间，如"没必要，大家都很累，不想参加活动"，"没时间参加，种田辛辛苦苦，哪还去搞那些事"。相对来说，非重点村农民对组织集体性文化活动的态度较为悲观。在思想教育活动方面，重点村农民与非重点村农民都认为，该类活动的必要性主要体现在能够提升农民素质和能力水平上。他们在陈述需求的同时，表达了同样的隐忧，"本来是有必要的，但现在都是走过场"，"不要太形式，要务实一些"。在乡村文化振兴和乡风文明建设活动方面，大多数被访农民认可家风建设、移风易俗等活动的必要性，但总体而言，重点村农民更多地认知到此类活动对于振兴乡村文化的重要作用。

五　重点村农民与非重点村农民视角的治理有效

（一）村庄治理现状

1. 党员队伍老龄化、男性化，非重点村党员示范带头作用不明显

大多数调研村庄的党员结构呈现老龄化、男性化的特征：60岁以上党员占半数以上，女性党员占比极低。例如，在湖南省飞燕村55名党员中，有31名党员60岁以上，女性党员只有5名；在浙江省前楼村40名党员中，有

20 名党员 60 岁以上，女性党员只有 6 名。

在村庄治理各项工作中，重点村农民能够更多地感知到党员在发挥作用，尤其是 50.5% 的重点村农民认为党员发挥了在村庄发展中做表率这一作用，而非重点村农民相应比例仅为 23.3%。

2. 社会组织建设普遍薄弱，重点村文艺组织建设优于非重点村

在村庄各类协会/组织建设方面，重点村的文艺组织建设明显优于非重点村。重点村农民中认为村庄有文艺队的占 44.3%，而非重点村这一比例仅为 16.8%。实际上，从调研村庄资料和村干部访谈来看，只有少数村庄拥有较为稳定的规范化文艺组织，大部分村庄以临时性活动居多。从农民参与的角度来看，非重点村农民参与生产互助组织的比例（57.7%）明显高于重点村农民（28.6%）。从访谈资料中可获知，非重点村农民尽管可能未形成规范的生产互助组织，但他们之间的邻里互助现象并不罕见。他们表示，"种地的都是两家女人搭伙，互相帮忙"，"种地现在都是男人不在家，妇女互相帮忙，我干完了就帮别人干会儿。妇女们都不容易，大家又是邻居，你闲着也是闲着，过去帮她干一点多好，干嘛非要分得那么清"。

3. 重点村农民对村庄治理各项事务的满意度更高，非重点村农民对村庄集体经济发展的评价较低

相较而言，重点村农民对村内各项治理事务的满意度较高，表示非常满意和满意的比例均高于非重点村农民，在集体资产经营管理/发展集体经济方面尤其明显（见表 15-6）。从调研村庄的集体经济实际发展情况来看，非重点村的村集体经济薄弱，非贫困村尤其如此。由于缺少外来资金支持，非重点村往往难以承担投资成本和风险成本，因此容易陷入村集体欠债的困境或将成本均摊到个人。例如，某调研村扶贫期间成立的集体经济合作社尽管通过发展产业、支付土地流转费和务工费扶了"家户"的贫，却是以村集体负债为代价。

（二）农民对村庄活动或事务的参与和治理愿景

1. 重点村农民对村庄活动或事务的参与度更高

相较而言，除村干部选举外，重点村农民参与村庄各类活动或事务的比例

表 15-6　重点村农民与非重点村农民对村庄治理各项事务的评价

单位：%

	土地开发、流转、征用等		集体资产经营管理/发展集体经济		村务管理、公开、决策		村庄选举	
	重点村	非重点村	重点村	非重点村	重点村	非重点村	重点村	非重点村
非常满意	16.1	7.0	9.9	4.8	16.0	9.2	16.5	10.7
满意	42.7	34.8	41.0	24.1	49.5	36.1	55.7	46.1
一般	13.7	19.9	13.7	20.6	12.3	22.5	14.2	20.5
不太满意	7.1	8.5	3.3	8.2	4.3	8.9	4.7	9.5
很不满意	8.5	8.2	3.3	8.2	2.8	7.0	2.4	5.4
不了解	11.9	21.5	28.8	34.2	15.1	16.5	6.6	7.9

均高于非重点村农民，尤其是在村庄发展规划讨论、村规民约制定和村民会议方面（见表 15-7）。存在这种差异主要是因为，重点村内落地的发展建设项目较多。例如，陕西省松涛村的垃圾填埋场建设、道路加宽和硬化、产业路建设，都需要农民参与决策讨论。

表 15-7　重点村农民与非重点村农民对村庄活动或事务的参与情况

单位：%

	重点村	非重点村
村干部选举	80.2	83.6
村庄发展规划讨论	24.5	12.6
村规民约制定	20.8	9.8
村务监督	18.4	10.1
村民会议	51.4	34.1
以上都没有	17.0	14.2

2. 重点村农民与非重点村农民对村干部的普遍要求是兼顾效率与公平

重点村农民与非重点村农民都认为，"有能力的村干部选拔""贤能人才作用发挥""村庄党组织建设""村民道德修养提升"是村庄目前主要应该加强的工作，选择这四项的农民比例均在 20.0% 以上。

在村干部选拔方面，重点村农民与非重点村农民都更加看重村干部"带领群众致富"的能力和"办事公平公正、不谋私利"的品质（见表 15-8）。调研数据显示，兼顾效率与公平是被访农民对村干部的普遍要求，他们在重视致富结果的同时，更关注村庄各类事务处理和资源分配过程中的公平与公正。

表 15-8　重点村农民与非重点村农民对村干部能力和表现的看重情况

单位：%

	看重哪些方面的能力和表现		最看重的能力和表现	
	重点村	非重点村	重点村	非重点村
跑项目、跑政策	44.1	34.8	5.8	5.9
招商引资	37.9	32.9	3.9	6.9
带领群众致富	68.7	63.6	27.5	30.7
办事公平公正、不谋私利	75.4	68.1	33.8	32.7
帮贫帮弱	37.9	36.4	2.9	4.0
组织动员能力	41.7	36.4	6.3	4.3
有知识、有主意	41.2	32.6	6.3	2.6
自身经济实力	18.0	13.4	1.0	0
其他	14.7	15.7	12.6	12.9

六　重点村农民与非重点村农民视角的生活富裕

（一）村庄公共设施和服务供给

1. 非重点村公共设施和服务供给仍存在诸多不足

借助以发展旅游业为导向的示范项目，本次调研的 4 个重点村在公共基础设施建设和公共服务供给方面都有较大改善且有进一步提升计划。相较而言，本次调研的非重点村公共设施和服务供给仍存在诸多不足之处。例如，在交通方面，非重点村本身的区位和地形劣势或基础设施不完善，导致农民的生产生活受到较大影响。在医疗卫生方面，不少非重点村农民表示，基层医疗服务水平不高，而且县乡一级的医疗报销比例低，因此他们的医疗经济负担仍然很重。部分非重点村交通不便，也增加了村民出门治病的成本。在养老（服务）方面，非重点村既缺少日间照料中心、老人餐厅等服务场所，也缺乏孝老敬老活动和养老服务。在就业方面，非重点村的发展项目少且规模小，本地就业机会较为稀缺，不足以满足村民附近就业的需求。

2. 非重点村农民对村庄公共设施和服务供给的满意度较低

调研数据显示，在公共设施和服务供给方面，自来水、农村教育、医疗卫生、就业、养老（服务）是被访农民普遍较为不满意的五项。相对而言，非重点村农民对交通、医疗卫生、就业、养老（服务）的满意度明显低于重点村农民（见表15-9）。

表15-9　重点村农民与非重点村农民对村庄各类公共设施和服务不满意的比例

单位：%

	重点村	非重点村
交通	10.4	28.6
自来水	23.1	26.8
燃料改造	14.2	16.2
居住环境	6.1	12.4
农村教育	30.7	31.8
医疗卫生	21.2	34.3
养老(服务)	20.8	29.0
就业	22.6	32.2
物流	11.8	18.7
网络通信	3.3	8.0
便民服务	10.4	10.2
防灾救灾	9.1	10.6

（二）农民生活水平与主观评价

1. 外出务工是农民家庭的主要收入来源，部分农民经济负担依然较重

从村庄概况和村干部访谈获知，重点村农民家庭的整体经济水平中等偏上，富裕村庄甚至有30%的农民家庭年收入在百万元以上。相较之下，非重点村中低收入水平和低收入水平农民家庭占大多数，且其年收入在5万元以下。

调研数据显示，本地农业经营收入、本地务工收入和在外务工收入是被访农民家庭主要的三大收入来源。以在外务工收入为最主要收入来源的被访农民家庭比例，无论是在重点村还是在非重点村都是最高的，分别是35.7%和28.8%。重点村以本地非农业经营收入为最主要收入来源的农民家庭比例（17.0%）高于非重点村（10.1%）。

在支出方面，日常生活开支、教育支出、看病就医、人情往来是被访农民家庭最主要的支出项，但非重点村将看病就医列为最主要支出的农民比例（52.4%）明显高于重点村（32.1%）。就负债情况而言，有负债的非重点村农民家庭占 32.2%，高于重点村（27.8%）。非重点村因学、因病负债的农民家庭比例高于重点村，25.4% 的重点村农民家庭因城市房产投资负债，而在非重点村，这一比例仅为 16.7%。

2. 重点村农民对家庭收入的预期更为乐观，重点村农民与非重点村农民的生活满意度普遍较高

重点村农民对自己家庭经济水平的判断更为乐观，对未来的生活也更有信心和安全感。大部分重点村农民认为自家经济水平在村里处于中低水平到中上水平之间；非重点村农民则主要认为自家经济水平在村里处于低水平到中间水平之间，其评价整体低于重点村农民。从对家庭收入的预期来看，整体上重点村农民对未来的收入更有信心，认为未来三至五年家庭收入会继续增长或保持稳定的占比更高（见表 15-10）。

表 15-10　重点村农民与非重点村农民对家庭经济水平的评价
和对未来三至五年家庭收入的预期

单位：%

对家庭经济水平的评价	重点村	非重点村	对未来三至五年家庭收入预期	重点村	非重点村
高水平	1.9	0.3	会继续增长	30.7	21.8
中上水平	16.5	8.2	会保持稳定	35.4	32.6
中间水平	52.8	44.9	不稳定，难以判断	22.6	28.2
中低水平	20.8	25.0			
低水平	8.0	21.5	会有所减少	11.3	17.4

尽管经济水平上存在差异，但是重点村农民和非重点村农民对生活的满意度都较高。相对而言，重点村农民对自己目前生活状态表示非常满意的比例高于非重点村农民。在谈及对自己目前生活状态满意的原因时，无论是重点村农民还是非重点村农民，大多数从两个角度来阐述：一是陈述自己满意的生活状态标准，如"不愁吃喝"，"无病无债"，"儿子儿媳工作顺利"，可见农民对生活的要求并不高；二是纵向比较，如"和以前的日子比，现在不愁吃穿，有房子住，还有什么不满意的"，"和几十年前相比，现在的生活好

很多了，要满足"，正因如此他们更容易知足。除这两个角度外，重点村农民还会进行村庄之间的横向比较，表示"本村条件这么好，别的村都不能这样"，"挺好的，其他村的人都特别羡慕我们村的"。可见，重点村农民的生活满足感有一部分缘于村庄整体的先行发展。

3. 医疗、教育、养老是重点村农民与非重点村农民的共同关切

从农民最关心的公共设施和服务来看，提高医疗、教育、养老服务水平是农民的普遍性需求，交通和饮用水保障也备受关注。由于重点村有着较大的区位优势，所以重点村农民对交通的关注度远低于非重点村农民，1/4 的非重点村农民将交通列为最关心的方面，而重点村农民只有 9.4% 选择该项。

从农民提出的改进建议可知，他们对村庄交通的诉求主要体现在增加班车车次、道路管护、路面修整和入组入户道路硬化等方面。农民对饮用水保障的诉求，主要体现在对入户自来水的需求和对水质的要求上。在医疗服务方面，农民的诉求包括提高医疗报销比例、提升村内医疗水平。在农村教育方面，有农民表示，村小撤并导致"幼儿园、小学太远"，"希望发展距离近的学校"，他们还表达了对村小教育水平的担忧。在养老服务方面，农民的诉求集中体现在养老金、老人生活照料等方面。

七　实现乡村振兴的主体及相应角色

总体而言，大多数被访农民意识到乡村振兴需要多元主体共同推进。其中，农民、村两委、政府是农民心中推进乡村振兴最主要的三大主体，他（它）们在乡村振兴的各个方面扮演着不同的角色，发挥着不同的作用。

（一）重点村农民与非重点村农民普遍将政府视作投资者和监督者

政府是乡村振兴的主要倡导者。重点村农民与非重点村农民普遍将其视作实现产业兴旺、生态宜居、乡风文明和治理有效的重要主体，认为政府是提供政策、项目、资金的"投资者"，是有管理力度的监督者。

重点村农民和非重点村农民普遍认为，村两委/村干部是实现治理有效的重要主体，二者选择比例相差不大且均较高。相较而言，在产业兴旺、生态宜居、乡风文明方面，重点村农民比非重点村农民更看重村两委/村干部的重要作用。在产业兴旺方面，重点村农民选择主要靠村两委/村干部的比例高于非重点村农民，更看重村两委/村干部的宣传和带头作用。在生态宜居方面，重点村农民更倾向于依赖村两委/村干部，认为他们的在场能够起到可见的引领带头作用，认为要实现生态宜居，"村两委/村干部的组织动员很重要"。非重点村农民则更依赖政府，认为需要依靠政府"出台配套政策""给人、物和钱"，并强调"只有依靠政府出钱，才能推动这个事"。在乡风文明方面，重点村农民更多地认可村两委/村干部在引领、宣传文明乡风方面的重要作用，认为主要靠政府的农民相对而言比例不高。在此方面，不少重点村农民强调宣传良好风气的重要作用，如"最主要还是要靠宣传，村里领导、上面政府的宣传是很重要的，什么工作都要宣传"等。相对而言，非重点村农民更多地将村两委/村干部与地方政府两个主体并置，认为主要靠村两委/村干部和地方政府实现乡风文明的比例相差不大。而且，在具体作用发挥上，非重点村农民大多从抑制不良风气角度出发，强调村两委/村干部和地方政府管理者和监督者的角色，如"村上要有处罚措施（张榜公示）"，"基层为主，国家为辅，村干部依靠国家规章制度加强管理"，"村干部要批评、监督和管理"（见表15-11）。

表 15-11　重点村农民与非重点村农民对乡村振兴依靠主体
（政府和村两委/村干部）的认知

单位：%

		产业兴旺	生态宜居	乡风文明	治理有效
重点村	政府	44.3	39.6	28.8	38.7
	村两委/村干部	41.5	61.3	62.7	76.9
非重点村	政府	46.2	53.9	35.7	44.8
	村两委/村干部	34.5	48.3	49.0	76.3

（二）重点村农民与非重点村农民普遍认为农民是践行者和配合者

在生态宜居和乡风文明方面，大多数被访农民将自身（村民）列为重要主体之一（见表15-12和表15-13）。他们普遍认为，好的生态环境需要依靠农民共同主动、自觉参与，农民作为真正的实践者，是乡风文明的主体，"农民提高素质，才能将农村建设好，要依靠集体提高道德素质、文化素质"。

表 15-12 重点村农民与非重点村农民对村庄生态环境治理与改善依靠主体的认知

单位：%

	村民	外来企业/投资者	村干部/村集体	政府	社会组织
重点村	62.7	3.8	61.3	39.6	5.7
非重点村	54.6	6.0	48.3	53.9	2.8

表 15-13 重点村农民与非重点村农民对乡风文明依靠主体的认知

单位：%

	村民	乡贤、文艺能人	村干部	地方政府	企业、投资者	社会组织
重点村	68.4	10.4	62.7	28.8	4.3	4.7
非重点村	63.7	7.3	49.0	35.7	3.2	3.2

除村两委、政府外，村民也被较多被访农民列为实现治理有效的重要主体。在具体阐述农民在乡村治理中的角色时，大多数被访农民将普通农民定位为发挥"配合""支持"的作用，或认为"老百姓素质不高，靠不了老百姓"，"与农民实际生活关联不大，有劲使不上"，或认为"普通农民说的不一定管用"，"农民当不了家、做不了主，得上面政府监督"。可见，无论是重点村农民还是非重点村农民，主体性意识都不强。

八 结论与建议

通过对所涉 4 个重点村和 6 个非重点村的比较分析，本研究得出以下结论。

第一，重点村农民与非重点村农民对乡村振兴的知晓率相差不大，但对乡村振兴的理解存在差异。农民对乡村振兴具体内容的了解，在很大程度上来自本村或周边村庄的发展实践工作。重点村农民倾向于从村内已经开展的乡村振兴活动出发，把本村当下的发展状态视作乡村振兴的理想状态，对乡村振兴缺乏具体畅想；非重点村农民对乡村振兴的理解，则更多从个人或公共需求出发，涉及乡村发展的各个细化方面，更加切实和具体。

第二，重点村与非重点村的乡村振兴活动开展程度不一，农民在感知度和体验感上存在较大差异。重点村农民有较强感知，他们一方面对村内开展的乡村振兴活动持肯定评价，另一方面对乡村振兴活动是否能够真正让农民获益以及是否能够公平施惠存有疑虑。非重点村的乡村振兴大多停留在规划阶段，面临受到资金掣肘的困境，农民对乡村振兴的感知十分微弱，易在村庄对比中产生不平衡的心态。

第三，重点村与非重点村在村庄整体层面的产业发展上差距较大，但农民的生产现状与需求差异不大。因重点村整体的产业发展机遇更多，其农民有更多机会经营农业生产之外的乡村产业。农民的农业生产普遍受制于劳动力短缺，非重点村农民发展产业受限更多。

第四，重点村开展的人居环境改善活动更加多元，基本装备了村庄集中式污染处理设施。因而，重点村农民对村庄环境的满意度更高，对村庄美化/绿化/亮化方面提出更高的要求。受限于村庄基础设施与服务供给，非重点村农民在垃圾处理、污水处理、厕所改造方面的满意度均较低，也难以将绿色理念落实于生产生活实践。

第五，重点村的公共文化设施建设相对完备，其组织的各类文化建设活动也更加丰富。重点村农民与非重点村农民大多认可文化建设活动的必要性。相较而言，重点村农民公共文化生活参与度更高，文化生活较丰富。重点村农民表达了其在文化生活方面的优化和增量需求，而非重点村农民受限于村庄资金、凝聚力和闲暇时间的不足，对组织村庄集体性文化活动的可行性持悲观态度。

第六，调研村庄普遍面临党员队伍老龄化、男性化的问题，非重点村党员示范带头作用不明显。大部分调研村庄的社会组织建设薄弱，重点村文艺组织建设明显优于非重点村。重点村农民对村庄公共事务的参与度更高，对村庄治理的满意度更高。非重点村农民对村庄集体资产经营管理/发展集体经济的评价较低。

第七，非重点村的公共设施和服务供给不足。相对而言，非重点村农民对公共设施和服务供给的满意度更低，且对基础设施尤其关注。在家庭经济方面，无论是实际情况还是主观认知，重点村农民都更为乐观，但重点村农民和非重点村农民对自己目前生活状态的满意度都比较高。提高医疗、教育、养老服务水平是被访农民的普遍性需求。

第八，从农民对乡村振兴依靠主体的认知来看，政府、村两委和村民是农民心中最主要的三大主体。政府是重要的投资者与监督者。村干部发挥引导带头和组织动员作用，重点村农民对村干部的依赖性更强。重点村农民与非重点村农民对自身主体性的认知不存在明显差异，主体性意识都不强，即重点村打造过程并未明显提升农民主体性。

在此基础上，本研究提出如下建议。

第一，乡村振兴重点村不仅要示范具有外显性的村庄硬件设施和公共明显服务的提升，也要发挥农民绿色生产生活意识、农民公共事务参与意识与能力、村庄凝聚力等方面的"内核性"示范作用。同时，在采取"重点推进"的乡村振兴实施策略时，要考虑资源的合理均衡分配，避免出现过大差距。

第二，乡村振兴规划首先需要思考"发展为了谁""乡村振兴是为了谁的振兴"的问题。这意味着不能仅有村庄整体层面的发展而农民无获益甚至负收益，不能一味追求繁荣的村庄景象而忽视农民生产生活的实际需求。因此，作为乡村振兴先行示范的重点村，在谋划乡村发展时，需要谨慎评估引进项目对农民的影响，应以回应老百姓最急迫的实际需求为先，以免做出错误示范。

16

农民与基层干部视角的乡村振兴

2021 年中央一号文件《中共中央 国务院关于全面推进乡村振兴加快农业农村现代化的意见》指出，健全中央统筹、省负总责、市县乡抓落实的农村工作领导机制，建立健全上下贯通、精准施策、一抓到底的乡村振兴工作体系①。在乡村振兴政策的执行环节，基层干部起着关键性作用。基层干部是否充分理解中央政策，是否充分考虑农民的真实需求并将政策精准落实到位，关系着基层干群关系的融洽度与乡村振兴能否顺利实现农业农村现代化，让广大农民过上美好生活。只有充分了解农民与基层干部对乡村振兴的理解和需求差异，才能进一步探讨如何促进基层干部与农民在认识上的统一，如何动员和组织农民参与乡村振兴，如何不仅将好政策落实到乡村大地上，也落实到农民心间。

本部分重点围绕农民与基层干部究竟如何认识和理解乡村振兴展开分析，突出展示农民与基层干部在乡村振兴各个方面的理解和需求差异。本部分将首先从农民与基层干部对乡村振兴的整体理解和态度切入，然后对他们在产业兴旺、生态宜居、乡风文明、治理有效、生活富裕五个方面的具体理解和需求逐一分析，以期探讨基层治理困境，为提升农民与基层干部参与乡村振兴的积极性、主动性、创造性和协同性提供参考。

---

① 《中共中央 国务院关于全面推进乡村振兴加快农业农村现代化的意见》，中国政府网，2021年 2 月 21 日，http://www.gov.cn/zhengce/2021-02/21/content_5588098.htm，最后访问日期：2022 年 8 月 30 日。

一 农民与基层干部对乡村振兴的整体认知

（一）对乡村振兴的整体了解情况

1. 基层干部对乡村振兴的了解程度显著高于农民

调研发现，在对乡村振兴的了解程度上，农民与基层干部之间有较大差异。所有的被访村干部和县乡干部都知道乡村振兴战略，都能从某些方面讲出自己的看法（见表 16-1）。而在 529 位被访农民中，听说过乡村振兴的占 63.1%，未听说过乡村振兴的占 36.9%。仅有 34.8% 的被访农民听说过乡村振兴，并能描述出一些内容。当被问及听说过的具体内容时，被访农民的回答非常不一样。其中，有的高度概括，如 "国家强调发展农村" "乡村建设" "让大家富起来"；有的只能说出某项具体工作，如 "发展合作社" "搞田园综合体" 等；有的无法描述出乡村振兴，只能用附近村庄或电视上看到的某个试点村的样貌来表达自己心目中乡村振兴的图景；仅有 1 人能较为全面地讲出乡村振兴总体要求的五个方面。这说明，尽管当下农民接触乡村振兴相关信息的渠道非常多元，包括村委宣传栏、电视、网络等，但是碎片化的信息并没有在农民群体内形成对乡村振兴统一且全面的宣传效果。

表 16-1　被访县乡干部对乡村振兴的整体理解

调研地	县级干部	乡镇干部
河北省千山县	产业振兴往往排第一。产业和人居环境是乡村振兴的重点与难点，产业关系到收入，人居环境关系到生态、乡风。落脚点是生活富裕。实现生态宜居、乡风文明、治理有效，有利于实现产业兴旺和生活富裕。	产业振兴是五大振兴之首。没有产业振兴，其他的振兴可能会比较空泛。
陕西省红石县	没有产业兴旺，乡村建得再好，也留不住人。乡村振兴一个最大的问题，就是过去经常提到的空心村问题。	乡村振兴最主要是依托产业做文章。产业是根本，生活富裕、环境好、治理有效、民风好是目标。
湖南省照水县	乡村振兴在县级还停留在概念阶段。乡村振兴是个框，什么都可以装进去。核心是要农业强、农村美、农民富。问题在于钱、地、人。	乡村振兴包含农业、水利、建设、产业、宅基地等问题，覆盖面广。

调研地	县级干部	乡镇干部
山东省青云县	乡村振兴的标准是村里有收入,农民致富。产业是支撑,是最主要的方面。	一个是产业振兴,一个是生态振兴。这两个是最关键的,也是非常直观的,老百姓看得见、摸得着。这两块振兴了,组织也就振兴了。
浙江省天歌县	首先是要人振兴,把设施搞得再好,都是老弱病残没有劳动能力,也不行。最核心、最关键的是,实现农业产业的现代化和转型升级。	首先就是要充分就业,人人有事做,家家有收入。

注:对于调研各地县乡干部的话语,本研究在不改变原意的情况下略有调整。

2. 农民与基层干部对乡村振兴的目标和内容均有不同的理解

农民、村干部、县乡干部对乡村振兴的理解差异,主要体现在两个方面。首先是关于乡村振兴的目标。农民倾向于将对乡村振兴的理解,落脚到个人即自身的利益和生活上,较少将集体纳入考量中。超过半数被访农民认为,乡村振兴就是农民"有就业,有收入",如"奔小康,不会像以前没饭吃""村民收入高,不用外出务工"等;仅有3人提到村集体,如"村里和集体好"等。而所有被访村干部都把目标落脚到村集体层面,如"搞活集体经济""增加集体收入,建设美丽家园"等。而乡镇干部和县级干部更侧重于地区整体发展,或侧重于一些重点工作和亮点的打造。

其次是关于乡村振兴的内容。农民对乡村振兴的理解比较多元,不仅涉及经济领域,也涉及民生领域。农民认为,乡村振兴应该充分考虑民生问题,包括养老、教育和医疗问题,如"乡村振兴需要解决养老问题","小孩教育问题解决好","把农村生活医疗整体提升"。在10个调研村庄中,没有任何一位被访村干部在对乡村振兴的整体理解中提及养老、教育、医疗等现实问题,而是更关注村庄产业发展、生态环境保护和基础设施建设。仅有陕西省松涛村一位村干部提到老百姓素质、知识、技能等各方面的提升。也就是说,在对乡村振兴的整体理解上,绝大多数村干部关注的是"看得见的振兴",而农民真实关切和亟须解决的一些重要问题尚未被充分"看见"。

同样,养老、教育、医疗等民生问题,并未充分体现在县乡干部对乡村振兴的整体理解中。如表16-1所示,调研5省的被访县乡干部都提到产业的首要地位。其中，河北省调研县的被访县级干部和山东省调研县的被访乡镇干部把人居环境（生态）提到与产业同等重要的地位。只有浙江省调研县的被访县级干部把人的振兴放在首要位置，但他们的这些表述仍然主要围绕经济发展和基础设施建设。同时，仅浙江省天歌县的一位被访乡镇干部指出，乡村振兴就是实现充分就业，人人有事做，家家有收入，这与农民的理解和诉求相吻合。由此可见，各层面基层干部对乡村振兴的整体理解，很少将民生问题和文化素质等软性内容提到关键位置，而是更多关注经济增长和硬件设施，同时缺乏对农民理解的把握。

（二）对乡村振兴工作开展情况的认识

调研发现，农民看到的乡村振兴与基层干部口中的乡村振兴工作并不在一个维度。当被问及"村庄目前已经开展了哪些乡村振兴工作？您如何评价"时，529位被访农民中有超过4成表示不了解，无法给出评价。在给出回答的298人中，15.4%提到产业方面的变化，如村内出现了苹果合作社、金银花产业、旅游、农家乐、田园综合体、大棚种植等；17.1%提到人居环境，特别是村容村貌、卫生环境；23.2%提到道路、路灯、新房子、水管、厕所、桥梁等基础设施的变化；2.3%提到文艺活动和集体活动，如电影下乡和广场舞；有1人提到新增了妇女执委会。在农民的回答中，村内已开展的乡村振兴工作集中在产业发展、人居环境和基础设施方面，鲜见乡风文明和治理有效方面的工作。而且，农民提到的这些工作，大多是社会主义新农村建设或脱贫攻坚时期工作的延续，并非乡村振兴时期的新举措。例如，河北省千山县的苹果合作社和金银花产业得益于2016年的扶贫项目，山东省青云县的村容村貌改善是2006年启动的"美丽乡村"项目的成果。有些新的举措并未被农民意识到属于乡村振兴工作。例如，湖南省调研村建成了儿童之家、老人之家、农家书屋，但村民在回答中却鲜少提及。农民有关乡村振兴工作开展情况的回答，一方面反映出，比起政策话语中的内容，农民更在意身边真实可见的变化；一方面体现出，所调研地区农民对本地乡村振兴具体工作缺乏了解。

基层干部对乡村振兴工作的了解可以总结为表16-2，呈现以下特征。第一，县级层面对乡村振兴工作尚未形成明确的工作机制。例如，某调研县的一位县级干部提到，"从我们理解的角度来讲，中央农办、农业农村部、（国家）乡村振兴局要三位一体来推进工作，这个说法可操作性不强。中央领导，省级统筹，市县落实，基础在县，但是这个机制还没有顺"。另一调研县的一位县级干部也提到，"市县这一级自创的东西不多，政策层面只是严格执行，所以省级非常重要，省级具体政策不清，市县不好执行"，"乡村振兴在县级还停留在概念阶段"。某调研县的乡村振兴工作也因此只提出主抓示范区的规划，并未开展具体业务。第二，县级以下层面乡村振兴工作的开展依次减少，县级层面规划的内容并没有在乡镇及以下层面得到明显落实。截至调研时，只有一个调研县的村庄践行了新举措，如"垃圾积分超市""一米菜园""乡村振兴大讲堂培训"等，其余 4 个调研县的整体状况可以总结为：县级在做规划布局打造试点区，乡镇在等待县级政策蓄势待发，村级在原地踏步不知所措。例如，某调研县政府已经规划出三个发展试点区，但是乡镇层面只是上报了试点村，并未开展具体工作，村级层面也没有动作；另一调研县在以《乡村振兴实施规划》为抓手重点开展人居环境整治，然而乡镇和村级层面反映厕所改造、生活垃圾处理等举措在乡村振兴战略提出之前已经推行多年，并没有其他新的举措。

表 16-2　被访基层干部认为已经开展的乡村振兴工作

调研地	县级干部	乡镇干部	村干部
河北省千山县	2019 年主要还是扶贫工作，2020 年是乡村振兴开局之年，组织结构上尽快夯实乡村振兴领导小组，从脱贫攻坚领导小组（扶贫开发领导小组）过渡。2021 年（至调研前）乡村振兴局虽然没有挂牌，但是各项工作没有停。谋划了三个发展片区，农业农村局主要在人居环境、产业发展方面推进。	乡村振兴大方向政策还不够明朗。目前乡镇有三个试点村，只是先报上来，具体怎么展开还没有安排。现在还没法开展乡村振兴，当前乡镇主要是摸底。	起码今年（2021 年）不会在基层有大的动作。具体怎么搞，我们也不知道，还是要等政策。
陕西省红石县	在巩固脱贫成果的基础上，结合"十四五"精心编制规划。做到有章可循、有据可依，确保一张蓝图绘到底。同时编制了 2 个示范镇、11 个示范村、6 个田园综合体的建设规划，力争两年内实现村庄规划全覆盖，并探索制定针对性强、可操作性强的考核方案。	乡村振兴目前的安排包括脱贫户监测、示范点建设两个方面。当前，中央配套资金正在下发。乡镇已经在人力调配上开始行动，像这次的乡镇换届先把人给定好了，准备根据上级的政策实施方案。	镇上、县上都没有乡村振兴细的方案，只有大的、宏观的设想。我们还是按照县上脱贫攻坚要求工作，包括重点对象监控、小额贴息贷款、入户走访。

续表

调研地	县级干部	乡镇干部	村干部
湖南省照水县	从 2018 年起,把落实乡村振兴战略工作纳入对乡镇和部门的绩效考核范围。目前组织部牵头下派 155 支工作队驻村开展乡村振兴工作,并不是每个村都有,主要覆盖重点村。政策、资金、项目扶持等具体业务的开展还不清楚。目前主要是抓两头、促中间,主要抓示范点。当前工作重点是巩固脱贫攻坚的成果,防止返贫。	县里的乡村振兴对乡里还没调整和强调,还是由以前的扶贫办来管,但怎么安排还没出文件。现在挺想做乡村振兴,但是没有政策指导。	村内对于乡村振兴战略,缺乏系统的认识和了解;对于乡村振兴工作如何开展,也缺乏具体的规划与指导。
山东省青云县	已实现美丽乡村建设的全覆盖,不仅仅将资源用于打造典型村,目前已经在从扩面向提质转换,以《乡村振兴实施规划》为抓手,重点开展人居环境整治,如村容村貌提升、厕所改造、污水治理、生活垃圾处理等。目前对待乡村振兴工作是“小步跑”,不能停步。其实乡村振兴我们一直是这样做的,只不过原先没这样提。提出来以后,我们发现一直做的就是乡村振兴的事儿。	镇上承接了综改项目,是在乡村振兴这个大框架下进行的。综改项目 2017 年申请的,乡村振兴在这里是 2018 年提出的,我们这个项目也是 2018 年落地的。这个项目主要体现在产业振兴方面,给了我们造血功能。	综改项目帮助村里建起了集体大棚,还建了党群服务中心,为村庄发展助力不小。
浙江省天歌县	加强县乡一体、条抓块统的基层治理模式改革,推出乡村振兴大讲堂和政企通、邻礼通、村情通三通一智(治)线上操作平台。加大产业扶贫力度,争取了 3000 万元全省首批综合扶贫试点项目。天歌茶叶品牌价值提高至 30 亿元。累计创建省级新时代美丽乡村达标村 130 个、精品村 40 个、省级美丽乡村示范乡镇 7 个、特色精品村 20 个。新建、改造提升农村公路 210 公里,新建设村级物流服务点 140 个,建设完成 15 个农村公路服务站。深化农村“三地一房”改革,将宅基地和农房使用权抵押贷款模式由光明村试点扩大到 5 个村。	我们原先围绕创建工作,去年(2020 年)是美丽城镇,今年(2021 年)是未来社区。	现在搞了“垃圾积分超市”和“一米菜园”。乡村振兴方面,我们主要做了技术培训,开设养殖、农家乐等经营管理课,为老年人提供健康知识讲座。

注：本研究根据各县各层面访谈对象的回答,进行了核心内容的提炼。

二　农民与基层干部对乡村振兴的整体态度

（一）对于实现乡村振兴，基层干部比农民更有信心

从整体上看，被访农民与基层干部对乡村振兴都持乐观态度，但基层干部比农民更有信心。在 529 位被访农民中，433 人表示有信心，占 81.9%；63 人表示没有信心，占 11.9%；其余表示不了解，回答不上来。虽然大部分被访农民抱有信心，但是在乡村振兴的实现时间方面，他们的认识差别较大，有人表示三至五年，有人表示需要十年甚至几十年。而绝大多数被访基层干部表示，三至五年就可以实现，仅山东省某调研村一位村干部表示需要十年。

（二）对于不同角色的作用，农民与基层干部想法差异较大

调研显示，被访农民与基层干部对每个角色应发挥的作用，有不同的理解。大部分被访农民将自己放于边缘位置，把乡村振兴战略视为政府和村庄的事情，并把希望寄托在政府和村干部身上，参与乡村振兴的主观能动性不强。在 529 位被访农民中，87.9%提到在乡村振兴过程中，政府的作用最重要，认为政府是政策、资金、基建、社保、招商引资的顶层规划者，希望政府为村庄带来更多的物质保障。82.8%的被访农民提到村干部的作用也很重要，他们对村干部的期待主要是带头干，争取项目并落实项目。48.4%的被访农民提到自身的作用，其中约 8 成表示自己在乡村振兴行动中贡献力量的形式主要是配合其他主体，如有的农民认为乡村振兴应该是"国家制定政策，村干部落实，村民配合推进"。28.9%的被访农民提到企业可以参与实现乡村振兴，他们对企业的期待主要是投资和提供就业机会。少数被访农民提到，农民应该多挣钱保障家庭经济，要么出去打工，要么在政府给村里安排的企业打工。16 位被访农民表示，农民什么都做不了。仅有 9 位被访农民提到，农民要主动提升自身思想文化素质，占 1.7%。

而县乡干部普遍认为，政府只是出台政策和规划，规划只起引导作用，不起主导作用，村干部的作用最重要。例如，浙江省天歌县县政府的一位干部说道："乡村振兴落在各个乡镇也好，落在各个村也好，其实最终还是看

某一个村的村集体战斗力强不强，村两委班子的战斗力强不强。村两委班子的领头雁非常重要。"陕西省红石县一位乡镇干部也表示，"村干部在什么时候都发挥最主要的作用。所有的农村工作，镇长、书记再优秀，工作人员再优秀，毕竟不是本村的人，这当中有天然的情感联系的东西。所有政策的落实和执行，村两委还是最主要的责任主体，要依靠村干部去做这个事"。

村干部则表示，应该依靠国家的政策文件和投资从上往下推，不能全部依靠村民和村两委，村民的素质还没有达到相应程度，而且村民只信任国家文件不信任村干部，所以希望国家按照最底层人民的利益制定政策，并引导企业、投资者、乡贤带来资源。村干部认为，自身的作用更多体现在沟通和协调方面。例如，陕西省红石县某调研村一位村干部指出，"村干部就是起到桥梁作用，一方面要和上级搞好关系，把上面给的项目执行好；另一方面要和群众打好交道，沟通好、协调好，做点实事，上传下达"。

总体来说，各层面基层干部和农民都不认为乡村振兴可以独立依靠农民。县乡干部与农民都对村干部寄予厚望，期待村干部既能落实政策、执行项目，又能招商引资、自我发展。而村干部认为，得靠政府政策和外部企业。

（三）基层干部欠缺倾听农民声音的意识

在被问及乡村振兴需要避免哪些错误做法时，被访农民的回答比基层干部更具体和现实，也反映出基层干部缺少对农民声音的关注。被访农民主要反映了六类应该避免的错误做法。一是避免盲目跟风，不能看到其他地区的项目或产业就引进自己村里实践，如"要避免盲目引资，有些事不适合在乡村发展"，"有些产业项目是看热闹、套资金，实际效果看不出来；也有项目只帮到原贫困户，并不公平"。二是避免"一刀切"的做法，要根据每个地区每个家庭具体情况实施，要有针对性地对待不同发展程度的村民，要适应当地的风俗民情。三是避免形式主义，不能不考虑实际后果、检查"走样子"，如农民提出"美丽乡村形式化，样子好看，实际问题没解决"。四是避免腐败、弄虚作假、项目不公开不透明，如"不能以权谋私，嘴上说得好，不干一点实事。新政策、新项目应该公开，让老百姓知道"。还有农民提到，政策资金不能不监督，要防止村干部腐败。五是避免脱离群众需求，不听老百姓声音，如"办什么事，多听听老百姓的声音。没有老百姓的支持，成功的很少。办事前，一定要和老百姓沟通，不沟通老百姓会有怨言"。
六是避免污染环境，如"发展企业要避免污染本村环境，保证村民身体健
康，再挣钱也不能污染环境"。

相比之下，基层干部对这一问题的认识，主要围绕避免"一刀切"和避
免"撒胡椒面"两个方面展开。在所调研的5省中，都有乡镇干部或村干部
提到政策规划"一刀切"的情况，涉及耕地保护政策、环境保护政策、文化
下乡政策等。例如，山东省某调研村一位村干部说道："不能搞统一模式，
应该因地制宜、因村制宜。我就反对搞美丽乡村，一个村花好几百万元，在
街上走走看看还挺漂亮，但是里面老房区还是那样。"另外，各调研省的被
访基层干部都提及考核"一刀切"的问题，如基层将干部个人发展与乡村振
兴工作成效一体化考核。有县乡干部反映，"在省级扶贫项目中，对于推进
衔接乡村振兴补助资金，产业实施细则规定，资金的70%必须用于产业发
展，30%用于基础设施。这样的资金考核绩效要求，真的很难完成。因为搞
产业项目有很多因素在里面，自然禀赋、技术、生产和销售团队等等。单纯
说70%，对我来说很难做到"。湖南省调研县一位县政府干部说："在村级层
面做到村村有产业、有特色，这很难。政策必须符合当地实际，具体考核细
则不宜标准化，应该设置科学的指标与体系。"另外，乡镇干部普遍提到不
能"撒胡椒面"式地浪费资源，要把资源集中"撒给"重点村或试点村。
例如，一位乡镇干部谈道："要避免项目的'大水漫灌''撒胡椒面'。项目
和扶贫资金要有针对性，不能家家户户都有，一定要把当地的短板和长板找
到，把有限的资金整合起来。"而对于这一观点，非重点村或非试点村的村
干部持不同意见。例如，一位非重点村村干部表示，"社会要均衡发展，不
能上面来的所有钱都堆到一个地方去，我们这些（非重点非贫困村）什么钱
也拿不到"。这样的不同意见也体现出，各地方政府需要根据本地县乡村的
不同情况采取不同的规划，不能"一刀切"。

总体来说，农民提出的乡村振兴需要避免的错误做法，涉及县乡政府和
村两委在工作中的各方面表现，既有对村庄整体的考虑，也有对自身利益的
考虑。而基层干部所提及的错误做法，更多是针对上一级政府如何便于自身
完成工作任务提出的，并没有体现出对农民声音的充分关注。这也从一个侧
面反映出基层干部向上负责、向下脱离的现状。这样的现状非常值得关注，
政府究竟应该如何利用好"考核指挥棒"，如何对政策落实进行规划、评估、

考核，如何给下级干部留出合理的施展空间，如何平衡刚性考核与柔性考核，关系到基层干部能否因地制宜地执行政策。

三 农民与基层干部对乡村振兴五个方面的具体理解与需求差异

（一）产业兴旺方面

农民与基层干部对产业兴旺的理解差异，主要体现在产业发展模式和主体上。农民对产业的认识比较局限于农业生产活动和乡村旅游，而在三产融合和产业链方面的意识较为薄弱。在 529 位被访农民中，仅有 12 人提到建设和完善包括种植、加工和销售的完整产业链。在农业生产方面，农民认为目前发展受到限制的主要原因，一是粮食收购价格低且生产成本高；二是土地过于分散，各家各户发展自己的产业不现实，只有整合土地，统一规划和种植，才能提高效益。因此，农民认为，产业发展首先需要靠政府，因为土地整合与规模化经营、发展旅游业、打开农产品销路，都需要政府的政策支持和资金扶持。其次要靠村干部/村集体和外来企业/外来投资者。有了政策，再由外来企业/外来投资者承包，农民只负责耕种和务工，形成规模化经营，农产品才有品牌效应，才能打开销售渠道。如表 16-3 所示，各调研地皆呈现农民对政府的高度依赖和期待。另外，农民认为，有了政府和企业投资，就可以发展乡村旅游业。例如，河北省坡上村被访农民表示，周边的旅游试点村就是产业繁荣的标志，旅游的高人气就是最直观的兴旺。总体而言，乡村振兴政策对产业兴旺愿景的阐释全面且深刻，而农民对产业兴旺形式的认识比较单一，也缺乏对村集体和自身所能发挥作用的认识。

对于基层干部来说，产业兴旺主要体现为文旅产业的发展和特色产业的规模化经营。这与农民的认识差别不大。但是在具体的实现模式上，二者的理解有较大差异。县乡干部普遍认为，村集体和村民应该多发挥主体作用，发展产业只靠龙头企业是不行的，还是要靠千家万户，可以依靠"村党支部+基地+（村党支部领导下的）合作社+农户"或者"村党支部+龙头企业+农户"的模式，通过村集体的统一管理，与企业对接，形成产业链，降低农民个体面对市场的风险。村干部则认为，需要靠政府给项目，靠企业来

表 16-3　被访农民对乡村产业发展依靠主体的认知

单位：%

	村民	本地能人	返乡人员	外来企业/外来投资者	村干部/村集体	政府	其他
总　体	29.7	18.4	8.3	35.6	37.3	45.5	9.5
河北省	22.3	15.5	9.7	44.7	27.2	49.5	9.7
陕西省	43.5	19.4	8.3	40.7	39.8	44.4	1.9
湖南省	18.8	16.8	9.9	45.5	33.7	49.5	7.9
山东省	32.7	26.9	6.7	27.9	40.4	39.4	10.6
浙江省	30.4	13.4	7.1	20.5	44.6	44.6	17.0

投资。农民则对专业大户/家庭农场的期待更多。这也从侧面反映出农民在产业发展方面对村干部和村集体的脱离感。

在产业需求方面，无论是农民还是基层干部，都反映了"缺人"的问题，但他们对人力需求的层次不同。对于农民来说，发展产业最需要的帮助是增加劳动力。有农民提到，"最需要有劳动力，但是现实不会有。以前一个工 30—40 元，现在 100 多元，太贵了，雇不起，没有人能帮我"。这样的诉求在老年人中尤为常见。有的农民认为，要么国家给予种粮补贴或生产资料补贴，要么由企业或大户来承包土地托管种植，不然只能把耕地抛荒。

基层干部在访谈中表达最多的是对项目和人才的渴求，认为这两者是相辅相成的，没有人才，就支撑不了项目落地。乡镇干部和村干部普遍表示，没有项目就没有资金，并且项目需要基层自主权，村庄应有自由使用项目资金的空间。这里的项目一般指两类，一类是基础设施型项目，一类是产业型项目。基础设施型项目可以为发展产业和吸引人才创造基础。因此，有村干部希望原来用于扶贫的资金更多转向公共基础设施。产业型项目包括社区工厂、产业园区等，可以打造集生产、加工、销售于一体的产业链，吸纳农民就地就业。对于产业项目，基层干部表示，最缺乏项目规划和管理类人才、专业技术人才和职业农民。例如，一位乡镇干部提到，"政府很少围绕产业做出科学的规划，本地优质的土地资源没有形成规模效益。目前，需要既全面了解各类政策又会科学规划的人才。有了这样的人才，才能克服各类土地政策与村庄现状之间的矛盾。例如，有些种粮大户想扩大生产规模，需要大量使用农机具，但拿不到设施用地，无法存放农机物资"。一位村干部表示，"想发展特色电商产业，就需要懂电商的年轻人，但是年轻人来做一段时间后就走了，村里留不住他们"。一位村干部提到，"已拿到项目资金发展绿色产业加工厂，但是卡在技术上，不知道如何实现，缺乏专业技术人才"。一位县级干部提到，"想要培养职业农民，需要有一定经营规模、经验丰富的农民，但现在从事农业的人年龄大、文化水平低、接受能力不高，经常找不到合适的培养对象"。

（二）生态宜居方面

在对生态宜居的理解和需求方面，农民与基层干部的认识较为一致。农民理解的生态宜居侧重"宜居"，而非"生态"。被访农民对生态宜居的理解，主要是村庄干净卫生，居住环境好；其次是山好、水好、空气好，无污染；仅有个别被访农民提到绿化与生态可循环发展。基层干部也主要围绕人居环境改善项目，来解读什么是生态宜居。正如山东省调研县一位县级干部所言，"生态宜居在村庄层面谈的不是宏观生态，而是具体化的工作，如环境整治、垃圾和污水治理、厕所改造等，主要是减少人为的污染"。这也是基层政府目前在生态宜居方面的工作重点，涉及垃圾分类、转运、填埋，污水收集、处理，对工业企业污染的管控，等等。

对于生态宜居依靠主体，被访农民中近6成提到主要靠自己，过半数提到主要靠村干部。从整体上看，被访农民普遍认为，在人居环境方面，村民与村干部和政府有同等重要的作用，展示出比产业发展方面更高的自觉性和主动性。在这一点上，基层干部也有共识。无论是县乡干部还是村干部，都提到村庄环境需要村民自觉保护与维持，也需要村两委的监督和引导。也有县级层面的干部认为，还是需要靠上级政府，因为污染治理问题的职能归属并不清晰，还需要上级政府做好规划和部署，防止工作到了基层变成"晒太阳工程"。例如，河北省调研县一位县级干部提到，农业面源污染现在既不归生态环保局管理，也不归农业农村局管理，具体归哪个部门还不清楚，所以还没有得到处理。

表 16-4 被访农民对生态环境治理与改善依靠主体的认知

单位：%

	村民	企业、投资者	村干部	政府	社会组织	其他
总 体	57.8	5.1	53.5	48.2	4.0	2.3
河北省	55.8	3.9	43.3	51.0	2.9	4.8
陕西省	65.7	7.4	52.8	55.6	4.6	0
湖南省	62.4	8.9	44.6	42.6	2.0	1.0
山东省	56.7	1.9	68.3	40.4	1.0	2.9
浙江省	49.1	3.6	58.0	50.9	8.9	2.7

尽管在认识上高度一致，但在实践中，农民与县乡干部对具体项目的评价存在差别。对于村庄公共空间内的变化，如道路硬化、垃圾减少、街道整洁等，农民的评价普遍较为积极，但对于以农户为单位的宜居项目，农民的评价差异较大。以厕所改造为例，某调研地自进入乡村振兴战略时期以来，针对十几万户农户进行了厕所改造专项工作计划。但该调研地有44%的被访农民对厕所改造工作不满意，认为"国家没少花钱，但是用处不大，改造完还需要自己往外抽粪，冬天还会冻上，对于老年人尤为不便"。还有农民和村干部表示，在政策上厕所改造有补贴，但是农户至今还没有拿到补贴。而该调研地县乡干部普遍表示，厕所改造效果良好。这反映出不同群体看待同一项目的出发点并不一致，而在具体项目落实过程中和落实完成后，县乡干部缺乏回访，缺乏对项目后续效果的了解。

（三）乡风文明方面

乡风文明方面的理解与需求差异，主要体现为县乡干部对村庄文化活动的认识与村干部和农民不同。被访农民对乡风文明的理解，主要围绕个人道德素质和村庄风气。他们认为，在个人道德素质方面，每个村民都要讲道德、讲文明，遵纪守法，敬老爱幼，不乱丢垃圾，不打架偷盗；在村庄风气方面，村民要团结，邻里要和睦。

县级干部认为，乡风文明是乡村振兴的灵魂，需要丰富农民的精神家园，处理好富脑袋与富口袋的关系，不能只是发展经济、提高收入，需要开展一系列活动（如"最美乡村教师""最美乡村医生""最美乡贤""最美家训""文明家庭"评比）和建设一批文化设施（如农家书屋等），宣扬正能量，提高农民素质。而村干部认为，上述活动在村庄层面都尝试开展过，但实际意义不大，偏重走形式和写材料，经常为了表彰而表彰，村庄也只能为应付上级任务而开展这些活动。例如，婚丧嫁娶方面，有些风俗对农民来说是心理安慰，没有必要移风易俗。事实上，实际使用公共文化设施或参加文化建设活动的农民有限。例如，在529位被访农民中，利用过广场和书屋等公共文化设施的占66.0%，参与过电影下乡和广场舞蹈等文化建设活动的只占58.7%。以电影下乡为例，有村干部和农民表示，现在大家用手机或电脑上网什么都能看，村里放电影时常常只有一两位老年人会去观看。可见，县乡（镇）干部在推行文化活动时，有时缺乏对村庄真实状况的考量。在村村民对自身的要求也还未达到全面提升文化知识、提高公共意识的水平。

另外，除了山东省某调研村以红色文化教育为依托开展旅游观光外，其他调研地无论是农民还是基层干部，对乡村文化资源传承和农耕文化保护都缺乏关注和重视，而这是繁荣兴盛乡村文化、焕发乡风文明新气象的一个重要组成部分。

在被问及主要靠谁来实现乡风文明时，被访农民和基层干部都表现出一定的责任感和积极性。被访农民认为，自身文化素质都属于私人的事情，主要靠自身提高，也需要村干部和政府的教育、宣传和引导，因此乡风文明主要靠村民、村干部和地方政府，选择比例分别为65.6%、54.6%和32.9%（见表16-5）。而基层干部在面对这一问题时，显示出较为主动的带动意愿。县乡干部认为，村庄留守现象严重，文化设施（如农家书屋）建成后，利用率很低，一方面老年人不愿意去看书，另一方面年轻人更愿意通过网络读书而不是线下读书。村里文化骨干人才匮乏，需要思考对留守人群的文化供给如何更精准。也有乡镇干部提到自身工作对村干部和村民的引导作用。例如，陕西省红石县一位乡镇干部提到，作为干部，他们清醒地认识到老百姓在思想道德建设方面的落后，所以主要通过开会、培训，使村干部在知识和思想观念上有所转变，并把进步理念带回村庄，通过开村民大会或村党员会传递给村民。村干部也认为，自身的作用不容小觑。例如，湖南省某调研村一位村党支部书记表示，村干部要积极组织活动进行教育宣传，制度后面还要有手段的支撑，一定要经过群众讨论、群众参与，让村民获得参与感、成就感，使村规民约成为弥补法律空白的重要途径。但是，由于很多村民常年不在家，如何组织村民和普及先进理念仍是困扰村干部的一个难题。

表 16-5　被访农民对乡风文明依靠主体的认知

单位：%

	村民	乡贤、文艺能人	村干部	地方政府	企业、投资者	社会组织	其他
总　体	65.6	8.6	54.6	32.9	3.6	3.8	6.3
河北省	67.0	5.8	45.6	24.3	1.0	2.9	6.8
陕西省	65.7	7.4	66.7	38.0	3.7	4.6	3.7
湖南省	66.3	9.9	52.5	38.6	3.0	2.0	5.9
山东省	68.6	9.8	56.9	27.5	2.9	1.0	9.8
浙江省	60.7	9.8	50.9	35.7	7.1	8.0	5.4

（四）治理有效方面

农民与县乡干部在治理有效方面的理解与需求具有较大差异。农民理解的治理有效主要与村干部的作为有关，如认为治理有效就是村干部把村庄的方方面面都管理好、村干部带领大家致富、干群关系好、村务公开、村干部办事公平公正等，而对德治、法治、自治三个方面几乎没有提及。

基层干部对治理有效的理解，主要围绕社会稳定、组织建设和村庄管理三个方面。不同调研地区基层干部对治理有效的理解角度和理解程度有所不同。在陕西省调研县，县乡干部认为，治理中稳定压倒一切，需要在扫黑除恶工作和信访工作方面加大力度。在山东省调研县，县乡干部认为，治理有效就是组织振兴，既要加强宣传工作，也要加强处罚手段。在湖南省调研县，县级干部认为，治理的关键是解决基层党组织弱化、虚化、边缘化问题。在河北省调研县，县级干部认为，治理侧重于具体内容，如村庄的环境治理。在浙江省调研县，县级干部提到，治理有效是要实现政治、自治、德治、法治、智治。

关于治理有效主要靠谁实现，农民与县乡干部都对村干部寄予厚望。如表 16-6 所示，被访农民认为治理有效最主要靠村两委，选择比例为 76.6%，认为"村干部应该以身作则，了解村民困难，帮助解决问题，尤其是不公平的问题，还要把大家组织动员起来，共同谋发展"。也有农民表示，村干部往往有心无力，还得靠政府的治理。从整体上看，农民对自身参与村庄治理的意识非常淡薄，对党员在村庄治理中发挥的作用也关注极少。

而各调研县的县乡干部对于村干部在村庄治理中的作用比较有共识，都认为村干部是带头人，村两委队伍建设至关重要，需要靠村两委和村干部发挥凝聚、团结、组织作用。有乡镇干部提到，现在的服务型政府方方面面为农民着想，村庄也逐渐养成了所有事情等着政府来做的依赖性，这与实现自治是矛盾的，还是需要村干部带领农民加强自治。村干部则反映了很多治理困惑，主要围绕三个方面。一是村两委班子的配备。有村干部提出，"村干部年龄不能超过50岁"这一规定有一定的问题，希望放宽到65岁，因为村党支部书记需要丰富的阅历和经验；有村干部则认为，最适合担任村干部的年龄是40岁左右，既有一定经验，又年轻有干劲，最好能培养35—50岁年龄段的村干部。二是党员缺位。村干部表示，很多党员不在村庄，没有起到参与村庄事务和带领群众发展的作用，在村党员发挥的作用也不明显。三是村民不理解、不配合。村干部提到，"政策要推行的事情不一定是村民最急迫解决的事情，拨款的使用范围也不一定能覆盖村民最急迫的事情，这一点村民不理解。而且村民在手机上看到的一些政策信息，不一定是真实的或符合本村情况的，但村干部难以解释"。在浙江省天歌县的一个调研村庄，村两委推出了"村情公开、阳光村务"的手机软件，以增进村民对村庄发展情况的了解，但村民很少去关注，不愿意安装和使用。

总体来说，在通往治理有效的道路上，农民希望村两委和政府带领村庄发展，希望村干部切实解决村民困难。而村干部希望上级政府调整政策，根据实际情况优化村两委组织构成，也希望党员和群众自觉配合村两委工作。

表 16-6　被访农民对村庄有效治理依靠主体的认知

单位：%

	村民	村两委	党员	乡村贤能人才	政府	驻村工作队、帮扶单位等	企业、投资者	村庄各类协会及村民互助组织	其他
总　体	34.2	76.6	17.6	11.3	42.3	9.1	7.0	3.6	5.9
河北省	37.5	69.2	19.2	14.4	44.2	11.5	4.8	1.0	4.8
陕西省	38.9	79.6	15.7	10.2	52.8	10.2	7.4	4.6	2.8
湖南省	31.7	79.2	15.8	11.9	30.7	11.9	7.9	3.0	5.0
山东省	31.7	81.7	24.0	12.5	38.5	2.9	7.7	2.9	9.6
浙江省	31.3	73.2	13.4	8.0	44.6	8.9	7.1	6.3	7.1

（五）生活富裕方面

在生活富裕方面，农民更强调医疗、养老、教育等民生方面的负担，而基层干部虽然了解民生问题的现实状况，但更在意如何通过产业增收来预防农民返贫。被访农民对生活富裕的理解主要有两个方面，一是吃穿不愁，收入满足日常消费；二是医疗、养老、教育、住房方面的需求得到保障。例如，有农民提到，"生活富裕就是没病没灾"，"现在家家户户生活都挺好，唯独医疗和养老对老百姓压力特别大"，"如果国家能保证老年农民每个月都有养老金，医疗、教育环境等条件可以改善，就可以实现生活富裕"。其中，农民提及医疗负担的频率远高于养老、教育和住房保障。调研发现，所有对生活不满意的农民，都是因为上述民生问题带来压力和负担。另外，农民也会把孩子的家庭生活考虑在自己的生活富裕范畴内，如"儿女能顺利结婚""孩子过得好，能成家立业""儿子有房子"等。可见，上述问题不仅关系到农民个人，而且关系到农民整个家庭甚至整个家族，决定着农民群体对国家的评价，关系到社会稳定。另外，少数被访农民（23 人）表示，生活富裕既包含物质层面，也包含精神层面，如"钱多钱少无所谓，精神上满足才叫富裕。得有工作，不能闲着"。

基层干部也对上述民生问题表示关切。医疗方面，有乡镇干部提到，虽然目前基本医疗保险报销比例提高、报销种类增多，但还没有兜底，没有免费医疗；虽然有大病救助和企业帮扶的形式（如水滴筹），但因病导致生计困难或返贫的危险仍然很大。有村干部提到，"医保费用涨幅较大，家里人口多的农户要交数千元，所以没生病的农民就不愿意交，只能由村干部垫付。垫付的部分，村民也不一定承认"，"村里的医生医术一般，药品不全，看病只能去县城，越往城市走，报销比例越低。三甲以上的医院，农民就看不起了。所以现在是小病不用看，大病不敢看"。养老方面，有村干部提到，"村里老年人一个月 100 元的养老金根本不够，要达到一个月 800 元左右才能和在城市的生活水平接近。有些 60 岁以上还有劳动能力的老年人，返乡后也没有合适的工作岗位，村里提供的劳动岗位并不能满足他们的家庭开支"。教育方面，乡镇干部反映，现在义务教育的成本过高。一方面，几个村只有一个小学，家长接送孩子路程远、负担重；另一方面，"私立学校吸收优质教育资源，使得公立学校师资力量薄弱，农民只能花钱上私立，供一个学生的代价太大，农村学生考个好的大学越来越难"。

基层干部对农民在医疗、养老、教育方面的情况并非不了解，但他们认为对于这些方面的国家政策，他们的权责是执行、落实和解释。他们希望国家以增加政府购买社会服务的形式，帮助解决这些民生问题，尤其针对老年人养老问题，同时通过产业发展，多渠道拓宽农民增收途径，提高农民自身解决问题的能力。

四 结论与建议

通过实地调研农民与基层干部对乡村振兴的整体理解，以及对产业兴旺、生态宜居、乡风文明、治理有效、生活富裕五大方面的具体理解和需求，本研究得出以下结论。

第一，农民与基层干部对乡村振兴的了解程度不一，理解角度不同。农民普遍认为，乡村振兴要振兴的是农民，他们更关注自身的就业与收入、医疗、养老、教育；基层干部普遍认为，乡村振兴要振兴的是地区，他们更关注地区基础设施、产业发展和人居环境。

第二，基层干部对乡村振兴工作的开展和落实情况并不乐观。除了浙江省调研地，其他调研地区整体缺乏对乡村振兴具体工作的开展，基本还停留在学习和规划阶段。县、乡、村三级的状态可以概括为：县级在做规划布局，打造试点区；乡镇在等待县级政策，蓄势待发；村级在原地踏步，不知所措。而农民所看到的村庄变化，大多是社会主义新农村建设或脱贫攻坚时期的项目遗产，并非乡村振兴时期的新举措。从整体上看，基层干部比农民更有信心实现乡村振兴。

第三，在乡村振兴工作中，基层干部普遍认为，需要上级避免政策规划"一刀切"和工作考核"一刀切"，避免"撒胡椒面"，避免上级检查走形式。非贫困村村干部还提出，需要避免资源过于集中在重点村或试点村。而农民认为，以下情况需要避免：盲目跟风投资、不考虑每个地区每个家庭的实际情况、形式主义"走样子"、弄虚作假、不倾听群众声音。基层干部的思考体现出自身在基层工作中遇到的自上而下的压力和困难，还体现出他们在一定程度上缺乏对农民声音的关注和思考，呈现向上负责、向下脱离的状态。

第四，在产业兴旺、乡风文明、治理有效方面，农民与基层干部的理解和需求差异较大。产业方面，农民认为产业兴旺需要靠政府、村集体和企业来实现农业规模化经营、旅游业发展、农产品销路畅通，但县乡干部强调实现产业兴旺还需要通过有能力的村干部带头，由村集体与企业对接。农民认为，发展产业最需要的帮助是增加劳动力和直接补贴，包括生产资料补贴、老年补贴、种粮补贴等。而基层干部认为，发展产业最需要的是项目与人才，项目意味着资金和基层使用资金的自主权，而人才意味着项目可以落地。目前，乡镇与村庄既吸引不来人才，也留不住人才，急需项目规划管理型和专业技术型人才。乡风方面，县乡干部认为，除了村民个人素质提高、村庄稳定，公共文化设施与文化建设活动的丰富也是乡风文明的体现；村干部和农民认为，县乡干部在推行文化活动时，往往缺乏对村庄和村民真实情况的考量与精准施策，导致一些村庄开展的电影下乡、各类评比等是为了完成行政任务，效果不佳。治理方面，农民与基层干部都认为，治理有效取决于村干部在为民办事、村庄建设等方面如何作为，不能对农民有过高期待。而村干部认为，上级政府应该调整政策，根据实际情况优化村两委组织构成，他们期待党员和群众自觉配合村两委工作。

第五，在生态宜居和生活富裕方面，农民和基层干部的理解较为一致，但评价不尽相同。生态宜居方面，县乡干部对具体项目（如生活垃圾治理、生活污水治理、厕所改造等）的评价较高，认为这是人居环境整治的突出成果，是农村现代化的重要一步；但有的调研地有较高比例的被访农民表示不满意，认为项目投入很大，有些并不适合村庄实际情况，项目补贴也没有落实。生活富裕方面，农民特别强调医疗、养老、教育、住房方面的负担重，需要得到保障。而基层干部认为，需要在中央政策的支持下，由农民通过增收自行解决这些民生问题。

基于以上调研结果，本研究提出以下建议。

第一，重视对村干部和村庄能人的赋能。目前，基层治理中十分突出的问题在于，基层干部有向上负责、向下脱离的倾向。越是下层执行端，任务越重，决策参与权越小。另外，有决策权的人实际并不十分了解执行端在具体工作中的困难。最一线的村干部往往处于被动接受指令的状态，已经逐渐失去自治的能动性和创造性。建议在制定乡村振兴具体规划时，各地区县乡（镇）政府对各个村庄进行深入且充分的调研，倾听村干部和农民的声音。

组建以小农户、专业大户、企业、村干部、县乡干部代表等为成员的地区评议小组，共同研讨和决策地区规划，而不是完全依赖县乡干部制定规划。将各村庄的地理条件、文化资源、劳动力状况、农民家庭结构、农户生活习惯、农户生计来源等因素纳入考量范围，而不是仅考虑村庄在乡镇或县里的定位。这样的方式可以在一定程度上激发农民参与村庄发展的积极性，增进农民与村干部的交流融合，促进干群关系和谐。

第二，提升政策与规划上传下达的效率和质量。各地区对政策的解读、对政策的上传下达、对政策落实的监管，都有较大完善空间。基层政府中新设立的乡村振兴机构与已有机构之间的工作职责若不明确，管理机制若不理顺，将阻碍政策传达与落实效率的提升。建议各地区从制度上将乡村振兴工作集中归一个机构统筹，无论是自上而下的规划与监管，还是自下而上的工作内容汇报，都应有稳定的对接窗口。建议县乡干部充分学习和领会政策文件，用平实且有针对性的语言与村干部和农民研讨，避免政策精神传达过程中出现歧义和偏差。

第三，大力改革现有基层人才工作考核制度，加固干群关系基础。目前，基层愿意长期留下来的人才主要是希望建设家乡的本地人，绩效考核制可以促进和监督这些人才尽快完成任务，但也会引发他们追求“短平快”的作风。应给予勇于带头、志于干事创业的人才充分信任，并做好长期信任的制度准备和经济支援准备。对于驻村干部，需要进行充分的岗前培训，培训内容应纳入乡村振兴政策、行政管理、项目管理、村庄历史文化等。

参考文献

安治民、任坤，2019，《贵州少数民族地区乡村振兴的内生路径》，《贵州民族研究》第 12 期。

白描，2020，《乡村振兴背景下健康乡村建设的现状、问题及对策》，《农村经济》第 7 期。

卞文忠，2019，《别让"人才短板"制约乡村振兴》，《人民论坛》第 1 期。

博斯拉普，埃丝特，2010，《妇女在经济发展中的角色》，陈慧平译，译林出版社。

曹斌，2018，《乡村振兴的日本实践：背景、措施与启示》，《中国农村经济》第 8 期。

曹昶辉，2018，《当前边疆民族地区乡村振兴的阻滞因素及应对策略》，《广西民族研究》第 4 期。

曹桢、顾展豪，2019，《乡村振兴背景下农村生态宜居建设探讨——基于浙江的调查研究》，《中国青年社会科学》第 4 期。

陈波，2018，《公共文化空间弱化：乡村文化振兴的"软肋"》，《人民论坛》第 21 期。

陈丹、张越，2019，《乡村振兴战略下城乡融合的逻辑、关键与路径》，《宏观经济管理》第 1 期。

陈辉、熊春文，2011，《关于农民工代际划分问题的讨论——基于曼海姆的代的社会学理论》，《中国农业大学学报》（社会科学版）第 4 期。

陈加晋、卢勇，2022，《中国农业文化遗产事业：时代转向及历史方位》，《中国农业大学学报》（社会科学版）第 3 期。

陈军亚，2019，《"能人回乡"困境怎么解——基于湖北省 71 个村庄的问卷调查和深度访谈》，《人民论坛》第 33 期。

陈卫平，2018，《乡村振兴战略背景下农户生产绿色转型的制度约束与政策建议——

基于 47 位常规生产农户的深度访谈》，《探索》第 3 期。

陈锡文，2018，《实施乡村振兴战略，推进农业农村现代化》，《中国农业大学学报》（社会科学版）第 1 期。

陈锡文，2018a，《从农村改革四十年看乡村振兴战略的提出》，《行政管理改革》第 4 期。

陈锡文，2018b，《实施乡村振兴战略，推进农业农村现代化》，《中国农业大学学报》（社会科学版）第 1 期。

陈业宏、朱培源，2020，《从韩国"新村运动"解锁乡村振兴新思路》，《人民论坛》第 2 期。

陈义媛，2020a，《组织化的土地流转：虚拟确权与农村土地集体所有权的激活》，《南京农业大学学报》（社会科学版）第 1 期。

陈义媛，2020b，《国家资源输入的内卷化现象分析——基于成都市村公资金的"行政吸纳自治"》，《北京工业大学学报》（社会科学版）第 1 期。

陈义媛、李永萍，2020，《农村妇女骨干的组织化与公共参与——以"美丽家园"建设为例》，《妇女研究论丛》第 1 期。

陈映芳，2005，《"农民工"：制度安排与身份认同》，《社会学研究》第 3 期。

陈振、郭杰、欧名豪、费罗成、程久苗，2018，《资本下乡过程中农地流转风险识别、形成机理与管控策略》，《长江流域资源与环境》第 5 期。

陈宗胜、朱琳，2021，《论完善传统基础设施与乡村振兴的关系》，《兰州大学学报》（社会科学版）第 5 期。

程同顺、许晓，2020，《驻村帮扶下的乡村治理变革——基于 H 省 C 镇 X 村的田野调查》，《江苏行政学院学报》第 1 期。

邓燕华、王颖异、刘伟，2020，《扶贫新机制：驻村帮扶工作队的组织、运作与功能》，《社会学研究》第 6 期。

杜焱强，2019，《农村环境治理 70 年：历史演变、转换逻辑与未来走向》，《中国农业大学学报》（社会科学版）第 5 期。

樊凡、刘娟，2019，《从围观走向行动：乡村振兴战略背景下农村社会研究范式的转型——兼谈学术何以能中国》，《中国农村观察》第 1 期。

冯道杰、程恩富，2018，《从"塘约经验"看乡村振兴战略的内生实施路径》，《中国社会科学院研究生院学报》第 1 期。

付伟，2018，《城乡融合发展进程中的乡村产业及其社会基础——以浙江省 L 市偏远乡村来料加工为例》，《中国社会科学》第 6 期。

高洪洋，2019，《新时期加强乡风文明建设的系统探索》，《系统科学学报》第 4 期。

高鸣、芦千文，2019，《中国农村集体经济：70年发展历程与启示》，《中国农村经济》第10期。

高强，2020，《脱贫攻坚与乡村振兴的统筹衔接：形势任务与战略转型》，《中国人民大学学报》第6期。

高维，2018，《乡土文化教育：乡风文明发展根基》，《教育研究》第7期。

高兴明，2018，《实施乡村振兴战略要突出十个重点》，《农村工作通讯》第13期。

龚丽兰、郑永君，2019，《培育"新乡贤"：乡村振兴内生主体基础的构建机制》，《中国农村观察》第6期。

桂华，2018a，《东中西部乡村振兴的重点有何不同》，《人民论坛》第12期。

桂华，2018b，《面对社会重组的乡村治理现代化》，《政治学研究》第5期。

郭海红、李树超，2022，《环境规制、空间效应与农业绿色发展》，《研究与发展管理》第2期。

郭芸芸、杨久栋、曹斌，2019，《新中国成立以来我国乡村产业结构演进历程、特点、问题与对策》，《农业经济问题》第10期。

郭占锋、黄民杰，2021，《文化失调、组织再造与乡村建设——从梁漱溟〈乡村建设理论〉论起》，《中国农业大学学报》（社会科学版）第1期。

郭占锋、李轶星、张森、黄民杰，2021，《村庄市场共同体的形成与农村社区治理转型——基于陕西袁家村的考察》，《中国农村观察》第1期。

国家统计局，2021，《中国统计年鉴2021》，中国统计出版社。

韩道铉、田杨，2019，《韩国新村运动带动乡村振兴及经验启示》，《南京农业大学学报》（社会科学版）第4期。

韩广富、刘欢，2020，《新时代农村基层党组织推进乡风文明建设的逻辑理路》，《理论探讨》第2期。

韩国明、王鹤，2012，《我国公共政策执行的示范方式失效分析——基于示范村建设个案的研究》，《中国行政管理》第4期。

韩俊，2019，《推进移风易俗 建设文明乡风 切实增强农民群众获得感》，《旗帜》第9期。

何慧丽、刘坤、许珍珍，2021，《弘农试验：以乡土文化复育推动乡村振兴》，《文艺理论与批评》第6期。

何劲，2021，《农业绿色生产问题研究回顾与展望：一个文献综述》，《经济体制改革》第2期。

贺聪志、叶敬忠，2020，《小农户生产的现代性消费遭遇——基于"巢状市场小农扶贫试验"的观察与思考》，《开放时代》第6期。

贺雪峰，2015，《论中坚农民》，《南京农业大学学报》（社会科学版）第 4 期。

贺雪峰，2017，《乡村治理现代化：村庄与体制》，《求索》第 10 期。

贺雪峰，2018，《实施乡村振兴战略要防止的几种倾向》，《中国农业大学学报》（社会科学版）第 3 期。

贺雪峰，2019，《大国之基：中国乡村振兴诸问题》，东方出版社。

贺雪峰，2021，《宅基地、乡村振兴与城市化》，《南京农业大学学报》（社会科学版）第 4 期。

侯宏伟、马培衢，2018，《"自治、法治、德治"三治融合体系下治理主体嵌入型共治机制的构建》，《华南师范大学学报》（社会科学版）第 6 期。

胡荣，2022，《新乡贤与乡村振兴》，《中国农业大学学报》（社会科学版）第 1 期。

胡霞、周旭海，2021，《日本公路特色驿站助力乡村振兴的经验与启示》，《现代日本经济》第 1 期。

胡玉坤、郭未、董丹，2008，《知识谱系、话语权力与妇女发展：国际发展中的社会性别理论与实践》，《南京大学学报》（哲学·人文科学·社会科学）第 4 期。

《湖北日报》，2021，《房县发展 21 个乡村振兴示范村 每个村获 2000 万元资金扶持》，12 月 6 日，第 011 版。

黄博，2020，《乡村振兴战略下农民专业合作社的发展路径研究》，《经济体制改革》第 5 期。

黄承伟，2021a，《推进乡村振兴的理论前沿问题》，《行政管理改革》第 8 期。

黄承伟，2021b，《论乡村振兴与共同富裕的内在逻辑及理论议题》，《南京农业大学学报》（社会科学版）第 6 期。

黄敦平、方建，2021，《资源禀赋对乡村劳动力回流意愿影响的实证分析》，《人口学刊》第 5 期。

黄森慰、唐丹、郑逸芳，2017，《农村环境污染治理中的公众参与研究》，《中国行政管理》第 3 期。

黄震方、黄睿，2018，《城镇化与旅游发展背景下的乡村文化研究：学术争鸣与研究方向》，《地理研究》第 2 期。

黄志辉，2022，《从不在地主到不在农民：农民居住格局的转变与城乡互惠关系中的乡村振兴》，《开放时代》第 3 期。

黄宗智，2020，《中国的新型小农经济：实践与理论》，广西师范大学出版社。

黄宗智，2021，《资本主义农业还是现代小农经济？——中国克服"三农"问题的发展道路》，《开放时代》第 3 期。

黄宗智、高原、彭玉生，2012，《没有无产化的资本化：中国的农业发展》，《开放时代》第 3 期。

黄祖辉，2018a，《准确把握中国乡村振兴战略》，《中国农村经济》第 4 期。

黄祖辉，2018b，《改革开放四十年：中国农业产业组织的变革与前瞻》，《农业经济问题》第 11 期。

黄祖辉、胡伟斌，2022，《全面推进乡村振兴的十大重点》，《农业经济问题》第 7 期。

贾晋、李雪峰、申云，2018，《乡村振兴战略的指标体系构建与实证分析》，《财经科学》第 11 期。

江泽林，2021，《农村一二三产业融合发展再探索》，《农业经济问题》第 6 期。

姜长云，2018，《推进产业兴旺是实施乡村振兴战略的首要任务》，《学术界》第 7 期。

姜庆志，2018，《合作治理视角下乡村振兴的智库作用机制研究——基于 N 校"智库进 S 县"的纵向案例观察》，《中国行政管理》第 7 期。

姜姝，2018，《乡风文明中的道德焦虑难题及其制度化解》，《南京农业大学学报》（社会科学版）第 6 期。

蒋海曦、蒋玲，2019，《乡村人力资本振兴：中国农民工回流意愿研究》，《四川大学学报》（哲学社会科学版）第 5 期。

蒋辉、刘兆阳，2020，《乡村产业振兴的理论逻辑与现实困境——以湖南千村调研为例》，《求索》第 2 期。

蒋燕、李萌、潘璐，2021，《成为青年女性农民：农村女性从事农业的过程与特征》，《中国农业大学学报》（社会科学版）第 2 期。

蒋永穆，2018，《基于社会主要矛盾变化的乡村振兴战略：内涵及路径》，《社会科学辑刊》第 2 期。

景跃进，2018，《中国农村基层治理的逻辑转换——国家与乡村社会关系的再思考》，《治理研究》第 1 期。

孔祥智、卢洋啸，2019，《建设生态宜居美丽乡村的五大模式及对策建议——来自 5 省 20 村调研的启示》，《经济纵横》第 1 期。

郎丽娜、吴秋林，2019，《"亚细亚"的终结：中国乡村振兴战略转型模式研究》，《北方民族大学学报》（哲学社会科学版）第 1 期。

雷鹏飞、赵凡，2020，《基于博弈论的视角分析农村劳动力转移的"钟摆"现象》，《东岳论丛》第 7 期。

李灿、吴顺辉、李景刚，2021，《村庄发展、资源禀赋认知与农村居民参与村庄建设意愿——基于 575 份农村居民问卷调查的实证分析》，《农林经济管理学报》第

4 期。

李国祥，2018，《实现乡村产业兴旺必须正确认识和处理的若干重大关系》，《中州学刊》第 1 期。

李红艳，2019，《什么是农民眼中的美好生活——基于乡村振兴视角下的思辨》，《人民论坛·学术前沿》第 9 期。

李怀瑞、邓国胜，2021，《社会力量参与乡村振兴的新内源发展路径研究——基于四个个案的比较》，《中国行政管理》第 5 期。

李建平、梅晓光，2021，《"双循环"新发展格局下乡村振兴面临的挑战与对策分析》，《理论探讨》第 3 期。

李建伟、周灵灵，2018，《中国人口政策与人口结构及其未来发展趋势》，《经济学动态》第 12 期。

李金铮，2020，《"相成相克"：二十世纪三四十年代费孝通的城乡关系论》，《中国社会科学》第 2 期。

李俊鹏、冯中朝、吴清华，2018，《劳动力老龄化阻碍了农业生产吗？——基于空间计量模型的实证分析》，《南京审计大学学报》第 4 期。

李梅，2021，《新时期乡村治理困境与村级治理"行政化"》，《学术界》第 2 期。

李娜，2020，《日本农业产业融合的新进展及启示——以"知识聚集和活用场所"为中心》，《亚太经济》第 4 期。

李培林，2018，《乡村振兴与社会治理值得关注的五个课题》，《社会治理》第 7 期。

李蓉蓉、闫健、段萌琦，2022，《多中心治理何以失效？职责消解下的农村公共产品供给初探——基于 H 市三个"靠煤吃水"村庄的案例分析》，《社会科学》第 5 期。

李韬、陈丽红、杜晨玮、杜茜谊，2021，《农村集体经济壮大的障碍、成因与建议——以陕西省为例》，《农业经济问题》第 2 期。

李文钢、马良灿，2020，《新型农村集体经济复兴与乡土社会重建——学术回应与研究反思》，《社会学评论》第 6 期。

李小云，2022，《为什么要培养乡村职业经理人？》，《农村工作通讯》第 3 期。

李永萍，2019，《论乡村建设的主体、路径与方向——基于湖北省官桥村老年人协会的分析》，《中国农村观察》第 2 期。

李玉恒、阎佳玉、宋传垚，2019，《乡村振兴与可持续发展——国际典型案例剖析及其启示》，《地理研究》第 3 期。

李云新、袁洋，2015，《项目制运行过程中"示范"断裂现象及其解释》，《华中科技大学学报》（社会科学版）第 5 期。

李卓、张森、李轶星、郭占锋，2021，《"乐业"与"安居"：乡村人才振兴的动力机制研究——基于陕西省元村的个案分析》，《中国农业大学学报》（社会科学版）第6期。

梁栋、吴存玉，2019，《乡村振兴与青年农民返乡创业的现实基础、内在逻辑及其省思》，《现代经济探讨》第5期。

林建，2020，《乡村振兴战略下我国农村医疗卫生服务供需矛盾分析》，《中国卫生经济》第12期。

林聚任、刘佳、梁亮，2018，《乡风文明与当前农村新型社区建设——以山东省"乡村文明行动"为例》，《中国农业大学学报》（社会科学版）第3期。

林龙飞、陈传波，2018，《返乡创业青年的特征分析及政策支持构建——基于全国24省75县区995名返乡创业者的实地调查》，《中国青年研究》第9期。

刘奉越，2018，《乡村振兴下职业教育与农村"空心化"治理的耦合》，《国家教育行政学院学报》第7期。

刘合光，2018，《乡村振兴战略的关键点、发展路径与风险规避》，《新疆师范大学学报》（哲学社会科学版）第3期。

刘红，2022，《乡村振兴背景下农村公共文化服务体系建设研究》，《社会科学战线》第3期。

刘皇、周灵灵，2022，《农村劳动力结构变化与农业技术进步路径》，《西南民族大学学报》（人文社会科学版）第1期。

刘金发、韩艳、郑冬慧，2021，《从"树样板"到"补短板"：乡村振兴"全面推进"逻辑及路径》，《南都学坛》（人文社会科学学报）第1期。

刘金海，2021，《知识实践视角下的"乡村建设"研究——基于定县教育、邹平实验和乌江试验的比较分析》，《人文杂志》第4期。

刘瑞峰、王剑、李佳恒、梁飞、马恒运，2022，《社会网络和同伴效应视角下农户农业绿色技术采用研究综述》，《中国农业资源与区划》。

刘润秋、黄志兵，2018，《实施乡村振兴战略的现实困境、政策误区及改革路径》，《农村经济》第6期。

刘少杰，2021，《数字乡村建设》，《社会发展研究》第4期。

刘双双、段进军，2021，《协调推进乡村振兴与新型城镇化：内在机理、驱动机制和实践路径》，《南京社会科学》第11期。

刘思思，2021，《"三治融合"乡村治理体系中村规民约的价值功能、实践难点及完善路径》，《宏观经济研究》第8期。

刘彦随，2018，《中国新时代城乡融合与乡村振兴》，《地理学报》第4期。

刘彦随，2020，《中国乡村振兴规划的基础理论与方法论》，《地理学报》第 6 期。

刘志刚，2019，《乡村振兴战略背景下重建乡村文明的意义、困境与路径》，《福建论坛》（人文社会科学版）第 4 期。

刘祖云、姜姝，2019，《"城归"：乡村振兴中"人的回归"》，《农业经济问题》第 2 期。

龙晓柏、龚建文，2018，《英美乡村演变特征、政策及对我国乡村振兴的启示》，《江西社会科学》第 4 期。

楼俊超、刘钊，2020，《人力资本对农业经济影响的实证分析》，《统计与决策》第 6 期。

卢成仁、郭锐，2020，《规范冲突与信任重建：中国有机农业的问题与实践》，《浙江学刊》第 6 期。

卢泓钢、郑家喜、陈池波，2021，《中国乡村生活富裕程度的时空演变及其影响因素》，《统计与决策》第 12 期。

卢黎歌、武星星，2020，《后扶贫时期推进脱贫攻坚与乡村振兴有机衔接的学理阐释》，《当代世界与社会主义》第 2 期。

芦凤英、庞智强、邓光耀，2022，《中国乡村振兴发展的区域差异测度及形成机理》，《经济问题探索》第 4 期。

芦千文、姜长云，2018，《欧盟农业农村政策的演变及其对中国实施乡村振兴战略的启示》，《中国农村经济》第 10 期。

陆益龙，2021，《百年中国农村发展的社会学回眸》，《中国社会科学》第 7 期。

吕宾，2019，《乡村振兴视域下乡村文化重塑的必要性、困境与路径》，《求实》第 2 期。

吕方、苏海、梅琳，2019，《找回村落共同体：集体经济与乡村治理——来自豫鲁两省的经验观察》，《河南社会科学》第 6 期。

罗必良，2017，《明确发展思路，实施乡村振兴战略》，《南方经济》第 10 期。

罗必良、张露、仇童伟，2018，《小农的种粮逻辑——40 年来中国农业种植结构的转变与未来策略》，《南方经济》第 8 期。

罗敏，2019，《从"离乡"到"返乡"：青年参与乡村振兴的行动逻辑——基于 H 省 Z 市 1231 名青年的问卷调查分析》，《中国青年研究》第 9 期。

罗千峰，2021，《基于构建"三大体系"视角的农业现代化实现路径研究》，《农村经济》第 10 期。

马志敏、吴朝阳，2013，《城乡统筹视阈下我国农村公共产品供给的路径探讨》，《经济问题》第 5 期。

茅锐、林显一，2022，《在乡村振兴中促进城乡融合发展——来自主要发达国家的经验启示》，《国际经济评论》第 1 期。

米华、王永，2021，《乡村振兴战略下乡风文明建设的内在目标论析》，《湖南科技大学学报》（社会科学版）第 6 期。

聂飞，2018，《农民工返乡困境的制度分析——基于河南 H 村的调查》，《湖北社会科学》第 3 期。

潘家恩、马黎、温铁军，2020，《从"土匪窝"到"新中国缩影"：北碚历史乡建启示录》，《中国农业大学学报》（社会科学版）第 3 期。

潘璐，2021，《村集体为基础的农业组织化——小农户与现代农业有机衔接的一种路径》，《中国农村经济》第 1 期。

秦中春，2020，《乡村振兴背景下乡村治理的目标与实现途径》，《管理世界》第 2 期。

邱泽奇，2020，《乡村振兴与城乡关系再探索：人口生计何以可转换?》，《社会发展研究》第 4 期。

《人民日报》，2018，《习近平李克强王沪宁赵乐际韩正分别参加全国人大会议一些代表团审议》，3 月 9 日。

任常青，2018，《产业兴旺的基础、制约与制度性供给研究》，《学术界》第 7 期。

任大鹏，2021，《〈乡村振兴促进法〉的鲜明特点与现实意义》，《人民论坛》第 27 期。

任大鹏、王俏，2019，《产权化改革背景下的妇女土地权益保护》，《妇女研究论丛》第 1 期。

《三秦都市报》，2019，《省发改委介绍推动乡村振兴战略实施情况　明年建百个乡村振兴示范村》，12 月 13 日，第 A04 版。

沈费伟，2020，《乡村技术赋能：实现乡村有效治理的策略选择》，《南京农业大学学报》（社会科学版）第 2 期。

沈费伟、杜芳，2022，《数字乡村治理的限度与优化策略——基于治理现代化视角的考察》，《南京农业大学学报》（社会科学版）第 4 期。

石鸥、周美云，2019，《试论乡土教材在乡村振兴战略中的意义与价值》，《华东师范大学学报》（教育科学版）第 1 期。

宋才发，2020，《传统文化是乡村振兴的根脉和基石》，《青海民族研究》第 4 期。

苏毅清、秦明、王亚华，2020，《劳动力外流背景下土地流转对农村集体行动能力的影响——基于社会生态系统（SES）框架的研究》，《管理世界》第 7 期。

孙柏瑛、齐子鉴，2021，《岗编分离：吸引专业人才投入乡镇基层治理的四川样本》，

《中国行政管理》第 11 期。

孙九霞、李怡飞，2020，《流动的手工艺社会：从"同乡同业"到"全域同业"的白族银器村》，《开放时代》第 4 期。

孙庆忠，2019，《社区大学与乡村妇女的生命变革》，《妇女研究论丛》第 1 期。

孙庆忠，2020，《枣韵千年：全球重要农业文化遗产的保护行动》，《金融博览》第 7 期。

孙庆忠，2021，《并轨：扎根乡村的田野工作与促进变革的行动研究》，《民俗研究》第 6 期。

孙炜琳、王瑞波、姜茜、黄圣男，2019，《农业绿色发展的内涵与评价研究》，《中国农业资源与区划》第 4 期。

索晓霞，2018，《乡村振兴战略下的乡土文化价值再认识》，《贵州社会科学》第 1 期。

唐丽霞，2020，《乡村振兴背景下农村集体经济社会保障功能的实现——基于浙江省桐乡市的实地研究》，《贵州社会科学》第 4 期。

唐丽霞，2021，《乡村振兴战略的人才需求及解决之道的实践探索》，《贵州社会科学》第 1 期。

唐丽霞，2022，《全面推进乡村振兴的四个关键问题》，《人民论坛》第 1 期。

唐钱华，2019，《乡村文化振兴中的移风易俗主题与政府角色转换》，《深圳大学学报》（人文社会科学版）第 6 期。

唐兴军、李定国，2019，《文化嵌入：新时代乡风文明建设的价值取向与现实路径》，《求实》第 2 期。

陶娅、盖志毅、王桂英，2021，《农户长期健康投资意愿和行为的影响因素研究——基于双变量 Probit 模型的分析》，《财经问题研究》第 12 期。

田生，1985，《调整农村产业结构　为农机化开辟道路》，《湖北农机化》第 1 期。

田毅鹏，2018，《东亚乡村振兴社会政策比较研究断想》，《中国农业大学学报》（社会科学版）第 3 期。

田毅鹏，2021，《东亚乡村振兴的社会政策路向——以战后日本乡村振兴政策为例》，《学习与探索》第 2 期。

汪淳玉、叶敬忠，2020，《乡村振兴视野下农村留守妇女的新特点与突出问题》，《妇女研究论丛》第 1 期。

汪明煜、周应恒，2021，《法国乡村发展经验及对中国乡村振兴的启示》，《世界农业》第 4 期。

汪三贵、冯紫曦，2019，《脱贫攻坚与乡村振兴有机衔接：逻辑关系、内涵与重点内容》，《南京农业大学学报》（社会科学版）第 5 期。

汪盛玉，2019，《"乡风文明"何以可能——基于社会主义核心价值观培育的视角》，《理论建设》第 1 期。

王博、王亚华，2022，《县域乡村振兴与共同富裕：内在逻辑、驱动机制和路径》，《农业经济问题》第 12 期。

王春光，2021，《迈向共同富裕——农业农村现代化实践行动和路径的社会学思考》，《社会学研究》第 2 期。

王君琦，2010，《知识分子的社会责任和历史定位》，《北京日报》11 月 15 日，第 19 版。

王留鑫、赵一夫，2022，《文化振兴与乡村治理：作用机制和实现路径》，《宁夏社会科学》第 4 期。

王宁，2018，《乡村振兴战略下乡村文化建设的现状及发展进路——基于浙江农村文化礼堂的实践探索》，《湖北社会科学》第 9 期。

王晓毅，2018，《再造生存空间：乡村振兴与环境治理》，《北京师范大学学报》（社会科学版）第 6 期。

王晓毅、阿妮尔，2021，《从"超常规"到"常规化"：驻村帮扶如何助推乡村治理现代化》，《南京农业大学学报》（社会科学版）第 6 期。

王亚华、臧良震，2020，《小农户的集体行动逻辑》，《农业经济问题》第 1 期。

王轶、熊文、黄先开，2020，《人力资本与劳动力返乡创业》，《东岳论丛》第 3 期。

魏程琳，2022，《乡风何以文明：乡村文化治理中的嵌套组织及其运作机制》，《深圳大学学报》（人文社会科学版）第 3 期。

魏南枝、黄平，2015，《法国的绿色城市化与可持续发展》，《欧洲研究》第 5 期。

温铁军、杨洲、张俊娜，2018，《乡村振兴战略中产业兴旺的实现方式》，《行政管理改革》第 8 期。

文丰安，2022，《乡村振兴战略下农业生态治理现代化：理论阐释、问题审视及发展进路》，《经济体制改革》第 1 期。

文军，2022，《从内生发展到新内生发展——构建"社区为本"的乡村振兴新模式》，《中国农业大学学报》（社会科学版）第 1 期。

文琦、郑殿元，2019，《西北贫困地区乡村类型识别与振兴途径研究》，《地理研究》第 3 期。

文忠祥，2011，《信仰民俗与区域社会秩序——以青海土族纳顿、醮仪、六月会为例》，《青海民族大学学报》（社会科学版）第 2 期。

吴存玉、梁栋，2019，《农业现代化的经营主体之辨——基于公司性农场与家庭农场的比较》，《中南民族大学学报》（人文社会科学版）第 4 期。

吴惠芳、饶静，2009，《农业女性化对农业发展的影响》，《农业技术经济》第 2 期。

吴理财、解胜利，2019，《文化治理视角下的乡村文化振兴：价值耦合与体系建构》，《华中农业大学学报》（社会科学版）第 1 期。

吴瑞君、薛琪薪，2020，《中国人口迁移变化背景下农民工回流返乡就业研究》，《学术界》第 5 期。

吴万宗、刘玉博、徐琳，2018，《产业结构变迁与收入不平等——来自中国的微观证据》，《管理世界》第 2 期。

吴晓燕、朱浩阳，2020，《补偿型经纪：村干部在乡村振兴战略中角色定位——基于苏北 B 村资本下乡过程的分析》，《河南师范大学学报》（哲学社会科学版）第 3 期。

吴易雄，2016，《基于二元 Logistic 模型的新型职业农民农业生产意愿的影响因素及其对策探析》，《当代经济管理》第 11 期。

吴重庆、张慧鹏，2018，《以农民组织化重建乡村主体性：新时代乡村振兴的基础》，《中国农业大学学报》（社会科学版）第 3 期。

吴重庆、张慧鹏，2019，《小农与乡村振兴——现代农业产业分工体系中小农户的结构性困境与出路》，《南京农业大学学报》（社会科学版）第 1 期。

武广汉，2012，《"中间商+农民"模式与农民的半无产化》，《开放时代》第 3 期。

武小龙、刘祖云，2019，《社区自助、协同供给与乡村振兴——澳大利亚乡村建设的理念与实践》，《国外社会科学》第 1 期。

武小龙、谭清美，2019，《新苏南模式：乡村振兴的一个解释框架》，《华中农业大学学报》（社会科学版）第 2 期。

习近平，2018，《让广大农民在乡村振兴中有更多获得感幸福感》，新华网，2018 年 5 月 4 日，http://www.xinhuanet.com/politics/2018-05/04/c_1122782183.htm，最后访问日期：2022 年 6 月 9 日。

习近平，2019，《把乡村振兴战略作为新时代"三农"工作总抓手》，《求是》第 11 期。

夏英、王海英，2021，《实施〈乡村振兴促进法〉：开辟共同富裕的发展之路》，《农业经济问题》第 11 期。

夏玉莲、张园，2018，《家庭禀赋对农民家庭收入的影响分析——基于 1188 户农户的实证分析》，《农林经济管理学报》第 4 期。

夏柱智，2021，《集体经济发展和集体产权制度改革反思——对话"塘约经验"》，《北京工业大学学报》（社会科学版）第 4 期。

项继权、周长友，2017，《"新三农"问题的演变与政策选择》，《中国农村经济》第
　　10 期。

谢地、李梓旗，2020，《城镇化与乡村振兴并行背景下的城乡人口流动：理论、矛盾
　　与出路》，《经济体制改革》第 3 期。

辛翔飞、王济民，2020，《乡村振兴下农业振兴的机遇、挑战与对策》，《宏观经济管
　　理》第 1 期。

徐金海，2021，《从历史走向未来：城镇化进程中的乡村教育发展》，《教育研究》第
　　10 期。

徐进、李小云、武晋，2021，《妇女和发展的范式：全球性与地方性的实践张力——
　　基于中国和坦桑尼亚实践的反思》，《妇女研究论丛》第 2 期。

徐立成、周立、潘素梅，2013，《"一家两制"：食品安全威胁下的社会自我保护》，
　　《中国农村经济》第 5 期。

徐顽强、于周旭、徐新盛，2019，《社会组织参与乡村文化振兴：价值、困境及对
　　策》，《行政管理改革》第 1 期。

徐晓鹏，2020，《小农户与新型农业经营主体的耦合——基于中国六省六村的实证研
　　究》，《南京农业大学学报》（社会科学版）第 1 期。

徐学庆，2018，《乡村振兴战略背景下乡风文明建设的意义及其路径》，《中州学刊》
　　第 9 期。

徐艺宁、潘伟光，2021，《非农就业与农村公共产品供给研究——影响效应与作用机
　　制》，《农村经济》第 11 期。

徐勇，2018，《乡村文化振兴与文化供给侧改革》，《东南学术》第 5 期。

徐越，2019，《乡村振兴战略背景下的乡风文明建设》，《红旗文稿》第 21 期。

许汉泽、徐明强，2020，《"任务型乡贤"与乡村振兴中的精英再造》，《华南农业大
　　学学报》（社会科学版）第 1 期。

许婕、张磊，2019，《新时代乡风文明建设的理性审视与出路》，《齐齐哈尔大学学
　　报》（哲学社会科学版）第 9 期。

许庆、刘进、熊长江，2022，《中国农村基础设施发展水平、区域差异及分布动态演
　　进》，《数量经济技术经济研究》第 2 期。

宣朝庆、郝光耀，2018，《文明乡风如何形塑——以农村建房中邻里纠纷为中心的思
　　考》，《中国农业大学学报》（社会科学版）第 3 期。

闫周府、吴方卫，2019，《从二元分割走向融合发展——乡村振兴评价指标体系研
　　究》，《经济学家》第 6 期。

杨苹苹，2017，《乡村振兴视域下生态宜居乡村的实现路径》，《贵阳市委党校学报》

第 6 期。

叶敬忠，2006，《农民视角的新农村建设》，社会科学文献出版社。

叶敬忠，2011，《留守人口与发展遭遇》，《中国农业大学学报》（社会科学版）第 1 期。

叶敬忠，2018，《乡村振兴战略：历史沿循、总体布局与路径省思》，《华南师范大学学报》（社会科学版）第 2 期。

叶敬忠，2019，《中国乡村振兴调研报告（2018-2019）》，社会科学文献出版社。

叶敬忠，2021，《从脱贫攻坚到乡村振兴：脱贫地区内的衔接抑或发展时代间的转型？》，《社会发展研究》第 3 期。

叶敬忠、徐勇、张文宏、田毅鹏、罗必良、仇焕广、张安录、贺雪峰、王亚华、周晓虹、周大鸣、邬志辉、胡荣、卢云峰、文军、毛丹，2022，《多学科视角的乡村振兴与共同富裕——第一届"开化论坛"主旨发言要点摘编》，《中国农业大学学报》（社会科学版）第 1 期。

叶林，2021，《文化产业推动中国民族地区乡村振兴的比较优势和多维机制》，《理论月刊》第 5 期。

叶兴庆，2018a，《新时代中国乡村振兴战略论纲》，《改革》第 1 期。

叶兴庆，2018b，《山区资源价值重估与产业振兴路径选择》，《农村经济》第 8 期。

尹成杰，2022，《巩固拓展脱贫攻坚成果同乡村振兴有效衔接的长效机制与政策研究》，《华中师范大学学报》（人文社会科学版）第 1 期。

于法稳，2018，《新时代农业绿色发展动因、核心及对策研究》，《中国农村经济》第 5 期。

于建嵘，2019，《县级政府在乡村振兴中的作用》，《华中师范大学学报》（人文社会科学版）第 1 期。

于健慧，2022，《党建引领乡村治理：理论逻辑及实现路径》，《西北师大学报》（社会科学版）第 1 期。

余丽娟，2021，《新型农村集体经济：内涵特征、实践路径、发展限度——基于天津、山东、湖北三地的实地调查》，《农村经济》第 6 期。

曾福生、蔡保忠，2018，《农村基础设施是实现乡村振兴战略的基础》，《农业经济问题》第 7 期。

张斌、孔欣悦、但雅，2021，《人力资本、种植结构与粮食安全——基于全国 31 个省（区、市）3073 个家庭农场的调查数据》，《河南师范大学学报》（哲学社会科学版）第 4 期。

张琛、孔祥智，2021，《乡村振兴与新型城镇化的深度融合思考》，《理论探索》第

1 期。

张春阳，2014，《德、日、韩的农村人居环境建设政策及其启示》，《经济研究导刊》第 14 期。

张翠娥、李跃梅、李欢，2016，《资本禀赋与农民社会治理参与行为——基于 5 省 1599 户农户数据的实证分析》，《中国农村观察》第 1 期。

张海鹏，2019，《中国城乡关系演变 70 年：从分割到融合》，《中国农村经济》第 3 期。

张红宇，2020，《中国农村改革的未来方向》，《农业经济问题》第 2 期。

张明皓、叶敬忠，2020，《权威分化、行政吸纳与基层政府环境治理实践研究》，《北京社会科学》第 4 期。

张琦，2019，《稳步推进脱贫攻坚与乡村振兴有效衔接》，《人民论坛》第 S1 期。

张琦、万君，2022，《"十四五"期间中国巩固拓展脱贫攻坚成果推进策略》，《农业经济问题》第 6 期。

张琦、庄甲坤、李顺强、孔梅，2022，《共同富裕目标下乡村振兴的科学内涵、内在关系与战略要点》，《西北大学学报》（哲学社会科学版）第 3 期。

张挺、李闯榕、徐艳梅，2018，《乡村振兴评价指标体系构建与实证研究》，《管理世界》第 8 期。

张新文、张国磊，2018，《社会主要矛盾转化、乡村治理转型与乡村振兴》，《西北农林科技大学学报》（社会科学版）第 3 期。

张有春、杜婷婷，2021，《居住方式、家庭策略、老年人主动生存与乡村振兴——基于广西一个贫困村落的调查》，《思想战线》第 4 期。

张玉林，2016，《"现代化"之后的东亚农业和农村社会：日本、韩国和中国台湾地区的案例及其历史意蕴》，《经济导刊》第 11 期。

张云华、彭超、张琛，2019，《氮元素施用与农户粮食生产效率：来自全国农村固定观察点数据的证据》，《管理世界》第 4 期。

张志胜，2020，《多元共治：乡村振兴战略视域下的农村生态环境治理创新模式》，《重庆大学学报》（社会科学版）第 1 期。

张志元，2021，《乡村振兴战略下农村养老服务高质量发展研究》，《广西社会科学》第 11 期。

赵璐，2021，《乡村振兴背景下乡风文明建设的价值、障碍与破解》，《农业经济》第 12 期。

赵月枝、沙垚，2018，《被争议的与被遮蔽的：重新发现乡村振兴的主体》，《江淮论坛》第 6 期。

郑凤田，2018，《让宅基地"三权分置"改革成为乡村振兴新抓手》，《人民论坛》第 10 期。

钟海燕、郑长德，2020，《"十四五"时期民族地区经济社会发展思路研究》，《西南民族大学学报》（人文社科版）第 1 期。

周飞舟，2021，《从脱贫攻坚到乡村振兴：迈向"家国一体"的国家与农民关系》，《社会学研究》第 6 期。

周立，2018，《乡村振兴战略与中国的百年乡村振兴实践》，《人民论坛·学术前沿》第 3 期。

周立、李彦岩、王彩虹、方平，2018，《乡村振兴战略中的产业融合和六次产业发展》，《新疆师范大学学报》（哲学社会科学版）第 3 期。

周晓光，2019，《实施乡村振兴战略的人才瓶颈及对策建议》，《世界农业》第 4 期。

朱冬亮、洪利华，2020，《"寡头"还是"乡贤"：返乡精英村治参与反思》，《厦门大学学报》（哲学社会科学版）第 3 期。

朱启臻，2017，《乡风文明是乡村振兴的灵魂所在》，《农村工作通讯》第 24 期。

朱启臻，2018a，《当前乡村振兴的障碍因素及对策分析》，《人民论坛·学术前沿》第 3 期。

朱启臻，2018b，《关于乡村产业兴旺问题的探讨》，《行政管理改革》第 8 期。

朱思柱、卢勇，2021，《用好农业文化遗产资源 助力发达地区乡村振兴》，光明网，6 月 4 日，https://theory.gmw.cn/2021-06/04/content_ 34901548.htm，最后访问日期：2022 年 9 月 17 日。

卓玛草，2019，《新时代乡村振兴与新型城镇化融合发展的理论依据与实现路径》，《经济学家》第 1 期。

左喆瑜、付志虎，2021，《绿色农业补贴政策的环境效应和经济效应——基于世行贷款农业面源污染治理项目的断点回归设计》，《中国农村经济》第 2 期。

Agarwal, B. 1990. "Social Security and the Family: Coping with Seasonality and Calamity in Rural India." *The Journal of Peasant Studies* 17: 341–412.

Agarwal, B. 2003. "Women's Land Rights and the Trap of Neo-conservatism: A Response to Jackson." *Journal of Agrarian Change* 3: 571–585.

Clark, Colin. 1940. *The Conditions of Economic Progress* (Macmillan and CO Limited).

Fairbairn, Madeleine, J. Fox, S. R. Isakson, M. Levien, N. Peluso, S. Razavi, I. Scoones, and K. Sivaramak-rishnan. 2014. " Introduction: New Directions in Agrarian Political Economy." *The Journal of Peasant Studies* 41: 653–666.

FAO. 2018. Revitalizing Rural Areas for Youth. Report of the 26th Session of the Committee on Agriculture. http://www. fao. org/3/my349en/my349en. pdf.

FAO. 2019. Special Issue on Innovation in Agriculture. FAO China Newsletter. March 2019-Issue #1. http://www. fao. org/3/ca3606en/ca3606en. pdf.

Hecht, S. 2010. "The New Rurality: Globalization, Peasants and the Paradoxes of Landscapes. "*Land Use Policy* 27: 161-169.

IFPRI. 2019. Global Food Policy Report 2019. International Food Policy Research Institute. https://doi. org/10. 2499/9780896293502.

Jackson, Cecile, and Ruth Pearson, eds. 1998. *Feminist Visions of Development: Gender Analysis and Policy* (London: Routledge).

Judd, Ellen. 2007. "No Change for Thirty Years: The Renewed Question of Women's Land Rights in Rural China. "*Development and Change* 38: 689-710.

Long, H. , Y. Zhang, and S. Tu. 2019. "Rural Vitalization in China: A Perspective of Land Consolidation. "*Journal of Geographical Sciences* 29: 517-530.

Ma, L. , H. Long, Y. Zhang, S. Tu, D. Ge, and X. Tu. 2019. "Agricultural Labor Changes and Agricultural Economic Development in China and Their Implications for Rural Vitalization. "*Journal of Geographical Sciences* 29: 163-179.

Rao, J. 2022. "Comprehensive Land Consolidation as a Development Policy for Rural Vitalisation: Rural in Situ Urbanisation through Semi Socio-economic Restructuring in Huai Town. "*Journal of Rural Studies* 93: 386-397.

Razavi, Shahra. 2009. "Engendering the Political Economy of Agrarian Change. " *The Journal of Peasant Studies* 36: 197-226.

Simmons, Pam. 1992. "'Women in Development': A Threat to Liberation. "*The Ecologist* 22: 16-21.

Tinker, Irene, eds. 1990. *Persistent Inequalities: Women and World Development* (New York: Oxford University Press).

Wan, G. , and Z. Zhou. 2005. "Income Inequality in Rural China: Regression - Based Decomposition Using Household Data. " *Review of Development Economics* 9: 107-120.

Wang, S. L. , C. D. Caldwell, S. L. Kilyanek, and S. M. Smukler. 2019. "Using Agroecology to Stimulate the Greening of Agriculture in China: A Reflection on 15 Years of Teaching and Curriculum Development. " *International Journal of Agricultural Sustainability* 17: 298-311.

Whitehead, A. , and N. Kabeer. 2001. *Living with Uncertainty: Gender, Livelihoods and Pro-*

poor Growth in Rural Sub-Saharan Africa. IDS working paper 134. Brighton: Institute of Development Studies.

World Bank. 2003. *Land Policies for Growth and Poverty Reduction.* A World Bank Policy Research Report. Washington, DC: World Bank.

Yan, Hairong, KuHok Bun, and Xu Siyuan. 2020. "Rural Revitalization, Scholars, and the Dynamics of the Collective Future in China." *The Journal of Peasant Studies* 48: 853−874.

叶敬忠　刘　娟　等/著

农民视角的乡村振兴

（下　册）

问 题 与 挑 战

Rural Revitalization

Farmers' Perspectives

社会科学文献出版社
SOCIAL SCIENCES ACADEMIC PRESS (CHINA)

目　录

下　册

农民视角的乡村振兴
——问题与挑战

1
乡村发展的活力

村庄不仅是农民日常生产生活的场所，还是保证国家全面繁荣稳定的基本单位，应作为乡村振兴的主要载体。当前，中国乡村正处在从传统向现代转变的关键时期，如何推动城乡一体化进程，使乡村地区焕发生机与活力显得尤为重要。《乡村振兴战略规划（2018—2022 年）》明确指出，要"加强主体、资源、政策和城乡协同发力，避免代替农民选择，引导农民摒弃'等靠要'思想，激发农村各类主体活力，激活乡村振兴内生动力，形成系统高效的运行机制"。2021 年中央一号文件《中共中央 国务院关于全面推进乡村振兴加快农业农村现代化的意见》则将"乡村面貌发生显著变化，乡村发展活力充分激发"作为全面推进乡村振兴的目标之一。

自乡村振兴战略提出以来，围绕激发乡村发展的活力，各地涌现出多元化的探索路径，如城乡融合、社区互助、返乡下乡等。尽管政策层面持续强调乡村活力的激发，但在乡村振兴的实际推进过程中，绝大多数村庄仍然面临人口流失、产业发展迟滞等问题，部分村庄的"消亡"似乎无法避免。据统计，从 2001 年到 2021 年，我国村庄数量从 70.9 万降至 49.2 万，超过 3 成的村庄因为城镇化和撤并搬迁等原因而消失①。同时，部分村庄在大量资源注入和政策扶持下，虽然人居环境、产业发展等方面得以提升，但不合理的资源分配、不健全的村民参与机制使村庄发展的可持续性堪忧。村庄活力不足成为乡村发展面临的普遍困境，且呈现"有发展无活力"或"无发展也无活力"两种典型样态，本研究将其统称为"村庄失活"。

为何在乡村振兴中，无论是普通村庄还是重点村，都难以生发出旺盛且

---

① 此处指行政村（村民委员会）数量，数据来自国家统计局、民政部网站。

可长期持续的活力？村庄失活体现在哪些方面，其背后的生成逻辑是什么，今后又该如何应对？本研究以"活力"为理解乡村振兴的切入点，基于在 5 省 10 村的调研，呈现村庄在现代化转型中所遭遇的活力困境，并分析背后的原因和机制，进而提出有关乡村前途命运的一些思考。

一 多重表征：村庄失活的复杂样态

"失活"通常指某些具有生物学活性的物质受物理或化学因素影响而丧失活性的现象。扬·杜威·范德普勒格（Jan Douwe van der Ploeg）在《新小农阶级》一书中首次将"失活"概念运用至农政研究领域。他指出，农业的失活表现为农业生产水平大大降低，农业所需的资源被让渡，农业劳动力暂时或永久性地流出农业领域（范德普勒格，2013：8）。国外研究者也常将这种乡村社会变迁称为"去乡村化"（de-ruralization）、"去农耕化"（de-agrarization），其核心意涵是人口、资源的外流给农村生产生活带来消极影响（Keyder and Yenal，2011；Cvitanovic et al.，2017）。近年来，国内也有研究者开始关注乡村活力衰退问题。例如，邹君等（2020）将传统村落失活的表现，归纳为居民逃离村落、文化传承堪忧、物质景观破败和乡土特色产业匮乏四个方面。其他研究者虽没有明确提出失活概念，但在研究内容方面十分相近，认为乡村资源要素大量外流或被掠夺会造成乡村快速凋敝，当村庄内生动力不足成为一个关键发展困境，部分村庄将遭遇整体性衰败的危机，特别是城乡发展不平衡引发的劳动力从农村大规模流向城市，可被视作乡村衰落的关键缘起（张玉林，2019；李建勇、张建英，2020；王亚华等，2022）。本研究认为，村庄活力是一个复杂、多维的概念，其基本范畴包括政治、经济、文化、社会等方面，因此村庄失活的表征也是多重叠置、多维呈现的。本部分将以经验材料为基础，展现村庄失活在人口、经济、治理与社会文化等方面的多重表征。

（一）乡村人口外流与在村人口老龄化

乡村振兴，关键在人。调研发现，目前乡村人口外流和在村人口老龄化现象突出，"人的缺场"成为制约乡村发展活力的重要原因。一方面，乡村人口外流率较高。虽然本次调研的 10 个村庄外出人口占户籍人口比例（人口外流率）存在地区差异，但是总体上均较高（见表1-1）。其中，人口外流最严重的两个村庄外流率分别达到56.2%（茶岭村）、44.6%（飞燕村）；各地重点打造的"明星村"也存在较高的人口外流率，如关下村21.6%、前楼村20.6%、松涛村16.4%。多数被访农民清楚地认识到，乡村发展需要青壮年劳动力和青年人才，但他们又不愿自己的家人返乡。有农民表示，"目前村里没有发展前景，我不希望自己的孩子回来发展"。另一方面，在村人口老龄化现象严重。10个调研村庄60岁及以上人口占常在村人口的比例为33.7%。在529位被访农民中，40.1%是老年人（60岁及以上），40岁以下的只占11.9%。值得注意的是，留在村内的妇女和儿童也在与日俱减，乡村的"三留守"群体有向"以留守老人为主体"转变的趋势，未来部分乡村将只剩下老年人独守"静寞夕阳"（叶敬忠、贺聪志，2008）。

表1-1　调研村庄人口结构

单位：人，%

省　份	调研村	户籍人口	外出人口	常在村人口	人口外流率	60岁及以上人口	60岁及以上人口占常在村人口比例
河北省	坡上村	821	121	700	14.7	180	25.7
	山桃村	1307	307	1000	23.5	330	33.0
陕西省	松涛村	2514	412	2102	16.4	408	19.4
	鹿鸣村	1055	312	743	29.6	296	39.8
湖南省	关下村	1428	308	1120	21.6	310	27.7
	飞燕村	1987	887	1100	44.6	400	36.4
山东省	红果村	1740	240	1500	13.8	450	30.0
	川溪村	2700	1200	1500	44.4	800	53.3
浙江省	前楼村	987	203	784	20.6	188	24.0
	茶岭村	1510	848	662	56.2	314	47.4

说明：外出人口指因务工、上学、照看孙辈等而不常在村内居住的人口，原则上以1年内超过6个月时间不在村内居住为标准，但实际操作中存在统计不规范的情况，如个别调研村庄未将在县域内务工或上学的人口统计在内。常在村人口为户籍人口与外出人口的差值。另外，由于人户分离现象的存在以及部分外出人口实际上处于"不稳定"的状态中，所以用于反映村庄人口状态和村庄老龄化程度的人口外流率与60岁及以上人口占常在村人口比例皆存在浮动。

（二）产业发展的结构失衡与外向化

产业发展是衡量村庄活力的重要经济维度。正如陕西省红石县农业农村局一位干部所说："农村要想留得住人，就要有产业。没有产业，农村就没有生气，没有活力，后续发展就没有基础。"调研发现，村庄在产业发展中主要面临产业结构失衡和外向化的双重困境。

无农不稳，无工不富，无商不活。百业兴旺是村庄产业发展充满活力的样态。然而，当前乡村普遍存在第一产业发展迟滞、第二产业发展式微、第三产业发展不稳定的现象，产业结构失衡明显。首先，农业发展迟滞，农村人口非农化、农业生产老龄化现象突出，"未来无人种地"成为制约农业发展的最大问题。在 529 位被访农民中，纯务农农民占 37.6%，兼业农民占 29.1%，以本地农业经营收入为最主要收入来源的农民仅占 16.5%。同时，对于大多数小农户家庭来说，农业生产主要由中老年家庭成员完成，只有 2.2%、3.4% 的被访农民家庭将 40 岁以下男性、40 岁以下女性作为农业生产的主要劳动力。其次，传统手工业和乡镇工业式微。在"物美价廉"的现代工业制品冲击下，传统手艺及其制品逐步退出农村生活的舞台，铁匠、篾匠、木匠等各类手艺人难以为继；乡镇工业的生产经营同样举步维艰。山东省某调研村针织厂厂长说道："我已经做不下去了，要不是为了村里的这些工人，我早就不想干了。"最后，村庄传统服务业与商业衰落，而以旅游业为代表的新兴产业面临投资过度的问题。浙江省某调研村小商店店主提到，"90 年代，我们这里服装店、理发店、台球厅、卡拉 OK 都有的，现在人少了，经营不下去了，我家超市的经营也很困难"。在原有服务业和商业衰落的同时，很多地方把乡村旅游当作带动产业发展的万能钥匙，由此出现了乡村旅游的热潮。然而，并不是所有村庄都适合发展乡村旅游，地理区位、自然环境、人文资源等均是重要的决定因素。人工营造的景点不仅不符合村庄原有风貌，也很难长期吸引外来游客。目前的乡村旅游建设常常落入高投入、低回报的陷阱，烂尾、闲置项目层出不穷。某乡镇干部说："有时候，政府非要大量投资第三产业，比如民宿、旅游等，结果干不下去，导致资产闲置，这其实是对社会资源的一种浪费。"

此外，当前乡村产业发展还存在产业外向化这一突出问题。产业发展有持久的内生动力是实现可持续发展的关键。然而，当前乡村各类产业发展大多由政府规划决定，生产资料越来越依靠外部供给，经营高度依赖外部市场，农民在产业发展中只能被动参与，村庄产业发展的自主性不足。这种外向化在农业产业和乡村其他产业的发展中均有具体体现。一方面，农业生产计划往往受外部政策的影响而不断调整，这不利于农业的稳定与长远发展，也无益于农民增收。河北省某调研村一位村民说："政策变得太快，之前要求退耕还林，先栽柿子树，后栽核桃树，都没成功，土地流转后又栽了苹果树，这回又栽了金银花，最近又说要退林还耕，要把树砍了回去种地。"另一方面，非农产业对外部资源和市场的依赖性很强，以项目为导向的产业建设从规划到运营都受到政府和市场不同程度的干预，产业发展的可持续性不足。山东省某调研村一位村干部认为，"不管哪个村搞项目，实际都是依靠政府补贴，没别的"。

（三）组织低效、服务上移与形式下沉

乡村社会的组织和治理有自身的逻辑。在宏观制度背景下，村庄一度有较大的自主性来处理公共事务。然而，随着外部干预与去组织化程度的加深，村庄治理活力面临式微，突出表现在以下三个方面。

其一，组织与动员低效化。首先，农民对村庄各种组织、活动的知晓度低。86.3%的被访农民认为村里不存在老年协会，42.8%的被访农民没有听说过或认为村里近年没有举办过民主法治教育活动。其次，农民参与村庄公共事务的比例不高。被访农民参与村务监督、村规民约制定、村庄发展规划讨论的比例分别为13.4%、14.2%、17.4%。即使是村民会议，也只有41.0%的参与率。最后，乡村党员老龄化程度加深，加上外出党员多，组织活动难以常态化，大多数基层党组织日常理论学习和组织生活流于形式。

其二，公共服务上移。在10个调研村庄中，仅4个村有村办小学（只有一、二年级的教学点），且都处于撤点的边缘。一位村办小学校长无奈地说道："像我们这些学校，被撤点也没有什么办法，现在学生基本上走光了。今年我们村里适龄的一年级新生有四个，现在有两个已经报名出去读书。"湖南省农民提到，"公立学校的好老师越来越少"。此外，各地农民普遍反映乡村医疗资源匮乏，看病难的问题依旧未得到妥善解决。例如，陕西省某调研村一位村民说道："我们从前做孕检、剖宫产，乡镇上的医院都能做。现在感冒发烧都得去县里市里，但是严重的病根本来不及，过去要一两个小

时。"湖南省某调研村一位农民总结道："农村需要好老师和好医生，但是好老师和好医生都留不住。"教育、医疗事关农民生活质量和幸福感，但当前优质教育、医疗资源的上移，使农民进城定居的需求和意愿增强，导致村庄活力的消散更为明显。

其三，形式主义下沉。随着村级治理行政化日渐明显，以完成上级任务与考核为导向的形式主义日益突出。村干部作为乡村振兴一线工作者，面临量化考核、打卡留痕等各种形式主义困境，没有足够的时间和精力深入了解群众的真实情况与需求。村庄治理面临事务复杂与能力不足之间的矛盾，而各种行政任务与量化考核常常成为束缚村庄组织和治理的形式主义要求。

（四）文化失落与价值真空

乡村经过漫长的历史实践，积累了丰富的文化。这些文化成为约束农民行为、维持乡村社会稳定的重要乡土规则。然而，在乡村现代化转型的进程中，乡村文化持续遭到都市文化的冲击，由此产生传统文化的失落和农民价值的真空。

一方面，乡村传统文化生活受到冲击，乡村社会进一步原子化和去传统化。调研显示，相较于串门聊天和参加广场舞等文艺活动等集体性活动，村民更愿意将闲暇时间用于看电视和玩手机等更加个人化的休闲娱乐活动[①]。值得注意的是，互联网的进一步普及，深刻影响并重塑着整个乡村的社会交往与社会关系网络。河北省某调研村一位村民说："自打有这个微信以后，各家关门钻到各家里头。人与人之间的沟通变少，我见了你想搭理就搭理，不想搭理就跟没看见一样。人们变化太大了，人情味太淡薄了。"此外，剪纸、竹编等乡土传统技艺面临后继无人的困境。连手工艺人自己也认为，"这些技艺没必要保护，科技发展可以替代的。人家机器做的，质量好，不容易坏；我们自己做的，一有磕磕碰碰，就坏了"。此外，当前乡村所进行的社会文化建设主要强调硬件基础设施建设，村民的使用率不高。例如，调研各地农家书屋的利用率普遍较低，有的调研地甚至几年内都没有一次借阅记录。相较于硬件建设，乡村对精神文明建设的关注较少，所开展的各类思

---

① 在529位被访农民中，46.3%选择频繁或经常看电视，32.3%选择频繁或经常玩手机，远超过选择频繁或经常串门聊天（24.3%）、频繁或经常参加广场舞等文艺活动（10.5%）的比例。

想道德教育和民主法治教育活动缺乏吸引力，村民参与积极性不高。

另一方面，"贱农主义"[①]逐渐影响并内化为农民的自我身份认知，并进一步影响农民对农业和农村的价值判断。调研发现，有的农民将自己比喻为无权无势的一把草，一方面对权势有所倾慕，另一方面又可能存在"仇官""仇富"等心理。从代际层面来看，农民普遍希望自己的子女将来不从事农业，不留在农村。有村民说："希望孩子们回来，但又不想让他们回来，因为想让他们有出息，别种地。"农民本应是乡村振兴的主体，但他们对自身在乡村振兴中的角色和行动可能性的认知不足。调研发现，分别有83.9%、66.2%、62.6%、83.5%的被访农民认为产业兴旺、生态宜居、乡风文明、治理有效主要需靠政府等外部主体，而非主要靠农民群体自身即可。农民主体意识的缺乏会导致乡村振兴遭遇内生动力不足、可持续性不够等问题，即可能会"振而不兴"。

总结来看，村庄在人口、经济、治理与社会文化四个方面的失活表征可归纳如下：在人口方面，乡村人口外流与在村人口老龄化导致乡村振兴中"人的缺场"成为普遍现象；在经济方面，村庄产业发展面临结构失衡与外向化的双重挑战；在治理方面，村庄治理的式微体现为组织与动员低效化、公共服务上移和形式主义下沉；在社会文化方面，乡村文化受到都市文化冲击，导致传统文化的失落和农民价值的真空。

二 何以失活：干预—活力视域下的两种常见失活类型

上文呈现了村庄失活的四大表征，而当我们进一步追问村庄何以失活时，会发现原因错综复杂，难以用一种模式解释所有村庄的失活现象。一方面，村庄的失活具有一定的普遍性，是农业农村现代化过程中城乡关系失调的体现；另一方面，在期望激活和复兴乡村的国家政策干预下，部分村庄出人意料地呈现另类失活形态。

若以"干预—活力"为视域做理想类型的划分，可得出表1-2所示的四种类型。第一，强干预—强活力型村庄。这类村庄表现为政府扶持与村民自

---

① 贱农主义是指以农为贱的观念、意识、言说、价值取向和政策取向，表现为压制农民的权利、贬损农村和农业的价值，从文化和价值层面否定、从物理和实践层面消灭农业、农村和农民（张玉林，2012：103-104）。

组织同步投入，村庄内生发展动力得到激发，具有均衡且较高水平的内外资源条件，村庄发展有亮点、有生机。第二，弱干预—强活力型村庄。这类村庄表现为强大的内部动员能力和发展活力，凭借整合内部既有资源实现村庄发展，村庄凝聚力与自主性较强，对政策扶持依赖性不强。第三，强干预—弱活力型村庄。即未预型失活村庄。在国家、市场资源大量涌入的情况下，这类村庄的发展依旧呈现疲态，大部分情况下依赖外部资源的供给维持运营，自主性和可持续性堪忧，村民之间分化加剧，村内矛盾凸显，呈现所谓"有发展而无活力"的样态。本研究所调研的部分村庄即具有此类特征。第四，弱干预—弱活力型村庄。即普遍型失活村庄。这类村庄既无政府大量项目扶持，也无外来资本进入，呈现人、地、钱不断外流的过疏化形态，即"无发展也无活力"的样态。目前，全国范围内有较大数量的村庄呈现此类发展态势，这类村庄也是本研究关注的另一类典型村庄。

表 1-2　干预—活力视域下四种类型的村庄

	强干预	弱干预
强活力	强干预—强活力型村庄 （打造型明星村）	弱干预—强活力型村庄 （自发型明星村）
弱活力	强干预—弱活力型村庄 （未预型失活村庄）	弱干预—弱活力型村庄 （普遍型失活村庄）

（一）城乡关系隐蔽汲取下的普遍失活

缪尔达尔（Myrdal，1957）曾提出地理上的经济二元结构，强调城乡区域之间由于收益率差异或其他原因而发生了劳动力、资本、资源等要素从乡村向城市流动的回波效应，以及反向的扩散效应。20世纪50—90年代，城乡二元体制与"剪刀差"政策从农业农村汲取资源支持城市与工业建设，此阶段以城市汲取农村剩余的回波效应为主。20世纪末至今，国家通过强农、裕农、惠农等诸多政策，引导大量资源投入乡村建设，取得乡村建设的阶段性进展，此阶段以城市资源反哺农村的扩散效应为主。本研究认为，尽管资源要素在国家引导下不断流入乡村，但由于青壮年人口持续外流和农民消费上移，部分资源实际上以隐蔽形式又回流至城市，出现了城市对乡村资源隐蔽汲取的再回波效应（见图 1-1）。下面以浙江省天歌县清玉乡茶岭村为例，从人、钱、地三个方面呈现这种再回波效应影响下的普遍型失活。

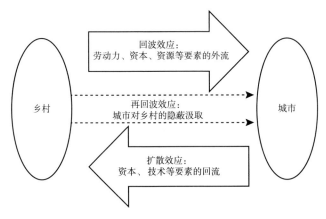

图 1-1 "回波—扩散—再回波"效应

首先，村庄人口持续外流，主体缺场使村庄社会互动频率下降，进而导致村庄社会关系和村庄共同体弱化。茶岭村位于山区河谷地带，交通不太便利。由于当地发展机会有限，该村大多数村民选择外出务工或在城镇定居。在全村 1510 人中，有 848 人外出，人口外流率高达 56.2%。而且，这种外流不仅体现在行动层面，还体现在心态层面，村民进城意愿远超返乡意愿。有村民就直接表示，"我不希望孩子回来，现在都是有能力的人往外跑"。王亚华等（2022）研究认为，随着农村劳动力大规模外流，以乡土社会为基础的农村经济社会结构发生深刻变化，空心化、老龄化和非农化等现象凸显，部分乡村不可避免地走向衰落。虽然政府与村集体一直致力于号召村民返乡，但收效甚微，村庄人口在事实上仍处于不断外流状态。人口绝对数量的下降使村庄内的人情往来、互帮互助等社会互动锐减，造成原本紧密、多样的社会关系（如血缘关系、地缘关系、互惠关系等）弱化，导致村民的集体意识与村庄认同淡化，村庄共同体名存实亡。

其次，人口外流直接导致村庄的资金外流，而积蓄、消费和投资的减少进一步加剧了村庄产业发展的困境。一方面，村民进城买房定居会大量消耗家庭积蓄，甚至会背上沉重的外债。有村民表示，"借钱给孩子在城里买房都乐意"。另一方面，随着乡村工商业的衰败与互联网商业的冲击，村民的消费呈现上移趋势，居住在村内、消费在村外已成常态。此外，茶岭村每年得到的投资较少，没有外来企业进村，政府部门的投资也以基础设施建设为主，而且很大一部分资金将随着农民的消费与投资回流到城市，部分资金则在城乡资金的来回流动过程中损耗掉了。

最后，由于日益收紧的环保政策与占补平衡制度，村民对土地的使用与控制日渐减少，村庄土地呈现隐蔽外流趋势。茶岭村地处国家森林保护区内。近年来，环保政策日益收紧，限制了林下经济的开展和土地利用的形式。同时，由政府牵头实施的占补平衡项目将靠近城市的近郊土地置换成了山坡梯田，但土地质量并不尽如人意。这既不利于农业发展与粮食安全，也不利于山林的生态保护。小农户被不断地从土地上剥离出去，而失去土地调配能力的村庄统筹规划发展的能力有限，这将加速人口与资金的外流。

总结而言，茶岭村是中国绝大多数普通村庄的缩影。受制于区位条件，近年来茶岭村既无政府大量项目扶持，也很少有外来资本进入，产业发展迟滞，人口大量外流，村庄日益"原子化""衰败化"。随着乡村人口不断外流，村庄原有发展要素不断被抽离，社会功能不断瓦解，村庄失活加剧。村庄作为生产生活场域日渐衰落，呈现人、地、钱不断外流的"无发展也无活力"的样态，在无人关注中将不可避免地走向衰败。

（二）行政与资本力量干预下的未预失活

现代化是传统文明走向现代文明过程中的社会与文化变迁，是工业化、城镇化、市场化、全球化逐步获致统摄性的过程（张良，2015）。西欧和日本的经验告诉我们，无论政府采取何种保护措施，都不能阻止农业劳动力数量下降与乡村日渐凋零（汪锦军、王凤杰，2019）。调研发现，明星村同样受到隐蔽汲取作用的影响，但行政和资本力量的干预成为这些村庄走向失活的另一重要原因。下面以浙江省天歌县潭塘镇前楼村为例，从外部干预和行动选择两个方面阐明这种未预型失活。

前楼村是远近闻名的明星村，曾获"中国最美乡村""中国美丽休闲乡村"等一系列荣誉，村集体固定资产达8000万元，村民人均年收入约3.3万元。然而，前楼村的发展建立在政府项目大量帮扶的基础上，而过强的行政力量干预往往会削弱村庄自身的发展活力。自上而下的项目设计过于强调任务化、指标化和硬性化，而村庄现实情况复杂各异，各项事务之间相互联系，实际操作中既容易滋生形式主义，又不利于村庄自主性的发挥。如果相关政策设计仅仅停留在强制干预路径之上，那么当"村庄本位"的建设取向被行政和资本等力量压制时，村庄的内生发展动力将很难被唤起。李小云等（2008）认为，外部干预与农民生计的互动过程，会影响社区组织和社区关系的变化，最终导致社区秩序的重塑。本研究认为，这种社区关系、社区秩序的变化，主要体现在村庄边界的瓦解与村庄内部区隔的强化。

其一，外部干预带来村庄边界的瓦解。天歌县成立了副县长领导的工作专班，指导前楼村的乡村建设。在得到大量项目资金支持的同时，村庄发展规划的决策权让渡给上级政府，村庄发展红利也让渡给外来资本。一方面，由于政策的不连贯性与资本的逐利取向，农民本身的意见往往被忽视，导致农民的生产生活受到行政与资本力量的双重干预。另一方面，农民并非完全排斥政府与外来资本的干预，反而存在较强的依赖性，将发展的希望寄托于外来力量。正是这种外部依赖性与外部强制性之间的张力，使村民自治和村庄自主性不断弱化。在村庄边界不断对外开放的同时，自主自为的村庄共同体逐渐瓦解，村庄凝聚力、组织动员能力不断式微。

其二，外部干预导致村庄内部区隔的强化。并非所有村庄的所有村组和所有村民都能在村庄发展中受益。前楼村多数村民认为，村庄发展的红利几乎没有惠及自己，村干部、村干部的亲戚朋友和外来投资者才是最大的受益者。因此，村民没有多少热情参与村庄的公共事务与发展规划。此外，前楼村下辖两个自然村，两者仅一江之隔，但发展差距极大。一个自然村是政府重金打造的明星示范村，基础设施完善；另一个自然村则常年无人问津，基础设施等非常落后。这种在村民之间、干群之间和村组之间不断拉大的差距，常会引发各种显性或隐性冲突，加剧村庄的分化与矛盾，使村庄社会关联断裂，进而导致村民不愿也不能真正参与到乡村发展中。

总结而言，不同于因资源要素外流而失活的村庄，明星村在得到政府项目支持后取得先发优势，资源获取能力不断增强，外来资本也纷纷入驻。然而，外部干预在带来资源要素的同时，也使村庄共同体逐渐瓦解、村庄活力逐渐消散。村庄边界的瓦解与村庄区隔的加剧，会影响村民的行动选择，并进一步强化外界干预及其所造成的社会区隔。在外部干预与内部主体行动选择持续强化的过程中，村庄的失活日渐明显。

三 激活乡村：可能的优化路径

当前村庄发展所遭遇的失活问题基本可以归结为前面分析的四大表征、两种机制，而村庄失活现象的出现是结构性因素、制度性力量与社会行动主体共同作用的结果。下面将进一步尝试从核心关系认识、制度干预层次和具体行动实践三个层面来理解村庄失活问题，并提出可能的优化路径。

在如何激活乡村的问题上，首先要正确认识和处理好四对关系。一是国家与社会的关系。国家引导社会发展存在宏观上的诸多优势，但也需要改变"国家万能"和"无限政府"的角色预设，鼓励农民和社会力量积极参与乡村振兴，建构多元主体协同共治的格局。尤其要避免政治上的全面干预、经济上的冗余浪费、社会文化建设上的供不对求，调动整合多方资源参与，以激发乡村活力。二是秩序与活力的关系。"一抓就死，一放就乱"是困扰基层治理多年的难题。在乡村振兴战略推进过程中，应该正确处理好发展与稳定之间的关系，创新集体决策机制，在具体操作层面留出执行与调适的空间，建设并发挥村庄自主性，以激发乡村内生发展动力与整体活力。三是干部与群众的关系。基层工作尤其需要坚持群众路线，转变考核模式，减少村干部在填表打卡、撰写文稿上的无谓消耗，使其能够深入了解老百姓的真实需求，真正服务于村庄发展。四是城市与乡村的关系。村庄失活内嵌于社会转型的背景中，其形成与演化受到城乡结构的显著影响。因此，在全面推进乡村振兴阶段，需要着重优化乡村养老服务与医疗资源供给，让更多农村老年人可以在农村安度晚年；创造足够的就业和创业机会，让农村中青年人可以在当地安居乐业；创新优质教育资源共享机制，满足农村家庭对优质教育资源的需求，从而推进城乡公共服务一体化并实现城乡融合发展。

其次，乡村振兴需要着力加强村庄的自主性建设，关注普通村庄的现代化转型。不同于脱贫攻坚时期精准到户的帮扶逻辑，乡村振兴是系统性、长期性的工程，无论是在学术研究还是在政策干预中，超越对个体和家户层面的关注而加强对村庄层面整体发展的关注都非常重要。这也意味着需要超越单纯围绕农民主体性的讨论，着重探讨村庄自主性建设，即如何激活村庄这一社会生产生活的基本单元，复育村社共同体，激发村庄内生发展动力，增强整个乡村社会活力，以提升乡村振兴的可行性和可持续性。此外，资源要素分配不均导致的村际发展活力分化问题也亟待关注。普通村庄往往由于资源要素匮乏而无法实现现代化转型，重点村则因为过度投入而资源过剩。为避免资源浪费与区域发展失衡，应以县为单元明确村庄分类规划，将工作重心转移到激发大多数普通村庄的发展活力上。

最后，在具体行动实践层面，需要在充分理解和认识村庄失活多重表征的基础上，寻找村庄活力的多样化来源以及活力生发与扩散的机制。应在引导村民返乡就业和培育本土人才的基础上，通过兼职聘用、项目合作等柔性措施吸引多方人才参与乡村共建，并积极开展"三下乡""文明实践结对共建"等城乡联动活动，实现村庄人才吸引与培育长短结合、内外联动。针对产业发展失衡与外向化等问题，需要明确村庄产业发展的就业导向与社会责任，尽可能将高附加值环节、配套设施、就业岗位和增值收益留在乡村，同时因地制宜地扶持乡村康养、数字经济等新业态发展，让多元产业为乡村创造价值，激发乡村发展活力。另外，为构建既充满活力又和谐有序的农村社会，一方面需要强化政府对公共服务资源的调配作用，通过政府购买服务、引入农村社会工作和培育医疗教育共同体等措施满足农民的切实需要；另一方面需要优化村庄工作考核机制，以需求导向和群众导向为评价机制，并扶持村庄自组织的建立和运行。此外，需要尊重和发掘多元乡土文化价值，以奖补结合的形式支持举办具有群众基础的地方性体育比赛、文艺活动、节庆活动，丰富农村社会文化生活。同时，通过建立乡土技艺认证、培训、宣传机制，创新代际传承方式，鼓励当地文化要素融合产业发展，提升传统技艺和传统文化的知名度与效用转化率。

2
农民生活的压力

党的十九大报告提出,"实施乡村振兴战略。农业农村农民问题是关系国计民生的根本性问题,必须始终把解决好'三农'问题作为全党工作的重中之重",同时指出,"中国特色社会主义进入新时代,我国社会主要矛盾已经转化为人民日益增长的美好生活需要和不平衡不充分的发展之间的矛盾"[①]。不久后,2018 年中央一号文件《中共中央 国务院关于实施乡村振兴战略的意见》指出,"实施乡村振兴战略,是解决人民日益增长的美好生活需要和不平衡不充分的发展之间矛盾的必然要求,是实现'两个一百年'奋斗目标的必然要求,是实现全体人民共同富裕的必然要求"。实施乡村振兴战略的基本原则之一是坚持农民主体地位[②]。政策层面的国家话语传递出深刻意涵,即乡村振兴战略的实施和推进,本质上是依靠农民、为了农民,在调动亿万农民积极性、主动性、创造性的同时,要把维护农民群众根本利益、促进农民共同富裕作为出发点和落脚点。

一 问题的提出

近年来,中国经济社会发展取得巨大成就,城镇居民和农村居民的生活

[①] 《习近平:决胜全面建成小康社会 夺取新时代中国特色社会主义伟大胜利——在中国共产党第十九次全国代表大会上的报告》,新华网,2017 年 10 月 27 日,http://www.xinhuanet.com/politics/19cpcnc/2017-10/27/c_1121867529.htm,最后访问日期:2022 年 2 月 25 日。

[②] 《中共中央 国务院关于实施乡村振兴战略的意见》,中国政府网,2018 年 2 月 4 日,http://www.gov.cn/zhengce/2018-02/04/content_5263807.htm,最后访问日期:2022 年 2 月 7 日。

水平都有显著提高。然而，在城乡差距、社区差异、个人和家庭情况不同等一系列主客观因素的影响下，医疗、教育和养老依旧是农民生活中最沉重的压力来源。

现阶段，在医疗领域，城乡医疗条件持续改善，卫生服务可及性持续提升。尤其是农村地区，基本医疗保险参保率不断提高，大病保险和救助制度等一系列补充性举措为农民看病就医减轻了一部分负担。然而，农村医疗条件有限、城乡医疗水平差距大仍是事实，吃不起药、看不起病、因病导致生计困难或返贫的现象在农村仍然存在。在教育领域，农村教育越来越受到国家和家庭的重视。在全国实现九年义务教育全覆盖的基础上，国家还面向贫困、留守等弱势及特殊学生群体出台了一系列保障性政策和计划，如"两免一补"政策、农村义务教育学生营养改善计划等。然而，城乡教育质量的差距依旧显著，农村孩子"花少钱、上好学"越来越难。在养老领域，农村人居环境的改善、社会保障覆盖面的扩大等为农村养老带来了便利和支持，互助养老等新型社区养老方式也正在农村地区加快落地。然而，当前农村人口老龄化程度持续加深，许多老人（特别是空巢老人）最基本的生存和生活难题仍未得到妥善解决。因此，可以在一定程度上将医疗、教育和养老看成是当下农民生活中的"三大压力"。

本研究基于农民视角，从"三大压力"的现实表征出发，分析其成因，并通过农民的话语对"三大压力"的当下意涵进行再理解，以期为解决农民最关注、最紧迫的问题，为增强农民获得感、幸福感、安全感，提供可能的方向和建议。

二 "三大压力"的表征

调研发现，农民最关心的村庄公共服务，前三位依次是医疗、教育和养老。这种关心既源于需求，也反映出"三大压力"给农民生活带来的巨大负担和挑战。调研问卷中的"生活富裕"模块，集中体现了被访农民的生活现实。透过农民家庭的消费支出和负债情况、农民对村庄公共服务的评价和建议等，我们既要看到亿万农民和农村家庭正面临多重压力，也要看到农村医疗、教育和养老领域所呈现的新特征、新走向。

（一）沉重的医疗负担

"村里只能看常见小病，生病了经常被推到乡里，乡里又推到县里甚至市里，而到了县外医院，报销比例很低。'三甲'根本看不起"/"孤寡老人看病远、看病难"/"许多老人生病了，总是拖着、忍着，病情加重了才会去医院"/"慢性病用最差的药，都要 300 元一个月"/"医保费越来越高，压力很大（2022 年的标准为 320 元/人），而且很多项目不能报销"/"报销程序很复杂，条条框框很多"/"希望老了可以像城镇职工一样看病、生活都有保障，也减轻子女的负担"/"自己看病都是借债，手术两次花了十几万，报销完之后，自己还要付七八万"……

——部分被访农民对医疗相关话题的回答

研究发现，医疗问题是农民生活中的首要难题，看病难、看病贵是农民的最大担忧。

一方面，农民医疗卫生服务的可获得性较低，就近就医就诊需求强烈。据统计，农村卫生室、乡镇卫生院连年减少，农村每千人口卫生技术人员数量不足城市的 1/2①，且村镇卫生机构设施落后、器械匮乏，诊疗水平和服务质量都相对较低。农民普遍反映，好医难留村，好药不下乡，"村卫生室、乡镇医院看不了啥，一般都得去县医院"。同时，还有一些突出现象需要关注。例如，乡村医生的老龄化趋势凸显，有农民表示，"现在整个乡里，每个村的村医都超过 70 岁了"；药品质量堪忧，有农民表示，"农村甚至在使用城市淘汰了的临期药品"。现阶段，许多农民"有大夫听诊、有药消除疼痛"的基本医疗需求仍未得到充分满足。特别是对于出行不便的老人来说，在村内看常见病、买常用药还经常面临困难。

另一方面，农民医疗卫生服务的可承担度较弱，家庭医疗负担沉重。调研显示，44.2% 的被访农民认为"看病就医"是家庭近三年主要的消费支

---

① 2020 年，农村和城市每千人口卫生技术人员分别为 5.18 人和 11.46 人。数据来源：国家统计局《中国统计年鉴 2021——卫生和社会服务》，国家统计局官网，http://www.stats.gov.cn/tjsj/ndsj/2021/indexch.htm，最后访问日期：2022 年 2 月 7 日。

出；18.4%的被访农民认为"看病就医"是家庭最主要的消费支出，而且在70岁及以上的被访农民中，超过1/3将"看病就医"列为家庭最主要的消费支出。农民普遍反映，医保费连年上涨是一项不小的压力，"人多的家庭种一年地的收入也不够缴费"；医疗单位等级越高，报销比例越低，"越是要到'大医院'看的'大病'，报销越少"。许多农村家庭正因看病就医而负债，生活富裕对于他们来说就是"看得起病，不怕生病"，不生大病已经成为农民生活富裕最关键的前提。此外，还有一些农村家庭正面临紧迫的照护难题。不少农民表示，"农村家庭若有人生大病，这个家就垮了"。若在外务工者不得不返乡照顾生病的家庭成员，则整个家庭都有可能失去生活来源。

（二）教育上移的压力

"三年级以后，只能去七八里地以外的学校寄宿上学"／"农村的孩子这么小就要到很远的地方读书，希望把村小留下来"／"学生刚熟悉了老师，老师就又要走了"／"农村学生考个好大学很难，而且是越来越难"／"虽然现在减免了学费，但私立学校比例太大，吸收了许多优质教育资源，使得教育成本提高。县里的私立学校，一个学生一年要花好几万"／"要搞乡村振兴，教育的问题必须解决，不能把好的师资都集中到上面去"／"要让孩子们花少钱、上好学"／"现在村里的教育，没有我小时候好。那时老师非常负责任，每天都关心写没写完作业。现在老师不太管了，自己文化水平也很低。孩子只能在乡镇报补习班，又是一笔开支"／"如果这个地方学校很好，学生不走、家长不走的话，农村也就又有人气了。人都会跟着教育走"……

——部分被访农民对教育相关话题的回答

研究发现，农村教育正面临"两难"困境，城市挤不进与农村又很空成为一对现实矛盾。

一方面，农村教育面临"在村"困境，村庄基础教育缺失直接改变了原有教育秩序。近年来的农村中小学布局调整，给村庄小学和乡镇初中带来巨大冲击。在10个调研村庄中，仅一半有幼儿园，无一有完整小学（4个村庄只有一至二年级）。农民普遍反映，"没有'村小'的农村更没活力，这对村庄发展、老人养老一点儿好处都没有。"随着"家庭化"流动趋势的出现，农村学龄儿童数量减少，"几个村才有一个小学"成为普遍现象。有农民表示，"上学要走好几公里，对于孩子和负责接送的老人来说都是很大负担"，农村孩子就近上学越来越难。即使是保留下来的村庄/乡镇学校，也面临教育经费短缺、教学条件落后、优质生源越来越少、师资质量不高和稳定性较差等挑战。调研发现，50 岁以下的被访农民会对农村教育更积极地反映一些问题和困惑，其中 37.3%明确表示对村庄教育不满意，且部分家长既对村庄基础教育的缺失表示失望，又对农村教育质量持较低评价。

另一方面，农村教育面临"离村"难题，"教育上移"给家庭教育带来更大压力。在城乡教育资源的"非均衡"遇上城镇化的情况下，农村许多孩子从小学起，就要到乡镇、县城求学。由于户籍、名额等限制，农村家庭常常会为就读县城公立学校而购房、进城陪读等，这都提高了教育的附加成本，甚至出现父母和多位老人供一个孩子读书、因教育负债的情况。有农民表示，"多数农村孩子进城只能读私立学校，一个学生一年大概要花 3 万元"。这对于普通农村家庭来说，是非常大的经济压力。还有家长表示，"我不再出去务工了，因为每天要接送孩子去镇里上学。不能钱没有挣到，孩子也耽误了"。对家庭而言，教育上移的压力不单是经济压力，因为以孩子教育为中心而做出的家庭生计安排调整，其背后是时间、照料等无法用金钱衡量的成本。农民普遍反映，"人都会跟着教育走"。教育上移其实也在改变农村家庭的流动情况和生计安排，正在悄悄重构乡村社会。

（三）严峻的养老挑战

"老百姓养老确实是个大问题，80 多岁了还得往地里跑，还得种地，100 块钱养老金没有办法养老"/"希望未来乡村振兴可以解决老年人的就业问题"/"五保户可以去乡镇敬老院，而普通村民只有子女养老"/"希望加强公共养老建设和投入"/"希望村里和各方多一些助老行动和方式"/"希望村里有日间照料中心、老年食堂，3 元一餐"/"希望村里有一个养老院，老人们在一起养老，一起组织一些活动"/"最好有老年食堂，或者与不错的朋友两家一起雇一个钟点工做饭"/"城市里的居民是老有所养，农村人是老无所养"/"乡村振兴要考虑谁来照顾老人"/"现在社会的舆论导向是把下一代看得太重，忽视了对上一代的赡养"……

——部分被访农民对养老相关话题的回答

研究发现，农民依然倾向于传统的养老方式，但事实性根基的动摇正在带来新的挑战。

一方面，家庭养老功能弱化，越来越多的农村空巢老人面临照料危机。现阶段，居家生活（没有上门养老服务）仍是农村养老的最主要方式，但少子化与子女的不在场以及农村生产生活条件的约束正在深刻动摇家庭养老的现实基础。农民对养老方式的选择，除了受到传统观念的影响，还受到家庭生计安排和经济情况等现实因素的影响。虽然部分老人对当前的居住安排持理解态度，如有的老人表示"孩子们都在外面，不可能在家守着老人"，但老人（特别是独居老人）的自理能力会随年龄增加而逐渐减弱，在遇到突发状况时，他们面临的养老困境将进一步凸显。在 212 位 60 岁及以上的被访农民中，70.3%处于老两口共同生活或独居的状态。由于家庭照料缺失、远离天伦之乐，精神孤寂越来越成为农村老人的普遍状况。

另一方面，农村老人自我养老质量不高，因此对制度性养老服务供给要求更高。当前，虽然农村多数 60 岁及以上的老人可以领取养老金，但基础养老金远远无法覆盖日常生活和必需的药品等支出。农民普遍反映，"70 多岁还要打工，80 多岁还得种地，100 块钱养老金没有办法养老"。因此，许多老人会在身体条件允许的情况下继续劳作或务工，多数是为了给自己攒一点养老钱，也有一些是为了反向供养（老人贴补子女）。只能依靠子女获得经济支持的老人，则会流露出不安全感。调研中，许多老人表示，"生活富裕要让养老有保障"，但目前的现实情况并不乐观。在养老基础薄弱、服务资源短缺的农村地区，一系列保障性举措尚未达到理想的覆盖程度，特别是独居、高龄、失能老人的照护面临很大的缺口，多数村庄尚无养老相关的机构或组织，且一般农村家庭难以负担商业性养老机构的费用。此外，农村老人在社会性资源获取方面处于相对不利地位，在亲属网络之外，受益于其他非正式支持的机会非常有限。

在农民视角下，"三大压力"是当前农民生活中最迫切希望解决的三件大事。因此，以农民为主体的乡村振兴，不可忽视亿万农民的所需所想，既要精准把握农村医疗、教育和养老的突出困境，也要与时俱进地关注相关需求、影响的变化，从而更好地满足农民日益增长的美好生活需要。

三 "三大压力"的成因

研究认为，医疗、教育和养老之所以成为农民生活中最沉重的压力来源，一方面缘于表征之下的传统秩序、规则；另一方面则由于农村家庭的生产生活常常面临不确定性与不稳定性。因此，"三大压力"的形成，是结构和制度因素以及主体行动选择共同作用的结果。

（一）结构和制度因素的影响

现阶段，城乡发展不平衡、农村发展不充分是影响农民获得公共服务的重要结构性因素。尽管破除城乡二元体制早已被列入国家发展规划，现有制度设计也正在推动公共服务向农村延伸、社会事业向农村覆盖，但城乡结构的转型需要一个过程，农村的各项公共服务供给在数量和质量方面与城市还有较大差距，较低水平的"可获得性"不利于农民就近获取资源和服务。与此同时，虽然"三农"领域的一系列政策规划聚焦农村基本公共服务做出任务部署，并配套了重大工程和行动计划①，为农村医疗、教育和养老事业的发展指明了方向，但农村公共服务领域的提质增效不可能一蹴而就，特别是医疗、教育和养老等关键民生领域的供需矛盾突出，短时间内很难解决。10个调研村庄的公共服务载体概况是村庄公共服务供给情况的最直观体现：无一村庄拥有完整小学；无一村庄拥有"居家"之外的其他养老机构或组织；各村卫生室虽能达到基本配置要求，但实际诊疗水平有限（见表2-1）。此

---

① 例如，2018年9月发布的《乡村振兴战略规划（2018—2022年）》指出，"增加农村公共服务供给……促进公共教育、医疗卫生、社会保障等资源向农村倾斜"。2021年1月，《中共中央 国务院关于全面推进乡村振兴加快农业农村现代化的意见》（2021年中央一号文件）指出，"提升农村基本公共服务水平……强化农村基本公共服务供给县乡统筹，逐步实现标准统一、制度并轨"。2021年12月，《"十四五"城乡社区服务体系建设规划》指出，"增加城乡社区服务供给""强化为民服务功能""强化便民服务功能"。2022年1月，《中共中央 国务院关于做好2022年全面推进乡村振兴重点工作的意见》（2022年中央一号文件）指出，"加强基本公共服务县域统筹……加强普惠性、基础性、兜底性民生建设，推动基本公共服务供给由注重机构行政区域覆盖向注重常住人口服务覆盖转变"。

外，尽管农民获取公共服务资源并不一定总是要在村庄内部，"最近的学校""最近的医院"亦可作为补充，但这些补充性公共服务在可适性、及时性、方便性等方面常常难以满足农民及其家庭的需求。

表 2-1　调研村庄公共服务载体概况

省　份	调研村	村内学校	村卫生室	村内养老机构或组织
河北省	坡上村	幼儿园、小学一至二年级	有	无
	山桃村	幼儿园、小学一至二年级	有（另有1间私人诊所）	无
陕西省	松涛村	幼儿园、小学一至二年级	有	无
	鹿鸣村	无	有（另有1间私人诊所）	无
湖南省	关下村	无	有	无
	飞燕村	无	有	无
山东省	红果村	幼儿园	有	无
	川溪村	无	有	无
浙江省	前楼村	无	有	无
	茶岭村	幼儿园、小学一至二年级	有	无

　　除公共服务供给的硬件设施外，供给机制、模式等制度性安排也在一定程度上给供给效果带来影响。从制度设计到落地实施，会不可避免地出现一些"偏差"。偏离于村庄客观现实与农民真实需求的制度设计，将很难为村庄发展和农民生活带来实际帮助。例如，以整合、优化教育资源为出发点的"撤点并校"并未充分考虑到低龄儿童的自理能力与家中老人的接送困难；以打造优质、高效医疗服务体系为目标的"远程医疗"并不十分契合在村主体人群（老年群体）对常见病、慢性病的诊疗、购药需求；以建成固定场地、运营固定天数为补贴标准的社区养老支持亦没有关注到部分村庄居住分散、许多老人出行困难等现实难题。事实说明，制度定位、逻辑的不合理会使实践效果出现偏差，甚至使真实困难被掩盖。此外，农村地区的公共服务供给长期以政府这一单一主体为主，村庄内部和外部社会性力量（如农民自组织、公益团体等）的参与容易受到参与渠道、登记门槛的限制，难以为村庄公共服务供给提供有益补充。

（二）主体行动选择的影响

　　在现实生活中，家庭、社会等内外环境的变化会带来众多不确定性与不稳定性，继而会在需求层面给农民获取公共服务带来深刻影响。当前，物质条件的改善、思想观念的改变正在推动农民及其家庭的需求发生变化。在医疗领域，从"能看病"到"好看病"，从"看上病"到"看好病"，农民对医疗卫生服务的要求与期待不断提高；在教育领域，从农村到城市，从公立到私立，农民对子女教育的经济和精力投入越来越大；在养老领域，从家庭养老到自我养老，从物质保障到物质和精神双重需求的保障，农村养老面临一系列新挑战。需求变化会带来资源和服务获取的上移，而上移意味着农民需要增加投入，这成为农民在医疗、教育和养老领域负担过重、压力加剧的直接原因。特别是大病支出、高昂学费支出和机构养老支出，往往超出一般农村家庭的承受范围。需求"进阶"的背后，是农民及其家庭的负重前行，因为并非所有人都能被纳入足够支撑其生存和生活的保障体系。

需要特别关注的是，有一些新需求其实是伴随着生计安排的调整、资源分布的变化被动出现的。在农村人口（特别是劳动年龄人口）长期大量外流以及资源、服务上移的情况下，原有家庭结构与村庄秩序发生变化，子女不再留家照料老人，孩子需要到远处上学，就医购药难以在村内实现……若农村家庭的既有生活安排被改变，一系列新需求将随之出现。这不仅会给农民带来新负担，也会使公共服务供需矛盾进一步凸显。

四 对"三大压力"的再理解

调研发现，"三大压力"是影响农村家庭生活水平和生活质量的重要因素。随着我国社会主要矛盾发生转化，从人民对美好生活需要的多样性、层次性和递增性方面入手，全方位、多层次地动态认识和把握人民对美好生活的需要（孙英，2018），对于持续增强农民获得感、幸福感、安全感，十分必要且重要。站在农民视角，倾听农民心声，有助于对"三大压力"进行再理解。

"乡村振兴就是解决农民的实际问题，给生活在乡村的人带来希望"/"要和城市差不多，尤其是在教育、医疗、文化、娱乐方面，农民不再一心只想到城市去了"/"生活更便利，在乡村也可以享受到各种公共服务，最重要的一点是把学校搞好"/"人人有漂亮的房子，有舒适的环境，重大疾病国家有担当，孤寡老人有照顾"/"让生活在乡村的人更幸福"……

——部分被访农民对"什么是乡村振兴"的回答

"'生活富裕'就是除去日常开支，能攒点钱给孩子上学，给老人看病，不用锦衣玉食"/"普遍的期望是小孩在村里就能上学，看病不用砸锅卖铁，老了仍有稳定的生活来源"/"现在家家户户的生活都比过去好很多，唯独就是医疗、养老，对老百姓压力特别大"/"最基本的生活需求能得到满足，就是'生活富裕'"/"每月养老金有600—800元，就是生活富裕了"……

——部分被访农民对"怎样才算是生活富裕"的回答

"满意，和以前比，现在肯定要更幸福一点"/"满意，因为身体还行"/"满意，因为自己有退休金"/"一般，两个孩子在上学，经济负担重"/"一般，务农未来体力会越来越弱，单靠养老金养不了老"/"不太满意，家里有两个病人，大病又报销得少"……

——部分被访农民对"对自己目前生活状态的评价及原因"的回答

总体上，农民对"乡村振兴"的理解，传递出他们对未来乡村发展和美好生活的期冀；农民对"生活富裕"的认知，传递出他们最直接、最朴实的需求与愿望。这些期冀、需求和愿望皆与医疗、教育和养老紧密相关。当谈及"生活满意度"时，约1/3的被访农民表示"一般/不太满意/很不满意"。究其原因，个人或家庭在医疗、教育和养老等公共服务领域的需求是否得到满足、现实困难是否得到回应是重要影响因素。因此，推进乡村振兴，必须将破解城乡发展不平衡、农村发展不充分问题作为重要抓手，将解决农民生活中的现实困难作为最终目标。实现共同富裕，不是仅指经济层面的富裕，而是要让发展资源更好地由人民共享，让发展成果更多、更公平地惠及全体人民。

与此同时，还需要客观地认识到，"三大压力"不是农民特有，而是农民更重；不是一成不变，而是因时而异；不是单独存在，而是贯穿发展，与农村经济、人口、社会文化等紧密相连。这要求我们着眼社会主要矛盾的变化，聚焦广大农民对美好生活的迫切需求，准确把握公共服务供给方向，注意从形式上的普惠向实质上的公平转变。特别是要清楚地认识到，公共服务对农村经济、社会发展和农民生活有着巨大的直接效应和间接效应，如果"三大压力"持续存在于农民生活中，且得不到积极回应和解决，将进一步加剧城乡之间的发展不平衡，从而难以扭转"农村是发展中的'弱势地区'，农民是生活中的'弱势群体'"这一现状。概言之，如果不能充分认识并解决农民生活中的关键难题，不能持续增强农民获得感、幸福感、安全感，也就无法实现真正意义上的乡村振兴。

五　建议与讨论

基于"三大压力"的表征、成因，结合对"三大压力"的再理解，本研究提出以下具体建议。第一，聚焦农民的"医疗负担"，重点关注农民及其家庭对医疗卫生服务的"可获得性"和"可承担度"。由于城乡之间的制度并轨和治理整合还未真正实现，建议以推进县域医疗共同体建设为契机，提升农村医疗条件（包括医疗设施、医务工作者队伍等），满足农民的就近就医需求；以稳定医保缴费标准和调整报销比例为抓手，缓解农民的参保压力和大病救治压力，切实减轻农民的医疗负担。第二，聚焦农民的"教育压力"，重点考虑农民对"在地教育"与"脱域教育"的实际担忧。真正意义上的"教育公平"，应该是农村孩子可以在家门口享受到与城市孩子一样的教育，而不是被迫进城上学（叶敬忠，2017）。建议通过邻近村庄共建或恢复完整小学等方式，满足农村孩子的就近上学需求，让农村教育回归农村生活，让农民子女能够"花少钱、上好学"。若留得住学生、留得住老师，乡村将重现往日活力。第三，聚焦农民的"养老挑战"，重点把握当前村庄日趋老龄化的人口结构转变。基于老人的现实需求和农村地区的发展基础，建议通过上调养老金、增加餐食补贴等方式，满足老人的基本生活需要；同时积极推动"互助养老""抱团养老"等新型社区养老方式的实践和落地，通过建立共享食堂（日间照料中心）等举措，解决老人（特别是空巢老人）最紧迫、最普遍的生活难题。

另外，就可能的发展方向与行动策划，提出以下讨论。首先，考虑围绕农民需求做出相应的制度调整。政府可作为"顶层设计"与"基层现实"

精准衔接的引导者，从供给侧对接人民群众对公共服务的需求，从而使人民群众在更大程度上感受到公共服务的"效用"（李燕凌、高猛，2021）。例如，在人口老龄化的时代背景下，探索村庄的适老化发展路径，而不是一味追求标准化的现代化发展。其次，思考社区和社会层面的行动可能。多元主体可成为优化供给侧结构、促进协调联动的重要参与者。可以依托志愿团体、社会组织、企业等，创新服务方式和供给模式。例如，在缺乏发展基础教育条件的村庄，以耕读教育等方式唤醒乡村的教育功能，为乡村注入发展活力。最后，鼓励个体和家庭层面的自我赋能。农民个人和农村家庭是解决现实难题、实现生活富裕的直接参与者和受益者。在将公共服务的高质量供给视作乡村振兴应有之义的同时，也要重视农民的自主性、能动性，特别是要转变农民一些固守成规的思想观念。例如，通过让农民了解健康知识，改变他们"重治疗而轻预防"的健康观，使其在家庭生命周期的不同阶段主动应对可能的风险。

3
青年返乡的困境

实现乡村振兴，关键在人。没有人的乡村，便谈不上振兴。2018 年中央一号文件《中共中央 国务院关于实施乡村振兴战略的意见》和《乡村振兴战略规划（2018—2022 年）》都强调人才对于乡村振兴的重要意义。2019 年 12 月人力资源和社会保障部、财政部、农业农村部联合发布的《关于进一步推动返乡入乡创业工作的意见》和 2020 年 1 月国家发改委等部门联合发布的《关于推动返乡入乡创业高质量发展的意见》，均鼓励青年回流乡村，参与乡村振兴。2021 年 2 月，中共中央办公厅、国务院办公厅印发了《关于加快推进乡村人才振兴的意见》，以落实党中央、国务院有关决策部署，促进各类人才投身乡村建设。青年是最富活力、最具创造性的群体。乡村振兴亟待青年参与，也有越来越多的青年选择在乡村创业，为乡村注入活力，为乡村振兴贡献力量。但青年返乡的现实状况如何，他们面临怎样的困境与选择，又该何去何从？本研究基于实地调研资料，聚焦青年群体，探讨在乡村振兴中各主体对青年返乡和入乡的期待，分析青年返乡的现实状况及其面临的困境，进而为回应乡村振兴中"人"的问题提供参考。

青年参与乡村振兴是一个重要的研究议题。当前大量的研究对青年参与乡村振兴的必要性和重要性进行了探讨，倡导青年以"青创客""乡村振兴青年+"等形式，反哺与回归乡村（曾东霞，2020；萧子扬等，2019）。研究者或强调青年返乡的主体性因素（何慧丽、苏志豪，2019），或认为青年返乡受到国家政策号召、社会责任担当、个人意愿使然等多重逻辑影响（罗敏，2019）。在多种因素作用下回流乡村的青年，在农业生产、非农业生产和公共服务领域，发挥着构建乡村秩序的功能，形成了独特的"中坚青年"阶层（夏柱智，2019）。从整体来看，当前有关青年参与乡村振兴的研究，更多偏向于分析青年返乡的必要性和如何促进青年返乡等方面，对青年返乡现状和返乡困境的分析相对较少。

需要指出的是，不同的组织和国家对"青年"有不同的界定。例如，联合国于1985年将青年界定为15—24周岁的群体；2013年，世界卫生组织对年龄段的划分，则以44周岁为青年的上限。2017年，中共中央、国务院印发了《中长期青年发展规划（2016—2025年）》，将青年界定为14—35周岁的群体。本研究团队在实际调研中共访问40岁以下农民63人，仅占被访农民总数的11.9%。为方便分析，本研究将40岁以下农民归为同一年龄组。调研发现，在这一群体中，69.8%有外出经历，返乡青年案例即来自其中。

一　乡村对青年的期待与需求

在乡村振兴的大背景下，乡村内外各类主体都对青年参与乡村振兴抱有极大期待。基层干部和普通农民都认为，无论是产业振兴，还是乡村治理等领域，均需要更多的青年力量。

（一）青年外流与乡村对青年的期待

从调研情况来看，在城镇化背景下，乡村青年外流是一个普遍现象。无论是中西部贫困地区的乡村还是东部发达地区的乡村，人口普遍向城市流动，其中青年向城市流动的现象更为明显。中部某调研村在村人口结构可以说是当前中国大多数村庄的一个缩影，绝大部分青年男性和青年女性外出务工，留在村里的主要是老人和为数不多的儿童。某调研县一位县级干部说："我们县号称有36万人口，但是有10万人口在外地，出去的绝大多数是年轻人，这对乡村振兴来说是一种隐痛，没有人怎么振兴？"该县在推进乡村振兴的过程中，积极探索"未来乡村"等特色发展之路，但从实际情况来看，即便是"未来乡村"，也不如当下的城市对青年有吸引力。由此可见，对于乡村的大多数普通青年来说，离乡进城仍是主要趋势。

在青年农民不断外流的同时，青年专业人员、技术人才和管理干部或不愿进入乡村基层，或在进入之后容易因基层待遇不高、工作不体面、激励机制缺乏、上升通道狭窄和个人婚恋家庭问题难解决等现实困境而难以长期扎根乡村，进而选择努力离开基层，向上流动。由此可见，乡村社会面临严峻的"缺人"难题，对青年返乡有更加迫切的需求。这种需求主要体现在两个方面：一是希望青年返乡发展乡村产业，尤其是民宿、电商、直播带货等新业态；二是希望青年返乡参与乡村治理，改变村庄治理面貌。

（二）乡村新业态发展对青年的需求

乡村新业态的发展是当下乡村发展的新动能。调研发现，从县域、乡镇到村庄，从基层政府到村民，大家对青年的期待主要集中在产业发展方面，尤其希望青年能够携资本、技术、项目等返乡创业，引领乡村新业态发展，助力乡村产业振兴。

在县、乡层面，基层干部认为，"乡村振兴的战场主要在乡村，而不是城市"，"五大振兴是息息相关的，单一产业无法吸引年轻人返乡，低端产业也无法吸引年轻人就业"，"在乡村发展光伏产业，五六十岁的人也能干，不需要年轻人回来。但是如果搞农业现代化、农业机械化，年轻人就愿意回来"。他们认为，青年返乡就业或创业，不仅关注"面包"，更关注"面子"，"年轻人到乡村就业，产业得有高附加值，不能是传统的东西"。因此，乡村产业既要将更多附加值留在乡村，还要相对高端和多元，能够使返乡青年充分运用其知识和才干，同时要拥有体面的岗位和收入。

农民则反复提及，在产业融合尤其是农产品产销对接过程中，懂市场和技术的青年非常重要，希望有更多返乡青年发挥自身优势，引进外地客源，解决农产品销路问题。有农民表示，"如果实现农超对接，省掉很多中间商环节，农民就会受益"。大多数农民认可乡村农业食物体系的生态价值，认为农家菜园子里的菜吃着更放心，有独特优势，但需要见多识广、学历高的青年，通过开网店等多种新媒体渠道销售这些农产品。青年更容易与时俱进地学习适应新时代的各种技能，具有十足的干劲和闯劲，而这些是在村其他群体不太具备也很难学习的。

综上可知，乡村对青年在产业发展方面有极高的期待，这也是乡村振兴的内在要求。但是，基层干部和农民均认识到，传统产业发展或以传统方式发展产业，已经难以为乡村带来经济附加值的增长，也无法为返乡青年提供充分的发展空间与机会；新业态的发展是新时代乡村产业兴旺的新趋势，而在乡村新业态的发展中，青年群体尤其是有外出经历的青年人才是活力和希望所在；只有青年群体将他们所具备的眼界、思路、能力与地方实践充分结合创新，才可能走出高质量的乡村产业兴旺之路，进而形成多赢的乡村振兴。

（三）新乡村治理对青年的需求

除了乡村新业态的发展，新时代的乡村治理对青年群体也有迫切的需要。近年来，包括村干部在内的基层干部逐渐老化，性别、年龄等方面的结构失衡较为普遍。2019年，基层政府和村级组织开始推进干部年轻化工作。调研显示，尽管人们对干部年轻化的利弊仍有争论，但是基层干部群体应当补充新鲜血液、大量吸纳青年已成为一种共识。进入新时代，乡村治理面临一个重大转向，即随着数字技术等现代性元素向乡村下沉，乡村治理由原来的关系型治理转向基于乡村发展的技术型治理，更能敏锐感知发展中新趋势、新思想、新技术的年轻干部将在乡村治理和乡村振兴中发挥更大的作用。

农民对年轻干部充满期待，主要是因为他们对传统乡村治理方式存在一些不满。例如，对一些村干部的家长制作风不满，有农民认为，"老村干部过于独断专行，换年轻干部上来，有利于改变村干部作风"；对部分老干部不作为的行为不满，很多农民认为，"乡村振兴不能让太多碌碌无为的人在台上，要多选派年轻有为、有干劲、有想法、不怕犯错误的人"。农民普遍认为，村干部在乡村发展中具有带头作用，如果"车头"带不起来，村庄也发展不起来。因此，有胆识、有闯劲的年轻干部更符合农民对村庄治理方面的期待。

大多数年长的村干部也承认青年参与乡村治理很有必要，只是青年经验相对不足，"每个人都一样，都要有一个锻炼过程。现在年轻人，有知识、有文化，学习也不难"。他们认为，年轻干部的优势在于思想活、见识广、能适应新事物的发展，给村庄带来新面貌，最大的问题在于经验不够，但若能够虚心听取各方面意见和建议，便能够弥补经验上的不足，从而当好村干部。

综上所述，一面是乡村青年人才匮乏，另一面是乡村发展对青年人才的迫切需求。农民普遍认为，年轻人"脑子活、有想法、有体力"，也有能力带动村庄发展。很多农民认为，"只有村里人口增加了，打工的年轻人都回家发展了，留在村的年轻人多了，才算是实现乡村振兴了"。有的农民更是断言，"什么时候年轻人回来了，什么时候就实现乡村振兴了"。

二 返乡难：青年返乡的现状与意愿

乡村极其需要青年，乡村社会也对青年返乡抱有较高的期待。然而，青年会回到乡村吗？返乡青年的现状如何？在返乡与不返乡之间，体现了青年群体的哪些诉求？调研发现，尽管农民普遍认为青年返乡具有必要性，但大多数农民并不希望自家的孩子返乡。他们认为，乡村缺少就业机会，医疗、养老等社会保障条件较差。乡村在自然环境和情感方面的吸引力，难以转化为青年返乡的动力。也正因如此，青年离乡在一定程度上是没有选择的选择。对于青年而言，返乡必须建立在自身生计与生活需求得到满足的基础之上。

（一）青年返乡的现状与困境

多数农民认为，当前村里缺少青年，他们普遍希望青年返乡。在新业态发展、乡村治理等方面，农民对青年抱有极高的期待。但是，当被问及是否希望在外家人回乡发展时，在478个有效回答中，6.7%对外出与返乡无明显偏好，23.0%明确希望外出家人返乡，48.3%并不希望外出家人回乡发展。此外，还有22.0%使用了"希望……但是""要是……就希望""希望，又不希望……"等句式。这呈现了农民在这一问题上的矛盾心理，同时反映了青年返乡的一些现实困境和对返乡所能获得的系列支撑条件的期盼。可见，在乡村对青年的现实需求与青年自身及其家庭的返乡意愿之间，存在一定的鸿沟。农民对其后辈返乡创业或生活存有诸多顾虑，首先是乡村创业风险和就业收入方面的顾虑，其次是基础设施与生活便利性、教育、医疗、村庄再融入与精神追求等方面的顾虑。

在返乡创业方面，调研村庄青年返乡创业的比例不高，返乡创业的意愿并不强烈。被访者主要表述了两方面的原因。第一，创业需要较大的资金投入和相应的政策扶持，并且存在失败的风险，除非在外积累了充足的人脉和资金，拥有较为成熟的市场条件和关键技能，才可能有勇气义无反顾地返乡创业。浙江省调研县一位县级干部表示，"年轻人在外面，基础一直比较好，让他一下子回来创业也不现实，风险比较大"。第二，返乡创业会受到制度环境与其他条件的限制。例如，农村土地制度的刚性会限制创业空间。多个调研地村干部和农民提到，对土地非农化与非粮化的限制政策导致经济作物生产和乡村第三产业的发展受到限制，返乡创业的范围被压缩。相关限制政策可能会使青年选择在自己家乡以外的地点创业。例如，山东省一位青年在综合考虑土地、政策等方面的因素后，选择到另一个乡镇的村庄种苹果，而没有回自己的家乡。因此，青年返乡创业，既需要自身具备成熟的条件，也需要一定的政策与制度环境支撑。

在基础设施服务和生活便利性方面，经过长期的乡村基础设施建设投资尤其是脱贫攻坚时期大量专项投入，乡村水、电、路、管、网等硬件设施水平有了明显的提升，但是与城市相比仍然相对落后。例如，目前大多数快递物流只是下沉到乡镇，村民取件需要到乡镇办理；乡村公交车次较少，班车间隔时间过长或每天只往返各一趟，有些地方甚至基于成本核算等原因取消了乡村公共交通运营线路。乡村基础设施与服务水平会影响人们返乡之后对生产生活便利性的感知，进而影响人们是否返乡以及返乡之后是否长期留乡的决定。

乡村教育资源和教育水平是广大农民尤其是需要考虑子女教育问题的青年群体关注的另一个重要因素。农民表示，"农村学校大部分被撤销，教育资源上移。为了孩子上学，必须在城里买房子，买不起，贷款也要买"。5个调研地区公立中小学学生规模均趋于缩小，一些公办学校一个年级只有十几名学生，大部分村级教学点的教师和学生人数锐减，甚至有的学校的教师和学生均只有2—3名。农民对乡镇以下的乡村学校教学质量存在明显忧虑，他们若想为下一代提供更好的教育资源，只能去城镇，这意味着他们的负担会加重。相对年轻一些的农民表示，"我们这一代都是想尽办法，借钱、贷款，把孩子送到县里教育质量好的学校去，没有能力的，就留在村里读"，"现在在县城读公立学校，必须有房子，不然只能读私立学校"，"现在我们在县城买房，基本都是为了孩子读书。很多人贷款买房，因此不得不出去打工"。乡村教育的萎缩与上移、教育成本的上升，成为青年返乡的阻碍之一。

乡村医疗资源匮乏和质量较低，医保缴费高和报销比例低、报销程序复杂等，也是影响青年返乡的因素。一方面，乡村医疗资源相对匮乏、医疗服务质量难以保证，是青年返乡的顾虑之一。有农民认为，"不同层次的医疗机构，药品的质量是不一样的。市里的药就比县里的药好，县里的药又要比乡镇的好。好药只能在较高层级的医院买到，好药不下乡，城乡医疗差距越来越大"。另一方面，城乡居民基本医疗保险缴纳的费用连年上涨，但可报销范围限制较多、可报销比例一直较低，很多青年不愿意缴纳。按照医保规则，基层医疗机构的报销比例最高，越往上级医院越低。农民表示，"小病花不了几个钱，大病报不了几个钱"，因此对医保的认可度不高。

除了物质生活与基本公共服务方面，村庄再融入与精神追求等因素也是青年返乡需要面对的。一些返乡青年，尤其是女性返乡青年表示，自己在外务工或求学多年，经历了丰富多彩的城市生活，回乡后需要再适应乡村生活，寻找归属感。他们往往与乡村常住人口之间存在一定的融入困难，表示"在村里找不到有共同语言的人"，也存在一定的代际隔阂。不仅每年短暂返乡的青年有这样的感受，返乡一段时间之后的青年更是深有体会。

（二）青年返乡的动力

青年返乡面临现实困难，并不意味着乡村对青年毫无价值和吸引力。对于青年来说，乡村主要有两个方面的价值和吸引力。一是自然环境。良好的自然生态与人居环境以及慢节奏的生活方式，是乡村的独有价值。对于那些在都市生活、疲于快节奏的青年来说，乡村及其乡村性（rurality）提供了另一种选择。二是情感需要。对于在外漂泊的青年来说，乡村意味着家和根。部分青年返乡，便是为了寻找家的归属感，实现家庭团聚或照顾家庭。

首先，农民普遍认为，乡村的自然生态环境优于城市。尤其是在人居环境整治以后，乡村的生活环境开始对青年产生吸引力。浙江省某调研村村干部表示，"环境好了，人才会喜欢到这里来，才会吸引人才。像我们这里，如果没有好的环境，他们不可能从大城市过来"。另外，乡村优美的自然环境也为追求健康、生态的生活方式的青年提供了新选择。山东省某调研村一位新型农业经营主体负责人表示，"城市人乐意来农村，第一是因为环境好，第二是因为食品卫生。农村食物安全系数高，都是家家户户自己种的"。生态、有机的食物吸引了一部分返乡创业青年，他们认为这是一种健康的生活方式。

其次，一些青年本质上是不愿意出去的，只是为了生计，而不得不外出谋生。部分农民表示，"老百姓心里肯定希望在家里面，希望在家门口就业，老人、小孩都在家里。那些出去的人常年漂泊在外面，小孩上学照顾不到，一年也看不到几天。老人也需要赡养，也需要陪伴，也需要照顾"。一位曾经是水手的返乡人员说："成家时，农村还是有人气的农村；归乡时，农村已俨然不是那个热闹的村庄。但是家已经安在这里，爱人、孩子和房子在哪里，哪里就是家。"中国人始终是重家的，即便是远航的水手，降下桅杆后也总会第一时间回家。对家的情感眷恋，是青年返乡的重要驱动力之一。

然而，要想将自然生态环境优势和情感因素转变成对人的吸引力，还需要乡村有配套的基础设施、服务和工作机会。只有环境和情怀，难以吸引青年返乡。充足的就业创业机会和体面的收入，才是大多数青年选择返乡的首要考虑因素。例如，河北省某调研村在发现村庄旅游资源后，计划修建上山观景道路、停车场等，希望吸引青年返乡。该村村干部表示，"假如村里发展了，路好走了，环境变好了，有产业了，开个农家院就能挣钱，在路边卖点农产品也能挣钱。目前连接主干道与景点的道路没有修通，沿途自然村基本上都快成空心村了，要是道路一开，就成了交通要道，游客就会来，也会有年轻人回村来"。由此可见，虽然自然生态环境资源和情感连接是青年返乡的特色驱动力，但只有乡村为青年提供与其外出时相当的工作和生活条件，青年返乡才会从设想变为可能。

（三）青年返乡悖论

乡村振兴的核心和关键都在人。乡村没有人，则振兴失去动能和意义。乡村振兴就是要解决乡村失活问题，促进城乡协同发展，实现共同富裕。在这一过程中，需要对乡村的产业结构、生态环境、乡风、治理模式、公共服务等进行提档升级，以最终实现农业农村现代化的目标。青年是乡村发展中的关键主体，乡村振兴战略的实施对青年有多样化的需求。然而，青年返乡需要乡村具有一定的发展基础。有人，乡村才能发展；有了发展，人才愿意返乡——这构成了青年返乡与乡村发展的悖论。

对于大多数普通青年来说，离乡与返乡更多是结构性问题而非简单的个人选择问题。也就是说，不只是青年选择离开，更多是青年不得不离开；不只是青年愿不愿意返乡，更多是青年难以返乡。稳定的就业和收入是青年返乡希望获得的机会，但也正是因为乡村不能满足青年的就业和生活需要，他们才进城寻求发展机会。因此，具有一定发展前景的乡村，才可能吸引青年返乡。此外，青年对教育、医疗、养老、文化娱乐等的需求，会随着时间的推移而逐渐增加。这些需求如果得不到满足，青年返乡就可能只是暂时现象，无法为乡村振兴提供稳定的人力和人才支撑（见图3-1）。

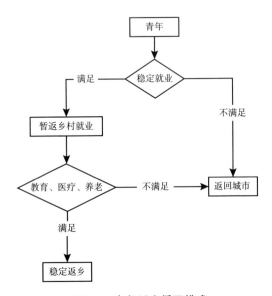

图 3-1　青年返乡循环模式

在全面推进乡村振兴的过程中，既需要充分理解这一现象及其背后的原因，又需要思考如何从制度层面打破这一悖论，使青年返乡与乡村发展形成良性的互动。

三　返而不入：返乡青年与乡村的多重分离

调研发现，乡村中的返乡青年主要有三类，分别是有技术或有资本的返乡创业青年、基于家庭责任返乡的青年女性和假期返乡的大学生群体。这三类返乡青年均在一定程度上呈现与乡村相分离的特征。他们虽然返乡，但并没有真正入乡。

（一）返乡创业青年：工作与生活的分离

乡村中的返乡创业青年大多属于青年精英，他们中的一部分人已在城镇获得良好的发展，有一定的经济实力或技术能力。调研发现，返乡创业的青年大多存在工作与生活分离的倾向，即工作在乡村，生活在城镇。他们并未融入乡村的社会生活，其在乡村的活动主要是经济性的。他们在工作上返乡，在生活上仍归属于城镇。例如，山东省某调研村一位返乡创业青年，作为农科研究生，他认为自己返乡创业种苹果是选择了一种自由、生态的生活方式，并且收入还可以，没有多大压力。但是，他没有定居在乡村，而是选择在城镇买房居住。他认为，目前乡村还没有被激活，城镇更适合返乡青年生活。目前，他在镇里的楼房居住，在乡村的果园工作。这一现象产生的原因是，乡村的基础设施和生活条件相较于城镇仍有差距。此外，乡村在医疗、子女教育等方面的条件也难以满足青年需要。

除了携技术返乡创业，还有携资本返乡创业的青年。例如，浙江省某调研村一位返乡创业青年，在返乡之前一直在城市工作和创业，先后从事医药、奶茶连锁、商贸、文化公司、民宿等行业，年入千万元，资金雄厚。作为一名优秀的商人，他返乡创业主要是出于孝敬父母。他说："父母跟自己常年漂泊在外，想要落叶归根回乡养老。我自己的事业经营得红红火火，想要回来给父母亲挣点面子。"至于他自己，与乡村社会之间存在较为明显的疏离。

返乡创业青年呈现一种返而不入的特征，他们与乡村社会生活和人际关系的联结都非常微弱。他们虽然工作在乡村，产业在乡村，但是始终与乡村保持着若即若离的朦胧感。

（二）返乡女青年：身体与思想的分离

调研发现，返乡青年群体存在较大的性别差异。与男性青年返乡多是为了创业等生产性活动不同，女性青年返乡多是出于家庭等再生产原因。生育、抚育、照料老人等是多数女性青年返乡的直接原因。例如，河北省某调研村一位女青年在返乡后，并未从事农业生产以及与乡村产业发展有关的活动，其返乡的唯一目的是和婆婆一起照顾年幼的儿子。她虽然回到了乡村，但脱嵌于乡村社会，与所在村庄几乎没有什么关联。她返回乡村，是为了生命历程中某一个时间段的家庭责任——抚养孩子，而不是从事乡村事业。她既生活在乡村，又游离于乡村。调研发现，这并非个案，不少女性青年返乡一段时间后，会再次进入城市就业，或上移至县城安居和陪读。

对于男性青年来说，返乡意味着换一份工作，换一个工作环境，其指向依旧是事业。女性青年则不同，大多数女性青年返乡意味着人生重心阶段性或长期从事业转向家庭，并且这种转向往往伴随着收入的锐减。湖南省某调研村一位女青年说："在外的女性如果没有一个体制内的体面工作，到了一定年龄不结婚，就会被村里人指指点点。尽管自己在外面一个月能赚1万多元，但也会被家里人逼着回家结婚，这是由传统观念造成的。"文化程度较高的返乡女青年在返乡后往往较少与人交流，认为与老一辈存在观念分歧和思想鸿沟。因此，她们常处于沉默甚至"失语"状态。

返乡女青年大多因为家庭而选择（或不得不）放弃有酬劳动并返乡，但她们在家庭中所付出的无酬劳动往往不被家庭所重视。另外，返乡后，她们在接受教育过程和城市生活中形成的价值观与传统观念激烈碰撞，这导致她们产生文化认同错位与精神失落感。她们虽然身在乡村，但在心理和精神上已逐渐城市化。这种身与心的分离，是大多数返乡女青年的典型特征，也是另一种返而不入。

（三）返乡大学生：当下与未来的分离

乡村大学生群体是乡村中的一个特殊群体。他们虽出自乡村，但不属于乡村；他们在城乡之间流动，周期性返乡。乡村的推力与城市的拉力使大多数乡村大学生更倾向于未来在城市发展，这也造成了他们当下与未来的分离。

在精神层面，"贱农主义"思维全面影响着人们的观念、话语和价值取向（张玉林，2012：103-104），并使乡村的孩子趋向于"离农"。乡村教育成为乡村孩子进入城市的阶梯之一。湖南省某调研村一位村干部表示，"农村人从小接受的教育就是要'跃农门'，要远离乡村。逃离农村、跳出农村，是老师、家长常常灌输的观念"。这种教育观念会潜移默化地影响农村孩子的价值观和人生选择。因此，从乡村走出去的大学生往往都是"不衣锦，不还乡"。而且，大多数父母不希望自己的子女留在乡村，尤其是自己的孩子成功"跃农门"后。在他们固有的观念里，只有"混不好"的，才回乡村来。可见，乡村的教育观念对于乡村大学生有着极强的离农与离乡推力。在这种环境下，乡村大学生逐渐在精神层面脱离乡村。

在物质层面，相较于乡村，城市完善的基础设施、相对更高的收入、多样化的生活方式，对乡村大学生具有更大的吸引力。不只是乡村大学生群体，其他乡村青年也更倾向于留在城市。调研发现，青年不愿意返回家乡的原因集中在就业机会少、收入不高、生活便利度低等几个方面。随着乡村基础教育的上移，对于乡村大学生来说，他们在城镇生活的时间远多于在乡村的时间。无论是在生活方式、思维方式上，还是在人际交往圈子上，他们都更倾向于城市。在乡村推力与城市拉力的双重作用下，乡村大学生逐渐与乡村脱离，融入城市生活。他们在乡村期间通常并不活跃，而是有着对乡村现实的种种不适和对未来的迷茫。

以上三类返乡青年与乡村之间呈现"返而不入"的共同特征。青年"返乡难"和"返而不入"，共同构成了乡村地区的人才困境。乡村发展亟待青年回归，但是青年回不去、融不入，这是乡村振兴的隐忧。未来乡村振兴的推进，迫切需要思考和回应"人"的问题。

四　结论与建议

乡村振兴中的诸多领域均需要青年力量，农民亦对青年参与乡村振兴有着极高的期待。然而，在乡村对青年的现实需求与青年的返乡意愿之间存在一定的鸿沟。乡村的自然生态环境资源和情感连接成为部分青年返乡的动力，但是乡村发展机会，尤其是就业创业的机会与收入的高低是大多数青年考虑的首要因素。乡村基础设施与生活便利性、教育、医疗、村庄再融入与精神追求等，也是影响青年选择返乡与否以及后续是否能在乡村安居乐业的重要因素。部分青年在返乡或入乡的过程中面临工作与生活、身体与思想、当下与未来等方面的多重分离，由此形成"返而不入"等特点，折射出青年日渐脱嵌于乡村，逐渐与乡村的空间场域、人际关系、社会生活等产生距离且渐行渐远的现实。

青年返乡与乡村发展呈现互为前提条件的悖论。对于乡村振兴的研究者和实践者来说，需要超越关于二者孰先孰后的讨论，更多思考如何从制度和个体能动性层面突破结构性限制，形成双赢或多赢的协同发展局面。本研究尝试从以下两个方向提出思考。

首先，优化青年返乡就业创业环境，建立相应的支持保障体系。第一，在新发展理念指引下，充分挖掘乡村功能，发挥乡村的多元价值，探索乡村发展的更多可能性和机会，在乡村发展和青年价值实现之间探寻更多"公因子"。第二，加大政策、资金、技术等方面的支持，为青年提供更多就近就业机会和创业条件。第三，推动城乡公共服务均等化，以满足青年返乡对于教育、医疗等社会生活保障的需求，解除青年返乡参与乡村振兴的后顾之忧。

其次，创新青年人才培养与引进机制。例如，鼓励地方与高等院校合作，利用高校教师、学生等科研团队的专业技能优势，助力乡村振兴。其中，可采取青年人才柔性引进制度，或开展乡村振兴基层岗位实习实践等活动，缓解乡村引才难、留才难的困境。

4

粮食安全的挑战

粮食事关国计民生，粮食安全是国家安全的重要基础。中国始终高度重视粮食安全问题。党的十八大以来，以习近平同志为核心的党中央立足世情、国情、粮情，确立了"以我为主、立足国内、确保产能、适度进口、科技支撑"的国家粮食安全战略，提出"谷物基本自给、口粮绝对安全"的新粮食安全观[1]。在新冠病毒感染疫情全球蔓延和国内外局势复杂多变的情况下，2022 年中央一号文件进一步明确指出，要牢牢守住"保障国家粮食安全"这条重要底线[2]。在国家高度重视粮食安全的同时，学界围绕粮食安全的概念内涵与战略逻辑等展开了广泛、深入的探讨。其中，一些研究者强调必须系统地理解粮食安全问题。例如，柯炳生（2021）提出，粮食安全本身是一个重大问题、古老问题、全球问题、生产问题、分配问题以及多层次需要问题。另外一些研究者则就国家粮食安全战略的内在逻辑进行学理阐释，包括对粮食安全不同维度及相应争论进行辨析（叶敬忠等，2022），以及从国家视角出发对粮食安全战略逻辑进行探讨（全世文，2022）。

现有研究为我们理解中国的粮食安全问题和国家粮食安全战略提供了坚实的理论基础。然而，梳理发现，这些研究主要着眼于宏观层面的国家视角，较少从基层视角出发探讨粮食安全问题。从基层视角来看，基层干部是贯彻落实国家粮食安全战略的具体执行者，农民则是粮食生产的重要主体。

---

[1] 《2013 年中央经济工作会议（2013 年 12 月 10 日 - 13 日）》，旗帜网，2022 年 4 月 11 日，http://www.qizhiwang.org.cn/BIG5/n1/2022/0411/c443710 - 32396384.html，最后访问日期：2022 年 7 月 29 日。

[2] 《中共中央 国务院关于做好 2022 年全面推进乡村振兴重点工作的意见》，国家粮食和物资储备局网站，2022 年 2 月 22 日，http：//www.lswz.gov.cn/html/xinwen/2022 - 02/22/content_269430.shtml，最后访问日期：2022 年 7 月 18 日。

基层干部和农民在保障粮食安全方面扮演着重要角色，因此，从基层视角出发研究粮食安全问题十分必要。本研究结合实地调研，从基层干部与农民的视角出发探讨粮食安全问题：在乡村振兴背景下，基层干部如何看待粮食安全，农民又是如何理解和认识粮食安全的？在国家粮食安全战略背景下，粮食安全面临哪些问题和挑战，其背后有着怎样的深层逻辑？在上述分析的基础上，本研究尝试为进一步的学术研究、政策制定和具体行动提供有益的参考。

一 粮食安全的基层认知

确保重要农产品特别是粮食的供给，是实施乡村振兴战略的首要任务[①]。那么，在乡村振兴战略背景下，基层干部和农民是如何理解和看待粮食安全的？下面将分别围绕基层干部与农民的认知展开论述。

（一）基层干部：行政压力下的粮食安全认知

1. 目标责任导向下的压力感知

随着粮食安全被提升至国家战略高度，各级政府为完成上级下达的保障任务，运用任务分解的方式和配套的量化考核指标体系，将保障粮食安全的任务层层量化分解到下一级政府，然后根据实际完成情况进行奖惩。在行政压力层层传导的过程中，基层政府尤其是粮食主产区的基层政府普遍承受着自上而下的粮食安全保障压力。各级主管或分管粮食生产的基层干部则面临一系列与粮食安全保障相关的目标任务和考核指标。其中，粮食主产区干部承担的行政任务重于非粮食主产区干部，乡镇干部面临的考核压力大于县级干部。以粮食主产区湖南省照水县为例，该县下辖的田陌乡在 2021 年承担了连片建设 1000 亩双季稻示范区 4 个、再生稻示范区 3 个，分村建设 300 亩以上优质稻示范点 23 个的目标任务，与这一目标任务相伴的是上级政府的一系列考评和问责。在较大的行政问责压力下，确保粮食安全的工作成为令乡镇干部头疼的难题。区别于粮食主产区干部，非粮食主产区干部虽然同样

---

① 陈晨：《保障粮食安全是乡村振兴首要任务（光明日报 5 月 10 日第 5 版）》，中华人民共和国农业农村部网站，2022 年 5 月 10 日，http://www.moa.gov.cn/ztzl/ymksn/gmrbbd/202205/t20220510_6398810.htm，最后访问日期：2022 年 10 月 7 日。

面临粮食安全保障压力，但保障任务较轻，相应的问责压力也较小。例如，非粮食主产区浙江省天歌县一位干部表示，"本地耕地面积较小，保障粮食安全的压力不是特别大"。

不管是否位于粮食主产区，不管是县级还是乡镇，基层干部均极少从粮食安全之于个人生活的重要性或自身生活体验的视角出发看待粮食安全。在行政压力下，他们将粮食安全理解为一系列目标任务和考核指标，他们对粮食安全的重视程度取决于自身直接面临的行政压力。也正是在行政压力下，基层干部尤其是粮食主产区基层干部的工作，在一定程度上推动了粮食安全保障任务的落实和粮食安全保障目标的实现。例如，湖南省照水县开展的"治荒"（治理荒地）、"扩双"（推广双季稻）、"全优"（推广高端优质稻）、"再生"（鼓励种植再生稻）等一系列配套工作，对于提高该地粮食产量、保障粮食安全起到重要作用。

2. 基于政策落地的冲突感知

保障粮食安全是乡村振兴的首要任务，而产业兴旺是乡村振兴的重要基础，是解决农村一切问题的前提①。在落实乡村振兴战略的过程中，基层干部观察到部分粮食安全保障政策落地与产业发展工作推进之间存在一些矛盾和冲突。调研显示，基层干部的这种冲突感知集中在作物类型和土地利用方式两个方面。作物类型方面的冲突主要体现在粮食作物与经济作物之间。种植粮食作物是保障粮食安全的重要基础，而种植经济效益较高的经济作物对地区产业发展乃至产业振兴大有裨益。如何妥善处理粮食作物与经济作物种植之间的矛盾，是基层干部在推进乡村振兴战略过程中面临的难题。正如湖南省竹西镇干部所言，"在推进乡村振兴过程中，保障粮食安全与推进产业发展之间是存在矛盾的"。一方面，"为了保障粮食安全，本地区必须扩大双季稻种植面积"；另一方面，"如果这些土地只用来种粮食，而非发展经济作物，那么产业振兴就很难实现"。除此之外，在土地利用方式上，冲突主要体现在农业用地与建设用地之间。正如浙江省天歌县干部所言，"守住18亿亩耕地红线是维护国家粮食安全的基本前提，天歌县是肯定不会去触碰这根红线的。现在我们主要考虑的是，如何通过调剂来盘活可利用的土地，但

---

① 《国务院关于促进乡村产业振兴的指导意见》，中国政府网，2019年6月28日，http://www.gov.cn/zhengce/content/2019-06-28/content_5404170.htm，最后访问日期：2022年10月7日。

这是很难的。本县现在要找一块 200 亩以上的一般耕地来做农业项目都很不容易"。

作为乡村振兴战略的具体执行者，基层干部看到了部分粮食安全保障政策在落地时与产业发展之间存在的诸多矛盾和冲突。对于基层干部而言，粮食安全与产业发展均是重要的行政工作目标，两项目标的实践张力对其工作提出了较大的挑战。

3. 粮食安全的社会政治意义诠释

农业是稳定经济社会发展的"压舱石"，其中一方面体现在粮食的供给保障上。近年来，随着粮食生产成本不断上升，不管是小农户还是新型农业经营主体，均面临种粮增收难的问题。湖南省照水县农业农村局一位干部表示，"种植双季稻，农民的收益是很少的，就连种植积达 400 亩的大户，净收益也不多"。如果仅从经济收益角度来看，粮食生产对个体收入增加、地区经济发展的贡献均较为微薄。然而，正如习近平总书记所强调的，"粮食问题不能只从经济上看，必须从政治上看，保障国家粮食安全是实现经济发展、社会稳定、国家安全的重要基础"（王宪魁，2022）。基于此，为了充分发挥粮食的社会保障功能，基层干部认为国家必须宏观调控，加大种粮补贴支持力度，以此激发种粮主体积极性，保障国家粮食安全。至于"谁来种粮"，结合我国"大国小农"的基本国情和农情，小农户应通过粮食生产实现自给自足，新型农业经营主体应通过适度规模经营，提高生产效益，保障国家粮食安全。正如陕西省红石县一位干部所言，"农民自给自足是国家粮食安全的重要保障，但其在自给自足之外难以实现规模化生产，因此还需要新型农业经营主体来发展规模化种植"。

总结而言，基层干部较少从粮食安全之于个人生活的重要性或自身生活体验出发来看待粮食安全，而更多地是在行政压力下将其理解为一项行政目标。恰是在一以贯之的行政化思维下，基层干部既看到了部分粮食安全保障政策落地与地区产业发展工作推进之间存在的矛盾和冲突，也看到了粮食安全对于经济社会发展的重要意义。

（二）种粮主体：日常实践中的粮食安全感知

种粮主体主要包括小农户与新型农业经营主体。在调研所涉及的 25 个新型农业经营主体中，有 21 个主体几乎不从事粮食生产。尽管部分新型农业经营主体从事粮食生产与（或）加工，但访谈数量较少，而且他们在接受访谈时谈及粮食安全主题的内容不多。因此，下面将主要围绕小农户的认知展开①。

1. 经济理性下的认知与选择

在粮食生产方面，国家政策指向"趋粮化"，目的是筑牢粮食安全防线，保障国家粮食安全。然而，农民遵循经济理性逻辑，存在"非粮化"倾向（阮海波，2022）。面对种粮不赚钱甚至亏本的现实，以及生产生活资料商品化带来的货币性开支压力，部分小农户放弃粮食生产，改种经济作物或直接外出务工。正如不少农民所言，"种一亩稻谷的收入只有三四百元，一亩茶大概有两三千元，大家都知道该怎么选择"，"家庭开支非常大，种地不如打工"。此外，不管是否仍在种粮，粮食收益都已经不再是大部分小农户家庭的主要收入来源。与小农户的经济理性逻辑类似，一些种粮的新型农业经营主体也因种粮收益低而存在非粮化倾向或陷入对政策扶持的高度依赖，甚至将自身的发展前景与政策扶持力度挂钩。例如，陕西省某调研村水稻种植合作社负责人表示，"自己对发展没有太大的信心，主要原因是利润太低。现在就看国家政策，如果政策支持力度小，未来就更难了"。

2. 粮食重要性的多元化表达

在经济理性视域下，种粮越来越成为一种非经济理性的选择。然而，调研显示，在从事农业生产的 410 户小农户中，仍有 77.6%（318 户）在种粮。在小农户看来，粮食具有经济效益之外的重要价值，这既体现在粮食直接食用或使用的属性上，也体现在附着于粮食生产上的诸多社会象征与意义上。

一方面，尽管粮食无法产生较高的经济效益，但能为农民提供口粮，满足基本生存所需。在 318 户种粮小农户中，74.5%表示自家种植的粮食全部或大部分供自家使用；在从事农业生产的 410 户小农户中，50.5%表示自家吃的粮食中至少有一半是自家生产的。除了数量上的可获得性，口粮的质量也是农民所看重的，有的农民种粮是因为觉得自家种的小麦口感很好。另

---

① 数据说明：在 529 位被访农民中，有 104 位表示其本人和家人不从事农业生产。在从事农业生产的 425 位被访农民中，小农户数量为 410、新型农业经营主体数量为 15。调研实际涉及 25 个新型农业经营主体，由于部分新型农业经营主体并非农村居民等原因，对其情况的了解以半结构式访谈方式获得。

外，作为饲料或农副产品加工的原料，粮食构成了小农户多元生计体系的重要组成部分，如玉米除了食用，还可以用于喂猪、酿酒等。

另一方面，附着于粮食生产上的社会象征与意义是小农户不愿舍弃种粮的重要原因。第一，作为基本的生计保障，粮食生产能维系返乡农民工的基本生活、补充在村老人的微薄养老金、帮助农民补贴家用和减少生活成本，甚至为留守老人支撑进城子女的生计提供了可能。第二，粮食生产是农民尤其是老人的一种精神寄托或情感纽带。一些农民将种粮作为自己的"天职"，他们种粮或出于习惯，或出于种粮赋予自身的安全感，或只是出于对土地本身的珍视。例如，一位农民表示，"种地不赚钱，但不忍心看着地荒了"。另外，通过提供健康安全的食物和保留体验乡村的场域，种粮成为在村老人与城市子女及孙辈拉近距离、加强交流的情感纽带。第三，国家粮食安全也是部分农民心中所忧所患，因为农民担心"国家没有粮食就没有吃的，靠进口会被他国卡脖子"。对于小农户而言，粮食生产的重要性和意义远超过粮食本身的经济价值，这也能解释为什么种粮效益低但小农户却仍在种粮。

3. 源于日常的粮食不安全感

政府官员或专家学者往往根据统计数据来评判当前的粮食安全状况。与之不同，小农户对粮食安全的感知或担忧直接来源于日常生产生活实践。调研显示，小农户的粮食不安全感集中在粮食生产环节，此外，部分源自储存与消费过程。

在生产环节，首先，小农户的粮食不安全感源于村庄劳动力的流失。正如湖南省调研地多位农民所言，"年轻人出去打工后都不愿回来，老一辈人也快没法种地了"，粮食生产面临"无人种地"困境。其次，小农户的粮食不安全感出于对土地破坏或土地利用方式改变的担忧。一些小农户因看到土地被破坏或抛荒而产生粮食不安全感。例如，浙江省调研地一些农民看到当地"梯田抛荒比较严重"，担心粮食安全会受到影响。还有一些小农户则因土地生产利用方式改变（如改种经济作物）而产生担忧。最后，小农户的粮食不安全感还生发于自然灾害所导致的粮食减产或绝产。例如，一些农民反映，"风灾导致玉米倒伏减产"。

在粮食储存过程中，大量使用化学物品引致小农户对粮食质量安全的担忧。有农民表示，"很多人不晾晒粮食，而是直接用防腐剂保存，这是很危险的"。此外，粮食的消费支出压力也加重了部分贫弱农户在粮食获得方面的不安全感。例如，陕西省调研地一户易地扶贫搬迁户表示，"我们搬迁后，没法种地，只能买米吃，养老金买完米，就没多少了"。从国家整体来看，中国粮食产量连续七年稳定在 1.3 万亿斤以上，中国已做到"谷物基本自给、口粮绝对安全"（李晓晴，2022）。但是，作为粮食的直接生产者和重要消费者，小农户基于日常实践而产生的粮食不安全感或担忧值得关注。

区别于基层干部的行政化思维与认知，小农户对粮食安全的感知或担忧直接源于个体具象化的生产生活实践。他们对粮食安全的理解，更加日常化、具体化、多元化。综合上述两类主体的粮食安全认知来看，基层视角的粮食安全既涉及国家粮食安全战略自上而下的行政传导与落地，也与亿万小农户的日常生产生活实践息息相关。因此，我们应秉持整体性视角，在宏观与微观双重视角的基础上更好地理解粮食安全问题。

二　粮食安全面临的现实问题与挑战

上述分析呈现了基层粮食安全认知的整体性图景。那么，粮食安全面临哪些具体的现实问题与挑战？下面将从农业生产的外部性特征以及土地、生产成本、劳动力等要素入手，分析粮食安全面临的现实问题与挑战。

（一）农业生产存在外部脆弱性

农业生产的外部脆弱性是粮食安全面临的一大挑战。众所周知，农业生产具有生产周期长、强烈依赖自然资源、极易受自然环境影响的特征。农业生产的外部脆弱性，在一定程度上对粮食生产造成了负面影响。在调研中，农民普遍反映，粮食生产过程极易遭受旱、涝、霜冻、风灾等气候灾害以及植物病虫害等生物灾害的威胁。这些灾害会严重影响粮食产量，也会在一定程度上削弱农民的种粮意愿。例如，河北省某调研村一位农民指出，村里"干旱20多年了，一年比一年干，一年比一年旱，没水严重影响了种地"；陕西省松涛村村委副主任表示，"未来三年，本村粮食作物的种植面积可能会继续减少，其中一个重要原因就是气候灾害导致粮食产量不断下降，如洪涝灾害导致粮食减产，这严重打击了农民的种粮积极性"。

农业生产的外部脆弱性导致粮食生产极易遭受自然灾害侵袭，而灾害防范机制缺失或不健全进一步加剧了自然灾害对粮食生产的损害，强化了粮食生产的脆弱性。具体来看，农民认为，灾害防范机制缺失或不健全主要体现在两个方面。一是农业基础设施不完善。例如，有农民反映，村庄灌溉水井缺失或老化使他们难以应对粮食生产过程中出现的干旱缺水问题，"在农业生产方面，缺水、干旱，而且没有井，所以只能靠天吃饭"。二是农业保险缺位或不足，这导致农民在遇到自然灾害时，极易蒙受较大损失。调研显示，农业保险之所以缺位或不足，一方面是因为农民参保积极性不高，另一方面则与农业作物保险的理赔标准不透明、程序复杂、赔付比例较低有关。

（二）土地可利用率偏低

习近平总书记多次强调，耕地是粮食生产的命根子（习近平，2019）。耕地方面的问题往往是制约粮食生产的重要问题。调研显示，耕地细碎化导致土地可利用率整体偏低，严重制约了粮食生产活动的开展。这一点在小农户的生产经营方面，体现为耕作难度加大、生产成本提高。例如，河北省某调研村一位农民表示，"自家土地过于分散，不仅不利于机械化，而且灌溉用水花费特别大"。对此，该村党支部书记表示，自己非常支持大面积的土地流转，"本村土地太过细碎，农业生产无论如何也搞不好。因此，需要通过土地流转进行统一规划，如平地种粮食、山地种果木。这样的话，生产成本也能降下来"。

此外，耕地细碎化还间接导致部分农户在生计安排方面存在冲突，进而影响到粮食安全。在 5 省的调研中，不少农民反映，一些外出务工的农民会在自家原本种植粮食的土地上栽树，这严重影响到邻近土地的粮食种植。例如，河北省坡上村一位农民表示，"地肯定是越种越少的，现在村里存在的问题，就是大家的土地都挨着，有人出去务工就栽树，留在村里的人种粮食。树荫遮蔽会导致粮食产量下降，导致原先种粮的农民也开始栽树，这又会影响更多的种粮农民"。此外，耕地细碎化在一定程度上加大了土地流转的难度，"想种粮的人没有土地，有土地的人不种粮"。这既造成了土地资源的浪费，也影响了粮食的生产。例如，河北省某调研村一位农民表示，由于没有足够的土地，他近几年只能维持或减少粮食种植面积。在他看来，"乡村振兴需要充分提高土地利用率。既然大多数年轻人选择外出打工，那么，相关政策要鼓励推动土地流转，让在村里的人有地种，因为没有土地是发展不起来的"。

除了细碎化，耕地流转后地力受损，也严重影响到农民的粮食生产。例如，陕西省某调研村有外来企业流转土地种植特色茶叶，虽然特色茶叶的经济效益较高，但对土地损伤较大，严重影响到农民的粮食种植。正如该村一位农民所言，"企业流转土地种植特色茶叶，搞了两年不搞了，把土地退回来。我现在只能种玉米了。因为特色茶叶种植损害了土地，种水稻已经不行了"。

（三）生产投入成本过高

近年，粮食生产投入成本不断增加，粮食收购价格却始终处于低位，粮食生产的投入与产出严重失衡，这极大地挫伤了农民的种粮积极性。在调研中，农民普遍抱怨化肥、农药等农资价格，农机租赁费用以及劳动力雇用费用过于高昂。例如，在农资购买方面，陕西省某调研村一位农民表示，"现在种子、化肥都贵，家里花钱比较多的地方就是农资购买"。在农机租赁方面，湖南省某调研村一位农民表示，"大型机械往往为种粮大户或合作社所有，一般小农户只能通过租赁来使用。对小农户来说，大型机械的租赁费用过高"。在劳动力雇用方面，湖南省某调研村一位农民表示，"由于自己的农田数量较多，每年在农忙时都需要雇三到四人来完成农活，每人每天的工资是200—300元。这对于收益并不高的粮食生产来说，是一笔不小的投入成本"。

此外，传统农家肥的消失和农资投入量的逐年增加，进一步加大了农民的粮食生产投入压力。例如，在一些调研村，之前农民种植粮食往往使用传统火粪，但现在烧火粪被禁止，农民不得不使用更多化肥、农药。这不仅增加了农民的生产成本，也加剧了环境污染问题。另外，化肥、农药使用量不断增加的"恶性循环"，也加重了农民的生产投入负担。农民纷纷表示，"要想收成好，全靠化肥，所以肥料使用量逐年增加，粮食生产成本也越来越高"，"常年施用化肥，导致土质变差、肥力不足，结果只能一年比一年多，不想施那么多也不行。农药也是一样，用得越来越多，就越来越需要多用，不用就没收成"。

（四）劳动力出现代际断裂

农业生产离不开劳动力的投入，劳动力的数量和质量皆会影响农业生产活动的开展。调研显示，劳动力的代际断裂正成为制约粮食生产的重要问题。

一方面，劳动力的代际断裂体现为老年人在农业生产方面的力不从心与逐渐退场。随着农村人口尤其是青壮年劳动力的外流，农业生产老龄化现象日益严峻。调研显示，在全部或部分由家庭劳动力完成自家农业生产劳动的408户被访农户中，自家农活多数由60岁及以上老人完成。然而，受限于身体状况，不少老年人表示自己越来越难以完成高强度的农业劳动。例如，陕西省某调研村一位农民表示，自家减少粮食种植面积的一个主要原因就是，"自己和丈夫的年龄越来越大，身体也越来越不好，种植粮食需要背、需要扛，需要消耗大量的体力，自己和丈夫已经吃不消了"。湖南省某调研村一位农民也表示，"虽然自家现在的农田数量较多，但是自己和妻子两个人年纪较大，当未来年龄更大的时候，就种不了地了"。

另一方面，劳动力的代际断裂体现为年轻劳动力农业生产技能的短缺及其对农业生产活动的抗拒与逃离。调研中，各省农民纷纷表示，现在很多年轻人没有掌握农业生产的技能，不会种地，"现在30岁以下的人，都不知道怎么种地"，"我们这一代人能凑合种地，我们的孩子们，他们都不愿意种。种地又累又不挣钱，谁愿意种呀"。

（五）政策挤压生产空间

尽管国家出台了一系列强农惠农富农政策，但部分政策与现实之间的偏离和冲突挤压了农民粮食生产的空间，影响到了粮食安全。具体来看，针对粮食生产效益低的问题，国家通过发放种粮补贴来调动农民的种粮积极性。然而，政策补贴力度较小，而且存在偏好规模化经营主体的特征。这导致小农户获得的补贴较少，种粮积极性严重受挫。正如一些农民所言，"种优质稻，一亩只给70元补贴，根本不顶用"，"农业大户能够享受政策上的优惠，小农户却参与不来"，"有的人打着产业大户的幌子，套取政策补贴，获得政府扶持。有的农民种了30亩水稻，却没有得到政府的相关补助"。

（六）种粮主体不断流失

当前粮食安全面临外部环境、土地、生产成本、劳动力和相关政策的诸多限制，粮食生产效益低下。也正因此，基于经济理性的考量，种粮主体不断流失，这进一步加剧了粮食安全问题的严重性。具体来看，种粮主体的流失可根据主体的不同，分为以下两类情况。

第一类情况是，从事农业生产的老年人不断老去，年轻人则不再选择从事农业，小农户这一种粮主体正在不断流失。正如湖南省某调研村一位农民所言，"现在种地赚不到钱，村里的年轻人都不愿意留下来种地。种地就意味着养不起家"。此外，就目前仍在从事农业生产的小农户来看，考虑到经济效益和家庭生计负担，一些小农户逐渐放弃种粮而改种经济作物。例如，河北省某调研村一位农民指出，"之前家里种植粮食作物，后来在儿子的建议下，选择种植桑葚这一经济作物，这比粮食的收益好很多"。陕西省某调研村一位农民也表示，"之前地里种的是粮食，后来改种茶叶，因为茶叶的经济收入高"。

第二类情况是，专业大户、农民合作社等新型农业经营主体也在不断流失。与小农户相比，新型农业经营主体在开展农业经营活动时，会计算劳动成本，也会更看重生产活动的经济效益。鉴于粮食生产的低效益，一些新型农业经营主体存在"非粮化"的倾向。例如，湖南省某调研村一户种粮大户表示，"种水稻根本不赚钱。我一直有一个想法，就是我们小组后面这片山，比较平，适合种茶。如果用这片山来种植茶叶，肯定是可以的。种茶来钱快，效益好"。此外，一些新型农业经营主体在粮食生产方面高度依赖国家补贴。这类主体的粮食生产稳定性非常差，难以成为保障粮食安全的重要力量。正如陕西省某调研村一位农民所言，"专业大户主要是靠国家扶持，要是国家不给他补贴，他就会面临倒闭风险"。

总结来看，粮食安全面临农业生产的外部脆弱性、土地可利用率偏低、生产投入成本过高、劳动力代际断裂、政策挤压生产空间以及种粮主体不断流失等诸多问题与挑战。这些问题相互叠加累积，对中国粮食安全提出巨大的挑战。

三　粮食安全问题的深层逻辑

那么，在国家始终高度重视粮食安全问题的背景下，粮食安全为何仍面临诸多问题？这些问题背后有着怎样的深层逻辑？下面将从结构、制度和主体能动性三个维度入手，剖析粮食安全问题的深层逻辑。

（一）困囿于自然与人口的双重结构性因素

粮食生产深受结构性因素制约。其中，农业生产的自然特性是制约粮食安全的自然结构因素。农业是人类通过社会生产劳动，利用自然环境提供的条件，促进和控制生物体（包括植物、动物和微生物）的生命活动过程，取得人类社会所需要的产品的生产部门。因此，农业生产深受自然环境变化和分布规律、生物生命规律的双重制约（朱启臻、陈倩玉，2008）。一方面，农业生产的空间分布深受环境条件限制，而环境本身具有变动的特点，一些灾害性环境变化（如干旱、洪水等）使农业生产面临较大的不稳定性和风险。另一方面，生物的生命规律意味着农业生产的季节性、周期性和不可逆性。上述因素共同形塑了粮食生产的天然脆弱性，使粮食安全始终面临农业自然特性的制约。

此外，农村社会当前的人口结构特征是制约粮食安全的社会结构因素。在城乡二元体制下，中国农村人口尤其是青壮年劳动力因迫于生计压力而常年在外务工，"农村空心化""农民老龄化""农业边缘化"成为中国广大农村尤其是中西部农村的现实写照。在日益老龄化的人口结构背景下，"谁来种地"日益成为粮食安全面临的重大社会结构性挑战。

（二）政策制度安排与粮食生产之间存在张力

国家部分政策制度安排与粮食生产实践之间的张力，构成了粮食安全目标实现的制度性障碍。这种张力具体体现在以下三个方面。

一是农村的农地经营体制呈现"分之有余、统之不足"的特征，严重限制了粮食生产的规模效益。具体来看，中国实行以家庭承包经营为基础、统分结合的双层经营体制：一方面，强调小农户发挥家庭经营优势；另一方面，强调集体发挥统筹经营的效能，共同助力农业现代化。然而，经过几十年的发展，虽然小农户的经营优势得以充分发挥，但集体经济组织"统"的功能十分薄弱，小农户分散经营的弊端日益凸显。当前，小农户普遍面临土地细碎化、与农业社会化服务衔接不畅等生产经营难题。随着农村土地二轮延包政策的出台，小农户的土地权能被不断强化，集体经济组织发挥统筹作用的空间被不断压缩。这又进一步强化了小农户经营的分散化特征，使其在粮食生产方面的局限性愈发凸显（孙新华，2020）。

二是国家一方面严格控制粮食收购价格，另一方面将农业生产投入环节推向市场，结果导致粮食生产成本与收益失衡。从国家层面来看，粮食安全是国家安全的重要基础，关系到国家经济的大账本、国家安全的大战略。因此，为了维系国家安全与社会稳定，国家在充分发挥市场机制的基础上，对粮食市场实行宏观调控，保障主要粮食品种价格稳定。然而，伴随国家力量在农资生产、流通管理中的逐步退出，私人资本逐渐进入农资、流通领域，化肥、农药等农业生产投入品日益商品化，导致农民粮食生产成本大幅增加，种粮利润空间被不断挤压（陈义媛，2018）。从整体来看，粮食价格稳定的外部经济和社会效益由全社会共享，生产成本不断上涨的代价却由生产者承担，结果导致了围绕粮食生产而产生的社会不公平与不稳定后果。

三是国家的一些政策安排直接或间接忽视了小农户，小农户的生产经营权益存在被边缘化的风险。具体来看，主流观点始终坚持"现代农业主位论"，其具体表征为对规模化农业的迷信崇拜与路径依赖，以及对小农户生产主体的排斥与"问题化"（叶敬忠、张明皓，2020）。在此基础上，种粮补贴等国家惠农政策存在显著的规模化主体偏好。然而，第三次农业普查显示，截至2016年末，中国有农户20743万户[①]，70.0%的耕地由小农户经营[②]，小农户在中国农业生产中扮演着重要角色。部分惠农政策的规模化偏好，在一定程度上偏离了中国"大国小农"的基本国情、农情，损害了小农户的生产经营权益。此外，一些政策（如生态保护政策）在制定时，并未将小农户的生计情况考虑在内，导致政策落地时存在侵害小农户利益的可能。

（三）主体多重理性导致粮食安全面临挑战

在主体能动性方面，不同行动主体的理性行为并非共同促进整体的粮食安全目标，反而可能导致粮食安全始终面临挑战。粮食安全目标所涉及的相关主体遵循不同的理性逻辑。其中，基层干部遵循行政理性，新型农业经营主体遵循经济理性，小农户则遵循生计理性。具体来看，保障粮食安全契合国家整体利益，但各主体分别拥有不同于整体或其他主体的纯粹个体利益。

---

① 国家统计局：《第三次全国农业普查主要数据公报（第一号）》，国家统计局网站，2017年12月14日，http://www.stats.gov.cn/tjsj/tjgb/nypcgb/qgnypcgb/201712/t20171214_1562740.html，最后访问日期：2023年1月19日。

② 于文静、董峻：《全国98%以上的农业经营主体仍是小农户》，中国政府网，2019年3月1日，http://www.gov.cn/xinwen/2019-03/01/content_5369755.htm?cid=303，最后访问日期：2023年1月19日。

就基层干部而言，政策导向的行政理性使其对粮食安全的重视程度取决于上级的考核压力。因此，基层干部保障粮食安全的具体行动，只是不同政策轻重缓急权衡下的行为，随时会因工作重心的转移而发生变化。新型农业经营主体则秉持经济理性。在种粮效益较低的情况下，新型农业经营主体可能会转向非粮化或以套取国家补贴为目标，难以起到保障粮食安全的作用。小农户在粮食生产方面遵循生计理性，即结合家庭生计特点做出理性选择。例如，不少老年人非常重视粮食生产，并将粮食生产作为家庭生计体系的重要组成部分。然而，对于为数不多的留村年轻人来说，考虑到家庭生计重担，他们往往选择放弃种植粮食，改种经济作物或外出打工。尽管国家层面高度重视粮食安全，但基层各主体基于个体理性做出的选择导致粮食安全始终存在问题隐忧。

四　结论与建议

2015 年，中央农村工作会议首次明确提出"大食物观"①。2022 年 3 月，习近平总书记指出，"要树立大食物观，从更好满足人民美好生活需要出发，掌握人民群众食物结构变化趋势，在确保粮食供给的同时，保障肉类、蔬菜、水果、水产品等各类食物有效供给，缺了哪样也不行"②。这一"大食物观"既顺应了人民群众食物结构变化趋势，也强调了粮食安全的重要性，"必须把确保重要农产品特别是粮食供给作为首要任务"③。

本研究从基层视角出发，对粮食安全问题展开探讨，具体包括粮食安全的基层认知、粮食安全面临的现实问题及其深层逻辑等内容。在基层认知方面，基层干部与小农户的粮食安全认知呈现显著差异。在行政压力下，基层

① 陈瑶：《报告研学 | 树立大食物观端稳中国饭碗》，中央纪委国家监委网站，2022 年 12 月 17 日，https：//www.ccdi.gov.cn/toutiaon/202212/t20221217_237011.html，最后访问日期：2023 年 1 月 19 日。
② 《习近平看望参加政协会议的农业界社会福利和社会保障界委员》，中共中央党校网站，2022 年 3 月 6 日，https：//www.ccps.gov.cn/xtt/202203/t20220306_153155.shtml，最后访问日期：2023 年 1 月 19 日。
③ 《习近平看望参加政协会议的农业界社会福利和社会保障界委员》，中共中央党校网站，2022 年 3 月 6 日，https：//www.ccps.gov.cn/xtt/202203/t20220306_153155.shtml，最后访问日期：2023 年 1 月 19 日。

干部将粮食安全理解为一项行政目标，行政化思维明显；小农户对粮食安全的感知或担忧则直接源于个体具象化的生产生活实践，他们的理解更加日常化、具体化、多元化。此外，本研究从农业生产的外部性特征以及土地、生产成本、劳动力等要素入手，指出粮食安全面临农业生产存在外部脆弱性、土地可利用率偏低、生产投入成本过高、劳动力出现代际断裂、政策挤压生产空间以及种粮主体不断流失等诸多问题与挑战。在此基础上，本研究从结构、制度和主体能动性三个维度入手，剖析粮食安全问题的深层逻辑。研究表明，在结构层面，农业生产的自然特性和农村社会的人口结构特征是制约粮食安全的重要结构性因素。在制度层面，国家部分政策制度安排与粮食生产实践之间的张力，构成了粮食安全的制度性障碍。在主体能动性层面，基层干部、新型农业经营主体和小农户基于个体理性做出的选择，最终导致粮食安全整体目标频遭挑战。

基于上述内容可以看出，在保障粮食安全方面，仍然存在几大迷思。例如，"主体迷思"，对农民而言，保障粮食安全与个体增收之间始终存在难以弥合的冲突；对地区尤其是粮食主产区而言，保障粮食安全与发展地区产业之间存在难以化解的矛盾。再如，"政策迷思"，如何处理国家粮食安全战略与基层实践的偏差以及不同政策之间可能出现的实践冲突，是地方政府始终需要面对和处理的难题，而国家粮食安全战略实施过程中所出现的地区不平等，即粮食主产区与非粮食主产区之间不平等的再生产，是国家宏观层面亟须关注的重要问题。总之，粮食安全问题是事关国计民生的重大问题，而上述迷思是解决中国粮食安全问题始终无法回避的矛盾与冲突，对这些迷思的思考与探讨将有助于我们更清晰地理解中国的粮食安全问题。

最后，基于粮食安全面临的诸多问题和挑战，本研究尝试提出以下几点政策建议和行动倡议。在政策层面，一方面，国家应加大粮食生产补贴力度，提高粮食生产补贴标准。其中，针对粮食生产的一切政策支持、项目申请和补贴奖励，都应取消规模门槛，以惠及亿万小农户生产主体。另一方面，村庄应充分发挥集体经济组织在土地资源整合利用、农机提供等农业社会化服务方面的统筹功能，通过承担"一家一户不好办或办不好"的生产事务，破解小农户分散经营面临的现实难题。在行动层面，首先，地方政府应增强粮食安全大局意识，因地制宜地探索地方粮食安全保障体系与可持续发展机制。其次，鼓励家庭农场、农民合作社等新型农业经营主体发展规模化粮食种植，提高粮食生产效益。最后，针对小农户，就粮食安全问题开展宣传教育活动，提高小农户对粮食安全问题的认知。在此基础上，积极引导小农户从事农业生产，争取实现粮食自给自足。

5

乡村社会的雇工

"雇佣劳动"是农业商品化的标志之一，是农民获得额外收入的重要方式，在乡村发展中发挥着重要功能。在乡村振兴背景下，乡村不断增加的用工需求和农民对在村灵活就业的期望，使乡村雇工与乡村劳动力市场进入研究者视野。

在资本下乡的推动下，新型农业经营主体不断推进农地规模化、农业资本化。在此过程中，雇佣劳动是最主要的劳动力组织形式，用以支撑新型农业经营主体发挥规模农业的优势（涂圣伟，2014）。与此同时，中国产业布局的调整也成为乡村雇工需求增加的重要动力。伴随国际国内经济环境的变化，尤其是土地、劳动力等要素资源和环境约束的趋紧，中国东南沿海地区逐渐加快产业的转型升级和向外转移。在脱贫攻坚时期，中国各地基于自身劳动力和自然资源条件，出台诸多优惠政策，积极承接转移产业，为农民在村就业提供便利条件，通过发展乡村产业，创造出更多适合乡村劳动力灵活就业的机会。这些都成为乡村雇佣劳动兴起的重要背景，乡村雇工也成为愈发普遍的现象。

同时，乡村家庭结构和社区劳动力结构随着人口的流动而发生变化，青壮年劳动力向城镇流动造成乡村劳动力存量总体下降，许多农户为了保证农业生产有序进行而选择雇工。短期的、季节性的雇佣劳动可以使缺乏劳动力的小农户保有自主种养的选择，而不至于大规模抛荒或减少种植面积。但从供给端来看，在村人口的劳动能力并不能满足乡村发展所需。

在乡村产业发展不断推进和家庭劳动力规模不断缩小的背景下，乡村劳动力市场同时在供给和需求两端改变与重塑着当前乡村的雇工格局，影响着雇主与雇工的日常生活实践。本研究旨在呈现当前乡村雇工的基本面貌和多样化形式，通过分析雇主与雇工的互动过程，展现雇工实践特点，理解和阐释处在复杂场域中的乡村雇工现象，呈现当前乡村雇工实践中的困境和机遇，并提出相应的对策建议。

一 乡村雇工的普遍性与多样性

伴随城乡一体化发展进程，乡村内部呈现产业融合发展的态势。从传统农业产业到乡村制造业、高端服务业，各种新兴业态的出现客观上增加了劳动力需求，也创造了多样化的农民生计机会和就业机遇。这种多元业态的发展，最显著的一个特点是各种雇主类型的兴起，不仅包括专业合作社、专业大户、农业企业等新型农业经营主体，以及伴随产业转移而来的乡村制造业主体，还包括不时作为临时雇主的小农户。除此之外，农户家庭事务和村庄治理事务日益复杂多元，新的雇佣需求不时出现，村集体等也成为新的雇主。本研究将从乡村生产、乡村家庭生活、乡村公共事务三大领域，呈现乡村雇工的类型和特点。

（一）乡村生产领域

生产活动是乡村社区最重要的活动之一。当前，乡村生产活动已经不再局限于农业生产领域，一些乡村地区开始积极拓展制造业和服务业，推进一、二、三产业融合和新业态发展。此外，农业经营体系不断完善，各种类型的新型农业经营主体成为带动小农户生产的重要力量，也成为农地规模化经营、农业生产效率提升的重要依托。因此，从雇工所涉产业类型角度，可以将乡村生产领域划分为农业生产领域和乡村制造业领域。

1. 农业生产领域雇工

在农业生产领域，规模化经营的主体通过雇工补充劳动力，以开展农业生产，提升经营效益。另外，越来越多以家庭劳动力为主的农业生产单位通过雇工完成家庭农业生产。本研究以生产自主性、市场依赖程度、生产目的、产品是否参与市场流动为依据，进一步将农业生产划分为三类，即完全商品化型的农业生产、半商品化型的农业生产和自给自足型的农业生产。乡村雇工在这三类农业生产过程中呈现不同的特点和趋势。

（1）完全商品化型农业生产雇工

完全商品化型农业生产在乡村越来越普遍。这种农业生产的特征体现在农业生产过程的外部化程度高，从生产到销售环节完全实行市场化运作。在这种类型的农业生产中，雇工成为规模化经营的重要保障。

从雇主类型来看，完全商品化型的农业经营主体以农业企业、专业大户、专业合作社等新型农业经营主体为核心，他（它）采取的是明显区别于传统家庭生产的农业经营模式。对于新型农业经营主体来说，他（它）所拥有的最基本的生产资料是从小规模农户手中流转而来用以支撑其规模化经营的土地。一般而言，他（它）大都已经具备一定的金融资本和物质资本。然而，由于其经营的规模已超过家庭劳动力所能承担的范畴，而规模的扩大往往意味着劳动分工和劳动方式的改变，所以雇工成为其必然选择，以匹配其在土地、资本等方面的规模化投入，完成规模化生产，实现农业经营的商品化和市场化。由于用工事务更繁杂、用工体量更大，所以此类雇工一般数量较多，并会随农业生产季节性变化而有所波动。此类雇工日薪不一定最高但相对稳定，而且这种雇佣关系通常周期更长、合约更稳定（见表5-1）。

表 5-1　调研地区部分完全商品化型农业生产雇工概况

省 份	雇主类型	经营项目	规模/投入	雇佣规模	雇工工资
河北省	农业企业	金银花种植	400亩	需要一定数量的雇工	工人费用：3000元/年
陕西省	专业大户	特色茶叶林下养鸡	16.8亩	需要一定数量的雇工	120元/（人·天）
	专业合作社	蔬菜大棚	220亩	不固定的临时用工	100元/（人·天）
	专业合作社	中药材	7万—8万元	种树苗20人除草打药6—7人	200元/（人·天）
		鸭蛋	—	纵向合作7—8户劳务用工20—30人	分红：3万元/年用工：10元/（人·小时）
湖南省	农业企业	小龙虾养殖	380亩	7人	底薪+提成
山东省	专业大户	苹果种植	30亩	几个短工5个长工	短工：100—500元/（人·天）长工：3.6万—10.0万元/（人·年）
	专业大户	蓝莓大棚苹果代办	11亩投入100万元	需要一定数量的本地雇工	100元/（人·天）
	专业大户	蓝莓大棚	11亩投入66万元	盛果期需雇4个外村人	100元/（人·天）
浙江省	农业企业	特色鱼养殖	10亩鱼塘	几个短工一个长工	短工：100元/（人·天）长工：2800元/（人·月）

（2）半商品化型农业生产雇工

部分小农户农业生产的最终产品除自给外，还可出售一部分。这种介于完全商品化型农业生产和自给自足型农业生产之间的生产模式，是半商品化型农业生产。这种类型的雇工模式，以小农户家庭为雇主主体，以季节性雇佣为特点，在农忙时节通过雇用少量的劳动者降低经营成本。

从种植规模来看，承包较大规模土地或流转入较多土地的农户会倾向于通过雇工完成基本的农业生产。另外，由于种植面积较大，农机也是半商品化型农业生产的重要投入。湖南省照水县某调研村的一位 67 岁老人，家中共 8 口人，但常年在村的只有他和老伴。村里的亲戚、朋友、邻居外出后，为了不让土地荒芜，把水田全部免费流转给了他们，他们现在一共经营着 30 多亩水田。由于年龄增大和身体机能退化，每年农忙时节他都要雇用 3—4 人来帮助完成农活，每人每天的报酬是 200 元左右。他还得同时雇用收割机，每亩 100 元，这对家中的农业生产来说是一笔不小的开支。

从作物类型来看，种植经济作物的农户对雇工有更迫切的需求。受前期资金投入大、种植技术难、种植环节复杂、收获时效性要求高等因素影响，种植经济作物的农户倾向于通过雇工来辅助家庭劳动力完成农业生产。山东省青云县某调研村的一位种植蓝莓的经营者表示，自 2017 年开始，他先后投资 70 万元用于购置大棚和蓝莓育种。蓝莓的种植属于劳动力与技术双重密集型产业，需经过增温、修建、疏花、疏果等多个步骤，每个步骤都需要精心的照护才能保证品质。尤其在蓝莓采摘季节，需要大量劳动力保证收获时效。因此，他会从每年的 6 月（收获季）开始，雇用 4 名采摘蓝莓的女性工人，她们每天工作 8 小时，每天获得 100 元报酬。这些工人一般来自外村，因为 4—6 月需要大量的工人进行套袋工作，而本村劳动力较为短缺。

这种半商品化型农业生产作为一种"过渡形态"，在乡村的比重越来越高。许多半商品化型农业生产者会在赢利后增加投入，扩大再生产规模，走向完全商品化经营，或是在经营效益低下的情况下将土地流转出去，退出直接的农业经营，呈现一定的分化。

（3）自给自足型农业生产雇工

从事农业生产的小农户为满足粮食自给目的而雇用劳动力从事生产的情

况，可称为自给自足型农业生产雇工。调研显示，农业经营特别是家庭农业经营的雇工呈现上升的态势，5.9%的小农户家庭农业生产中有雇工参与，陕西省调研村的这一比例已达13.2%。

这种家庭农业经营的雇工在农民日常生计的考量中显得愈发重要。面对家庭劳动力规模的不断缩小，为了保证基本的农业生产，避免因土地抛荒而增加后续的垦荒投入，越来越多的农户选择通过雇工来完成家庭农业生产。这些雇主呈现相似的社会特征：对于家庭劳动力充足的小农户来说，通过家庭成员之间的协作，就可以完成从播种到收获的整个农业生产周期，从而保证自己在农业生产上的完全自主；对于家庭劳动力不足或家庭成员需要照料的农户来说，雇工是其完成基本农业生产、保证自给自足的一项优选策略。

这种以满足粮食自给为目的的家庭雇佣，呈现非必要不雇工、雇工周期短、工资日结等特征。陕西省红石县某调研村一位留守妇女，家中共4口人，女儿出嫁，儿子与丈夫在外务工，丈夫一个月返家一次。她家中有1.5亩玉米田，因为做过手术，她无法干重活，平时基本上都是在家做家务，到秋季时雇用一两个人收玉米，每人每天给100元。她家收获的玉米全部用于自家的消费，不在市场中出售。

2. 乡村制造业领域雇工

乡村制造业的发展为农民提供了大量相对稳定的就业岗位，是农民嵌入雇佣关系的重要方式。乡村制造业的兴起，一方面契合了制造业在不同地区之间和城乡之间的转移趋势；另一方面与乡村的发展条件和发展机遇相关，相对较低的土地价格和劳动力价格、优厚的政策支持和资金支持都促进了乡村制造业的发展。

乡村制造业领域的雇工与农业生产领域的雇工相比，所需雇工规模更大，雇工更加稳定，雇用时间更长。不同于以劳作天数或种植面积为主要的计薪方式，乡村制造业雇工多以件数的多少计算工资，雇工平均日薪则因地域、工种、性别、日均工作时间等的不同而有较大的差别。由表5-2可见，在浙江省调研村，劳动密集型乡村制造业企业雇工平均日薪达到每人200元的水平，如竹艺制造的平均日薪明显高于村内新型农业经营主体的雇工工资（如表5-1中的特色鱼养殖）。

表 5-2 调研地区乡村制造业领域雇工概况

省　份	雇主类型	经营项目	规模/投入	雇佣规模	雇工工资
陕西省	社区工厂	袜子厂	政府提供：1000 平方米厂房 3 年免租金	20 名工人	计件工资 月均 1500—3000 元/人 夜班补助 20 元/（人·天）
山东省	制造业工厂	服装加工厂	—	20 多人	高于同行
	制造业工厂	针织厂	固定投资 300 万元	30 多名长期工人	4000 元/（人·月）
	制造业工厂	针织厂	—	150 人	来料加工：0.07 元/件
浙江省	制造业企业	竹子编织 竹子建筑 竹子雕刻	600 亩竹林	平时 10 人 旺季 50—60 人	200 元/（人·天）

（二）乡村家庭生活领域

在乡村家庭生活领域，雇工紧密伴随个人生命周期和家庭生命周期的发展而出现。例如，因建房子、办婚礼、养老、办丧事等重大"仪式"或"过程"而产生的对劳动力的需求，已无法通过传统家庭或家族内部成员或乡邻之间互助而满足，相关的活动或环节越来越需要通过商品化的雇工来实现，而且随着雇工在这些领域逐渐普遍化，原来的劳动互助形式越来越难以为继。

尽管有不少农民出于对子女婚姻和后代教育的考虑而进城买房，但是仍有一部分农民选择在家盖房或翻新旧房。在传统乡村社会，建房不是家庭内部的私事，而是一项集体性很强的活动，除具有一定专业性和技术性的砌墙、粉刷等，一些辅助性的活动往往需要依靠亲戚和邻里帮工来完成，这些往往是在乡村场域内跨越时间和事件的"交换"与"互助"。然而，这种充满互惠色彩与合作性质的帮工，在今天的乡村已经发生改变，建房完全变成私人事务，从房子的设计到施工、装修，都有专门的建筑团队来负责。村中有技术的农民加入各种类型的施工队伍，这些队伍在村庄之间流动，向附近的农民提供有偿建筑服务。值得注意的是，随着雇工的价格不断上涨，建房成为许多乡村家庭负债的一大原因。

婚礼和丧葬等红白喜事不仅在雇工的模式上发生了与建房一样的变化，在操办的规模和形式上也发生了变化。越来越多的乡村家庭选择"一条龙"

式的服务队。以婚礼为例，从接亲、宴请到婚礼仪式都交由固定的团队包办，村民之间的相互帮忙成为辅助手段，许多村庄也因此建立了专业的"红白理事会"。

乡村家庭生活领域的雇佣选择与个体、家庭紧密相连。在雇佣模式的长期发展和演变中，雇主仍然是农民家庭，但受雇者逐渐变成市场化的服务队，变成"一站式"的运作团队。在这个过程中，因乡村人口老龄化程度加深而出现的养老等新需求也体现出农民家庭生活中新的变迁动态，并对村庄内的雇工关系提出新的挑战。

（三）乡村公共事务领域

在乡村公共事务领域，雇工也成为一种新的趋势。这一类雇工的特点在于其"公共性"，即雇主是村集体或村庄其他自发组织，具有群体性和服务性的特征，雇工的目的往往是增加全体村民共同的福祉，维护和促进集体利益。调研地区乡村公共事务领域雇工概况见表5-3。

表5-3 调研地区乡村公共事务领域雇工概况

省 份	雇主类型	雇工特征	从事的活动	工资结算
河北省	自发的村民团体	外来剧团	戏曲演奏	村民集资发放报酬
	村集体	本村村民	保洁员	村集体发放报酬
	村集体	本村村民	收垃圾、打扫公共厕所	村集体发放报酬
	村集体	本村村民	防火、防疫、乡村维修	村集体资金缺乏，难以结算
湖南省	村集体	施工队	公路建设、文化广场建设、垃圾分拣中心建设	上级部分资金支持、村民自筹，仍亏欠施工队部分工资
	自发的村民团体	本村工人	修路、筑路基	未通过验收，上级资金未发放
浙江省	村集体	本村村民	打扫卫生	村集体发放报酬
	村集体	建筑工队	广场修建、大楼翻修	上级拨款

在乡村公共事务方面，存在两种核心雇主类型——村集体和自发的村民团体。从雇工的主要目的来看，村集体雇工主要是为了村内大型项目建设、维护公共设施等，如水利设施、垃圾站等，有时也会因一些应急性的事务或检查、评比活动的组织等而雇用村庄劳动力完成；自发的村民团体雇工主要是为了满足村民共同的迫切生活需求，如修整村组道路等，且往往是因为这

些需求没有从村集体那里得到满足，才自发结成团体来改善生活条件、维护公共福祉。此外，以基层政府为雇主的"以工代赈"模式和公益性岗位在乡村也越来越普遍。这些方式通过鼓励受助者参加工程建设，使其获得相应的劳务报酬，实现低收入人口收入水平的提升。

二　乡村雇工的实践逻辑

当前，雇工现象已经超出传统农业生产领域，不仅延伸到乡村制造业领域，也扩散到乡村家庭生活领域和乡村公共事务领域。乡村雇工实践中的互动逻辑也随之发生改变，并进一步影响着乡村内部的社会关系和农民基本的行事逻辑。

（一）商品化的雇工策略

雇主与雇工的私人关系是传统乡村雇工、换工、帮工的重要考量因素，社会关系是构成传统雇佣关系的基础。然而，这种雇佣基础在当今的乡村社会呈现消退的趋势，并逐渐被一种新的雇佣基础取代。河北省千山县某调研村一位留守妇女提到，过去村里种地都是妇女互相帮忙，自己干完活之后会再帮别人干一下。她说："妇女都不容易，大家都是邻居，闲着也是闲着，过去帮一点也好，为什么要分那么清楚呢？"但她也提到，现在很多人不愿意帮工，因为那些人说："你丈夫出去挣钱，我凭什么帮你种。"传统的生产互助形态逐步转变，互助观念逐渐减退，取而代之的是基于"明码标价"的市场关系，雇主和雇工的关系表现出一种市场化的形态。在这种形态中，雇佣原则更多呈现一种权宜理性的特征（任宇东，2015）。这也就意味着雇佣已不必完全基于既有关系，雇佣策略也由此发生了理性化转向。

首先，在雇工的选择上，不同领域的雇佣有不同标准的考量。在生产领域，生产效率成为首要考量标准，因而这一领域的雇工选择呈现性别和年龄偏好：在年龄上，偏好年轻劳动力成为普遍现象；在性别上，依靠体力的生产活动有明显的男性偏好，而精细化的生产活动有明显的女性偏好。在公共事务领域，雇佣表现出一定的针对性、福利性特征，乡村中的五保户、单身汉和家庭生计困难的老人是主要的受雇群体。

其次，在乡村劳动力普遍短缺的背景下，完全以人情为雇佣条件的策略显得难以为继，越来越多的雇主通过提供实际利益来寻找雇工。山东省某调研村的蓝莓种植大户通过在村内外寻找熟人关系并支付工资的办法预订劳动力。山东省某调研村的针织厂通过开出比同行更高的工资来吸引劳动力，并且会在每年的年底给工人发红包以在来年留住工人。陕西省某调研村的袜子加工厂则会结合政府的扶贫项目，在相关政策的整合推动下，雇用本村贫困人口作为劳动力。陕西省红石县某调研村的社区工厂通过调整上下班时间、允许工人将计件工作的原材料带回家加工、配套设置儿童照料空间等各种措施，满足女性员工在工作的同时需要照顾家庭的需求。

这些雇佣策略的转变，是雇主为了维持生产水平而不得不做出的抉择。从长期来看，这种理性化的雇佣策略难以改变乡村劳动力短缺的困境，甚至会加剧雇主之间的竞争，提高本就利润微薄的涉农产业的经营成本。山东省某调研村的针织厂老板表示，现在工厂的用工成本很高，利润非常低，中国的劳动力订单也在逐渐减少，很多已经流向越南、印度等市场，因为那里的劳动力价格更低。他表示，目前企业经营困难，如果不是为了村里的这些工人，他早就不想干了。

（二）精细化的雇工工种

乡村社会转型发展的一大动力来自社会分工。村庄内部的社会分工，让原本发挥多种功能的单一主体开始向发挥单一功能的多种主体转变。涂尔干（2000：89-92）指出，这种社会分工是一种社会事实，也是以根深蒂固的集体意识为核心的机械团结向以高度社会分化为特点的有机团结转化的动力。在现代性冲击下转型的乡村社会，其雇工实践在微观层面表现出工种精细化的特征。

在农业生产方面，生产环节的复杂化、精细化、机械化让原本仅依靠农民智慧和家庭劳动力的农业生产有了新的特点，这种趋势体现在种植作物变动带来的变化上。黄宗智（2016）认为，当前中国的农业生产正在经历一场隐性的农业革命。区别于通过增加投入的方式提高农业生产效率，作物类型的转变成为这场农业革命的最大特点，这与居民饮食消费结构的变动十分契合。这种由传统的以劳动力密集为特点的粮食作物生产向资本与劳动力双密集的经济作物生产的转变，带来了农业生产环节的复杂化和投入的增加。农业种植结构的调整，加速了更加精细的劳动分工。

此外，为了提升产业效益，越来越多的生产者通过延长产业链的方式，减少中间环节的效益损耗，从而获得更大化的利润。产业链的延长对雇工工种提出更高的要求，从生产、流通到销售需要不同的专业技术人员来承担，如需要种植工人、农业管理工人、农业技术员、农机操作员等。这些因产业链延长而产生的不同工种，正是雇工工种精细化的现实呈现。

这种工种精细化的趋势也出现在乡村家庭生活领域和乡村公共事务领域。乡村内部私人领域和公共领域的界限划分愈来愈清晰，原本在一定程度上属于乡村公共事务的婚丧嫁娶等仪式，以及修路、盖房等事务，逐渐回归到边界明晰的私人领域和公共领域。在这种背景下，乡村的雇工行为不再局限于雇用村庄内部劳动力，而是转向雇用社会化服务队和专业人员。这些具有专业技术和职业精神的劳动力雇佣脱离了乡土逻辑，带有强烈的市场化色彩。雇主与雇工之间的关系也发生了改变，从基于乡土情感的社会关系转向基于理性计算的市场契约关系。

（三）常态化的雇工思维

"有偿雇佣"作为一种新的思维方式，深刻影响着乡村雇工过程，以及农民在农业生产、家庭生活和公共事务等方面的行为选择。农民对市场规则的逐渐掌握，也让他们在雇佣关系中越来越重视劳动产出与劳动报酬的"等价交换"。

中国的乡村在血缘和地缘的双重维系下体现出紧密联结的特点，乡村社区基于"差序格局"形成了一个"合作""互助"的乡村共同体（费孝通，2012：42-44）。农业生产中的邻里帮工、家户之间的换工、仪式性事务上的共同协作，无不体现了人与人之间的"互惠交换"。斯科特（2013：216）在东南亚的乡村生产中也观察到互惠原则的产生，当地人会在插秧和收获的季节进行换工和帮工；在泰国乡村，这种互惠也被看作支持家庭内部和家庭之间社会行为的基本原则。

然而，通过对三大领域雇工现象的考察，可以发现这种基于互惠原则的"帮助"正在伴随劳动力商品化的过程而不断消失，取而代之的是一种常态化的以金钱结算为基础的雇工模式。从家庭农业生产中没有正规合同，仅口头约定报酬的雇工模式，到新型农业经营主体和部分乡村工业相对正式的雇佣合约与精细化的报酬结算方式，展现了当前雇工模式越来越"规范"的趋势。这种基于理性计算的雇工思维也逐渐扩散到乡村家庭生活领域和乡村公共事务领域，具有共同体特征的互助精神以及共同体成员对公共领域的自觉贡献意识逐渐被基于经济理性的常态化雇佣替代。这种常态化雇工思维逐渐成为一种深入人心的思维模式，重塑着村庄内部的社会交往关系与农民的处事方式。

三　理解乡村雇工图景

上文对当前乡村雇工整体图景的分析，呈现了当前乡村劳动力结构性失调的问题，以及乡村雇工需求和雇佣类型多样化的趋势，也以行动者的视角展现了雇主与雇工互动过程中的新特征。通过对当前乡村雇工实践的全景透视，我们也可以洞察出更深层的挑战和机遇。

（一）乡村雇工中的劳动力结构性失调

在当前乡村雇工实践中，雇佣形式与雇佣策略的变化，根源于乡村劳动力结构性失调。乡村雇工中最普遍的劳动力群体是留在村庄中的农民。调研发现，在村农民呈现非常高的受雇比例，他们普遍通过兼业的方式获取农业种植以外的收入。45.0%的被访农民从事非农工作或兼业，仅从事农业生产活动的被访农民只占37.6%。而这种现象在浙江省调研村更为明显，相较于24.1%的被访农民只从事农业生产，占比高达49.1%的被访农民从事非农工作或兼业。较高比例的兼业现象，反映了在村农民普遍受雇的现实及其迫切的就业需求。

然而，乡村劳动力存在一定的结构性失调，限制着农民就业质量的提升和基本权益的保障。这种结构性问题集中体现在劳动力总量减少、老龄化、女性化以及可从事的工种逐渐单一化四个方面。

年轻人的快速流失改变着乡村劳动力的数量结构、年龄结构和性别结构，这成为影响农业生产效率的重要因素。调研资料显示，在当前乡村，从事农业劳动的群体主要是40（含）—60岁的女性，其次是40（含）—60岁的男性和60（含）—70岁的男性。年轻人的外出，让中老年人成为村庄劳动力的主体。

此外，随着农业生产的精细化和流程化，乡村劳动力可从事工种的单一化成为雇佣选择中的另一大阻碍。留在村里的老人、妇女受体力和文化程度的限制，仅能从事一些简单的工作。对于越来越多样化的农业生产需求，以及需要不断延长产业链、扩大经营规模以提高经济效益的在村企业来说，这种劳动力结构的特点极大地限制了发展。浙江省天歌县某调研村的竹艺工厂负责人表示，与另外一个地区不同，那里有完整的产业链，整条产业链不是一个人在做，而是大家一起在做，如拉丝的拉丝，压竹板的压竹板，工厂只需要组装就好；他们现在则只能依靠一个人，既要做这个又要做那个，每一样都要做专业很难，成本也高。现在村里年轻人不愿意做，老年人年龄大了学不来。

（二）乡村雇工中的年龄排斥与性别排斥

排斥是当前乡村劳动力市场的又一大特征。经典的劳动力市场分割理论将劳动力市场划分为主要部门和次要部门，主要部门意味着更高的工资、更好的工作环境和更高的社会地位，次要部门则意味着较低的工资、较差的工作环境和较低的社会地位（李骏，2016）。在城市劳动力市场中，这种排斥表现在，农民工就业通常只能进入对身体损耗较大的低薪行业，常常因为文化程度、身份等被排斥在需要脑力劳动、薪酬更高的工作之外。在当前乡村劳动力市场中，这种排斥因乡村劳动力老龄化、女性化等而呈现愈发严峻的特征，此外还表现出区别于城市的独特形式。当前乡村劳动力市场中的排斥，主要体现在年龄、性别和就业类型三大方面。

年龄、性别的排斥常常体现在给付工资待遇上。在山东省调研地，一位苹果代办户表示，当前女工工资是每天150—160元，而男工是每天200元，老年雇工则只有每天100元。这种"同工不同酬"的雇佣策略，对老年劳动者和妇女劳动者造成了无形的排斥。不仅如此，一些雇主还会在寻找雇工时优先选择年轻男工，只有在找不到年轻的男性劳动力时才会选择雇用女性和老人。

乡村雇工市场对特定劳动力群体的各种无声排斥，进一步表现在对其工作机会和社会保障的削减甚至取消。一方面，外出务工的农民面临因年龄而被"清退"的风险。城市劳动力市场对农民工的排斥和挤压，迫使"超龄农民工"返回乡村，他们在城市的就业机会被剥夺。另一方面，农民不仅面临农业生产利润低和风险大的双重挑战，还不断被卷入各种新兴的雇佣关系之中。这些雇佣关系往往缺乏正式合同作为法律依据，缺乏工伤保险、医疗保险、养老保险、失业保险等必要的劳动保障，只能在稳定状态下满足乡村生产生活需要，为受雇农民提供收入，而在外界发生变化时将增加农民生计的不确定性和风险。调研发现，山东省调研村的针织企业并未与当地（以农民为主的）雇工签订任何合同，乡村雇工也随着工资的波动在多个企业间任意流动。为降低经营成本，该企业并未为乡村雇工购买劳动保险。这种没有保障的雇佣关系存在诸多潜在风险，一旦雇工在工作中受伤或发生纠纷，他们将难以拿起法律的武器来维护自己的合法权益。

城乡劳动力市场中普遍存在的排斥和乡村雇工普遍无保障的状况，在乡村失调的劳动力结构基础上进一步加剧了乡村雇工供需双方之间的不平等，增加了雇佣关系的不稳定性。

（三）乡村雇工中的新需求与新特征

调研发现，随着人口结构的变化与发展路径的变迁，乡村不断涌现新的雇工需求，或长期存在的雇工现象呈现一些新的特征。例如，大量年轻人外出让乡村老人的养老成为亟待解决的问题，有空巢老人希望通过雇用护工的方式实现居家养老。虽然当前已经有部分地区提供相关方案，但这种模式给乡村老人带来较大的经济压力，如山东省某调研村一位老人反映每年要支付2.2万元的费用给雇工。除了雇工费用高昂之外，雇工的养老专业技能水平和资质往往也难以得到保证，同时养老需求突出的乡村尚未建立专业的服务队伍。

乡村雇工所涉行业也呈现新的特征，对受雇者提出新的要求。随着网络化和数字化时代的到来，直播带货成为新的销售模式。例如，陕西省某调研村的一个专业合作社通过直播销售的形式出售农产品。专业合作社的负责人依托互联网平台，通过雇用网络主播来销售农产品，以广大网络消费者为目标群体。在这种销售的过程中，专业合作社的负责人为雇主，有直播技能的网络主播为雇工，实践着乡村中新的雇佣形式。从掌握的技能来说，这类雇工与传统的掌握农业生产技能的农业雇工不同，他们可能并不具备相应的农业生产技能，却具备网络技术运用、推广销售以及其他与互联网联系紧密的"城市化"的技能。在雇主与雇工的互动方面，传统的农业雇工往往处于受控地位，雇主的任务和命令就是雇工的"操作指南"，雇主也随时可以在现实中对雇工的劳动过程进行各种形式的控制；而对于上述新型雇工来说，他们和雇主往往处在不同的地点，雇主很难对他们的劳动进行现场控制，他们也往往由于掌握着独特的技能而与雇主的关系更加平等，雇主的安排在一定程度上依赖于雇工的建议和反馈。

在农业现代化的过程中，乡村雇工已经不再只是掌握农业生产经营技能的农民，还可能是经过养老培训的专业护工，掌握互联网技术的博主、网红，熟练应用办公软件的大学生，等等。这些具备新特征的雇佣行业和新的雇佣需求，与当前乡村人口的外流、在村劳动力的结构性特征、农业资本化的趋势等因素紧密相连，共同塑造着乡村雇工新的格局。

四　结论与建议

在全面推进乡村振兴和加快农业农村现代化的过程中，农业多元化发展、农地规模化、农民流动加剧、农村劳动力规模缩小等现象日益显著。这些现象使"乡村雇工"问题亟须获得研究关注以及政策层面和行动层面的回应。当前，乡村雇工呈现主体多元化、形式市场化等特征。多元化的雇工图景也启发我们对乡村剩余劳动力、乡村社会关系和农业生产模式进行思考。

本研究发现，当前乡村雇工现象普遍存在于乡村生产领域、乡村家庭生活领域和乡村公共事务领域。有别于未受市场化冲击的传统乡村雇工，当前的乡村雇工呈现雇工策略商品化、雇工工种精细化和雇工思维常态化等特点。从乡村现有人口结构和乡村振兴各方面事务需要角度来看，乡村目前面临劳动力和人才严重短缺的问题，乡村不再是城市发展的"劳动力蓄水池"，巨大的劳动力和人才缺口制约着基本的农业生产经营和乡村产业发展。因此，研究和分析乡村雇工中雇佣双方所面临的困境，并从政策和行动层面努力破解与应对，是全面推进乡村振兴进程的重要课题。

在具体举措层面，首先可以从产业发展入手，打造优质的乡村雇工平台。通过拓展供应链、延伸产业链，完善乡村产业结构，推动乡村产业发展与多样化、高质量的就业岗位供给之间的联系；发展因地制宜的就业形式，切实提高农民的收入水平，吸引在外务工的农民返回乡村发展；对带动乡村就业发展的各类主体给予特定的扶持和补贴，提升农业经营的整体效益，提高其雇用劳动力的能力和工资支付水平。其次，可以在乡村提供适老化的和针对女性特点的岗位，鼓励和支持带动老人和女性就业的小工厂、小作坊，推动灵活就业；通过就业培训，实现农民在就业机会上的平等，充分发挥老人和女性的人力资源价值。最后，可以在城镇推行"弹性退休"方案，为仍有劳动能力和劳动意愿的农民工提供就业机会，同时探索城乡统一的劳动保障体制。

"雇佣劳动"作为马克思主义的一个经典命题，是农业转型过程中的一个重要标志。对雇佣劳动话题的探讨，更是从宏观和微观两个层面与对农政问题的回答紧密联系在一起（叶敬忠，2022），它涉及农业生产过程中不同生产环节的安排形式、农民群体内部的社会关系与分化，还体现着乡村社会更广阔的"联结方式"和"互动规范"的图景。乡村场域内部的"劳动问题"作为透视乡村社会变迁的重要维度，也应被纳入研究的视野。

6
数字乡村的建设

近年来，数字技术不断融入乡村生活。从早年的淘宝村、信息惠农，到如今的电商下乡、直播带货等，数字技术作为一种新的生产要素，重塑了乡村社会固有的结构和形态，推动农业转型升级、农村治理与服务水平提升、农民生活数字化与智能化，并成为农业农村现代化的重要支撑。作为乡村振兴的战略方向、建设数字中国的重要内容，数字乡村及其理论与实践已经成为政策设计和学术研究的热点主题。党中央高度重视数字乡村建设，并就此做出一系列指示和规划。2018 年中央一号文件首次提出"实施数字乡村战略"，随后连续四年的中央一号文件均对建设数字乡村做出明确指示和规划。2019 年 5 月，中共中央办公厅、国务院办公厅印发了《数字乡村发展战略纲要》①。随后，相关部委相继发布《数字农业农村发展规划（2019—2025 年）》《2020 年数字乡村发展工作要点》《数字乡村发展行动计划（2022—2025 年）》等一系列文件。这些政策文件对数字乡村建设的总体思路、推进路径、重点任务等做出详细部署和战略安排，为持续深入推进数字乡村建设提供了根本遵循。与此同时，各地相继出台了关于数字乡村的建设方案和创新举措，积极探索建设数字乡村的新模式，逐步完善了数字乡村的政策体系与整体格局。

关于数字乡村的社会研究主要集中在三个方面。首先，围绕数字信息技术赋能乡村生产、乡村治理、乡村公共服务、乡村文化、乡村教育等领域，阐述数字乡村建设对乡村振兴和农业农村现代化的重大意义（曾亿武等，

---

① 该纲要指出，"数字乡村是伴随网络化、信息化和数字化在农业农村经济社会发展中的应用，以及农民现代信息技能的提高而内生的农业农村现代化发展和转型进程"。按照该纲要的部署，数字乡村建设的范围涵盖乡村信息基础设施建设、农村数字经济、农业农村科技创新供给、智慧绿色乡村、乡村治理能力现代化、信息惠民服务等多个领域。

2021）。其次，分析数字乡村建设的现状，提出推进数字乡村建设过程中存在的问题（王廷勇等，2021；冯朝睿、徐宏宇，2021）。最后，结合国际、国内数字乡村建设的实践经验，针对数字乡村建设的实践困境，从产业、治理、文化等多维角度提出数字乡村建设的推进路径（沈费伟、叶温馨，2021；刘少杰、林傲耸，2021）。这些研究和讨论为我们理解数字技术对乡村振兴的重大战略意义提供了有益的借鉴。总体而言，既有研究多从理论层面阐释数字乡村的内涵、意义及其面临的挑战，或从应然层面提出推进数字乡村建设的路径，而较少从实践层面展现数字乡村建设的基本现状；既有研究较多侧重数字乡村的某一领域，而较少从整体性视角出发，结合具体案例分析数字技术对乡村社会的多维影响。本研究从农民的视角出发，重点关注数字技术嵌入并形塑乡村社会的具体路径，在此基础上分析数字技术对乡村社会的影响和数字乡村建设面临的现实困境，以期完善数字乡村的相关研究，为数字乡村建设的优化路径提供参考。

一　数字技术在乡村的应用与实践成效

根据数字乡村建设的概念与内涵特征，本研究认为数字技术对乡村社会的形塑可分为四大维度，即数字基础设施建设、农业数字化转型、乡村治理数字化、农民生活与公共服务数字化。本节将结合调研情况，分析数字技术在乡村社会的应用与实践成效。

（一）数字基础设施的服务供给

数字基础设施建设是数字乡村推进的基础。5 个调研县基本实现了行政村光纤网络、移动通信网络、有线电视网络、电商网点全覆盖，4G 网络覆盖率明显上升，浙江省天歌县、陕西省红石县等地还在有序推进 5G 网络试点示范和公共区域无线局域网全覆盖。在使用可及性上，农民正在享受由数字技术带来的基础红利（邱泽奇等，2016）。调研显示，就宽带网络和移动设备的拥有情况而言，76.1% 的被访农民家庭安装了宽带网络，37.3% 的被访农民家庭拥有电脑（含平板电脑）。一位农民表示，"我使用智能手机相对熟练，平时会用手机交话费、网购、看新闻、刷抖音"。这表明，乡村数字基础设施的广覆盖、便利化等有效促进了农民对互联网的使用，也方便了农民的生产生活。与此同时，农民对移动通信网络、基础物流等数字基础设施的满意度也在逐步提升。调研显示，76.9%的被访农民对村庄物流基础设施表示满意，86.7%的被访农民对村庄网络通信设施和服务表示满意。

然而，个别调研地区还存在数字基础设施条件较差、农民的数字意识落后等问题。例如，受限于地理条件与自然风貌，河北省千山县、陕西省红石县等地山区较多，且村民居住较为分散，这导致数字基础设施接入的成本较高，技术难度较大。此外，一些村庄虽然接入了宽带网络，也覆盖了4G和5G信号，但是其互联网使用率、普及率仍然处于较低水平。一方面，农村上网贵、网速慢等问题依旧突出，由此降低了农民的互联网使用意愿。湖南省调研村一位农民说："不需要烦琐昂贵的网络套餐。邻居一位老人因为孙子回家过年而装了宽带，现在一个月要一百多块钱的宽带费，一个月的养老金都付不起这个钱。虽然赠送了好几个手机号码，但实际都没什么用，而且一旦宽带欠费，手机也不能用了。另外，需要提高网速。"由此可见，乡村老年人平时对网络的需求并不多，但为了满足年轻人间歇性返乡时对网络的需求而接通网络，但网络套餐过于昂贵以及并不能取消或有选择地使用给老年人带来较大的经济负担。另一方面，部分农民受限于文化程度不高、数字技术不熟练，很容易因操作不当而被数字平台扣掉很多费用。调研中，湖南省调研村一位农民反映，"有些时候莫名其妙被订购了彩铃等服务，且安装宽带之后，运营商可能会先给一些'便宜'，然后会逐渐收取高额套餐费用"。农民因而不敢轻易安装和使用宽带网络，并对数字技术将信将疑。

（二）农业的数字化转型

数字技术促进农业转型的逻辑在于，作为一种新的生产要素，数字技术进步融入农业的生产、流通与销售等环节。在农业生产环节，数字技术能够促进农民科学生产决策、提供专业化农技指导、高效提升农产品质量等。在农业流通和销售环节，可以利用数字技术建立现代物流体系，通过数字平台畅通农产品信息渠道等，从而促进小农户有效对接大市场。

1. 农业生产智能化

第一，在农业机械化方面，数字技术推动了农业生产工具的智能化升级。例如，湖南省照水县大力发展农机产业，鼓励自主研发高端农机装备，运用先进技术和工艺对传统农业机械进行信息化、智能化改造，以机械化推进农业规模化、产业化、高效化。第二，在农业技术方面，随着"智慧乡村""益农信息社"等逐渐深入乡村，各种农业技术培训开始由线下走向线上，由此拓宽了农民获取农业信息和农业技术的渠道。调研中，一位农民表示，"由于在果园做工，现在养成了一个习惯，就是每天都会在抖音上看苹果树的种植及养护技术培训"。以抖音、快手为代表的短视频平台正在成为重要的农业技术传播渠道。短视频提高了农业技术传播的速度，有助于农民了解先进的农业技术。第三，在农业信息方面，以往作为单个生产主体的小农户，无法有效获取市场信息，这容易造成农产品供给与市场需求不匹配，不过近年来农村电商的发展促进了生产要素数字化，这能够使农民迅速了解农产品市场信息，从而降低不同生产主体信息不对称的风险。第四，在农业生产经营方式方面，农村电商的发展促进了产销对接和小规模农产品的市场化。例如，陕西省红石县探索出"电商+专业合作社+特色茶叶基地+原贫困户"的产业发展方式，通过电商发展专业合作社，使专业合作社与种植基地和原贫困户建立订单种植收购关系，再有计划地指导农户种植。该县通过专业合作社开展电商业务，促进小农户与电商企业对接发展，进一步优化了农村双层经营体制，提升了小农户参与市场的能力。

2. 农产品流通与销售网络化

在农产品流通方面，随着乡村数字基础设施的不断完善，现代化的乡村物流体系日益形成。以数字技术为支撑的电商平台将农产品流通环节中的农民生产者、中间批发商、零售商等主体联结起来，使他们在农业产业链条中的各个环节都能够准确高效地把握市场需求，由此降低了流通环节的交易成本和风险。在农产品销售方面，农村电商促进了农产品销售方式的多样化发展，突出表现为拼多多、京东等大型电商平台纷纷深入乡村，通过直播带货、网上店铺等形式，将乡村特色农产品推向城市，有效地解决了农产品销售难的问题。例如，陕西省红石县利用电商发展的契机，成功打造了特色农业品牌，其特色茶叶品牌产品通过电商销往全国各地，网销比例达到 80.0% 以上。此外，红石县建成了县级电商产业园，累计培育了 113 家电商企业和 1000 多家活跃网店，农产品电商年销售额达 15 亿元。再如，湖南省照水县竹西镇借助电子商务、淘宝等互联网业态进驻村庄，通过构建线上与线下相结合的销售体系，实现了脐橙、芦笋等农产品走向北上广深等一线城市，由此拓宽了农产品销售渠道。农村电商通过使农产品生产者和经营者与互联网产业相互嵌入，重构了农产品商业模式，进一步发挥了电子商务的驱动效应，推动了互联网与乡村一、二、三产业的深度融合。

作为电商发展的新阶段，直播带货是近年来各地乡村振兴和网络扶贫在农村电商模式上的全新探索。传统农产品面临销售渠道单一、市场信息获取不足等困境，而直播带货作为一种新型的农产品销售模式，具有实时性、高效性和便捷性，能在各种生产要素的流动和分配中起到协调作用。例如，浙江省某市正在推进建设以电商直播为载体的村播基地，探索"直播+产业"的发展模式。村播基地推动了现代农业与乡村特色休闲旅游、民宿、美食等产业的深度融合。目前，该市已与12个省份的56个县（市）开展村播领域合作，培训新农人15.9万人，销售农产品1.78亿元，直播辐射人口超过1.5亿人。直播带货还培养了乡村新一代职业农民，各种电商培训增强了农民的信息化能力和素质，有利于为乡村创造就业岗位，解决就业问题。

综上所述，数字技术作为一种新的生产要素融入农业的生产、流通和销售全产业链中，推动了农业生产智能化、农业流通高效化和农产品销售途径多样化。然而，调研发现，农业数字化转型过程中还存在诸多短板。例如，农业生产与信息技术的融合程度依旧偏低，农业机械化水平提升和物联网建设缓慢，农业信息数据库建设不足，农村电商发展的配套基础设施仍较薄弱，农业技术培训尚未体系化和常态化，电商人才严重不足，等等。这些问题影响了乡村地区产业新业态的发展和产业结构的转型升级。另外，互联网+产业发展呈现较大的地区差异。例如，浙江省某市借助村播等形式，形成了电商产业群。陕西省红石县作为"电子商务进农村"全国示范县，在农业技术开发、农业流通方式创新和农产品销售渠道拓展等方面取得较多成果。以上两地的互联网+产业均获得较快发展。而河北省千山县、湖南省照水县等地农业的信息化水平较低，农业的数字化转型进程缓慢。这一方面由于各地在政策导向和资金投入等方面存在较大差异；另一方面由于不同地区数字技术与乡村产业融合的基础条件差别较大，由此产生了不同地区之间较大的数字产业发展差距。此外，在信息化熟练度上，部分农民因技术水平较低而存在农业机械化设备尤其是数字化设备操作方面的困难。湖南省照水县某农机公司的负责人说："至少有一半的农机毁坏是因为农民的不合理使用，所以教授农民合理科学地使用农机是做好售后工作的重要一环。"在信息化观念上，农民对于农业信息技术、农业机械化等还存在一定的心理距离和接受不足。许多被访农民认为，机械设备成本太高，操作起来比较困难，在农业生产中谈互联网信息技术和数字化过于"浪费"。

（三）数字技术融入基层治理

1. 数字技术与基层治理的范式转变

随着数字技术在乡村治理领域的推广应用，调研各地产生了互联网+基层党建、互联网+政务服务等数字治理的新方案和新形式。调研发现，微信已经成为调研各地乡村治理的有力工具。例如，河北省千山县坡上村设立了本村的微信群和微信公众号，将各种涉及村庄的政策与村务动态在微信群或微信公众号上发布，使外出村民也可以通过线上的方式参与村庄公共事务。村庄创建微信群和微信公众号，能够使村民更加便利地获取各类政策信息，实现信息透明化，提高乡村治理效率。由此可见，在基层治理中，数字平台可以发挥快速高效传播的优势，促进村民积极参与村庄公共事务的讨论与决策。

总体而言，数字技术为进一步降低治理成本、提高乡村治理效率提供了强有力的支撑，也促进了现代化的乡村治理体系的形成。数字技术融入乡村治理，主要表现在提升了治理的高效性和协同性。一方面，数字技术推动基层治理走向系统化和高效化，提升了基层治理决策的科学性。例如，湖南省照水县统筹推进乡村综合服务平台建设，将村级服务场所打造成集党务、政务、村务、商务和社会服务于一体的"一门式""一站式"线上线下综合服务平台，提高了治理效率，也促进了公平和公开。再如，陕西省红石县开展了网格化管理行动，通过网格员全面收集掌握网格内的基本情况，在化解纠纷、平安建设、生态环境保护等社区治理方面发挥了重要作用。将数字技术运用于治理过程，有利于对乡村全样本数据进行高效收集与分析，减轻基层治理压力和降低基层治理成本，促进各项工作有序开展。另一方面，数字技术推动基层治理走向协同化。许多村庄利用微信、QQ等平台将各治理主体有机联结，推动形成了多元主体协同配合的治理体系。对于村两委来说，基层治理融入数字化要素，有效地弥补了以往"上传下达"层级治理模式的缺陷，有利于畅通民意表达机制和信息反馈机制，及时了解广大村民的基本诉求，从而提出符合村民实际需求的村庄公共事务解决方案。对于村民来说，网络平台有利于拓宽其参与村庄治理的渠道，增强其参与村庄公共事务的能力，发挥其治理主体的作用。因此，数字技术可以有效打破各治理主体之间信息不对称的障碍，促进村两委与村民之间建立良好的沟通反馈机制。然而，数字技术在治理过程中带来的基层行政压力与负担以及对人的"异化"也值得关注。

2. 数字技术与政策下沉

抖音、快手等短视频平台在乡村地区的无边界渗透，使农民了解政府政策的方式和途径都发生了巨大的转变。调研显示，45.1%的被访农民平时用智能手机了解政策新闻等信息，33.2%的被访农民通过网络（手机/电脑）等工具了解到乡村振兴战略。许多农民在访谈中表示，诸如"脱贫攻坚""退林还耕""义务教育"等"三农"政策信息都是通过抖音了解到的。由此可见，数字技术的普及拓宽了农民获取政策信息的渠道，有利于政策下沉到基层。然而，互联网信息具有多元性和切割性，村庄往往缺乏引导机制，农民自身又缺乏信息辨别能力，他们很有可能会产生认知偏差和传播偏差，不利于形成对政策的整体性理解，也不利于政策实践和基层治理。例如，调研发现，抖音等短视频平台上的一些"为农民说话"的言论会让农民产生强烈的政策期待。在短视频平台通过算法进行的密集强化推送下，农民对相关信息的认知逐步建立并容易固化。但非官方的解读有时会存在偏差，这样的传播过程会强化具有偏差性的政策理解，并激发农民对政府的不满，造成一定的社会心态失衡。河北省某调研村一位村干部说："村民会通过手机看到一些政策之类的，但是他们往往理解不透彻。乡村振兴这事，有村民就说手机上都说了可以带来什么项目，但是村干部还不一定知道，所以村干部工作没法做，跟村民说他们也不理解。"村干部在政策宣传与政策执行过程中，也容易与村民产生矛盾。数字技术有时会弱化正式的政策传递渠道，导致干群关系紧张，不利于乡村各项工作的推进与有效治理。

综上所述，数字化的融入成为各地乡村治理改革的重要方向，高效的基层治理必须注重对大数据、人工智能技术的运用。然而，调研各地乡村治理的数字化进程还比较缓慢，基层治理的信息化短板依然明显。首先，城乡人口流动日益加快，村庄社会结构和关系变化较大，这给村庄建立信息数据系统带来了挑战。其次，许多村庄治理的数字化还停留在简单的信息收集和微信等基本技术的运用上，治理的数字化平台建设严重不足，缺乏综合性的大数据平台。最后，基层的信息化工作队伍建设不足，乡村干部的信息化能力和素质尚未与数字治理的要求有效匹配。各种信息的收集、处理（如网格化）等给乡村干部带来沉重的治理负担，乡村干部在应对各种数字化应用和平台时显得手足无措。

（四）农民生活与公共服务方式的数字化变革

农民日常生活的出行、购物、金融支付等领域，逐渐融入智能化和信息化要素。例如，滴滴、拼多多、支付宝、电子金融等互联网产品在乡村生活场景中广泛应用，农民由此享受到个性化、高效化和便捷化的数字服务。调研显示，若拥有智能手机，63.1%的被访农民会用于娱乐，61.4%的被访农民会用于聊天，30.0%的被访农民会用于网购，24.3%的被访农民会用于生活缴费、挂号、购票等。农民日常对手机的使用，构成了其数字生活的重要内容。在政务服务方面，各个乡镇都建立了便民服务中心，多地涉及农民日常生活的社会保障、退耕还林和涉农补贴等行政审批服务事项都逐渐授权乡（镇）便民服务中心进行处理，在办事流程上实行"一窗受理"，不断推进公共服务领域信息化应用。例如，浙江省天歌县通过开发政务服务移动平台，加快推动"最多跑一次"等改革，最大程度发挥互联网技术的高效、便捷等优势，以满足农民的基本公共服务需求。在就业方面，运用微信公众号、移动应用等互联网渠道向农民宣传普及就业政策，及时发布就业信息，开展就业培训等，已经成为乡村改善就业服务的新趋势。陕西省红石县还通过"互联网+就业平台"的方式，专门对接东部地区的企业，将就业服务送到农民工身边。在社会保障方面，陕西省红石县、河北省千山县、湖南省照水县等地区依据脱贫攻坚时期的数据积累，建立了建档立卡和社会保障信息数据库，依托全国社会保险公共服务平台建设，推进乡村社会保障服务信息化。在医疗健康方面，针对乡村医疗水平和医疗资源相对落后等问题，许多地方开始利用互联网技术，在基层医疗机构建立远程会诊平台，为农民提供高质量的医疗健康服务。例如，浙江省天歌县开发了远程医疗会诊服务平台，加快推进"智慧医疗"云平台建设，为农民对接优质医疗资源。在教育方面，乡村教育信息化基础设施逐步完善。一方面，信息化教学设备（如多媒体教室、投影仪等）逐步在乡村中小学普及；另一方面，随着手机等移动设备的普及，乡村家庭获得网络课程资源的机会不断增多。调研发现，许多留守家庭给留守儿童购买网络课程资源。浙江省天歌县还使用远程教育系统，对接优质师资资源，为乡村学生提供更多的学习机会，有效降低教学成本，提高乡村教育质量。

二 数字技术在乡村的困境：有关数字异化的思考

在快速的城乡人口流动中，数字技术使人们在网络空间中联结和聚集，微信、微博等互联网平台打破了时空限制，促进了人们之间的情感交流、信息传递与知识再造。然而，农民的数字技术水平不高，乡村又缺乏数字技术使用的引导机制，容易造成数字异化问题，突出表现为乡村人际关系网络与村庄公共性遭到破坏、信息碎片化与信息泛滥席卷乡村、乡村数字分化问题突出、数字技术捕获乡村青少年、数字技术对乡村老年人产生排斥等。

（一）乡村人际关系网络与村庄公共性遭到破坏

互联网作为一种新的元素，日渐融入农民的日常生活实践，突出表现为越来越多的农民通过手机、电脑等网络设备进行日常聊天、娱乐，串门、闲聊等传统线下交往方式日渐式微。对网络设备的过度依赖导致部分村民逐渐沉浸在自我的生活空间中，而忽视了传统社会关系的沟通与维持，这对传统的村庄人际关系网络造成一定的破坏。河北省某调研村一位农民说："网络发达以后，人的思想变化很大。我刚嫁过来的时候，发现这里的人真好，人情味很浓。但自打有微信以后，各家都关门钻到各家里头。以前我们村里可热闹了，没事的时候男女老少围到一块串串门、聊聊天、拉拉家常，现在很少了。人与人之间的沟通变少了，我见了你想搭理就搭理，不想搭理就跟没看见一样。人们的变化太大了，人情味太淡薄了。"

各种短视频、社交软件凭借高趣味性、超时空性、低门槛等特点，逐渐替代了传统的娱乐方式。村民往往会选择更加个人化、私密化的方式，更注重自身场域，而不愿与他人接触和交流。近年来，乡村的节日、民俗活动等日渐式微，对乡风文明建设产生了不利影响。某调研村一位农民说："昨天村里放电影，三个放映人员，两个观众，你说搞笑不搞笑，现在大家都有手机、网络，看电影都很方便。"各类数字化设备和技术逐渐普及后，乡村传统娱乐性公共空间所依赖的场地、设施等得不到有效利用，村庄娱乐性组织涣散，没有开展活动的动力。此外，网络的开放性和交互性还使各种文化与价值观念交汇在一起，其中一些低俗、泛娱乐化的网络文化也会影响农民的价值观念，对乡村传统文化和民俗乡风产生巨大的冲击。若个体长期沉浸在网络空间里，将助长个体主义倾向，传统的公共规则对村民的约束将越来越乏力，由手机使用而造成的家庭关系不和谐、邻里关系日渐淡漠现象将日益增多。此外，由于对政策的理解存在偏差，村民容易与村干部产生冲突，这将削弱村庄公共权威。

（二）信息碎片化与信息泛滥席卷乡村

在互联网兴起之前，农民与外界接触和交流的路径较为单一，农民获取信息的能力也相对不足；进入互联网时代之后，乡村的网络普及率逐渐上升，互联网相对低的门槛和海量的信息，使农民获取信息较为容易，乡村从信息闭塞逐步走向信息爆炸，尤其是各种短视频、直播平台等自媒体席卷乡村，极大地改变了乡村地区获取信息的方式。其中，碎片化的、真假难辨的信息为了"引流量""蹭热点"，想方设法博取人们的关注，获取人们的信任，引发了价值危机和信任危机。互联网信息的泛滥，一方面是由于互联网具有开放性和交互性，与传统的信息发布方式相比，互联网信息发布的渠道较为多元，发布的主体呈现去权威化与多主体化的特征，信息覆盖的受众群体较为广泛；另一方面是由于互联网信息的内容具有强连接性、强趣味性、强说服性，醒目的标题、夸张的叙事等策略迎合了农民群体的阅读习惯与心理，再加上算法等技术手段的支撑，强化了农民对特定类型信息的接触和认知。然而，网络平台往往缺乏引导与监管机制，农民又受限于较低的文化程度和信息辨别能力，这就会导致乡村各种碎片化的、虚假的或真伪难辨的信息泛滥，影响农民的精神状态、价值判断和价值选择。

（三）乡村数字分化问题突出

数字乡村建设的目标是使数字技术成为乡村发展的新动能，激发乡村发展活力，让农民享受数字技术带来的红利，从而不断提升农民的获得感、幸福感和安全感。然而，数字技术在嵌入乡村的过程中，也产生了信息不平等与数字分化的问题。一方面，乡村中的社会经济地位差异导致了信息获取机会的不平等。部分农民群体受限于经济状况较差，没有条件接入光纤网络及购买手机等移动设备。调研显示，原贫困户接入宽带网络的比例为 63.3%，而非贫困户接入宽带网络的比例达到 78.4%；原贫困户拥有电脑（含平板电脑）的比例为 17.7%，而非贫困户拥有电脑（含平板电脑）的比例达到 40.8%。此外，重点村的网络设备拥有率高于非重点村。另一方面，不同农民之间的数字使用能力差距问题日益突出。部分农民群体受限于较低的文化程度等，缺乏掌握移动设备的技能。调研显示，随着文化程度的提高，农民会使用智能手机的比例逐渐提高，100.0% 的大专及以上文化程度的农民会使用智能手机，而未上过学的农民中仅有 47.6% 的人会使用智能手机。部分农民会借助抖音、快手等短视频平台获取农业信息和学习农业技术，还有一部分农民则仅将这些平台作为娱乐工具。由此可见，农民对手机等智能设备的拥有和使用情况形塑着村庄内部结构，由此带来数字化服务应用的阶层固化和群体分化等问题。在数字乡村建设持续推进的过程中，那些没有条件获取以及没有能力使用手机、电脑等智能设备的人群在面对信息化潮流时，显得无所适从，也与村庄中"信息化程度较高"的农民格格不入，他们仿佛是被信息"抛弃的人"，其精神状态和生活状态值得关注。

（四）数字技术捕获乡村青少年

2021 年 7 月，共青团中央维护青少年权益部、中国互联网络信息中心发布的《2020 年全国未成年人互联网使用情况研究报告》显示，农村未成年人互联网普及率达到 94.7%，农村未成年人接触互联网的低龄化趋势越来越明显。手机作为当前未成年人的首要上网设备，在该群体中的拥有比例已经达到 65.0%。因此，手机已经成为乡村青少年接触网络世界、了解各类信息的重要窗口，也成为探析乡村青少年精神状态和生活状态的重要方式。乡村青少年在日常生活中使用手机较为频繁，且能够较熟练地操作手机、电脑等智能设备。湖南省某调研镇镇政府领导说："手机都成了学生的半条生命。你把他的手机收了，就是收了他半条命。随便收手机导致学生做出跳楼等自杀行为的现象时有发生。现在小学生到大学生，都玩手机，他们寒暑假在家就是玩手机和电脑，不参加社会活动，这将对他们以后走向社会有很大的影响。关键就是网络游戏，游戏真的是害人，让很多年轻人走火入魔。"无论是早年的网络游戏到新一代手游，还是近年来风靡乡村的短视频，数字技术通过虚拟性的感官体验和情景式的生活场域导入，吸引了不少青少年。然而，受限于个人认知、家庭结构、学校教育等方面的原因，乡村青少年很容易过度沉迷于手机与网络游戏，从而成为数字捕获的对象。首先，乡村青少年的思想认知还未成熟，在遭遇极具诱导性的信息或吸引力强的游戏时，很容易沉迷其中而无法自拔，这将对其个人发展如学业、社会交往等产生不良影响。其次，伴随城乡人口的高速流动趋势，乡村出现大量留守家庭。留守的家庭结构一方面导致乡村青少年缺少家庭的陪伴与情感寄托，从而更加依赖手机缓解内心的情感缺失和学业困顿；另一方面导致乡村青少年缺乏充分的家庭引导与教育，更容易受到网上不良内容的诱惑。数字捕获会对乡村青少年的家庭关系产生不良影响。最后，对于学校教育来说，学生使用手机成瘾和无度，是当前乡村学校在日常管理中面临的最棘手的问题之一。教师与学生围绕手机使用而产生的"斗争"被形容为"猫和老鼠"的游戏。如何平衡手机等智能设备的学习功能与娱乐功能，是当前学校教育中面临的突出问题。

（五）数字技术对乡村老年人产生排斥

第49次《中国互联网络发展状况统计报告》显示，截至2021年12月，中国60岁及以上老年网民规模达到1.19亿，互联网普及率却只有43.2%。乡村老年人受限于身体机能或技能水平较低等因素而无法融入数字社会，由此产生了数字鸿沟与数字排斥问题。

调研数据显示，40岁以下的被访农民中有98.4%平时使用智能手机，而60（含）—70岁的被访农民中只有65.4%平时使用智能手机，70岁及以上的被访农民中只有25.9%平时使用智能手机。这表明，随着年龄的增加，农民使用智能手机的能力呈现下降的趋势，乡村老年人面临明显的数字鸿沟和数字区隔，他们被排除在很多数字化技术应用和场景之外。调研发现，乡村年轻人使用手机比较频繁，其数字素养和融入程度较高，而乡村老年人较少使用手机，其数字素养和融入程度相对较低。老年人是乡村中的数字弱势群体，他们不仅无法享受数字技术带来的便利，还可能产生精神失落、认知矛盾等问题。

乡村老年人所受到的数字排斥主要表现在三个方面。首先，在经济条件上，乡村老年人的经济状况不足以支付相对较高的网络套餐费用，由此导致他们缺乏使用互联网设备的物质条件。其次，在生理特质上，乡村老年人受生理功能退化、认知能力减弱等影响，缺乏互联网使用技能。对于农村中的一些留守老人来说，即便子女给他们购置了智能手机，在面对手机上种类繁多、操作烦琐的各种应用时，他们也还是会表现出极大的不适应。调研中，一位农民说："现在很多东西都需要在手机上弄，但是我们老年人不懂怎么弄，每次都要请别人帮忙。像是医保报销这种，也没人教，手机没有方便到老年人。"最后，在社会环境上，养老保险、医疗保险缴费等基本公共服务逐渐信息化、智能化（如一站式办理、网络预约等），这种市场逻辑代替了服务本质的社会逻辑，没有充分考虑老年人的信息技术掌握程度，忽视了老年人的线下服务需求。调研中，在谈到存钱取钱或者医疗保险缴纳、生活缴费这类问题时，很多老年人有类似"这些都在手机上弄，我又弄不来，太麻烦了"等表述。其实，基本公共服务方式的数字化转型反映了商业规则对老年群体的规训，结果往往是老年人要么融入，要么被抛弃。选择融入就会涉及时间、经济等方面的成本和风险问题，还意味着思维方式和认知观念的转换，这给老年人的精神生活带来巨大的冲击。

数字排斥对老年人的生活产生了巨大影响。第一，在谈及各种复杂的数字平台和应用软件时，许多老年人有"村庄懂手机的年轻人太少了""怕人嫌弃，不好意思找人帮忙"等表述。尽管可以求助于子女、邻居等，但是老年人容易对数字技术产生焦虑与抗拒，陷入自我怀疑中。第二，乡村缺乏针对老年人的信息技能培训。在面对繁复的网络信息时，老年人的信息辨别能力不足，很容易误信各种网络谣言甚至遭遇网络诈骗。在面对手机上复杂的操作程序时，老年人很容易因为操作不当而面临捆绑消费等风险。第三，老年人与年青一代在对手机、网络等的理解和使用方面存在巨大的差异。对于乡村留守老人来说，围绕手机、网络使用等问题，其在家庭场域容易与年青一代产生代际矛盾冲突，引发数字代沟问题。因此，在数字乡村建设日益推进的过程中，需要关注那些处于信息真空地带的乡村老年群体，帮助他们适应和融入信息化社会。

三　结论与建议

数字技术为实现高质量乡村振兴，提供了全新的手段和工具。本研究从村庄内部和农民的视角出发，呈现乡村振兴背景下数字技术嵌入乡村社会的整体图景，剖析数字技术与乡村中不同群体、场景和要素的互动形塑逻辑。研究发现，首先，乡村软硬件层面的数字基础设施建设已发展到新的阶段，数字技术在乡村社会生产生活的诸多领域和场景中被广泛应用。然而，调研各地存在数字基础设施接入鸿沟等问题，部分地区农民家庭还存在基础条件较差、智能设备拥有率低、数字化意识落后等问题。其次，数字技术作为一种新的生产要素，以电子商务和直播带货等形式，推动农业生产走向智能化，推动农产品流通和销售走向网络化。然而，数字技术与农业要素的融合度低、地区性基础差异大、电商基础设施不健全、产业人才缺失等，是农业数字化转型的阻碍因素。再次，作为新一代治理工具，数字技术为乡村拥有更高效、更现代的治理能力提供了可能性。调研各地在治理领域的数字化实践中，产生了互联网+政务服务、互联网+基层党建、互联网+治理数据等方案和形式，并在治理理念、治理方式、治理效率、治理信息等方面，推动乡村治理向数字化治理的范式转换。然而，调研各地相应的治理理念、软件设施基础、信息化工作队伍等尚存在短板。最后，数字技术为农民生活和乡村公共服务赋能，促使娱乐、聊天、就业、社会保障、教育、医疗等方面的互联网产品在乡村生活场景中广泛应用，并催生出新的生活方式和社会体验。这些生活方式和公共服务场景的数字使用，是农民感知数字化的重要维度，也是农民数字生活的重要内容。当然，在数字乡村建设过程中，还存在乡村人际关系网络和公共性受到数字技术破坏、重构与整合，信息泛滥和碎片化引发农民信息获取偏差与价值误导，数字技术的理想愿景与现实之间的鸿沟带来群体分化，数字技术对青少年的捕获与对老年人的排斥等问题。这些问题影响着数字乡村建设进程，以及更广泛的乡村振兴、农业农村现代化的实现。基于上述结论，本研究提出以下建议，以推进数字乡村建设。

（一）夯实数字基础设施建设，为数字技术嵌入乡村提供基础

数字乡村建设离不开数字基础设施建设的保障。第一，着力完善偏远山区等自然条件较差地区的数字基础设施，提高偏远地区的网络覆盖率和智能手机使用率，满足其基本的数字基础设施需求。第二，加大对乡村地区数字基础设施的资金投入力度，全面整合与统筹各项资金，支持乡村地区宽带网络发展，加快乡村宽带通信网、移动互联网、数字电视网和物联网等体系化

建设，提高乡村地区对互联网的利用率与普及率。第三，推进新一代5G技术、农业物联网、农业大数据中心、智慧物流等新基础设施建设，使农民充分享受到数字技术的红利。第四，对乡村传统基础设施进行数字化改造，推动乡村电力、物流、水利等基础设施进行数字化升级，为数字技术嵌入乡村提供良好的硬件基础。

（二）营造良好的网络环境，推进数字乡村文化建设

首先，建立乡村互联网引导机制，提高农民的信息化素养和信息辨别能力，使其合理筛选众多网络信息。其次，加强网络宣传管理，协调相关部门严格把关政务、政策等信息，及时制止并纠正网上错误信息，推广更有质量、内涵更丰富的互联网内容。最后，利用数字技术宣传乡村的民俗和乡风，推动乡村优秀传统文化的数字传承与数字化创新，形成积极健康的网络环境，充分发挥抖音等数字平台在传递政策、教育民众、传承文化等方面的积极作用。

（三）释放数字红利，实现乡村产业数字化转型

释放数字红利，推动乡村生产方式变革，将信息化、智能化要素融入乡村农业特色产业、旅游产业、文化产业等领域，以数字技术赋能乡村产业振兴。在农业特色产业方面，以乡村智慧物流为载体，大力推进互联网+农业建设，加快互联网技术在农业生产和经营管理等方面的推广与运用，通过电商平台，加快农产品流通，促进农业生产、农产品流通和终端消费一体化和网络化发展。在旅游产业方面，借助微信、短视频等数字平台传播乡村旅游资讯，推广智能化支付方式，创造智慧旅游方案，刺激乡村旅游消费。在乡村文化产业方面，各地要因地制宜挖掘特色文化资源，借助短视频平台等新媒体宣传传统文化，创造新的文化概念产品和营销方式；发挥乡村文化和旅游能人、产业带头人、非遗传承人、民间艺人等的引领作用，打造高素质的乡村文化产业人才队伍。

（四）提高乡村数字治理能力，推动基层治理精细化、高效化

推进乡村数字治理进程，完善乡村数字化治理体系。首先，完善乡村基础设施，推进治理系统平台建设，依托互联网信息技术，嵌入大数据等治理工

具，打造乡村治理数字平台，开发集中式的电子政务数据系统和应用程序，发展互联网+党建、互联网+村务公开和村务监督、互联网+政务服务等模式，推动基层治理精细化、高效化。其次，加强基层干部队伍数字化建设，建立村干部等群体信息化技能培训常态化机制，提高村干部的信息化能力与素养。最后，促进多元主体有效参与基层治理，建立村民等主体的常态化治理参与机制，借助数字工具，引导村民等主体通过线上平台主动参与乡村治理，激发村民的主人翁意识，借助数字治理平台，高效反馈村民在参与过程中的公共诉求。

（五）提升农民的数字素养，增加乡村数字化人才供给

首先，转变农民的传统观念，提高农民的信息化意识和信息化能力，形成常态化的信息技能提升机制。开展数字下乡、数字普及等活动，邀请数字专家、高校师生等数字化人才，加强对农民特别是留守妇女、留守儿童和留守老人的数字化技能培训。其次，加快推进乡村数字化人才队伍建设。培育乡村本土信息化人才，充分发挥乡村现有人才的特长，提升基层干部、乡村教师、农民企业家等群体的数字技术运用能力，开展互联网信息技术方面的培训与交流活动，加大农村电商人才的培养力度，以本土人才为基础，增加乡村信息化人才供给。引进外来数字化人才，加大对信息化人才的政策支持力度，鼓励信息化人才下乡，支持数字乡村创新创业。健全激励机制，加大基本公共服务、养老和教育等方面的配套服务设施供给，为外来数字化人才扎根乡村提供良好的基础条件，增强农业农村发展活力。

（六）加强对乡村青少年网络使用的引导与教育

乡村青少年手机使用成瘾，本质上反映了城乡经济社会发展不平衡、乡村优质教育资源稀缺、文化资源匮乏等问题，需要从制度供给、资源支持、社会关怀等层面采取措施，进行引导。应该发挥青少年的主体性，采用更具人文关怀、更具创造性和合理性的方式，引导青少年合理使用手机等网络设备，使其成为青少年认识世界、获取知识的高质量窗口，为青少年带来更多成长的可能性。首先，在制度供给层面，加大制度设计与社会支持，出台相关法律和政策，防止青少年沉迷于手机，如落实实名制、限制上网时间等，净化网络环境，使网络应用和平台向青少年推送更高质量的内容。其次，在

家庭支持层面，父母的及时沟通与陪伴能够在一定程度上减少手机沉迷带来的负面影响，因此要营造良好的家庭环境，重视青少年的心理健康。家长要经常与子女沟通，化解其心中的困扰，消除其沉迷于手机的内在动因，用参观、旅游等活动替代对手机或网络的使用。最后，在学校教育层面，校园是青少年成长过程中停留时间最长的地方。因此要加强学校对青少年的引导与关怀，加强数字素养教育，创新校园活动形式，丰富青少年的校园文化生活等。

（七）加强对乡村老年人的信息普及与人文关怀

践行以人为本的理念，尊重乡村老年人的实际需求，提高对乡村老年人的信息包容，切实解决乡村老年人在使用互联网信息技术时遇到的问题。首先，建立针对乡村老年人的信息化培训服务机制，为乡村老年人学习、熟悉信息技术提供更多引导和帮助。其次，在基本医疗保险、水电费缴纳等公共服务领域，充分兼顾乡村老年人的线下需求，保留传统服务方式。最后，对移动应用进行适老化改造，结合乡村老年人的实际需求和习惯，简化操作方式和功能，优化移动应用的布局、页面设计等，提供更多适老产品和服务。在家庭内部，通过文化反哺等方式，建立家庭支持体系，让乡村老年人充分融入数字社会，享受数字技术带来的获得感和幸福感。

7

乡村振兴的政策传播

乡村振兴作为国家重大涉农战略，自党的十九大报告提出后经历了整体政策架构和相关系列政策逐步完善的过程。这既包括 2018 年 1 月印发的《中共中央 国务院关于实施乡村振兴战略的意见》及后续的多个中央一号文件，也包括《乡村振兴战略规划（2018—2022 年）》《中华人民共和国乡村振兴促进法》等重要战略规划、法律法规等。与此同时，截至 2022 年 5 月，围绕产业、生态、人才、治理、乡风文明、土地与资金、巩固拓展脱贫攻坚成果同乡村振兴有效衔接等方面，中央和国家层面单独或联合出台了不少于 160 份文件，其内容覆盖农村发展的方方面面，形成了一个庞大的政策体系。

不仅如此，每一层级地方政府都会依照上级政策制定适合本地发展的具体政策。政策信息被不断地加工、改编、转译，进一步增强了单项政策与政策体系的综合性和复杂性，也构成了政策传播上的挑战。在传播媒介和渠道日益丰富的今天，农民对乡村振兴的知晓情况如何？他们主要通过哪些渠道获取乡村振兴政策信息？乡村振兴政策在农村的传播产生了什么样的结果？围绕这些问题，本研究从农民视角出发，呈现乡村振兴政策在农村传播的现状与问题，并指出优化政策沟通传播方式、动员群众积极参与乡村振兴的一些方向。

一 农民对乡村振兴的知晓情况

调研显示，仅有 63.1% 的被访农民听说过乡村振兴，这意味着有 36.9% 的被访农民未听说过这一概念，对此并不熟悉。农民对乡村振兴的知晓情况也存在地区差异，在调研的 5 省中，陕西省调研村农民听说过乡村振兴的比例最高（69.4%），其次分别为山东省调研村农民（69.2%）、河北省调研村农民（68.3%）、浙江省调研村农民（57.1%）、湖南省调研村农民（51.5%）。

不同性别、不同年龄、不同文化程度、从事不同职业以及是否党员等身份特征下的农民，对乡村振兴的知晓情况呈现不同的规律和特点。总体上，不同性别农民听说过乡村振兴的比例差异较为明显，女性农民中没听说过乡村振兴的比例（50.6%）明显高于男性农民（23.9%）；不同年龄农民对乡村振兴的知晓比例存在差异，但无明显规律；文化程度越高的农民，听说过乡村振兴的比例越高；从职业类型来看，只做家务的被访农民听说过乡村振兴的比例最低，仅33.3%，其次是纯务农农民（59.3%）；从政治身份来看，非党员听说过乡村振兴的比例（57.4%）显著低于党员（87.9%）。

对于听说过乡村振兴的农民来说，他们中的相当一部分只是通过各种渠道听说过乡村振兴战略和相关政策，但是对政策的具体内容和意涵不太了解，多为"知道有这样的政策""只知道这是一项国家政策""不太清楚具体内容""具体说不上来""看到过，但不太了解""听说过'乡村振兴'四个字，具体不了解""只听说过这个词"等表述。还有一部分听说过乡村振兴的农民则基于个体认知水平，从不同层面、不同角度捕捉到政策的部分内容或意涵，并形成自己对乡村振兴理解的基础。

首先，少数农民听说过的乡村振兴具有一定的整体性，分别侧重"振兴"二字所涉及的主体、内容和方式等。少数农民知道乡村振兴战略是国家整体发展的重要战略，"前提是全面小康"，为了"实现共同富裕，国家会加大对农村的投入""搞改革""搞规划""搞建设""让农村变得更好""改善乡村面貌，缩小城乡差距"。部分农民知道乡村振兴"涉及面广、包括方面多"，是要"发展全国各地的乡村"，是"全面振兴""百业复兴""农村各方面都有所提升"。少数农民能够直接指出自己所听到的乡村振兴总体要求的五个方面或五大振兴的全部或部分内容。部分农民听到的乡村振兴是一种"发展"，认为"国家强调发展农村""乡村需要进一步发展"。有的农民认为，"乡村振兴作为国家政策，对老百姓有好处"，"让老百姓有保障"，"新闻联播说支持力度特别大"，但"落实可能不是想象中的"。

其次，有些农民所知的乡村振兴主要体现在某些领域或某些具体实践中。不少农民听到的乡村振兴关乎产业发展。尽管不同调研地区农民谈及产业发展时，所提及的关键词不尽相同，且有鲜明的地方特点，但是出现频率较高的都是乡村旅游（旅游开发、农家乐、发展民宿）、合作社（产业分红）、承包土地（土地集中、土地归集体管理、发展大户农业）、搞项目（产业基地）、种植养殖（扶持农业、发展农业、对农业进行补贴、种植养殖培训）。在听说过乡村振兴的农民中，亦有部分提及基础设施建设，包括房屋规划与布局、房屋建设与翻新、道路硬化与亮化、农田水利和自来水设施建设、河滩或河堤整理、蓄水与排水等。有的农民更侧重养老、医疗、教育等民生保障问题，有的农民则更突出乡村经济发展、农民收入和生活水平提高，如"老百姓富起来、幸福起来，不愁吃不愁喝"，"有面子，能赚钱，有发展"，"农村搞现代化建设"，"老百姓人人有幸福感"。

此外，农民所知的乡村振兴还与各地推行乡村振兴政策时的侧重点、开展乡村建设的优先序以及所重点打造的项目有关，他们对政策的理解存在一定的片面性和局限性。例如，有些调研地区的农民会将乡村振兴等同于"美丽乡村建设"或"人居环境整治"，认为"乡村振兴就是全国的所有村都要搞成美丽乡村，美丽乡村就是乡村振兴"，同时部分农民强调环境卫生、美化绿化、生态环境建设、污水治理、环境改善、能源和肥料的可持续利用等，也有农民认为应该"搞成适合农村人住的地方"。有些调研地区的农民所听到的乡村振兴与本村或者邻村以此为理念或框架打造出来的一些项目有关，不同调研地区的农民会提及当地的田园综合体、油菜花基地、红色旅游、未来社区等，并将其视为乡村振兴的典型样本。脱贫地区农民会更多联系到扶贫政策及脱贫攻坚的具体实践，认为乡村振兴"是与脱贫相衔接的"，"是为了巩固扶贫成果"，"和扶贫差不多，继续帮扶和发展农村"，"是一种新的扶贫政策"，"和脱贫差不多，但是阶段要高一点，脱贫像小学一年级，乡村振兴是二年级"；非脱贫地区农民则表示，"光知道振兴，但是我们这里没有扶贫，不知道怎么振兴"。还有少数农民所知的乡村振兴涉及乡村邻里和睦、农民思想素质提高、农民精神文化生活丰富、乡村面貌良好、村庄有带头人、人才振兴等方面。

二 农民获知乡村振兴政策信息的渠道

调研显示，听说过乡村振兴的农民获知相关政策信息的渠道以电视

（59.9%）、村委宣传（41.3%）、网络（手机/电脑）（33.2%）、亲友邻里交流（14.1%）为主，只有少数农民通过报纸（3.9%）、收音机（2.4%）或其他渠道（8.4%）获知相关政策信息。

（一）大众传播渠道

1. 电视传播仍是农民获知政策信息的主要渠道

在529位被访农民中，仅有25人（4.7%）从不看电视，其余农民均有看电视的习惯，其中30.4%的农民经常看电视。由此可见，看电视仍然是农民重要的消遣和娱乐方式，也是农民接触外界的窗口。

在听说过乡村振兴的334位农民中，近6成通过电视获知相关政策信息。他们不仅能从电视上看到关于乡村振兴的新闻，还能看到其他地区的乡村振兴特色样板。不过，每位农民从电视新闻或其他节目中接收到的乡村振兴政策信息千差万别，他们更关注与自己切身利益相关的一些政策信息。例如，面临较重养老负担的农民认为，"独生子女一代赡养老人压力非常大，在乡村振兴推进过程中，养老问题十分关键，政策需要关注"；也有农民看到产业发展带来的红利，就乡村产业发展现状评价道："乡村振兴就是要搞像附近油菜花基地那样的项目，这样补贴比较多。"此外，农民还能够在电视剧中看到有关乡村振兴的故事演绎。有农民说："我在电视剧里看到了乡村振兴，但我们这里根本不像电视剧说的那样。电视里演的是东北，在我们这里不现实。"虽然农民通过一些影视情景，对乡村振兴有了更加具体的感知，但部分影视内容存在脱离现实、误导农民的情况。

总体来说，电视作为传统的大众传播工具，在信息传播方面仍然发挥着主要作用。

2. 网络媒体传播正逐渐成为农民获知政策信息的重要方式

调研显示，76.1%的农户家里拥有宽带网络，76.4%的农民平时使用智能手机，其中40岁以下农民和大专及以上文化程度的农民使用智能手机基本无障碍。农民在闲暇时，经常通过"刷抖音""看快手"来打发时间。有些能够熟练使用此类短视频平台的农民还开通了自己的账号，记录和分享生活点滴。由此可见，网络媒体已经深深嵌入农民的日常生活，成为他们获取外界信息的重要渠道。调研显示，在听说过乡村振兴的农民中，有33.2%的农民通过手机或电脑上网的方式获知乡村振兴相关政策消息，仅次于通过电视这一大众传播渠道。

3. 利用报纸和收音机获知政策信息的方式逐渐消失

改革开放前，部分文化程度较高的农民和村干部常常通过私人订阅或者在公共报栏阅读报纸，获知政策信息，了解和认识村庄以外的世界；改革开放后，收音机逐渐在农村流行开来，成为农民倾听外界声音、了解时政的重要窗口。随后，电视机以集文字、声音、图像于一体的丰富功能和多元的内容，成为农民日常生活中普及度最高的媒介。如今，智能手机因具有可移动性和接收信息的便利性而广受农民青睐。农民获取信息的方式已经随时代变迁和信息传播工具的迭代，发生巨大的变化。调研显示，农民已经极少再通过报纸和收音机获知政策信息，也鲜有农民订阅报纸，这些方式已逐渐与农民的日常生活渐行渐远，甚至消失。

（二）组织传播渠道

调研显示，在听说过乡村振兴的农民中，41.3%的农民通过村委宣传获知乡村振兴的相关政策信息。通过村委宣传获知乡村振兴相关政策信息的比例在不同省份有较大差异：在陕西省调研村听说过乡村振兴的农民中，有64.0%通过这一方式获知政策信息；而在河北省调研村听说过乡村振兴的农民中，只有22.5%通过这一方式获知政策信息。陕西省调研村庄大小事务的处理均通过开会解决，在会上农民能够充分讨论、提出建议，借此获得对政策更加深入的了解；而河北省调研村庄集中开会的频次较低。这样的现实状况也佐证了上述信息获取途径的差异。

（三）人际传播渠道

调研发现，在听说过乡村振兴的农民中，有14.1%通过亲友邻里交流获知相关政策信息。农民经常会就自身从各种渠道获得的信息进行交流，对有关自己切身利益的问题进行讨论，其中既包括少量与乡村振兴有关的官方政策内容，也包括一些道听途说的政策内容。虽然与亲友邻里交流并非农民获知政策信息的主要途径，但人际交流对政策在乡村的传播起到一定的作用。村内政策信息的交换和讨论并不限于农民和农民之间，很多时候也发生在农民和村干部、驻村干部、大学生等群体之间，尤其是一些年长的村民会向村里的年轻人询问农业补贴、医保报销、养老等惠农政策。相较而言，村干部、驻村干部和大学生等群体获取信息的能力较强，对政策的理解和解读更加系统与全面，是农民获取信息或确认信息的重要渠道。

总体来看，不同的媒介渠道在不同时代发挥着不同的作用，乡村振兴政策同时通过多种渠道在乡村传播，信息技术的不断进步也使农民接触信息的途径日益多元，但政策传播的准确度和效果也面临越来越多的挑战。

三　政策传播的效果：媒体与话语构建的理解体系

从上述调研结果可知，当前农民对乡村振兴政策的知晓程度总体不高，对乡村振兴政策的理解浮于表面。农民获知政策信息主要通过两类渠道，一是村两委宣传、开会等正式渠道，二是电视、新媒体等数字媒介。多种传播主体、传播渠道的交织，构建起农民对乡村振兴政策的理解体系，也增加了农民辨别信息、了解政策的复杂程度。

（一）政策传播的不连续性

乡村振兴政策在政府层级间传播时，会被选择性传递和接收，容易造成信息的不完整，导致政策内涵被片面化、简单化理解。在行政体系内部，乡村振兴政策主要依托科层组织进行层级传递。这种传播渠道单一、狭长，以文件为载体经过重重环节到达基层，常常会导致信息渠道堵塞和负荷过载（李希光、杜涛，2009；颜海娜，2001）。作为信息接收方的下级政府会选择性接收，剥除其自认为冗余的部分，再将相关政策信息打包处理，以便继续向下级执行部门传递。一言以蔽之，地方政府会基于自身利益考虑，而对上级传达的政策内容进行再生产（刘河庆、梁玉成，2021）。

首先，不同层级政府及其职能部门接收政策信息的侧重点不同。不同层级政府及其不同部门都会根据自身的情况和利益，对信息进行抓取和加工（邱新有等，2005）。这导致一些政策信息在传播过程中丢失。调研发现，县级政府主要关注执行性较强的政策内容，缺乏对纲领性指导意见的领会和深刻理解。某调研县的一位县级干部直言，"关于乡村振兴的内涵，有很多领导讲话和相关文件。我知道有五大振兴，但说不上来有哪些具体内容，里面有二十个字，但我一时也说不上来"。在同一个层级的政府中，不同职能部门对政策信息的抓取也各有侧重。围绕"对乡村振兴的认识"这一问题，该县农业农村局明显更关心产业和生态方面的规划，文旅局更关心文化建设，（原）扶贫办则更多地将乡村振兴放在巩固脱贫成果、建立社会保障体系、对口帮扶等工作上来理解。

其次，评估涉农政策传播效果的关键在于农民的知晓程度，但是在从政策话语向农民生活话语转译的过程中，也会存在信息偏差和缺漏。面向农民进行信息传播，需要将行政术语转换为社会日常用语，既要准确保留信息内容，又要洞彻政策背后的理念，还要兼顾农民理解之便，这对政策信息的转译者提出很高的要求。然而，村庄中承担转译任务的主要是村干部，有些村干部对政策存在误读或理解偏差，很难胜任这一工作。另外，农民之间也互为转译者，他们通过人际传播来分享在电视、网络上获得的信息。然而，口口相传难保证信息的真实性和准确性。例如，在调研中，很多农民认为乡村振兴在几年内就可以实现，他们显然没有关注到国家梯次推进乡村振兴的规划，没有认识到乡村振兴战略的全局性和长期性。

总之，政策传播的不连续直接影响到农民对政策的理解，很多农民只了解到政策内容及其意图的一部分，缺乏整体性的了解与关联。乡村振兴政策制定者希望政策能够完备地、体系化地进入村庄，但各级传播者和受众总是选择性接收信息，导致农民对乡村振兴政策的整体性、连续性、条件性认识不透彻。

（二）短视频平台对政策传播的影响

抖音、快手等短视频平台成为政策传播的重要途径。相较于传统的传播媒介，以短视频为代表的新媒体平台呈现信息的方式更为直观，对那些文化程度较低、存在阅读障碍的农民更加友好。随着智能手机和移动网络在村庄的普及，农民从短视频中知晓政策信息已经成为普遍现象。然而，短视频平台虽然能够拓宽政策传播的渠道，但也增加了保证信息质量的难度。

首先，短视频创作与发布的主体日益多元化，政策类视频内容质量参差不齐。当前，有不少传统主流媒体入驻各大短视频平台。这些官方媒体将主题人物、政论观点、热点事件和温情故事等整合进短视频中，既表达政策内容，又传递情感价值（张志安、彭璐，2019）。围绕乡村振兴，官方媒体宣传了很多乡村建设案例，为农民绘制了对乡村振兴的理想图景。有农民说："在抖音上看到有一个地方在搞乡村振兴，主要是乡村的产业发展，通过改变农村的面貌，改变产业。"然而，短视频平台上还有很多非官方运营账号，这些账号充分体现了短视频平台的"草根"特征，这些账号的短视频创作者喜欢围绕自己的生活经历自由表达（高宏存、马亚敏，2018）。部分此类账号以博人眼球、争夺流量为目的，对政策进行加工和解读时，有时会断章取义，制造矛盾。农民对这类信息的甄别能力不足，短视频平台也缺乏严格的审核机制，导致出现不少政策谣言。不仅如此，基于大数据和先进算法的短视频平台拥有强大的偏好推送机制，不断使农民接收同质化的信息，强化农民对某些议题的片面印象和相应的认知。

其次，单个短视频的信息容量较小，导致农民对政策的理解浮于表面。在调研中，虽然有很多农民说通过短视频了解到乡村振兴政策，但是如果继续追问他们都知道些什么，大多数农民难以谈论更多内容，表示只"听说过'乡村振兴'这四个字，不知道具体内涵"。这些碎片化的信息还会通过村庄社会网络进行二次传播。从网络上获得政策信息后，农民在村庄内口口相传，产生大量的共鸣者。这些共鸣者进一步强化了片面与不准确的政策理解。

（三）话语和权威之争

政策能否被准确地描述和传播受到语言表达的影响，人为建构的话语会形塑对有关政策的理解（李亚等，2015）。因政策传播途径存在差异性，当前乡村振兴政策蕴含在两种话语类型之中：一种是行政话语，使用主体是中央政府、地方政府和村两委等；另一种是社会话语，使用主体是社会媒体和基层群众。行政话语的特征在于全盘统筹，其背后带有更多行政宣传目的和考虑（游鱼、罗双根，2008）。社会话语的特征在于重点突出、行动为先，通过"为底层发声"和"底层发声"的方式展开叙事（张爱凤，2019）。

即便是使用同一类型的话语，由于利益面向不同，不同主体间也会存在差异化的传播逻辑。中央政府持指令式传播逻辑，通过文件体系将信息、指令、任务等传递到地方政府（谢岳，2007）。地方政府则持事本主义传播逻辑，将中央政府制定的宏观政策转化为可操作的地方政策或指南，拆解为各种行动规划下发至下级政府和各行政部门，以方便落实。在政策传播过程中，下级政府对上级政府有很强的依赖性。例如，多数调研县县级干部表示，由于上级政府尚未下发乡村振兴实施的具体方案，县级层面很难制定细节性的方案和考核办法。

在政策进入村庄后，宣传与传播工作便落到村干部身上。然而，调研发现，村干部普遍反映自己的政策宣讲无法获得农民的信任："村干部要是说了什么，老百姓就会以为是你自己想出来的。现在没有政策（文件），老百姓就不信你。就得由政府做主，依靠政策性文件。"由此可见，政策在自上而下的传播过程中，面临最后一公里难题。政策文件是基层工作的重要依据，但也要警惕"凡事靠政策文件"的思维对基层工作主动性、创造性和时效性的影响，这也关乎乡村振兴行动实践的推进进程。有农民认为，"有政策在，大家就可以放开发展；没有政策，大家就不敢行动"。还有村干部表示，"现在挺想做乡村振兴，但是没有政策指导。乡村振兴问题覆盖面广，没有政策指导就没有底，上级要统筹规划"。

除了政府各层级间的正式传播外，社会媒体和基层群众致力于将行政话语转换为社会话语，以便更加直观地呈现乡村振兴政策的内涵。然而，他们在传播政策信息时，有时会存在以自身利益和目的为导向的倾向。一方面，社会媒体有时会以争夺社会注意力和流量为主要目标，将政策内容包装或加工成抓人眼球的信息，如展现乡村蕴藏的发展潜力、宣传乡村振兴政策带来的各种机遇、揭示乡村发展中的矛盾与问题等。另一方面，基层群众既是信息的接收者，又是重要的传播者，他们关心与自己切身利益相关的政策信息。基层群众自主传播的信息能够产生更广泛的影响。例如，在某调研村，很多被访农民使用相似的话语和逻辑，来表达对当前农民养老金过低的不满："抖音、快手上有人说，农民都交过公粮、农业税、'三提五统'，但是老来一个月才一百来块钱，跟城里的工人没法比"。在这一案例中，有些人利用社会媒体将农民养老金问题纳入"城市—农村""工人—农民"的比较框架中，导致农民产生心理不平衡。这些信息在农民之间快速传播，并在社区内形成了维护养老权益的群体意识。作为中间传播者和再传播者的社会媒体与基层群众，也可能会因过于追求自身目的或维护个体利益，而使政策碎片化传播，造成大众对政策的误解。

可见，在乡村振兴政策传播过程中，社会话语与行政话语之间存在一定的张力。一方面，社会媒体和部分基层群众加工并传播的一些信息会混淆政府传播的官方信息，导致基层群众的质疑。另一方面，网络热议的政策内容有时又可以反映出许多亟待解决的社会问题，成为了解农民真实诉求的重要渠道。这些围绕政策形成的网络讨论，能够快速获得广泛的社会支持，倒逼政策制定者重新审视公共政策的合理性，进而做出一些可能的调整。

四　结论与建议

前面谈及的若干方面为进一步优化政策传播方式提供了行动空间。在乡村振兴政策传播过程中，既要遵循一般性政策传播的规律，也要认识到涉农政策的特殊性，要将村庄、农民的特征作为重要的考虑因素。政策传播过程既要瞄准传播，也要认识到沟通的重要性。应当充分重视群众在政策信息接收过程中的反馈，以此作为进一步优化乡村振兴政策的参考。

（一）优化政策传播的正式渠道，包容其他非正式渠道

正式传播渠道仍然是乡村振兴政策传播的最主要路径。不同层级政府之间应当进一步强化政策传达规范，在文件传播的基础上拓展其他传播形式，如通过干部培训会、政策解读会、政策执行经验分享会等方式，确保政策在充分被理解的基础上传播。应注重将政策精神与政策内容同步传递，避免在传播过程中造成政策异化，出现形似而神异的情况（吴宾、张丽霞，2022）。

另外，要优化政府与村庄之间的正式传播渠道，合理发挥社会媒体等非正式渠道的辅助作用。各级政府不仅要做好内部的政策传达工作，还要积极利用新媒体手段，打造面向大众的政策宣传窗口，拉近政策与大众的距离，提高公信力。但也不能因为要主抓新技术而放弃传统技术，还要继续发挥那些契合乡土的传统媒介优势（田毅鹏、胡曜川，2021），实现政策多线传播，覆盖多类型农村群众。此外，政府还要强化对社会媒体的监管，去伪存真。当发现不实政策信息误导群众时，官方媒体要尽快辟谣澄清，避免虚假政策信息在社会面传播造成的不良影响。

（二）政策传播要强化政策沟通，探索"自下而上"的积极反馈机制

政策传播本质上应该是一个沟通机制，在"自上而下"的信息传递之外，需要重视收集"自下而上"的政策诉求。政府和公众在政策偏好排序中的关注点具有明显差异（杨君等，2018），因此需要将"自上而下"和"自

下而上"相融合，以不断优化政策设计（贾俊雪等，2017）。所以，在基层搭建政策信息反馈渠道尤其重要。

当前虽然已经建立相关政策反馈和情报咨询部门，但这些部门多数采取"地方政策创新—上级采纳—推广实行"（王浦劬、赖先进，2013）的经验总结式政策向上报告方式和工作机制，较少关注农民对政策的理解和建议。农民是涉农政策的直接体验者和受益者，在政策评价方面拥有重要的发言权。然而，在村庄里，对政策的评论大多存在于农民的日常谈话中，很少有农民主动反映自己的政策诉求。因此，在乡村振兴中，需要强化"自下而上"的政策反馈渠道，充分利用村民大会、党员会议、政策宣传与答疑会等形式，为农民反馈政策意见搭建平台。各级政府尤其是宣传部门应强化政策过程观察，切实深入群众，了解农民所思所想所盼，并及时向上级反馈政策执行情况和基层的政策需求。

（三）提升基层政策传播能力，设置乡村振兴"政策明白人"

提升基层政策传播能力的关键在人。政策传播者对政策的理解程度，会直接影响政策扩散的真实性、完整性与政策的落实。村干部是乡村振兴政策宣传的核心力量之一，是政策传达的重要末梢主体。在常规学习之外，要充分利用网络平台，督促村干部、村小组组长等系统地、实时地学习乡村振兴政策，提升村庄管理人员知晓政策、解读政策、执行政策的能力，打通政策传播到农民的最后一公里。

另外，可以在村庄中探索设置乡村振兴"政策明白人"。"政策明白人"需要了解宏观的政策体系，完整掌握具体的政策内容以及相关政策之间的关联性，并能够将政策落实与本地发展实践相联系，在农民对政策提出咨询或质疑时给予回应和解释。一方面，可以在村庄内部发掘人才进行专项培养，如发挥科技特派员、技术推广员、法律宣传员、大学生村官等乡村公共服务群体的作用，将其日常工作与乡村振兴政策宣传相结合。另一方面，可以定向培养一批有志于服务乡村的"政策明白人"，如村庄可以与高等院校、研究机构等合作，借助相关学科专业的知识优势，强化"政策明白人"对乡村振兴和社会政策的学习，从而为乡村发展提供咨询服务，为乡村建设提供智力支持。

总之，乡村振兴政策能否有效传播至基层，尤其是高质量地传播至农民群体，直接关系到相关政策落实的效率和效果。提高农民对相关政策的知晓程度，有利于在政策推行过程中实现国家与农民的双向理解、双向发力。因此，既要保持既有传播机制的活力，又要积极探索新媒介、新手段、新主体，提高政策信息在村庄和农民群体中的传播质量，保证乡村振兴战略的实施效果。

8

乡村振兴的参与主体

自乡村振兴战略实施以来，围绕"谁来振兴乡村"的讨论此起彼伏。从政策文本来看，《中共中央 国务院关于实施乡村振兴战略的意见》《乡村振兴战略规划（2018—2022 年）》《中华人民共和国乡村振兴促进法》等从不同角度指出，实现乡村振兴需要多元主体参与。其中，对多元主体的界定从笼统模糊到具体明确。党的十九大报告首次提出，乡村振兴的实现需要"新型农业经营主体"和"懂农业、爱农村、爱农民的'三农'工作队伍"等不同行动主体的参与。那时对多元主体的界定还比较笼统。之后，《中共中央 国务院关于实施乡村振兴战略的意见》和《乡村振兴战略规划（2018—2022 年）》（下文简称《规划》）明确了政府、村两委、农民、企业和社会力量的角色分工。可见，政策文本已经明确指出，实现乡村振兴不仅需要党和政府及农民群体，也需要村两委、企业、社会力量等多元主体的参与和推进。

关于乡村振兴参与主体的学术讨论较为丰富，可归为三类。一是对参与主体的类型及其作用进行讨论。例如，基层党组织的堡垒作用（蒋永甫、张东雁，2019），农民的主体作用（姜长云，2018），基层干部的核心作用，乡村企业家的致富引路人作用，新型农民的主力军作用，新乡贤的"润滑剂"作用（马彦涛、于珊，2018）。总之，乡村振兴的参与主体应该是多元化的，各参与主体应该发挥不同的作用（仲崇建、乔丽荣，2021；黄祖辉，2018）。二是阐述多元主体在乡村振兴具体事业中的参与情况，集中表现在乡村治理（张慧瑶、李长健，2019；李长健、李曦，2019；袁金辉、乔彦斌，2018）、生态环境保护（冯旭，2021）和农业产业发展（曲甜、黄蔓雯，2022）等方面。三是阐述多元主体参与乡村振兴具体实践时遭遇的困境。有研究者注意到，多元主体同时参与乡村振兴，容易出现权责交叉、组织臃肿、人浮于事、相互推诿等情况，从而导致各主体效率低下，出现问题时难以找到责任主体等（何阳，2020）。不同行动主体也会面临不同的困境，如乡村基层党组织遭遇"人"、"资源"和"文化"的制约（鲁杰、王帅，2021）；新乡贤遭遇"局外人"的困境（郝晓雅等，2021）；农民群体遭遇主体性弱，难以发挥作用的困境（王春光，2018）；等等。总之，相关研究期待多元主体协同参与乡村振兴，但多元主体在具体实践中遭遇了不同的困境。

已有研究对理解乡村振兴中不同行动主体的参与现状和问题有一定的借鉴意义，但这些研究以应然的讨论为主，较少基于实践和经验材料进行分析。因此，本研究通过对相关政策文件的梳理以及对农民和基层干部访谈资料的整理，呈现政策文本、基层干部和农民对不同行动主体在乡村振兴中具体分工的理解，同时指出不同行动主体实际参与乡村振兴过程中面临的现实困境。需要说明的是，结合政策文本和具体调研，本研究对参与主体做出如下界定：政府指乡镇及以上各级政府部门和单位；村两委指村党支部和村民委员会；农民主要指拥有农业户口的村民；企业主要指从事生产、运营、服务等经营性业务的营利性组织；社会力量主要包含高校、非营利性组织、科研院所等社会组织，以及企业家、退休党政干部、专家学者、医生、教师、律师、技能人才等社会人士。

一　政策文本、基层干部对不同行动主体的分工定位

乡村振兴相关政策文本多次从不同层面、不同角度指出乡村振兴需要多元主体参与，并对不同行动主体的分工提出不同的期待。其中，《规划》对各行动主体的分工期待最为详细和明确，这代表了中央层面对各行动主体在乡村振兴中的分工期望。本部分以《规划》为主，辅以其他政策文本及县、乡镇基层干部的认知，总结政策文本、基层干部对不同行动主体分工的理解。

（一）政府：统筹规划、负责，各级分工明确

政府是乡村振兴战略规划、实施的主心轴。一方面，政府要统筹规划、负责乡村振兴战略的方方面面。首先，从中央到地方政府应该尽快制定乡村振兴相关的规划、指导意见、方案。例如，《规划》指出，"各部门要各司

其职、密切配合，抓紧制定专项规划或指导意见，细化落实并指导地方完成国家规划提出的主要目标任务"。其次，政策文本明确了政府具体负责的工作内容。例如，在《规划》关于产业、生态、文化、治理、民生等主题的11个篇章中，几乎篇篇有对各级政府的行动期待，如在保障和改善农村民生方面，期待政府"加强农村基础设施建设""提升农村劳动力就业质量""增加农村公共服务供给"等。再次，在涉及乡村振兴具体方面的政策文件中，也有对政府的行动期待。例如，《中共中央办公厅 国务院办公厅关于加快推进乡村人才振兴的意见》明确了政府在乡村人才培养、引进、管理、使用、流动、激励等各方面的工作。最后，除了政策文本以外，基层干部也认为，在乡村产业发展、生态文明建设等各方面，国家、地方政府都应该统筹规划，带头做出行动。例如，山东省调研地一位干部提到，"政府要制定规划，同时也得带头负责"。另一方面，政策文本和基层干部对于中央、省、市、县、乡等各级政府之间的分工，有明确和统一的认知，具体为中央统筹，省负总责，市县抓落实，乡镇具体实施。首先，政策文本直接对各级政府的分工进行了明确。其中，《规划》对各级政府的总要求是，"中央统筹、省负总责、市县抓落实"。其次，基层干部对各级政府主体的分工也非常明确。例如，陕西省调研地一位县级干部认为，"国家层面要尽快制定出台乡村振兴的具体政策措施，指导基层解决人从哪里来、钱从哪里来、地从哪里来等现实问题；县级层面要列出规划清单，制定具体规划方案；乡镇要落实具体工作"。可见，政策文本、基层干部均认识到政府要在乡村振兴行动中统领规划，指导方向，全面负责各项工作，并且各级政府之间应该合理分工，各司其职。

（二）村两委：基层一线实践者

村两委是乡村振兴系列政策、方针等的基层一线实践者，并且农村基层党组织应该领导乡村振兴。首先，村两委奋斗在乡村振兴各项工作的一线。例如，《规划》指出"执法力量下沉""打造'一门式办理'、'一站式服务'的综合服务平台"等，同时指出村两委应该将工作重点放在乡村治理和农村集体经济发展上，如"推动乡村治理重心下移，尽可能把资源、服务、管理下放到基层""发展新型农村集体经济"。陕西省调研地一位县级干部对村干部有高度评价："乡村干部是基层的一线干部，是实施乡村振兴战略的中坚力量、依靠力量，是乡村振兴战略巨大系统工程的操作者和实施者。"其次，政策文本和基层干部对农村基层党组织寄予厚望。例如，《规划》明确指出要"加强农村基层党组织对乡村振兴的全面领导"，并指出可以从"健全以党组织为核心的组织体系""加强农村基层党组织带头人队伍建设""加强农村党员队伍建设"等方面出发。山东省调研地一位县级干部指出，"应该高度重视基层党组织在带领村民致富中的作用"。总之，政策文本、基层干部都注意到村两委是联结政府与村民的最后一公里，是基层一线各项工作的实践者，并强调了农村基层党组织的全面领导，认为村两委的基层实践工作值得高度重视。

（三）农民：乡村振兴的受益主体、参与主体

乡村振兴为了农民，也应该依靠农民。政策文本、基层干部都认为，农民是乡村振兴的主体，并可以细分为乡村振兴的利益主体和参与主体。一方面，《规划》明确指出"坚持农民主体地位"是实施乡村振兴战略的基本原则之一，并进一步指出"把维护农民群众根本利益、促进农民共同富裕作为出发点和落脚点"，即农民是乡村振兴的受益主体，乡村振兴应该以农民利益为出发点和最终目标。在基层干部看来，"乡村振兴就是为了农民"，"让农民有钱赚"，"让农民生活富裕"。另一方面，《规划》并不局限于农民作为受益主体的角色，认为农民也是关键的参与主体，在具体实践中应该"调动亿万农民的积极性、主动性、创造性"。例如，在乡村治理方面，《规划》对村民自治、德治期待较高，希望"深化村民自治实践"，"提升乡村德治水平"。县级干部也普遍认为，政策再好，也要靠农民参与，他们要靠自己实现致富。陕西省调研地一位县级干部说道："对农民而言，应该增强自我造血能力，抢抓脱贫攻坚巩固五年政策延续期，充分利用各类政策积极投身产业就业，实现稳步增收。"陕西省调研地一位乡镇干部同样指出，"要坚持动员老百姓参与进来，老百姓自己主动求职的欲望以及主动发展的意识最重要"。显然，政策文本、基层干部对农民是乡村振兴的受益主体和参与主体达成了共识。

（四）企业：助力农业产业发展

企业是市场力量助力乡村振兴的核心主体。《规划》对企业在乡村振兴

中的期待，集中在产业兴旺方面，特别是农业产业发展。首先，就国内环境来说，企业是农业现代化建设的核心力量。《规划》期待农业企业在保障基础粮食安全、建设产销农业服务平台、保障农业种业、开发农业技术等方面做出贡献，如"鼓励互联网企业建立产销衔接的农业服务平台""深入实施现代种业提升工程，开展良种重大科研联合攻关"等。其次，面对国际环境，《规划》期待中国农业企业走出国门，发展成为具有国际竞争力的龙头企业，如"国际领先的农业高新技术企业""具有国际竞争力的种业龙头企业"等。最后，中央层面还专门出台了鼓励企业助力乡村振兴、承担企业社会责任的政策文件，如农业农村部印发《关于促进农业产业化龙头企业做大做强的意见》，国家乡村振兴局、中华全国工商业联合会印发《"万企兴万村"行动倾斜支持国家乡村振兴重点帮扶县专项工作方案》等。其实，不仅中央层面关注企业在乡村振兴中的作用，基层干部也认为招商引资是发展壮大农村产业的主要途径。例如，湖南省调研地一位乡镇干部提出，"让外商来投资，带动老百姓就业，带动当地农产品销售"；河北省调研地一位村干部表示，"自己信任外来老板，外来公司有渠道、有管理经验、效率高，可以带动村民致富"。不过，与政策文本相比，基层干部对企业的期待较多考虑企业所能带来的经济效益和社会效益，缺乏对企业国际影响力的想象。

（五）社会力量：提供服务、人才、资金等支持

在脱贫攻坚时期，社会力量发挥了举足轻重的作用。在乡村振兴全面推进阶段，各级政府又对社会力量提出新的期待，《规划》对社会力量的期待则可以概况为：为农村提供服务、人才、资金等方面的支持和保障。首先，政府积极鼓励并采取多项措施促进社会组织参与乡村振兴，为农村提供公共服务。例如，《规划》提出，"推动政府向社会购买公共文化服务"，"推动各地通过政府购买服务、设置基层公共管理和社会服务岗位、引入社会工作专业人才和志愿者等方式，为农村留守儿童和妇女、老年人以及困境儿童提供关爱服务"。其次，《规划》期待各类社会精英人才为乡村提供专业性人力资源，如"企业家、党政干部、专家学者、医生教师、规划师、建筑师、律师、技能人才等"。另外，《中共中央办公厅 国务院办公厅关于加快推进乡村人才振兴的意见》强调，吸纳各类社会人才为乡村提供源源不断的人力支持。最后，《规划》将社会资本视为农村建设的重要资金来源之一，提出

要重视"引导和撬动社会资本投向农村"，实现多种资本融合，助力乡村发展。实际上，基层干部也认可社会力量所带来的服务、人才、资金方面的支持。例如，在河北省调研地，专业的社会组织成为文化传承的重要力量；陕西省红石县基层干部指出，"乡村振兴和脱贫攻坚一样，是一项庞大的系统工程，需要大学院校、科研院所、爱心人士等共同参与，形成'众人拾柴火焰高'的工作格局"。基层干部也将社会资本视为激活乡村的重要来源。例如，河北省千山县一位基层干部指出，"乡村振兴的实现，还要依靠社会的招商引资，因为各种各样的旅游资源需要引入社会资本进行投资"。总之，政策文本、基层干部对社会力量参与乡村振兴寄予厚望，主要关注其在服务、人才、资金方面对乡村振兴的支持。

二　农民对不同行动主体的分工理解

在政策文本和基层干部视角之外，农民对不同行动主体在乡村振兴中的角色期待是什么？本部分针对访谈中的"要实现乡村振兴，您认为国家/政府应该怎么做？农民应该怎么做？村干部应该怎么做？乡村振兴还会涉及哪些人？他们应该怎么做？"等问题，对被访农民的回答进行总结，并进行频次统计，分析农民对乡村振兴中不同行动主体分工的理解与期待。

第一，87.9%的被访农民认为，实现乡村振兴应该主要靠政府。从具体的词频统计来看，被访农民期待政府提供"政策"（93）[①]、"资金"（68）、"支持"（21）等。其中，不同地区、性别、年龄、文化程度的被访农民对政府最主要的期待都是"政策"和"资金"，如期待"政府对乡村振兴进行整体的统筹规划，投入更多的资金"，但具体应该由哪一级政府或哪一个政府部门提供，他们没有明确的认知。另外，不同农民群体因自身需求存在差异而对政府有不同的期待。例如，河北省调研地农民更期待政府加强道路、路灯等基础设施建设；女性农民往往由于需要承担照料责任而不得不留守家庭，她们希望政府通过招商引资帮助自己实现就地就业；40岁以下农民对招商引资有较高期待和需求，因为他们正处于上有老、下有小的家庭生命周期，面临较大的家庭责任和压力，需要稳定可靠的收入，以承担各项家庭

---

①　括号内为开放题回答中该词出现的频次，下同。

支出。

第二，在农民眼中，村干部是"看得见、摸得着，能说上话"的干部，有较多的被访农民（82.8%）认为乡村振兴的实现需要村干部参与。"带头"（104）、"落实"（51）是农民对村干部最高频次的期待。另外，"务实""公正""清廉""心系老百姓"是农民对村干部频次较高的期待和要求。农民对村干部有较高的期待，不仅仅因为村干部具有可及性，也因为他们通过选举等自治方式赋予了村干部代表村民和领导村庄的权力。此外，相对于男性农民，女性农民更关注村干部在具体行动中的公平、公正和实干；文化程度越高的农民，对村干部的期待越多元和丰富，他们会关注村干部组织、协调、领导、务实等能力。

第三，政策文本和基层干部都认为农民是乡村振兴的受益主体和行动主体，但大多数农民认为自己在乡村振兴中是配角。尽管80.1%的被访农民认为自己应该在乡村振兴中贡献力量，但他们都认为自己在具体行动中是配合者。从词频统计来看，不管是总体，还是不同地区、不同性别、不同年龄、不同文化程度的农民，对自身定位的最高词频都是"配合"。显然，这与政策文本和基层干部对农民的定位存在偏差。当其他主体都认为农民是乡村振兴的主体时，农民却将自己置于"配合者"的边缘位置。实际上，"出力""个人努力""提升""自力更生""奋斗"等，也是农民对"要实现乡村振兴，农民应该怎么做"的回答，这说明不乏愿意积极、主动参与乡村振兴事业的农民。进一步分析可以发现，这些高频词多是高文化程度农民的认知。可见，文化程度越高的农民，越有通过自我提升来发展乡村的主体意识。

第四，28.9%的被访农民认为，要实现乡村振兴，需要企业参与。但从词频来看，农民对企业的期待和认知主要停留在"投资"和"就业"两个方面。具体来说，农民普遍期待企业下乡投资建工厂或投资农业生产，为农民提供就业机会。实际上，企业在乡村振兴中不仅可以提供投资、就业，有社会责任的企业也会关注乡村的可持续发展，重视乡村文化、生态环境、人力资本价值、儿童教育、性别平等与女性赋能等方面的工作。

第五，相对于政府、村两委和企业，农民对社会力量的认知是比较陌生，仅有18.0%的被访农民认为要实现乡村振兴，需要社会力量参与。他们对社会力量的期待停留在对已有人才下乡模式中"大学生""年轻人""志愿者"的渴望。他们对社会力量包含哪些群体，还处于认知模糊阶段，且对他们能够参与的工作暂无清晰的想象。这一方面与农民所接触的社会力量较少有关，另一方面与社会力量尚未形成自觉自主服务乡村振兴的氛围有关。各类社会组织和个体等社会力量在乡村出现的频次较少，多以政府购买服务或短期志愿服务等形式进入乡村，并且只接触和服务特定人群。因此，对大多数农民来说，他们缺少接触和认识社会力量的机会，自然对社会力量较陌生。

三　乡村振兴推进过程中不同行动主体的分工实践

政策文本、基层干部和农民对乡村振兴中不同行动主体的分工，有不同的理解、要求和期待。那么，在推进乡村振兴战略实施进程中，各行动主体的现实分工是怎样的，是否在践行政策文本、基层干部和农民的期待，又遭遇了哪些困境？

（一）政府的行动实践

首先，自党的十九大报告提出乡村振兴战略至 2022 年 5 月底，中央层面出台了 160 余份与乡村振兴有关的政策文件、法律法规，如中共中央办公厅、国务院办公厅印发的《关于加强和改进乡村治理的指导意见》，地方层面也出台了各类政策文件，如陕西省红石县制定的《红石县创建乡村振兴先进县三年行动方案》。这些政策文件、法律法规无一不在明确党和政府在其中的责任。《中华人民共和国乡村振兴促进法》直接以立法的形式，明确了党和政府的基本职责。政府持续出台乡村振兴相关的政策文件，既反映出政府对乡村振兴工作的重视，也反映出政府在践行政策文本、基层干部和农民的期待。

其次，政府在统筹推进乡村振兴战略有效实施的过程中，采取"示范"策略，打造各类"示范行动""样板模范"，起到一定的示范引导作用，是政策文本期待的"政府负责"、农民期待的"政府支持"的现实呈现。调研发现，每个调研县都推出了示范村、示范户、示范项目等。例如，浙江省天歌县打造了一系列"未来乡村"示范村，其中潭塘镇前楼村以"艺创前楼"为主题，围绕"传统乡村色彩"，吸引艺术家入住，打造了传统与现代相结合的新乡村；山东省青云县因地制宜发展特色产业，根据不同村情，通过发展苹果、猕猴桃、樱桃等产业，创新了"党支部领办合作社发展村集体经济"的产业发展示范模式。地方政府通过打造"示范项目"，逐步引导、有序推进乡村振兴战略，实现对乡村振兴战略的统筹把控。当然，这些示范村、重点村、示范项目等是否真正起到示范作用，还需进一步讨论。

最后，政府提供了人力资源和物质资金，保障乡村振兴战略有序推进。实际上，这说明政府用实际行动回应了政策文本的期待——"负责"，以及农民的期待——"资金""支持"。在脱贫攻坚战取得全面胜利后，很多地方的驻村工作队和第一书记并没有撤离，而是仍活跃在乡村，继续作为重要的人力资源支撑，推进乡村振兴相关工作。政府提供的物质、资金支持也未间断，继续以项目等形式落地村庄，继续支持道路和交通设施改善、农房改造、环境美化、文娱广场建设等。

可见，政府主体主要通过出台政策、引导示范、保障支持等推进乡村振兴实践。这些行动回应了部分政策要求和农民期待，但政府行动也会陷入困境。首先，政府行动有时与农民的现实需求不对称、不平衡，无法真正服务农民。例如，各调研村的农家书屋常年闲置，放电影的工作人员比看电影的村民还多。其次，虽然各级政府分工明确，但具体政策的落实主体是乡镇及以下基层干部，他们在承担责任的同时，并无足够的资源调动和配置权力，在具体落实时受限较多。

（二）村两委的行动实践

从政策文本、基层干部对农村基层党组织全面领导的要求和农民对村两委带头的期待，可以看出村两委是乡村振兴的关键参与主体。村两委可以联结农民与政府，是向农民传达党和政府方针、政策的重要窗口，也是向党和政府传达农民需求与争取资源的代理人。

村两委是重要的组织者，符合政策文本对村两委"基层一线实践者"和农民对村两委"组织者"的期待。调研发现，村两委是村庄公共事务的核心组织者，如组织村民参加村民委员会换届选举等集体性活动。部分村两委还会发起和组织"乡村春晚""庆五一""欢度重阳节"等增强村庄凝聚力的公共活动。陕西省松涛村村两委创新性地以"定期开会"的形式将村民组织起来，学习党和国家的政策，谈论村里的新鲜事，尝试通过组织公共活动，打破村庄家户原子化的状态，重建乡村共同体。

村两委在推进乡村振兴有效实施的过程中，容易陷入能力困境。首先，村干部队伍建设参差不齐。正如河北省千山县一位干部所言，"好的村干部能较好地按照政策要求落实，不好的村干部虽然也在推动，但总体质量和效果较差"。可见，村干部能力对村庄发展至关重要。其次，政策文本提倡"尽可能把资源、服务、管理下放到基层""推动乡村治理重心下移"（《规划》），这也意味着村干部所面对的事务日渐繁杂，乡村治理压力逐渐加大，对村干部能力有了更高的要求。村干部能力若与职责不匹配，将在一定程度上影响乡村振兴的推进。因此，在联结政府与农民、组织各类活动的同时，村两委需要增强自身能力和加强队伍建设，以便更好地服务村庄发展与乡村振兴。

（三）农民的行动实践

政策文本将坚持农民主体地位作为实施乡村振兴战略的基本原则之一。然而，农民并不认为自己是乡村振兴的行动主体，在具体实践中也没有充分体现其主体角色，而是自愿做配合者，依赖非自我主体，且逐渐去组织化。

首先，农民自愿做配合者，尤其是政府主体的配合者。农民习惯于"听政府安排"，认为"政府让干什么，照做就好"，缺少自我创新性。以产业发展为例，有农民表示，"我们不知道种什么挣钱，也是政府让我们种特色茶叶，我们才种特色茶叶的"，"种什么，养什么，什么时候施肥、打药以及具体施什么肥、打什么药，则听'老板'或农资站安排"。由此可见，农民的种养选择仍较多受政策和市场导向的影响。

其次，农民习惯于依赖自我以外的其他主体。调研显示，分别有83.9%、66.2%、62.6%、83.5%的被访农民认为，产业兴旺、生态宜居、乡风文明、治理有效主要需靠政府等外部主体，而非主要靠农民群体自身即可。在生活富裕方面，农民意识到幸福生活应该靠自己来创造，但他们又期待政府、外来企业帮助自己实现就业增收，创造经济效益。

最后，农民在个体化和私人化的领域具有更高的积极性，但公共意识淡薄，对待村庄公共事务不够积极、主动，去组织化与去合作化较为明显。虽然政策文本期待"发展多样化的联合与合作，提升小农户组织化程度""大力培育服务性、公益性、互助性农村社会组织"（《规划》），但在具体实践中，一些农民组织浮于形式、有名无实。调研发现，各调研村农民自组织程度较低。在所有被访农民中，仅分别有 19.9%、12.2%、13.7% 知道村里有生产互助组织、志愿者协会/服务队、老年协会。这反映了农民对公共事务和活动的了解、参与与组织去组织化、去合作化的事实。

（四）企业的行动实践

企业在推进乡村振兴战略有效实施进程中，扮演了越来越重要的角色。国有企业、民营企业、高科技综合企业等各类企业积极参与乡村振兴建设行动，承担了一定的社会责任（李怀瑞、邓国胜，2021）。以往研究发现，企业通过"项目制"的形式助力乡村振兴，缓和了生产目标和治理责任之间的张力，形成了创新型治理共同体，助力了乡村经济的可持续发展（吕鹏、刘学，2021）。调研发现，企业正创新性地以多种形式参与乡村振兴，改造乡村，盘活土地、人力。总体来说，参与乡村建设的企业主要有两类，一类以打造乡村旅游产业为主，另一类以发展农业产业为主。

随着乡村旅游的火热，越来越多的企业进驻乡村，参与规划、开发与改造乡村。几乎所有调研村庄都有发展规划设计图，示范村、重点村发展规划设计图的种类和内容更丰富。企业靠专业技术和管理经验，包揽了各类规划设计。然而，这也容易造成各村庄整体设计思路相差不大，村庄规划模板化。对于企业来说，其在乡村旅游发展中最大的作用是为乡村改造提供资金支持，并以其丰富的市场化运营经验与技巧，助力乡村旅游的发展。

农业企业作为一类新型农业经营主体，可以在一定程度上盘活乡村土地和劳动力，但其运营过程也存在一定的风险。自乡村振兴战略提出以来，很多农业企业携资本、技术进入乡村，通过投资农业生产，有效盘活了撂荒土地，带动了闲置劳动力就业。调研发现，企业联结土地和劳动力的主流途径有两种：第一种是直接流转农户的土地，雇用农民从事农业生产；第二种是与农户签订"种植—收购"协议。然而，如果企业缺少社会责任感，那么这两种模式均存在一定的风险，可能会损害农民利益。就第一种模式来说，企业流转土地后，一般会进行连片经营，一旦遭遇亏损，缺少社会责任感的企业将会跑路，村民不仅无处追要租金，也可能遭遇难以再分田到户的风险，还可能遭遇土地肥力下降的困境。"种植—收购"模式也会出现类似的情况，如企业违约，随意降低收购价格，甚至通过提高收购标准等方式，拒绝收购农户的农产品。

另外，虽然政策文本和基层干部都对企业的创新能力寄予极大的期待，但实地调研发现，在投资农业技术和开发乡村成本高、周期长、风险大的背景下，相关企业往往比较保守，多采取同质化的乡村旅游开发模式或停留于集中土地开展大规模机械化经营的层面，并未实现科技化、智能化的创新。

（五）社会力量的行动实践

社会力量逐渐成为建设乡村的重要力量。虽然农民对社会力量暂无全面的认知，但他们期待社会力量为乡村发展提供人才支持。调研发现，在乡村振兴的具体实践中，社会力量发挥了越来越重要的作用，但只是零星存在，在大多数村庄是缺位的，对于大多数农民来说是陌生的。

部分涉农高校正作为一股重要的社会力量参与乡村振兴，积极推进农业农村现代化进程。例如，有的高校通过与基层政府合作，建立乡村振兴研究院与实践教育基地，为基层持续输送本科生、硕博研究生等青年人才。这些青年人才在县（市）、乡（镇）、村相关部门或机构任职，运用扎实的专业理论和方法、开阔且接地气的研究和行动视野参与乡村振兴相关工作，为乡村人才振兴、组织振兴以及其他方面的振兴提供源源不断的动力。

文化遗产保护、医疗卫生服务、教育培训等对专业、技能要求较高的公共服务，往往更需要社会组织参与。例如，医疗服务队、医疗社工等社会力量的不定期义诊服务，在一定程度上弥补了乡村医疗卫生服务的不足。

目前，社会力量参与乡村振兴，主要是为乡村提供人才支持和专业性、技术性服务，在资金方面的支持相对较少。总体来说，社会力量参与乡村振兴还不够普遍。政府可以通过加大购买服务力度、建立激励机制等措施，促进社会力量参与乡村振兴。

四 构建多元主体协同参与乡村振兴的格局

政府、村两委、村民、企业、社会力量都是实现乡村振兴的关键主体，各主体因角色地位、优势能力等不同而有不同的分工和责任。政策文本、基层干部、农民对不同行动主体的分工，有不同的理解和认识。同时，在具体实践中，各行动主体积极参与乡村振兴，践行或实现了政策文本、基层干部和农民的部分期待。当然，具体实践也会与政策文本、基层干部、农民的期待存在部分偏差。例如，政策文本、基层干部都认为农民是乡村振兴的行动主体，但是农民并不认为自己是乡村振兴的主体，并且在具体实践中依赖非自我主体。

尽管政策文本、基层干部和农民对多元主体分工的理解与认知有所不同，但对实现乡村振兴需要多元主体协同参与已形成共识。而且，多元主体也正在积极参与乡村振兴。总之，构建多元主体协同参与的大格局，是实现乡村振兴的根本途径。这要求各主体首先在思想上达成共识，形成统一的行动目标；其次围绕总体的目标，进行合理的规划统筹和整体布局；最后积极分工合作，协同发力，共同推进农业农村现代化与乡村振兴的实现。

首先，各主体应该在思想上统一认识到乡村振兴的长期性和复杂性，认识到乡村振兴的实现应该城乡协同，多元主体协力参与，形成统一的行动目标。乡村振兴事业作为国家宏观发展战略的重要组成部分，不应该仅仅被认为是乡村的事情，而是需要城乡协同发展。同样，乡村振兴也不应该仅仅被认为是政府和农民的事情，而是需要多元主体协同参与、共同发展。各主体有各自不同的发展目标和追求，如何协调各主体发展目标并使之与推进农业农村现代化、实现乡村振兴的总体目标形成一定的统一，既需要党和国家的政治智慧与重大谋略，也需要各主体之间的积极对话与互动。

其次，乡村振兴是一项整体性的乡村发展工作，仅靠各主体"各干各的"不能实现乡村振兴，各主体之间的行动规划应该有统筹规划和整体性布局。在多主体协同参与乡村振兴实践中，政府的统筹规划具有指引性功能，既可以明确"乡村振兴为了谁"的根本初衷和"乡村振兴依靠谁"的各主体定位，也可以规定"各主体应该怎么做"的具体行动。村两委和农民作为在村主体，是乡村振兴的主要依靠主体和行动主体，也是乡村振兴的重要受益主体。企业和社会力量作为外部主体参与乡村振兴，可以为乡村提供资金、技术和人才等方面的外部资源。只有在政府的统筹领导下，内外部主体各尽其责，从整体规划出发，才能有效实现乡村振兴。

最后，全面实现乡村振兴需要多主体合理分工，也需要各主体有效合作、协同发力。在产业、生态、乡风等乡村振兴的任一方面，仅靠单一主体力量都无法有效推进具体的工作。以乡风文明建设为例，社会力量在其中扮演了越来越重要的角色，但社会力量的参与往往以政府购买服务为前提，或政府出台配套的政策文件，号召高校教师、艺术家、青年大学生等各行各业群体参与乡村文化建设；村两委需要组织动员村民参与，搭建社会力量下乡的活动平台；农民需要发挥其主观能动性，积极表达自我意愿和自我需求，同时积极参与社会组织等外部主体组织的乡风文明建设活动；企业也可以为乡风文明建设提供物质支持。由此可见，乡村振兴战略中很多项目和实践的落地，需要多主体之间的协同合作。

从整体来看，中国乡村振兴正逐渐形成主体多元化、分工合理化、合作有效化的协同参与格局，正在探索走出一条中国特色的农业农村现代化之路。

9
乡村振兴中的村干部

　　村干部是农村各项事务和工作的领头羊，是农民群众的主心骨，更是乡村振兴的直接参与者、组织领导者和发展带头人。村干部群体长期以来发挥着党和政府联系农村的关键桥梁与纽带作用，也是新时期乡村振兴的重要人才基础和基层组织力量。党中央始终十分重视村干部的重要作用。习近平总书记曾提到，"村干部肩负着重任，也有烦恼，工作很不容易"（《学习时报》，2021），"要关心和爱护广大基层干部，为他们创造良好工作和成长条件"（《人民日报》，2015），"对广大基层干部要充分理解、充分信任，格外关心、格外爱护"（《人民日报》，2013）。中共中央、国务院印发的《乡村振兴战略规划（2018—2022年）》明确指出，要"健全现代化乡村治理体系"，"加强农村基层党组织对乡村振兴的全面领导"，"促进自治法治德治有机结合"，还指出乡村振兴的重点任务是把夯实基层基础作为固本之策，"建立健全党委领导、政府负责、社会协同、公众参与、法治保障的现代乡村社会治理体制，推动乡村组织振兴，打造充满活力、和谐有序的善治乡村"。《乡村振兴战略规划（2018—2022年）》明确了以村两委为核心的村干部在实现乡村治理有效方面的重要作用，对村干部这一群体提出新的要求。在乡村振兴战略背景下，聚焦村干部这一群体，关注他们在新形势、新要求下的思考与行动，对于丰富村干部群体研究具有重要意义。

　　以往对村干部群体的研究主要集中于两个方面。一是聚焦村干部的职业属性，包括制度层面村干部的任职要求、行为准则、激励机制等。其中比较有代表性的有高万芹（2019）提出的村干部"职业化"理论、冯军旗（2010）提出的"党政螺旋结构"理论等。这些理论从制度设计层面入手，探讨如何通过制度变革尤其是"赋权"与"激励"激发村干部群体的能动性。二是聚焦村干部的角色定位。例如，徐勇（1997）认为村干部既是村庄事务当家人，又是国家利益代理人，具有双重身份；吴毅（2002）提出"双重边缘化"的概念，力图超越静态的结构分析，描述动态事件过程中的村干部定位。此外，国际学者对20世纪末21世纪初的中国村级选举进行了研究（Qi and Rozelle，2000；Zhong and Chen，2002；Howell，2007）。近年来，国内学者开始关注乡村振兴中的村干部行为与角色，其中比较典型的研究涉及乡村振兴政策对村干部结构的新要求带来的角色任职动机和行动自主性变化（袁明旭，2022），村治主体精英结构由"乡土精英"向"行政精英"转型的过程（杜姣，2022），乡村振兴视域下乡村治理的现实困境与工作对策（郭磊，2020），等等。以上研究多是从有关村干部的制度设计、政策定位和角色变迁入手，探究村干部的行为模式，或探讨村干部在乡村治理中的角色定位，村干部个体内在的角色定位和选择及其与外界对他们的角色期待之间的冲突，村干部对乡村振兴的理解、思考和行动，以及村干部所面临的现实困境等尚需更为深入的研究。

本研究以实地调研为基础，试图回答"在乡村振兴背景下，作为基层一线重要行动者的村干部群体处于怎样的状态""制度设计、农民期待和村干部自身定位中的村干部角色分别是什么""村干部如何理解乡村振兴，如何在乡村振兴的框架下思考和行动""在乡村振兴推进过程中，他们面临什么样的现实困境"等问题，为全面推进乡村振兴进程中的人才与组织工作、基层治理等提供参考。

一 村干部结构与群体现状

（一）政策设计对村干部结构的要求

在全面实施乡村振兴战略背景下，为了进一步适应农村社会经济发展水平、加强和改进党的农村基层组织建设，国家对村干部的人选与组成结构提出两个新的要求。首先是"一肩挑"。2019年1月印发的《中国共产党农村基层组织工作条例》规定，"村党组织书记应当通过法定程序担任村民委员会和村级集体经济组织、合作经济组织负责人，村'两委'班子成员应当交叉任职"。2019年9月印发的《中国共产党农村工作条例》更明确要求，

"村党组织书记应当通过法定程序担任村民委员会主任和村级集体经济组织、合作经济组织负责人,推行村'两委'班子成员交叉任职"。以上文件对于村级领导干部"一肩挑"提出明确的要求。根据文件精神,各地方根据自身情况制定了一系列换届选举细则,在村两委干部换届选举过程中均进行了干部结构调整。从本次调研的统计结果来看,目前 10 个调研村庄主要负责人交叉任职的比例达到 100%,都满足了"一肩挑"的要求。其次是"干部年轻化"。人才振兴是乡村振兴最首要、最迫切的任务。青年人才愿意回到乡村投身乡村建设实践,是乡村振兴各项事业顺利开展的重要条件。尽管没有统一的文件要求,但在乡村振兴战略实施以来的近两届村两委换届选举过程中,各地根据自身实际情况,制定了不同的村干部年龄限制标准。例如,湖南省调研县村干部选举要求"一肩挑"的人选,原则上年龄不超过 54 周岁,特别优秀的现任村党支部书记,年龄可适当放宽至 58 周岁;山东省调研县要求新当选村党支部书记的年龄不超过 45 周岁、连任村党支部书记的年龄不超过 60 周岁。

不可否认的是,"一肩挑"确保了村庄事务的政令统一,有利于提高工作效率,促进村级班子团结协作;"干部年轻化"则在优化村干部队伍年龄结构的同时,在一定程度上提升了村干部队伍的文化水平和专业程度。这两个要求均凸显了党和国家在新时期农村基层工作中选人用人的导向性,深刻改变了村干部的现实结构。

(二)调研村庄村干部的结构与特点

本次调研的 10 个村庄村两委干部呈现以下明显的结构特点。第一,积极响应"干部年轻化"的要求,除两个调研村外,其他调研村均通过多种方式保证村两委成员中至少有 1 名 40 岁以下的年轻村干部,陕西省两个调研村的干部年轻化程度最高。在实际操作中,大部分调研村会在换届时通过设置投票限制(如规定每张选票若不符合年龄结构的要求便无效)等方式达成有年轻人入选的目标,以消除愿意留在村庄服务村庄发展的年轻人数量很少、部分村民对年轻人担任村干部存在不信任等因素对选举结果产生的影响。第二,从全国范围看,女性担任村委会主任和普通村干部的比例偏低,村干部群体中的性别结构失衡问题仍然明显。部分调研村村两委成员中之所以有女性,更多是因为制度化的成员结构要求。在本次调研的 10 个村庄中,除湖南省和浙江省各有一个调研村有 2 名或以上女性村干部外，其他各调研村均只有 1 名女性村干部。第三，干部年轻化在一定程度上意味着村干部群体文化程度和专业程度的提升，具有高中及以上文化程度的村干部比例有所提高，但仅有极少数村干部具有本科及以上文化程度。第四，村两委交叉任职整体覆盖度较高，但存在一定的地域差异。调研结果显示，山东省的两个调研村均实现了村两委全员交叉任职，而其他地区的交叉任职多集中在村党支部书记、村主任的"一肩挑"上（见表9-1）。

表 9-1　调研村庄村干部结构

单位：人

省　份	调研村	村干部总数	女性人数	60 岁及以上	40 岁以下	本科及以上文化程度	交叉任职
河北省	坡上村	5	1	1	1	0	2
	山桃村	7	1	0	1	0	1
陕西省	松涛村	7	1	0	3	0	3
	鹿鸣村	5	1	0	2	0	4
湖南省	关下村	6	2	0	1	0	2
	飞燕村	5	1	0	1	0	1
山东省	红果村	5	1	1	0	0	5
	川溪村	5	1	0	0	0	5
浙江省	前楼村	8	3	1	2	0	3
	茶岭村	6	1	0	1	1	1

经过新一轮村干部换届调整，各调研村大体上形成了"老带新"，即传统型干部与新生代干部相结合的局面。新老结合的结构，有助于年轻干部学习和积累经验。这能够帮助乡村基层快速适应电子政务等新兴技术治理手段，提高村两委班子整体工作效率，促进农村各项事务顺利开展。然而，这样的结构也可能面临工作理念和工作方式的不协调甚至冲突，尤其是年轻人担任领导者角色时，将面临如何树立威信、如何有效调动年长的其他村干部参与和组织工作等现实问题。

（三）村干部多样化的从业经历与任职动因

受国家政策偏向和乡村社会发展变迁影响，不同时期的村干部角色不尽相同。随着乡村经济社会发展对治理现代化的要求逐渐提高，对村干部职业化必要性和可行性的探讨逐渐增多（王扩建，2017；陈宝玲等，2021）；而在行政和自治事务的双重压力下，村干部职责超载困境突出（王杰，2020）；乡村分利秩序、村庄传统权威结构、自身角色定位模糊等因素，也导致青年村干部面临边缘化困境（胡溢轩，2019）。

那么，在全面推进乡村振兴战略时期，哪些群体在什么样的动力机制驱动下成为村干部？本研究以对 10 个调研村庄村干部的深度访谈为基础，梳理了他们的从业经历和成为村干部的动因（见表 9-2）。

表 9-2　调研村庄村干部从业经历与任职动因

编号	职务	从业经历	任职动因
1	村党支部书记兼村主任	建筑包工头	"说实话，这支部书记我不想干，但是大家都选我了，也不能辜负老百姓"
2	村党支部副书记	经营游船	"我们是作为最低层的干部选出来的，我们是为国家服务、为村民服务，不能收老百姓的一针一线"
3	村文书兼会计	在外上班	"前任会计去世，村里紧急召开会议，决定叫我回乡担任会计"
4	村党支部副书记	返乡创业	与家邻近且有家乡情，所以返乡；回乡后助力村庄事务发展
5	村党支部书记	之前在国有企业上班，现在准备考公务员	"初衷是想考公务员，因为大学生有过村干部经历的话，可以作为加分项"
6	村党支部委员	以前在外打工，1998 年回家在村口开便利店	"以前在上海打工，那时候感觉身体透支，回家乡开店，顺便为村民服务"
7	妇女主任	无	"我是这个村里土生土长的，我娘家和婆家都在这里，大家还是比较信任我的"
8	村党支部书记	无	组织长期的信任，因此常年担任
9	村党支部书记	开办养殖场	组织长期的信任，因此常年担任
10	宣传委员	在外做生意	"主要考虑到任职村干部可以积累与其他人的私人关系。和上级部门打交道，他们得给我点面子，在村里我的威望也就提升了"

续表

编号	职务	从业经历	任职动因
11	村党支部书记	美容美发店	"最开始是因为激情,感觉村干部很有面子,同时老百姓信任你","自己从小在村里长大,对村里有很深的感情,做村干部可以按照我的一些想法建设村庄","还有领导的认可也非常重要"
12	监委主任	备考公务员	备考公务员
13	村党支部书记	开办工厂	由于组织需要而返乡,经过原书记做各种思想工作,回家管理家里开办的袜子厂。从村民小组组长做起,后来做了村妇女主任,2018 年担任村党支部书记
14	村党支部书记	开办养殖场	组织长期的信任,因此常年担任
15	前任村主任	领办合作社、路桥工程	"过去人们自发认可党的活动与领导,人们以拥有党员身份而自豪,但我觉得是因为起到行为表率作用,所以才是党员"
16	村委委员	在外经商投资	"原来在城里做生意,2021 年换届时,组织需要年轻人,就参选了"
17	村委委员	经营电商	2020 年在村里担任防疫志愿者,感受到服务村民的满足感,自己有电商从业经历,年龄也有优势,因此组织希望进一步培养

从表 9-2 可以看出，村干部的来源非常多元，从业经历比较丰富。大部分村干部在成为村干部之前就已经有较好的发展。以从业经历区分，调研村庄在任村干部主要可分为以下四类。第一类是产业带头人型。这类干部原本有自己的产业或事业（如有自己的施工队、工厂、农场等）。他们在选择进入村干部队伍时，对工资报酬的考量较少，更多是为了回应村民的期待，为村里出一份力。在实际工作过程中，他们经常面临个人产业或事业与村庄事务冲突的情况，甚至在一定程度上存在以个人产业或事业收入补贴村庄的情况。第二类是外出返乡型。这类干部既包括因为需要照顾孩子、照料老人而选择回到家乡的群体（以女性村干部居多），也包括因为不适应在外工作的节奏、因为身患疾病而返乡的群体，还包括因受乡情感召与村庄发展鼓舞而返乡的群体。第三类是乡土精英型。这类干部往往长期在村两委任职，有丰富的村庄工作经历。他们的当选在一定程度上延续了本土治理的惯性，体现了村庄本土精英的责任感。第四类是组织号召

型。这类干部往往原本有自己的生产生活方式，在特定情势下响应了组织的号召，投身于村庄公共事务。在 2021 年初进行的村两委换届选举中，不少年轻村干部就是响应干部年轻化号召而当选的。在现实中，以上四类村干部并不能够全然清晰区分。例如，有些村干部可能原本在外经营产业，后来受到组织召唤，出于乡情而愿意返乡出任村干部。表 9-2 中的第 17 位被访者便是一个典型的例子。作为一名从事电商行业的年轻人，他在 2020年初临时担任了防疫志愿者，这段经历给他带来了为村民服务的满足感；而后组织上基于其年龄与电商经验优势，动员他参与 2021 年初的村两委换届调整，由此他正式成为一名村干部。可见，成为村干部是一个动态的、多因素共同作用下的个人选择。

　　除了个人从业经历、家庭因素和组织召唤等客观动因的影响，成为村干部的主观动因主要包括身份地位认同、理想主义追求、自我价值实现等。可以说，每名村干部下定决心任职的过程，都是一个动态与静态、主观与客观、利己因素与利他因素相结合的复杂过程。被访村干部表示，担任村干部最主要的动力包括"回应百姓期待和信任""为老百姓服务""为了村庄发展""希望发展本村""希望经营村庄开创事业""履行党员义务""为村里做实事""给村庄带来变化""实现村庄公平""树立口碑"等。可见，村庄的发展和村民的利益是绝大多数村干部担任相应职务的首要出发点，部分年轻村干部会从个人职业与事业发展、考取公务员的可能性与便利性等方面考虑。尽管有一些村干部表达了对收入待遇提高的期待，但是本次调研过程中，物质利益与身份地位的获得并未成为村干部表述的中心内容。

二　乡村振兴中的村干部角色

（一）制度设计对村干部角色的要求

　　对于农村工作，党和国家对村干部的整体要求是"积极有为"，这在一系列政策文件中都有明显体现。《中华人民共和国村民委员会组织法》对村民委员会的职责进行了基础性的规范，提出村民委员会的职责范围是"办理本村的公共事务和公益事业，调解民间纠纷，协助维护社会治安，向人民政府反映村民的意见、要求和提出建议"。《中国共产党农村基层组织工作条例》则对村党支部的职责范围进行了明确界定，提出村党组织的主要职责是宣传和贯彻执行党的路线方针政策，讨论和决定本村经济建设、政治建设、文化建设、社会建设、生态文明建设和党的建设以及乡村振兴中的重要问题并及时向乡镇党委报告，领导和推进村级民主选举、民主决策、民主管理、民主监督，支持和保障村民依法开展自治活动，加强村党组织自身建设，组织群众、宣传群众、凝聚群众、服务群众，领导本村的社会治理，等等。《乡村振兴战略规划（2018—2022 年）》则立足于乡村振兴战略背景，对村两委工作提出明确要求：加强农村基层党组织对乡村振兴的全面领导，健全以党组织为核心的组织体系；加强农村新型经济组织和社会组织的党建工作，引导其始终坚持为农民服务的正确方向；促进自治法治德治有机结合；建设平安乡村。《农村基层干部廉洁履行职责若干规定》则对村干部廉洁履行职责行为做出规范，如村党组织领导班子成员和村民委员会成员禁止在村级组织选举中拉票贿选、破坏选举，禁止在村级事务决策中独断专行、以权谋私，禁止在村级事务管理中滥用职权、损公肥私，禁止在村级事务监督中弄虚作假、逃避监督，禁止妨害和扰乱社会管理秩序，等等。通过以上文件，可以发现一个明显的特点，即制度设计对村干部工作职责的界定，即"应该做什么"，多立足于组织角度；而对村干部行为准则的要求，即"不能做什么"，多立足于个人角度。当村干部进入具体的工作场域时，他们的权力来源于组织，他们会时刻以村组织的形式开展工作，只有当个人行为与相关的组织要求相违背时，他们才会因个人行为而受到党内纪律和法律法规的约束与惩处（在"党政一肩挑"政策的推动下，前者的覆盖面与重要性不断加强）。由此可见，制度设计对村干部群体的整体定位是，村干部是村庄公共生活的管理者、乡村振兴工作的带头人与引领者，需要他们积极发挥主观能动性，严格恪守廉洁自律准则，投身于乡村振兴各项事业的探索。

在基层实践中，县、乡两级政府对村干部的具体职责有进一步的细化，在角色定位、工作要求、主要任务三个方面都有更为详细的要求。

从角色定位来看，县、乡两级政府部门和领导干部认为村干部是乡村振兴的主要引领者和管理者。浙江省天歌县一位县级干部表示，"村干部是重要的组织者和推动者。在乡村振兴的过程中，关键少数人员的作用是非常重要的"。山东省青云县一位副县长表示，"村级层面负责具体实施，主要是应该加强管理。村干部应该把合作社、村里的事情当作自己的事情去做"。由此可见，在县、乡两级政府的认知中，村干部是乡村振兴工作的直接领导者和具体执行者，既是乡村振兴的战斗堡垒，又是推动乡村振兴的行动基础，他们必须在既定的政策要求下，主动进行积极探索，寻找农村经济社会发展的可行路径。

从工作要求来看，县、乡两级政府对村干部的能力要求逐渐提高，要求他们具备良好的综合素质。首先，村干部的最主要作用是作为党的基层堡垒，发挥组织动员群众的作用，所以县、乡两级政府对村干部的基本要求是获得老百姓的认可。陕西省红石县一位乡镇干部强调，"村干部是主力军，更多是配合和落实。他们是动员群众的重要力量。再烂不能把村支部搞烂了，村支部是堡垒，要起到基础作用"。其次，村干部自身的经济实力和发展经济的能力也是重要的考量因素。这一点在浙江省调研地尤为明显，天歌县一位县级干部将村庄比喻为一个公司，认为村干部需要具备企业家精神，"他要有经营村庄、运营村庄的能力，要有市场化的头脑。不能光是每天保证村里稳定不出大事就行，不能停留在这个阶段，他要有一种市场化的视野，能够看得到这个世界"。最后，面对乡村振兴的新形势、新要求，亟须在村干部群体中引入新鲜血液，干部年轻化是大势所趋。合理的干部年龄结构有助于确保村庄治理的延续性，更好地发挥不同年龄层干部的优势。年龄大的干部要发挥在工作经验、人脉资源、村内威望方面的优势，年轻干部要发挥在学习能力、创新能力方面的优势。

从主要任务来看，稳定和发展是村干部的两大主要任务。稳定是社会治理的基础，发展是乡村振兴的最终目标。陕西省红石县一位县级干部强调，"村干部带领老百姓振兴，要实现两个层面的治理，一个是稳定，一个是发展"；浙江省天歌县一位县级干部也强调，"村里面最重要的就是稳定和发展。一是村干部只有保证把自己村里的一些村民纠纷处理掉，守牢村庄的安全底线，才能让村庄发展得更好；二是村集体经济收入要能够达到要求，让老百姓更富"。

（二）农民对村干部的职责期待与表现评价

农民是村干部的主要服务对象。本研究设置了"您认为村庄目前主要应该加强以下哪些方面的工作"这一问题，以了解农民对村庄治理的实际需求。从调研结果来看，52.4%的被访者认为应该加强有能力的村干部选拔，其次是贤能人才作用发挥（30.4%），村民道德修养提升（23.2%），村庄党组织建设（22.2%），法律服务、法律知识学习和法治意识培养（16.1%），上级政府的领导和监督（13.1%），驻村工作队、第一书记、包村干部、帮扶单位等作用发挥（9.7%），村规民约制定与执行（8.9%），村庄各类协会及村民互助组织建设（7.8%）等选项。这说明农民认为治理问题始终要围绕人的问题，尤其要依靠村民选举，选好"带头人"。

在具体职责上，本研究专门针对农民眼中产业发展、乡村治理等具体工作的依靠主体展开调研。结果显示，认为乡村产业的发展主要靠村干部/村集体的被访者占37.3%，认为村庄生态环境治理与改善主要靠村干部的被访者占53.5%，认为实现乡风文明主要靠村干部的被访者占54.6%，认为实现村庄的有效治理主要靠村两委的被访者占76.6%。由此可见，农民对村干部的期待更多是改善治理，即希望村干部成为村庄公共事务的"当家人"，尽到管理者、协调者的作用。

在被问及看重村干部哪些方面的能力和表现时，被访农民回答最多的是"办事公平公正、不谋私利"，占71.0%；其次是"带领群众致富"，占65.7%。此外，农民对于村干部在招商引资（34.9%）、帮贫帮弱（37.0%）等方面的作用也有所需求。这反映了三个方面的问题。一是农民对于村干部最看重的是办事公平公正、不谋私利，即村干部作为村庄公共事务的管理者，需要让村民感知到其对村内公共事务不偏不倚，能够做到"一碗水端平"。二是在农民眼中，村干部的经济发展能力也很重要。在湖南省某调研村男性村民小组访谈时，访谈对象均认为村干部要以身作则、带头致富。他们表示，村干部应多去外面学习，看看外面是怎么做的，把经济发展起来，因为经济发展是基础。三是农民认为村干部要对多种村庄事务负责。陕西省某调研村一位村民形象地描绘了一幅村干部"无所不能"的画面，他说："（生态建设）靠村干部，村干部就是管这些事情的，其他人不会管的；（乡风文明）靠乡贤和村干部，村干部必须有能力、有才干，没有能力他挑不起头；（产业发展）靠本地能人和村干部及村集体，因为他们可以带领一下，说一下怎么弄比较好；（治理有效）靠村民和村两委，村干部本来就是办事的人嘛。"

由此可见，农民对村干部的角色期待存在一定的共性。在农民眼中，村干部是"集体"的代表,选好村干部对于实现村庄治理至关重要;村干部作为村庄事务的管理者,要有能力协调内部矛盾,要办事公平公正,还要具备经济发展能力,这对村干部的个人素质与工作能力提出了较高要求。

(三)村干部的自我认知与角色定位

对于村民的期待与评价,村干部不乏清醒的认知,并早已将其内化为对自身的"职位要求"。例如,对于村干部带头致富,尤其是促进集体经济发展,各调研村村干部都意识到其重要性。但是具体到怎么发展经济、怎么带头致富,部分村干部还处在比较彷徨的阶段。尤其是在那些引进相关产业但尚未获得实质性收入甚至存在负债的村庄,村干部对于发展经济和带头致富一筹莫展。对于村民对村干部在各项事务中的期待,湖南省某调研村一位曾任村干部的农民认为,村干部"要整理出来农村的各种信息、资源,要统计好基础信息,要找到可以对接的点,有的村干部都不知道自己村里有哪些资本"。陕西省某调研村一位村干部曾自嘲说,自己对于村庄事务有"无限连带责任"。然而,村干部能比较准确地认知到村民的期待,并不意味着他们能以实际行动回应村民的期待。村干部在开展工作过程中,往往要面对客观认知与自身定位的冲突。

村干部是区别于国家公务员的特殊群体,他们不仅仅是乡村的干部,更是乡村亲缘社会的一分子。这种双重身份对于他们开展工作,既有一定的便利性,也使他们面临诸多困境。一方面,面对上级政府,村干部是政策的执行者、落实者。在乡村振兴工作开展过程中,村干部往往成为先行者和示范者,需要在产业发展、人居环境改造等方面先行先试,激发村民的参与积极性。例如,河北省某调研村一位村干部谈道:"一个村要想治理得好,首先要靠村干部解放思想,有谋划,带动村庄发展。"另一方面,面对村民,村干部是国家权力的代行者,需要回应村民的一切需求。陕西省某调研村一位主任坦言,"老百姓认为村干部是他们的天、他们的地。在(农村)这个地方,他们就觉得我们权力最大,他们就认为找我们就能把事情解决了;(对村民的事)一定要管,不能推,你推的话,他会认为你这个村委会没什么用,而且他不会理解你对这个工作应不应该管"。村干部角色的双重性要求其必须协调和处理好对上与对下的各类事务与关系,这对村干部的办事能力与管理艺术提出了很高的要求。

三　村干部对乡村振兴的理解、思考与行动

（一）村干部对乡村振兴的理解

关于"什么是乡村振兴"，调研地大多数村干部基本知晓乡村振兴战略的总体要求，但他们对于乡村振兴的具体内涵没有统一的认识，而是根据自身的认知出发进行理解，呈现认知多样化的特点。

首先，调研地村干部大多能较为精准地说出乡村振兴战略总体要求中的"产业兴旺、生态宜居、乡风文明、治理有效、生活富裕"或五大振兴的概念。例如，调研地村干部大都认为，"乡村振兴是为了让农村发展得更好"，"为了让村庄更美丽、农村更富裕、农民生活更好"，但他们对于国家实施乡村振兴战略的目的、乡村振兴的整体进程规划以及乡村振兴应该从哪些方面着手等问题没有过多的了解和思考。

其次，调研地村干部无法准确描述乡村振兴工作的具体内涵，对于本村开展乡村振兴工作的重点和优先序以及具体工作抓手是什么，没有足够清晰的认知和理解。调研地村干部对乡村振兴具体工作内涵的理解，呈现明显的地区差异。这种差异体现在调研各地村干部在乡村振兴的探索中，倾向于对"过去已开展工作"的总结与归纳。例如，浙江省某调研村党支部书记认为，乡村振兴就是通过修建农耕文化博物馆，促进农村产业发展；陕西省某调研村党支部书记认为，乡村振兴就是发展乡村旅游，打造样板村；山东省某调研村党支部书记认为，乡村振兴就是通过村集体领办合作社，发展壮大集体经济；等等。他们都是将过往经验与当前工作结合，认为自己已经在做的工作便是乡村振兴的主要内涵。然而，在实际操作过程中，调研地村干部又往往面临缺乏资源、无从下手的困境。因此，村干部习惯于将现有的工作进展归纳进新的政策话语体系中，在思路上期待上级对政策的"权威解读"，在行为上依赖旧方法、旧经验，难以展开新的探索。由此看来，在基层实践中，村干部对乡村振兴政策的感知和行动都处于被动状态，缺乏自主的想象和规划。

整体而言，村干部群体对乡村振兴的理解，是在多样化的表象之下同质化的路径依赖。与既往开展的其他活动一样，村干部更加关注在乡村振兴话

语下村庄能否获得足够的发展，他们寄希望于"上级政府"自上而下赋予村庄的资源与机遇，依赖一种外生性的力量，而非村庄主体性的努力与探索。

（二）村干部对乡村振兴的思考与行动

相较于"什么是乡村振兴"这一较为宏大的话语，在"要实现乡村振兴，各主体应该怎么做"方面，调研各地村干部交出的答卷呈现了一定的倾向，其中有两点较为突出。

一是村干部大多将产业发展视为乡村振兴的核心。尽管乡村振兴涉及农村生活的方方面面，然而对于村干部来说，乡村振兴往往"简化"为产业振兴。无论是上级政府的要求，还是村民的期许，村干部的职业责任与角色定位都是一定要做出"成绩"，而唯有产业发展与资源引进才能在短期内彰显这些"成绩"，这与各级政府对项目资源的推崇逻辑是一致的。河北省某调研村一位村干部认为，乡村振兴需要企业来"包地"；山东省某调研村一位村干部认为，需要企业进村办厂来提振经济；浙江省某调研村一位村干部认为，需要政府投资项目。对于为什么选择产业发展而不是其他方面作为工作的重点，一位年轻村干部的说法有一定代表性："修路这类基础设施建设工作只有老百姓觉得重要，只是表面工作。产业没有发展才是根本原因，没有吸引人的产业就不会有人来，修了路对乡村发展也没多大用处。"他认为，村庄只要有成熟项目的引进，就会成为当地的示范点，而基础设施建设、环境整治、乡风文明建设、基本公共服务完善等各项工作也将紧紧围绕产业的发展而得到推进。由此可见，村干部寄希望于引进资本与产业，认为只有村庄"开发"了、"项目"进来了，村庄的问题才能从根本上得到解决。

二是村干部大多认为实现乡村振兴需要其他主体的支持。大多数村干部认为，在乡村振兴开展过程中，上级政府要出台好政策，将更多的资源与项目向农村地区倾斜；农民则要积极配合，支持村两委开展的各项工作；企业与其他社会组织要进入村庄，为村庄的发展付出自己的一分力量。浙江省某调研村一位村党支部书记将这一过程形象地总结为："政府项目支持，改革制度；村干部肯干吃苦，立党为公；农民听党话，自强奋斗；企业公司推动就业，提高收入。"从整体来看，大部分村干部能够清醒地认识到，在乡村振兴的具体实践中，不能安于做"等待者"，而是需要主动出击，积极探索适合村庄发展的路径。然而，这种探索需要各方的支持与配合。受限于自身与村庄的资源不足，村干部往往更加期待来自上面的政策、外面的投资与村民的主体性发挥，希望借助其他主体的力量来发展村庄经济。

总之，村干部群体作为政策最直接的执行者，与最广泛的基层民众打交道，理应兼具较强的制度灵活性与地方自主性，但是在具体的实践尤其是村庄事务上，他们表现出对上级政府、企业等外部力量的依赖，内生动力不足。一方面，面对乡村振兴这一宏大战略，村干部在努力学习、吸收政策话语的同时，在实践中更倾向于将自身早已开展并仍在推进的工作纳入新的政策话语体系中，为自身的工作赋予了合法性与延续性。另一方面，在具体的实践路径上，村干部群体坚持"发展才是硬道理"，寄希望于产业发展尤其是自上而下的项目投入与企业投资，希望通过产业发展来带动村庄各项事业的全面发展。

四 乡村振兴中村干部面临的多重困境

在乡村振兴的实践中，各地开展了各具地方特色的探索，村干部群体也进行了多种多样的尝试。然而，面对乡村振兴背景下治理角色变迁的客观要求，村干部群体受限于政策要求严格、发展自主受限、治理能力落后等现实问题，难以回应乡村振兴工作的现实需求；以干部年轻化为代表的做法，尝试通过引入新鲜血液解决这些问题，但是带来了代际观念冲突等新问题；而不论是年轻干部还是年龄大的干部，在面对日益增加的工作压力与有限的工作待遇时，都不得不正视个人生计缺乏保障的困窘。以上问题构成了乡村振兴中村干部群体面对治理模式转型时的三重困境，使村干部产生了角色变迁中的迷思。

（一）作为乡村振兴引领者的工作困境

尽管上级政府希望村干部"积极有为"，村民希望村干部"办事公道"，但村干部自身苦于一系列结构性和制度性因素的限制，难以真正发挥作为村庄事务当家人的自主性与积极性。在调研中，作为乡村振兴引领者的村干部表达了他们在乡村振兴工作开展过程中的多重忧虑。

首先是对环境变化和政策调整的忧虑，主要涉及项目制运作形式、重点村打造、脱贫攻坚遗留问题等方面。一位村党支部书记感慨道："现在是为了钱搞建设，很多项目有包装倾向。"另一位年轻村干部则坦言："拿脱贫来说，国家很多钱没有真正花到地方上，如在基层，光打印纸打印材料就花了不少钱。要来点实际的，如提供就业机会。我希望乡村振兴不是一句口号，而是确实是振兴，让老百姓富起来。"面对这类问题，村干部往往能直观指出政策的弊病，但在各种压力之下，他们只能将相关政策贯彻到底，这导致了他们在认知与实践上的断裂。

其次是对工作自主性的苦恼。虽然村干部认识到"项目"对于村庄的重要性以及可能存在的隐患，但是村庄对项目的依赖存在结构性因素的影响，村庄发展的困境与其说是因"缺乏资源"而存在项目资金依赖，不如说是因缺乏"本土资源变现能力"而感到无奈。村庄实质上是有一定资源的，但由于人文历史与地理特性不同，不同的村庄拥有不同的资源禀赋。在各地仍需以发展来带动乡村振兴的今天，必须反思"一刀切"的政策形式对于村庄发展的制约作用。尽管从政府视角看，村干部应该是乡村振兴的积极探索者和带头人，但是还需要考虑政策和制度环境是否为他们提供了探索的舞台、试错的空间与必要的支持。

最后是对治理新形势、新要求的担忧。随着社会经济的发展与法治观念逐渐深入人心，村干部与村民之间的权力关系开始弱化，原本的刚性治理手段也逐渐失效，村干部需要同时面对新的治理环境、新的基层矛盾和新的治理工具。一方面，群众的利益诉求和表达方式发生了变化。部分村干部指出，村干部与村民之间的关系发生了变化，"过去老百姓不敢违抗村干部，现在村干部得把老百姓'供着'"。另一方面，新技术在给基层治理带来一定便利的同时，也在冲击原有治理体系的权威，挑战原有治理方式甚至会使其失效。与此同时，能够娴熟使用新媒体、信息技术等新治理工具的村干部为数不多，这些技术性工具有时会给村干部的日常工作带来负担。对于新技术工具推广带来的"工作留痕"要求，村干部疲于应对，不得不"闭门造车"编造数据，这无形中分散了村干部的精力，导致对村干部的要求与村干部的实际工作情况之间产生断裂。

无论是面对政策变化，还是面对治理形势变化，村干部群体均很难仅凭个人力量解决问题，他们只能在尊重地方实际与贯彻上级意图的双重压力下努力寻找一份平衡。这固然是村干部管理艺术的体现，但也是村干部群体疲劳、彷徨与不安的根源。

（二）作为乡村治理主体的人才困境

乡村振兴的村干部队伍困境，本质上是人才的困境。面对日渐原子化、空心化的村庄，促进青年返乡、促进优秀的人才充实村干部队伍，关系着乡村的未来。为了解决乡村治理人才困境，各地在培育本土人才和引进外来人才两个维度上进行了积极探索。

干部年轻化本是一个促进村庄治理、推动本土村干部队伍更新换代的良好策略，但是如前所述，留在村庄的年轻人屈指可数，有能力且愿意担任村干部的年轻人更是少之又少。同时，已进入村干部队伍的年轻人与资历相对更深的村干部之间容易在观念和做法上产生代际分歧。而村干部内部团结与否不仅关乎乡村振兴战略的开展，也关系到上级政府对村庄的资源倾向，以及村庄管理与治理人才的培育和引入。一位村干部说道："班子不团结，什么事情都做不下去。即使有项目给你，你也做不下去。所以要实施乡村振兴，班子首先要团结起来。"

除了培育本土力量，各地政府还进行了一系列的人才引进探索，试图通过制度性的安排，增强村级组织治理中的人才力量。比较典型的探索方式主要包括政府层面的公务员和选调生招考、学校层面的校地协议培养、社会层面的新农人培育等。这些探索试图通过外部力量的介入，缩小农村与城市的差距，通过待遇鼓励、提供发展机会等形式使"到农村去"成为人才在就业时的一项优先选择。这些探索试图以制度形式为村庄注入外生性的活力，充分挖掘在外年轻人或外地年轻人的能力和智识，为乡村治理带来新鲜的"城市要素"。这些探索取得一定成效，但是它们均源于"城市的经验"，年轻人的思维方式始终偏向与大城市保持一致，在农村所做出的探索仍然主要偏向服务于遥远的城市与市场，且他们具有很强的流动性。这种外力促成的人才引入，一方面难以满足村庄的长期人才需要，另一方面因为并非由乡村本身吸引而不具有可持续性。

（三）作为独立个体的需求保障困境

除了作为乡村振兴引领者和乡村人才队伍一员，村干部还是活生生的自然人，有个体和家庭的基本生存与生活需要。然而，作为独立个体的村干部，要么面临个人产业或事业发展与村庄公共事务之间难以平衡的问题，要么面临基本生存和生活困境。

在行政化不断加剧、村干部工作日渐全职化背景下，村干部面临事务、责任与报酬之间的不平衡状态。一位村干部说："村书记、村主任一肩挑的工资是每月 2200 元，其他干部每月才 1500 多元。村干部现在天天有各种事，做事的都是村干部。年轻人谁愿意干呢？"过低的待遇和越来越多的责任让很多村干部苦不堪言，这并不利于基层工作的稳定与乡村振兴的有效推进。年轻的村干部则日益重视自己的职业发展前景。陕西省某调研村一位村党支部书记认为，"乡政府应该带骨干村干部外出学习交流，开阔眼界；村干部也应该有机会成为公务员；还应该建立激励机制；这样村干部干起来才是比较带劲的，至少有一个希望"。年龄大的村干部则面临同时失去权威与主要生计来源的困境。他们大多有长期的村两委任职经历，部分人过去更是以担任村干部为主业，缺乏其他生计来源。一位村干部说："原来的村干部退休之后，一个月就 250 多元，加上正常养老的 105 元，一个月就 300 多元。"

总体而言，在乡村振兴的新形势、新背景下，村干部面临作为乡村振兴引领者的工作困境、作为乡村治理主体的人才困境，以及作为独立个体的需求保障困境等多重困境。为应对和解决现实问题，除了需要村干部队伍自身提高能力素质、转变工作理念外，还需要制度设计者倾听来自村干部群体的声音，积极推进制度变革，为有序培养村干部群体并支持其积极参与乡村振兴行动奠定坚实的制度基础。

五 结论与建议

本研究系统梳理了村干部群体在乡村振兴大背景下的现实状况与角色定位，分析了面对乡村振兴时这一群体的思考、行动与困境。研究发现，在"一肩挑"与"干部年轻化"的政策要求下，村干部队伍呈现新的结构与特点，更多具有不同从业经历的农民在多样化的背景和动力之下成为村干部。在乡村振兴背景下，村干部群体受到自上而下"积极有为"的制度要求与自下而上"办事公道"的民众期盼，面临适应新角色、回应新要求的压力。尽管通过不断的政策宣讲与理论学习，村干部可以较为精准地把握乡村振兴的政策话语，但是在实践中他们大多坚持以产业发展为中心，期盼外部的项目资源和资本入驻。无论是作为乡村振兴的引领者，还是作为乡村人才队伍的一员，或者作为社会个体，村干部在当前的乡村治理转型与角色变迁中都产生了一定的彷徨与不安。

应对村干部群体面临的困境与问题，既需要深入的观察、体验和研究，也需要政策和行动层面的回应。首先，从研究角度看，要进一步转变将村干部群体的干部身份与村民身份相割裂的国家主义或制度主义研究传统，将村干部置于具体的农村生活场域，更加关注不同个体成为村干部的复杂动因，关注他们对具体事件的理解、思考与行动，以及村干部个体和群体特质如何形塑村庄发展与乡村振兴事业，着重以历史的、关系的、互动的视角考察乡村振兴中的村干部。其次，从政策角度看，乡村振兴的政策规划与制度设计应充分尊重村干部作为乡村振兴引领者的主体性地位，鼓励地方自主性探索在一定的群众监督机制之下，建立适当的容错纠错机制，使村干部有足够的底气和勇气围绕村庄发展和乡村振兴大胆想象与创新。同时，需要通过政策性和制度性保障，建立稳定的、有活力的乡村基层治理创新管理人才队伍，着力解决乡村振兴关键力量的后顾之忧。最后，从具体的行动和实践角度看，涉农高校等机构可以通过人才交叉培训、培育、选派、驻村、驻点等方式，更好地支持村干部开展乡村振兴各项事务和工作，提升村干部队伍的综合能力，切实帮助村干部减轻负担。

10
乡村振兴中的党组织

习近平总书记曾强调，"办好农村的事情，实现乡村振兴，关键在党"①，"要推动乡村组织振兴，打造千千万万个坚强的农村基层党组织，培养千千万万名优秀的农村基层党组织书记"②，"要选优配强乡镇领导班子、村'两委'成员特别是村党支部书记"③。基层组织是党的肌体的"神经末梢"，加强农村基层党组织建设，发挥好战斗堡垒作用，对全面推进乡村振兴、做好新时代"三农"工作具有重要意义。

《中国共产党农村基层组织工作条例》指出，"乡镇党的委员会（以下简称乡镇党委）和村党组织（村指行政村）是党在农村的基层组织，是党在农村全部工作和战斗力的基础，全面领导乡镇、村的各类组织和各项工作"。与此同时，党的二十大修订的《中国共产党章程》指出，"街道、乡、镇党的基层委员会和村、社区党组织，统一领导本地区基层各类组织和各项工作，加强基层社会治理，支持和保证行政组织、经济组织和群众性自治组织充分行使职权"。这一论断进一步明晰了农村基层党组织在农村各种组织中的领导地位和对农村各项工作的领导作用。

根据调研所获的一手资料，本研究拟针对当前乡村振兴中基层党组织和党员面临的主要任务与主要问题进行分析，并就如何加强和改进农村基层党

---

① 《中央农村工作会议在北京举行 习近平作重要讲话》，新华网，2017 年 12 月 29 日，http：//www.xinhuanet.com//politics/leaders/2017-12/29/c_1122187923.htm，最后访问日期：2022 年 2 月 18 日。

② 《习近平等分别参加全国人大会议一些代表团审议》，新华网，2018 年 3 月 8 日，http：//www.xinhuanet.com/politics/2018lh/2018-03/08/c_1122508329.htm，最后访问日期：2022 年 2 月 18 日。

③ 《习近平出席中央农村工作会议并发表中央讲话》，中国政府网，2020 年 12 月 29 日，http：//www.gov.cn/xinwen/2020-12/29/content_5574955.htm，最后访问日期：2022 年 2 月 18 日。

建工作提出对策建议。需要指出的是，根据本研究的对象和范围，除顶层设计和政策要求中基层党组织涵盖乡镇和村级党组织外，本研究所讨论的基层党组织主要指村级党组织。

一 顶层设计与政策要求

（一）顶层设计对乡村振兴中基层党组织和党员作用的要求

党管农村工作是中国共产党的优良传统。党领导"三农"工作是其性质使然，也是现实需要。在打赢脱贫攻坚战过程中，以党建促脱贫是推进精准扶贫脱贫国家战略的核心引擎（孙兆霞，2017）。在实施乡村振兴战略过程中，加强农村基层党建也将成为重要的引擎（梅立润、唐皇凤，2019）。因此，乡村振兴战略一经提出，"党建引领乡村振兴""抓党建促乡村振兴"就成为乡村振兴工作开展的重点和关键点，并引发党政机关、基层干部、新闻媒体和专家学者的广泛关注与深入讨论。通过党建引领推动其他各项工作的开展，是中国共产党的宝贵经验，是将党组织的政治优势和组织优势转化为发展优势的重要举措。在现实层面，各地总结出大量经验做法，在乡村振兴中充分发挥基层党组织和党员的作用已经成为社会共识。首先，从二者的关系来看，乡村振兴和农村基层党建之间存在耦合关系，农村基层党建可以为乡村振兴的实施提供组织基础和保障，乡村振兴有助于强化农村基层党建（霍军亮、吴春梅，2019）。其次，从作用发挥层面来看，在乡村振兴过程中，基层党组织要增强引领能力、发挥组织优势，调动乡村中各治理主体的积极性，有效地把农民组织起来（夏银平、汪勇，2021）。最后，从现实情况来看，当前农村基层党组织和党员面临组织、物质、文化和社会等方面的困境，其作用的发挥受到影响（霍军亮、吴春梅，2018）。

民族要复兴，乡村必振兴。党的十九大报告指出，"农业农村农民问题是关系国计民生的根本性问题，必须始终把解决好'三农'问题作为全党工作重中之重"[①]。实施乡村振兴战略，是党和国家化解新时代人民日益增长的

---

① 《习近平在中国共产党第十九次全国代表大会上的报告》，人民网，2017年10月28日，http://cpc.people.com.cn/n1/2017/1028/c64094-29613660.html，最后访问日期：2022年2月18日。

美好生活需要和不平衡不充分的发展之间矛盾的重要举措，也是实现"两个一百年"奋斗目标和中华民族伟大复兴中国梦的必然要求。实施乡村振兴战略既给基层党组织建设增添了丰富的时代内涵，又提出了许多新的要求。党的十九大报告指出，实施乡村振兴战略，要"加强农村基层基础工作，健全自治、法治、德治相结合的乡村治理体系。培养造就一支懂农业、爱农村、爱农民的'三农'工作队伍"①，同时提出"党的基层组织是确保党的路线方针政策和决策部署贯彻落实的基础。要以提升组织力为重点，突出政治功能，把企业、农村、机关、学校、科研院所、街道社区、社会组织等基层党组织建设成为宣传党的主张、贯彻党的决定、领导基层治理、团结动员群众、推动改革发展的坚强战斗堡垒"②。因此，在顶层设计中确定基层党组织和党员在乡村振兴中的定位与价值，能够从根本上为党建引领乡村发展提供制度保障。

（二）乡村振兴中基层党组织和党员作用的政策要求

党的初心和使命集中体现了党的性质与宗旨。在乡村振兴中发挥基层党组织战斗堡垒作用和党员先锋模范作用的使命要求，在2017年乡村振兴战略被提出后正式形成。中央政策文件、会议讲话、中央领导考察讲话等不断传递和强化其丰富的内涵，相应地产生了一系列国家层面的部署安排和自上而下的地方落实行动。

首先，在顶层设计上，以党的十九大报告中"实施乡村振兴战略"相关论述为核心，政府各部门相继出台相关政策文件。这些政策文件虽是对乡村振兴战略的具体部署，但都着重强调要充分发挥基层党组织和党员的作用，并对如何发挥基层党组织和党员的作用进行了细化。以2018—2021年的中央一号文件为例，每一年的中央一号文件都专门有一部分重点论述如何加强基层党组织建设和发挥党员作用，为乡村振兴战略的实施指明了方向。

其次，在行动部署上，中央和国家层面围绕"在乡村振兴中发挥基层党组织和党员的作用"这一新任务，出台了一系列政策文件（见表10-1）。这

---

① 《习近平在中国共产党第十九次全国代表大会上的报告》，人民网，2017年10月28日，http://cpc.people.com.cn/n1/2017/1028/c64094-29613660.html，最后访问日期：2022年2月18日。
② 《习近平在中国共产党第十九次全国代表大会上的报告》，人民网，2017年10月28日，http://cpc.people.com.cn/n1/2017/1028/c64094-29613660.html，最后访问日期：2022年2月18日。

些政策文件既有方向性指导，又有实践性支持。以中央一号文件为代表的系列政策文件，从方向性上对在乡村振兴中发挥基层党组织和党员作用进行了宏观指导。政府各部门发布的一系列政策文件聚焦乡村振兴中的某一方面，对在乡村振兴中如何发挥基层党组织和党员作用提出了具体实践要求。

表 10-1　有关乡村振兴中发挥基层党组织和党员作用的政策文件

文件名称	发文机构	修订、公布或发布时间	相关内容
《中共中央 国务院关于实施乡村振兴战略的意见》	中共中央、国务院	2018 年 1 月	加强农村基层基础工作,构建乡村治理新体系。加强农村基层党组织建设;深化村民自治实践;建设法治乡村;提升乡村德治水平;建设平安乡村
《乡村振兴战略规划（2018—2022 年）》	中共中央、国务院	2018 年 9 月	加强农村基层党组织对乡村振兴的全面领导。健全以党组织为核心的组织体系;加强农村基层党组织带头人队伍建设;加强农村党员队伍建设;强化农村基层党组织建设责任与保障
《中共中央 国务院关于坚持农业农村优先发展做好"三农"工作的若干意见》	中共中央、国务院	2019 年 1 月	发挥农村党支部战斗堡垒作用,全面加强农村基层组织建设。强化农村基层党组织领导作用;发挥村级各类组织作用;强化村级组织服务功能;完善村级组织运转经费保障机制
《关于加强和改进乡村治理的指导意见》	中共中央办公厅、国务院办公厅	2019 年 6 月	完善村党组织领导乡村治理的体制机制;发挥党员在乡村治理中的先锋模范作用;规范村级组织工作事务;增强村民自治组织能力;丰富村民议事协商形式;全面实施村级事务阳光工程;实施乡风文明培育行动
《关于进一步推进移风易俗建设文明乡风的指导意见》	中央农村工作领导小组办公室、农业农村部等 11 个部门	2019 年 8 月	以党风政风引领农村新风;落实农村基层党组织责任
《中国共产党农村工作条例》	中共中央	2019 年 9 月	加强党对农村经济建设的领导;加强党对农村社会主义民主政治建设的领导;加强党对农村社会主义精神文明建设的领导;加强党对农村社会建设的领导;加强党对农村生态文明建设的领导;加强农村党的建设

续表

文件名称	发文机构	修订、公布或发布时间	相关内容
《中共中央 国务院关于抓好"三农"领域重点工作确保如期实现全面小康的意见》	中共中央、国务院	2020年1月	加强农村基层治理。充分发挥党组织领导作用;健全乡村治理工作体系;调处化解乡村矛盾纠纷;深入推进平安乡村建设
《中共中央 国务院关于全面推进乡村振兴加快农业农村现代化的意见》	中共中央、国务院	2021年1月	强化五级书记抓乡村振兴的工作机制;加强党委农村工作领导小组和工作机构建设;加强党的农村基层组织建设和乡村治理;加强新时代农村精神文明建设;健全乡村振兴考核落实机制
《关于加快推进乡村人才振兴的意见》	中共中央办公厅、国务院办公厅	2021年2月	推动村党组织带头人队伍整体优化提升;依托各级党校(行政学院)培养基层党组织干部队伍
《中华人民共和国乡村振兴促进法》	第十三届全国人大常委会	2021年4月	中国共产党农村基层组织,按照中国共产党章程和有关规定发挥全面领导作用
《乡村建设行动实施方案》	中共中央办公厅、国务院办公厅	2022年5月	加强农村基层组织建设。深入抓党建促乡村振兴,充分发挥农村基层党组织领导作用和党员先锋模范作用

纵观顶层设计对乡村振兴中发挥基层党组织和党员作用的谋划与要求,有两点值得特别关注。第一,从横向部署来看,加强农村基层党组织建设、加强农村基层党组织对乡村振兴的全面领导、加强党对"三农"工作的全面领导在顶层谋划中始终居于首要地位。无论是在政策话语还是行动部署中,发挥基层党组织和党员作用都是重中之重。第二,从纵向发展来看,从党的十九大提出实施乡村振兴战略到之后历年的中央一号文件和各部委的相关配套文件,从政治建设到经济建设、文化建设再到全面领导,对发挥基层党组织和党员作用的要求越来越细化与具体。

二 基层实践与现实反馈

（一）基层党组织和党员现状

本研究对所调研的 10 个村庄基层党组织和党员现状进行了汇总统计（见表 10-2）。统计结果显示，当前农村基层党组织和党员呈现以下几个特点：第一，年龄大的党员占比大，年轻党员占比小，特别是 40 岁以下党员人数少；第二，男性党员人数多，女性党员人数少，特别是村党支部班子中女性比例小，男女比例极不均衡；第三，村庄党员普遍学历不高，接受高等教育人数较少，很少有本科及以上学历的党员；第四，村庄近三年新发展党员人数较少，年均只有 1—2 人，部分村庄甚至年均不足 1 人。显然，这样的结构特点不利于基层党组织和党员充分有效地发挥作用。

表 10-2 调研村庄党员基本情况

单位：人

省 份	调研村	党员总数	女性人数	60 岁及以上	40 岁以下	本科及以上学历	近三年新发展党员
河北省	坡上村	53	7	16	14	0	2
	山桃村	69	7	36	12	0	3
陕西省	松涛村	54	7	24	15	4	4
	鹿鸣村	39	4	22	8	1	3
湖南省	关下村	52	6	28	18	0	3
	飞燕村	55	5	31	9	2	1
山东省	红果村	80	15	48	8	8	5
	川溪村	112	28	50	23	6	5
浙江省	前楼村	40	6	20	20	2	6
	茶岭村	54	3	14	15	2	4

（二）村民与党员对基层党组织和党员作用的评价

群众满意不满意、高兴不高兴、答应不答应，是衡量党和政府工作的最高标准。村民对当前基层党组织和党员在乡村振兴中所发挥作用的满意程度，关系到村民对基层党组织和党员在乡村振兴中的期待与定位是否有实现的基础。软弱涣散的基层党组织往往党员教育管理松散，村庄干群关系紧张，村民会质疑基层党组织和党员在乡村振兴中的作用。相反，坚强有力的基层党组织往往党员队伍素质过硬，村庄干群关系融洽，村民对基层党组织和党员有着较高的期待，而且这一期待有实现的可能性。在考察乡村振兴中基层党组织和党员的作用时，有必要比较村民对基层党组织和党员所发挥作用的评价，以及党员对基层党组织和自我的评价。在本次调研中，对于"乡村振兴中基层党组织和党员发挥了什么作用"这一主题，我们设计了"您认为实现村庄的有效治理主要靠谁""村内党员主要发挥了哪些作用""您认为村庄目前主要应该加强哪些方面的工作"三个针对性问题。分析村庄中党员和非党员群众的看法与认知，有助于我们认识与理解当前乡村振兴中基层党组织和党员的基本状况。

对于"您认为实现村庄的有效治理主要靠谁"这一问题，统计结果显示，76.6%的被访者认为实现村庄的有效治理主要靠村两委，17.6%的被访者认为主要靠党员。加强和改进乡村治理，要坚持党建引领、党员干部带头。村两委干部是村庄的"当家人"，在村民的日常生活中扮演着重要的角色，村民对村两委抱有很高的期待。

对于"村内党员主要发挥了哪些作用"这一问题，统计结果显示，身份为党员的被访者选择比例较高的前4项是"在村庄发展中做表率""道德模范""宣传国家政策""团结凝聚群众"，选择比例分别是67.7%、42.4%、41.4%和37.4%。而身份为非党员的被访者选择"在村庄发展中做表率""不知道""宣传国家政策"的比例分别是26.5%、25.4%和19.1%。选项中的"不知道"，其实在一定程度上也反映了群众对村庄党员及其所发挥作用的不了解。

从总体来看，所有被访者选择"在村庄发展中做表率""宣传国家政策""不知道"的比例分别是34.2%、23.3%和21.2%。一方面，通过老百姓的评价，我们可以看到，当前党员在村庄中发挥着做表率、宣传国家政策等积极作用；另一方面，对于部分党员，老百姓的评价还不够积极。由此可见，村民对党员在村内所发挥作用的评价和党员对自身的评价之间存在一定的差距。

对于"您认为村庄目前主要应该加强哪些方面的工作"这一问题，

農民視角的乡村振兴（下册）

52.4%的被访者认为村庄需要加强"有能力的村干部选拔"。这在一定程度上反映出在当前村庄治理中，党员干部的工作能力尚未达到村民的预期。

村民对问卷中开放题的回答和有关访谈资料，更能直观呈现村民对党员在村内所发挥作用的评价。"过去党员、团员带头往前冲，但现在不一样了"，"老党员身体逐渐不行了，无法参与集体活动，而有些新党员觉悟不是很高，无法发挥党员的带头作用"，"党员就是正义的种子，党员要有原则，目前党员发挥作用还不够"。从村民的评价中，我们不难看出农村党员并未发挥预期的作用。在对党员的期望得不到满足的情况下，村民会出现较大的心理落差。

党员是党组织的"基石"和"细胞"，只有确保"基石"和"细胞"质量，才能确保党的"肌体"健康。党组织的先进性要靠党员的先锋模范作用来体现。党员队伍的素质影响着党的目标和任务的实现，也影响着党在人民群众中的形象和威信。党员对自身的评价也会影响基层党组织评价。如果村民对基层党组织和党员的评价与党员自我评价之间的差距继续扩大，则很可能引发干群关系的不和谐，从而影响乡村振兴的顺利实施。

三　主要问题与现实困境

脱贫攻坚战为乡村振兴提供了坚实的基础。打赢脱贫攻坚战，锤炼了作风，锻炼了队伍，有效提升了基层党组织和党员的战斗力与凝聚力。但同时我们还需认识到，当前基层党组织的发展仍面临突出矛盾和挑战，主要有以下几个方面。

（一）结构不合理，作用难发挥

调研发现，当前农村党员队伍结构性问题依然比较突出，具体表现为"三多三少"现象。一是年龄大的党员多，年轻党员少。湖南省照水县飞燕村共有党员55名，其中60岁以上党员31名，占比达56.0%以上。随着年龄的增加，老党员受身体状况、思想观念等影响，在村庄中发挥的作用越来越小；年轻党员则人数较少，且大部分不在村，更难发挥作用。二是男性党员多，女性党员少。河北省千山县坡上村和山桃村、陕西省红石县松涛村和鹿鸣村、湖南省照水县关下村和飞燕村、浙江省天歌县前楼村和茶岭村女性党员人数均为个位数，在党员总人数中的占比远低于全国女性党员占比（28.8%）。[①] 其中，浙江省天歌县茶岭村 54 名党员中，仅有 3 名女性党员。三是低学历党员多，高学历党员少。调研村党员普遍以初中、高中学历为主，具有本科及以上学历者凤毛麟角。例如，河北省千山县山桃村党员中，最高学历仅为高中；浙江省天歌县前楼村和茶岭村党员中，本科及以上学历者仅 2 人。农村党员队伍结构不合理的状况，势必会影响党的路线方针政策在农村的贯彻落实，影响农村党员先锋模范作用的发挥。

（二）全面推行"一肩挑"，村庄治理压力大

如今，"一肩挑"政策成为村庄换届选举的新模式，即村党支部书记通过法定程序担任村委会主任，村两委班子成员交叉任职，提高村委会成员和村民代表中党员的比例。本次调研的 10 个村庄均已实现"一肩挑"。从调研结果来看，推行"一肩挑"在部分地区存在水土不服的情况，特别是新上任的年轻党支部书记面临诸多挑战。例如，某调研村在村两委换届选举中注重从在外优秀青年中择优选拔年轻村干部，新当选的村党支部书记为刚入党的"90 后"。虽然新当选的村党支部书记在年龄上符合本次乡村换届选举的要求，但他过去一直在外打工创业，并不十分熟悉村庄情况，上任后面临一系列难题。在另一个调研村，通过换届，原村党支部书记兼任村委会主任，原村委会主任担任村党支部副书记、村委会副主任，但是在村庄日常工作中，村民仍然分别以"书记""主任"相称。二者新身份、新角色的变化，带来"政务"和"村务"的重新调整，给村级工作的有效运转带来挑战。部分村庄虽然在形式上推行了党政"一肩挑"，但仍需要较长时间的过渡与适应，才能对乡村治理产生实质影响。

（三）后备力量不充足，人选难物色

不少有文化、有能力的农村青年常年外出务工经商，流动频繁。这增加了党组织发展和培养考察的难度，很大程度上造成了农村人才储备的缺乏。在本次调研的 10 个村庄中，很少看到年轻人的身影。例如，陕西省红

[①]　《中国共产党党内统计公报》，共产党员网，2021 年 6 月 30 日，https://www.12371.cn/2021/06/30/ARTI1625029938331844.shtml，最后访问日期：2022 年 2 月 18 日。

石县鹿鸣村有户籍人口 1055 人，仅有党员 39 名，其中 60 岁以上党员 22 名，40 岁以下党员仅 8 名，且为近三年新发展的党员。鹿鸣村距离县政府所在地 42 公里，交通不便。这严重制约着该村及其农民家庭的经济发展，因此有 300 余人常年在外务工。在湖南省照水县飞燕村 55 名党员中，60 岁以上党员 31 名，40 岁以下党员仅 9 名。湖南省照水县是传统的劳务输出大县，外出务工人员常年保持在 30 多万人，务工地集中在珠三角和长三角。[①] 在飞燕村户籍人口 1987 人中，常年在外务工的达 887 人。无论是东部地区还是西部地区，无论是南方还是北方，调研的 5 省 10 村均面临年轻党员人数少、党员老龄化现象。这造成了村级党组织后继乏人，有的甚至出现"断档"。

（四）流动党员多，日常教育和组织活动难开展

党员教育工作是农村基层党组织建设的重要内容，加强对农村基层党员的教育管理是新时期农村党建工作的重要任务。随着经济社会的快速发展、城乡流动的不断加快，外出务工成为农村家庭收入的主要来源。中青年党员出于生计和子女教育等需要，常年不在村庄居住，无法正常参加党员日常学习教育和组织生活等活动。一方面，村党支部在日常工作中放松了对流动党员的管理；另一方面，流动党员的组织积极性和个人党性修养有待提高。因此，在日常开展党员学习教育活动过程中，党支部面临开会人难凑齐、组织生活会不能按时召开、部分党员长期"失联"等问题。例如，在某调研村村两委换届期间，党支部半数以上党员在外地务工，选举工作无法正常举行，需要村干部打电话一一通知他们回村参加党员大会，沟通过程十分困难。另一个调研村每个月组织的党支部学习活动，日常参与的也仅有不到 10 人，在外的流动党员很少回村参加组织生活会。在调研的 5 省 10 村，劳动力流动十分频繁，外出务工的党员数量很多，流动范围很广，流动方式很多，这产生了一系列问题，影响和削弱了村级党组织的作用发挥。

四　结论与建议

综上所述，本研究结论可以归纳为以下几个方面。首先，基层党组织和

---

① 资料来源：当地政府网站。

党员在乡村振兴中发挥了战斗堡垒作用和先锋模范作用，特别是在大型公共卫生事件中，农村党员挺身而出、站岗执勤，得到广大村民的称赞。但同时，部分地区存在党员的积极性、主动性、创造性发挥不充分等问题。其次，农村党员对目前乡村振兴中基层党组织和党员作用的评价高于普通村民的评价。这既不利于党员自发自觉地充分发挥战斗堡垒作用和先锋模范作用；也可能会导致村民对村两委和党员不满，造成干群关系紧张。最后，村民对基层党组织和党员在乡村振兴中作用发挥的期待高于党员自身的定位，这一落差不利于乡村振兴的顺利实施。

习近平总书记曾强调，"办好农村的事情，实现乡村振兴，基层党组织必须坚强，党员队伍必须过硬"①。通过以上分析可以得知，乡村振兴中基层党组织和党员尤为重要，基层党组织和党员在乡村振兴中发挥了重要作用。为了使基层党组织和党员更好发挥战斗堡垒作用和先锋模范作用，需从以下几个方面入手。

第一，村民富不富，关键看支部；支部强不强，要看领头羊。乡村振兴中要加强村党支部建设和党支部书记队伍建设。任期从三年延长到五年的变动对于村党支部和党支部书记来说，既是机遇也是挑战，一方面有利于村两委班子的稳定发展和村庄的长远发展，另一方面对村两委班子提出更高的能力要求。作为乡村振兴中的基层"最后一公里"，村党支部要加强基层党组织建设，突出党支部的政治功能，提升党支部的组织力。首先，要强化政治引领，确保正确方向，把党的领导贯彻到位，把党的建设落到实处。其次，要从严落实基本制度，强化"三会一课"的纪律性和规范性，确保党的组织充分履行职能。最后，要不断扩大党组织的覆盖面，提高组织力和领导力。要确保基层党组织面向基层组织全覆盖、面向基层工作全覆盖。一个党支部就是一个战斗堡垒，村党支部书记是村党支部的第一责任人，是乡村振兴中最直接的组织者和执行者。因此，村党支部书记的作用至关重要。村党支部书记首先要在政治上过硬，以高度的政治责任感，抓好乡村振兴中的各项工作；其次要不断加强学习，提高综合素质，灵活应对迅速变化的经济社会形势；最后要有公心、敢担当，以身作则带动村两委班子和广大村民。只有这

---

① 《习近平回信勉励浙江余姚横坎头村全体党员 同乡亲们一道再接再厉苦干实干 努力建设富裕文明宜居的美丽乡村》，新华网，2018年3月1日，http://www.xinhuanet.com/politics/leaders/2018-03/01/c_1122472948.htm，最后访问日期：2022年2月18日。

样，村党支部书记才能当好战斗堡垒的"主心骨"和村庄发展的"领头雁"。因此，要选优配强村两委班子，在全国范围内对村干部进行系列轮训，对村庄治理开展常规巡查，持续整顿软弱涣散的基层党组织。对新上任的年轻村党支部书记开展能力培训，提升村党组织带头人能力素质，并做好全方位的支持工作。

第二，村看村，户看户，群众看党员，党员看干部。要想在乡村振兴中增强基层党组织的凝聚力和战斗力，党员是关键。提高党员的思想觉悟，加强党员队伍的先进性建设，永葆党员先进性和纯洁性，对于党组织来说具有重要意义，对于在村民中树立党员先锋模范形象亦十分重要。在村庄中，群众看党员，是看党员怎么说，怎么做；党员看干部，是看干部怎么说，怎么做。村民不仅看党员，更看干部。党员干部是村庄的模范，是众人的榜样，群众自然看在眼里，行在日常。但是当前村庄党员队伍面临后备力量不充足、流动党员多、结构不合理等难题，党员先锋模范作用的发挥受到严重制约。党员队伍结构不合理，直接影响着基层党组织的凝聚力、组织力和战斗力。因此，应有意识地发展年轻党员和女性党员，特别是在毕业回乡创业大学生、农村致富带头人和返乡人员等优秀农村青年中发展党员，进一步优化党员队伍。同时，基层党组织应结合自身实际，探索流动党员教育管理新模式，通过电话、微信群、"学习强国"平台等多种方式对流动党员进行教育管理，确保流动党员离乡不离党、流动不流失。此外，还要抓住流动党员外出前和返村后两个重要时间节点，积极开展各类学习教育活动，增强流动党员归属感。要坚持群众路线，克服形式主义。随着村两委的逐步行政化，村庄基层党组织在日常学习、服务群众等方面存在一定程度的形式主义，影响了乡村振兴战略的有效实施。首先，从参与学习的群体来说，由于当前村庄党员大部分是老年人，他们对智能手机的拥有量还不高，因此以"学习强国"为代表的智能党建学习平台并不适用于农村老年党员学习。在这种情况下，对学习平台使用情况的评比、考核等，较难发挥实质性作用。其次，从形式上来说，目前村庄进行党员教育的形式仅仅是日常开会、读报纸、学文件，党建经费宽裕的地区还会组织党员外出参观学习，但这些活动并没有起到预期作用。最后，从效果上来说，党员教育没有考虑到不同党员的年龄、文化程度等特点，缺乏针对性、系统性和经常性，学习形式单一、内容枯燥，在一定程度上影响了党员教育的效果和质量。

　　总体来说，在乡村振兴过程中，要充分发挥党组织总揽全局、协调各方的领导核心作用，坚持把党建贯穿于乡村振兴全过程，因地制宜创新党建工作形式，推进乡村振兴与党建工作深度融合，注重实际效果，避免形式主义，让广大村民有更强的获得感和幸福感。

11
乡村振兴中的农民主体性

　　2018 年 1 月，《中共中央 国务院关于实施乡村振兴战略的意见》将"坚持农民主体地位"作为实施乡村振兴战略的基本原则之一，正式从顶层设计的角度强调了农民在乡村振兴中的主体地位。2021 年 4 月 29 日通过的《中华人民共和国乡村振兴促进法》首次以立法的形式指出，乡村振兴战略的实施要始终坚持农民主体地位的原则。此外，《中共中央 国务院关于坚持农业农村优先发展做好"三农"工作的若干意见》《中国共产党农村工作条例》等数十个政策文件、法律条例都强调了这一原则的重要意义。

　　关于农民主体性的学术讨论由来已久。早期的"农民主体论"，主要指农民参与经济活动的主体性（张旭，1996）。2006 年，《国民经济和社会发展第十一个五年规划纲要》首次提出建设社会主义新农村后，研究者开始关注"社会主义新农村建设"中的农民主体性。有研究者认为 2006 年中央一号文件中蕴含着"以农民为主体，让农民得实惠"的理念（徐勇，2007），但社会主义新农村建设实践并没有充分发挥农民主体性（温锐、陈胜祥，2007），出现农民主体权虚置的问题（程为敏，2005）。这些讨论使研究者愈发意识到农民主体性对农村发展的重要意义。2018 年中央一号文件发布后，关于"以乡村振兴战略为抓手，重塑农民主体性"的讨论日益高涨。总体来说，相关讨论可以分为三类：第一类是对农民主体性内涵的解读（王春光，2018；隋筱童，2019；许伟，2019）；第二类集中在理论层面，围绕乡村振兴战略实施过程中农民主体性已经遭遇或可能面临哪些困境，以及应如何培育和提升农民主体性展开（钟曼丽、杨宝强，2021；郭倩倩、王金水，2021；吴重庆、张慧鹏，2018）；第三类将农民主体性问题与乡村振兴中的农民实践相联系，重点考察了农民在文化建设（黄永林、吴祖云，2021；赵梦宸，2019）和生态环境建设（张芷婧，2019）等环节中的角色、地位与作用。

　　从整体来看，农民主体性问题已经受到研究者的广泛关注，但大多数研究者是从理论层面对农民主体性的内涵、必要性、可能的遭遇及建议措施进行讨论。即便是从具体实践层面分析的研究，也多集中于乡村振兴的某一个侧面，尚未全面呈现乡村振兴战略实施过程中的农民主体性图景。在关于乡村振兴的讨论与实践中，关于乡村建设愿景、方案、目标、建议的声音主要来自政府工作人员和学者（叶敬忠、张明皓等，2018），农民既不在场，又难行动，农民主体性的发挥难以得到保障。本研究综合考察农民对乡村振兴不同方面主体角色的认知和态度，呈现乡村振兴中的农民主体性图景，并分析其中的主体性式微与分化，探讨如何激发与培育农民的主体性。

一　农民主体性的现实呈现

　　现实中的农民主体性不仅与政策文本、学术话语中的期待存在差距，而且在产业兴旺、生态宜居、乡风文明、治理有效、生活富裕五个方面的自我定位和具体行动中呈现不同程度的差异。

（一）农民主体性在产业兴旺领域的呈现

　　乡村振兴战略以"产业兴旺"取代了社会主义新农村建设中的"生产发展"，意味着对一、二、三产业的多元化融合以及乡村其他产业的发展提出了更高要求。中国是农业大国，小农经营依然在农业生产中占据重要地位，依然是实现农业现代化的重要力量。小农户普遍并长期存在是中国的基本国情。在面临新的生产要素加入、新的技术变革以及农业食物体系新的结构性变化时，习惯于传统生产方式的农民在乡村产业中的主体地位将发生怎样的变化？

1. 农民是农业生产主要劳动者与食物自给者

　　不管是对小农户还是对新型农业经营主体而言，农民群体都依然是农业生产的主要劳动者。首先，调研显示，80.3%的被访农民依然从事农业生产。在从事农业生产的被访农民家庭中，96.0%仍以家庭劳动力为农业生产的主要劳动力。另外，农业劳动者中虽然存在雇工、社会化服务提供者等其他群体，但提供这些劳动和服务的基本是留守在村的普通农民。其次，调研发现，尽管农业机械化水平有很大的提高，但是山区、丘陵等地以及部分特殊类型的第一产业仍然难以实现全面机械化，人力依然是主要的农业生产劳动来源。农民家庭生产中的种养选择仍较多受政策要求和市场导向影响，而对于以劳动提供者的身份参与新型农业经营主体活动的农民来说，种什么、养什么，什么时候施肥、打药以及具体施什么肥、打什么药等都是听安排。

除了作为农业食物体系中向外提供农产品的劳动者，农民自给自足的农业生产者和食物提供者的身份也容易被忽视。对于生活必需的粮食、蔬菜、禽肉食物，农户一般都希望自给自足。调研发现，很多农民虽然不再大量种植粮食作物，但仍然坚持保留家里的小菜园，这在老年人群体中尤其明显。陕西省某调研村一位 77 岁的老人还经营着半亩地的小菜园，他表示，"只要自己还有力气，就要种，自己吃着方便，还可以给在城里的孩子们，送给周围的邻居也很好"。湖南省某调研村一位 71 岁的老人也表示，"儿子负担重，我们只要能动就还是要做些活，做了就有吃的，没做靠谁也不一定靠得住"。这样的情况在其他调研地区也普遍存在。因此，小农户保留着其作为家庭食物主要供给者的自主性。

2. 产业融合与乡村其他产业发展相对依赖外部主体

当农业产业链延伸，增加二、三产业要素，进而向现代农业转型时，或当乡村发展农业以外的其他产业时，相应的生产活动往往会超出农民熟悉的传统流程。在此过程中，少数农民会快速适应和熟悉产业体系，并掌握更大的主动权和控制权；大多数农民则往往仅参与产业链中的某一个或某几个环节，其在农业食物体系中的主体地位逐渐弱化，并逐渐成为产业发展的被动跟随者。在回答"您认为乡村产业的发展主要靠谁"时，45.5%的被访农民认为应该主要靠政府，37.3%的被访农民认为应该主要靠村干部/村集体，仅有 16.1%的被访农民没有选择依靠村民以外的其他主体，而是只选择了村民。农民将乡村产业发展的希望寄托于政府、村干部/村集体，并赋予政府和村干部/村集体不同的期望与定位。被访农民认为产业兴旺总体上要靠各级政府，"各级领导都要重视，包括村里、镇里都要有规划和安排"。但对于招商引资、修建厂房等大事，他们认为"得靠政府，起码村里不行，乡政府也不太行，还是得靠'上面'"。虽然农民对不同层级政府的依靠程度不同，但他们大多将产业发展寄托于"公共部门"，显示出对政府的强烈信任和依赖。需要特别指出的是，随着市场化进程的推进，企业在产业发展中的龙头带动作用逐步被农民认可。35.6%的被访农民认为乡村产业的发展应该主要靠外来企业/外来投资者，与认为应该主要靠村干部/村集体的比例（37.3%）相差不大。这意味着企业等市场力量开始被农民信任，并成为可以带动农民发展的关键核心力量。也有部分被访农民直言，"政府应该出台政策吸引投资者投资乡村"，"应招商引资，引进不同产业"。

（二）农民主体性在生态宜居领域的呈现

2018年2月，中共中央办公厅、国务院办公厅印发《农村人居环境整治三年行动方案》。"村民主体、激发动力"是该行动方案的基本原则之一，包含尊重村民意愿、动员村民参与、强化村民环境卫生意识等方面的内容。在农村污染治理工作中，凝聚农民主体力量被认为是解决相关问题的根本（潘坤、黄杰，2018）。农民对生态宜居的认知和理解，既有直观的生活环境层面的内容，也有对环境保护政策与环境整治行动的回应。农民虽然在村庄生态宜居建设中发挥了一定作用，但其行动范围往往局限在自家门前区域内，对公共空间的环境保护意识不强，更多是等待政府发起农村人居环境整治行动项目来优化公共空间的环境卫生。这也导致不少地方出现"政府干，村民看"的场景。

1. 农民是个体生活环境维护者

当被问及"您认为村庄生态环境治理与改善主要靠谁"时，57.8%的被访农民认为应该主要靠村民。这在一定程度上反映了农民具有一定的主体性，他们认为自己应该在生态环境治理与改善中采取力所能及的行动。一方面，农民意识到应该主动培养自己的环境保护意识，如一位农民表示，"自己要主动，要有自觉意识"。另一方面，农民表示要在行动上重视环境保护，不能乱扔垃圾，要保持自家庭院干净卫生。不过，农民对环境保护的意识和行动空间仅仅局限在自家居所范围内。大多数农民认为，只要做到"人人自觉，管好自家门前部分"，就是为村庄生态环境治理与改善做出贡献了。总之，农民认为管理好私人领域内的环境卫生是义不容辞的责任，而公共领域内的生态环境治理与改善更多需要依靠其他主体。

2. 农民愿意配合参与公共环境维护与整治项目

生态宜居目标单靠农民群体是难以实现的，尤其是公共领域的生态宜居建设。53.5%的被访农民认为村庄生态环境治理与改善主要靠村干部，48.2%的被访农民认为主要靠政府。但是，这并不意味着农民认为公共领域的生态宜居建设仅仅需要由公共部门或单位来承担，农民对参与村庄公共领域的生态宜居建设也有一定的意愿，只是没有具体的行动实践。调研结果显示，愿意参与生产废弃物处理、生活垃圾处理、生活污水处理、道路硬化、村庄亮化、环境绿化/村容美化、生态保护与修复等村庄环境改善活动的被访农民占比都超过80.0%，这意味着农民有参与村庄生态宜居建设的意识。那么，为什么基层生态环境治理有时会出现"政府干，农民看"的现象呢？农民给出的解释是"要靠政府和村干部组织、引导"。对于公共领域的事情，农民表示"谁都不愿意第一个出头去干"，他们等待着政府、村干部等公共角色来组织动员。在生态宜居建设方面，即便大多数农民有参与意愿，他们也会因为缺少相应的组织，而难以通过实际行动参与具体实践，只能做旁观者。政府和村干部等公共角色可以通过乡村生态环境整治项目对农民进行引导，调动农民的参与感和积极性。

（三）农民主体性在乡风文明领域的呈现

文化是一个国家或民族的灵魂，乡风文明则是乡村振兴的灵魂和关键。乡风文明应该由在村农民创造和践行，尤其在优秀传统文化、现代文化等多种文化精华相互融合时，更应该充分凸显农民在乡风文明建设中的主体性和自主性（唐兴军、李定国，2019）。但实际上，与农民需求相匹配的公共设施、公共场所的供给不足，导致了农民在公共文化活动中的"缺位"，农民的文化活动大多呈现"个体化"特征。此外，农民对公共性、集体性文化娱乐活动的参与度较低，去组织化的农民等待政府或村干部的组织动员。

1. 农民是个体文明意识践行者

调研显示，65.6%的被访农民认为实现乡风文明应该主要靠村民，"自觉""保持风气""讲文明"是农民对自己的定位。超过一半的被访农民认为，整体的乡风文明体现在村庄每一个人的文明意识和文明举止上，他们同时将自己定位为村庄主人翁，积极参与乡风文明实践。个体行动上的"讲文明"和意识上的"自觉"在调研各地农民群体中呈现一定的差异，这大多源自农民内在的主体性意识，他们不需要依托任何其他主体、工具、场所和资金等外部资源，便可以开展文明实践行动。

2. 农民等待政府组织动员参与公共文化活动

除了在个体乡风文明实践行动中的自觉，对于公共文化活动，农民更多是等待政府组织、动员。农民更倾向于选择个体化、私人化的文化娱乐活动，较少主动参与公共文化活动，主动组织公共文化活动的情况更少。54.6%的被访农民认为实现乡风文明主要靠村干部，32.9%的被访农民认为主要靠地方政府，这个意义上的乡风文明建设活动多为集体性的、公共性的。地方政府和村干部在其中有两个共同作用，一是宣传和号召，二是组织和引导。宣传和号召是指动员农民参与，使农民了解可以参加哪些公共文化活动，动员农民依照自身兴趣参与。同时，农民认为地方政府和村干部在乡风文明建设中的角色是有差别但互补的。例如，地方政府可以承担村两委难以支付的公共设施建设、公共器材购置等资金支出，村干部则可以发挥带头示范作用和组织动员作用，以"榜样"带动农民参与公共文化活动，增强农村社区的凝聚力。

（四）农民主体性在治理有效领域的呈现

随着青壮年劳动力的外流与乡村常住人口结构的变化，农民组织化程度不断降低，并表现出较明显的个体化和原子化倾向，村庄自治面临多重困境。一方面，农民群体参与村庄自治的主动性较弱；另一方面，村两委在农民期待和上级压力之下有疲于应付之势。村庄未能达到理想的自治，发挥自主性的空间也被不断压缩。

1. 农民是村庄治理的不在场者或未充分参与者

调研显示，一部分农民因为外出务工等而缺席村庄治理，在村农民也并非村庄治理的积极参与者或监督者。当被问及"您认为实现村庄的有效治理主要靠谁"时，76.6%的被访农民认为应该主要靠村两委，只有34.2%的被访农民认为应该主要靠村民。尽管各类政策文件都在强调自治、法治、德治相融合，但是一部分农民逐渐习惯将村庄大大小小的公共事务和一系列治理问题归为村两委应该承担或应该牵头处理的事情，认为村庄治理不应该主要靠农民自己，普通农民更多是被领导、被管理、被指挥的角色。一位农民表示，"村干部才是村庄治理的主体"，"通常是村干部说了算，个人也不敢有其他想法，弄不好的话，做错了，容易出问题"。因此，不在村者、在村而不参与者、参与而未能充分发挥主体性者以及少量充分发挥主体性的农民，共同构成了农民参与村庄治理的图景。

2. 农民期待政府参与村庄治理与村庄治理自主性之间存在矛盾

《中华人民共和国乡村振兴促进法》指出，"建立健全党委领导、政府负责、民主协商、社会协同、公众参与、法治保障、科技支撑的现代乡村社会治理体制"，为党和政府参与、领导村庄治理提供了法律依据。在具体实践中，政府参与村庄治理已经得到大多数农民的认可，42.3%的被访农民认为实现村庄有效治理主要靠政府。农民将政府参与村庄治理的作用界定为两个方面：一方面是对村两委的指导、管理和监督，"要由政府牵头把党员的选举和党组织建设规范起来"，"政府要培养、监督村干部"；另一方面是对农民的引导和规范，"农民治理意识薄弱，要靠政府引导"，"上面有政策，下面才会行动"。这便产生了两个悖论：一方面，政府希望农民通过村民自治形成对村干部的监督，但农民并没有主动参与村庄事务和承担相关监督责任的意愿与行动，反而希望上级政府对村干部进行监督；另一方面，政策层面大力倡导"三治融合"，但是大多数村庄尚未实现有效治理，农民仍寄希望于政府带领其参与村庄治理。

（五）农民主体性在生活富裕领域的呈现

生活富裕是乡村振兴的目标，是实现共同富裕的题中之义。为实现生活富裕，国家规划并实施了一系列民生保障工作，取得了一定成就，但仍然面临一些挑战。在生活满意度的评价方面，当被问及"您觉得怎样才算是'生活富裕'"时，大多数被访农民觉得现在就很好，他们对自身目前的生活状态比较满意，但是对村庄发展和各方面的服务与保障存在很多不满之处。由此可见，农民对生活富裕的理解不仅在于个人生活水平的提高，还在于在农村生活的幸福感与获得感增强。农民期待通过村庄整体生活环境的提升，优化目前自身的生活状态。在争取幸福生活方面，被访农民说应该靠自己来创造，但是在具体行动中，他们又期待外来企业、政府带着自己实现就业，创造经济效益。在朝着生活富裕的目标奋斗时，农民虽然有自我奋斗的意向，但往往由于个体和群体能力有限，而更倚重外部主体的带动或支持。

总之，农民的主体性存在两个层面的悖论。一是在乡村振兴的具体实践中，农民并不认为自己是主体，他们自愿做配角，这与政策文本和学术讨论中"坚持农民在乡村振兴中的主体地位"的期待相悖。二是农民的主体性在产业兴旺、生态宜居、乡风文明等乡村振兴的不同方面之间也存在悖论，在与自己相关或关涉家庭的意识和行动上，农民具有更强的主体性；而在与自己关联度较低的公共领域，农民则更依赖自我以外的其他主体。

二　农民主体性的式微与分化

从农民对乡村振兴的认知来看，农民主体性既遭遇一定程度的式微，又表现出一定的分化，而农民主体性悖论的产生既与乡村人口结构的变化有关，也与政策和项目干预等带来的影响以及农民自身的意识和意愿有关。

（一）在村人口老龄化，难以有效回应乡村振兴建设需要

首先，在调研的 10 个村庄里，人口结构普遍呈现"去中间留两头"的图景，即青年劳动力多外出务工，在村人口多为老人和儿童，这造成农村自我发展能力不足。10 个调研村庄常在村人口中 60 岁及以上老年人口的占比平均为 33.7%，老龄化程度非常高。从总体上看，10 个调研村庄平均人口外流率达到 28.5%，部分村庄甚至超过 50.0%，如浙江省茶岭村外流人口占村庄户籍人口的 56.2%。此外，很多调研村庄也出现了村干部老龄化的问题。这些年龄较大的村干部缺乏信息化办公的能力和创新意识，既难以有效满足日益行政化和数字化的治理需求，也难以有效动员和组织村民，致使村庄治理面临前所未有的困境。

青壮年劳动力的外流在很大程度上意味着村庄活力的流失，以及村庄对各种事务响应能力的下降。留居村庄的人口在维持家庭生产生活方面尚存在一定的困难和挑战，更难以积极主动地参与村庄建设。尽管不少在村老年人将村庄作为自己的归宿，有意愿将村庄建设得更好，但总体上，适合老龄化村庄发展的方案及相应的领导者、组织者缺乏，在村人口更多是"有心无力"。

其次，大多数村庄在吸引外出人口返乡和人才入乡方面毫无优势、困难重重。调研期间，研究团队很难在一个村庄找到预期数量的年轻人进行访谈，而且在村的年轻人有不少只是由于各种原因短期停留于村庄；一些村庄

在干部选举时，也难以实现村干部年轻化。调研各地不断培育的新农人离开农村的也不在少数，不少人纷纷从农业转到其他行业。很多被访农民表示，"现在农村留不住人"。返乡创业风险、政策支持力度和可持续性、农村公共服务配套设施、子女教育、理想与生计之间的矛盾等，成为外出农民返乡创业的顾虑因素，也成为已返乡人口再次外出的动因。在调研村庄，原本与村庄不存在联结的人才入乡寥寥无几。因此，解决乡村振兴中"人的问题"及农民主体性式微的问题并不能完全依靠乡村自身，还需要更多宏观层次的谋划和具体的政策干预行动。

（二）政策与现实偏离，项目过度干预与项目制思维弱化农民主体性

在乡村振兴推进过程中，由于既有政策的模糊和不同群体对农民主体性的理解偏差，"自上而下"所要求和期望的主体性与"自下而上"所需要和表达的主体性相偏离或相悖的情况出现。以乡村振兴的治理有效为例，《中华人民共和国乡村振兴促进法》以立法的形式指出，"坚持农民主体地位"（指坚持农民自下而上的主体性），"建立健全党委领导、政府负责、民主协商、社会协同、公众参与、法治保障、科技支撑的现代乡村社会治理体制"。这意味着既要"坚持农民主体地位"，又要坚持"党委领导"和"政府负责"。调研发现，基层很难区分并处理好三者之间的关系，基层干部往往实践为通过发挥党委领导和政府引导的作用，帮助农民实现主体性，这意味着将农民主体性理解为自上而下被动参与的主体性。反过来，农民认为"你给的我不需要，我需要的你不给"。例如，调研各地开展的电影下乡活动普遍存在"幕布一摆，三个放映员，两个观众，放电影的人比看电影的人还多"这样的问题，这无法体现和发挥农民在乡村文化建设方面的主体性。

另外，近年来大量惠农政策和政府项目的全面下乡，导致农民对政府的期待值越来越高，认为乡村振兴的实现就得靠政府、靠项目。尤其是自精准扶贫以来，下沉农村的项目数量大幅增加、范围大幅扩大，国家权力伴随项目下沉农村的深度和广度亦有所增加。调研中，"项目"不仅是乡镇干部、村干部耳熟能详的词语，也是普通村民张口就来的词语，如"有项目才能实现乡村振兴"，"村干部要多争取项目，村里才能发展"，并且村民认为"能够要来项目的干部就是好干部"，甚至项目的多少成为各村之间相互比较、评价村干部的标准。

此外，因为不少"农民的事"被消极应付和不公平对待，所以农民不再主动关心和参与乡村振兴战略这样一些"与政府相关的事"。这种具有逃避性和对立性的主体意识，也反映出乡村治理实践中积累的一些矛盾。一方面，由于缺少对政策和制度执行主体的有效监督，农民常常抱怨找政府办事难；另一方面，农民常常抱怨政策执行和资源分配的不公平，主要涉及脱贫攻坚期间贫困户的识别、后续帮扶政策的公平公正以及贫困村与非贫困村发展资源分配的公平公正等方面。农民对村两委和政府部门工作的满意度与信任度，会直接影响他们在思想和行动上对"政府提倡的事"的态度。除了"冷漠"和"不关心"，极端情况下农民甚至可能通过"暗中破坏""装糊涂""言行不一""消极应付"等"弱者的武器"（斯科特，2007：293-367）来表达自己的不满。

（三）村庄凝聚力弱化，村民去组织化，个体能动性不高

自家庭联产承包责任制实施以来，集体化时期的村庄大家庭主义被私人个体主义取代（阎云翔，2017：243-266）。在长期"有分无统"背景下，农民的集体意识不断淡化，公共利益与个人利益相分离，农民缺少参与村庄公共事务的动力。"农民管好自己就行了"成为普遍共识，农民个体更多将自我主体性发挥的范围定位于私人领域，他们无心关注公共领域事务，公私不同领域呈现一定程度的主体性分化。在社会整体的理性化和商品化背景下，农民个体的利益与村庄整体的利益缺少有机联结，甚至出现一定的利益分化，村庄整体凝聚力弱化，农民关注和参与村庄公共事务的主观意愿和集体氛围都在式微。

在村农民除老龄化程度高以外，个体化程度也逐渐加深，他们缺乏有效的组织，零散的个体所能发挥的主体作用非常有限。调研发现，各村农民自组织程度较低，且难以发挥作用，仅19.9%的被访农民知道村里有生产互助组织、12.2%的被访农民知道村里有志愿者协会/服务队、13.7%的被访农民知道村里有老年协会。这反映了这些组织的实际存在和运行情况，也反映了农民对这些组织参与不多的事实，而这些组织对于农民的重要性也尚未显现。

一方面，农民个体主观能动性的发挥，会受到其个人素质、观念、知识等的影响。调研发现，在被访农民中，初中及以下文化程度的占比为

79.4%，他们获取有效信息和资源的渠道相对较少，不一定能够认识到自己在乡村振兴中的主体作用并充分发挥出来。另一方面，农民主观能动性的发挥也会受到外界对其回应和评价的影响。一些被访农民表示，"自己人微言轻"，"村里大小事自己说了不管用"，"没有人听农民的"，"说了还不如不说"。农民在产业发展、生态环境保护、乡风文明建设、村庄治理等方面所提出的意见或建议若一再被无视，他们参与这些公共事务的热情将逐渐消失，他们也不会再认为自己能够发挥主体性作用。

三　农民主体性的激发与培育

面对乡村振兴中农民主体性式微的现实以及相应的结构层面、制度层面和个体层面的困境，如何激发和培育农民主体性成为亟待解决的问题。基于前述分析，本研究试图从乡村活力、农民主体性发挥空间、个体和组织能动性角度探讨如何激发和培育农民主体性，进而促进乡村振兴的推进。

（一）重视留守人口力量，吸引青年返乡入乡，重建乡村活力

由于在村人口以老人和儿童等留守群体为主，乡村建设首先要回应和满足他们的需求，着力建设老人、儿童友好型村庄；其次要重视村庄留守人口的力量，培育他们对村庄的归属感、责任感、主人翁意识，鼓励他们主动参与乡村建设。例如，可以建设老人、儿童友好型公共基础设施，更好地满足在村人口的基本生活和娱乐需求；还可以组织老年人生日宴、儿童手工活动等集体性公共活动，提供互助养老、互助托幼等基本公共服务。最重要的是，应该重视留守人口对乡村建设的参与，可以通过组织老幼结对活动，如儿童帮助老年人提升现代化知识技能、老年人为儿童讲授传统民俗等互动活动，让"一老一小"在乡村建设中也大有所为。

青年是实现乡村振兴的中坚力量和鲜活动力。一方面，村庄需要大力培育在村青年的主体性和服务乡村建设的能力，如为在村青年提供专业技术培训，提升他们干事创业的能力；还需要为在村青年提供政策资金保障，消解他们干事创业的外部制约。另一方面，村庄应该积极引回或引入青年人才，同时让青年人才留得住，如通过探索农村产业发展渠道、创新多业态经济，增加青年人才就业渠道，保障青年人才在农村也有充足的经济来源以维持体

面的生活；还需要提升农村教育、医疗卫生等基本公共服务水平，完善农村交通物流、娱乐休闲等公共设施，以满足青年人的现代化生活方式需求，保障青年人的生活质量。

（二）为农民主体性发挥留出空间，鼓励农民全过程参与政策和项目的设计与落实

惠农政策和政府项目的大量下乡，有力地推进了乡村建设，但也出现了供需不匹配、村庄建设的目标和计划被政府"代言"、村庄事务被政府"包办"等现象，导致农民成为乡村振兴的旁观者，并逐渐形成"乡村振兴是政府的事，与我无关"这样的观念，参与乡村建设的主体性不强。因此，在推进乡村振兴实践中，政府应该把握好政策干预与项目下乡的量和度，为农民发挥主体性留出空间。

首先，下乡的项目应该以农民需求为出发点，在项目选取、定位时，广泛听取农民的意见，引导农民做村庄的主人，根据当地的需求决定项目。其次，可以借助项目引导农民参与村庄建设，提升他们对村庄活动的参与度，培育他们的主人翁意识。再次，政策要求和项目规范不应该卡得过死、过窄，应该提升相关政策的灵活性，为农民主体性、创造性的发挥留出足够的空间。最后，也是最重要的，要为农民增能赋权，针对农民群体建立一定的容错纠错机制或兜底保障机制，解决农民干事创业的后顾之忧，为农民的自主学习、自我创新营造开放、自由的氛围。

此外，政府部门应以实际行动改变农民的原有认知，鼓励农民全过程参与政策和项目的设计与落实。例如，基层政府可以通过座谈会、听证会、党员联系帮扶等方式拓宽互动渠道，增进干部、群众之间的互动和了解，从而有效回应群众的迫切需求，并关注各类需求的共性和个性，因需施策。农民则可以通过互动，了解政府在政策制定、落实时的考量，消除对政府的疑虑和误解，充分表达诉求。同时，也应该重视政策、村务的实质性公开，为农民参与监督提供条件和保障。

（三）以共同利益组织农民，激发集体能动性，凝聚村庄发展力量

个体化的农民能动性较低，应该以共同利益将农民组织起来，激发农民的集体能动性。将点状分散的农民集合在一起的根本，是找到农民的共同利

益。个体化的农民像零散的珍珠，亟须一个链条将其同质性部分串在一起。因此，应该首先识别出那些有共同利益的农民，将这部分农民组织起来，之后再由组织起来的农民吸纳其他农民加入。需要特别指出的是，村集体经济有望成为共同利益的突破口，或可有效激发集体能动性，凝聚村庄发展力量。

不过，这一过程应该循序渐进，而不是强制农民成立或加入某一个组织。急功近利的强制性要求往往会适得其反，甚至会使农民出现对立情绪，那样，即便农民加入集体组织，也无法发挥作用，集体组织往往会成为空壳组织。因此，将农民组织起来的过程需要注意几个方面。首先，政府应该为农民组织提供适当的活动场所。其次，应该明确农民组织是以满足农民需求为根本目标的组织，而不是为应付考核而成立的空壳自组织。最后，政府可以对农民组建自组织进行适当的指导和引导，但始终应由农民掌握决策权，政府不应该过度干预。

四　结论与思考

谁是乡村振兴的主体？政策文本和学术讨论话语中均做出回答："坚持农民主体地位"，但是这种"他赋"的主体地位和主体性并不一定能够贯彻于政策实践和发展行动之中；与此同时，从农民自身的认知与行动来看，他们并未能够或并不情愿"担当"乡村振兴主体这一角色，以推进农业农村现代化建设，这产生了耐人寻味的"主体性悖论"。

调研显示，在产业兴旺方面，农民仍是农业生产的主要劳动者与食物自给者，但在产业融合与乡村其他产业发展上相对依赖政府、村干部/村集体以及外来企业/外来投资者等外部主体，极少有农民认为只依靠村民自己即可实现产业兴旺；在生态宜居方面，农民是当仁不让的个体生活环境维护者，但他们认为村庄生态环境治理与改善主要还得靠村干部和政府，他们愿配合参与公共环境维护与整治项目；在乡风文明方面，农民有在个体层面践行文明乡风的意识与行动，但是其文化活动逐渐呈现个体化特征，他们对公共文化活动的组织和参与积极性不高，需要外部主体动员；在治理有效方面，越来越多的农民成为村庄治理的不在场者或未充分参与者，期待上级政府对村干部进行监督并带领其参与村庄治理，这显然与村庄治理的自主性存在矛盾；在生活富裕方面，农民对家庭生活水平的提升感到满意，但他们对生活富裕的理解更多是乡村生活幸福感、安全感、获得感的提升，他们拥有对更美好生活的向往，但更倚重外部主体的带动或支持。

总体来说，大多数农民并不认为自己是乡村振兴的主体，反而认为政府、村干部/村集体等才是乡村振兴各项事业的"牵头人"。在产业发展等方面，外来企业/外来投资者也是农民认为的实现乡村振兴的重要依靠，而农民将自身置于配角位置。当然，农民对其他主体的依靠更多体现在公共领域；在乡村振兴涉及的个体领域，农民仍具有较强的主体性。

农民主体性的式微与分化，受结构层面、制度层面以及个体主观能动性层面的多重因素影响。其中，乡村人口结构的变化尤其是青壮年劳动力的外出与在村人口老龄化程度的提高，使得村庄活力不足，难以有效回应乡村振兴建设需要，而且大多数乡村在引才返乡入乡方面并无优势；近年来，大量惠农政策和政府项目全面下乡所展现的全能政府形象进一步弱化了农民主体性，导致农民认为乡村振兴的实现就得靠政府、靠项目；农民的个体化和利益分化导致村庄凝聚力弱化。与此同时，农民缺乏有效的组织，零散的个体所能发挥的主体作用非常有限。因此，如何激发农民个体和组织的主观能动性，并积极创造制度条件保障这种主体性的空间，重建乡村的活力，是推进乡村振兴的关键。

12
小农户与新型农业经营主体的联结

从现阶段来看，中国农业生产仍然以小农户为主。"'大国小农'仍是我国的基本国情农情。根据第三次农业普查数据，我国小农户数量占到农业经营主体 98% 以上，小农户从业人员占农业从业人员 90%，小农户经营耕地面积占总耕地面积的 70%。"[①] 如何实现小农户与现代农业发展相衔接，是当前中国农业现代化的主要问题（叶敬忠、豆书龙等，2018）。新型农业经营主体是实现农业现代化发展的重要力量，国家高度重视新型农业经营主体在实现小农户与现代农业发展衔接过程中的重要作用。2012 年，党的十八大报告第一次提出"新型农业经营体系"概念[②]。2013 年中央一号文件将农业生产经营组织创新定位为推进现代农业建设的核心和基础，并将专业大户、家庭农场、农民合作社和龙头企业统称为新型农业经营主体[③]。此后，党的十九大报告明确提出，培育新型农业经营主体，健全农业社会化服务体系，实现小农户和现代农业发展有机衔接，并将其视为乡村振兴战略的重点内容[④]。2018 年，中央

---

① 于文静、董峻：《全国 98% 以上的农业经营主体仍是小农户》，中国政府网，2019 年 3 月 1 日，http://www.gov.cn/xinwen/2019-03/01/content_5369755.htm，最后访问日期：2022 年 9 月 4 日。

② 胡锦涛：《胡锦涛在中国共产党第十八次全国代表大会上的报告》，中国政府网，2012 年 11 月 17 日，http://www.gov.cn/govweb/ldhd/2012-11/17/content_2268826.htm，最后访问日期：2022 年 8 月 17 日。

③ 《中共中央 国务院关于加快发展现代农业进一步增强农村发展活力的若干意见》，中国政府网，2013 年 1 月 31 日，http://www.gov.cn/jrzg/2013-01/31/content_2324293.htm，最后访问日期：2022 年 8 月 17 日。

④ 《习近平：决胜全面建成小康社会 夺取新时代中国特色社会主义伟大胜利——在中国共产党第十九次全国代表大会上的报告》，新华网，2017 年 10 月 27 日，http://www.xinhuanet.com/politics/19cpcnc/2017-10/27/c_1121867529.htm，最后访问日期：2022 年 2 月 25 日。

一号文件提出，要"统筹兼顾培育新型农业经营主体和扶持小农户，采取有针对性的措施，把小农生产引入现代农业发展轨道"①。2019 年，中共中央办公厅、国务院办公厅印发《关于促进小农户和现代农业发展有机衔接的意见》，强调要"发挥新型农业经营主体对小农户的带动作用"②。此后，每年的中央一号文件皆就如何实现小农户与新型农业经营主体联结做出重要指示与规划。

在国家高度重视小农户与新型农业经营主体联结的同时，学界也就此展开了广泛、深入的探讨。其中，一些学者从理论层面出发，强调小农户与新型农业经营主体联结的必要性、重要性和可行性（赵晓峰、赵祥云，2018；王乐君等，2019；徐晓鹏，2020）；另一些学者则从实践维度出发，对联结的不同实践机制进行归纳总结与学理阐释（张建雷、席莹，2019；李耀锋等，2020；熊磊，2020；覃志敏、陆汉文，2021）。此外，围绕小农户与新型农业经营主体的联结关系，不同学者分别对某一类新型农业经营主体展开探究，包括小农户与不同新型农业经营主体的联结意愿和选择偏好（刘依杭，2022；刘畅等，2021），新型农业经营主体的带动能力与影响因素（许佳彬等，2020；阮荣平等，2017），等等。

现有研究为我们理解小农户与新型农业经营主体的关系及其联结机制，提供了一定的理论基础和经验基础。然而，通过梳理可以发现，相关研究较多就已经存在的联结和单一案例分析联结机制，从整体性视角出发探讨联结问题以及联结过程中各种关系与互动的研究相对较少。小农户与新型农业经营主体的联结是农政转型过程中重要的关系变迁，因此，从关系性视角出发分析两类主体的联结缘由、联结过程与联结结果十分必要。本研究结合实地调研，从小农户与新型农业经营主体的联结状况出发，探讨在乡村振兴背景下，小农户与新型农业经营主体主要的联结机制是什么？联结过程中存在哪些问题？除了具有各自特点外，这些联结问题背后还存在哪些结构性和制度性的影响？在理解上述问题的基础上，本研究试图为进一步的学术研究、政策制定和具体行动提供参考。

---

① 《中共中央 国务院关于实施乡村振兴战略的意见》，中国政府网，2018 年 2 月 4 日，http：//www.gov.cn/zhengce/2018-02/04/content_5263807.htm，最后访问日期：2022 年 2 月 25 日。

② 《中共中央办公厅 国务院办公厅印发〈关于促进小农户和现代农业发展有机衔接的意见〉》，中国政府网，2019 年 2 月 21 日，http：//www.gov.cn/xinwen/2019-02/21/content_5367487.htm，最后访问日期：2022 年 8 月 17 日。

一 小农户与新型农业经营主体的联结现状

本研究共收集农民问卷529份，其中104位被访者表示其本人和家人不从事农业生产。在从事农业生产的425位被访者中，小农户数量为410户，占比为96.5%；新型农业经营主体数量为15个，占比为3.5%。本次调研实际涉及25个新型农业经营主体，由于部分新型农业经营主体并非农村居民等原因，对这些主体的了解并非通过完整的问卷调查，而是以半结构式访谈获得。基于此，本部分将围绕联结有无与联结内容、联结方式与联结强度、联结效果与联结评价三个方面，对小农户与新型农业经营主体的联结现状进行考察。

（一）联结有无与联结内容

调研数据显示，与任意新型农业经营主体存在任意一种或多种联结的小农户有151户，仅占被访小农户总数的36.9%①，这意味着有63.1%的小农户在农业生产过程中仍以个体家庭经营为主，与新型农业经营主体之间不存在任何联结。

就存在联结的情况来看，小农户联结的新型农业经营主体包括合作社（16.4%）、农业企业（14.4%）、专业大户（7.6%）、其他主体（2.9%）以及家庭农场（0.2%）。小农户与上述新型农业经营主体的联结涉及农业生产过程的各个环节。具体来看，在农资方面，小农户能够通过新型农业经营主体"获得生产服务"，以较低价格购买农药、化肥等农资。在土地方面，小农户通过"土地流转""土地托管"与新型农业经营主体建立联结关系。在劳动力方面，新型农业经营主体为小农户提供就业机会，小农户通过"务工"与新型农业经营主体建立联结。在生产经营服务方面，小农户获得新型农业经营主体提供的"加工、仓储、物流"和"销售"等服务。此外，还有部分小农户通过购买机械耕作服务，与新型农业经营主体形成生产过程的联结。从整体的农业经营角度来看，小农户还通过资金、土地等要素入股的形式，与新型农业经营主体进行联结。

---

① 因为该题的回答存在1份缺失，所以被访小农户总数以409户计算。

　　总结而言，尽管与新型农业经营主体存在联结的小农户比例较低，但小农户与新型农业经营主体的联结内容较为广泛，涉及农业生产过程的各个环节。此外，值得说明的是，小农户并非只通过与新型农业经营主体之间的联结开展农业生产合作，解决农业生产过程中出现的各类问题。实际上，小农户和新型农业经营主体还各自通过其他方式解决土地、资本与劳动力等多方面问题，且往往不限于本村范围内。例如，有的小农户通过远程网络与高校研究人员建立联系获得农业生产方面的技术支持，或通过个人社会网络获得资金和市场信息等。

（二）联结方式与联结强度

　　调研数据显示，小农户联结较多的新型农业经营主体是合作社、农业企业、专业大户和其他主体。因此，本研究对联结方式的考察，将主要着眼于小农户与这四类新型农业经营主体的联结。整体来看，小农户与新型农业经营主体的联结方式较为单一，以土地流转、务工为主。具体来看，小农户与合作社的联结方式主要为土地流转（56.7%）、获得销售服务（23.9%）、获得生产服务（20.9%）、务工（17.9%），与农业企业的联结方式主要为土地流转（88.1%）、务工（13.3%）、获得销售服务（6.7%）、入股分红（5.0%），与专业大户的联结方式主要为土地流转（80.7%）、务工（9.7%）、获得生产服务（6.5%）、获得销售服务（3.2%），与其他主体的联结方式主要为获得生产服务（50.0%）、土地流转（41.7%）、其他（8.3%）。此外，值得说明的是，在15份新型农业经营主体回答的问卷中，新型农业经营主体表示与小农户的主要联结方式是雇工（66.7%），其次是流转土地（33.3%）。由此可见，土地流转是小农户与新型农业经营主体之间最主要的联结方式，其中小农户与合作社、农业企业、专业大户这三类新型农业经营主体之间最主要的联结方式均是土地流转。此外，小农户与新型农业经营主体在劳动力和生产、销售服务方面存在联结。其中，小农户与合作社、农业企业、专业大户等新型农业经营主体之间均存在劳动力的联结，与合作社、专业大户、农业企业、其他主体之间存在生产、销售服务方面的联结。最后，在入股分红、土地托管以及获得加工、仓储、物流等服务方面，小农户与各类新型农业经营主体皆很少或不存在联结。

　　小农户与新型农业经营主体在不同联结方式上存在联结频次差异。然而，不论什么方式，小农户与新型农业经营主体之间的联结都不紧密，联结强度普遍较弱。其中，就土地流转这一联结方式来看，一部分农民流转土地之后，并不关心后续的生产经营情况，甚至对流转费用也不太在意；不少常年在村的农民，尤其是老年农民则对流转土地的用途和费用等问题非常关切，因而也会关心新型农业经营主体的生产经营情况，他们与新型农业经营主体之间以土地流转为纽带，形成了一种特殊的关联。总体来看，流转出土地的小农户与新型农业经营主体之间以土地流转和费用给付等简单互动关系为主，两类主体的联结强度较弱。就劳动力方面的联结而言，不同小农户与不同新型农业经营主体之间的联结强度存在差异，但整体的联结强度也较弱。在存在劳动力联结的小农户中，小部分小农户以长期工人的身份受雇于新型农业经营主体，大多数小农户则主要是以短期工人尤其是日工的形式满足新型农业经营主体的劳动力需求。因此，小农户与新型农业经营主体在劳动力方面的联结，主要表现为临时性的、季节性的务工，并未形成紧密而强有力的联结关系。此外，小农户与新型农业经营主体在生产、销售服务方面的联结，主要表征为一种购买服务的经济交易行为，联结强度较弱。总体来看，小农户与新型农业经营主体在土地、劳动力和生产、销售服务方面存在一定的联结，但这些联结并不紧密，互动与关联性相对较弱，在入股分红等较深层次的利益联结方面则更加薄弱甚至是缺位的。这表明在本研究选取的地区中，小农户与新型农业经营主体在各种联结方式上皆存在利益联结机制不成熟和不健全、联结不够紧密、联结强度明显不足等问题。

（三）联结效果与联结评价

目前，与新型农业经营主体存在联结的小农户比例较低，63.1%的小农户并未与任何新型农业经营主体存在联结。这在一定程度上是因为小农户对于与新型农业经营主体联结的效果和潜在风险存在担忧。例如，某调研村一位农民表示，"一些农民将好好的土地流转给小龙虾养殖企业，小龙虾养殖会严重破坏土壤质量"。正是出于对新型农业经营主体生产经营风险的担忧，一些小农户不愿意通过土地流转等方式与之形成联结关系。

就对现有联结的评价而言，小农户的满意度较高，但获得感不足，安全感匮乏。一方面，就满意度而言，若从联结主体来看，在与合作社的联结方面，小农户对土地流转、获得销售服务、获得生产服务和务工的满意度分别为 81.6%、93.8%、92.9% 和 83.3%；在与农业企业的联结方面，小农户对土地流转、务工、获得销售服务和入股分红的满意度分别为 72.6%、100.0%、100.0% 和 100.0%；在与专业大户的联结方面，小农户对土地流转、务工、获得生产服务和获得销售服务的满意度分别为 72.0%、100.0%、50.0% 和 100.0%；在与其他主体的联结方面，小农户对土地流转、获得生产服务和其他的满意度分别为 80.0%、83.3% 和 100.0%。从联结方式来看，小农户对部分联结方式较为满意，主要因为这些联结有助于减轻其劳动负担，有利于其赚取务工收入，以及弥补其个体生产与销售等方面的不足。另一方面，联结过程中存在的问题以及小农户对联结的担忧，使小农户联结的获得感不足，安全感匮乏。尽管调研数据显示小农户与新型农业经营主体在土地流转方面的联结较为普遍，但小农户对土地流转这一联结方式的满意度却低于其他联结方式。当被问及"您认为目前与新型农业经营主体的联结存在哪些问题和风险"时，不少小农户抱怨存在土地流转费用过低、给付不及时以及土地流转后土壤肥力下降、土地质量变差等问题。此外，还有不少小农户表示担心联结过程中的风险，如担心"对方赔钱跑路会坑自己"。

正是出于对联结过程中所存在问题的不满以及对风险的担忧，小农户对现有联结的评价整体不高。而从新型农业经营主体角度来看，尽管不少新型农业经营主体表示目前与小农户的联结不存在任何问题和风险，但也有部分表示目前的联结面临部分小农户土地流转意愿较低、雇工成本较高且雇工难度较大等问题。小农户与新型农业经营主体对联结效果的评价，进一步表明二者尚未建立较为完善的合作机制，尚未形成紧密的利益联结关系。

总体来看，尽管近年来国家高度重视小农户与新型农业经营主体的联结，并为此出台了一系列政策，采取了一系列扶持举措，但调研结果显示，小农户与新型农业经营主体的联结现状并不乐观，呈现整体联结比例偏低、联结内容较为广泛但方式相对单一、联结强度普遍偏弱、联结效果和评价整体不佳等特点。基于此，进一步探究小农户与新型农业经营主体之间几种主要联结方式的具体机制，将有助于我们更好地理解联结现状背后的内在逻辑。

二　小农户与新型农业经营主体的联结机制

从上述联结的基本情况可知，土地、劳动力和生产经营服务（包括生产服务和销售服务）是小农户与新型农业经营主体联结的主要内容和方式，本部分将分别从小农户与新型农业经营主体的视角分析联结的具体机制和内在逻辑。

（一）基于土地的联结机制

小农户与新型农业经营主体的最主要联结方式是土地流转。土地是农民的"命根子"。调研发现，小农户之所以将土地流转给新型农业经营主体，主要出于两种考量：一是流转土地契合整体家计安排；二是因遵循村庄伦理规范而"不得不"流转。

就第一种情况而言，小农户流转土地通常是一种主动选择，主要是因为流转土地是契合家庭劳动分工的一种家庭生计安排。随着青壮年劳动力持续外流，留守在家务农的群体以老人为主，农业老龄化趋势明显。当留守老人因体力不足而难以再从事农业生产时，他们中的不少人会将土地流转出去，以获得土地租金收入。例如，河北省某调研村一位留守老人表示，"儿子和儿媳在外打工，自己和老伴在家务农。家里有8亩地，目前已经将其中4亩地流转给合作社和外来企业。我们老两口干不动了，如果有其他流转机会，愿意将现在耕种的土地再流转出去"。部分留守妇女因要承担抚养子女、赡养老人的家庭照料任务而无暇顾及农业生产活动；对于她们来说，将土地流转给新型农业经营主体是一种可以减轻劳动负担的有效方式。一些在村的中青年农民则因谋求其他经济效益更高的生计活动而无法兼顾农业生产，从而将土地流转给新型农业经营主体。例如，山东省某调研村一位农民既担任村干部，又在村办工厂里打工，还在村党支部领办合作社中负责管理工作。因为治理事务和非农工作繁重，他无暇顾及自家的土地生产经营，故将25亩土地流转给一个外来企业。

第二种情况则是村民虽不情愿，但因遵循村庄伦理规范而将土地流转。长期与村民互动的村级基层组织能够通过正式的公共规则和乡村社会层面的伦理规则，对小农户产生一定的约束作用，从而发挥统筹功能（韩庆龄，2020）。一些小农户虽然并不愿意将土地流转出去，但是在村庄或外来企业的一些整体规划与安排之下，最终将土地流转出去。例如，河北省某调研村成立了村党支部领办合作社，通过流转农民土地实现规模化生产经营。对此，一位农民表示，"当初村里成立合作社时，大家都觉得这个合作社没什么前景，不愿意加入。后来，村委会要求大家都得通过流转土地加入合作社。目前每年土地流转费用的给付时间不固定，大家很不满"。如果说村委会通过施加一定的"强制力"动员小农户流转土地，那么乡村社会中的人情、面子等"软约束"也会在一定程度上影响小农户的土地流转意愿与行为。例如，某调研村一位农民表示，当前村里土地流转十分普遍。在她看来，这种流转"虽然没有有形的外部强力推着大家进行土地流转，但当土地流转和规模化经营成为常态的时候，原本不打算流转土地的小农户也可能会跟着一起流转"。

不同于小农户的考量，新型农业经营主体主要将土地流转作为实现规模化经营的必经之路（楼栋、孔祥智，2013），通过流转小农户的土地，发展规模化生产经营，以此追求规模效益。例如，陕西省松涛村水稻种植合作社的负责人表示自己一共流转了 220 亩土地，"我在稳步扩展土地面积。如果有些地方用机械收割不方便，我就把挡住的那块土地流转过来。土地不流转的话，就会影响规模化种植"。浙江省前楼村的一个外来企业则在村流转了223 亩土地，通过建设连栋大棚和玻璃大棚发展规模农业。

以土地为联结载体，小农户通过转出土地更好地安排家庭生计活动，新型农业经营主体通过转入土地提升生产经营的规模效益。从这一角度来看，基于土地的联结有利于两类主体各自的生产生计安排，这是一种"双赢"的互动关系。然而，不容忽视的是，在目前的联结中，有不少小农户流转土地并非完全自愿，也并不一定符合其可持续的家庭生计安排。而新型农业经营主体经营的不确定性及其出于对短期经济效益的追求而损害土地的行为，也使小农户对土地流转有较多抱怨。例如，某调研村的部分小农户认为，将土地流转给小龙虾养殖企业会导致土地质量受损，"这种损害是不可逆的，未来拿回土地之后复垦成本会很高，而且只能由自己承担"。由此可见，部分小农户与新型农业经营主体在土地联结方面存在关系不对等、利益和风险分配失衡等问题。

（二）基于劳动力的联结机制

除了土地流转，小农户与新型农业经营主体之间还存在较多基于劳动力的联结。对于小农户而言，他们受雇于新型农业经营主体可以实现就地就近就业，增加家庭收入。例如，河北省某调研村一位女性农民表示，除了承担家庭农业生产活动，她还会去村党支部领办的苹果种植合作社和外来企业创办的金银花厂打工。目前，她每年打工时长为 3—4 个月，每天收入 60 元。对于"如何实现产业兴旺"，她认为"需要依靠土地流转发展规模化产业，村里引入的金银花厂就很好，不仅可以发展产业，还为村民提供了打工赚钱的机会"。对于"您认为怎样才算是产业兴旺"这一问题，不少被访农民给出类似的答案，即"产业兴旺就是有企业可以打工"，"产业兴旺就是让村民有一份工作"。这在一定程度上反映了当前农村就业机会较为匮乏的现实，也体现了农民对于增加农村就地就业机会的需求与渴望。新型农业经营主体提供的务工机会可以在一定程度上满足农民对就业机会的需求，但是部分农民对就业机会的需求呈现"非农化"倾向，他们更愿意到工厂打工，而非成为农业工人。

从新型农业经营主体近年的运行情况看，他们（它们）雇用劳动力以满足生产经营需要和履行政策益贫要求为主。调研显示，大部分新型农业经营主体的生产经营规模较大，自己或家庭劳动力难以应对众多工作，因而存在雇工需求。考虑到雇工成本，新型农业经营主体雇用劳动力以临时工为主，按日或小时计费。例如，陕西省某调研村一个合作社的负责人表示，合作社共流转了 220 亩土地。由于任务繁重，合作社需要雇用农民来开展农业生产。但是，考虑到用工成本过高，所以雇用以临时工为主。他说："这里没有固定的工人，都是临时的。例如，今天需要 10 个工人，临时叫来 10 个就行，这样就免得养工人了。现在用工成本太高，这几年赚的钱都被工人挣去了。"除了满足生产经营需要之外，一些接受政府政策资金扶持的新型农业经营主体往往为履行政策益贫要求而雇用劳动力，以此帮助小农户尤其是原贫困户解决就业问题。例如，某调研村的一个外来企业申请了 3000 万元的省财政扶贫资金。对于该企业而言，获取这笔资金的前提条件是每年必须提供不少于 3000 个工日的工作岗位用以帮助低收入农户。如果由于人数不够等原因而未达到相关要求，该企业要以每个工作岗位 100 元的标准，以慰问金或慰问品的形式帮扶原贫困户。

以劳动力为联结载体，小农户出于就地就近就业的目的而受雇于新型农业经营主体，新型农业经营主体则出于满足雇工需求以实现自身生产经营的目的而雇用小农户。从这一角度来看，基于劳动力的联结是契合两类主体各自生产生计活动需要的一种市场雇佣行为。除此之外，一些新型农业经营主体为完成政策目标而雇用小农户尤其是原贫困户，这实则是一种政府政策调控下的社会益贫行为。

（三）基于生产经营服务的联结机制

调研显示，小农户与新型农业经营主体之间的生产服务联结主要表征为新型农业经营主体为小农户提供农资购买服务以及机械耕种、收割等农业社会化服务，销售服务联结则表征为新型农业经营主体为小农户提供农产品销售服务渠道和平台。

从小农户角度来说，他们之所以在生产经营服务方面与新型农业经营主体进行联结，主要是为了通过新型农业经营主体的带动而化解自身的生产弱势、市场弱势和组织弱势（叶敬忠、张明皓，2019）。在生产资料购买方面，小农户自行购买化肥、农药等农资时的价格偏高，因此不少小农户依赖新型农业经营主体提供统一购买服务，以降低农业生产投入成本。例如，陕西省某调研村的一些种茶小农户依赖本村茶叶合作社提供化肥等农资。在农业生产过程中，小农户自身劳动力不足，又难以凭借自己的力量应对机械化耕作难题，因此需要依靠新型农业经营主体提供机械化服务。例如，陕西省调研县县级干部表示，"本县大量青壮年劳动力外出务工，在家从事农业生产的主要是留守老人和妇女。本县是山区，农业土地细碎、分散且有一定的坡度，因此在耕种、收割方面只能用小型农业机械。但是，小型农业机械购买成本较高且操作存在一定的难度，小农户往往需要求助于新型农业经营主体来完成耕作"。在产品销售方面，小农户缺少市场销售渠道且应对市场风险能力不足，因此需要依赖新型农业经营主体实现与市场的对接。但是，不少小农户表示他们在获得销售服务方面存在利润过低、标准严苛等问题。例如，某调研村一位农民表示，自家采摘的茶叶卖给合作社还不如自己本地销售，因为合作社存在压低小农户茶叶价格的情况。

新型农业经营主体不仅包括承担农业生产过程各环节的生产经营组织，也包括为农业生产过程提供各种服务的经营组织，或综合性的经营组织。部分新型农业经营主体并不独立承担农业生产全过程，而是将其生产经营范围集中在农业生产过程中的某一个或某几个环节，专注于实现生产经营专业化。例如，一些新型农业经营主体凭借规模优势，帮助小农户以较低价格购买化肥、农药等农资；或凭借资本优势，购置大型农业生产服务机械，通过为小农户提供耕种、收割等农业生产机械化服务赚取收入。还有一些新型农业经营主体在发展自身的同时，凭借在产品销售方面的品牌优势、渠道优势，通过收购农产品或提供订单农业服务等方式与小农户进行联结。例如，陕西省某调研村水稻种植合作社负责人表示，"我们的水稻产品是走中高端路线的，而且申请了自己的品牌。因此，合作社在水稻销售方面具有优势。合作社通过收购小农户的水稻，帮助其解决销售价格低、销售渠道不畅的难题。未来打算把更多时间放在销售上面，这样时间更灵活，从而专注于专业化经营"。除此之外，一些新型农业经营主体与小农户进行联结，是为了弥补小农户生产经营中的不足，扶持小农户尤其是原贫困户发展。这类新型农业经营主体通常是由政府或村集体主导的经营主体。例如，某调研村的村集体经济合作社，负责人是该村的村委会副主任。他表示，"合作社就像是包工头，帮农户认领项目。当国家有相关扶持政策时，村庄就可以合作社的名义申请，之后将项目支持提供给农户。合作社仅仅是一个中转站，因为国家的很多扶持政策只认合作社，普通小农户很难去申请"。

以生产经营服务为联结载体，小农户为了规避自身在生产、市场和组织等方面的弱势而与新型农业经营主体建立联结，新型农业经营主体则主要出于实现自身生产经营专业化而服务和带动小农户。从这一角度来看，两类主体的联结出发点不尽相同，联结基础较为薄弱。尽管两类主体在基于生产经营服务的联结方面存在较为顺畅的市场化合作，但新型农业经营主体利用自身规模优势，发挥带动小农户作用的效果并不明显。当然，部分由政府或村集体主导的新型农业经营主体则会出于扶持小农户的目的而与其展开联结。

总结来看，小农户与新型农业经营主体在土地、劳动力和生产经营服务方面的联结机制和内在逻辑可归纳如下。在土地联结方面，小农户或出于整体家庭生计安排，或因遵循村庄伦理规范而将土地流转给新型农业经营主体；新型农业经营主体则为追求规模经济效益而流转小农户的土地。在劳动力联结方面，小农户将受雇于新型农业经营主体看作实现就地就近就业的一种生计选择；对于新型农业经营主体而言，除了因生产经营需要而雇用劳动力，还有部分主体是为了履行政策益贫要求而为小农户尤其是原贫困户提供就业岗位。在生产经营服务联结方面，小农户意在通过新型农业经营主体提供的生产经营服务来弥补个体生产经营的不足；新型农业经营主体的目的或是实现自身生产经营的专业化，或是为小农户提供益贫性服务。

三　小农户与新型农业经营主体的联结缘由、过程与结果

上述分析呈现了当前小农户与新型农业经营主体联结的状况和主要的联结机制。那么，小农户与新型农业经营主体联结的过程中存在什么样的问题？除了具有各自特点外，这些联结问题背后还存在哪些结构性和制度性的影响？围绕小农户与新型农业经营主体联结这一农政转型过程中的重要关系变迁，本部分从关系性视角审视联结缘由、联结过程和联结结果，并对联结过程中的困境展开分析与思考。

（一）联结缘由：经济因素、社会因素或其他因素

2019 年，中共中央办公厅、国务院办公厅印发的《关于促进小农户和现代农业发展有机衔接的意见》强调，"统筹兼顾培育新型农业经营主体和扶持小农户，发挥新型农业经营主体对小农户的带动作用，健全新型农业经营主体与小农户的利益联结机制，实现小农户家庭经营与合作经营、集体经营、企业经营等经营形式共同发展"[①]。在现实中，小农户和新型农业经营主体对"为什么要联结"的主要考量分别如下：对于小农户而言，土地流转、务工和购买社会化服务是维持自身家庭生计可持续的一部分；对于新型农业经营主体而言，不管是以流转土地、雇工的方式联结小农户，还是以提供生产经营服务的方式联结小农户，均主要出于为自身生产经营配置各种生产要素的经济考量，也有部分主体出于益贫的社会因素考量，但这种益贫性联结往往是为了获得政府的补贴性支持以促进自身发展。由此可见，当前小农户与新型农业经营主体的联结是一种经济因素主导、辅之以社会因素导向的联结。也正因此，两类主体的联结集中表现为土地流转、雇工/务工、提供或获取生产经营服务等经济行为，联结较为单一、薄弱。尽管国家高度重视实现小农户与新型农业经营主体的联结，并出台了一系列政策规划，做了相应

---

① 《中共中央办公厅 国务院办公厅印发〈关于促进小农户和现代农业发展有机衔接的意见〉》，中国政府网，2019 年 2 月 21 日，http://www.gov.cn/xinwen/2019-02/21/content_5367487.htm，最后访问日期：2022 年 8 月 18 日。

的制度安排，学界也对小农户与新型农业经营主体的联结展开了广泛、深入的学理探讨，但是在具体实践中，处于联结状态的小农户与新型农业经营主体对联结缘由的考量仅停留在较为浅显的经济层面，对于"为什么要联结"的深层次认知不足。而这一认知上的迷思为小农户与新型农业经营主体固有的联结缺陷埋下了伏笔，使两类主体难以在后续联结过程中形成深层次的、紧密的利益联结机制。

结合国内外农业食物体系的一些替代性实践与相关理论的探讨，我们有必要对当前中国小农户与新型农业经营主体联结存在的一些问题进行进一步反思。首先，当前小农户与新型农业经营主体的联结仍由主流发展理念和模式主导，缺少对主流生产、流通、消费体制的反思性实践。以陕西省某调研村茶叶合作社为例，小农户通过将自家茶叶卖给合作社实现对市场风险的规避，然而合作社自身却面临更大的市场风险；县级政府通过举办茶博会等形式帮助合作社实现与更大市场的对接，这能够在一定程度上帮助小农户与新型农业经营主体规避市场风险，但无论是小农户还是新型农业经营主体，在此过程中均难逃大型企业和其他中间商的利润剥夺。这表明，局限于主流市场之中的联结，始终无法摆脱主流市场的种种限制和风险。实际上，20 世纪80 年代以来，国际上已经出现各类旨在摆脱主流市场限制的替代性理论研究和实践探索。这些研究和实践强调通过调整农业生产方式、创新市场流通机制等途径，在食物生产、流通和消费等环节之间构建新的食物体系（司振中等，2018），同时关注食物的生产和消费与人类社区生活的重新联结等诸多议题（许惠娇等，2017）。此外，国内外的一些替代性实践探索表明，由于无法摆脱大型企业和其他中间商的利润攫取，农民即使进入主流市场，也难以有效改善其家庭境地。基于此，一些农民选择绕过主流市场，与城市消费者建立直接的联结（叶敬忠、贺聪志，2019）。这种针对主流模式的替代性实践，恰恰是当前大部分小农户与新型农业经营主体联结过程中所缺乏的。其次，小农户与新型农业经营主体的联结并非仅应或仅能是经济层面的联结，而是可以是内容和层次更加丰富多元的联结。基于在社会团结、社区重建、生态环境可持续、人与自然协同生产等相关理念上的一致性，小农户与新型农业经营主体可以在社会、文化、生态等多个维度展开联结与合作。与谋求经济利益最大化的经济层面的联结相比，多层次、多维度的联结能够使小农户与新型农业经营主体的关系更加紧密，这种联结也将更具有可持续性。最后，当前小农户与新型农业经营主体的联结不足，也促使我们反思新型农业经营主体究竟"新"在哪里？抛开规模化经营特征，新型农业经营主体是否具备与小农户进行多元联结的动力和能力？这些问题值得我们在讨论联结议题时进行深入思考。

（二）联结过程：主体发展困境与联结互动困境

小农户与新型农业经营主体联结的现实状况，也反映了联结过程中的主体发展困境和联结互动困境。在联结的过程中，新型农业经营主体首先需要面对自身发展所面临的结构性背景、政策和制度环境，同时其自身能力大小和能动性发挥的程度也至关重要。

首先，农业生产受限于自然环境，这是制约新型农业经营主体生产发展的重要自然环境属于结构性因素。对于新型农业经营主体而言，一方面，农业生产深受干旱、洪水、台风、冰雹等气候风险与自然灾害的影响；另一方面，农业生产的季节性、周期性和不可逆性，加剧了新型农业经营主体生产经营的脆弱性。例如，河北省坡上村 2021 年春季遭受冰雹和风灾，这影响了该村苹果合作社的果树授粉，进而影响了苹果产量。另外，农村社会当前的劳动力结构不平衡，这是制约新型农业经营主体发展的另一结构性因素。在中国城乡二元体制下，农村人口尤其是青壮年劳动力迫于生计压力而不断外流，当前在村的主要是以老年人为主的留守群体。对于新型农业经营主体而言，他（它）们希望雇用年轻、有技术的人来参与生产，但目前留守在村的劳动力结构与他（它）们对劳动力的需求之间存在偏差。

其次，部分政策和制度安排在一定程度上限制了新型农业经营主体的发展空间，或使某些新型农业经营主体高度依赖补贴和政策倾斜的发展路径，陷入政策依赖的惯性困境之中。例如，遏制耕地"非农化"、防止耕地"非粮化"政策，对新型农业经营主体的土地利用产生了一定的制约。陕西省某调研村养殖合作社负责人表示，"政府对土地的管控非常严格，在农村用地的审批方面卡得非常紧。目前遇到的最大困难就是场地不够用"。另外，国家的扶持政策和相关补贴往往偏好规模化主体或借助中介主体，一般的新型农业经营主体很难从中受益。正如一家农业公司负责人所言，"现在补贴有一个误区，就是一定要给高科技企业。说实话，乡村有几个真正称得上农业企业的？现在很多项目支持有规模门槛，结果最终这些支持都落入大企业手里"，"另外，国家的一些建设补贴要通过中介公司来落实，结果中介公司轻轻松松就把几十万拿到手，我们能够获得的支持却少之又少"。除此之外，扶持政策程序的标准化、规范化等要求，也限制了一些新型农业经营主体的受益机会。一些扶持项目的申请标准较高、流程较烦琐，甚至不符合村庄实际，结果导致很多新型农业经营主体难以申请。例如，某调研村合作社负责人表示，"申请项目非常麻烦，首先需要银行的流水，可是在我这里干活的都是年纪大的人，他们都要现金，所以就没有流水证明，也就没法申请项目"。

当前不少新型农业经营主体处于高度依赖补贴和政策倾斜的发展境地，甚至陷入对相关扶持政策和补贴的惯性依赖困境之中。正如某调研县一位县级干部所言，"现在新型农业经营主体的效益不高，需要靠国家补贴，靠一些优惠政策来扶持"；某调研村合作社负责人认为，"农业生产面临的最大困难就是没有项目资金支持，因为干什么都要钱，一投就是几十万，像机械购置、土地租金、农资费用、柴油费、电费等，钱很快就花完了"。依赖政策优惠和扶持发展起来的新型农业经营主体，可能会在政策支持力度减小时，面临较大的生存困境。例如，某调研村水稻种植合作社负责人表示，"对发展没太有信心，主要原因是利润太低。现在就看国家政策，如果说政策不好的话，可能就干不下去了"。

最后，主体能动性缺失或难以有效发挥也是部分新型农业经营主体发展状况不佳的原因。新型农业经营主体能动性缺失或不足主要体现在两个方面。一方面，部分新型农业经营主体在政策理解上存在偏差，甚至将自身发展看作理应由政策主导的结果，而非自主经营和发展的过程。例如，某调研村合作社负责人表示，"合作社没有盈利。为什么我不流转土地？因为没有政策的扶持，我怎么流转？现在土地租金最低也要一年600元一亩，我们这里务工工资又高，如果没有项目支撑，肯定会倒下的"。另一方面，部分新型农业经营主体缺少在生产经营服务方面主动创新的意识和行动。例如，某调研村一位村干部表示，"农业发展的主要问题之一在于技术限制。别的乡镇通过引进外商，利用先进技术将茶叶制成附加值高的砖茶、黑茶和白茶，而本村的茶叶合作社只能为小农户提供销售服务，没有引进任何深加工技术，结果导致茶叶档次不够、价值太低"。此外，在外部资源、自身能力和其他社会因素限制下，一些新型农业经营主体即便有发展创新和改善生产经营服务的能动性，往往也难以有效发挥。

通过对农业生产结构性背景、政策和制度环境，以及新型农业经营主体能动性的分析可知，新型农业经营主体自身发展面临诸多困境，这也使其在联结小农户方面存在能力弱势。例如，一些新型农业经营主体负责人表示，"自己都挣不到钱，没法带动小农户致富"。这意味着小农户与新型农业经营主体之间存在联结互动困境。一方面，小农户与新型农业经营主体在联结过程中存在土地、劳动力、技术等资源要素供需不匹配的情况。以土地为例，新型农业经营主体希望通过流转大块连片土地实现规模化经营，但一些在村老年人将土地看作自己的生计保障，即使新型农业经营主体提供较高的土地租金也不愿流转。在劳动力方面，小农户所能从事的工作与新型农业经营主体对劳动力的需求之间存在偏差。留守在村的农民希望新型农业经营主体提供大量就业岗位，尤其是非农就业岗位。但对于新型农业经营主体而言，他（它）们希望雇用体力更好、技术水平较高的年轻人。然而，村庄年轻人不断外流，新型农业经营主体又因自身实力较弱而难以支付较高的工资。例如，湖南省调研地一家农业公司的负责人表示，"我们的基地要想喊几十个年轻人来干活，基本不可能。年轻人在外面工作一天能赚四五百元，来我们这里一天只能赚一百来元。所以年轻人根本不会来"。另一方面，小农户与新型农业经营主体在联结过程中存在难以建立利益分配机制、容易产生利益冲突以及难以实现利益共享等问题。其中，难以建立利益分配机制是因为一些新型农业经营主体自身经营能力不足，难以发挥带动小农户的作用。例如，陕西省某调研村水稻种植合作社负责人表示，"跟小农户的联结主要就是土地流转，此外就是他们可以在这里打工；现在自己还没挣钱，也没办法分红"。湖南省调研地一家农业企业的负责人表示，"只要我们做好了，就可以带动小农户。但是现在小农户还处于观望状态，因为他们也没有什么钱，我们不赚钱的时候，他们也不敢投资"。而小农户与新型农业经营主体在联结过程中的利益冲突，主要体现为同质竞争以及信息资源、生产收获和创新成果等方面的"精英俘获"，这也导致很难形成真正公平、可持续的利益共享机制。例如，某调研地一位乡镇干部提到，"现在的合作社，其实就是给以前的小农户穿了一层外衣，然后说这是新型农业经营主体。其实还是原来的人，还是原来的东西。所以这些主体在发动小农户方面，效果不明显"。

（三）联结结果：多重脆弱性与农政转型困境

除了在联结过程中存在主体发展困境与联结互动困境，从联结结果来看，小农户与新型农业经营主体的联结关系还存在多重脆弱性。不管是小农户还是新型农业经营主体，他（它）们在生产经营领域普遍面临各种自然风险、市场风险以及其他社会风险，如在农业种植过程中面临自然灾害风险、在农产品销售过程中面临市场价格波动风险等。上述风险的存在使小农户和新型农业经营主体在发展过程中普遍面临赢利困难与发展困境，这为两类主体的联结与互动埋下了不稳定的因素。

在此基础上，从关系性视角来看，小农户与新型农业经营主体的联结在土地、生态、收入、社会关系等多重维度上均呈现脆弱性特征。首先，基于土地联结的脆弱性主要体现在：土地流转费用过低，引发小农户的不满情绪；费用给付不及时，致使小农户对新型农业经营主体的信任度下降；土地流转可能会影响农民后续农业生产和生计安排；等等。其次，两类主体在联结关系中存在的生态脆弱性也在土地流转方面有所体现。一些新型农业经营主体通过流转土地来种植经济效益较高却对土地损耗较大的经济作物，此举严重影响了流转土地的质量，导致流转土地在生态方面不可持续。例如，某调研村有外来企业流转土地种植特色茶叶，不再种植后将受损的土地退回给农民，严重影响了农民的粮食生产。正如一位农民所言，"企业来搞产业，种了特色茶叶，搞了两年不搞了，就把土地退给我们了。我们只能再种玉米，种水稻已经不行了，因为企业种植特色茶叶把地搞坏了，存不住水了"。再次，两类主体联结的脆弱性还体现在收入方面。例如，某调研村水稻种植合作社负责人表示，"合作社与农户联结，就必须保证农户能赚到钱，这样你才有机会跟农户合作。不然农民就会用脚投票把你踢走"。最后是社会关系方面的脆弱性。一些小农户与新型农业经营主体（尤其是外来主体）之间缺少深厚的社会关系作为支撑，同时缺乏紧密的联结关系和完善的联结机制。当双方联结出现问题时，联结关系容易破裂，甚至可能会影响当地的社会关系和社会治理。

从整体来看，小农户与新型农业经营主体各自面临的发展困境，以及他（它）们之间在联结关系上的多重脆弱性，造成了其联结结果具有不稳定性。这对发展农业生产、保障粮食安全等皆提出严峻的现实挑战。

小农户与新型农业经营主体的联结困境，实则是中国农政转型困境的一个重要表征。众所周知，小农户是中国农业生产经营的基本单位和重要主体，也是推动中国实现农业现代化的根本动力。中国高度重视新型农业经营主体在推动小农户与现代农业发展有机衔接中的重要作用，强调通过提升其对小农户的带动作用，推进农业农村现代化进程（王亚华，2018）。从这个角度来看，小农户与新型农业经营主体的联结问题不仅涉及具体的农业生产安排情况，还与基于农业、农村、农民和农地四个维度的转型路径探讨直接相关，这正是农政研究的核心命题所在（叶敬忠，2022）。然而，上述研究表明，当前小农户与新型农业经营主体的联结在土地、生态、收入等方面存在多重脆弱性，这显著限制了小农户与现代农业发展的有机衔接，也在一定程度上影响了中国农业农村现代化发展的进程。而小农户与新型农业经营主体的联结困境，也表明当前中国农业农村现代化发展的进程面临农业、农村、农民和农地等多维问题。只有对中国的农政问题给予高度重视并充分理解，才能探索出一条符合中国国情的农政转型道路，实现中国现代化发展（叶敬忠，2021a）。

从对小农户与新型农业经营主体联结缘由、联结过程和联结结果的分析可知，两类主体之间"为什么联结""如何建立和维持联结""应该和能够实现什么样的联结效果"，依然是需要研究者、政策制定者和相关参与主体共同探讨与实践的关键问题。

四 结论与建议

小农户与新型农业经营主体的联结，是农政转型过程中重要的关系变迁。本研究基于关系性视角，对小农户与新型农业经营主体的联结现状、联结机制以及联结缘由、过程与结果等进行了分析。研究发现，小农户与新型农业经营主体的联结呈现整体联结比例偏低、联结内容较为广泛但方式相对单一、联结强度普遍偏弱、联结效果和评价整体不佳等特点。在土地联结方面，小农户或出于整体家庭生计安排或因遵循村庄伦理规范而将土地流转，新型农业经营主体则出于追求规模经济效益而流转土地。在劳动力联结方面，小农户将受雇于新型农业经营主体看作实现就地就近就业的一种生计选择，新型农业经营主体则主要出于生产经营需要或为履行政策益贫要求而雇用小农户。在生产经营服务联结方面，小农户意在弥补个体生产经营的不足，新型农业经营主体的目的则在于实现生产经营专业化或为小农户提供益贫性服务。小农户和新型农业经营主体均对"为什么要联结"缺乏深层次认知，在发展过程中仍由主流发展理念和模式主导，缺少对主流生产、流通、消费体制的反思性实践，且对经济关系以外的社会、文化、生态等更为丰富的联结内容和层次缺乏想象。小农户与新型农业经营主体联结的现实状况，也反映了联结过程中的主体发展困境和联结互动困境，导致了联结结果的多重脆弱性和不稳定性。小农户与新型农业经营主体"为什么联结""如何建立和维持联结""应该和能够实现什么样的联结效果"仍是中国农政转型研究、政策与行动实践中的重要问题。

政策话语将新型农业经营主体视作实现适度规模经营以及带动小农户实现与现代农业发展有效衔接的重要主体。在本研究的被访小农户中，认为未来农业生产主要靠"专业大户/家庭农场"的比例最高，此外还有不少小农户认为合作社、企业是未来农业生产的重要主体。但是，本研究也发现，新型农业经营主体不管是在其自身发展方面还是在联结小农户方面，均面临较大困境。那么，新型农业经营主体是否能够承担未来农业生产的重任？在未来农业生产中，新型农业经营主体自身要怎么发展，怎么带动小农户？小农户会朝什么方向发展？在实现农业现代化的过程中，新型农业经营主体与小农户分别应该发挥什么功能和优势，二者之间是联结还是长期并存？这些是我们在思考中国未来谁来种地、谁来保障粮食安全问题时无法回避的重要现实问题和理论问题。

在前文分析的基础上，本研究提出几点建议。首先，政策支持应该以培育和提高新型农业经营主体自身发展的"综合可行能力"为目标，减少新型农业经营主体成长过程中的政策红利导向与政策依赖；同时，针对小农户或新型农业经营主体的一切政策支持、项目支持和补贴奖励，应避免简单规模导向和流程复杂化，应以更加包容的方式惠及众多主体。其次，基层政府应深入理解小农户与新型农业经营主体的联结缘由和联结机制，在此基础上展开普及教育和宣传讲解，帮助两类主体明晰联结的目的与实质性意义；积极引导新型农业经营主体探索多元发展模式，使其充分了解小农户的资源和需求，构建与小农户的多元联结；鼓励小农户坚持自身独立地位，立足于生产经营资源优势，尝试在保证自身利益的情况下与新型农业经营主体进行互促互补式的联结。最后，各地可根据实际情况和需要，成立新型农业经营主体的合作组织（如联合社等），通过搭建交流互助平台，实现新型农业经营主体之间的多元合作与协同发展。

13

乡村振兴的政策过程

乡村振兴战略实施以来，按照"产业兴旺、生态宜居、乡风文明、治理有效、生活富裕"的总体要求，全国各地制定了相应的实施规划与行动方案。调研发现，在政策进入乡村的过程中，存在上级政策规划与下级政策执行不一致、不同政策之间发生制度性冲突、政策执行主体因理念不同而导致执行效果不同等现象。

针对政策执行过程中的问题，国内研究的范围不断扩展，研究内容也不断丰富。相关研究揭示了政策执行偏差既可能是政策本身的问题，也可能受制于执行主体的能力，或是执行主体间利益博弈的结果（魏姝，2012）。各种政策频繁出台，导致政策"过密化"，弱化了政策执行的效果（熊跃根，2019）。同时，部门间的协调失灵也可能造成政策执行偏差（周志忍、蒋敏娟，2013）。还有研究者聚焦政策的执行主体，指出乡镇政府在压力型的科层制与非程式化的乡土关系中寻求生存的逻辑（欧阳静，2009，2011），乡镇政权在应对上级政策时会采取"选择性执行""优先排序执行"（印子，2014）或者"适应性执行"策略（崔晶，2022），从而解释了基层政策执行主体的治理策略与行为逻辑。也有研究者从项目制的角度，精准地概括了政策"自上而下"与"自下而上"的过程和逻辑，包括中央"发包"、地方"打包"和村庄"抓包"（折晓叶、陈婴婴，2011）。

近年来，研究者对制度框架、部门协调失灵、执行主体的利益博弈进行了颇有建树的分析和探讨，但总体上，从村庄角度尤其是从农民的视角理解涉农政策过程尚未成为研究重点。在实践中，农民是政策的目标群体和受益者，他们对政策的理解和回应与政策执行形成互动关系。在分析政策执行偏差的原因和逻辑时，显然不应该忽视这一部分影响因素。本研究主要围绕政策进入乡村的过程展开分析，关注顶层设计中的政策在自上而下传递过程中的遭遇，尤其是在县级和乡镇层面被分解和重构的过程。政策在进入执行过程后，对村庄产生了什么样的影响？村庄主体对于进入乡村的政策又有什么样的理解和回应？由于乡村振兴战略所涉及的政策繁多，无法一一论述，因此本研究仅对经验材料所体现的政策实践过程进行分析，旨在揭示乡村振兴政策从顶层设计到基层落实的逻辑及其与村庄的互动和遭遇。

一 顶层设计中的乡村振兴政策

政策过程一般由政策文本流变、政府实施行动、公共社会参与三个子过程构成（李瑞昌，2012）。在进入乡村之前，政策一直以文件为载体进行传播、完善和落实。顶层设计中的政策为乡村振兴提供了基础性、原则性和指导性的解释，是具体执行环节中的行动指南。

（一）顶层设计政策的形成与目标

在乡村振兴战略实施过程中，顶层设计政策的决策和传播符合一般性程序，中央制定指导意见或总体框架，省级单位依据中央文件精神出台适合本省（区、市）发展的对应方案。例如，2018 年中央一号文件《中共中央 国务院关于实施乡村振兴战略的意见》指出，要"强化乡村振兴规划引领。制定国家乡村振兴战略规划（2018—2022 年），……各地区各部门要编制乡村振兴地方规划和专项规划或方案"[1]。该文件一经发布，地方政府就着手落实本地发展规划的编制工作。山东省、湖南省分别在 2018 年 4 月和 2018 年 9 月率先发布了本省的乡村振兴战略规划。在 2018 年 9 月 26 日中共中央、国务院印发《乡村振兴战略规划（2018—2022 年）》之后，河北省、陕西省、浙江省分别于 2018 年 11 月、2018 年 12 月、2018 年 12 月印发了本省的乡村振兴战略规划。因此，省级乡村振兴政策基本是各省（区、市）在中央整体政策框架下，结合本省（区、市）的发展基础和条件，在文本层面进行政策细化的成果。这些地方性政策尚未经过实践环节的检验

---

[1] 《中共中央 国务院关于实施乡村振兴战略的意见》，中国政府网，2018 年 2 月 4 日，http://www.gov.cn/zhengce/2018-02/04/content_5263807.htm，最后访问日期：2022 年 2 月 25 日。

和政策调整的往复过程，所以可以被视为贯彻中央乡村振兴战略的试探性方案。

通过文件表达出来的顶层设计政策，以追求全局统筹、多面平衡为目标。首先，政策布局范围广，所涉及的事务性工作复杂多元，需要同时布局多种类型的政策。以涉及粮食安全的政策为例，《国务院办公厅关于切实加强高标准农田建设提升国家粮食安全保障能力的意见》阐释了保障粮食安全的重要意义，指出"确保重要农产品特别是粮食供给，是实施乡村振兴战略的首要任务"，并面向全国提出明确要求，"修编全国高标准农田建设规划，形成国家、省、市、县四级农田建设规划体系"①。此外，保障粮食安全也是一项系统工程，涉及土地政策、补贴政策、生态环境保护政策、社会保险政策、农业技术政策等的同步更新。例如，政策文本中提及的"藏粮于地、藏粮于技""全面落实永久基本农田特殊保护制度""加快建立新型农业支持保护政策体系"②"全面落实粮食安全省长责任制，完善监督考核机制"③ 等要求，都需要中央协调多个部门制定多种类型的专项政策才能落实，才能为保障粮食安全提供一整套支持。

其次，对于某项政策所隐含的内生性问题或可能引发的社会问题，顶层设计政策往往采取"中间路线"原则来平衡多方矛盾，即政策设计要求既保证发展又避免激化矛盾。例如，与生态环境保护相关的政策既指出"以绿色发展引领乡村振兴"，又强调"落实节约优先、保护优先、自然恢复为主的方针"④。再如，关于乡村振兴政策推进的整体节奏，中央政策要求"既尽力而为，又量力而行"⑤。这些蕴藏着"中间路线"内涵的政策从理念上确

① 《国务院办公厅关于切实加强高标准农田建设提升国家粮食安全保障能力的意见》，中国政府网，2019 年 11 月 21 日，http：//www.gov.cn/zhengce/content/2019-11/21/content_5454205.htm，最后访问日期：2022 年 3 月 25 日。

② 《中共中央 国务院关于实施乡村振兴战略的意见》，中国政府网，2018 年 2 月 4 日，http：//www.gov.cn/zhengce/2018-02/04/content_5263807.htm，最后访问日期：2022 年 2 月 25 日。

③ 《中共中央 国务院印发〈乡村振兴战略规划（2018—2022 年）〉》，中国政府网，2018 年 9 月 26 日，http：//www.gov.cn/zhengce/2018-09/26/content_5325534.htm，最后访问日期：2022 年 2 月 25 日。

④ 《中共中央 国务院关于实施乡村振兴战略的意见》，中国政府网，2018 年 2 月 4 日，http：//www.gov.cn/zhengce/2018-02/04/content_5263807.htm，最后访问日期：2022 年 2 月 25 日。

⑤ 《中共中央 国务院印发〈乡村振兴战略规划（2018—2022 年）〉》，中国政府网，2018 年 9 月 26 日，http：//www.gov.cn/zhengce/2018-09/26/content_5325534.htm，最后访问日期：2022 年 2 月 25 日。

定了总体发展方向，向看似相互矛盾的两个方面同时发力，实际上是在发展的同时维持稳定的政策平衡。

（二）顶层设计政策的话语特征

由于瞄准了上述两个目标，所以顶层设计政策会涉及乡村发展的方方面面，呈现目标多重性特征（谭秋成，2008）。这些政策文本难以详尽规划每个细节部分的具体方案，因此在指导性话语中呈现模糊、抽象的特征。例如，政策文件对"坚持乡村全面振兴"提出"注重协同性、关联性，整体部署，协调推进"[①] 的要求，但是对于具体如何协同、如何关联没有提供较为明确的方案。再如，在人居环境整治方面，有的政策文件提到"有条件的地区推行垃圾就地分类和资源化利用"，"基本解决村内道路泥泞、村民出行不便等问题"，"促进村庄形态与自然环境相得益彰"[②]。"有条件""基本""相得益彰"等模糊、抽象的词语蕴含着一定的开放性与弹性，是顶层设计政策文件中的常用表达。

这些政策话语为政策落实提出一些温和的建议，但也模糊了政策执行的边界，给基层实践留下更多的解释与行动空间。例如，中共中央、国务院印发的《乡村振兴战略规划（2018—2022 年）》指出，"梯次推进农村生活污水治理，有条件的地区推动城镇污水管网向周边村庄延伸覆盖"。将农村生活污水处理并入城镇污水管网，然后通过终端集中处理，这固然是一种最优方案，但一些山区常住人口少，生活污水总量不大，很多污水站成为"晒太阳工程"，所以当地生态环境部门决定采用挖渗井、安装化粪池等分散处理方式。由此可见，在遵循大原则和方向的基础上，基层政府会根据现实情况落实上级政策，而上级政策中的"有条件的地区"等模糊化表达为这种灵活的实践提供了合法性空间。然而，宏观政策抽象与模糊并不代表政策本身的阐述不清晰。实际上，中央和省级的宏观政策蕴含着极强的原则性，通过对基本发展方向的确定为基层实践提供指南。政策文件的逐级传递，体现并强

---

① 《中共中央 国务院关于实施乡村振兴战略的意见》，中国政府网，2018 年 2 月 4 日，http：//www. gov. cn/zhengce/2018-02/04/content_5263807. htm，最后访问日期：2022 年 2 月 25 日。

② 《中共中央 国务院印发〈乡村振兴战略规划（2018—2022 年）〉》，中国政府网，2018 年9 月 26 日，http://www.gov.cn/zhengce/2018-09/26/content_ 5325534. htm，最后访问日期：2022 年 2 月 25 日。

化着官僚体制中的等级性和权威性（景跃进，2013：134），保证每一个独立的基层政府在政策执行过程中都有一个统一的终极目标，从而使乡村振兴作为国家战略在不同地方朝一致的方向推进。

在乡村振兴政策制定、传播和落实过程中，各个层次的政策主体具有不同的行动目标，在政策供给层面呈现了功能差异。奥斯特罗姆认为人类社会中的制度具有多样性特征，这些制度本身构成一个完整的系统，不同层次的制度也是更大社会结构中的一个子系统。因此，她提出运用嵌套式的分析方法来考察多样性制度的相互关联，从而理解多层次的复杂制度系统（Ostrom，2005：11-13）。制度多样性理论启发了国内学者的乡村振兴研究。王亚华（2022）认为，中央出台的指导性规划纲要是宪制规则层次的安排，地方政府如何推动乡村振兴是集体选择规则层次的安排，基层政府的具体执行是操作规则层次的安排。因此，顶层设计中的宏观政策占据了乡村振兴政策体系中指挥系统的中心位置，而政策的执行系统则交由基层政府主持运行。

二 基层政府对政策的分解、重构与执行

这里的基层政府主要指县、乡两级政府。陕西省红石县某基层干部认为，"脱贫攻坚和乡村振兴都是中央领导，省级统筹，市县落实，基础在县，这太重要了"。基层政府对顶层设计政策的回应不同于省级政府对中央政策的回应，其关键任务是充分理解政策文本中的信息，并根据地方实际情况拟定执行方案，即需要将务虚的政策话语转化成务实的政策行动。

（一）基层政府对政策的分解与重构

面对上级政府下发的政策文件，基层政府会通过红头文件或逐级开会的形式解读政策内涵、传递政策精神，再根据事务性原则将政策分解并重构成地方性的行动指南。

首先，基层政府将上级传递的整体性政策分解成多条线索并行的专业性事务，由"条条"上的部门承担相应的职责，再通过协同执行来保证其一统性。基层政府有时需要对组织机构进行调整或改制，使其与政策要求相契合，以保证政策的落实。例如，2021年2月25日，国务院扶贫开发领导小

组办公室正式改组挂牌为国家乡村振兴局，随后省、市等地方政府相继改组。河北省千山县乡村振兴局于 2021 年 6 月正式挂牌成立。在挂牌之前，千山县各部门已经根据上级的政策动向，将原来负责脱贫攻坚工作的各个部门调整到乡村振兴轨道上。该县原扶贫办主任表示，乡村振兴局虽然没有挂牌，但是各项工作没有停滞，扶贫办关注巩固和衔接，农业农村局关注人居环境、产业发展。将不同任务分包给不同职能部门，不代表具体执行过程中的松散无序。在某县的调研发现，单是农村人居环境整治这一项工作，就会涉及农业农村局、住建局、生态环境局、妇联等单位的协同推进，同时需要通过志愿活动、公益活动调动公众参与的积极性。只有基层多个部门各司其职，才能确保政策系统性目标的实现。

其次，伴随组织结构重组，基层政府及其各职能部门会根据自己的属性和职权范围编制一份具体的执行政策。例如，陕西省红石县在 2019 年被所在市政府列为乡村振兴先进县后，先后制定了《红石县创建乡村振兴先进县三年行动方案》《红石县关于实现巩固脱贫攻坚成果同乡村振兴有效衔接的实施方案》《中共红石县委关于加快推进涧河松涛田园综合体建设的决定》等具体的政策方案，并与市招商局、发改委、农业农村局等上级单位签署了《支持红石县创建乡村振兴先进县框架协议》。这些由基层政府制定的政策，其基本原则和总体方向与顶层设计政策高度一致，但在一些具有执行意义的内容中会突出本地特色。例如，红石县根据本县的乡村振兴规划和节奏，集中建设了 2 个县级重点村和 11 个镇级示范村，打造了 2 个生态观光园。打造试点是政策执行的一种有效工具，能够在可控的范围内试验并落实上级的政策要求，降低发展风险。但过分支持试点地区或重点村也会导致政策集中，造成地区与地区之间、村庄与村庄之间发展的不平衡。

最后，基层政府对政策的分解与重构强调"抓手逻辑"，即为顶层设计政策中的模糊话语找到实施的着手点。面对乡村振兴政策，河北省千山县政府选择的主要抓手是人居环境整治。该县农业农村局局长谈到，根据中央和省级的政策要求，全面开展乡村振兴工作涉及 30 多个部门，是一个体系庞杂的系统工程，比脱贫攻坚还要细致，目前千山县主抓的是垃圾、污水、改厕、村容村貌四项内容。据千山县相关部门介绍，自《中共中央 国务院关于实施乡村振兴战略的意见》发布至本研究团队调研前夕，河北省各级政府围绕乡村振兴开了多次专项会议，布置相关工作，均将人居环境整治放在首要位置。为落实上级政策寻找一个着力点是基层政府的普遍做法。山东省青云县相关部门也表示，"不会把政策同时全面推开，全面推开的风险太大"。浙江省调研县也有干部认为，乡村振兴就是"实事求是，寻找抓手"。"抓手逻辑"会将系统性的政策目标局限在某几个具体的执行方案中，这固然可以集中力量解决一些问题，有利于推动乡村振兴某些方面的完善，但也会影响农民对乡村振兴政策的总体理解。因为越是被基层政府侧重的方面，越会吸引农民的关注，导致部分农民对乡村振兴产生片面的理解和认识。

（二）基层政府的政策执行过程

中央对省、市级地方政府的评价标准在于其统筹能力，在于是否能够将交付给它们的政策任务准确地下发到基层政府，并实现有效监管。省、市级地方政府对基层政府的评价标准则在于其落实能力，在于是否能够将指导性的政策文本转化为可视化的地方发展政绩。因此，从政策到政绩的过程必须遵循务实性原则，使政策在地方社会产生一定的影响和效果。调研发现，基层政府往往通过专项补贴、重点项目、试点工程等政策工具将宏观政策转化为显性的发展成果。在这个过程中，县级政府扮演着重要的角色，它们出于地方利益的考虑，积极地在政策空间内为县域发展争取更有利的行动可能，并向上级政府争取新一轮的资源。乡镇政府在这一过程中主要发挥"协调者"的功能（付伟、焦长权，2015），完成县级政府交付的行政任务。但是，在压力型体制的鞭策与项目制的激励之下，乡镇政府在执行政策时可能会为了保证任务达标而任由"走形式"成为常态，也可能会为了争取项目资金而采取冒进措施。

政策在地方的执行过程并非一帆风顺，当多个被设计出的"完美计划"同时落实到村庄时，可能会产生许多制度性的冲突与消极后果，这就需要基层政府不断与多方主体进行沟通，调整政策细节。在调研中，表现最为突出的是各种保护或约束政策对地方发展造成的制度性阻碍。例如，某调研县的农业发展就受到耕地非粮化政策和生态保护政策的影响。当地有干部表示，"本地'九山半水半分田'的地形条件不利于规模农业发展，适合发展小面积多品类农业。过去国家粮食战略上没有特别强调要制止耕地非农化、遏制非粮化，发展还好一点，现在对耕地非粮化和非农化的限制已经上升到国家战略，发展非粮作物种植面临困境"。该县所在省的山林保护政策也较为严格，在调研中，无论是政府工作人员还是农民，都认为封山育林给予的生态补偿款无法弥补农民受损的林下经济收益。该县农业农村局局长算了一笔账：封山育林后，每亩山林国家补偿大概是每年 40 多元，省级补偿大概是每年 20 多元，总共 60 多元。如果让农民种植松树，以目前的市场价格，每亩山林每年可以带来 2000 元左右的收入，若 15 年成林，平均每年有 130—150 元的收入。政策执行过程中呈现的制度性张力并非个案，还存在野猪毁田与野生动物保护冲突、农家生态积肥与大气污染治理矛盾等问题。

　　面对上述矛盾，基层政府会通过政策宣讲的方式争取农民的理解，并试图通过沟通来缓解紧张关系；但是为了保证实现任务目标，这些政策大多时候仍然会被刚性执行。例如，调研发现，有的地区在处理养殖业污染与农村人居环境改善的矛盾时，将上级政策中的"适养、限养、禁养"[①] 直接简化为"禁养"，导致部分村庄的养殖场被搬迁或停业，且村庄开办养殖场不再被批准 。这些刚性执行体现了基层政府的选择性执行逻辑——根据上级政府的政策侧重与主抓目标，排列政策执行的优先序以及执行的强度和弹性。

　　可见，即便上级政策进行了"中间路线"式的平衡设计，在具体执行过程中也难免会出现政策落实结果与群众诉求之间的冲突。这些冲突的出现不仅仅是由于政策执行者等行动主体存在执行偏差，也有可能是因为政策与宏观的制度环境不相容而失去效果（张静，2021）。这些制度矛盾很难在政策设计中被直接察觉到，只有通过实践检验才能揭示其复杂机制。因此，政府要积极与政策执行者、农民等群体开展沟通，了解和研究政策落地过程中的实际效果与影响，通过持续不断地自我纠偏来调整并优化政策方案与制度环境，从而达到政策效果的动态平衡。

三　村庄与政策的双向遭遇

　　涉农政策的最终目标是落地村庄，使农民受益。纷繁复杂的政策会给村庄和农民的生产、生活带来什么影响？村庄和农民又是如何看待与回应政策的？

---

① 《中共中央 国务院印发〈乡村振兴战略规划（2018—2022 年）〉》，中国政府网，2018 年 9 月 26 日，http://www.gov.cn/zhengce/2018-09/26/content_5325534.htm，最后访问日期：2022 年 2 月 25 日。

（一）当村庄遭遇政策

涉农政策发挥着整合乡土社会的功能。通过贯彻中央政策精神并实施地方政策，能够将孤立的农民组织进政党和国家体系，促进乡村社会的规范化，强化国家认同（徐勇，2008）。不同类型的政策会对乡村产生不一样的影响。在乡村振兴战略实施过程中，一方面可以通过鼓励型政策，支持那些具有发展潜力的地方经验；另一方面可以通过约束型政策，对违背乡村振兴原则的行为加以限制和调节。这些政策会在村庄整体和农民个人两个层面产生影响。

鼓励型政策进入乡村，能够强化村庄既有发展优势，为乡村发展带来新动能。鼓励型政策可以为那些未经检验的探索行为赋予合法性，采取补贴、减免、放宽等方式，推动政策执行和扩散。当前，村庄产业类型的多元化和产业组织的蓬勃发展就得益于鼓励型政策的支持。例如，某调研村以乡村旅游为主要产业，在2016—2017年利用政府财政资金给予通过标准化验收的农家乐政策补助，2016年每间客房补助6000元装修费和1台电视机，2017年每间客房补助4000元装修费。在这期间，农民开办农家乐的积极性很高，该村也在这一时期完成了发展乡村旅游的整体布局。虽然乡村旅游后续发展境况并不一定如意，但鼓励型政策能够在一定程度上激发村庄活力，加速村庄发展进程。

约束型政策能够在一定程度上使村庄避免在发展过程中走弯路，但在具体的执行过程中可能会陷入"一管就死"的困境。加上不同政策之间可能存在的制度冲突，约束型政策反而容易成为村庄发展的阻碍。例如，在乡村振兴政策体系中，土地政策就具有典型的约束性。当前的涉农政策中有明确的耕地"非农化""非粮化"限制，尤其对基本农田规定了十分严格的保护和监管措施。《国务院办公厅关于坚决制止耕地"非农化"行为的通知》要求，严禁违规占用耕地进行绿化造林、挖湖造景、从事非农建设等活动①。《国务院办公厅关于防止耕地"非粮化"稳定粮食生产的意见》指出，要保证耕地在优先满足粮食和食用农产品生产基础上，再适度用于非食用农产品

---

① 《国务院办公厅关于坚决制止耕地"非农化"行为的通知》，中国政府网，2020年9月15日，http://www.gov.cn/zhengce/content/2020-09/15/content_5543645.htm，最后访问日期：2022年3月25日。

生产，严禁违规占用永久基本农田种树挖塘①。调研发现，耕地的"双非"限制成为村庄发展产业的重要阻碍因素之一。有干部表示，"现在控制严格，建设用地不准使用基本农田"，"山上的生态公益林不能动，建设农业设施审批难通过。村里的耕地只能种蔬菜，不能种果树。农民想搞一些其他产业，但没有地。在耕地红线政策出台之前，我们村已经发展了产业，现在再发展就会受到限制。严格来说，现在流转土地搞产业会受影响，搞不好还要追责"。

鼓励型政策和约束型政策的交织，会使政策执行末梢的村庄处于左右为难的境地，保守执行会导致活力匮乏，稍有松弛又会产生越界风险。上级政府固然希望基层单位创新政策落实的手段，但大部分方法创新缺乏既有经验的验证。对于村干部来说，在政策边缘创新容易转化成违规操作。随着问责力度不断加大，部分村干部在面临风险时会采取避险策略。在调研中，有干部表示，"有政策，大家就可以放开发展；没有政策，大家就不敢行动"，"现在挺想做乡村振兴，但是没有政策指导，没有底，上级要统筹规划"。

同时，政策是否稳定、是否连续会影响农民的生产、生活决策。政策若频繁发生变化或反复，会对农民造成很多不利影响。河北省某调研村一位农民表示，"政策变得太快了，几年前是必须退耕还林，要把不好的土地种上树，我先后栽了柿子树、核桃树、苹果树、金银花。现在又要求退林还耕，要把树砍了回去种地"。政策不稳定、不连续不仅会造成农民利益受损，还会导致农民对政策的信任度降低，进而影响政策的推广与落实。

（二）当政策遭遇村庄

虽然政策能够对乡村社会产生很多实质性的影响，但村庄不是完全由一系列国家政策塑造出来，政策之所以呈现复杂性，就是因为存在"上有政策，下有对策"的机制（徐勇，2008）。面对纷繁复杂的乡村振兴政策，村庄和农民将采取各种措施承接政策资源，并通过实际行动展现其对政策的态度。

---

① 《国务院办公厅关于防止耕地"非粮化"稳定粮食生产的意见》，中国政府网，2020年11月17日，http://www.gov.cn/zhengce/content/2020-11/17/content_5562053.htm，最后访问日期：2022年3月25日。

鼓励型政策会伴随一些资源进入村庄，村庄往往会采取积极的行动予以回应。例如，在被确立为乡村振兴示范村后，某调研村积极向上级争取政策支持，先后获得县农业农村局的农业产业奖补资金、县财政专项支持的"三变"配股资金、县委办支持的农场建设资金等。在获得框架性的政策支持后，该村村干部就可以"师出有名"，向其他部门争取支持。该村党支部书记说："我们会和财政局局长说，县长参观了我们这里之后，也说我们这边发展比较好，要加大发展，你们也投入一点吧，于是就争取来了一笔专项资金。"然而，随着这些资源的输入，部分农民和干部可能会出现投机行为。在调研中，有农民说："现在（村里）是为了钱搞建设。"还有农民对村内发展合作社和大户经营持怀疑态度，认为"大户种地就是名声好，但都是做表面功夫，没啥正式作用"。农民对鼓励型政策的评价，与其本人是否能够成为分利秩序中的一员高度相关。那些享受政策红利的人更多会评价说"现在国家政策好"。这一类型的政策缺乏明确的规范或落实样板，有可能会被投机者利用（通过制度缝隙谋取私人利益），出现"一放就乱"的问题，导致农民对其产生疑虑，进而做出消极评价。

对于约束型政策，村干部出于角色职责，会采取相对强硬的办法坚决执行；农民则会采用一些乡土手段来逃避约束。例如，在某调研村，农民长期采用一种传统的制肥方式，通过燃烧杂草、秸秆等获得草木灰，并将其与烧过的土混合起来作为肥料。这种肥料被当地农民称为"火粪"。由于制作过程中产生废气，"火粪"近年来被禁止烧制，大部分农田改用化学肥料增肥。有农民表示，"相比于之前用火粪，现在每年要多花好几百元钱买化肥。我们这里空气净化能力强，其实是不影响的。现在不准烧，但是有人会晚上偷偷烧"。有些农民认为这些限制没有道理，"凭心说，老一辈一直用火粪，庄稼都不生病。现在不用火粪改用化肥和农药，才会真正造成危害。烧火粪是农民的老传统，每年都这么干"。农民并不是逃避所有约束型政策，对于"禁止捕猎""禁止在河水中洗衣服""禁止乱砍滥伐"等政策，大部分农民能积极地遵守和维护。但是，当政策要求损害到其切身利益时，他们通常会采取"弱者武器"式的应对策略，通过隐蔽的、非正式的行动来保障其生产生活的持续（斯科特，2007：39）。

在调研中，农民对政策的评价经常建立在分级对比之上，即有很多农民认为"国家总体政策好，但下级执行时扭曲了"，认为基层真正落实的政策是死板的、"一刀切"的、不公平的。农民的总体感知和政策评价能够促进他们参与自治和政策优化，是农村社会"回应性治理"的一部分（陈浩天，2014）。然而，农民的这些回应始终是弱势群体自我保护的武器，难以促成政策变革或对既成规定产生实质影响。不过，作为政策执行末梢的村干部会从行动上对农民的合理回应进行附和。例如，各地农民面对厕改、禁烧火粪以及（因安全原因）禁燃液化气等政策时，会从生产生活便利性、经济性等角度出发，制定各自的策略，"我们可以有两个厕所，旱厕还会继续用来积肥""晚上干部不管，就偷偷烧火粪""晚上偷偷灌液化气"。实际上，村干部并非完全不了解这样的行为，而是他们故意选择性忽视，为农民保留一定的行动空间，也为政策执行划定一个缓冲地带。

四　结论与思考

截至 2022 年 5 月，围绕乡村振兴，中央和国家层面单独或联合出台了不少于 160 份政策、法规、条例文件。顶层设计中的乡村振兴政策拥有明确的基本原则和方向，追求全局统筹与多方面平衡，因此其目标具有多重性特征。这些政策文本常常采取模糊和抽象的话语表达，以保证政策布局时兼顾不同地区、不同部门的差异化能力与诉求，进而推动乡村振兴政策在全国范围内落实。顶层设计政策的这些特点，既为基层政府制定本地政策提供了行动指南，也造成了一些执行上的困扰。国家乡村振兴政策通过各级文件、通知、会议、培训等途径层层传达，最终由县、乡级基层政府具体落实。在每一层传达过程中，政策信息都会被接收者分解与重构。基层政府要想将指导性的政策文本转化为可视化的地方发展政绩，需要通过找到政策抓手，为专项政策的出台提供着力点。然而，政策之间的制度性冲突往往在执行过程中集中显现，基层政府需要通过层级间沟通、部门间沟通、与群众沟通等方式，化解不同政策之间的冲突和矛盾，使其与宏观环境相融合，从而保证政策效果。乡村振兴政策从基层政府进入村庄后，激发了村庄与政策的双向互动。鼓励型政策和约束型政策的干预，影响着村庄的发展资源、发展节奏和发展格局。村庄和农民也会积极迎合或消极应对进村政策，其行动回应和政策评价对优化政策具有重要的现实意义。

乡村振兴是国家重要的涉农战略，未来国家将持续出台相关政策促进

"三农"发展。政策在"自上而下"的传播和执行过程中将面临怎样的遭遇？不同层级的政策主体在政策解释、政策修订方面又会产生哪些碰撞和互动？政策对象和相关主体"自下而上"的政策感知与回应如何成为政策优化的重要参考？这些都是需要政策研究者关注的现实问题，将对政策实施效果产生深刻影响。在乡村振兴政策制定、执行、监督以及学术研究中，需要多从农民视角出发，着重关注农民的感受、理解和意见，使乡村振兴真正为农民而兴。

14
乡村振兴的项目过程

　　"项目"这一概念起源于工业革命前期（17世纪）的大规模投资建设时期，其使用从建筑领域扩散至社会的各个方面，主要指在特定的环境和要求下，由特定的组织机构利用有限资源在规定时间内完成具体目标的任务（叶敬忠、王伊欢，2006：40）。我国分税制改革后，中央政府逐渐开始通过下发项目的形式，将财政资金转化为地方发展资源，国内学者把这一方式称作"项目制"。既有的相关研究突出了项目制中"分级运作"与"专项化"等制度逻辑，分析了项目制对于强化中央集权、重塑国家与地方关系的重要意义，以及项目制的制度风险（折晓叶、陈婴婴，2011；周飞舟，2012；渠敬东，2012），指出了其在财政转移支付、政府组织间关系配置、科层动员、形塑地方权力等方面发挥的作用（周飞舟，2006a；史普原，2016；陈家建，2013；李祖佩，2016；尹利民，2015）。在二战后的全球发展历程中，欧美发达国家长期以发展项目为主要载体，向第三世界提供援助，以促进欠发达国家和地区走上现代化道路。发展研究领域的国际学者围绕这些援助项目形成了丰富的研究成果，一方面形成了"国家的视角"、发展话语霸权等理论视角，来理解发展项目对社会的影响及其失败的根源（Long，2001；斯科特，2019；Escobar，1995；Ferguson，1994）；另一方面剖析了自下而上的力量对发展项目的改造与形塑（Enns，2019；Ertör，2021；叶敬忠等，2005；叶敬忠，2008）。

　　本研究所关注的项目主要指国家为了刺激村庄发展而分配到村的专项资金和优惠政策的资源组合。这些项目以村庄为实施空间和运行载体，并遵循规范的计划、执行、监管、评估等程序，旨在增强农村发展能力并提高农民生活水平，主要包括民生项目、产业项目等类型。长期以来，通过下达项目的方式实现国家资源下沉是中国各级政府开展农村工作的主要抓手。乡村振兴战略提出后，各地普遍延续这一资源配置方式，积极推动项目进村。本研究对调研村庄部分进村项目进行考察后发现，当谈论乡村振兴与村庄发展问题时，"项目"已经成为地方政府工作人员、村干部和农民绕不过的概念，他们认为项目是村庄发展的核心动力之一。有的调研地还出现为了拿到项目而建设村庄、为了完成项目考核而推进建设的情况。这样的现象表明，项目作为一种被发明出来的干预手段，成为地方发展所追求的目标，并对村庄发展实践产生了深刻的影响。因此，本研究重点关注在项目进村与执行过程中不同主体的行为及其背后的意图和逻辑，考察其对村庄发展的影响，反思项目思维在村庄渗透的表现，并在此基础上探析村庄发展的自主性与可持续问题。

一　项目进村的过程

项目进入村庄既有自上而下的过程和力量推动，也离不开自下而上的过程和力量交织，不同行动主体在项目进村与执行过程中交替上场，推进项目的运作与执行。然而，不同主体对项目持有差异化且不连续的理解，这些理解在具体的实践与行动中遭遇，不断形塑着项目的发展方向与建设方式。

（一）项目规划的外部化与标准化

调研发现，大部分村庄的发展项目规划由上级政府和第三方规划机构等外部主体完成，村庄和农民在这一过程中的参与度较低。在上级政府看来，村庄发展是环环相扣的系统工程，涉及区域内部的整体性和协调性等问题，因此需要从更高层次对村庄发展项目进行规划和设计。一位县级部门项目管理干部认为，"村里报上来的好多项目，可行性是比较差的，我们不得不自己去谋划项目"。然而，县级政府规划的项目常常希望有统一的标准，常常期待项目"铺开、集中、集聚、有规模"，因而很容易忽视村庄内部特殊性和村际差异。例如，某调研县曾将中药材种植作为主打产业，并向辖区内多个乡镇分配了种植任务，以期形成全域规模化。为了完成这些种植指标，部分村庄甚至改造了上好的平地茶园，不仅造成了优质土地资源和前期茶园建设投入的浪费，所收获的药材品质也不佳。诚然，乡村振兴需要系统性思维推动城乡融合与区域协调发展，但是这并不意味着村庄发展的阶段性和村庄之间的差异性可以被忽视或弱化。如果上级政府的统一规划脱离村庄的实际条件，偏离村庄的发展诉求和能力，相关项目将难以达到预期效果，也无益于村庄发展和农民利益。

项目规划中的具体设计任务往往被承包给第三方规划机构，规划机构一般会按照上级政府提供的指导方案制作一份科学的参考指南。某调研村在县级政府的协调和帮助下，于 2019 年委托第三方规划机构为其设计了《乡村振兴示范村规划（2019—2025）》，围绕政策要求、村庄资源、执行管理等多个方面做出具体的规划设计。但是，对比其他一些调研村庄的规划可以发现，这类由外部机构完成的规划将村庄发展项目带入了标准化和趋同化的轨道，它们往往难以充分纳入历史的、关系的、互动的视角分析村庄内部具体情况（Schiavoni，2017），更多是从外部视角的科学性、清晰性、一致性等角度出发进行规划，从而弱化了村庄自身的独特性与自主性。在这样的逻辑下，村庄的内生需求和差异化发展条件尚未被准确、真实地发现，就被改写成了外部人想象中的模样。

（二）项目资源分配中的重点村偏好

作为项目资源的分配单位，上级政府总是期待进村项目高效率地实现预设目标。因此，上级政府更偏向将项目资金投入已经具备发展基础的重点村、明星村。调研发现，县级、乡镇干部普遍认可"不撒胡椒面"式的资源分配方法，他们认为地方发展应有先后顺序，资金最好集中投入某一个或少数几个村庄。有干部认为，"资金本身有限，100 万元给一个村，可以做一件很好的事情，如果分给 10 个村，那就什么事情都做不成"。项目分配中的这一潜规则，造成了新的村际不平衡发展格局，导致发展基础好的村庄一直具备较强的资源吸附能力。例如，被评为"中国美丽乡村"的某调研村在2021 年同步开展着 30 多个建设项目，整合了约 1.3 亿元外部支持资金，这一数字远远超过周围其他村庄。从这种重点村分配偏好可以看出，上级政府部门更多关注"哪些地方值得发展"，而不是重点考虑"哪些地方需要发展"。这样的分配方式导致重点村出现重复投资的情况，而真正需要资金的村庄难以得到相应的支持。这可能会进一步拉大村际发展差距，不仅不利于乡村振兴的全面推进，也对共同富裕的实现构成挑战。

（三）项目考评维度的简单化与数量化

调研发现，项目的考评大多由上级政府主导。这类考评的主要目的是考察并督促项目实施，考评内容主要围绕项目进度展开，如预算执行率、资金使用进度与项目建设进度的匹配度、信息公开程度等，而对项目给地方带来的社会影响、不同群体在其中的利益分配、农民对项目的认可程度等社会性维度的关注明显不足。事实上，项目建设的效果除了要考察预设的目标是否实现，还应关注项目在其他维度和层次造成的实际影响，这在乡村振兴项目中尤其重要。例如，一个产业项目的落地最后造成的影响不仅体现在经济维度，还涉及生态环境、村庄治理、公平正义、性别平等、农民分化等多个维度，但这些维度在各类考评中并未受到足够重视，而且大部分考评是借助表格统计相关数字完成的。例如，某调研县政府在评估某调研村淡水鱼养殖产业项目时，更加看重该村的鱼塘数量、建设规模、销售额等数字。从量化考评的结果来看，该项目取得不错的成绩，但现实中却存在淡水鱼长期受到传染病影响、农户综合收益不理想等问题。因此，这些科学的、面上的量化数据有时并不能反映现实的复杂性，容易造成对项目实施效果的误判。

（四）跑项目与项目包装

对于村庄来说，项目是一种竞争性的资源和机会，因此必须积极地跑项目。村庄能否拿到项目，主要受村干部的关系网络和项目管理能力两个因素影响。首先，村干部和驻村干部担任着村里的"跑项目专员"，他们利用个人关系网络与上级政府牵线搭桥。某调研村一位很有经验的老干部说："去县里跑项目，三个公章遇一个老乡，必须要和他们熟。我们村拿项目的基础就比较好，因为之前乡里的领导都去县里当领导了，这个就是我们的资源，有些村就没有这个机会。"驻村干部主要以其所在单位为依靠，他们能否为村庄带来资源是农民和村干部十分关心的问题。有村干部说："官大的驻村干部能弄点钱来，一般的干部下来不仅解决不了问题，我们还要管饭，增加了村上的支出。"在跑项目过程中，基层干部在利用人情关系网络和所在单位支持网络时，也具有一定的策略性和选择性。他们必须对上级部门的组织架构、职能分工甚至领导脾性和领导之间的个人关系有较为准确的把握。有村干部说："跑项目要对口，合得上标准才好跑。"其次，村干部的项目管理能力也是影响村庄能否拿到项目的重要因素。某调研地一位副县长谈道："我们有资金、有项目，村里能不能接得住是一个非常大的现实问题。从我们的角度来讲，如果弄了两三年，烂尾在那里了，大家都吃不消。"因此，村干部拥有成功的项目管理经验十分重要。一位村干部说："我做项目能把上面的一分钱当成两分钱来用，再有项目的时候，领导就更相信我了。"

项目进入村庄后，不少村庄会通过项目包装的方式，景观化地呈现建设效果，从而顺利通过上级政府的考核与评估。例如，某调研村在被确立为乡村振兴示范村后，就首先利用项目资金在村内投建了一座非常现代化的农场，并在农场中开办了一家农家乐，打造出一个集现代农业和新型业态于一体的样板农场，来展现该村乡村振兴示范项目的建设效果。村庄通过项目包装的办法，打造出具有地标意义的发展项目景观。这些景观不仅反映了项目实施进展情况，还直观呈现了村干部的"政绩"，为其在村庄的工作留下印记，同时刻画了一个现代化发展场景。对于村庄和村干部来说，这类项目包装不仅是向上级政府展现项目开展情况的一种必要方案，也是证明自身项目管理能力的一种有效策略。然而，农民一般认为这些包装行为并不光彩，"包装就是带有欺骗行为的，外面很漂亮，但里面是很黑的，都是为了包装一个项目到上面讨点钱"。

二　项目进村的结果与基层回应

除了项目规划与设计中的上述特点，不同主体对项目的解构与形塑，以及由此造成的信息不对称与利益难共享的情况，更是项目推进过程中的常态。这容易给项目结果带来更多不确定性和风险，而村庄和农民成为承担并应对项目结果和相关影响的核心主体。

（一）矛盾和债务向村庄集中与转移

首先，村庄所承接的各类项目来自不同职能部门，由于相关部门在项目规划和执行初期缺乏有效的沟通协商，不同项目之间的潜在矛盾和冲突集中呈现在村庄层面。例如，某调研村在田园综合体项目建设中就遭遇了这样的问题。2018年，该村所在县住建局牵头在该村投建了一个垃圾场，承担全乡的垃圾填埋任务。然而，由于垃圾场消杀工作并不完善，村庄异味、苍蝇问题严重，与田园综合体项目建设的宜居目标相背离。此外，2021年，该乡的变电站落地在该村的河道沿岸。这一项目直接将田园综合体沿岸景观分割为两段，而且会在夜间产生较大的噪声，影响了农民的正常生活。这两个项目的运作与田园综合体的生态环保理念存在明显冲突，但由于上级职能部门之间未能在项目规划选址和设计阶段充分协商，也未能在后续项目设计和执行过程中充分考虑社会与环境可持续性，最终村庄成为项目矛盾和冲突的集中展演地。

其次，调研发现，一些进村项目会采取"先建后补"的资金拨付方式，即先由村庄垫付资金完成项目建设，待通过上级相关部门评估考核后，再将经费划拨到村庄。然而，这些经费不一定能保证覆盖项目建设的全部投资。例如，某调研县采取"先建后补"的政策来支持乡镇或村庄修建公路，不过县财政只针对路面部分进行补贴，路基部分的支出则需要乡镇或村庄自行承担。该县某调研村曾动员农民垫资修路，不少在村农民参与了路基建造过程，但由于最终未通过上级部门的验收，未能得到相应的资金补贴，修路的全部支出转变为需要由村集体和农民承担。然而，村庄向农民募集的资金不足以支付施工单位的工程款，村庄因此背负了不少债务。可见，这样的项目资金管理与拨付制度可能会给村集体经济较为薄弱的村庄带来资金压力。有的村庄只有通过村干部到处"化缘"募捐的方法，填补项目建设过程中的资金缺口；有的村庄尚未享受到项目带来的增长和发展，就陷入债务负担之中。

（二）不同主体之间项目损益分配不均衡

产业项目是乡村振兴中十分重要的一个项目类型，通过产业兴旺促进农民生活富裕是大多数村庄的发展思路。因此，很多村干部将引进或培育产业项目，作为跑项目的核心目标。然而，调研发现，市场主体和村庄精英成为这类项目的主要受益人，大部分普通农民难以从中获益。项目资金是市场主体融资的重要来源。例如，某调研村在获得上级农业部门拨付的产业资金后，并未直接用于村集体层面的产业建设或农户层面的产业补贴，而是以村集体的名义投资于本村的两家涉农企业，并通过收取利息和分红的方式实现村集体增收，同时将这部分收益作为村庄公共运行经费。除了市场主体外，以村干部为代表的乡村精英也更容易从项目中获益。例如，村干部通过与市场主体合作，或是通过将自己原本经营的产业包装成能够获得支持的项目，或是通过承包项目建设中的一些工程，从项目中获利。

在一个复杂项目的执行过程中，往往存在诸多行动群体，其中普通农民是较为弱小的群体之一。当其他群体干预项目发展过程并力图使其朝有利于自己的方向发展时，农民往往因在权力结构中的相对弱势而难以享受到项目所承诺的发展红利。然而，调研发现，仅有极少数农民会对这种不均衡的利益分配模式表现出强烈不满，大部分农民认为自己应该"配合好上面的指令"，这样的回答在 5 省的调研中大量存在。可见，农民在面对项目进村带来的发展机会时，很少主动争取进村项目中的核心利益，而是逐渐习惯将自己置于旁观者或配合者的位置。这样的心态限制了他们去反思这些进村项目究竟是"为了谁的发展"。

虽然进村项目能够给村庄带来发展资源和发展机会，但有的项目蕴含很强的不确定性，其造成的风险会给村庄和农民带来不利影响。例如，某调研县政府为当地一调研村庄引进了小龙虾养殖项目，将该村 200 亩水田流转后改造成虾塘，小龙虾企业每年支付 600 元/亩流转费，村集体将其中的 380 元支付给农户，将剩余的 220 元留做产业失败预备金，一旦小龙虾项目破产，这部分资金可用作农田复垦。这一做法表面上是在项目规划时未雨绸缪，以类似于保险的方式应对可能的风险，实际上这份保险本就是土地流转费的一部分，其本质是农民为可能出现的外部风险买单。截至调研时，小龙虾养殖基地已连续亏损几年，而上级政策一再要求当地保证双季稻生产，不允许改造农田从事非粮产业，因此很多虾塘要复垦成农田。但农民发现，当地的稻田生态已经遭到破坏，即便经过复垦，也难以恢复原来的肥力。该村的小龙虾项目曾是上级政府规划和引进的一个"规模大、业态新"的示范项目，但大多数农民未能从中获得公平的利益，甚至要承担产业损失与后续影响。

上述案例和分析呈现了项目进村后的一些直观后果，这些后果不仅仅由项目制的系统性风险所致（渠敬东，2012），更与行动者在制度缝隙中采取的权宜行为有关。村庄发展项目在规划、分配、实施、考评等过程中有很多制度性的预设，同时会受到不同行动者的策略以及行动者之间的互动影响。部分项目会偏离多数人的利益诉求和村庄发展需求，难以达到预设的效果，使村庄发展受困于一些新生的问题，在一定程度上破坏村庄的治理基础。例如，有农民认为，"搞项目就是把国家和老百姓的东西骗到手，之后怎么样就不管了"，"干部有什么想法就换一个主意，老百姓辛辛苦苦做出的东西很快就没了"……类似的态度和评价反映了干部和村庄的信任透支，这对项目在村庄的运行、村庄自身的可持续发展以及乡村振兴工作的整体推进构成了新的挑战。

（三）村庄与农民的回应

面对项目进村造成的种种结果与风险，村庄和农民并非完全被动地承受，它（他）们也会采取一些策略给予回应。有些研究者关注了村庄和农民能动性的发挥，对项目运作过程中自下而上的力量给予了重点关注，指出村庄会通过"躲项目"和"消极执行"的方式应对上级的各种要求（陈家建，2017）。在调研中，一些基层干部意识到，"乡村振兴不能认为完全是投钱就行，还是要实际一点，不能搞太多面子工程"，"乡村振兴要避免一味地搞大拆大建、搞工程、搞项目，而忽视基层治理"。然而，这些基层工作者虽然对一些不可持续的发展模式提出质疑，但并未降低其对项目进村的期待。更普遍的经验是，大部分村庄仍然深陷跑项目、做项目、追加项目的循环之中，村干部仍在为项目而奔波或发愁，农民也仍然对项目进村有较为强烈的期待。

农民也会采取相应策略来保护个人利益免受项目风险影响，但这些策略效果有限。例如，在某调研村脐橙基地项目流转土地过程中，有农民以流转费用低、不愿放弃山茶树种植、不能迁移祖坟等为由拒绝签字流转。然而，这些理由虽然拖延了项目建设的进度，但最终都被强行开上山的推土机击溃。虽然后续有农民通过上访等方式持续维权，但脐橙基地项目如期建成并顺利投产。所以，农民虽然可以通过各种策略来保全或维护自己的利益，但这些策略的效果十分有限。随着项目的推进，自下而上的抗争要么被瓦解，要么被淡化或被遏制，难以达到预期的目标，也很难改变其所在的总体结构（Fox，2020；Sugden et al.，2021）。在结构化的项目"发展机器"面前，普通农民总是相对弱小的一方。

三　渗透在村庄发展中的项目思维

有研究者关注到项目制的精神力量，认为项目制"是一种思维模式，决定着国家、社会集团乃至具体的个人如何构建决策和行动的战略和策略"（渠敬东，2012），其精神性内涵已经扩展到社会的意识形态、人们的思维习惯和生活方式等方面，形成一种全社会的风习（郭琳琳、段钢，2014）。从总体看，这些研究多基于理论的演绎和判断，缺乏有力的实践经验作为支撑。中国很多村庄多年来深受进村项目的影响，尤其在脱贫攻坚时期，有大量不同类型的项目下达至农村（许汉泽、李小云，2016）。在乡村振兴时代背景下，"项目"已然成为基层干部和农民群体耳熟能详的名词。这一概念从专业术语转变为生活话语的过程，说明与项目有关的一整套话语和逻辑已经弥散在村庄管理与农民日常生活之中，并内化为人们思维体系中的一种模式。

（一）以项目为中心的村庄发展实践

首先，在农民的理解和认知中，外来项目及其所携带的资金和资源成为村庄发展的核心动力。调研发现，"项目"不仅是基层干部常用的工作术语，也已经成为农民谈及村庄发展时使用的一个高频词，"能否拉来项目"成为农民评价村干部能力的重要指标。38.6%的被访农民看重村干部跑项目、跑政策的能力，很多村民希望村干部"多去跑项目"。农民对项目的期待以及以此为基础的评价，给村干部带来压力。有村干部说："万一做个产业项目失败了，你这个人在村里就臭了。所以，我们不敢轻易上项目。"项目之所以被赋予如此重要的意义，是因为其直接关系到村庄发展的潜能。有农民认为，"村里有项目，村干部就舍得投资，村里肯定就会好起来"。一位来自某调研重点村的农民说："我们村肯定能发展起来，因为我们有项目。""项目"在基层社会发展成为一个非常宽泛的概念，既具体又抽象。进入村庄的项目既是促进农民增收致富的工厂和良田，也是关系民生福利的道路和桥梁。当项目作为一个抽象概念出现在日常生活用语中时，无论实际效果和结果如何，项目都已经成为政府、村干部、农民的一个想象，成为评判村庄发展能力和水平的一个标准。

其次，以项目为中心的村庄发展认知，影响着村庄发展的行动实践。调研发现，申请和完成项目是很多村庄当前的核心工作，在一些重点村中尤其明显，村里的很多日常事务围绕重点项目展开。例如，某调研村就以田园综合体项目为核心打造乡村振兴示范村。当地干部认为，建设田园综合体虽然是为了发展乡村旅游，但可以通过这个项目把乡村振兴的其他后续工作都连接起来："我们现在做乡村旅游，就需要提前把河道打理干净，防治好空气污染，提高农民素质，保持好的民风。这些能让村里的人居环境和农民的精神面貌变好，游客来了，才愿意在这里消费，购买我们生产的农副产品，从而带动产业发展和农民增收。村里旅游产业还能开放给农民一起参与，乡村治理也就能越来越好。所以我们也不是单纯做旅游，我们就是在做乡村振兴。"可见，该村将乡村振兴的全部建设目标都纳入田园综合体项目的建设体系中，并以此项目为载体和依托满足多维度的村庄发展需要。这一工作在该村深入人心并已成为乡村振兴工作的实践符号。很多农民表示，"我们村建设田园综合体，就是在做乡村振兴"。

而对于一些普通村庄来说，缺少项目支持会致使原本的村庄发展计划流产。例如，某调研村较早成立了村集体产业合作社，但由于迟迟没有得到项目支持而缺乏发展资金，最终沦为"空壳社"。这种项目支持匮乏的情况还会造成很多连锁反应，导致这样的村庄愈发缺少发展资源。例如，该调研村所在乡的乡干部说："这个村想修路，但没有项目就没有争取修路的基础。如果他们争取到产业项目，就可以配套修一条产业路，一步步走下去才可能继续推动其他基础设施建设。"由此可见，拥有项目的村庄重点围绕项目发展，而没有项目的村庄很难在竞争性的资源分配体系中争取到发展所需的初始资源，进而失去更多发展机会。

（二）村庄发展中的项目管理学

项目进村带来大量项目管理技术，这些技术逐渐被复制并应用到其他村务管理和乡村振兴政策实践过程中。

首先，村干部在项目管理过程中掌握的很多实用性技能也开始应用于村庄其他事务处理过程中，村务管理也逐渐进入更加正式化、流程化、量化的技术轨道。为了能够对接上级的项目管理机制，村干部必须全面提升个人的文书写作、数据处理、语言表达、财务管理、组织协调、展示汇报等项目管理基本技能，突出分工、责任、程序、考核等办事逻辑，这些都成为他们处理日常村务的重要工具。在调研中，越来越多的村庄通过村内"申报—审批"的方式推进厕所改造或农房改造任务，还通过道德评议、榜样评选、卫生评比等办法来管理村庄的乡风和环境。这些村庄治理实践都离不开上述技能和办事逻辑的支撑。

其次，项目资源分配时偏好的典型示范与先行试点等做法，也成为村庄内部进行资源再分配的重要机制，这在村庄产业发展方面尤其明显。在某调研县乡村旅游开发过程中，很多村庄会将农家乐改造项目资金分配到部分农户中，先行打造出一批农家乐示范户，以此来评估经营效果，探索乡村旅游开发模式，而后续加入经营行列的农户则不再享受政策补贴。这种示范与试点机制可以为村庄中有限资源的不均衡分配提供一种更具合法性的解释。然而，正如上级政府在项目分配时的重点村偏好会造成村庄间发展不平衡那样，由于不同农民在机会把握、风险意识、资源占有和经营能力等方面均存在差异，示范与试点的方法也可能会进一步加速农民之间的不平衡发展。

此外，各地村干部越来越习惯通过成立专班、小组等方式，来落实乡村振兴政策要求的各种村庄发展任务，使得日常村务管理呈现明显的专项化逻辑。原本纷繁复杂、相互交织的事务被分割为相互独立的平行事务，以对应不同的上级政府部门及其制定的资源分配体系。村庄发展与治理不再是传统权威主导的有机协调，而更接近于现代意义的项目管理学。

四　项目跑步机与村庄发展自主性

可以通过项目思维的蔓延，透视出项目进村的深层次影响。长时间、多领域的项目实践在一定程度上对村庄实现了"规训"，使众多村庄身不由己地踏上"项目跑步机"。在行政科层权力和项目规范权力的双重强制下，项目过程中的农民参与愈发式微，村庄在其中的能动性与自主性也难免受限。

（一）项目跑步机及其作用机制

"跑步机"理论（Treadmill Theory）起源于研究者对农民采用农业技术行为及其后果的一种比喻，指农民不断通过采用新技术来提高生产率、增加收入，但是当新技术普及后，其生产效率优势会逐渐减弱，技术采用者只能通过攫取土地、扩大规模的方式继续维持利润（Levins and Cochrane，1996）。这一理论也用于解释人们不得不通过不断增加或变换形式来维持或强化新技术和新投入带来的效益（Stone and Flachs，2018），并形成"转基因跑步机""生产跑步机""政绩跑步机"（Binimelis et al.，2009；Schnaiberg et al.，2002；任克强，2017）等概念理解不同领域的现象。"跑步机"的理论比喻旨在揭示某一外部作用的强化所带来的结果需要不断的强化投入来进一步维持。本研究提出"项目跑步机"的概念，旨在形容村庄对项目资源产生路径依赖后，不得不应对项目带来的各种后果，进而追求新项目的过程。

调研发现，跑项目已经是基层干部的常态化工作。村干部会因村庄没有项目而产生压力，而一旦他们获得项目，这种压力就会转向另一个侧面，即把项目运行下去所面临的重重困境、项目建设过程中的不确定性及其所需的投入，都远远超过跑项目时所付出的精力。例如，有研究者指出，基层频繁上马并更替产业项目以维持地方政府的活力形象已经成为一种普遍现象（刘军强等，2017）。这些现象反映了基层必须通过持续加速，才能跟得上项目跑步机的节奏。在项目跑步机上，村庄要不断关注项目新生了何种诉求，再通过继续跑项目和包装项目的方式来确保其稳定运行，由此形成了一个自动化的项目再生产机器。例如，一个项目的落地需要配套项目的支持，于是村庄会将项目的全过程拆解为一系列前后相继的子过程，并将每个过程描述成一个独立的、需要外部支持的部分来向上级申请专项资金，并将所有获批资金统筹投入一个项目中，这种做法在村庄看来是极具效率和性价比的。在项目推进过程中，亦需要扫清一系列阻碍，如土地限制、环保限制等，这就需要村庄继续向上级跑政策、让上级开口子。另外，维持或扩展项目都需要大量资金支持，这也刺激着村干部向上争取后期资助。村庄拥有越多项目，获得越多发展资金，项目的关联性、扩散性特征就越显著。这导致村庄总是需要拿到更多的项目，才能确保发展的可持续。

通过不断叠加项目的方式实现资源累积只是村庄发展的第一步，如何将这些资源真正运用于村庄公共建设并增进农民福祉才是村庄发展的最终目标。然而，有研究已经言中要害地指出，项目制的手段容易成为其自身的终极目标（黄宗智等，2014）。越来越多的项目会让村庄应接不暇，出现为了拿到项目而建设村庄、为了完成考核而推进建设的本末倒置现象。并且，在项目过程的关键环节，农民和村干部都缺乏有效参与和有力的话事权，项目的发展方向和建设方式长期被外部力量所掌控，一些村庄被围困在各种项目所带来的非预期结果中，极易被甩下项目跑步机，很难实现以农民利益为核心的发展，也不符合乡村振兴政策的根本理念与总体目标。

（二）项目跑步机上的村庄自主性

在项目跑步机上，村庄受到行政科层权力和项目规范权力两种外部力量的干预。这两种力量使村庄在项目运行中的能动性和自主性受到限制。一方面，行政科层权力逐级下达项目建设任务，并给予村庄相对确定的项目规划、执行方案与考评标准，使村庄在嵌入科层体系的同时受制于科层体系（杜春林、张新文，2015）。村干部必须按照上级要求完成相关发展任务并通过项目评估考核，从而提升其在科层系统和干部队伍中的认可度。另一方面，项目自身存在一种规范性权力，通过强烈的规则导向限制村庄自主决策和行动的空间。各种规章制度和程序设置将项目运作过程固化为"制定—执行—考核"的线性过程，村庄也随之落入"被制定—配合执行—被考核"的被动链条中。例如，在调研中，不少村干部希望由村集体来组织承建技术要求不高的工程建设项目，从而降低成本并为农民提供就业，但上级政府往往会坚持通过严格的招标程序，交由市场主体来承担建设任务，从而确保项目过程的程序正义。

由此可见，在行政科层权力和项目规范权力的双重强制之下，村庄的能动性和自主性很容易被限制在严苛的制度设计中。进村项目的指挥棒往往被作为规划者和考评者的上级政府所掌握，村庄理论上拥有的发展自主权在项目过程中被弱化或消解，村庄和农民在如何建设项目以促进村庄发展这一问题上缺失了发言权，从根本上缺少了决策的空间和主导项目进程的机会。尤其是当项目思维渗透到村庄发展中时，村庄与农民的行动逻辑将发生潜在的改变，甚至会主动将自己裹挟进由外部资源和外部力量驱动的项目跑步机中。

在大量村庄事务被项目化的背景下，以村庄发展的公平公正与可持续为目标，重视村庄在项目过程中的能动性和自主性、倾听农民的意见和评价对项目建设与村庄发展都至关重要。在进村项目的运行过程中，应该厘清多元主体的身份角色、价值立场与功能定位，认识到良好的发展干预和项目过程应该是一个多主体持续谈判、逐渐学习、动态调整的过程（王伊欢、叶敬忠，2005）。只有不同主体都在项目过程中自省自觉，围绕项目表达差异化诉求，并相互理解和尊重，才能使项目效果走向公共的合理化。因此，上级政府需要有意识地引导村庄项目回归村庄自身需求和可持续的发展追求，在项目规划、执行与考评等关键环节充分纳入农民视角，真正让农民参与，发挥本土知识的作用，将发展的权利、机会和收益留给农民，并进一步将外部干预转化为农民内生的可持续发展动力。

五　结论与建议

乡村振兴中的项目过程有着复杂的发生机制和维持体系，对这一过程的研究能够清晰地洞察项目在实践层面产生的影响。首先，当前的村庄项目规划多由上级政府和外部机构主导，这种外部化和标准化的发展规划弱化了村庄的独特性与自主性。项目资源分配中的重点村偏好，则造成村庄之间更大的发展分化。项目评价机制倚重简单化和数量化规则，过分强调可视化指标，而较少关注项目实际产生的社会影响和生态环境影响等，容易误导对项目实际效果的判断。村干部的关系网络和项目管理能力是村庄能否获得项目资源的关键，无论是在项目申请过程中还是在后续评价中，对项目的包装和景观化呈现都是争取项目的重要手段。其次，项目进村的过程在一定程度上预设了项目与村庄相互遭遇的结果——与项目相关的矛盾和债务向村庄集中和转移，村庄成为项目矛盾和冲突的集中展演地，大多数农民不但未能从中获得公平的利益，甚至还要承担产业损失与后续影响。此外，与项目有关的一整套话语和逻辑逐渐内化至村庄管理与农民日常生活中，形成了特定项目思维，村庄发展实践也逐步被卷入项目运作逻辑中，并发展出一套应对和处理村庄事务的项目管理学。众多村庄对项目资源产生路径依赖后，不得不应对项目带来的各种问题，进而卷入对新项目的追求之中，身不由己地踏上"项目跑步机"。在乡村振兴战略背景下，更多的发展项目将下沉至村庄，这些项目实施的过程与结果关系着乡村振兴的实践成效，因此本研究建议从以下三个方面优化项目运作过程并反思其与村庄发展之间的关系。

第一，项目只是支持村庄发展的一种方式和手段，而非村庄发展的目标，发展项目应以公平公正与可持续的村庄发展为首要目标。因此，建议培育村庄基层的能动性、想象力和创造力，同时保障村庄公平的发展机会和自主行动空间，提供发展平台、资源和渠道等。这是村庄自主构设其可持续发展蓝图的重要基础。

第二，项目过程既是发展图景及相应政策、资源落地的过程，也是不同主体参与和持续互动的过程。因此，建议在项目全过程中充分纳入农民视角，关心农民的需求和权利，尊重农民的知识和意见，鼓励农民的参与和表达。这既是顺利发起项目、获取项目、执行项目、调整项目、保证项目效果的关键，也是农民主体性和村庄自主性激发的过程。

第三，村庄发展和乡村振兴应超越以产业和基础建设项目为主导的发展逻辑，着力从文化、生态、组织、人才、社会建设中寻找活力与动力，形成更多元的项目类别与层次，吸引更多元的主体以不同方式参与，形成更具多样性和包容性的项目评价体系。

15

乡村振兴的旅游幻象

近年来，乡村旅游发展迅猛，成为实现乡村振兴的重要路径之一。乡村旅游被认为是促进乡村经济发展、改善乡村生态面貌、复兴乡村文化的重要途径（陆林等，2019），很多地区提出全域旅游的发展规划（刘棟子，2017）。2019—2021 年，文化和旅游部正式遴选出全国乡村旅游重点村 1199 个、国家全域旅游示范区 168 个。2021 年，文化和旅游部又增设了全国乡村旅游重点镇（乡）100 个。在学术研究领域，研究者围绕乡村旅游已经产出大量成果。有研究者对 1992—2020 年的 3092 篇相关中文文献进行了分析，发现这一领域的研究大致经历了三个阶段：乡村旅游产业建设与多元模式探索阶段（1992—2005），多元视角下乡村旅游的影响及其对国家需求、政策导向的回应研究阶段（2006—2015），以及乡村旅游与精准扶贫、乡村振兴、供给侧改革等具体国家战略的深化融合研究阶段（2015—2020）（黄震方等，2021）。除了对乡村旅游发展的肯定性讨论外，也有不少研究者发现乡村旅游开发过程中存在旅游利益分配纠纷、乡土资源开发过度现代化、旅游地居民成就感和获得感减弱等问题（朱尧等，2022；李丽娟，2021；黄克己等，2021）。

乡村旅游一哄而上的现状以及其中所暴露的大量问题，促使研究者反思乡村旅游是否真的具有如此广泛的适用性，在表象繁荣的背后暗藏着哪些发展的风险？本研究基于田野调查资料，分析乡村旅游作为一种发展手段备受青睐的深层原因，在呈现当前乡村旅游建设普遍做法的基础上，进一步阐释盲目开发乡村旅游所营造的繁荣幻象，在反思的基础上为理解乡村旅游在乡村振兴战略中的定位、价值和转向提供参考。

一　乡村旅游缘何备受青睐

乡村旅游广泛受到基层政府、市场主体、村庄和农民的青睐，缘于乡村旅游产业的特点与这些主体的行动目标、发展期待相契合。

（一）乡村旅游迎合了基层政府的行政目标

对于基层政府来说，通过兴办乡村旅游，能够完成多项政治任务，也能够最直观地体现农村改革与建设的成效。乡村旅游最大程度上迎合了乡村振兴的总体要求与政策方针，与地方政府的"打包式"行政逻辑相符合。首先，乡村旅游入局门槛较低。有研究者通过对全国 12 个乡村旅游发展典型案例进行量化分析，得出开发乡村旅游并不受严格的条件限制这一结论（刘民坤等，2021）。正因如此，各级决策者陷入乡村旅游产业的"亲和性"误区，很多本不具备发展条件的村庄也在努力创造条件开发乡村旅游。其次，开发乡村旅游是一个系统化工程，要求对村庄资源进行全方位调动并协调发展，这符合乡村振兴的大体方向。乡村旅游能够带动产业建设和文化开发，并为村庄提供更多的就业岗位，从而提高农民收入。调研发现，有基层干部认为，乡村旅游是一个"一次性投资但持续受益的过程"。此外，乡村旅游建设是一个全方位的空间改造和整治过程，有助于对乡村人居环境进行整体的改善升级。乡村旅游还融合了自然资源保护、乡土文化传承等活动，对乡村生态文明建设和乡村文化建设都有促进作用。

除了能够适应乡村振兴的要求外，在村庄中开发旅游产业还能够与当地既有旅游景区协同构建连片旅游系统，形成产业集聚和规模化发展。乡村旅游的设计者认为，既有旅游景区能够为乡村旅游带来人气，而乡村旅游能够成为这些传统景区的有效补充，两者配合可以有效延长游客的旅游时间和消费链。对于村庄来说，开发乡村旅游更容易获得发展项目。在调研中，有的干部甚至表示，"通过一张图纸，就可以拿到上级几十万元的项目资金"。不仅如此，乡村旅游项目还能够将产业发展、生态建设、文化建设等各类专项项目整合进来，对于村庄来说是一笔巨大的资金支持。

（二）乡村旅游的市场潜力吸引了社会资本入场

社会资本投资乡村旅游可以分成两个类型，一是以农民或市民为主的小资本投资，二是以城市工商资本为主的大资本投资。小资本投资规模小，主要是在乡村旅游发展框架内某一业态的小规模经营，如开办民宿、休闲农场、饮茶室等。大资本的投资目的则在于抢占市场先机，较早地占有乡村旅游的各类资源，以获得政策红利的支持，如承包园区、开发旅游地产等。

调研发现，乡村旅游对社会资本的吸引力在于两个方面。首先，与农业结合的乡村旅游可以获得较为宽松的土地政策。2018年，国土资源部、住房和城乡建设部、国家旅游局联合颁布《关于支持旅游业发展用地政策的意见》，指出要按照项目建设时序，及时安排新增建设用地计划指标，依法办理土地转用、征收或收回手续，积极组织实施土地供应。在这一鼓励性政策的指引下，投资商开发乡村旅游能更方便地流转村庄的土地，获得宽松的土地使用权，也有足够的空间在制度缝隙中寻找机会。在调研中，有干部提及当地的几个大型旅游基地开始将旅游片区开发为商业地产。其次，地方支持政策也是吸引社会资本投资乡村旅游的关键因素。社会资本可以充分利用财政和其他优惠政策支持，大幅度降低投资成本。某调研村的一个工艺店铺就是受到政策支持吸引而进入的，店铺负责人说："当时村里支持力度比较大，该配套的都配套好了，不需要自己投资，门店也用项目整合装修好了，相当于城市的拎包入住。"不同规模的社会资本都对乡村旅游产业寄予厚望，希望从中获取各种各样的资源。对于基层政府来说，敞开这一产业的大门，既能完成招商引资的行政任务，也能整合更多的社会资本用于乡村建设。

（三）乡村旅游具有现代景观合理性

乡村旅游对村庄的规划和建设，可以使乡村在总体观感上变得现代化，为乡村赋予一种可视化的活力，也符合村庄和农民对美丽乡村、美好生活的向往。

首先，从区域层面看，乡村旅游规划能够有效利用村落分布形态进行聚集性的景观改造。例如，某调研县沿流经其境内的河流两岸打造了"百里画廊"，某调研村沿水域建设了田园综合体。这些项目都是依托自然景观的天然布局，将沿线村落整合进乡村旅游景观的整体营造中，呈现了一幅人与自然和谐共生的景象。

其次,从村庄内部的改造来看,乡村旅游规划聚焦村内街道、农房、农田、水系、绿化、公共基础设施等方面,尤其关注公路或游览线路沿线地区,不仅要赋予既有资源更多的旅游特色,还要打造标志性建筑物作为当地的一张名片。某调研村相邻的示范村不仅用绘画美化了村内主要道路两旁的农房墙体,在村庄入口处种植了大片油菜花,还邀请设计师建造了两座现代化建筑,作为艺术活动中心和游客接待酒店。这样的设计使该村的整体观感明显与周边村庄区别开来,营造出既包含乡村风情又能提供城市服务的艺术感。

最后,乡村旅游对村庄的改造还深入农户庭院内部。某调研县为了快速与当地沿线旅游建设相匹配,支持开发了1000余家农家乐,对农户房间进行标准化改造升级,完成了1万张农家乐床位建设。无论是乡村旅游景区内部的建设,还是周边环境的配套改造,抑或是对农户庭院房屋的装修,都为原有的乡村景观贴上了活力乡村的标签,呈现了生产、生活一体化的和谐场景,既保留了蕴含乡愁的田园风情,又展示了现代社会整齐、规范、标准化等特征。

二　乡村旅游的实践景象

为了推动乡村旅游发展,地方政府和村庄都根据各自的事权范围采取了若干策略,围绕景观、产业、文化等方面创造出有利条件,探索了多种做法,营造出一种制度上总体完善、行动上广泛动员的乡村旅游建设景象。

(一)开展全域旅游

在县级层面的发展规划中,开发全域旅游是一项重要的乡村振兴方案。本研究在5个调研县访谈的县级干部均提出将全域旅游作为乡村振兴的重要抓手。全域旅游发展话语的形成,来源于基层政府对上级政策的反馈。国务院办公厅于2018年3月发布《关于促进全域旅游发展的指导意见》,文化和旅游部在2019年和2020年又两次评定"国家全域旅游示范区",这都激励了基层政府将全域旅游开发作为地方发展规划中的重要方案。而且,基层政府十分认可乡村旅游产业促进农民增收的模式。某调研村形成了"三带四金"的发展模式，即形成景区带乡、企业带村、能人带户的联动关系，在农民层面实施土地流转挣股金、折股量化挣"红金"、旅游企业打工挣薪金、旅游商品售卖挣现金四种生计方案。这也促成了乡村旅游在该县的广泛推广，该县大约有一半的乡镇和150多个行政村发展起乡村旅游。

全域旅游的发展思路不仅受到县级政府的大力推崇，也获得村庄和农民的认可与支持。通过乡村旅游实现较好发展的村庄成为其他村庄学习的典范。在河北省千山县，很多干部和农民认为发展较好的坡下村就是乡村振兴的缩影，是理想中的乡村振兴状态；在与坡下村毗邻的坡上村以及同县的山桃村，大部分干部和农民也认为发展乡村旅游是当地的唯一出路。

（二）规划改造村域空间

对于没有旅游业基础的村庄来说，发展乡村旅游不仅要对村庄的相对位置进行评估，还要对村庄的内部空间进行适用性布局调整。对相对位置进行评估是为了将村庄纳入区域性的旅游体系，以作为地方特色旅游发展的补充。这样也能延长游客游览线路，使不同旅游景点共享游客的消费红利。例如，某调研乡政府决定在一个村建设田园综合体，就是出于对全县旅游线路规划的考虑，因为该村位于此县两大景点的下游位置，在此处建设一个旅游村可以为游客提供餐饮服务，使该村共享两个景点的客源。

更主要的空间改造在于村庄内部空间规划，主要目的是将自然景观与人文资源联合起来，打造一个乡村旅游空间。村庄内部空间规划涉及乡村道路、农田布局、水利设施建设、房屋装修等具体内容，目的在于在既有空间布局的基础上，丰富村庄的功能。例如，某调研村在村内规划了以村党群服务中心为核心的两条旅游路线，并规划出趣味田园区、休闲观光区、创意农业区、悦动山谷区、康养绿林区五大片区。该村在对村内空间进行改造的同时，也对村庄公共基础设施进行了升级。建设高标准的农村公共服务设施是开发乡村旅游的必要条件，村庄道路、自来水设施、污水处理设施、垃圾处理设施、公共厕所、网络服务等都是空间规划中的重要方面。

农房装修和改造也是开发乡村旅游的重要工程。在调研中，有干部认为，"老百姓的房子各种各样，显得乱，不好搞旅游业，需要统一乡村房屋的外观"。农房改造工程一般会承包给外来的设计团队和工程公司。例如，某调研村首先将村内有条件的老房子整合起来，引进北京的艺术家团队，投资 200 余万元对村内三栋闲置农房进行了改造，将其作为艺术家创作中心和游客参观游览的场所。还有一种针对农房的改造工程，旨在将农户现居住房升级改造为可商业运营的客房，开办农家乐或乡村民宿。同样是在上述村庄，当地县政府在 2016 年为每户补贴 6000 元和一台电视机，支持农家乐升级改造成乡村民宿。将农房改造成民宿是盘活村庄存量资源的重要手段，也是推进农户层面"三变"改革的关键做法。但是据当地干部说，在该县改造的 1000 余家农家乐中，正常经营的也就 300—500 家，农房装修与改造投资大、成本回收难是当前的主要问题。

（三）升级延伸农业产业链

围绕旅游开发进行的农业改造升级涉及多个方面，关乎从生产到流通的全过程。第一个典型做法是农业生产环节的生态化、景观化与模式创新。生态化种植、养殖是旅游型村庄对域内农业进行升级的主抓方向，不仅为了保护村庄基本环境不被化肥、农药、粪便等污染，还旨在建设休闲农业旅游基地，提供观光、采摘等农业参与和体验服务。景观化改造是推动农业与旅游产业联系起来的主要环节。例如，某调研村将田园综合体核心区域的茶园、菜地流转过来，统一改造为水稻田，打造稻米观光基地。有的地区还在生态化和景观化改造的基础上，协同创新农业生产的组织形式，作为乡村旅游的新业态。另一调研村创新出"一米菜园"模式，为游客提供菜园采摘、认领等服务，同时为本村农家乐提供新鲜食材，提升了农家乐的品质和吸引力。

第二个典型做法是在农产品的加工与流通环节，延长农业产业链，促进产业融合。开展乡村旅游的地区已经认识到，单纯的游客观光、就餐和住宿所能带来的收入增长比较有限，可持续的办法是将村里的产品卖给游客。有地方干部认为，"只有将农产品推销给游客，我们的产业才能带动起来，才不是单纯的旅游"。例如，某调研村配合田园综合体进行了稻米观光基地建设，扶持了当地的稻米品牌，并积极推动当地特色茶叶的品牌化建设，将其包装成便携产品销售给游客。在产业融合方面，不同地区按照"旅游+"的思路，结合地方特色，形成了茶旅、鱼旅、农旅等各种业态模式，其核心都是将当地的特色农业产品打造成便于流通的商业产品，通过文化包装和品牌建设创造产品附加值，拓展农业的利润空间。

围绕乡村旅游开展的农业转型升级工程，带有明显的景观化和商品化改造的特征，可以使农业功能从单一（提供农产品）走向多元。多功能农业景观具有生物多样性保护、田园风光留存和文化传承等多种重要的非经济功能（汤茜、丁圣彦，2020），这些非经济功能成为乡村旅游吸引游客的关键因素。乡村旅游对农业的改造目标是变换农业产业的形式，将其嫁接到旅游体系中。正是新型农业元素的加入，凸显了乡村区别于城市和传统旅游地的特征。

（四）包装乡村文化

文化是旅游必不可少的资源要素。村庄所在的自然空间、农业生产本身就是乡村旅游的一种文化资源。为了使当地的乡村旅游具有足够的吸引力，很多地方通过"文化发明"的手段不断打造出特色的文化映像（郭占锋、李轶星等，2021）。乡村旅游挖掘文化的思路遵循由点到面的逻辑，抓住地方某一文化特征，再将其扩展到更大的范围内。"文化搭台，经济唱戏"是乡村旅游中文化开发的实质。开发地方传统文化对于村庄来说有一定的门槛，需要村庄或者区域内存有历史古迹或文化传说。例如，河北省千山县依托帝陵文化和红色文化开发全域旅游，湖南省照水县依托名人故居文化进行旅游开发，浙江省天歌县前楼村和茶岭村聚焦本地的古树文化和鱼文化打造特色旅游。缺乏地方传统文化的地区则主要围绕乡村生活景观、农业生产体验来开发农耕文化，通过观光农业、休闲农业、体验农业等方式为乡村振兴创造文化内涵。例如，湖南省照水县关下村依托特色脐橙、芦笋基地、紫薇花基地等农业产业项目，开发出亲子牧场、游园采摘、科普农业、传统民俗等活动，将农耕文化与乡愁记忆融合在游客体验中。

除了开发当地文化，很多地区还通过引进外来文化的方式增添整体文化氛围。河北省千山县、浙江省天歌县都通过引进艺术家的方法，赋予乡村旅游更高级的文化形式，将设计师的工作与乡村旅游的需要相结合，打造文艺小镇，通过艺术氛围的营造为乡村带来更多人气。

三 乡村旅游的伴生幻象

多样化的地方实践为乡村旅游的蓬勃发展提供了很多有益的思路。如今，乡村旅游方兴未艾，越来越多的基层政府、村庄、市场主体加入其中。

然而，调研发现，一片繁荣的表象背后存在诸多问题，乡村旅游开发也伴生很多幻象。

（一）市场规模的幻象

开发乡村旅游的地方政府和村庄都认为旅游业具有广阔的市场，但是这样的结论并没有建立在科学的市场调查基础上。地方政府在进行乡村旅游规划时，为了拿到支持项目，往往过高估计当地市场的消费能力，或者夸大乡村旅游的吸引能力，缺乏对市场的清晰判断，盲目上马各种与之相关的建设项目，最终导致乡村旅游运行并不理想。

首先，游客市场总体规模与旅游开发规模不匹配。某调研村的乡村旅游建设虽然引进了很多市场资本投资，但是在"中国最美乡村"的光环背后是投资者普遍亏损的状况。有商户认为，"这里人流量还是少，政府旅游投入力度已经很大了，就是人气上不来，星期一到星期五没什么人来。设施条件确实很好，但感觉只是数据上比较漂亮"。该村开办民宿的农民也认为，"现在经营起来的唯一困难就是客源少，好像没有什么信心了"。另一调研村一家高端民宿的经营者也表示，每周一到周四基本处于闲置状态。由于当地客流量太少，该民宿不仅没有收回初期投资的300万元本金，还为了维持日常运行，通过房产抵押贷款80万元，当前仍然处于亏损状态，只能通过其他产业输血才能维持。

其次，除了外部市场环境不理想，旅游型村庄内部也存在大量的同质化竞争，农家乐、乡村民宿、地方小吃成为竞争的焦点。调研发现，某调研村共有30多家农家乐，500多张床位，"民宿多，旅客少"成为当地亏本经营的主要问题。有农民认为，"旅游产业容易市场饱和，大家都做，很快就没有钱挣了。这个村里来来往往的投资不少，但都不挣钱。外地来投资的人，亏本走掉了好多。外面这一排店铺，新开了几家，又关了几家"。

另外，不同于传统旅游模式，乡村旅游主要面对城市消费者，而且是旅游地周边的城市地区。因此，旅游型村庄必须依靠稳定的循环消费市场，才能实现可持续赢利。在多个调研村庄，即便是乡村旅游发展程度最高的前楼村，也尚未形成稳定的循环消费市场，当地农民仍然对村庄的吸引力没有信心，认为"本地景致没有什么特别的，就一条河，游客看一眼就走了，饭都不吃，留不住人"。同时，乡村旅游中的自然景观、农业景观等都有很强的季节性，导致游客的消费也存在季节性，难以保证全年都有稳定的消费市场。

地方政府认为乡村旅游能够吸引大量社会资本共建旅游市场体系，但社会资本进入后与地方政府的关系并非一直和谐。例如，某调研地大型民宿在建设过程中就逐渐失去了对当地政府的信任，当地政府不仅没有兑现招商引资时承诺的土地征收面积，还拖欠了项目支持资金，投资商只能自行承担大额成本，承诺的配套环境改造则拖延工期，导致民宿无法正常运行。该项目的投资人说："我的朋友们都碰到过这种问题。"

从总体来看，无论是针对市场消费规模、市场供需关系、市场开发模式，还是针对市场中各个主体之间的关系，作为决策部门的地方政府都未能很好地做出合理的判断或妥善的处理，大部分旅游型村庄尚未从乡村旅游开发中获得期望的收益。

（二）文化繁荣的幻象

营造文化氛围、打造文化产品，是乡村旅游吸引游客的重要方式。乡村中的文化只有把握城市游客的消费欲望，才能实现文化的商品化，促进乡村旅游的兴盛（王宁，2019）。因此，乡村旅游视域中的文化保护、传承与开发，是以城市消费者的消费意愿为导向的。然而，在开发中，地方政府和村庄对文化的理解尚未达到"自觉"的意识，有时错误地将文化开发理解成机械地堆叠和简单地拼凑。

首先，为了迎合城市消费群体的文化需求，不少村庄开始揣测城市文化的特点，引进带有城市气质的文化形式。例如，引进艺术家成为当前较为流行的方案之一。然而，一些外来艺术家与村庄的相处并不融洽，带来的艺术有时也与乡村格格不入。一方面，外来艺术家在乡村规划上的想法可能会与基层政府存在一定的矛盾。艺术家多从专业美学的角度去思考问题，基层干部则更多地考虑上级要求、投资成本、建设周期等现实需要。某位进村艺术家说："他们花了很多钱去修这房子，但他们注重的是表面，弄成了领导来参观的花瓶。他们没有考虑到你的思想会在这里发挥什么作用，也不会听你的思想。"另一方面，艺术家在村里的生活习惯也可能会与当地乡村有差异，如当地农民会对艺术家早晨喝咖啡、吃面包的生活方式表示不理解。在当地的农民看来，"我可以说艺术家到村里来没用，只不过我们可以跟他们聊聊天"。也有外来商户说："艺术本身不会让农民太多受益，艺术家过来研学，住在这边，农民多少可以赚点钱。作品方面没有受益，有几个人看得懂？农民不需要这些。"因此，有艺术家表示，"实际上，艺术家来这里挺苦的。我还是怀念在北京的生活，有人跟我交流，交流完了，再看自己需要的书，这样就一直是思考的状态。在这里时间长了，估计就退化了"。村庄邀请艺术家入驻，往往成为炒作当地知名度的一种手段，并不一定是出于对乡村振兴中艺术和文化作用的真正认识，甚至只是"一阵风"的运动式现象。

其次，村庄对乡村文化的挖掘和建设质量较低，难以构成对游客的真正吸引力。调研发现，某调研乡为开发乡村旅游产业，打造了油菜花、油葵花、荷花三大特色产业基地，开发了寺庙、峡谷、凉亭、森林公园、生态风光带等多个乡村旅游项目，连续举办了多次油菜花文化旅游节。但如此多的乡村旅游项目没有带来较大规模的经济增长，该乡年平均接待游客量只有20万人次。该乡一位村党支部书记认为，当地开展的旅游建设"吸引不了多少人，有点空"。实际上，地方刻意建设的所谓地方性文化往往都陷入同质性困境中，没有呈现真正的本地特色文化以区别于周边地区，难以形成竞争力。大部分乡村旅游的规划创意源自设计院、研究院，都是一些专业技术人员在短暂的乡村考察后，通过"科学"的布局完成的设计。即便这些团队曾经有市场调研的经历，不同地区居民的差异化需求也难以通过简单地复制其他地方的发展规划而予以满足。在这些团队的规划方案中，水域、花海、小吃街、采摘园等成为大部分旅游型村庄的主力产业项目。这些人造的景观和标准化的饮食，会使乡村旅游失去乡村的特色和底色，无法形成真正基于乡村农耕传统的产业形态。

旅游型村庄围绕乡村文化开展了诸多建设，希望通过文化包装打造村庄特色。然而，各种形式的创意文化在村庄落地后，看似营造了一片百花齐放的乡村文化景观，实际上只是构建出文化的表象和骨架，缺乏有血有肉的差异化内涵。乡村旅游的很多规划者和开发者没有真正走进村庄的历史文化中，缺少对本地特色文化深入理解之后的挖掘、保护、传承与开发，容易导致乡村旅游千村一面。

（三）农民参与的幻象

地方政府往往认为，乡村旅游开发能够起到全产业链的建设与带动作用，可以从农业、手工业、加工业、商业、服务业等多个领域为农民提供就业机会。然而，调研发现，即便在旅游业发展最好的某明星村，参与景区经营服务的本村农户也仅占全村总户数的20%，从业人员仅占全村户籍人口的15%。可见，乡村旅游只能为少量在村农民提供就业机会，大部分农民难以参与其中。

在乡村旅游的实际开发过程中，核心利益环节往往被农民以外的主体控制，农民被排斥在外，外来资本和少部分农民成为主要的获益者。即便有很多政府财政支持项目，这些资金也很难直接用于农民的产业发展。有些地方通过集体经济牵头兴办乡村旅游，认为可以通过这种形式完成集体创收，并将乡村旅游收入与农民共享（卢祥波、邓燕华，2021）。然而，调研发现，村委会或村党支部领办合作社的初衷并非单纯是将产业发展收益留在乡村、留给农民，而是常常有更加复杂的考虑。乡村旅游建设涉及村庄与上级政府、农民和外部市场的互动，在土地流转、农房收购等工作中，村两委并不能真正合法代理相关事务。因此，村庄会成立一个新的管理组织，专门负责乡村旅游的开发工作。这一组织与村两委在人员上往往高度重叠。例如，某调研村组建了旅游开发有限公司。该公司与村两委、村集体经济合作社一同协调乡村旅游开发工作，该公司经理、合作社社长都由村党支部书记兼任。以集体名义成立公司与合作社，只是为了在办事程序上符合法律要求。乡村旅游的收入仍然是市场化的，即谁投资谁受益，投资多受益多，并没有形成普遍意义上的农民分红机制。而且大部分普通村庄集体经济本身十分薄弱，只有依靠外部资本注入才能运营。这导致有些乡村旅游产业披着"集体"的外衣，实际上则是外部资本在运作和受益。

还有一些地方政府将吸纳农民参与的目标，寄托于外来投资者和创业者。诚然，外部资本带来的产业发展能够解决一部分村庄劳动力的就业，但是外来投资者和创业者与农民之间往往存在各种各样的不连续性甚至矛盾，导致农民参与的效果并不尽如人意。有些村庄存在外来投资者与当地农民因征地而产生矛盾的情况。有些外来投资者表示，"你来这里赚钱，农民就要来你这里敲钱"。有些农民表示，外来投资者来开发旅游，影响了他们原本的生计方式，"村庄之前种植茶叶，现在把茶树挖掉搞旅游，这是搞破坏，不能这样"。除了这类显性的矛盾，还存在一些隐性的矛盾。例如，有的商户表示，"我们也想带动农民一起做产品，但问题是年轻人不愿意做，年纪大的学不来这些技术"。各种各样显性的、隐性的矛盾导致农民参与的机会越来越少。

因此,乡村旅游产业中的农民参与并没有想象和计划中的那样顺畅与和谐,而是还存在很多结构性的矛盾因素,导致农民难以有效参与相关产业。而通过乡村旅游实现增收致富的,只是少部分农民,大部分农民只能从事工资较低的一般性劳务工作。

(四)乡村发展的幻象

在一些地区,乡村旅游的确带来了经济增长。然而,越是那些被彻底开发的村庄,越是经历了一次深刻的社会重组与变革。乡村旅游作为一种实现乡村发展的手段,有时能够将村庄引入健康发展的轨道,但有时也会对村庄的乡村性造成侵蚀。

首先,村庄集体性质的土地遭遇了市场化冲击。乡村旅游的建设需要对村庄土地资源以及公共山林、湖泊、河流等进行大面积的改造和重组。对农民而言,他们对承包的土地、林地等投入了多年的劳动力和资本,具有深厚的"所有者"观念,不愿轻易转给别人或在村民间重新分配(Netting,1993:10)。他们对村庄的公共资产也有一定的保护意识,而在村农民更是赋予了土地精神价值。因此,当村庄大量土地被用于乡村旅游开发时,不少农民和干部会认为这些旅游开发项目成为"跑马圈地"、套取资金的手段。在调研中,乡村旅游造成的土地纠纷十分突出。当土地流转给外部资本,就意味着土地不再为农业生产而用,也意味着土地离农民越来越远。

其次,传统生产型农业遭遇了景观化和符号化改造。乡村旅游很大程度上是文化取向、符号取向的。因此,在乡村旅游开发过程中,项目建设者有意识地把农业生产向景观化方向引导。某调研村在田园综合体的核心区域设计了大片观赏性水稻田,在周边的山地上种植了观赏性的桃树和银杏树。这些做法都是为了将农业生产过程及其产物转变为可供消费的景观产品。如此一来,农业生产本身的实业性特点逐渐被符号化,产量、质量、种植结构等传统农业的要素不再成为此类观赏农业的核心目标。

再次,共同体式的村庄遭遇了商业化冲击。传统村庄是一个内部团结的熟人社会共同体。乡村旅游开发往往会引入大量外部资本,商业经营会替代农业生产成为村庄的主要经济模式。有研究者认为,旅游产业发展将乡村改造成了一个市场共同体（郭占锋、张森等，2021）。大量外部资本的注入改变了村庄的权力结构，村干部与外部资本"合谋"构建起分利秩序，外部资本在村庄内部的话语权增加。村庄内的关系也由此变得复杂多元，基于土地流转、门店承包、雇佣等行为形成了新的商业关系。围绕这些关系，村庄内产权纠纷、承包纠纷、劳务纠纷等新的矛盾产生，给乡村治理带来新的挑战。

最后，公共性道德遭遇了个人经济理性的冲击。一方面，伴随乡村旅游的发展，农民之间的竞争逐渐增多，他们围绕项目建设资金和游客市场展开竞争。在缺乏有效监管与平衡机制的情况下，这很容易导致村庄中的资源和利益不公平分配，造成农民之间的恶意竞争，降低农民对村庄的信任度和认同感。另一方面，虽然乡村旅游开发可以提升村庄公共资源的经济价值，但部分农民会通过占有、攫取或破坏公共空间和环境的方式谋取个人利益，造成乡村旅游地出现周期性"公地悲剧"（孟凯等，2018）。上述情况的出现，会导致在村庄内部形成一个纷争不断的利益网络，会对村庄公共秩序和共同体道德造成破坏。

因此，乡村旅游在开发过程中会存在种种偏差和矛盾，有些开发方案会在无形之中消解村庄的乡村性。这不禁引发我们反思，失去乡村性的村庄是否还能够将乡村文化作为开发乡村旅游的吸引力。在乡村振兴背景下，即便实现了区域内经济增长，人造乡村替代自然乡村是否还称得上真正意义上的乡村振兴？这些都需要持续的关注和探讨。

四　乡村旅游的未来发展

乡村旅游作为当前引导乡村振兴的重要手段之一，因其综合发展特征、市场潜力以及所营造的现代化景象而受到各级政府、市场主体、村庄和农民的广泛青睐。很多地方都在积极开展乡村旅游项目建设，制定全域旅游发展规划，对村庄道路、农田、山林、农房等核心元素进行空间改造，通过对传统农业进行转型升级并延长产业链为乡村旅游提供消费产品，同时对乡村文化进行包装以提升吸引力。

然而，在乡村旅游一片繁荣的背后，仍然存在诸多伴生的问题，有必要对隐藏在表象之后的幻象加以清醒的认识。首先是市场潜力的幻象。一些地方对当地市场缺乏真实、科学的前期评估，导致旅游项目投产之后没有足够的客源支持，乡村农家乐、民宿等业态长期亏损经营。其次是文化繁荣的幻象。通过艺术家引导乡村文化建设很多沦为宣传和炒作的手段，村庄自我开发的文化景观存在质量低、同质化程度高的问题，缺乏特色和市场吸引力，千村一面的乡村旅游面临留不住游客的困境。再次是农民参与的幻象。乡村旅游产业很难吸引绝大部分农民参与其中。尽管一些村庄尝试通过集体经济领办乡村旅游、经营主体带动农户等形式激励农民参与其中，但不平等的利益分配机制、农民与外来商户之间的矛盾等一系列主客观条件，决定了农民参与不会像制度设计中的那样顺利。最后是乡村发展的幻象。旅游业在村庄的发展使村庄集体性质的土地遭遇了市场化冲击，使传统生产型农业遭遇了景观化和符号化改造，使共同体式的村庄遭遇了商业化冲击，使公共性道德遭遇了个人经济理性的冲击。这些在旅游开发过程中产生的负面影响，在不同程度上侵蚀了村庄自然生成的乡村性。

本研究认为，无论是乡村旅游的开发实践还是其幻象的形成，归根结底都是因为在规划乡村旅游发展时，没有对村庄进行科学、理性的评判，盲目上马各类项目。乡村旅游门槛低并不意味着建设标准低，更不意味着发展乡村旅游能够轻易地实现乡村产业繁荣和农民生活富裕。乡村旅游项目一旦失败，不仅会造成政府财政支持资金的浪费，还会伤害更多相关利益主体，更有可能给村庄留下一系列烂尾工程。这些失败的风险和成本最终都会转嫁到农民身上。因此，社会各界应该以理性的态度，正确认识乡村旅游与乡村振兴、乡村发展之间的关系，避免盲目跟风带来的资源浪费、基层矛盾与发展隐患。在上述分析和思考的基础上，本研究围绕乡村旅游的价值定位、建设运行和未来转向三个方面提出以下建议。

首先，准确评估乡村旅游发展条件，避免盲目上马开发项目。各级政府和村庄要对乡村旅游引导乡村振兴的路径有清晰的认识和定位，客观评价村庄的发展基础，尤其要对当地乡村旅游市场的潜力和居民消费能力进行科学研判，再根据研判结果做出决策。在区域内，要适度控制乡村旅游建设规模，要考虑到不同乡村旅游地之间的辐射与影响，打造高质量乡村旅游精品村庄，避免造成资源浪费。

其次，坚持以农民为本的乡村旅游开发原则，建立公平公正的利益联结与分配机制。要发展乡村旅游，必须将当地农民纳入决策与开发的全过程，强化农民在乡村旅游项目规划、建设、运营、分配等环节中的重要地位。要在村集体经济、市场主体和农民之间，建立和谐公正的利益共享与分配制度，让农民真正成为乡村旅游发展的受益人。

最后，围绕地方特色创新开发模式，探索多功能乡村旅游发展道路。要充分立足当地优势，开发特色资源，提升旅游地吸引力，促进乡村文化符号商品化，延长游客消费链。依托乡村旅游，找到城乡互动与联结的多种可能，引导乡村旅游与教育研学、康养度假、互联网农业等相结合，探索多功能综合发展道路。

16

乡村振兴的重点村打造

乡村振兴是包括产业、人才、文化、生态、组织等方面的全面振兴，是新时代统筹乡村发展、推进农业农村现代化的系统性工程，具有高度的复杂性。为避免短时间大规模同步推进某一政策的风险，有关乡村振兴的顶层设计多次强调梯次推进、示范创建和典型带动的重要意义。《乡村振兴战略规划（2018—2022 年）》要求以"统筹谋划，典型带动，有序推进，不搞齐步走"为原则，有序实现乡村振兴。《中共中央 国务院关于做好 2022 年全面推进乡村振兴重点工作的意见》中明确指出，要"抓点带面推进乡村振兴全面展开。开展'百县千乡万村'乡村振兴示范创建，采取先创建后认定方式，分级创建一批乡村振兴示范县、示范乡镇、示范村"。

示范和试点是具有中国特色的基础性制度之一，其本质是一种学习机制，可以降低试错的成本和相应的风险，提高政府的适应能力，更好地保证发展的稳定性（王绍光，2008；韩博天、石磊，2008）。因此，无论是社会主义新农村建设、精准脱贫还是乡村振兴战略实施阶段，政策层面均有对示范建设的鼓励。一些研究考察了不同领域中的试点活动，如住房制度改革（Mei and Liu，2014）、科技领域改革（Heilmann et al.，2013）等。结果显示，政策试点提供了试错机会，有利于减少政策失败的负面影响。对试点制的反思与批判，则主要来自三个方面：第一，在试点的选择上，一些研究者认为，为了示范，政府倾向于挑选一些成功的"点"进行试验，因此试点往往都是特殊的"点"（Yackee and Palus，2010）；第二，在试点的成效上，蔡文轩和迪恩（Tsai and Dean，2014）认为，试点的效果在很大程度上受到地方政治精英的影响，他们的态度决定了基层试点的成败；第三，在试点的推广上，一些研究者认为，受权力体系结构的约束，由"中央选择性控制"

的试验客观上难以推广（刘培伟，2010；陈那波、蔡荣，2017）。

在全面推进乡村振兴的过程中，选择一批重点村打造成为示范村是基层政府的普遍做法，也是试点制的具体体现。那么，选择什么样的村庄作为重点村？又以何种方式进行打造？这些重点打造的示范村是否起到示范作用？本研究以实地调研为基础，从基层视角解读重点村的选择与生成逻辑，以及重点村打造的结果与影响。

一　重点村的选择与生成

在乡村振兴示范创建的政策引导下，各地纷纷出台了相关具体意见和行动方案，计划重点打造一批乡村振兴示范村。例如，有的调研县提出"十四五"期间要建设3个示范乡镇、100个示范村；有的已经编制3个示范乡镇、15个示范村的建设规划；有的计划重点打造10个精品示范村。因此，重点和示范的打造已经成为基层政府推进乡村振兴工作的主要抓手。根据村庄是否获得示范村荣誉称号或推进乡村振兴试点示范项目，本研究将调研村庄分为重点村和非重点村两种类型。在10个调研村庄中，共有4个重点村①。不同地方的重点村形态各异，但从其生成过程来看，有着共同的特点和规律，即都是政府自上而下选择与村庄自下而上争取双向形塑的结果。

（一）政府自上而下的选择

在重点村的生成过程中，作为资源分配主体的基层政府起着关键作用。整体而言，发展基础和发展条件相对较好的村庄更容易被选为示范村进行重点打造。调研中，很多基层干部表示，"我们选择的一般都是有发展基础的村庄"。以下是重点村选择过程中基层政府会着重考虑的一些因素。

第一，村庄的区位与基础设施，这是基层政府选择重点村的前提条件。例如，关于选择重点村的过程，一位县级干部提到，"有交通、区位的基础，所以才会把它选出来，打造成一个典型"。也有干部表示，"选点的标准，第一以集镇为中心，第二以安置区为中心"，这是因为集镇和安置区村庄/社区

---

① 在作为村庄特点指代时，"示范村"和"重点村"所指一致，文中有时混用；但在指打造的过程或发挥的作用时，"重点"和"示范"具有不同的含义。

的基础设施比普通村完备。有的调研县山区较多，把重点村选在了地形平坦的村庄，因为这些地方交通条件较好，便于开发建设。由此可见，区位和基础设施条件是基层政府选择某一村庄进行重点打造的重要考量因素。

第二，村庄的产业发展基础，这是基层政府选择重点村的核心因素。产业振兴是乡村振兴的基础，也是基层政府在开展乡村振兴工作时最关注的方面。许多基层干部表示，"产业发展是选择重点村的主要指标"。因此，产业布局较早、有一定基础和发展潜力的村庄更可能被选为重点村。例如，某调研村正是由于早期产业发展相对成熟而获得政府进一步的支持，成为重点打造的村庄，而周围其他村迫于限制土地"非农化""非粮化"的政策压力，难以发展其他非农产业。在某调研县，一位县级干部表示，"目前乡镇可用的土地资源已经用完了，示范村基本就是已经完成产业布局的村庄"。由此可见，在乡村建设用地紧张的情况下，已经具备产业发展基础的村庄成为地方政府重点打造的不二选择。

第三，村庄政治基础，尤其是村干部的素质与能力，这是基层政府选择重点村的人才和政治保障。除了村庄的客观条件，在基层政府看来，村干部的素质与能力至关重要。一些基层干部明确表示，"村里带头人的综合能力是非常重要的考量因素"。示范村、重点村往往需要承接大量外来资金和项目，基层政府会慎重考虑村庄是否具备承接能力、村干部在项目管理和协调等方面是否有充分的经验。有县级干部表示，"曾经将某个项目派给一个村庄，但由于村干部能力不够、村民不配合，最终项目烂尾"。这些经历会让基层政府在选点时，重点考察村庄政治基础和村干部素质，尤其是村庄承接项目的能力，以保证重点支持的项目能顺利完成。

综合来看，区位与基础设施、产业发展基础以及村干部的素质与能力是基层政府选择示范和重点建设村庄时考虑的主要因素，但这并不是说只考虑这三方面的因素，或者说达到这三方面的条件就一定能够成为重点村。在实践中，对示范或重点村庄的选择，是对基础条件、核心因素、能力保障等各方面条件综合考虑和比较的结果，其直接目的在于选择打造看得见的"亮点"。因此，一些乡镇干部表示，"选择示范村的过程，其实是一个择优选拔的过程"。也就是说，选择重点村进行重点建设的本意是希望产生推广、示范、带动作用，但在实践过程中，"成功的可能性"成为重点村选择的首要考虑，"可参照性"或"可推广性"等则相对来说没有那么重要。

（二）村庄自下而上的争取

除了政府自上而下的选择外，村庄主动争取的热情和所做的准备，也会影响"示范"和"重点"的头衔最终花落谁家。这种争取主要表现为对发展项目及其所携带的资金的追求，即跑项目。项目多的村庄往往就是政府重点打造的村庄，因此，争取项目和争取重点村，其目标和追求有着内在的一致性。而争取的途径主要有两种：一是依靠村庄自身已有的特殊"头衔"，二是依靠村干部与上级部门和领导之间的"关系"。

村庄争取重点支持和建设的途径之一是"戴帽子"，因为拥有特定头衔的村庄更容易申请到项目。一位村干部表示，"不戴帽子，争取不来项目"。某调研县原来是"小康县"，后来为了获得更多的项目和资金扶持，而去争取"贫困县"的帽子。在村庄层面，相比非贫困村，原贫困村更容易成为乡村振兴示范村或重点村，原因在于，经过脱贫攻坚时期大规模倾向性的资金支持和投入，原贫困村基础设施条件和产业发展基础有了很大的提升，更有可能达到乡村振兴示范村或重点村的选择标准。在脱贫攻坚时期，"贫困村"头衔与相应的政策性支持捆绑，成为村庄争取项目和资金的敲门砖，这造成了部分地方对头衔的依赖和发展中的惯性思维。调研期间，一位村干部表示，"其实我们村早就脱贫了，但是我们一直报着贫困村，因为丢掉贫困的帽子，就丢掉了项目和资金"。

村庄争取重点支持和建设的途径之二，是与上级部门建立良好的关系，取得领导的信任，从而争取更多的项目集中进村。这是很多示范村或重点村采用的方式。例如，某调研村正是通过这种方式，获得了大量的项目支持，逐渐成为县级重点建设和示范型村庄。2016 年，该村所在县的林业局开始帮扶该村，为村民提供树苗，帮助其种植果树，发展林果业。该村出色地完成了这一任务，在一周之内栽种各类树苗 3 万株，完成栽种面积 300 亩，给县领导留下深刻的印象。此后，每年植树节时，县领导都安排到该村开展植树活动。村庄就此与县领导建立起联系，此后陆续获得多个其他项目的支持。该村村干部表示，"在不违反原则的情况下，和上级部门的关系很重要。给领导留下能干事的好印象，建立良好的关系，以后有什么项目，大家都会想着你"。然而，这种非正式的"关系"，意味着自上而下的选择过程容易受到村庄自下而上"争取力度"及其与上级之间"关系硬度"的影响。虽然大多数情况下有合理合法的程序支撑，但也潜藏着一定的特殊化和偏向性，以及可能的不公平。

综上所述，自上而下的择优选择与自下而上的奋力争取，共同决定了哪些村庄将成为重点村。一些农民和干部表示，"每个地方都会造几个亮点出来。上级领导来检查的时候，就把他们带到这些点去参观，证明我们村工作做得不错"。可见，在重点村的选择与生成过程中，"成功的可能性"大于"可参照性"或"可推广性"，重点村更多成为基层政府对外展示、迎接检查的亮点与窗口，其中潜藏的种种特殊性，偏离了"示范"后可以被复制或推广的本意。在不同村庄之间，也会因"争取力度"和"关系硬度"的差异而产生分化，重点村与非重点村之间也会进一步形成较大的发展差距。

二 重点村的打造方式与双重表征

各地打造重点村的方式各有不同，但产业发展几乎是所有重点村建设的核心要务。例如，有的县主要通过政府投资基础设施建设，改善农村人居环境，以公司化的运营方式发展乡村旅游等新业态；有的县主要由地方政府引进产业，发展经果林种植业，扩大乡村就业，增加农民收入；有的县将上级财政资金注入村集体经济，通过村集体经济进行再投资，以金融化方式促进村庄产业发展，同时壮大村集体经济；有的县则通过工农结合的打造方式，增加农民收入。尽管各地打造重点村的思路各异，但整体上看都离不开政府或社会资源的大量投入，具有鲜明的外部输入特征。

（一）重点村的打造方式

本研究所涉及的4个重点村，打造方式各具特点，不同村庄选择的核心产业、经营主体和经营模式、投入结构和分配方式等均呈现不同的样貌。

1. 村庄公司化经营模式

某调研县于2003年启动"千村示范、万村整治"工程，开展美丽乡村建设，当时主要进行了道路硬化等村庄基础设施建设。2016年，该县美丽乡村建设进入2.0阶段，主要内容包括垃圾革命与厕所革命。2019年，该县提出未来乡村建设，并为此成立工作专班。此时，美丽乡村建设进入3.0阶段，提出在农村综合环境整治的基础上，发展美丽经济。在这一背景下，该县以某调研村的片区为中心，重点打造该县乡村振兴示范带。目前，该县的项目资金基本集中于这条示范带。

该村位于这条乡村振兴示范带的核心位置，因此成为该县重点打造的示范村，先后获得"中国最美乡村""美丽宜居示范村"等称号。该村以乡村旅游为支柱产业，于 2014 年获评 3A 级景区村。2016—2020 年，该村分别获得 1741 万元、1400 万元、1500 万元、1700 万元和 4500 万元主要来自政府的项目资金，另获得少量社会投资，总额超过 1 亿元，主要用于村庄基础设施提升、旅游景区建设和历史文化保护。在此基础上，该村村集体统筹资源，牵头成立公司，对村庄实行公司化运营，发展休闲观光农业、农耕研学和民宿等多种文旅产业。2020 年，该村实现旅游经营收入 1200 万元，村集体收入 300 万元，村民人均收入 3.3 万元。

通过政府大规模资金投入和村集体公司化运营，该村的乡村旅游在扩大村民就业、增加农民收入、促进村集体增收等方面起到一定的积极作用。然而，这一模式也面临许多问题和不确定性。一是乡村旅游收益的不确定性。调研发现，该村早期发展的十几家民宿，大多因亏损而倒闭，目前正常运营的仅有两三家，多数村民认为外出打工的收入更稳定。二是资源分配的不均衡性。该村参与村庄产业经营的村民仅占全村户籍人口的 15%，对其他村民的带动作用并不显著。而且，项目集中在被重点打造的主村，其他自然村几乎得不到资源。

2. 政府撬动市场主体投资模式

某调研村是所在县重点打造的示范村，2021 年成为全国乡村治理示范村。该村以经果林产业为主，2017 年开始实施"一村多品"。村两委流转土地 1400 亩，布局脐橙、芦笋、金银花、紫薇花四大产业基地。该村产业发展以企业投资为主、政府投资为辅。在产业发展过程中，当地政府以招商引资为主，为企业提供政策性产业补贴和税收优惠。

2017 年，该村现代农业产业园建成，投资总额 3000 万元，其中政府投入 1000 万元，企业投资 2000 万元。2018 年，该村引入生态芦笋种植项目，投资总额 200 万元，其中政府投入 20 万元，企业投资 180 万元。2019 年，该村引进农林综合开发有限公司，建设紫薇花基地，投资总额 1000 万元，均为外部投资。2020 年，该村引进金银花种植项目，投资总额 210 万元，均为企业投资。该村在"十三五"期间重点发展的四类产业共获得各类资金投入 4400 余万元，其中绝大部分来自企业投资。可见，市场主体在该村产业发展中起主导作用。

以市场主体投资为主的方式，可以在一定程度上减轻政府资金投入的压力，但这一模式也有其不足。一是对于产业发展类型、规模、布局和受益分配等，村庄和农民几乎没有商议空间。政府招商引资、企业主导产业发展、村庄配合执行和落实项目，农民更多成为配角。除了土地流转费，仅有少数留居农民能够从中获得一些劳务收入，很少有本地农民能够从中获得经营性收入。二是外来企业的带动能力弱。一方面，目前企业与农民之间的联结，主要体现在土地流转和雇工上，单一且薄弱；另一方面，村庄的产业布局均是农业产业，投资周期长、收益慢，赢利能力还比较薄弱，有时处于自身难保状态，难以带动小农户致富。相关企业和项目主要依靠政府补贴和各方面支持才得以正常运转，因此，这一模式很难为其他村庄提供借鉴经验。

3. 集体经济投资模式

与以上两种模式不同，另一调研村的打造模式是以集体经济为核心，政府财政资金注入村集体经济，再以村集体经济投资的方式投向村内各类农民合作社，打造集农业产业与乡村旅游于一体的田园综合体。

第一，在产业选择方面，该村以生态茶叶和特色茶叶种植为主要产业，种植生态茶叶 2600 亩、特色茶叶 1000 亩，带动 1000 余人就业。该村还建有富硒水稻合作社、羊肚菌合作社等 7 家农民合作社。在其他产业方面，该村目前已建成一个电子元器件社区工厂、一个生态农场。此外，该村的田园综合体正在建设中。

第二，从投资方式看，与其他地方直接投资的方式不同，该村将上级政府的财政资金注入村集体经济，再由村集体经济进行投资，以金融化的运作方式壮大村集体经济。2018 年，该村将 200 万元省财政资金注入村集体经济后，投资于村内的农家乐，每年收取分红 20 万元。2019 年，该村将 214 万元的整合资金投资于村内的 5 家农民合作社，每年收取分红 10 万元。该村村集体经济的投资范围不限于村内，该村还计划购买镇信用社对面 680 平方米的门面房，预计年收入 7 万元。调研发现，各地多数村干部认可这一模式，因为这种资金运作方式对村干部的经营能力要求较低。但是，在村集体经济的金融化运作过程中，如何确保资金安全是一个重大的现实问题。

第三，从经营主体和经营模式看，该村正在建设中的集农业产业与乡村旅游于一体的田园综合体是其示范创建的标志。但是，当地干部对这一项目的后续发展表示担忧。一方面，他们认为有关乡村振兴的政策很模糊，"不清楚乡村振兴到底要怎么干，不清楚自己做的事情是不是符合上级的要求"；另一方面，他们担心上级领导对待乡村振兴的态度和偏好会发生变化，以及这种变化所带来的不确定性，"我们承接这个项目，后期还需要大量的资金投入。如果以后新的领导不关心这个问题，那么我们现在做的事情就无法持续"。而这些可能的问题，在争取重点建设项目的过程中，在选择和确定重点村的逻辑中，即已潜藏。

4. 农工结合综合改革模式

某调研村是半丘陵、半平原地形，耕地面积约 4000 亩。作为所在省农村综合改革试验村，该村的发展模式表现出农工结合的综合发展特征，核心目标在于提高村民收入。

为增加村民收入，该村早在 1987 年就开始调整产业结构，缩减粮食种植面积，发展收益更高的苹果等经济作物种植。该村村干部认为，"粮食作物不能没有，但经济作物必须占大部分"。在村集体的带领下，该村逐渐探索出一条林果种植道路。2017 年，该村被所在省列为农村综合改革试验村，以苹果种植产业为特色产业。除此之外，2017—2020 年，当地政府每年投资 300 万元帮助该村建集体大棚，发展小圣女果、蓝莓等产业，增加种植种类，扩大种植规模。截至调研时，该村已建设合作社大棚超过 20 个。为了解决销售难题，该村建立了统一批发市场，同时积极利用电商和数字技术促进销售，还在政府的资金支持下建设了 6 个冷库用于鲜果储存。除了农业产业，该村还积极发展第二产业。村里建有工业园，目前有服装加工厂、铸造厂等 20 多个工业项目。这在很大程度上解决了本村人就业问题，也吸引了一部分外村人来此务工。

综合来看，以上 4 个重点村的打造都是大量项目和资金堆叠的结果，它们在资金来源与使用方式、产业发展道路选择上各有特点，因而打造的成效和面临的风险也不尽相同。集中高投入的重点村打造方式，在一定程度上可以实现小范围造点的目标，但往往并非其他普通村庄能够平行复制的发展模式。并非所有村庄都能获得同等的外部支持，在资源总量相对固定的情况下，以此方式打造重点村意味着周围其他村庄所能获得的外部资源和机会减少。正如一些干部所言，"从区位等各方面条件来说，普通村想达到示范村的标准很难。全县二三百个村庄，能做成示范村那种程度的，可能寥寥无几"。

（二）重点村的双重表征

对以上4个重点村进行分析可知，政府的资金支持和政策保障在重点村打造过程中起着至关重要的作用。调研发现，即便是投入较少的重点村，近几年也有超过500万元的资金注入，投入较高的则超过亿元。基层政府择优选择出若干具备发展条件的重点村，并将大量的发展项目和大规模的资金投入其中，这导致重点村具有基础性与植入性的双重表征。

基础性特征主要来自村庄的自然禀赋，如区位条件、交通条件、山水资源、干部能力等现实条件。这些正是基层政府选择重点村的标准，自然禀赋越高的村庄，越可能被选为重点村，从而获得发展的优先权。植入性特征主要指后赋的一些人为因素，如基础设施提升项目、产业发展项目、文化建设项目等。这些因素通常由外部资源植入产生，包括政府资源植入和社会资源植入。

重点村的基础性特征与植入性特征并不是孤立的，二者相互交织。其中，部分植入性特征会与基础性特征融合，逐步转变成重点村进一步争取发展支持的新的基础性特征。植入性特征建立在基础性特征之上，在资源竞争中，只有具备基础性特征，才能获得外部资源的植入。对重点村的选择，大多是基于村庄的基础性特征；对重点村的打造，则是外部资源植入的过程。两种表征相互形塑，形成重点村新的基础性特征，进一步拉开重点村与非重点村的发展差距，导致部分地区的发展有极化的趋势，即富者愈富、穷者愈穷。

三　重点村打造的结果与风险

打造重点村客观上促进了一部分村庄的发展，但从乡村振兴的整体性视角来看，这种打造方式扩大了重点村与非重点村之间的发展差距，并对重点村和非重点村都产生了深远影响。

（一）重点村打造的结果

第一，重点村与非重点村之间的发展差距扩大。重点村与非重点村所获得的发展资源投入存在云泥之别，是导致这一结果的主因。研究发现，在资源分配过程中，各地基层政府普遍认同并遵循"不撒胡椒面"的原则，将大部分项目、资金集中于少数重点村，导致重点村获得的发展资源远远多于非重点村。以同一调研县的某重点村与某非重点村为例，二者基本情况比较结果如表 16-1 所示。

表 16-1　某调研地重点村与非重点村情况比较

	重点村	非重点村
常在村人口（人）	1120	1100
外出人口占常在村人口比例（%）	21.6	44.6
耕地面积（亩）	1500	1660
土地流转面积（亩）	1400	380
道路	硬化到村小组	主要道路破损严重
饮用水	无自来水	无自来水
产业和项目资金投入（2018—2021 年）	● 脐橙基地：3000 万元 ● 芦笋基地：200 万元 ● 金银花基地：210 万元 ● 农林综合开发公司：1000 万元 ＊均为外来资金，无村内自筹	● 桥梁修缮：145 万元（其中自筹 30 万元，欠款 55 万元） ● 垃圾中心：50 万元（其中自筹 26 万元） ● 小龙虾养殖基地：200 万元

比较发现，从基础性特征来看，两个村庄在人口规模、耕地面积、饮用水等方面差距不大。但是，从植入性条件和资源来看，重点村与非重点村在产业和项目资金投入等方面存在巨大差距。2018—2021 年，重点村累计获得的产业和项目资金投入超过 4000 万元，而非重点村获得的产业和项目资金投入微乎其微，无法满足村庄最基本的基础设施建设需要。重点村得到远多于非重点村的发展资源，又进一步导致两个村庄在外出务工人口比例、土地流转面积等方面的差异。其中，重点村由于产业发展需要，流转土地 1400 亩，是非重点村的 3.7 倍。此外，四大产业布局为该重点村农民提供了大量的就业机会，有利于农民就近就业。因此，重点村农民外出务工人口比例较低，为 21.6%，而非重点村农民外出务工人口比例为 44.6%，远高于重点村。

由此可见，该重点村与非重点村发展的基础条件差距不大，但获得的植入性资源悬殊。非重点村的村干部表示，"重点村各种项目资源拿到手软，小项目都不愿意做，而普通村修路还要靠村干部'化缘'"。一些非重点村的村干部还发出"不是贫困村却胜似贫困村"的感慨。

第二，重点村农民与非重点村农民对乡村振兴的感知和态度存在较明显的差异。从政策知晓度来看，重点村农民知晓乡村振兴的比例（67.5%）高于非重点村农民（60.3%）。就农民的行动、态度和评价而言，重点村与非重点村的差异主要表现在四个方面。在产业发展方面，重点村农民更倾向于发展非粮化产业，种植非粮食作物的比例（76.4%）远高于非重点村农民（49.2%）。在生态环境方面，重点村农民对本村居住环境表示满意的比例为67.0%，远高于非重点村农民表示满意的比例（54.3%）。在文化生活方面，重点村农民选择频繁或经常参加广场舞等文艺活动的比例为18.9%，而非重点村农民这一比例仅为4.8%。在生活满意度方面，重点村农民对自家经济水平的判断更为乐观，对未来的生活也更有信心和安全感。重点村农民对自己目前生活状态的满意度（69.4%）也高于非重点村农民（63.7%）。整体而言，政府和社会资源大量输入以及由此带来的一些看得见的变化，使重点村农民对乡村振兴的感知度更高，对产业发展、生态环境和整体生活的满意度均高于非重点村农民。这也导致非重点村农民认为自己被忽视、被"边缘化"。

（二）重点村打造的风险

在特定的资源和条件下，乡村振兴具体工作的推进往往需要有一定的主次和先后。因此，无论是作为相关政策和方案大面积推广前的小规模试点，还是作为乡村振兴中各种创新实践的示范性标杆，重点村的建设都有其特殊性和必要性。但是，调研发现，当前部分地区打造重点村的方式，无论是对重点村还是对非重点村，或是其中相关主体，都有一定的不利影响，或存在较高的风险。

首先，从重点村来说，大量外部资金的进入和集聚具有高风险性，容易导致相关主体高额负债、项目不可持续和农民主体性弱化等多方面的问题。打造重点村需要财政资金持续不断地投入，尤其是产业发展，往往需要多轮滚动投入，若间断则可能会产生大量的沉没成本，也可能会导致一些重点村或主动或被动地踏上"项目跑步机"，不断重复跑项目和包装项目，有的重点村则被卷入不断举债维持产业的状态。调研发现，近年村庄集体负债情况非常普遍。某县级部门领导表示，项目立项往往需要地方配套资金投入，重点村承接项目较多，故需要承担的配套资金更多，有的重点村负债达数百万元。例如，调研的某重点村村民银行贷款规模超过 3000 万元，这些贷款主要是农民家庭用于产业投资、工程建设、民宿建设等各种发展项目；同时，新型农业经营主体也常因维持或扩大经营需要而贷款。重点村的一些产业项目还面临失败的困境，一些环境整治工程或村庄美化绿化项目也存在因无法持续投入而半途而废或建设效果不佳的情况。但是，很多地方将打造重点村视为不能失败的政治任务。即使重点村发展的项目或产业不适合当地实际情况和需要，地方政府也不得不继续投入，相关的投资人、经营主体和农民也因土地、资金、劳动和时间投入等关系而捆绑，成为风险的共同承担者。

然而，大量资金投入和项目建设并未明显增强重点村村民的主体性。调研数据显示，在乡村振兴的多个方面，无论是重点村农民还是非重点村农民，对政府等非自我主体作用的发挥都存在很高的期望，而重点村农民在产业兴旺、生态宜居、乡风文明等方面选择主要靠村干部/村两委的比例都比非重点村农民高。大量资源不断投向重点村，让很多农民产生"政府可以包办一切"的错觉，于是，"政府干、农民看"或农民"两眼望政府"的情况较为普遍。重点村的很多农民认为，"领导干部是乡村振兴的核心，村民是配角……乡村振兴要靠国家拨款，农民做不了什么"。重点村农民也普遍比非重点村农民更看重村干部跑项目、跑政策、招商引资、带领群众致富、办事公平公正、组织动员等各方面的能力和表现，更加倚重村干部对村庄发展的作用。重点村农民普遍不愿无偿参与村庄公共事务，其村庄公共建设活动中普遍存在雇工现象。不少重点村农民表示，"村里的党员干部应该无偿参加，我们管好自己家门口的一摊事就行了"。

其次，从非重点村的角度看，重点村的资源虹吸效应压缩了非重点村的发展空间，影响了非重点村农民的心态和干群关系，加剧了基层治理困境。重点村确定后，基层政府以"打造亮点"为目的，通过倾向性政策和资源帮助其形成资源集聚。在此过程中，项目是重要的载体，是将普惠性资源转化为竞争性资源的主要方式。重点村的基础条件和一些偏向性支持，保证了其在争夺竞争性资源时的绝对优势，而非重点村很难从中分到一杯羹，难以获得必要的发展资源，容易丧失平等的村庄发展机会，一些村庄甚至成为新的发展"洼地"。

调研发现，对重点村的持续偏向性投入，以及重点村种种改善结果，对非重点村村干部和农民产生了较大的心理冲击。某非重点村一位村干部提到，"镇上给村支部书记开会时，我都发脾气了。社会要均衡发展，不能上面来的所有钱都堆到一个地方去，我们这些村就什么钱也拿不到"。这些非重点村村干部在为村庄发展发愁的同时，还要面对来自本村农民的不满和压力。在当下的乡村发展中，村庄土地开发、流转和征用，村集体经济发展与集体资产经营管理等方面的成效和是否公平公正等，成为农民评价村干部治理能力的重要因素，也影响着农民对村庄治理的满意度。调研数据显示，对于村庄土地开发、流转、征用等，非重点村农民表示"满意"或"非常满意"的比例（41.8%）远低于重点村农民（58.8%）；对于集体资产经营管理/发展集体经济，非重点村农民表示"满意"或"非常满意"的比例更低（28.8%）。部分非重点村农民对村干部的信任度不高，认为"本村的干部没能力，跑不来项目"。类似地，同一村内不同自然村的不均衡发展，也会引发非重点区域的农民对村干部的不满，他们会认为村内的资源分配不公平。这些都给村干部开展日常工作和维持稳定带来一定的压力和风险。

可见，一些重点村打造模式不仅未能达到理想的示范目的，还可能带来新的风险、分化和不稳定因素。

四　结论与建议

在政策层面，党和国家希望通过建设乡村振兴示范村，探索具有可推广性的乡村振兴道路，发挥"示范"的典型引领和辐射带动作用。但是，在实践中，择优选择并通过资源倾向性投入打造重点村的做法，存在发展可持续性和示范推广可能性方面的挑战，并不一定能够达到期望的效果。

在重点村的选择上，基层政府的注意力通常放在各方面条件已较为成熟和完备的村庄，而村庄也会充分发挥自身的资源禀赋优势吸引政府的注意力，并通过一定的社会网络和社会关系增加获得"重点"头衔的可能性。这种择优选拔的结果是，已有较好发展基础的村庄成为重点村，而这更有利于基层政府打造出亮点。重点村的打造过程，则是在倾向性的政策支持下，不平衡的外部资源输入乃至堆叠的结果。通过这样的方式打造出来的重点村，成为基层政府集成乡村振兴工作成果的平台、向外界进行政绩展示的窗口、应对各类检查评比的万能钥匙。

然而，实践表明，首先，基于大量外部投入的重点村打造模式，蕴含着种种风险，其自身的可持续性存疑；其次，基于"成功可能性"而被选择的重点村，其成为重点村的条件和后续的大量资源输入，均具有不可复制的特殊性，这样的重点村模式不太可能"示范"推广至广大普通村庄；此外，对重点村倾向性的政策支持与不平衡的资源分配，并不一定能带动周围非重点村的发展，反而有可能强化重点村与非重点村之间的发展不平衡，拉大发展差距，这不利于乡村振兴的全面推进和共同富裕的实现。

总之，目前打造重点村遵循的是村庄发展的特殊性逻辑，依赖特殊的资源和条件才能得以发展，是政府的特殊选择。而示范的本意是典型性逻辑，所选择的示范村不一定具有完全的代表性，但需要具备一定的典型性，能为乡村振兴提供更具普遍意义的参考。要想真正发挥示范村的示范作用，为乡村振兴提供借鉴经验，必须探寻村庄发展的共性因素以及具有规律性的内生经验。当然，村庄发展离不开政府等多元主体的支持和相应的资源投入。但是，这种投入一方面应当符合村庄发展和农民需要，并具有可持续性；另一方面不应构成对周围其他村庄的相对剥夺。

在全面推进乡村振兴进程中，有必要反思和扭转刻意打造重点村的做法，积极开展真正意义上的试点和示范探索；应鼓励示范村在富有想象力地发掘自身振兴动力的同时，团结周围其他村庄和各方力量，创新性地探索开放、共享的协同共生路径；应对示范村的实践过程进行深入的调查研究，理解村庄发展的内在动力机制，彰显和弘扬真正具有示范价值的村庄建设路径。

17
乡村振兴中的适老化建设

第七次全国人口普查结果显示，截至 2020 年 11 月 1 日，中国 60 岁及以上人口总量约为 2.64 亿人，占总人口的比例达到 18.70%，人口老龄化程度正在进入快速深化的阶段。与此同时，乡村 60 岁及以上、65 岁及以上人口的占比分别为 23.81%、17.72%，比城镇分别高出 7.99 个、6.61 个百分点（国家统计局，2021），乡村人口老龄化程度较城市更加严峻。实施乡村振兴战略，本质上是"依靠农民""为了农民"，农民应是乡村振兴的主体和受益者。然而，老龄化程度的日益加深带来了人口结构的转变，"老年人多、年轻人少"这一现实情况使全方位的农业农村现代化面临多重挑战，一些乡村振兴行动亦很难真正契合老龄化村庄的实际需求。近年来，《乡村振兴战略规划（2018—2022 年）》《中共中央 国务院关于全面推进乡村振兴加快农业农村现代化的意见》《中共中央 国务院关于做好 2022 年全面推进乡村振兴重点工作的意见》等顶层设计已从总体上对"三农"领域的发展做出重要部署。然而，政策层面对老龄化乡村的发展尚缺乏全面、深入的认识和判断，相应的发展思路也尚未明晰。因此，在乡村振兴战略实施和推进过程中，老龄化成为极具现实性和紧迫性的新情况。那么，老龄化村庄真正需要什么样的发展，在乡村振兴的背景下应该如何定位、怎么发展？本研究尝试勾勒乡村老龄化的整体图景和老龄化乡村的一些现实表征，进而剖析上述问题，以期为乡村振兴的具体推进提供参考。

一　乡村老龄化的图景

调研显示，当前，"老年人多、年轻人少"是各地农村的普遍景象。"10

年、20 年之后，村庄到底会是什么样"，"没有青壮年在家，谁来搞乡村振兴"，这些都是来自普通农民心底的疑问。

10 个调研村庄的人口与老龄化情况见表 1-1，60 岁及以上人口占常在村人口的比例平均为 33.7%[①]。以劳动年龄人口为主的人口持续外流，凸显了村庄的老龄化程度。在 529 位被访农民中，60 岁及以上 212 人，占40.1%。这些 60 岁及以上的老龄人口呈现鲜明的群体特征：文化程度普遍不高，初中及以下文化程度者 180 人，占比高达 84.9%（其中 19.3% 未上过学）；生产生活范围以村庄为主，91.5% 全年在村；对新事物的关注度相对较低，对村庄发展的参与感较弱，37.7% 未听说过乡村振兴；等等。特别需要关注的是，70.3% 的 60 岁及以上老人处于老两口共同生活或独居的状态，其中部分老人承担着照看孙辈的家庭责任。虽然当前农村尚处于以低龄老人为主的人口老龄化时期，但部分高龄老人、独居老人、失能老人等特殊老年群体所面临的困境不容忽视。

研究发现，人口结构转变正在对老龄化乡村的农业生产、村庄发展和农民生活造成一系列深刻影响。

（一）农业老龄化

当前，农业生产领域的老龄化现象日益明显，体现在农民个人和农户家庭的生产安排上。在 60 岁及以上的被访农民中，超过 50.0% 的人纯务农；在 60（含）—70 岁的被访农民中，81.2% 的人从事农业生产（纯务农或兼业）；在 70 岁及以上的被访农民中，67.1% 的人从事农业生产（纯务农或兼业）（见表 17-1）。此外，50（含）—60 岁的"预备"老年群体纯务农和兼业的比例之和达到 74.8%。随着年龄的增加，老人在学习能力、适应能力等方面面临越来越大的挑战，加之非农工作领域对劳动者年龄的要求越来越严格，一部分老人将逐渐脱离务工岗位，加入农业生产领域，以农为业，以地为生。

[①] 根据 2020 年的第七次人口普查，我国 60 岁及以上人口占总人口的比例达到 18.70%，城乡老龄化水平差异明显，城镇 60 岁及以上人口占常住人口的比例为 15.82%，乡村 60 岁及以上人口占常住人口的比例为 23.81%。

表 17-1　50 岁及以上不同年龄段被访农民的生产安排

单位：%

	纯务农	兼业	非农工作	只做家务	其他
50（含）—60 岁	38.4	36.4	13.3	6.6	5.3
60（含）—70 岁	52.8	28.4	4.7	5.5	8.7
70 岁及以上	51.8	15.3	4.7	18.8	9.4

对于大多数小农户家庭来说，农业生产主要由家庭劳动力完成，特别是中老年家庭成员。由图 17-1 可见，从事农业生产的家庭主要劳动力的年龄段集中在 40（含）—70 岁。值得注意的是，有 16.7% 的被访农民家庭将 70 岁及以上男性列为家庭主要劳动力，有 8.8% 的被访农民家庭将 70 岁以上女性列为家庭主要劳动力。有农民说："今天种地的人在近几十年里基本没有变过，都是同一茬人。"对于中国亿万农民来说，"退休"是一个陌生的概念，70 多岁甚至 80 多岁的耕作者越来越常见。老年人会在健康状况允许的情况下继续劳作，而年青一代的"归田"意愿并不高，未来农业人口老龄化程度将进一步加深。

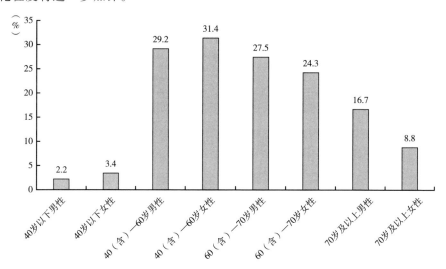

图 17-1　农户农业生产中家庭主要劳动力年龄和性别分布

面对农业人口老龄化，当下如何种地、未来谁来种地，成为老龄化乡村在农业生产领域面临的关键难题。在个体层面，老人可投入农业生产的体力和精力随年龄增加而递减。调研显示，"缺少劳动力""缺少技术"是老人在农业生产中面临的主要困难，这些困难会直接影响农业种植面积，并对种植结构、现代农业（技术）应用等产生一定限制。在村庄层面，河北省某调研村一位村党支部书记表示，"非常担心以后没人种地了，再过五至十年，估计一半地都没人种了"。截至 2015 年，中国近 70%的农村耕地仍然由数以亿计的小农户耕作经营（王立胜，2018），而老人是主要劳动力。切实解决老年群体在农业生产领域的困难，对于老龄化乡村的农业生产和国家粮食安全至关重要。

（二）村庄的失活

> "农村最大的变化就是人老了，屋空了"/"原本 2000 多人的村子，现在常年在家的只有几百人，还都是老人和孩子"/"再过 20 年，村里就基本没人了"/"农民日常消费逐渐不在村内（淘宝网购、子女从城市带回），农村商店几乎经营不下去了"/"现在农村老街区 90%的地都是空的，农地也有好多抛荒的。土地资源浪费严重"……
>
> ——部分被访农民对"村庄变化"的表述

现阶段，村庄的失活是老龄化乡村最直观的变化之一，在村庄发展的多个层面有不同程度的体现。调研发现，许多农民已强烈地感受到近年来村庄的一些明显变化——劳动年龄人口不断外流，因为年青一代从小接受的教育就是要"跃农门"，有朝一日离开农村；闲置空间缺乏利用，在进城买房的热潮下，村庄房屋的闲置现象非常突出……"村庄空荡，人气不旺"成为众多农民的普遍感受，"老龄化"和"空心化"成为越来越多村庄的发展走向。

在经济层面，人口结构转变带来劳动力供给、消费主体的改变。农民表示，"50—60 岁的人在村里算是年富力强的"；村干部表示，"没有年轻人，难以吸引产业和项目"；经营者表示，"村庄雇工招不到年轻人"。农村商业也因缺少年轻人参与而逐渐式微，村庄中的日常生活资料消费越来越少。在社会层面，不同村庄的社会建设效果差异显著，老年群体的能动性、创造性相对较弱，老年协会、志愿者协会等自组织发挥的作用相对有限，往日丰富多彩的村庄活动日渐减少。另外，数字化的发展进一步冲击了村庄公共空间的利用，改变了传统的交往方式。"活动搞不起，设施没人用"的现象在老龄化村庄尤其突出。在治理层面，农民的主体性普遍缺位，尤其是老年群体对自身参与村庄建设和治理的能力缺乏信心。许多老人表示，"希望有青年人加入乡村振兴"，"希望召集乡村能人集思广益"，然而真正参与基层治理的老人并不多。在生态和文化层面，乡村社会特有的一些自然和人文要素面临被忽视和后继无人的困境，房屋闲置、耕地荒芜，代际文化传递和传承也因人口结构的转变而被阻隔。

经济、社会等多层面的失活状态，使老龄化乡村的发展面临内部与外部的多重限制。一方面，村庄内部的自发动力不足。不少农民表示，"没有人，就没有生产力，就没有发展"，"当老人做不动了、走了，这里就会变成空心村"。农民既希望有更多年轻力量来到农村、参与村庄发展，又对"是否希望外出家人回乡发展"多持否定态度或表示很矛盾。村庄的失活使老龄化乡村的资源禀赋、组织基础等进一步处于相对弱势的境况，导致村庄内生发展动力严重不足。另一方面，村庄外部的支持力量较为薄弱。由于老年群体往往被贴上"老弱病残"的标签，而"老有所用"仍然鲜被认可，因此吸引社会组织、社会资本等多元主体、多股力量加入乡村振兴的难度较大，外部支持力量的引入充满较多不确定因素。另外，从城乡融合发展的角度看，失活的老龄化乡村也难以达到城乡之间资源和发展要素双向流动的理想状态或模式。由于流向村庄内部的资源相对有限，老龄化乡村的弱势发展境况更加难以扭转。

（三）农民生活与养老困境

"有吃有喝，不生大病"／"看病看得起"／"养老金达到五保户标准就可以了"／"人人有事做，家家有收入"／"每月养老金有500—800元就是生活富裕了"／"有钱很重要，但家庭和睦、孝敬父母更重要"／"能多出去走走"／"物质和精神都富裕"……

——部分被访农民对"怎样才算是'生活富裕'"的回答

"农村老人也能享受退休金"／"希望有老年食堂，3元一餐"／

"有玩的地方，有好的环境、配套设施，老人可以聚在一起，锻炼身体"/"集体食堂，回家睡觉"/"普通村民只有子女养老，五保户可以去乡镇敬老院，其实有些不公平"/"60 岁以上的人在城市找工作越来越难，返乡后没有就业，需要养老支持"……

——部分被访农民对"养老（服务）的改进建议"的回答

"不愁吃穿，其他一般"/"满意，因为身体还行"/"满意，因为在家附近就能赚钱"/"女儿给钱用满意，女儿不给钱用没办法"……

——部分老年被访农民对"对自己目前生活状态的评价"的回答

总体上，物质生活水平较低、精神生活匮乏是农村老年群体的普遍状况。物质生活方面，对于老年群体（特别是高龄老人）来说，除了本地农业经营收入、亲属支持、社会保障收入，本地或在外务工收入并不稳定，且目前农村居民养老金水平远不能满足他们的基本生活需要。许多农民反映，"70 多岁还要打工，80 多岁还得种地，每月 100 元没有办法养老"。调研发现，受城乡用工差异、城乡社会保障差异、代际生活压力传递等结构性因素影响，除务农外，部分老人有着强烈的就业需求。特别是伴随全国多地发文进一步规范建筑施工企业用工年龄，低龄（返乡）老人的再就业需求十分强烈。然而，当前多数村庄及其周边能够提供的就业岗位十分有限，只有极少数老人有机会依托附近产业，获得一份微薄收入。精神生活方面，精神孤寂是农村老人的普遍状况。一方面，村庄层面的各项文化休闲娱乐活动较少，且有限的活动并不总是能够契合老年群体的精神文化需求；另一方面，农村老人的精神文化生活单一，看电视、串门聊天是他们的主要休闲方式。此外，数字技术有时是困扰农村老人的一大难题。在 60（含）—70 岁的被访农民中，有约 1/3 没有或不会使用智能手机；在 70 岁及以上的被访农民中，有约 3/4 没有或不会使用智能手机。这不仅给农村老年群体的生活带来诸多不便，也使部分农村老人错失享受数字时代丰富多彩的精神文化生活的机会。"不愁吃穿，其他一般"是他们对生活的普遍感受。

与此同时，老龄化乡村的公共服务需求更多，养老困境十分突出。现阶段，城乡公共资源配置不合理等问题依然突出，在就医和养老等老年群体最为关注的领域，村级供给情况并不乐观。随着老龄化程度日益加深，老龄化乡村在公共服务和社会保障领域面临愈发沉重的压力。当前，居家养老依旧是农村养老的主要方式，但子女的"不在场"和农村生产生活条件的约束，使农村养老正面临家庭养老功能弱化、自我养老质量不高等严峻挑战。许多老人表示，"生活富裕要让养老有保障"，"乡村振兴要考虑谁来照顾老年人"。从各年龄段被访农民对"最希望的养老方式"的选择来看，80.7%的被访农民依旧倾向于"居家生活（没有上门养老服务）"（51.2%）和"居家养老（有上门养老服务）"（29.5%），对机构养老、社区互助养老和其他养老方式的接受度较低，但也有少数被访者对新型养老方式表示期待。聚焦50岁及以上不同年龄段被访农民来看，随着年龄的增加，选择"居家生活（没有上门养老服务）"和"居家养老（有上门养老服务）"的比例差距越来越大，这在一定程度上反映出不同年龄阶段的农村老人，对"有/无"上门养老服务的认知和接受程度不同（见图17-2）。然而，实际上，农村老人在主观选择与客观需求上存在一定的矛盾——在家庭养老服务功能不断弱化的现实情况下，高龄老人对上门养老服务的现实需求更加紧迫。

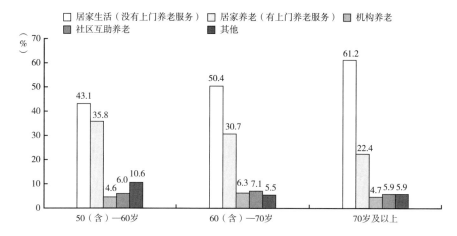

图17-2 50岁及以上不同年龄段被访农民对养老方式的选择

人口老龄化程度的日益加深，对老龄化乡村的公共服务供给和社区功能发挥提出更高要求。60岁及以上被访农民对养老方面的评价情况如表17-2所示。受老年人自身收入水平较低、自理能力较弱、社会参与不足等多方面因素影响，农村养老在物质生活条件/经济支持、生活上的照料以及情感和精神需求的满足三个方面均面临问题与挑战。现阶段，虽已不存在绝对贫困，但物质生活的相对贫困和精神生活的匮乏仍是制约农村老年群体实现生活富裕、提升生活满意度的重要因素，村级公共服务供给水平较低仍是老龄化乡村实现老有所养、老有所乐的现实阻碍。在调研村庄，70.3%的老人为老两口共同生活或独居，子女照护越来越少；也有老人明确表示，"孩子们都在外面，不可能在家守着我们"。因此，在传统的家庭养老方式之外，社区在养老领域的作用越来越受到关注并被抱以期许。

表 17-2　60 岁及以上被访农民对养老方面的评价

单位：%

	物质生活条件/经济支持		生活上的照料		情感和精神需求的满足	
	非常满意/满意	一般/不太满意/很不满意	非常满意/满意	一般/不太满意/很不满意	非常满意/满意	一般/不太满意/很不满意
60（含）—70 岁	65.9	34.1	67.5	32.6	75.4	24.7
70 岁及以上	77.1	22.9	78.3	21.7	78.3	21.6

二　老龄化乡村的发展方向与路径

近年来，"三农"领域的一系列顶层设计从总体上对乡村振兴战略的实施和推进做出重要部署，但乡村振兴战略在实施和推进过程中面临一些新问题和新情况，其中老龄化问题尤为突出。老龄化乡村的发展选择关系到对党的方针政策的理解和贯彻，关系到农业农村现代化、共同富裕目标的实现，关系到亿万农民的切身利益。

（一）老龄化乡村需要什么样的发展？

对于老龄化乡村来说，人口结构转变带来一系列新的需求和挑战，对村庄发展提出新要求。与人口结构完整的社区不同，老龄化乡村的发展路径不宜直接照搬既定方案，而应思考未来谁留在乡村、谁是发展的主力军。

一方面，应瞄准老年群体所面临的生产生活难题，明确他们需要什么样的发展。老年群体鲜明的年龄特征和独特的需求应受到重视。老人对"生活富裕"的理解、对养老（服务）的改进建议等，传递出他们当前的生活状况和最关心的问题，这应成为村庄发展的切入点与落脚点。首先，有劳动能力的老人需要维持一定的生产，从而在微薄的基础养老金之外，获得一份相对稳定的生活来源。考虑到劳动者年龄、产业发展的现实性，第一产业仍然是首要突破口。其次，老人需要获得一定的生活保障，从而在村级范围内、独居情况下，实现对基本生存和生活需求的满足。由于城乡之间的制度并轨和治理整合还未真正实现，公共服务资源配置不合理等问题依然突出，除了应该推动医疗、养老等基本公共服务资源更大限度向农村倾斜，还应该积极在老龄化乡村尝试一系列新型互助养老模式。调研中，一位老人曾满怀期待地描述自己理想中的晚年生活，"把'小村'分散的老人集中到一块，在'大村'设置互助服务组，设想就是两层高的楼房，一起吃饭、一起聊天，不远的地方可以种地……"满足老人的生产生活需要是老龄化乡村的发展方向，可作为政策制定、方案实施的重要参考。

另一方面，应聚焦老龄化乡村的发展基础和发展愿景，把握老龄化乡村需要什么样的发展。中国社会主要矛盾已经转化为人民日益增长的美好生活需要和不平衡不充分的发展之间的矛盾。老龄化乡村面临更加严峻的一系列"不平衡不充分"问题，如青壮年劳动力短缺而老年农民对现代化业态、技术的认识、掌握有限，农村基本公共服务和社会事业发展相对滞后，城乡收入和生活方式仍然差异较大，等等。在当前的发展基础上，全方位的农业农村现代化不仅很难在老龄化乡村顺利推进，也不一定直接适用于老龄化乡村的未来发展。因此，选择适宜的发展方向，刻不容缓。特别是对于深度老龄化乡村来说，更要及时调整发展规划，将发展重点放在切实改善老人的生产生活条件、提升养老服务水平等方面。调研中，有农民表示，"城市里的老人是老有所养，农村的老人却是老无所养"，"养老问题是乡村振兴路上一个很大的阻碍"。对于农村老人及其家庭来说，受经济条件、传统观念影响，机构养老并不是优选；依托血缘、地缘、亲缘纽带和集体经济等独特优势，建立起可持续的日常经营管理制度和提供优质的服务供给才是老人所需、村庄所适。

因此，基于老龄化乡村在生产安排、村庄发展和农民生活方面的表征，需要将老龄化乡村的发展置于实施乡村振兴、积极应对人口老龄化、推动城乡融合发展等国家战略的视野中，综合瞄准老年群体所面临的生产生活难题，聚焦老龄化乡村的发展基础和发展愿景，把握老龄化乡村的发展方向。

（二）老龄化乡村如何进行发展选择？

近年来，已有一些学者关注到人口老龄化对乡村振兴战略实施的影响，在老龄化视角下对农业生产、农村发展和农民生活正在或将要面临的困难与挑战进行分析，并提出相关建议，引导了一些讨论。总体来说，老龄化乡村的发展选择，不是一道"几选一"的选择题，而是需要基于村庄整体的发展和老年群体的生产生活现实摸索前行。

第一，要注重多维度的适应性回应。针对老龄化乡村，在一系列指导乡村发展、应对人口老龄化的政策举措下，还需要因村制宜、因人制宜，切实关注村庄及老年群体的发展需求。一方面，针对当前发展中的困境和挑战，要树立问题导向、目标导向，尝试通过提升政策执行的精准度，提高政策效率，更大限度地惠及每一位有需要的人；另一方面，在村庄治理实践中，要多一些适老化思维，将"老龄化"当作普遍、常态、长远的问题，将适老化观念融入乡村治理各项工作中，使各项制度保障切实发挥应有之效。在农民的眼中，"好日子就是能就业、看得起病、老有所养、有稳定的生活来源"。不拘泥于农业农村现代化发展的路径依赖，看到老年群体和老龄化乡村实实在在的需求，就是帮助老人和村庄解决生活"难点"、疏通发展"堵点"。

第二，要注重多主体的嵌入式参与。老龄化乡村在发展中面临自身活力欠缺、动力不足等困境和挑战，需要定位明确且差异鲜明的"他方力量"参与其中，并探索长效机制。一方面，要借助、依托村庄内部和外部的各种力量，如（村）老年协会、文艺队、志愿者团队等各种血缘性、地缘性、业缘性组织，发挥其团结互惠、满足广大人民群众生产生活需求的重要作用，同时提升老年群体的自我组织能力。应借助多元主体，化解老年群体生产生活中的瓶颈问题，打破老龄化乡村的相对隔绝状态。另一方面，要善于通过岗位补贴、公益宣传等灵活方式，激励更多村庄能人、专业人才参与乡村发展。调研发现，农民对各主体在乡村振兴过程中可以发挥的作用饱含期冀，那么对于以老人为主体的村庄而言，用好现有资源、夯实发展基础、吸引各方支持力量，将尤为重要。

第三，要注重多元化的自主性尝试。当前，老龄化乡村尚处于以低龄老人为主的时期，可以鼓励和动员"银发"力量及其家庭更广泛地参与乡村发展。一方面，不少低龄老人具有一定的知识和经验优势，身体状况亦尚可，发挥余热的潜力较大，能够成为老有所用的践行者。另一方面，个人及家庭是乡村振兴的直接参与者。以养老为例，不可否认的是，家庭养老在中国整个养老治理结构中的地位仍然是无法替代的，与此同时，个人在养老治理中的自我赋权（如互助养老）、家庭在养老计划中的灵活参与（如结对照料）等一系列尝试，正呈现出老有所用的进步观念与互利互惠的创新行动。这些创新尝试也初步得到农民的认可，如山东省某调研村一位农民表示，"我和村里几个关系比较近的伙伴真的聊过这个事情（抱团养老）"。未来，新型养老方式在乡村的落地会逐渐呈现积极态势。

此外，把握老龄化乡村的发展选择，还需要紧跟时代方向。近年来，统筹城乡发展工作进展显著，村庄成为更加开放的地域单元，发展要素的双向流动为乡村带来更多发展机遇。例如，现有制度设计正推动公共服务向农村延伸、社会事业向农村覆盖，城乡融合发展体制机制的不断成熟定型将加快补齐农村发展的短板。因此，用好城乡各异的资本与资源，推动城乡之间良性互动与优势对接，也可以成为老龄化乡村发展过程中的积极尝试。

三　结论与建议

新时代，站在农业农村现代化建设的新起点，以老人为主体的村庄虽然面临劳动力供给数量减少、家庭养老负担增加、基本公共服务供给压力加大等一系列严峻的发展挑战，但也拥有独特的发展机遇。这些村庄在以低龄老人为主的老龄化时期，或依托现有资源，或借助外来资源，拥有多种发展可能性。基于老龄化乡村的现实表征，本研究从老龄化乡村的发展需求出发，提出以下几点具体建议。

第一，积极服务老人农业。在实现小农户与现代农业发展有机衔接的过程中，应特别关注老人农业（贺雪峰，2018）。建议老龄化乡村以实际行动回应老年群体普遍反映的现实难题，如为有需要的老人提供助农（耕种、灌溉、收割）服务、面向老年群体提供有针对性的技术培训等，帮助愿种地、能种地的老人从农业生产中获得一份收入，支持老人从现有的生计资源中实现就业和提升自我价值。第二，合理推进适老化改造。在老龄化背景下，传统村落的功能置换可行性已被提出和付诸实践（孙瑞，2016）。建议通过改善老人的生产条件、为老人提供完善的养老服务、建设适老的生活设施和公共空间等，将物质空间的闲置和荒废扭转为对适老资源的充分利用、对适老环境的合理开发，以满足更多老人的实际需求，提高老人的自理能力和生活质量，同时节约家庭和社会的照料成本。另外，还可以在具备一定条件的村庄，依托现有资源，为城市养老产业在农村的发展提供一定的空间，既拓宽村庄发展路径，又促进城乡融合。第三，充分发挥社区功能。在家庭养老的基础上，重点发掘和用好社区功能，应成为破解当前养老难题的着力点。建议结合老龄化乡村的实际情况，积极推动"互助""抱团"等新型社区养老方式的实践和落地，建设共享食堂、日间照料中心等服务场所，以满足老人的基本生活需求，实现"养老不离家"。同时，重视鼓励低龄老人参与社区服务供给，以生活和生产互助小组、老年志愿者队、文艺队等组织形式，引入"时间银行"、适当经济补贴等激励政策，凝聚"银发"力量，通过低成本、灵活多样的方式解决老人（特别是空巢老人）最紧迫的生活难题。

当前，积极应对人口老龄化与推进乡村振兴均居于国家战略高度。聚焦老龄化乡村，既要有信心应对好"老龄化"这一重大挑战，也要客观、全面看待老龄化乡村和老年群体的发展基础与发展需求，将适老化观念融入规划、治理环节，从而把握老龄化乡村的发展方向，做出正确的发展选择。对老龄化乡村投以更多关注与关怀，将塑造出一个更加充满人文情怀的老年友好型社会，走出一条高质量、有温度的乡村振兴之路。

18
乡村振兴中的社会建设

　　自党的十九大报告提出乡村振兴战略以来，在"产业兴旺、生态宜居、乡风文明、治理有效、生活富裕"的布局要求和路径指引下，乡村在三产融合发展、人居环境整治、移风易俗、基层党建等多个方面均取得良好成效。然而，乡村社会空心化、原子化、活力不足等问题依然十分严峻。这既不利于顺利承接国家制度、政策和资源的下沉，也不利于乡村社会共同体建设和乡村有效治理（刘祖云、张诚，2018；刘启英，2019）。对此，有研究者强调，要实施乡村振兴战略，必须将社会建设放在首要位置，重新联结原子化的个体农民（吴理财，2019）。

　　有关乡村振兴中社会建设的可行路径，研究者提出了差异化的解决举措。例如，毛一敬和刘建平（2021）从传统农耕文化资源利用的视角出发，认为文化建设具有凝聚村民价值共识、营造村民互动空间、再造村民社会性联结的重要作用，可以在很大程度上起到振兴村落共同体、激活乡村社会的作用；徐琴（2021）从农民主体性视角出发，强调农民自组织具有主体承载、资源对接、能力培育等多重优势，是激发乡村社会内生动力的重要方式；曹端波和李亚（2019）从社区营造的视角出发，认为乡村权威作为村庄内生力量，可以有效推动村民树立对乡村公共事务的参与意识。值得强调的是，上述举措虽然看似存在较大差异，但其推动乡村社会建设的本质是相似的。正如有研究者所指出的，现代化冲击使人的社会存在发生了从"群"到"单子化"个体的转变，社会建设的关键便是在社区中进行基础社会建设。此处的基础社会，指的是"人们日常生活的共同活动所形成的社会交往和社会关系"（赵宇峰，2017）。换言之，社会建设的本质是在日常生活中加强人与人之间的联结与团结。

通过上述分析不难发现，现有研究对乡村社会建设的必要价值和可行路径有较多论述，但这些研究或是基于发展目标进行理论探讨，或是基于某些地区的典型做法进行案例分析，缺乏对乡村普遍现实的具体呈现。事实上，能够在理论上推动社会建设的相关行动不一定存在于实践中，某些地区的典型做法也不一定能在其他地区取得良好成效。因此，对社会建设必要价值和可行路径的分析，需要基于对实践行动、实践特征和实践效果的客观呈现。从这一视角出发，本研究将在第一部分介绍乡村社会建设的实践行动与效果，在第二部分阐述乡村社会建设的实践特征，在第三部分就如何改进乡村社会建设提出相关建议。

一　乡村社会建设的实践行动与效果

调研发现，为改变乡村社会的原子化状态，加强村民之间、村民与村集体之间的社会联结和社会团结，多数村庄在乡村振兴推进过程中采取了一系列有利于社会建设的实践行动。综合来看，相关实践行动主要包含两类，一是政府主导型实践，二是社会自发型实践，且两类实践呈现不同的发展趋向。

（一）政府主导型实践：虽日益强化却容易陷入形式主义误区

随着政府服务职能的转变，尤其是全面取消农业税以来，国家由从乡村汲取资源转变为向乡村输送资源，政府主导型社会建设实践日益强化。从内容上看，政府不仅通过文化活动建设和基础设施建设等直接为乡村地区提供公共服务，也通过基层党组织建设和外来社会组织建设保障乡村社会的活力与秩序。调研发现，相关实践在为乡村提供发展动能的同时，也带来一些新的问题。

以文化活动建设为例，文化活动不仅可以为村民创造交流互动的平台，也有利于强化村民对村庄的文化认同和情感联结，因此文化活动建设逐渐成为乡村社会建设的主要内容。在实施乡村振兴战略的过程中，围绕乡风文明开展的很多活动可以归类为文化活动建设，各个调研村庄依托文化活动建设开展的乡村社会建设行动存在很多共性内容。具体来看，文化活动建设主要包含农村思想道德建设和农村公共文化服务体系建设。首先，农村思想道德建设涵盖移风易俗、宣传教育、评比表彰等多项内容，相关活动在全国各地大力开展，有利于在乡村营造良好的道德风尚。调研发现，认为村庄内举办过思想政治教育活动、民主法治教育活动、道德规范教育活动等政府主导型文化建设活动的农民比例分别为54.3%、57.2%、54.7%，远高于认为村庄内举办过节日或民俗活动、群众性体育活动、其他集体活动等社会自发型文化建设活动的农民比例（分别为24.2%、12.8%、8.8%）。其次，农村公共文化服务体系建设大多由县级相关部门直接负责，主要强调基础设施建设和送文化下乡等内容，既可以为村民提供公共活动空间，也有利于宣传优秀传统文化。由于国家和各省（区、市）均对公共文化服务体系建设有明确的任务要求，如"文化基础设施建有率达100%""至少一村一年一场戏"等，因此近年来相关实践取得重要进展。

然而，这些原本用于服务农民、增强乡村凝聚力的实践活动在下沉过程中常常演变为一系列行政任务，陷入形式主义误区。首先，在推进农村思想道德建设的过程中，虽然所有被调研村庄的村干部均表示村庄定期开展了相关活动，但从认为开展过相关活动的农民比例来看，这些活动的实践过程和效果并非如此。对此，有农民表示，村庄评选道德文明户的过程并未公开，"村干部评完之后，将名单上报乡镇党委也就完成任务了，被评者本人也不晓得自己被评上了"；也有村干部坦言，"这些活动过于偏重资料迎检，很多时候是为了表彰而表彰"。其次，在农村公共文化服务体系建设过程中，由于部分实践没有与农民的切实需求相结合，村庄部分基础设施的使用率不高，村民参与部分文化下乡活动的积极性也不高。调研发现，村庄闲置率最高的公共文化基础设施是农家书屋。村干部普遍表示，"农家书屋虽然开放，但是基本没有村民来使用"；村民也表示，"即便想要获取果树修剪等知识，大多也会使用手机搜索而不是去看书"。另外，电影下乡活动的参与率极低。村民普遍认为，电影下乡活动没有必要，因为"没人参与，很多时候只有放映员在看，（这种现象）是在浪费资源"。

可见，政府主导型社会建设实践虽然越来越强化，却容易出现应付性执行、机械性执行等问题，不仅浪费政府资源，而且与农民需求存在偏差。久而久之，相关实践非但不能加强政府与村民之间以及村民与村民之间的联结和团结，甚至可能引发新的矛盾和信任危机。这一点从农民评价基层干部"形式主义"中可见一斑。

（二）社会自发型实践：虽与农民日常生活紧密相连却较为薄弱

乡村传统上是典型的熟人社会。自发型社会建设实践一直在农民的生产生活中发挥着重要作用。农民之所以能够自发联结起来，主要有三方面原因：第一，存在血缘、地缘、邻里等关系机制（慕良泽，2018）；第二，农民享有彼此认同的价值规范和互惠原则（李华胤，2019）；第三，农民需要在合作中获得更多支持，这也正是弗里德曼认为宗族组织能够将基层社会组织起来的重要原因（转引自孙秀林，2011）。正因如此，社会自发型实践与村民之间的联结性较强。然而，在商品化和市场化的冲击下，一方面，经济理性逐渐占据主导地位，农民所共享的互惠规范和道义原则不断弱化；另一方面，随着农业生产组织方式的变化，生产互助不再成为农民的必然选择。调研发现，现阶段社会自发型实践整体较为薄弱，突出表现在以下四个方面。

首先，实体化群众组织的数量和作用有限。调研数据显示，农民所感知到的村庄群众组织，选择比例由高到低排序依次为红白理事会、民间调解委员会、文艺队、生产互助组织、老年协会和志愿者协会/服务队，分别为41.8%、41.4%、27.9%、19.9%、13.7%、12.2%，没有任何一类实体化群众组织的选择比例超过50.0%。此外，在调研中，除湖南省照水县关下村的村民表示村里的老年协会在防疫宣传、疫苗接种、移风易俗等方面发挥了明显作用外，其余调研村庄的村民几乎都认为村内的群众组织并未发挥实质性作用。

其次，非正式的群众组织相对分散且呈现衰落趋势。乡村自组织既包含老年协会、志愿者协会/服务队等实体组织，也包含很多现实存在却不具备组织实体、无法被直接观察到的松散型非正式组织。在调研中，有村民表示，他们与关系较好的邻里自发组成了相对稳定的农业生产互助小团体，在农忙时互相提供换工服务；也有村民表示，这种邻里互助"不算是志愿服务"，这种互助小团体"也不是村民组织"，"目前村里还达不到专业化志愿服务水平"。可见，上述群众组织大多基于邻里关系、互惠合作的内生性组织网络形成，在农民的生产生活中发挥着重要作用。然而，这些组织几乎全部局限于小团体，较为分散，尚未被整合至村级层面。另外，在经济理性思维、农村人口外流、农业生产组织方式变迁等多种因素影响下，这些内生性组织网络在现实中已经呈日渐衰落之势。

再次，外来社会组织严重缺失。虽然学界对社会组织助推乡村自组织建设、培育乡村能人等抱有强烈期待（郑观蕾、蓝煜昕，2021），国家政策也开始强调社会组织和社会工作者在乡村振兴中的重要作用，但是，此次调研的 10 个村庄均未明显受到外来社会组织的指导，也无社会组织直接参与和支持当地社会建设，乡村自组织大多依托村干部而成立。

最后，相关实践活动形式单一且数量不足。以群众自发性文化活动为例，在很多调研村庄，村民反映，"村里只有广场舞，没有其他文艺活动或者集体活动"。虽然部分调研村庄开始重视特色节日活动，如陕西省红石县松涛村、湖南省照水县关下村都在借助春节、端午节、中秋节等传统节日开展文艺演出、集体宴会等聚集性活动，但稍具特色的群众自发性文化活动仍然很少。上述认为村庄内举办过相关活动的农民比例也反映了这一现象。

值得强调的是，即便是在国家政策愈发强调乡村社会建设的背景下，近几年社会自发型实践的薄弱状态仍然存在进一步加剧的风险，主要原因包括以下两个方面。第一，经济理性的持续推动。调研发现，农民将越来越多的时间投入产业发展方面，在农闲时期，他们会选择到附近的金银花基地或合作社果园务工，或承接村庄的来料加工工作。正因如此，一些调研村庄的广场舞活动参与人数逐渐减少。正如农民所说："以前村里跳广场舞的人每天晚上都跳到九点钟，现在大家都忙着干活挣钱，没有精力参加了。"第二，互联网与信息通信技术发展的影响。有农民表示，"最近几年，自从有微信以后，各家都关门钻到各家里头。以前我们村里可热闹了，没事的时候，男女老少围到一块，串串门、聊聊闲天，现在（这种现象）很少了"。可见，虽然信息通信技术的发展使跨越空间距离的交流成为可能，但也直接导致农民之间的线下接触和活动越来越少。这也是村干部普遍反映的"很多人宁愿在家看手机、刷微信，也不愿意参与公共活动"的重要原因。

二　乡村社会建设的实践特征

通过上述分析不难发现，原本应该作用于乡村社会建设的实践容易陷入形式主义误区，或呈现弱化趋势，并未产生切实加强村民联结和团结的良好效果。调研发现，这些问题之所以存在，是因为乡村社会建设的相关实践存在不同主体认知上的偏差，以及由多种因素导致的行动困境。

（一）参与主体的认知与行为存在偏差

1. 作为重要参与主体的基层干部以完成上级任务为导向

随着政府职能的转变与社会自发型实践的弱化，基层干部尤其是村干部成为乡村振兴中社会建设的重要实践主体。一方面，很多乡村社会建设的实践行动是自上而下的任务要求，如围绕乡风文明开展的农村思想道德建设活动，这些工作"天然地"需要由基层干部承接；另一方面，即便不是上级要求的类行政化任务，如村庄特色节日活动、群众组织建设等，也由于村民公共精神缺失，以及外来社会组织并未普遍进入乡村地区，而依然需要靠基层干部带头。

调研发现，大多数基层干部以完成上级任务为导向，将原本可以用于建设乡村社会的政府主导型实践理解为自上而下的活动设计和行政化任务，只求机械性或应付性地完成任务，而较少考虑农民的需求和利益。基层干部的这种实践导向折射出他们对乡村社会建设的理解偏差。一方面，部分基层干部有着强烈的经济发展思维，对乡村社会建设不够重视，未能认识到并确信村庄公共活动能够产生联结个体农户、增强集体认同感的作用。另一方面，部分基层干部存在畏难情绪，对克服乡村社会建设过程中的诸多困难没有充足的信心。有村干部表示，"正是因为集体活动举办不起来，所以不再举办集体活动"。调研村庄鲜少有基层干部主动开展创新性的社会建设活动，调研各地围绕乡风文明开展的文化建设活动也大多是常规性的"好媳妇""好婆婆"评选，在很大程度上与乡村社会的传统文化和传统习俗相脱节，甚至一些活动最终异化为形式主义工作，非但不能发挥积极的建设和引导作用，还容易激化村庄矛盾。

2. 本该成为建设主体与受益主体的农民扮演旁观者角色

虽然政策和研究领域对农民主体地位多有强调，但是农民在认知和行动上未能将自己作为乡村振兴和社会建设的主体，他们大多扮演配合者、附属者甚至旁观者的角色。调研发现，农民普遍存在两种认知。首先，他们认为自己能力有限，在乡村社会建设中的作用微乎其微，因此相关活动必须主要依靠政府和村干部。在调研中，经常可以从农民口中听到类似的表述，如

"老百姓没有能力，起不到什么作用"，"村民只会种地，靠村民不行"，"这种活动靠村干部带头才可能组织起来，光靠我们是组织不起来的"。其次，很多农民认为乡村社会建设的相关实践本应由政府和村干部去做，是其责任范围内的一项工作。随着国家资源的大量下沉，越来越多原本由村民做的事情逐渐让渡给政府和村干部，村民也愈发倾向于认为这些本就是国家和村干部应该去做的事情。以村级公共品供给为例，越来越多的村民认为，村级公共品供给应该由国家财政出资，甚至在部分村民看来，村干部能否争取到上级项目用于村级公共品供给，体现了村干部的能力大小。在这一认知的驱动下，这些村民不仅认为村级公共品供给与他们无关，还会把村级公共品供给不足归咎于"村干部能力不足，难以从上级跑下来项目"。正因如此，很多村民不关心村庄发展和村庄建设，认为"只要过好自己的日子就行了"。

（二）实践活动的组织与实施面临困境

1. 组织人员匮乏

乡村社会建设以各种活动和组织为载体，协调和组织相关实践的牵头人非常关键。在基层干部以完成上级任务为导向，农民则更多扮演旁观者角色的背景下，乡村社会建设的组织人员十分匮乏。在调研中，村干部和村民均普遍反映，村庄中的实体组织和日常活动之所以很少，最为重要的原因是"没人带头组织"。具体来看，首先，随着城乡之间劳动力要素的自由流动，相对更具活力的年轻人和能人群体逐渐离开乡村，留守在村的群体则无力或无意承担乡村社会建设活动的组织工作。其次，被寄予厚望的新乡贤群体（龚丽兰、郑永君，2019）在村庄中也并未发挥实质性作用或发挥的作用非常有限。有村民表示，"返乡人员、知识分子本来可以发挥一些作用，但他们大都对这些活动不闻不问，只想过好自己的日子"。最后，由于村干部倾向于采取形式主义的应对方式处理政府主导型实践，且他们并不必然承担社会自发型实践的组织工作，因此调研村庄鲜少有村干部积极带头开展乡村社会建设实践。面对组织人员匮乏的现实，村干部和村民常常处于互相推诿的状态。从村干部和村民的表述中，可以发现，村干部希望村民自己组织相关活动，村民则认为组织相关活动是村干部职责和能力范围内的事情。双方并未就如何组织起来进行沟通协调，最终结果自然是不利于加强村级有效治理和和谐干群关系建设。

2. 制度保障不足

乡村社会建设相关实践的推动，不仅需要人员和组织，也需要资金、场地和设备等的保障。然而，调研发现，资金和场地不足是很多地方乡村社会建设总体进展缓慢的关键限制因素。首先，村干部和村民均反映，乡村社会建设活动的组织开展需要资金，但是村里根本没钱。一方面，乡镇政府每年给村庄的经费非常有限，且主要用于环境整治、防火、防汛等工作，没有用于社会建设的多余资金。正如某调研村党支部书记所说："不包括村干部工资的话，中等村现在每年只有五六万块钱，大村有七八万，清理卫生的人工费都不够。另外，村里需要用钱的地方还有很多，防火、防疫、美丽乡村维护、突发事件抢修抢救等都需要花钱。"另一方面，大多数村庄的集体经济发展缓慢，部分村级合作社甚至处于负债运营状态，根本无法为社会建设活动提供组织资金。其次，公共空间是开展乡村社会建设相关活动的重要基础，文娱等活动的开展需要以广场等公共空间为依托。虽然近年来乡村公共基础设施建设和公共空间打造均取得重要进展，但仍有很多村民反映居住分散、距离公共活动空间较远等现实条件成为他们参与村级公共活动的制约因素。

3. 群众参与度低

乡村社会建设的关键是村民参与。但在调研中，村干部多次提及的困境恰恰是村民在各项公共事务和活动中缺乏参与积极性。具体来看，首先，村民参与文娱类公共活动的积极性不高。有村干部表示，"现在村民很难聚到一起，（村干部）叫干什么，（村民）都不愿意去，人们宁愿在家待着看电视，没大局意识，认为自己的小世界更重要"。其次，村民自愿参与村庄公共服务的积极性越来越低。如今，为村庄提供公共服务一般都是有酬劳动。在村干部看来，村民的公共意识越来越弱。最后，村民参与村民会议的积极性不高。河北省、山东省、浙江省等多地调研村的村干部反映"村民大会召开难"，一些村庄甚至采取发放误工费的方式动员群众参与村委会选举。出现这种状况的原因是多方面的，既有经济理性的推动与互联网技术和社交媒体发展的影响，也有村民对村级治理的失望、村民居住分散等因素的影响。然而，不管出于何种原因，群众参与度低是事实。这不仅会使乡村社会建设实践难以推进，也会导致一系列村级治理难题，如村级动员能力弱化、村级公共品供给不足等。

三　乡村社会建设的改进路径

结合对乡村社会建设相关实践行动的分析，不难发现，无论是从实践效果看，还是从实践过程看，一些调研村庄的社会建设都还没有真正起到切实加强人与人之间联结和团结的作用。换言之，乡村社会建设本应该是各社会主体共同回应乡村社会发展与治理问题、激发乡村活力的重要方式，但在实践过程中却面临很多现实困境，无法有效激活乡村，回应乡村治理与发展问题。之所以会出现这种状况，首要原因在于乡村社会建设并没有被正确认知。因此，要改进乡村社会建设的相关实践行动，首先需要认识到乡村社会建设的重要价值，其次需要在实践层面进行具体推进和进一步提升。

（一）认识并重视乡村社会建设的价值

调研发现，在乡村社会建设实践与理想状态之间普遍存在偏差的背景下，基层干部和群众是否明晰乡村社会建设的价值，会在很大程度上影响乡村社会建设的实践行动和实践效果，这也是各地乡村社会建设实践存在明显差异的关键原因。首先，村干部对乡村社会建设的认知不同，可能会导致不同村庄的活动范围、活动形式以及村民感知均存在巨大差异。例如，在推进农村思想道德建设活动时，河北省的两个调研村庄大多在党员干部中开展宣传教育活动，很少召开道德评比表彰活动，而陕西省的两个调研村庄在全村范围内开展宣传教育活动，并辅之以节庆活动、红黑榜等多种形式，最终两地村民的活动认知度和效果反馈情况存在较大差异。其次，具备乡村社会建设意识的村干部倾向于在推进具体任务时，借机加强村民联结。也正是在加强社会联结的过程中，村庄可以产生很多治理创新。例如，湖南省照水县关下村坚持在春节期间开展舞龙舞狮特色表演活动，资金来源于村民自筹。这不仅通过活动的形式加强了村民之间的联结，而且通过集体筹款的策略增强了村民对村集体的认同感和村庄凝聚力。再如，陕西省红石县松涛村和鹿鸣村采取常态化召开院坝会议的方式，提高了村民参会的积极性。两村村民对村干部的主观评价较其他调研村庄更积极。再如，浙江省天歌县前楼村在推进村庄环境整治工作时，组织成立河道整治小组，让村民参与村庄环境整治工作。这一举措不仅有效提高了村庄环境卫生水平，而且增强了村民的公共精神。可见，需要重新认知乡村社会建设的必要性和价值，并为其留出足够空间。只有这样，才能通过有效的乡村社会建设实践推动乡村治理和乡村振兴。

为此，应重点针对基层干部进行乡村社会组织与社会建设方面的培训。一方面，强调乡村社会建设的必要性，即乡村社会建设的核心是重新联结原子化的村民，激发他们的能动性和创造性，以有效突破村级治理困境、促进干群关系和谐。另一方面，强调乡村社会建设的可行性，主要通过介绍各地乡村社会建设的具体做法，让村干部了解如何在乡村振兴中推进乡村社会建设，并鼓励他们结合当地社会基础进行乡村社会建设创新。

（二）合力构建乡村社会建设的长效机制，激发农民内生动力

乡村社会建设需要充分激发农民内生动力，使其发挥主体作用。一方面，乡村振兴为农民而兴，只有让农民感到他们是能够从中获益的主体，才能更好地开展社会行动。另一方面，乡村振兴需要依靠农民，只有充分培育农民参与村庄集体活动的积极性，才能保障乡村发展的活力。然而，目前的乡村社会建设实践并未充分调动起农民的参与积极性，这也是乡村社会建设总体进展缓慢的一个重要原因。

为激发农民内生动力，政府力量和社会力量合力构建乡村社会建设的长效机制至关重要。国家政策在强调宏观乡村社会建设时，将其具体落实到民生建设和社会治理上，其中社会治理强调"党委领导、政府负责、民主协商、社会协同、公众参与、法治保障"，这也就意味着乡村社会建设需要政府力量和社会力量的有机结合。在这个过程中，政府应为乡村社会建设实践提供制度保障和行动支持，重点解决组织资金不足和实践场地受限的问题。一方面，虽然村庄举办公共活动所需的经费不多，但缺乏组织资金往往成为关键限制因素，因此基层政府应为所辖村庄提供用于乡村社会建设实践的活动基金。另一方面，公共空间是开展活动、提供服务、参与议事的重要基础，各村应依托村民闲置房、中心农户住所、村民聚集区等打造活动阵地。此外，引入拥有专业社工团队、先进服务理念、强大资源链接能力的外部社会组织亦十分必要，可以借助这些组织日常活动的常态化开展，培育村级组织人员，并提高普通村民参与公共活动的积极性。需要强调的是，村级组织人员不只包含年轻人，很多老年人同样可以发挥重要作用。

（三）创新探索乡村社会建设的实践形式，切实加强社会联结

乡村社会建设实践取得良好成效的关键，是切实加强社会联结，避免陷入形式主义误区。能够产生并加强社会联结的方式有很多，乡村社会建设的实践形式并不一定局限于被大众所熟知的文化活动建设和自组织建设，还可以向外拓展至其他各种活动和组织。近年来，部分地区探讨和实践的"微自治"便是对乡村社会建设实践的有效拓展，其包含的实践类型既有村民小组自治，也有创新性的"院落—门栋"自治，还有诸如"微梦圆愿小屋"、爱心储蓄银行、贴吧交友平台、邻里中心、凉亭修建、水池改动、绿地护养等依托具体项目和具体事件而开展的"小事物自治"和"微事物自治"（赵秀玲，2014）。可见，乡村社会建设应贯穿于人们的日常生活实践，并致力于将其转变为人们的日常生活内在活动（王春光，2021）。因此，需要多渠道探索乡村社会建设的实践形式，而不能拘泥于常规性甚至格式化的评比表彰和文艺表演等活动。

19

乡村振兴中的集体经济

　　以土地集体所有制为基础的农村集体经济是中国社会主义现代化建设中的一项重要制度设计。党的十八大以来，中共中央、国务院及其所属各部门不断加强和完善农村集体经济的制度建设，支持、指导和规范农村集体经济发展。2017年，党的十九大提出实施乡村振兴战略，将"壮大集体经济"作为实施乡村振兴战略的重要内容。《乡村振兴战略规划（2018—2022年）》从深度贫困地区脱贫、建立现代农业经营体系、推进农村集体产权制度改革、增强农民在产业融合发展中的利益联结等方面，指出培育壮大集体经济、发展新型农村集体经济的重要性。2019年中央一号文件《中共中央 国务院关于坚持农业农村优先发展做好"三农"工作的若干意见》指出，要"强化集体经济组织服务功能，发挥在管理集体资产、合理开发集体资源、服务集体成员等方面的作用"，"把发展壮大村级集体经济作为发挥农村基层党组织领导作用的重要举措，加大政策扶持和统筹推进力度，因地制宜发展壮大村级集体经济，增强村级组织自我保障和服务农民能力"。2020年，党的十九届五中全会发布《中共中央关于制定国民经济和社会发展第十四个五年规划和二〇三五年远景目标的建议》，在"优先发展农业农村，全面推进乡村振兴"部分再次强调"发展新型农村集体经济"。2021年中央一号文件《中共中央 国务院关于全面推进乡村振兴加快农业农村现代化的意见》也提出，深化农村集体产权制度改革、发展壮大新型农村集体经济，是深化农村改革、全面推进乡村振兴的重要组成部分。

　　发展壮大农村集体经济对于全面推进乡村振兴、实现共同富裕目标具有重要意义。在政治层面，发展农村集体经济可以使农村基层党组织获得广大村民的拥护，增强治理主体的治理能力，促进村民自治在广度和深度上扩展；在经济层面，发展农村集体经济能够为农村公共基础设施提供资金来源，为乡村社会互助提供社区公共财力基础，提高农业产业化经营的效率；在社会层面，农村集体经济实力是否强大，直接关系到农民收入、生活环境、生产条件，农村集体经济的发展可以提升农民的组织化程度，使农民与集体之间建立密切的利益联系（冯道杰、汪婷，2010；张焘、孙正，2010；吕方等，2019；丁波，2020）。在这一背景下，各地政府将发展农村集体经济作为深化农村改革、推进乡村振兴的重要举措。农村集体经济的发展不仅需要自上而下的政策推动，也需要自下而上对乡村发展实践进行审视。在现实层面，各地开展的农村集体经济探索能否达到政策设计的预期效果？农村集体经济能否发挥服务农民、激发乡村内生活力的带动作用？在政策解读和理论讨论之余，对这些问题的观察和思考将有助于更好地完善农村集体经济的政策设计与实践路径。因此，本研究基于实地调研，从农民和村庄视角探讨农村基层对发展集体经济的现实需求，分析农村集体经济发展的现实困境，以及各地发展农村集体经济的实践探索与存在的问题。

一　农村对发展集体经济的现实需求

在大部分相对贫困地区的村庄，改善经济社会生活是农村人口对乡村振兴的主要诉求。研究发现，各地农民和基层干部对于通过发展集体经济解决农民和村庄的现实问题有着较为强烈的需求，希望集体经济成为带动小农户发展、实现农村公共品供给的有力基础。

（一）发展集体经济是带动小农户发展的组织基础

产业振兴是乡村振兴的经济基础。在 10 个调研村庄，农民普遍认为，产业振兴就是让农民在乡村"有事做""有班上"，让农产品"不愁卖"。与农民对产业振兴的愿景相比，当前的乡村产业仍以种植、养殖为主要类型，土地仍是小农户重要的生计来源。小农户在产业发展中面临的普遍困境主要体现在农业社会化服务和农业产业化组织两个方面。

第一，农业社会化服务不足。在中西部农村地区，以老人和女性为主要劳动力的"老人农业""留守农业"成为重要的农业形态。对于这些小农户而言，农业生产的首要目的是满足自家的消费需求。对于农村家庭而言，农业生产发挥着重要的食物自给和粮食安全功能。因此，小农户既希望维持土地上的耕作，不愿将土地撂荒，又面临劳动力高龄化、土地细碎化等带来的生产困境。他们对于农业社会化服务有着较强的现实需求，这种情况在丘陵地区和山区农村尤为典型。河北省千山县山桃村的农业种植以玉米、红薯和花生等粮食作物为主。由于地处山地丘陵且土地细碎、机械化程度低，该村农业的人力劳作极为辛苦。村里的留守妇女表示，"现在的地都是你家二分、他家三分，家里老人、妇女干不来，地块太小了，找播种机、收割机也弄不来。要是能把地都连成片，各家各户的地都丈量出来记个账，统一耕种、统一收获，就可以解决老人、妇女干不动的问题，土地资源也不会浪费了"。在 10 个调研村庄，劳动力不足成为小农户最突出的生产困境，40.2%的被访小农户提出制约农业生产的主要问题是缺少劳动力。这意味着小农户农业生产的维系，需要在家庭基本经营单元的基础上，进行更大范围的组织与统合。

第二，农业产业化组织不完善。在现代市场经济环境中，小农户作为专业的商品生产者，已经深深地嵌入高度社会化的现代农业产业分工体系（吴重庆、张慧鹏，2019）。农民虽然具有较强的市场意识，但是由于无法及时、准确、全面地掌握市场供求关系和变化趋势，往往面临农产品滞销、增产不增收的销售困境。在河北省千山县山桃村，由于农产品不成规模、缺少销路等原因，农民生产的板栗、核桃、粉条大量滞销，只能低价出售。在浙江省天歌县茶岭村，小农户分散种植了 700 亩茶园。他们种植的茶叶面积较小，而且通常是自己简单加工之后到县城零售，或是等待中间商上门收购，在市场销售中处于劣势。村民意识到，"种 1 亩地产 100 斤茶青，只能卖给小作坊。大家各顾各的、单打独斗，产量和价格都上不去"。在村干部看来，如果能把小农户组织起来，形成一个规模化的产业组织，就能够打开市场、提高收益。然而，由于位置偏僻、交通不便等原因，村庄引不来社会资本，村庄内生的种植大户在经营方面尚且自身难保，遑论带动小农户发展。

随着现代农业的发展，专业合作社、农业企业等多元化的市场主体成为农业社会化服务供给和农业产业化组织中的重要载体。然而，这些资本主导的农业社会化服务供给主体和农业产业化组织并不能完全满足小农户的发展需求，且常常使小农户受到农业资本化的挤压与剥夺，陷入结构性的困境。农业机械化、大型喷灌设施、机械化统防统治的发展使农业社会化服务的供给出现了"服务规模化"的趋势，分散的小农户在获取服务的过程中极易被排斥（陈义媛，2017）。"公司+农户""公司+合作社+农户"等农业产业化组织形式虽然在一定程度上降低了小农户融入市场的交易成本，但都存在利益联结不稳定、农户利益易受侵害的风险（熊万胜，2009；杨红炳，2011）。一些自然条件较为复杂恶劣的地区往往不被资本"青睐"，既没有下乡的社会资本，也没有内生的规模化经营主体，缺少市场化的农业社会化服务与农业产业化组织。在市场无法满足小农户发展需求的情况下，集体应该承担服务供给者和产业组织者的角色，协调农业生产经营体系中的多方利益关系，以集体经济制度对企业和市场制度进行补充。

针对小农户农业产业发展中的问题，《乡村振兴战略规划（2018—2022年）》提出，要发展壮大农村集体经济，提高农业的集约化、专业化、组织化、社会化水平，有效带动小农户发展。农业农村部印发的《新型农业经营主体和服务主体高质量发展规划（2020—2022年）》也指出，要支持农村集体经济组织通过发展农业生产性服务，发挥其统一经营功能。调研发现，小农户对于集体在乡村产业发展中的带动作用充满期待，37.3%的被访农民认为乡村产业发展主要靠村干部/村集体。无论是农民还是县乡村各级干部，都认为乡村产业的发展需要资源的适度规模集中、统一的组织和管理，小农户产业的发展需要有效的带动，而村集体无疑具有带动小农户发展的制度合法性与组织优势。

（二）发展集体经济是实现农村公共品供给的经济基础

农村税费改革之后，在"工业反哺农业、城市反哺农村"的背景下，农村公共品的供给形成了以政府提供为主、农村社区内生型供给为辅的特征，中央财政投入成为农村公共品供给的主要资金来源。农村公共品的政府供给模式在脱贫攻坚时期尤其突出。例如，在脱贫攻坚之前，陕西省红石县县财政每年仅有1亿—2亿元；在脱贫攻坚期间，该县仅移民搬迁一项就获得20多亿元的国家财政支持；脱贫攻坚五年间，国家对红石县农业农村的资金投入超过之前20年的总和。然而，在乡村振兴背景下，这种外部依赖型的公共品供给无法满足村庄的现实需求。农民需求的多元性和乡村振兴的长期性，意味着村庄需要加强公共品的自我供给，这就必然要以持续发展的集体经济为其提供实现的基础。

第一，政府自上而下的公共品供给与农民需求存在脱节。政府部门提供的往往是具有普惠性质的、区域型的公共品，公共品的供给状况取决于各级政府的财政能力、发展理念与政绩偏好。尤其是在当下项目制的公共服务供给模式中，国家主导型的供给特征更为明显（文军、吴晓凯，2018）。这种供给机制无法有效满足农民的公共品需求偏好，政府投入大量资金建设的项目有时并不符合村庄和农民的日常生活现实，容易造成公共资源的低效利用和浪费。例如，某调研村开展了水利项目建设，对水库大坝进行修缮，并为各家各户接入灌溉管道。地方政府通过招标的方式在村庄实施基础设施建设项目，但在当地人看来，这个项目是不切实际的。有村民表示，"村里人均两三分地，农民宁愿靠天吃饭也不浇地。好年景时，小麦亩产700—800斤，按每斤麦子1块钱的价格，出去打5天工就（把卖粮食的钱）挣回来了。有浇水的工夫，还不如出去打工挣钱。施工队只负责引入管道，不考虑后续排水问题，最后验收时村里还不得不签字。政府把这些基建项目承包给公司，没有充分考虑老百姓的实际使用需求"。

第二，社区内生型公共品供给缺少集体经济支撑。相对于政府供给模式，村庄内生型的公共品供给具有独特的优点。村庄内生型公共品供给的成本相对较低，农民容易表达自己的需求偏好，且公共品的生产和组织过程有利于促进社区整合、增加社区社会资本。然而，由于缺乏集体经济的支撑，中西部地区村庄难以满足村民对道路交通、水利设施等基本生产生活公共品的需求。受益于脱贫攻坚以来扶贫资金的注入，河北省千山县山桃村每年的村集体收入由之前的1万元提高到5万—6万元。这笔收入对于村庄公共服务和管理来说，依然是捉襟见肘：垃圾清理由政府购买市场化服务承担，但是山沟岭嶂的垃圾清理需要村庄自己承担；政府每年拨款3200元用于森林防火，但是山区森林防火任务重，村里还需额外雇人护林防火；全村目前尚未实现自来水入户，村民生产生活用水困难，遇上旱年饮用水都难以保证。该村村干部表示，"村集体没有收入，真的很难为老百姓做事，做点标牌、警示标志之类的都不够"。湖南省照水县飞燕村村内道路路面破碎泥泞，成为村民反映最多的民生问题。村庄修路的费用预算约为20万元，县财政资金可以提供路面硬化的经费，但是基础路面和路基要由村庄自己解决。而且，县财政提供的资金要由村庄先行垫付，在建设验收合格之后再拨付。村里没有集体收入，2020年修建公路桥时的55万元工程欠款至今没还上，村干部想要修路却是有心无力。

第三，乡村振兴战略的长期性对村庄内生型公共品供给提出挑战。在脱贫攻坚时期，国家将大量资源集中下沉到农村基层，用于贫困地区的产业发展和贫困人口的生计改善。与脱贫攻坚战相比，乡村振兴面向的对象更广、持续的时间更长。在乡村振兴过程中，村庄发展不可能再主要依靠国家财政投入实现"冲刺式"跨越，村庄公共品的供给需要更多依赖自身的能动性。正如一些村干部所言，"上面给钱是暂时的，村庄发展还是要靠自己（集体）"。"十三五"期间，某调研县创建了127个省级新时代美丽乡村达标村、42个省级新时代美丽乡村精品村，7个省级美丽乡村示范乡镇、19个省级美丽乡村特色精品村。近两年，该县争取到省区域协调资金1.5亿元，每年投入5000万元用于村庄基础设施改善、道路改造、桥梁铺设、景观打造等方面，美丽乡村建设成效显著。然而，美丽乡村建设在后期维护管理方面存在较大困难。该县农业农村局干部表示，"维护管理肯定是村集体负责，县里对于美丽乡村提升村每年给50万元的维护经费，但是只能承担50个村。剩下的村子怎么去维护道路和绿化？那就只能靠村集体自己出钱。大多数村集体经济薄弱，很难拿出这笔钱，前期的建设成果很可能无法管护"。

村庄公共品的自我供给也能够为农村善治提供物质基础，成为村庄整合的物质手段。随着农村经济体制改革的推进，许多村庄集体经济萎缩，缺乏施惠村民的能力。很多村集体主要承担有限的公共服务和被动维持社会稳定的功能，对村民的动员能力变弱，导致村庄治理无力（王思斌，2018）。如果村集体具有为村民提供服务的经济基础，在村庄治理中就会有更强的组织和动员能力。正如山东省青云县一些村干部所言，"村里要是年年有收入，年年能给村民分红，对老百姓就有约束力，村里就可以出个村规民约。村民要是乱倒垃圾，中秋节村里发月饼就没你的份，过年发猪肉就不给你，村民就没法挑理。现在集体收入达不到，我们（村干部）说话也不硬气"。

二　农村集体经济发展的现实困境

在发展壮大集体经济的宏观政策环境下，各地纷纷出台政策意见，把发展集体经济作为基层政府的重要政治任务，将集体经济发展数量和增长速度作为衡量村干部业绩的主要考核指标。例如，湖南省提出，把扶持壮大村级集体经济情况列为县级党委和政府主要负责人与领导班子综合考核评价的重要内容，列为市、县、乡党委书记抓基层党建述职评议考核的重要内容（湖南省人民政府网，2021）。陕西省按照无集体经济收入、集体经济年收入不足10万元、集体经济年收入10万—50万元、集体经济年收入50万元及以上的标准，将村庄分为空壳村、薄弱村、一般村和富裕村四类，提出到2022年消除空壳村、提升薄弱村、壮大一般村、做强富裕村。浙江省提出到2022年底，使经济发达县市区村庄的年经营性收入达到20万元以上、加快发展县市区村庄的年经营性收入达到8万元以上、其他县市区村庄的年经营性收入达到12万元以上（搜狐网，2019）。在实地调研中，县、乡、村各级干部普遍认为，村庄有必要发展集体经济、带动老百姓致富。然而，具体怎么实施、怎么发展，成为摆在基层干部面前的巨大难题。村庄在发展集体经济过程中，主要面临三个方面的困境：缺少可用资源、缺少发展带头人、产业发展风险大。

（一）缺少可用资源

农村集体资产是集体经济发展的重要物质基础。农村集体资产包括农民集体所有的土地、森林、山岭、草原、荒地、滩涂等资源性资产，用于经营的房屋、建筑物、机器设备、工具器具、农业基础设施、集体投资兴办的企业及其所持有的其他经济组织的资产份额、无形资产等经营性资产，用于公共服务的教育、科技、文化、卫生、体育等方面的非经营性资产（中国政府网，2016）。在10个调研村庄中，除了个别明星村由于获得大量财政资金投入和社会资本投资而形成了较多经营性资产之外，大部分村庄缺少经营性资产。所有调研村庄普遍拥有的是集体所有的土地、林地等资源性资产，要想发展集体经济只能在土地上做文章。然而，在目前的土地制度安排中，村集体普遍处于"无地可用"或"小队利益难协调"等尴尬境地，缺少对集体土地进行组织利用的自主权利。

第一，建设用地匮乏限制了集体产业的发展。缺少建设用地是各地农村面临的普遍问题。一方面，各级政府对农用地、耕地、永久基本农田等转为建设用地的审批较为严格；另一方面，各地将农用地征收为国有土地用于城市建设，削弱了乡村的自主用地权力（刘守英、熊雪锋，2018）。建设用地的匮乏，严重限制了村庄非农经济活动和多元产业的发展。例如，湖南省照水县关下村本想发展金银花种植，但进行金银花深加工需要建一个烤房，该村由于没有建设用地指标而只能作罢。一些基层干部表示，"一方面要守住耕地红线，另一方面村庄发展又需要建设用地。没有建设用地。产业怎么发展？我们（村干部）啥也干不了"，"如果土地制度不做调整，要实现产业兴旺就是一句梦话"。

第二，农地承包到户后，土地资源难集中。自 20 世纪 80 年代初实行家庭联产承包责任制以来，大多数村庄将土地、山林、水库等资产全部包产到户或组，将集体资产应分尽分，这导致村集体已没有可统一支配的农地。河北省千山县山桃村于 1985 年进行了荒山承包，目前 30 年承包已到期，但是有些村民在荒山里造了地，不愿意再将山地交回集体。千山县坡上村也已按 30 年或 50 年的承包期将荒山、河套分包给了村民，村集体因流转成本太高而无法返租倒包、发展其他产业。此外，对于一些农户因外出或年迈而选择性抛荒的土地，村集体也难以进行统一管理。面对这一困境，一些村干部感叹，"无论有没有条件，都要搞集体经济，什么都分了，怎么搞集体经济？"

巩固和完善农村基本经营制度、深化农村土地制度改革、完善承包地"三权"分置制度，是乡村振兴的基本制度保障。党中央提出，要保持土地承包关系稳定并长久不变。农村集体经济的发展不能以破坏土地承包关系和农户家庭经营的稳定性为代价。因此，要想突破集体经济发展的资源困境，村集体要么需要通过有效组织小农户，使分散承包的农业资源产生新的集体效益，要么需要依赖外部资源的投入实现"集体资产再造"。

（二）缺少发展带头人

农村集体经济的公有制性质决定了它的发展需要村干部的谋划和带动，需要村干部在其中发挥主要作用。无论是村民还是基层政府，都非常看重村干部带动村庄经济发展的能力，对村干部的角色要求已不再是仅仅落实国家政策、处理日常事务、维持村庄秩序等基础性职能。调研发现，村民最看重村干部"办事公平公正、不谋私利"（33.1%）和"带领群众致富"（29.4%）的能力，另有 5.9% 和 5.7% 的村民最看重村干部"跑项目、跑政策"和"招商引资"的能力；若将"带领群众致富"、"跑项目、跑政策"和"招商引资"这三项合并，则有41.0%的村民最看重村干部发展村庄经济的能力。这一结果体现出村民对村干部领导能力的重视：村干部既要有带动村民共同发展的公心与责任心，又要有带动村民共同发展的能力。村民认为，村干部要"有人脉""口才好""脑筋好""有关系"。有的村民甚至认为，乡村振兴能否实现，很大程度上取决于村干部的能力强弱。

县、乡级干部更加重视村干部发展村庄经济的能力。河北省千山县一位乡干部认为，"村干部得解放思想，有谋划，带动村庄发展。好的村干部要在完成上级规定的任务之外，带动村民因地制宜搞发展"。经济发达、市场经济活跃的地区对村干部的经营能力提出了更高要求。浙江省天歌县一位副县长认为，"村干部最需要具备的是企业家精神。村干部要有经营村庄、运营村庄的能力，要像企业家一样管理好村庄，要用好人、用好资源、用好资本。村干部要有市场化的头脑和视野，要能够看到全市、全省乃至全世界的大局，了解整个产业的导向是什么，政府的导向是什么，哪些东西可以引进来，哪些东西可以做"。浙江省天歌县潭塘镇一位镇干部将村党支部书记的标准总结为"四力"，即好的村党支部书记要有"个人魅力、经济实力、干事的魄力和家族的势力"。

然而，在现实中，大部分村干部很难满足村民和基层政府对他们的角色期待，难以具备产业发展所需的全面而系统的领导能力与经营能力。另外，村干部能力的发挥也受到个人、村庄、制度等多重因素的影响。村干部工资性收入普遍较低，这导致村干部不愿或难以将主要精力投入村庄发展。2009年之前，河北省千山县村干部每月工资只有70元。2009年之后，该县村干部工资改为县财政发放，逐渐涨到目前的1000元。一些村干部在任职之后，无法再兼顾自己原先的经济活动，导致家庭经营性收入骤减，他们在家庭生计和村务工作之间面临两难的困境。村庄产业发展要靠项目，但一些村干部在县里没有关系、没有人脉，"跑"不来项目和资金。一些村庄村干部老年化，"村委支委很多是老头子，观念比较落后，都不会用电脑"，没有发展产业的视野和思维。各地基层政府希望通过换届选举实现村干部年轻化，选任年轻村党支部书记带领村庄发展。但是，本研究发现，一些年轻村党支部书记由于缺乏实践经验、难以适应复杂的乡村社会或在村外从事经营活动等原因，无心、无力发展村庄产业，更多地是将村干部作为自己职业发展的过渡、缓冲或跳板。

（三）产业发展风险大

在缺少城市化和二、三产业驱动的背景下，利用本地的农耕传统和自然资源优势因地制宜发展农业种植养殖业、进行适度规模化的现代农业经营，是中西部地区农村集体经济最常见的产业选择。农业是自然风险与市场风险相互交织的产业。农业对自然条件的依赖性较强，各种自然灾害和病虫害会造成农业减产和经营损失。农业生产周期长，对市场信息反应迟缓，生产者无法根据市场变化及时做出调整。农产品需求弹性小，一旦供过于求就会引起市场价格的急剧下跌（范跃进，1998）。同时，规模化的种植养殖尤其是经济作物种植的前期投资大，收益回报周期长、见效慢。这些特点都加剧了农业产业的经营风险。

集体经济发展农业产业并不意味着集体必然能够比小农户更加有效地规避风险。某调研镇在脱贫攻坚阶段以苹果种植为主要扶贫产业，在 6 个村建立了合作社，以集体经济形式进行规模种植，种植面积 3000 多亩。集体经济采取土地入股、资金入股和劳务入股的模式，把农户土地流转集中后统一规划和管理，把国家扶贫资金作为股金计入原贫困户个人账户，并鼓励非贫困户将闲散资金入股，并规定合作社成员参加劳动用工可支取报酬或折算计入资金股。合作社实行统一生产、管理和销售。某调研村 2015 年成立村集体经济合作社，以每亩地每年 1000 元的流转费流转农户 80 亩土地种植苹果，并与北京某商贸公司签订供货协议。该公司保证每年以 3.4 元/斤的价格、最高 20 万斤进行收购。2015 年投产种植之后，合作社 2019 年收益 1 万元，2020 年收益 15 万元，2021 年因果树授粉受到春季风灾影响而没有实现增产。合作社发展前期使用了多项扶贫资金，截至 2021 年共投入约 200 万元。合作社原本预计五年收回成本，但是由于生产周期长、遭受自然灾害和扶贫资金投入减少等原因，目前正面临严重的资金问题。果园每年在土地流转、日常管理和维护方面的投入成本约为 4000 元/亩。村集体已借款 36 万元维持生产，但仍拖欠农户 8 万元的土地流转费。面对经营困境，村集体曾想把合作社转让给个人经营，但是无人愿意接手。

村集体作为农业产业的经营主体，需要解决农业生产、组织和销售各个环节的问题与困难，需要深度参与市场经济，与其他经营主体进行互动。村集体在统合小农户经营的同时，也会将分散的风险集中和转移给自身。同时，村集体进行的规模化种植、养殖又会使其在生产成本、自然灾害等方面面临额外的风险。例如，浙江省天歌县特色鱼养殖产业从传统的农户分散养殖发展为规模化养殖之后，病害问题凸显，每年鱼群病死率达 30%—40%。村集体在参与市场经济的过程中，需要金融、技术、市场等多种产业服务的支持，需要成熟的产业组织体系和产业环境作为支撑。在中西部地区市场环境和农业产业化发展不完善的背景下，集体经济组织更加缺乏风险应对能力，要想维持集体经济的存续，只能更多依赖政府的资金扶持。这种产业发展路径在乡村振兴阶段显然是不可持续的。

三　农村集体经济发展的基层实践与悖论

村集体一方面面临缺少可用资源、缺少发展带头人、产业发展风险大的集体经济发展困境，另一方面面临地方政府"消薄""破零"的指令性任务。这种张力迫使乡、村干部倾向于采取一些便捷的手段和方式，以快速获得集体收入。尤其是中西部地区的农村集体经济发展处于起步阶段，在人口结构、产业结构、人才资源、城市化驱动等方面面临结构性劣势。这也使农村集体经济更倾向于以资产租赁和资源开发而非直接从事生产经营的方式获得集体收入（高鸣、芦千文，2019）。如此一来，发展壮大集体经济被简单等同于集体收入增加，同时集体收入的增加也无须借助与农民之间的组织和联结就可以实现。本研究所涉及的陕西省、山东省、浙江省等省都围绕发展农村集体经济进行了多种形式的探索，形成了一些典型做法和明星村庄。然而吊诡的是，调研各地农民对集体经济的了解普遍较少、评价普遍较低，32.0%的被访农民不了解本村的集体经济与集体资产的经营管理，仅有37.7%的被访农民对集体经济发展状况表示非常满意或满意；即便在全面推进集体经济建设的浙江省调研村，也仅有41.1%的被访农民对集体经济发展状况表示非常满意或满意（见表19-1）。调研各地农村集体经济的基层实践呈现唯数字、唯指标、脱离农民基础的发展悖论。

表 19-1　被访农民对集体资产经营管理/发展集体经济的评价

单位：%

	非常满意	满意	一般	不太满意	很不满意	不了解
总　体	6.8	30.9	17.8	6.3	6.3	32.0
河北省	7.7	22.1	26.9	11.5	8.7	23.1
陕西省	3.7	33.3	13.0	3.7	3.7	42.6
湖南省	8.9	27.7	18.8	3.0	2.0	39.6
山东省	7.8	35.9	13.6	4.9	8.7	29.1
浙江省	6.3	34.8	17.0	8.0	8.0	25.9

（一）陕西省红石县：集体经济的金融化运作

陕西省红石县农村集体经济的发展是在脱贫攻坚期间开始推进的。在脱贫攻坚时期，红石县 99% 的村庄在办公经费、基础设施等方面依靠上级拨款，自身没有创收能力。2016 年，红石县在全县实施农村集体经济发展项目，推进农村集体产权制度改革。除了成立村集体领办合作社、出租集体资源性资产等常见模式之外，红石县发展集体经济的一个独特做法是让村集体参股市场主体，即让村集体以资源、资产、资金参股市场主体，增加集体收入①。2016 年，红石县对 79 个贫困村落实财政配股资金 6946 万元，对 12586 户贫困户按照每户 5000 元标准量化折股，对 82 个村级互助资金协会各注入财政资金 50 万元。2020 年，红石县又对 51 个非贫困村落实财政配股资金 2688 万元，财政累计投入村集体资金 13734 万元，村均 100 余万元。分田到户之后，大部分村庄缺少可支配的集体资产。财政资金的大量注入成为集体经济发展的重要资源基础，也是多数村庄选择通过参股市场主体获得收入的重要原因。

红石县涧河乡某调研村自 2018 年以来先后获得省、县各级财政投入的资金近 500 万元。村集体与县农业开发有限公司签订 5 年合同，将省财政资金 200 万元投入农家乐经营，每年收益 20 万元；将县农业农村局用于基础设施建设的奖补资金 214 万元投资村内合作社经营，每年收益 10 万元；将县财政专项资金 64 万元投资村内合作社经营，每年收益 4.48 万元（见表

---

①　资料来源：当地政府网站。

19-2）。红石县寒岩镇某调研村同样是将政府财政资金进行再投资获得集体收入。该村 2018 年 4 月成立村股份经济合作社，承接"三变"改革配股资金 79.5 万元（159 户贫困户每户配股 5000 元）。村集体将这笔资金投入红石县的 4 家企业，每年获得 5 万元收益。该村党支部书记认为，"集体经济就是把财政资金变成股金，投到一个大户，大户拿着钱去投资，全村跟着分红。要把钱投入企业，肯定得找一个放心的企业，不能让它把这个钱拿去打牌赌博或是放高利贷。一定要保证钱的安全，每年都能收得回来，第二年再把本钱放出去"。

表 19-2　陕西省红石县涧河乡某调研村集体经济投资收益

单位：万元

资金来源	资金金额	投资去向	经营内容	年收益
省财政资金 （集体经济发展资金）	200	县农业开发有限公司	农家乐	20
县农业农村局 （农业产业奖补资金）	214	5 家村内合作社	农业种植	10
县财政专项资金 （"三变"改革配股资金）	64	3 家村内合作社	农业种植	4.48

　　将财政资金转移支付形成的集体资金进行金融化运作并从中获得利息收益，这种增收模式对于村集体来说是最为便捷的，对村干部经营能力和组织能力的要求也较低，在调研村庄颇受村干部欢迎。但是，集体资金的金融化运作无法起到带动大多数农户发展的作用，也存在合法化风险。例如，一些村庄将集体资金借贷给村干部个人，村干部利用职务便利获得公共资金的使用权后，将其用于发展个人产业，而非发展村庄集体产业。金融化运作的关键是选择投资企业，但多数村集体目前对于产业市场并不具备充分的研判能力，也没有形成防范集体资产流失的风险管理机制。从集体经济增收的角度看，村干部希望政府部门减少对集体经济经营模式的干预，让集体经济更充分地实现金融化；但是从资金安全的角度看，这给集体资产的巩固和集体经济的持续发展带来了潜在风险。

（二）山东省青云县：村党支部领办合作社的推广

2017 年 4 月，山东省某市在全国率先提出并施行"村党支部领办合作社"，旨在把农村基层党建和产业发展结合起来，解决农业农村发展中"集体穷、支部弱、群众散"的问题。截至 2021 年 5 月，该市共成立了 3045 个村党支部领办合作社，48 万名群众入股，流转土地 32 万亩，带动村集体增收 39100 万元、群众增收 50100 万元[①]。截至 2021 年 6 月，山东省青云县近 1/3 的村庄成立了党支部领办合作社。据青云县农业农村局干部介绍，这个比例在当地仅处于中等水平，其他很多县对党支部领办合作社的推广力度更大。然而，受人口结构、产业类型、经营模式和村干部能力等各种因素的影响，大多数村庄虽然建立了党支部领办合作社，却并未发挥带动村民发展的"领办"作用。

截至 2021 年 6 月，青云县桂园乡共有 15 个党支部领办合作社，其中东升村是发展最早、最好的一个村，已经种植草莓 20 多年。2016 年，该村党支部牵头组织村民以土地入股，建立"合股联营、村社一体"的草莓合作社，采取"合作社+公司"的经营模式，与公司签订保护价格收购协议，解决了农产品销售问题[②]。桂园乡将东升村的经验复制推广至全乡，号召各村通过党支部领办合作社发展集体经济。桂园乡某调研村以粮食作物种植为主，有小麦 2000 亩、玉米 2000 亩、花生 1000 亩、大豆 100 亩，全部实现了机械化生产。2019 年，该村党支部建立了合作社，但该合作社一直是一个"空壳社"：只取了一个名字，既没有项目和经营活动，也没有村民报名入社。村党支部书记认为，村里目前的农业生产没有必要搞合作社，靠粮食作物搞种植合作社是不可能产生集体收益的。青云县新雨镇某调研村是该镇集体经济发展的典型村。2017 年，在青云县农村综合性改革试验区项目的支持下，该村得到每年 300 万元的资金支持。2019 年，村里建起 21 个大棚作为集体资产、发展集体经济，其中 6 个大棚以每年 12000 元的承包费转包给村民，另外 15 个大棚由村合作社统一经营。作为合作社管理员的一位村民说道："村支书是董事长，我是经理。合作社没有成员，也没有合作的实质内

---

① 资料来源：当地政府网站。

② 资料来源：当地政府网站。

容，只是在以合作社的名义经营大棚。要说对老百姓的带动作用，每天有 20 多个雇工来干活，给他们发了工资，这算是带动吗？"

村集体通过将大棚等集体资产承包给农户个人经营的方式获得租金，这虽然产生了集体收入，但并不是"合作"，也不是推行党支部领办合作社这一制度的初衷。党支部领办合作社最重要的任务是把广大人民群众联合起来，使其共同分享发展的成果（江宇、戚桂峰，2019）。在当前的理论讨论中，党支部领办合作社作为新型集体经济发展的创新模式，其主要特点在于把党组织的领导全面融入农村经济发展和治理之中，将党支部的政治优势、组织优势与合作社的经济优势、群众的能动性相结合，重新把分散的农民组织起来，构建村集体与农民群众新的经济联结纽带，实现抱团发展、规模经营（江宇，2020）。然而，在实践中，党支部很难具备组织和带动村民发展产业的能力。政治素质过硬的基层党组织在发展集体经济的过程中，同样面临经营能力、市场环境、产业组织体系等诸多方面的挑战。党支部是否懂经营会管理、合作社是否能够与企业形成产业链、村庄人口是否能够形成劳动参与和联合，这些都是决定集体经济能否形成和发展的关键因素。在农村集体经济面临的一般性发展困难尚未解决的情况下，单纯依靠党支部建立合作社是无法发展出集体经济的。

（三）浙江省天歌县：行政压力下的集体经济消薄

2017 年，浙江省打响了三年村集体经济"消薄"战。至 2019 年底，浙江省认定的 6920 个集体经济薄弱村全面消除。2020 年，浙江省启动新一轮村级集体经济巩固提升三年行动，提出到 2022 年消除年收入 20 万元以下且经营性收入 10 万元以下的集体经济相对薄弱村（雷刘功等，2021）。除了发展农业产业、乡村旅游和光伏新型能源等常见的产业类型之外，浙江省集体经济薄弱村主要依靠资产收益的模式壮大集体经济。村集体将闲置的山塘水库、山林耕地等资产对外出租，将集体土地财产权进行抵押和流转，从中获得租金收益。缺乏集体资源的村庄通过"飞地物业"的形式，在县城、集镇、工业园区等地新建或购置标准厂房、商铺店面、农贸市场等房产，获得长期租赁收益（严瑾等，2020）。

浙江省天歌县某调研村的集体经济就是在"消薄"行动中发展起来的。该村 2020 年的集体经济收入达到 23 万多元，其中光伏发电收益约 5 万元、有机稻种植收益 8 万元、综合服务楼出租收入 10 万元。该村村集体 80 亩的有机稻种植是当地生态园区建设项目的一部分。村民以 500 元/亩的价格将土地流转给村集体，村集体按照绿色、生态、有机、无公害的标准雇工进行农业种植，当地生态园区建设项目给予每亩每年 200 元的补偿，并对干稻谷进行保底价收购。综合服务楼的建设是一个省级单位对口帮扶的"消薄"项目，该省级单位和县财政局分别投入了 140 万元和 100 万元。综合服务楼按照高端民宿的定位设计和建设，并由引入的外部资本承包经营，经营者每年交给村集体 10 万元租金。

2020 年，天歌县政府将该村的集体经济"消薄"任务定为 10 万元。这一任务虽已达标，但是在一定程度上存在集体经济收入虚高的问题。该村在综合服务楼的建设上欠了各类工程款项 70 多万元，村庄债务未计入集体经济收入中。由于"消薄"任务不计算成本，在叠加光伏收益和其他集体收益之后，该村被上报的集体经济收入超过 30 万元，该村也由此获得了"消薄先进村"的称号和表彰。2021 年，天歌县政府将该村的集体经济收入指标提高到 50 万元。村干部认为难以完成这个指标，面临被政治问责的巨大压力。与该村的困境相似，一些没有产业的村庄迫于问责压力，只能采取变通方式完成"消薄"任务，"有的村集体拿 100 万元存到银行，每年收五六万元利息，用这个作为村集体收入"。由于集体经济薄弱村普遍面临缺少资源、缺少发展项目的困境，浙江省委、省政府在《关于推进村级集体经济"飞地"抱团发展的实施意见》中提出，到 2022 年底，要将资源有限、通过其他办法难以"消薄"的村全部纳入"飞地"抱团发展项目（搜狐网，2019）。这一举措为集体经济薄弱村完成"消薄"任务指明了思路，但是也在很大程度上将集体经济简化为集体收入，强化了集体经济指标化的政绩导向。

四　结论与思考

发展壮大农村集体经济，既是实现乡村振兴和共同富裕的重要途径，也是农民和农村发展的现实需求。随着乡村振兴战略的推进实施，农村集体经济获得了前所未有的有利制度环境。但是，在现实中，并非所有村庄都具备发展集体经济的人才、资源与市场环境，多数村干部并不具备向内组织村庄、向上对接政府、向外开拓市场的能力。对发展农村集体经济政策目标的过度推进，将导致实践运作与制度设计的脱节，造成农村集体经济的发展悖论和名实分离。

第一，发展农村集体经济被"任务化、指标化"，行政压力加剧了农村集体经济的形式主义。无论是在脱贫攻坚时期还是在当前乡村振兴阶段，各级政府均对农村集体经济发展设定了绩效考核要求，给基层政府带来了较大的问责压力。地方政府普遍采取"下指标"的办法，将农村集体经济发展数量和增长速度作为衡量村干部业绩的主要考核指标。这种做法将农村集体经济简化、量化为农村集体收入，使村庄倾向于以便捷的方式实现快速增收，偏离了农村集体经济带动农民发展的本质内涵；也对一些村庄提出过高要求，不利于农村集体经济的健康稳定发展。

第二，农村集体经济的发展具有较强的外部依赖性，自我持续发展能力不足。农村集体经济在发展过程中面临缺人才、缺资源、缺市场的现实困境。在此背景下，农村集体经济的短期显著增长有赖于"压力型体制"下财政资金、扶持政策和市场资本的密集投入，而农村集体经济的自我发展能力无法得到根本提升。村庄普遍借助财政资金转移实现集体资产再造，通过集体资产入股租赁等方式获得收益，这种实现形式难以使农村集体经济突破持续发展的内生性困境。

第三，农村集体经济"有收入，无带动"，农民参与感、获得感不强。在发展农村集体经济的任务压力下，各地普遍关注农村集体经济的增收，而忽视了集体与农民的利益联结。以集体资产收益为主的农村集体经济实现形式排斥了农民的参与，集体收入则主要用于村务管理和基本福利保障，未能着力解决小农户关心的产业发展核心问题。农村集体经济的"数字化"增长与农民不了解、不满意的现实形成强烈反差，这导致农村集体经济无法充分发挥巩固村庄治理的政治效能。

在当前以家庭承包经营为基础、统分结合的双层经营体制下，中国农业农村发展面临的突出问题是如何加强集体"统"的功能、带动分散的个体农户实现共同发展。发展农村集体经济的要义，不是培育独立于农户的市场主体，使其产生最大化的经济效益；而是以经济为载体培育集体的联结功能，使其在经济、社会、政治等多个维度实现对村庄的整合。在集体与经济二者之间，更重要的不是经济增收，而是重建集体的组织化过程。如果仅仅局限于经济学视野，就会过于重视农村集体经济的"经济性"而忽略其"社会性"（贺雪峰，2019）。在当前背景下，我们应正视农村集体经济发展的现实困境，避免"一刀切"的强力政策推进，适度客观地引导各地发展。另外，农村集体经济发展的政策实践应立足农民的主体性需求，以农民的共同发展为设计和评价农村集体经济的根本依据，使农村集体经济回归"共同富裕"的价值理性。

20

脱贫攻坚同乡村振兴的有效衔接

脱贫摘帽不是终点，而是新生活、新奋斗的起点。巩固拓展脱贫攻坚成果同乡村振兴有效衔接是我国"三农"工作重心从脱贫攻坚转向乡村振兴的阶段性战略要求，关系到构建以国内大循环为主体、国内国际双循环相互促进的新发展格局，关系到全面建设社会主义现代化国家和第二个百年奋斗目标的实现。为推动有效衔接，中央和国家层面发布《中共中央 国务院关于实现巩固拓展脱贫攻坚成果同乡村振兴有效衔接的意见》（以下简称《意见》）等一系列政策文件，并将"实现巩固拓展脱贫攻坚成果同乡村振兴有效衔接"历史性地写入《中华人民共和国乡村振兴促进法》，从而为巩固拓展脱贫攻坚成果、全面推进乡村振兴、加快农业农村现代化指明了方向。

在学术研究和社会探讨上，围绕"脱贫攻坚同乡村振兴有效衔接"这一主题，基本形成了主流政策派、基层实践派和学术理论派三种进路。第一，主流政策派以学者型官员或研究人员为主，主要围绕脱贫攻坚同乡村振兴有效衔接的必然性以及具体制度设计和工作安排进行顶层谋划。具体而言，认为脱贫攻坚与乡村振兴衔接的必要性体现在两者之间存在历史逻辑、理论逻辑和实践逻辑的连贯性、耦合性与接续性（黄承伟，2021）；衔接的重点包括巩固脱贫攻坚成果、保障粮食安全、实施乡村建设行动、深入推进农村改革（唐仁健，2021a）；衔接的关键是守住不发生规模性返贫的底线，将脱贫攻坚中的组织动员、要素保障、政策支持、协作帮扶、考核监督等制度过渡到乡村振兴中，健全上下贯通、精准施策、一抓到底的乡村振兴工作体系（唐仁健，2021b）。第二，基层实践派以活跃在基层一线的干部和工作人员为主，主要围绕脱贫攻坚同乡村振兴有效衔接的政策话语进行解读和实践。

具体而言，部分地区率先推进脱贫攻坚同乡村振兴的有效衔接，形成了独具特色的经验做法。例如，河南省兰考县以脱贫攻坚统揽全局，形成了"书记县长负总责，四大班子齐上阵"的工作机制（蔡松涛，2020）；陕西省宁陕县推行"三个一"（"一盘棋""一个库""一把尺"）机制，抓实抓细衔接资金项目（张志银，2022）。第三，学术理论派以关注农业、农村、农民、土地问题的专家学者为主，主要围绕脱贫攻坚同乡村振兴有效衔接的关系辨析和实现路径进行理论探讨。具体而言，两者的关系分为相关性和相异性两个维度（叶敬忠、陈诺，2021），相关性包括两者在理论渊源、目标导向、体制机制、实施内容等方面的统一性、相继性和互构性，相异性包括两者在战略时限、战略地位、行动策略、任务要求、对象范围等方面由点及面、从短期到长期的转向（豆书龙、叶敬忠，2019；姜正君，2020；刘焕、秦鹏，2020；刘学武、杨国涛，2020；汪三贵、冯紫曦，2020；张青、郭雅媛，2020）。

主流政策派、基层实践派与学术理论派对脱贫攻坚同乡村振兴有效衔接的关注有不同的侧重点，丰富了脱贫攻坚同乡村振兴有效衔接的整体叙事图景。但值得注意的是，一方面，政府部门和学者基本主导了有关脱贫攻坚衔接乡村振兴"是什么、怎么做"的社会讨论，而农民作为乡村振兴的真正主体在讨论中集体失语和普遍"被代言"（叶敬忠、张明皓等，2018）；另一方面，脱贫攻坚同乡村振兴有效衔接的政策、实践、理论关联，因农民主体的缺席而出现断联、脱节现象，导致巩固衔接的顶层设计和基层实践研究的"上下结合"不足。本研究基于对5个调研地区基层干部和农民（包括原贫困户79人、非贫困户450人）的访谈，探讨脱贫攻坚同乡村振兴有效衔接的顶层设计、基层实践与现实压力，以期为巩固拓展脱贫攻坚成果、接续推动脱贫地区发展和实现乡村全面振兴提供政策参考。

一　顶层设计与政策要求

（一）两者关系：国家现代化发展不同阶段的战略统一体

脱贫攻坚和乡村振兴是中国不同时代关乎"三农"领域的国家发展设计，在目标和逻辑上高度一致、高度连续，即都在尝试探寻中国现代化发展征程中如何对农业、农村、农民和土地权属进行现代化改造与制度性安排，长远目标均是实现社会主义现代化和中华民族伟大复兴（叶敬忠，2021b）。例如，改革开放之后，中国共产党提出中国特色社会主义现代化建设的"三步走"战略目标：解决人民温饱，总体小康，全面小康和社会主义现代化。党的十九大的召开标志着我国进入第三个阶段。国家现代化发展目标是：到2020 年，实现全面小康；到 2035 年，基本实现社会主义现代化；到 2050年，建成富强民主文明和谐美丽的社会主义现代化强国（习近平，2017）。2017 年 10 月，党的十九大把精准脱贫列为决胜全面建成小康社会必须打好的三大攻坚战之一，脱贫攻坚战略对应的正是国家现代化发展战略中全面建成小康社会时期乡村贫困地区和贫困人口这一突出短板。党的十九大同时提出"实施乡村振兴战略"，将其列为全面建设社会主义现代化强国的七大战略之一。乡村振兴战略的路线图是：到 2020 年，乡村振兴制度框架和政策体系基本形成；到 2035 年，基本实现农业农村现代化；到 2050 年，农业强、农村美、农民富全面实现，乡村全面振兴，即农业农村现代化全面实现①。乡村振兴战略是在脱贫攻坚的基础上接续国家对"三农"工作的战略设计，对应的是国家现代化发展战略中社会主义现代化建设时期农业农村现代化建设这一突出短板。也就是说，脱贫攻坚和乡村振兴都是实现中国现代化发展的有机组成部分，是不同时段的发展战略统一体。只是，脱贫攻坚所要补齐的是全面建成小康社会过程中乡村贫困地区和贫困人口的短板，而乡村振兴是在遵循社会主义共同富裕原则基础上对农业农村现代化目标的进一步推进。

（二）衔接设计：总体要求与重点工作

2020 年 12 月，《意见》的出台标志着我国"三农"工作正式进入从脱贫攻坚转向乡村振兴的衔接阶段。随后，围绕"如何巩固拓展脱贫攻坚成果"，国家医疗保障局、教育部、人力资源和社会保障部、交通运输部等国家各部委依据部门职责陆续发布相关政策部署，形成了以《意见》为核心，以医疗保障、教育、资金管理、金融、产业、住房、就业帮扶等具体衔接政

---

① 《中共中央 国务院关于实施乡村振兴战略的意见》，中国政府网，2018 年 2 月 4 日，http://www.gov.cn/zhengce/2018-02/04/content_5263807.htm，最后访问日期：2022 年 2月 25 日。

策为重点内容的脱贫攻坚成果同乡村振兴有效衔接整体制度设计。从总体要求来看，脱贫攻坚目标任务完成后，需要设立五年过渡期，其间要实现领导体制、工作体系、发展规划、政策举措、考核机制等有效衔接，从解决建档立卡贫困人口"两不愁三保障"为重点转向实现乡村产业兴旺、生态宜居、乡风文明、治理有效、生活富裕[①]。从重点工作来看，一是要支持脱贫地区乡村特色产业发展壮大。产业扶贫是脱贫攻坚期间贫困人口参与最广泛的扶贫方式。注重扶贫产业可持续发展，实现从产业扶贫到产业兴旺的转向，是实现有效衔接的动力来源。二是要促进脱贫人口稳定就业。劳务输出、以工代赈、扶贫车间、乡村公益岗位等就业扶贫方式的可持续性，关系到脱贫人口家庭生计的稳定来源。保证贫困人口稳定就业是实现有效衔接的根本保障。三是要持续改善脱贫地区基础设施条件，开展村容村貌、交通项目、水利工程、物流体系、电网等建设行动，提升脱贫地区硬件设施水平。四是要围绕教育、医疗、村级综合服务等，进一步提升脱贫地区公共服务水平。总体来看，从脱贫攻坚到乡村振兴的历史转移是国家"三农"领域顶层设计的战略转移，而中央已基本形成有关两者衔接的总体部署，为地方开展具体实践指引了方向。

二 政策理解与地方实践

县、乡、村三级干部是落实脱贫攻坚同乡村振兴有效衔接的基层实践者。若以县域为一个实践整体，则县级干部属于"委托方"，由县委书记担任"一线总指挥"角色，负责在贯彻落实中央有关政策的基础上，对县域内的有效衔接进行总体规划并发包具体目标任务；乡镇干部属于"管理方"，负责对产业提升、人居环境改善、就业帮扶等具体衔接任务进行管理，分发给相应的代理方；村干部属于"代理方"，是产业发展、乡村治理、乡村建设等具体任务的执行者。本部分通过对若干位县级干部、乡镇干部、村干部的访谈，从基层干部对脱贫攻坚与乡村振兴关系的理解和具体地方实践两个维度，展现基层有关两者衔接的现实图景。

---

① 《中共中央 国务院关于实现巩固拓展脱贫攻坚成果同乡村振兴有效衔接的意见》，中国政府网，2021 年 3 月 22 日，http://www.gov.cn/zhengce/2021-03/22/content_5594969.htm，最后访问日期：2022 年 2 月 25 日。

（一）基层干部对脱贫攻坚与乡村振兴关系的理解

1. 政策目标：从基础到远景

关于脱贫攻坚和乡村振兴的政策目标，基层干部认为两者之间存在层次差异。第一，脱贫攻坚主要针对物质层面，核心目标是实现基本生活水平的保障，而乡村振兴是要在物质层面的基础上，满足农民对美好生活的追求，两者之间是量变到质变的转换。例如，陕西省某调研村一位村干部提到，"脱贫攻坚解决的是吃住等日常问题，让基本生活得到保障，乡村振兴解决的是吃穿行的更高层次，包括外出游玩、精神追求"；山东省青云县一位副县长也提到，"从阶段来说，脱贫攻坚是初级阶段，乡村振兴是要实现的长远目标，是最终的愿望，是一个质量问题。从脱贫攻坚到乡村振兴是从量到质的变化，是从吃饱到吃好的一种转变"。第二，基层干部认为从脱贫攻坚到乡村振兴的转向是国家针对"三农"问题的运动式治理向常规式治理的转向，标志着"三农"之于国家治理的重要性稳步提升。他们认为，过去国家以城市建设为中心，主抓工业经济和城市经济，农村在国家发展中处于边缘地位。但伴随脱贫攻坚的全面胜利，农村作为国家发展"蓄水池"的功能进一步巩固，为国家治理提供了稳定的物质基础和社会基础。从脱贫攻坚短期战役到乡村振兴长远战略的转向，便意味着"三农"在国家治理中逐渐从边缘阵地走向中心阵地。第三，脱贫攻坚补齐了乡村振兴的最大短板，为实施乡村振兴奠定了坚实基础。因此，防止返贫是保障乡村振兴全面展开的基本前提。正如一位乡镇干部谈到的，"脱贫攻坚打下了很好的基础，这是前提。要想让老百姓参与乡村振兴产业治理、人才兴旺等方方面面的事情，就得满足老百姓最基本的保障需求。只有这样，他们才会跟着你一块走，才会去想象更美好的生活。所以从这一点出发，还是必须坚持巩固脱贫成果"。基层干部普遍充分肯定脱贫攻坚对乡村振兴的基础性贡献，同时强调在衔接乡村振兴的过程中，要将防止返贫作为重点工作，避免出现"捡了芝麻，丢了西瓜"的情况，不能"让前面八年的乡村振兴基础成果荡然无存"。

2. 政策对象：从个体到总体

关于脱贫攻坚和乡村振兴的政策对象，基层干部普遍认为脱贫攻坚以农户为单位，兼顾村庄整体，要求"不漏一人""不漏一户"，而乡村振兴以村庄为整体，关注集体方面的事务，体现为从个体到总体的转向。针对这一转向，基层干部认为需要做好两方面工作。一方面，要"因村施策、分批达标"。例如，陕西省红石县一位县级干部提到，"乡村振兴不是一个模式。一个县的所有村庄并不处于同一发展水平，每个地方的特点、基础是不同的，如有的地方城镇化和组织化水平比较高，有的地方居住比较分散、山大人稀，如果都按照一个标准来搞是不现实的，需要制定不同的标准，分批达标"。另一方面，要保留一定的政策空间，给予基层干部更多的灵活性和主动性。例如，陕西省红石县寒岩镇一位镇干部提到，"下面不怕干活儿，就怕上面瞎指挥，干些冤枉活儿。乡村振兴最好是上级部门制定目标，规定相应程序，下级部门在保障基本框架不变的基础上有一定的施展空间"。湖南省照水县一位县级干部提到，"乡村振兴应该针对不同的地方用不同的方法，给予县（市）一定的活动空间，县（市）因地制宜设定目标，不要设立刚性标准"。山东省青云县一位县级干部提到，"乡村振兴是一个机制的问题。上面制定的机制既要普遍化，又要有灵活性，需要部分放权于基层。如果为了完成一个指标，盲目地去投入，不仅没有意义，还会造成资源浪费"。

3. 政策实施：有重点抓示范

关于脱贫攻坚和乡村振兴的政策实施，基层干部普遍认为要考虑效率、突出重点，避免"大水漫灌"。基层干部认为，脱贫攻坚衔接乡村振兴这一局部问题到整体问题的转向，意味着政策对象范围的扩大和对政策资金需求的增加，所以在政策的具体实施上必须突出重点，以点带面，避免"大水漫灌"。一是要有整体思维，考虑效率，系统谋划。陕西省红石县一位乡镇干部提到，"乡村振兴不可能像脱贫攻坚一样，每个山沟去找人，而是要考虑到行政力量，更重要的是要考虑效益。在脱贫攻坚阶段，有些做法的效益比较低，如2008年前后提出了通村路的要求，政策是'农民打底子，政府搞面子'，很多路当年通过村民出义务工、政府投钱修建好了，但由于搬迁了，这些路基本上不用了，造成了资源的浪费"。二是要突出重点，以点带面。陕西省红石县一位县级干部提到，"在人员安排上，应该做'一头一尾'。头就是要抓示范的地方，派干部去当领头兵，把这个地方做标准、做大做强，让其成为引领示范。尾就是要去经济发展不行、社会治理不行、产业基础设施有短板的地方，帮助解决困难"。浙江省天歌县一位县级干部提到，"我们两年争取到省里每年5000万元的美丽乡村建设资金，但是我们要做出自己的招牌、特色，就不可能广撒网。如果每一个村都给二三十万元，都去做基础设施提升，那我们永远也做不出精品来。只有集中打造精品，让大家看到美丽环境转化为美丽经济，再由精品村带动大家富裕起来，抱团发展，老百姓才有积极性"。由此看来，基层政府更加倾向于通过打造亮点和示范的方式接续推进乡村振兴。

（二）脱贫攻坚衔接乡村振兴的地方实践

1. 防止返贫：重点工作

从调研结果来看，除浙江省调研县以外，河北省、陕西省调研县仍以"防止返贫"为工作重点，对乡村振兴的探索仍处于初期阶段；湖南省、山东省调研县虽在乡村振兴框架下推进一些工作，但仍有诸多困惑和迷茫之处。在河北省千山县，有干部提到，"现在村干部和村民的意识还不是很强，他们知道从脱贫攻坚转向乡村振兴，但是转到什么程度、怎么做，还不太知道"。陕西省红石县一位乡镇干部也表示，"乡村振兴已经在做了，但感觉还是朦朦胧胧的，虽然知道二十字方针，但没有细化的方案，怎么做还是不清楚。感觉脱贫攻坚和乡村振兴的工作没有很多的变化，现在主要还是在过渡期，主要是有危险的地方需要排除"。湖南省照水县一位干部提到，"对于乡村振兴到底怎么搞，目前还是比较迷茫的，没有固定的模板，我们准备尽快到浙江省的农村去学习"。由此可见，调研各地（尤其是攻坚区和重点区）对乡村振兴的规划方向还不明确，在有效衔接的初期阶段，防止返贫依然是调研各地开展工作的核心。具体来看，一是建立防止返贫动态监测机制。例如，陕西省、湖南省调研县通过大数据对脱贫户进行动态监测，关心他们的生活，发现返贫迹象及时处理和帮扶。二是利用金融工具降低返贫风险。例如，湖南省照水县推出"事件险""稳健脱贫责任保险"等来降低返贫风险，浙江省天歌县为茶叶、油茶、特色鱼、中蜂和中药材等特色产业提供政策保险。三是关注相对贫困的预防与解决。例如，有干部指出，"未来我国乡村振兴工作的一个重要任务就是制定相对贫困的评价体系，主要是去测量相对贫困，建立相对明晰的定义和评价机制，以更好地巩固脱贫攻坚成果"。

2. 资金使用：范围拓展

资金是全面推进乡村振兴的源头活水。从基层实践来看，在脱贫攻坚衔接乡村振兴的过程中，资金使用理念发生了变化，适用的村庄类型和事务类型明显增加。以河北省千山县为例，一是资金使用理念从"到村到户"向

"到村带户"转变。该县产业资金重点之前是到户，主要是帮助农户发展特色农产品种植养殖，现在扩展到品牌提升、品种改良以及新型农业经营主体带动农户就业等更广的范围。二是资金投向的村庄类型从原贫困村向全部村庄拓展。相比于脱贫攻坚，乡村振兴的政策对象从原贫困村拓展到全部村庄，衔接资金的使用范围也自然从原贫困村拓展到全部村庄。河北省千山县的资金主要来源于中央政府和省级政府转移支付。在巩固拓展脱贫攻坚成果和全面推进乡村振兴的衔接过渡阶段，中央资金的30%可以用于非贫困村，河北省下拨的资金使用范围没有村庄类型限制，可用于所有村庄。三是资金使用的事务范围有所拓展。这一点主要体现在人居环境改善上，资金使用的范围已经从道路饮水保障拓展至村庄环境的综合改善。当然，资金使用范围的拓展必然意味着资金需求量的增加。不少地方政府表示，乡村振兴的资金缺口问题严重，需要上级部门加以支持。

3. 人员衔接：保留与传承

基层干部充分认识到脱贫攻坚对干部队伍的锤炼效果，普遍认为在脱贫攻坚同乡村振兴有效衔接的过程中，要充分保留和传承扶贫精神，用好扶贫干部这一人才资源。第一，脱贫攻坚改进了干部作风。这一点在陕西省红石县表现得尤为明显，该县基层干部概括出工作中的"三苦三真"精神，即"领导苦抓真抓、干部苦帮真帮、群众苦干真干"。该县一位乡镇干部提到，"脱贫攻坚期间，全县干部队伍'5+2''白加黑'，经常牺牲休息时间加班。这些都是靠干部的责任心、荣誉感，他们是发自内心地想把事情做好；也与全县的政治风气有关，因为全县都是这么干的，这种专注的氛围激励了人们在脱贫事业中奉献自我"。第二，脱贫攻坚改变了干部的思维方式。湖南省调研县一位干部表示，"脱贫攻坚战的几年培养，效果最明显的是干部思维方式的改变，如对产业的理解。不否认脱贫攻坚中建立的产业部分存在拔苗助长现象，但是在脱贫攻坚的过程中还培养了干部发展产业的意识"。相比于脱贫攻坚，乡村振兴对干部带动群众创业致富的能力有了更高的要求。调研显示，在被访农民中，有65.7%的人表示看重村干部"带领群众致富"的能力。由此可见，脱贫攻坚对基层干部产业发展意识的提升将有助于乡村振兴事业的顺利推进。第三，脱贫攻坚增强了村级组织的治理能力，强化了其与行政机构的沟通和联结。税费改革后，农民与国家之间的联系逐渐减弱，呈现"悬浮式治理"特征（周飞舟，2006b）。基层干部认为，脱贫攻坚显著增强了村级组织的治理能力，有效改善了干群关系，更重要的是增强了村级组织与国家行政组织之间的联系，形成了集农民、村级自治组织、国家行政组织于一体的治理结构。陕西省调研县一位乡镇干部提到，"如果没有脱贫攻坚的铺垫和锻炼，村干部对待乡村公共事务可能不会有很强的责任感和意识，态度可能会比较冷漠。而且顶层的设计怎么样，是不是政治作秀，村里的干部、老百姓是最能感受到的。脱贫攻坚至少把干部和群众联系到一起了"。第四，解决好原扶贫干部的待遇问题成为有效衔接乡村振兴的关键。调研地基层干部普遍表示，充分解决好原扶贫干部的待遇问题是全面推进乡村振兴的关键。例如，"脱贫攻坚的队伍素质很高，对这些人才要重用，要按一定比例提拔，这样才有动力继续打第二仗"，"要根据脱贫攻坚中基层干部表现，提拔表现出色的干部继续在乡村振兴中发挥作用。这对我们基层来说是一个激励，这意味着能力得到了认可，在基层工作中才有干头"。

三 防止返贫的现实压力与衔接乡村振兴的挑战

虽然顶层设计和地方实践保证了脱贫攻坚同乡村振兴有效衔接的政策落地，但调研发现脱贫攻坚同乡村振兴的有效衔接并不顺畅，其中脱贫攻坚时期政策执行的遗留问题、政策变迁带来新的不确定性以及宏观经济形势变化等非预期因素产生的一些影响最为突出，给脱贫攻坚同乡村振兴有效衔接带来现实压力和挑战，导致大部分地区的衔接工作难以找到有效突破点，甚至处于"停滞"状态，陷入仅有"防止返贫"而无"乡村振兴"的发展困境。

（一）脱贫攻坚时期政策执行的遗留问题

1. 扶贫产业的保留与淘汰之两难

产业扶贫是脱贫攻坚时期最重要的扶贫方式，乡村振兴战略也提出了"产业兴旺"的要求。但是，在脱贫攻坚时期，一些地方缺乏科学规划，存在一定程度的急功近利，导致部分产业帮扶工作陷入"产业致贫"的发展困境。具体来看，一是一些扶贫产业经营不善，导致村集体负债。以某国家级贫困村为例，该村利用扶贫款发展核桃产业，但未对核桃苗进行质量把关，导致核桃口味苦涩，难以销售，扶贫产业发展陷入困境；为完成产业分红的扶贫目标，地方政府不得不到处"化缘"，继续追加资金到该项目中。村干部坦言，"为了这个项目，村村有负债，别说靠它振兴了，窟窿都填不上"。二是部分扶贫产业导致企业负担增加。例如，某些地方要求扶贫企业十年内按照每年25%的分红和10%的返本帮助贫困户脱贫，但由于扶贫产业赢利周期长，企业往往出现运行和分红困难，不得不借助政府补贴勉强维持生存，发展前景堪忧。这些现实困境使一些扶贫产业陷入保留还是淘汰的僵局，"产业兴旺"更是无从说起。一方面，"淘汰派"认为扶贫产业和乡村振兴之"产业兴旺"对产业的定位完全不同，直接过渡不可取，应该通过市场机制淘汰缺乏竞争力的产业。一位乡镇干部认为，"扶贫产业在诞生之初就是公益性、社会性的，目的是让贫困人口脱贫；乡村振兴要发展的产业是市场性的，要能做龙头，要做大做强，带动地区经济发展。二者定位不同，发展理念也不同，盲目将二者统一，只会使地方背负沉重的负担"。另一方面，"保留派"认为如果舍弃扶贫产业，不仅会影响农民生计和减贫成果的巩固，也会失去农民对政府的信任。一位乡镇干部表示，"一旦放弃扶贫产业，就会让农民失去信心，之前做的事情就会很难持续"，"以前搞的没搞成，还能搞什么"。扶贫产业通过吸纳劳动力、土地流转、土地和资金等入股分红的方式，吸引农民尤其是贫困户参与，在脱贫攻坚过程中发挥了重要作用，但是在当前则面临保留还是淘汰的两难境地。

2. 易地扶贫搬迁后，存在农民生计可持续性问题

易地扶贫搬迁后，农民生计可持续性问题成为巩固脱贫攻坚成果的一大挑战，部分地区甚至出现了"越搬越穷"的说法。具体来看，一是集中安置点以楼房为主，无法满足农民粮食储存、禽畜养殖等需求。二是集中安置点距离农民生产地较远，部分农民被迫放弃农作物种植，经济来源减少。虽然仍有部分农民坚持往返于生产地和居住地之间，但这样无形中大幅增加了农业生产成本，且由于交通不便，易发生交通事故。三是生产地和集中居住地的分离，也导致农民在食物采购、小区物业管理等方面的日常开销增加。四是集中居住房间面积有限，且就近就业机会和发展空间有限。一位搬迁户提到，"有的越搬越穷，原来在山上种地自己有的吃，现在没有经济收入了。一些五六十岁的老人也种不成地了，一下雨就不吃菜了，因为离集镇太远，买菜不方便"。一位从集中居住地搬回老家居住的原贫困户也提到，"咱们农民还是住不惯楼房，老房子离土地近，我们都习惯了种地。在老地方住，还能种种地、养养鸡鸭，在下面（集中居住地）啥也做不了，闲得慌"。

社区工厂是解决易地搬迁农民生计问题的主要手段，但是社区工厂正面临可持续发展的压力。一是社区工厂在发展初期有政府"保姆式"扶持助力，尚未充分接受市场的检验，存在效益风险。二是社区工厂较低的工资水平对青壮年劳动力吸引力不大，雇用的员工主要是留守妇女和老人，而这些群体往往需要兼顾家庭生产和生活照料等，无法全勤工作，不利于工厂稳定、高效发展。三是从经营管理和长远发展的角度看，社区工厂要逐渐走向标准化的企业管理，这势必会升级和淘汰一些小作坊，但又会影响搬迁群众的生计，所以存在升级与不升级之间的张力问题。四是社区工厂的发展与搬迁群众的参与意愿和行动相互影响。在脱贫攻坚时期，特定的支持体系和便利机制使这一类型的工厂得以生存，也解决了大量的贫困人口就业问题，但在乡村振兴背景下，如何在有限的资源条件下继续保障当地人口的就业和收入，防止返贫或产生新的贫困问题，获得可持续的经济效益和社会效益，是亟待突破的难题。

3. 非贫困村与原贫困村、非贫困户与原贫困户之间出现新的不平衡

脱贫攻坚时期针对贫困村和贫困户的政策倾斜，导致一些非贫困村和贫困村之间的差距拉大、非贫困户滋生相对剥夺感。首先，从村级层面来看，很多非贫困村在基础设施、社会建设、干部能力、村风建设等方面已经远远落后于原贫困村。一位县级扶贫干部提到，"第一，非贫困村与贫困村相比，最明显的是基础设施落后，因为原来贫困村的认定不是按照基础设施条件，而是根据贫困人口的多少。有些贫困人口少但基础设施状况差的村，就没能得到相应的政策支持。第二，经过脱贫攻坚这几年的锻炼，贫困村组织力量的素质、水平大幅提升。相比之下，非贫困村的组织力量较弱。第三，驻村工作队逐渐改变了原贫困村村风，稳定了村情，增强了老百姓的向心力。相比之下，非贫困村干部、群众感受到村庄明显的离散倾向"。其次，从农户层面来看，非贫困户尤其是接近贫困边缘的群体对扶贫政策的一些差异化待遇感到不满，认为政策向部分自身发展动力不足的贫困户倾斜是"农村中最不公道的事"。一位农民提到，"60岁以上的老光棍可以享受每年上万元的优惠补贴，这会引起村民的不满，因那些都是好吃懒做、游手好闲的人"。一位合作社负责人表示，"乡村振兴在原贫困户和非贫困户的政策优惠上要一视同仁，不能再过度区别对待。我作为老板，还是更愿意带动非贫困户。现在贫困户不愁吃不愁穿，他们好像不太需要我带动"。由此可见，巩固拓展脱贫攻坚成果和衔接乡村振兴的过程中，需要充分了解不同类型村庄、不同群体的发展需求，处理好发展机会与发展资源分配公平性的问题。

（二）政策变迁带来新的不确定性

1. 部门权责尚不清晰，有效衔接政策不够明确

脱贫攻坚属于短期战役，乡村振兴属于长期战略。从脱贫攻坚到乡村振兴的转型，意味着我国"三农"工作重心的历史性转移。在重大政策变迁的背后，必然需要进行相应的制度调整。从调研情况来看，尽管中央已经出台有关有效衔接的多项政策文件并做出全面推进乡村振兴的战略部署，但是许多衔接制度的细节尚未确定，地方有效衔接工作开展缓慢。例如，一位地方干部表示，"在当前这个过渡期，从中央到省级都没有明确的标准和细则，如脱贫攻坚时期的医疗补贴、小额信贷在新时期是否继续开展，应该如何开展？这些都没有明确的标准，给我们基层工作的开展带来了一些困难和挑战"。还有基层干部指出，"中央提出由乡村振兴局统筹推进有关工作，但是有关工作是哪些，需要省级尽快明确体制机制"，"县乡村振兴局虽然挂牌了，由扶贫办转设，但是具体职能还未明确；名义上归县农业农村局领导，是父子关系，但实际上，二者之间又像是兄弟关系，工作职责并未理顺"。可见，由于相关政策和工作体制机制尚不明确，地方干部对于有效衔接工作的推进，还存在一定程度的观望、徘徊心理，这影响和制约了有效衔接工作的开展。

2. 政策转换与执行弹性变化导致衔接困难

脱贫攻坚同乡村振兴的有效衔接，意味着从解决贫困人口的生计问题到乡村全面高质量发展的转型。例如，如何推动绿水青山向金山银山转变，是有效衔接工作中面临的新问题。调研发现，部分地方在有效衔接乡村振兴、推进共同富裕的过程中，面临较为高昂的环境治理成本，陷入"两山发展"困境。其中，某调研县县级部门工作人员提到，"我们现在确实是讲绿水青山就是金山银山，我们这里空气好，水好，农产品也好，美丽乡村建设也好，真的都很美。那么抱着绿水青山，怎么转换为金山银山？无论是政府层面还是社会层面，其实都还有非常大的困惑"。例如，某调研县具有较为优质的生态环境，并在封山育林和生态补偿方面做了大量的工作，使农民获得一定程度的补贴，但是这些补贴与原来单纯"靠山吃山"的方式相比，收益

还是偏低的，农民收入没有得到实质性的提高。还有部分调研地区的农民表示，现在较为严格的环境治理手段导致农村很多能够带动农民致富的产业关停，使不少乡镇企业和村庄产业发展受到不同程度的冲击。在脱贫攻坚时期，一些地方性的宽松政策为耕地的"非粮化"和"非农化"提供了一定的空间，但随着宏观层面粮食安全压力的增加，国家对于防止耕地"非粮化"、遏制耕地"非农化"有了更严格的政策要求，之前发展起来的扶贫产业面临半途而废甚至可能产生大量沉没成本并危及农民生计的问题。可见，政策转换与政策执行弹性的变化所带来的不确定性也可能导致刚刚脱贫的群体返贫，这是脱贫攻坚同乡村振兴有效衔接面临的重要挑战。

（三）宏观经济形势变化等非预期因素带来一定的影响

1. 国内外政治经济形势变化影响乡村产业发展与农民务工收入

近年来，国内外政治经济形势变化和公共卫生事件给乡村各类产业带来较大的冲击。例如，在外贸产业方面，陕西省调研县一位县级干部表示，"受疫情影响，外贸订单量急剧下降，部分工厂面临生存困境。当地政府希望上级部门能够在项目资金和平台搭建方面给予鼓励和支持"。陕西省红石县社区工厂的外贸订单量、山东省青云县的苹果产业发展都不同程度地呈现下滑趋势。山东省调研地一位经营苹果生意的农民提到，"受全球新冠疫情的影响，原本出口的苹果都只能在国内消化，导致积压大量库存"。在乡村旅游方面，由于游客减少，一些投资成本较高的民宿、饭店、特色产品店面临倒闭风险。湖南省某调研村一位农民感叹道："自己以前在家里开饭店，农村客源减少导致饭菜不新鲜，恶性循环，就把店关了。"浙江省天歌县以乡村旅游撬动当地乡村发展，但是受疫情影响，2020 年以来该县的乡村旅游总体发展趋势有所放缓，2021 年外省组团旅游人数与 2019 年相比下降 20% 左右。此外，疫情除了制约乡村产业的发展外，也对农民务工收入产生一定的影响。调研发现，由于受到疫情影响以及整体经济形势不理想，河北省、陕西省、湖南省等劳务输出大省的一些农民被迫滞留家乡或被迫返乡。以陕西省红石县洞河乡为例，2022 年 2 月之前的两年内，当地就有约 500 人被迫返乡，他们的家庭收入锐减，存在较大的返贫风险。另外，河北省千山县等地的大龄农民工受城市建筑施工企业用工年龄管理规定以及其他因素影响，也被迫返乡，失去稳定的收入来源，他们同时面临医疗、养老等多重压力，返贫风险较高。

2. 多元潜在风险可能导致农民返贫

本研究对农民的负债情况和消费支出情况进行了统计分析。在529位被访农民中，有161人的家庭存在负债现象，意味着有30.4%的家庭面临负债压力。其中，40.5%的原贫困户家庭有负债现象，远高于非贫困户家庭有负债的比例（28.7%）。从负债原因来看，原贫困户大多因看病就医、村内房屋翻修（及装修）负债。首先，就消费支出结构来看，除了日常生活开支以外，看病就医是主要花费。被访农民纷纷表示，"不能生病"，也"不敢生病"。其次，本研究涉及的原贫困户有部分是易地搬迁户，尽管同意集中安置可享受购房补贴，但不少搬迁户需要借钱支付新房装修费用。尤其对于不能享受贫困户购房优惠政策的同步搬迁的非贫困户而言，购买新房是一笔巨大的额外支出，不少家户因此承担着较大的负债压力，极易再生新的贫困人口。因病返贫、因搬迁再生新贫对脱贫攻坚成果的巩固构成了挑战。

四　结论与建议

脱贫攻坚同乡村振兴的有效衔接，是国家"三农"工作重心的历史性转移。国家通过顶层设计，明确了脱贫攻坚与乡村振兴的重大关系以及总体要求和工作重点，为有效衔接的地方实践提供了方向指导。不同的地方实践者对有效衔接的政策有不同的诠释，但都认为两者在政策目标上层次差异明显，是从物质发展到物质与精神全面发展、从运动式治理到常规式治理的转型，防止返贫是保障乡村振兴全面展开的基本前提。此外，脱贫攻坚与乡村振兴在政策对象上发生了从个体到总体的转型，因此在政策实施过程中要注意精准施策，避免"大水漫灌"。在衔接的初期阶段，大部分地方实践者在积极推进资金、人才等制度要素衔接的同时，仍以防止返贫为工作重点。顶层设计和地方实践保证了脱贫攻坚同乡村振兴有效衔接的政策落地，但具体衔接过程并不顺畅，主要表现为扶贫产业的保留与淘汰等政策遗留问题、部门权责调整与政策目标转换所带来的不确定性以及突发公共卫生事件等多元风险对乡村产业与农民务工收入等的影响。这些现实压力构成返贫的风险来源，可能会影响脱贫攻坚成果的巩固及其同乡村振兴的有效衔接，使部分地区陷入仅有"防止返贫"而难有"乡村振兴"的困境。

基于上述分析，本研究认为，要想突破衔接困境，实现"防止返贫"与"乡村振兴"的稳定并轨，推动政策设计、地方实践和农民反馈之间的上下贯通，关键是要处理好脱贫攻坚战略与乡村振兴战略两者之间"变"与"不变"的对立统一关系。

第一，在政策设计中进一步明确"变"与"不变"的行动方向。脱贫攻坚是实现乡村振兴的前提条件，乡村振兴是脱贫攻坚基础上高质量推进"三农"事业发展的战略选择，两者之间既有紧密关系又有所区别。关于两者之间的异同，本研究已经在理论层面有比较详细的讨论。但是，市场竞争力弱的产业是保留还是淘汰、是继续加大对原贫困村的支持还是聚焦部分实际更落后的非贫困村、是以保护环境为主还是以发展产业为主等一系列关于"变"与"不变"的实际问题的处理方向，在政策设计中应该更加明确，避免地方实践陷入"不敢走""不知往哪走"的行动泥潭。

第二，从脱贫攻坚经验成果中寻找乡村振兴动力引擎。脱贫攻坚的伟大胜利是国家"三农"工作顺利开展的历史性丰碑。脱贫攻坚中有关"三农"工作开展的体制机制设计、干部能力培育、国家农民关系处理等丰富经验，应该成为全面开展乡村振兴的方法论。在有效衔接的过程中，应该充分总结和利用好脱贫攻坚历史遗产，在此基础上稳扎稳打推进乡村振兴，如充分利用好经受住脱贫攻坚历练的干部队伍，将其作为星星之火，燎乡村振兴之原。

第三，在乡村振兴现实变化中探求制度变迁转换逻辑。防止返贫是衔接阶段的重点工作，但若仅局限于此，忽视现实变化，就会陷入发展的"停滞"陷阱。如何从"防止返贫"走向"巩固与衔接并进"，需要辨别现实变化，处理好稳定与发展之间的关系。一方面，乡村振兴是长远战略，相比于脱贫攻坚的特惠式政策，乡村振兴在资金、项目配置等方面应该长远规划、有所侧重，避免资源浪费。另一方面，乡村振兴战略的政策对象改"户"为"村"，旨在寻求各个村庄的可持续发展，若千篇一律势必会走入发展的陷阱。所以，在政策执行的过程中，应该给予基层工作者更多的灵活性和政策空间，让其在实践探索中寻求各个村庄的长久发展之路。

21
贫富差距及其对共同富裕的挑战

　　共同富裕是社会主义的本质要求，是中国共产党百年来的奋斗目标。然而，随着生产力水平的快速提升，我国贫富差距问题日益凸显，成为实现共同富裕的突出阻碍。国家统计局公布的数据显示，我国在 2017—2021 年的基尼系数分别为 0.467、0.468、0.465、0.468、0.466，长期超过国际公认的警戒线（0.400）[①]。可见，缩小贫富差距成为实现共同富裕的必然要求。

　　学界有关我国贫富差距的研究有很多，大多采用定量分析方法，以基尼系数、洛伦兹曲线、五等分比差法等为测量方法，聚焦对收入差距的阐述和分析，较少对贫富差距其他维度的表现进行探究。事实上，贫富差距不仅表现为收入水平差距，还表现为农户之间、村庄之间、地区之间和城乡之间的多重差异。因此，只有全面呈现贫富差距的具体表现，并在此基础上分析不同维度贫富差距的成因以及贫富差距如何构成对共同富裕的挑战，才能就如何缩小贫富差距、促进共同富裕提出切实可行的建议。本研究以实地调研为基础，重点关注贫富差距在农户之间、村庄之间、地区之间和城乡之间的多维表现、形成原因和后果影响，进而提出相关建议。

一　农户之间贫富差距的多维表现与原因分析

　　随着国民经济的发展，我国农村居民的人均可支配收入不断增长，但是农民分化也在加剧。国家统计局住户抽样调查数据显示，按照收入高低将农村居民家庭进行五等分，2021 年农村收入最高 20% 家庭与最低 20% 家庭的

[①]　国家统计局，https：//data. stats. gov. cn/easyquery. htm？cn＝C01&zb＝A0A0G&sj＝2022。

人均可支配收入分别为 43082 元和 4856 元，收入比达 8.87①。值得强调的是，农户之间的贫富差距不仅体现在家庭收入水平方面，还体现在生计方式选择、住房等硬件设施和教育等软性消费方面。

（一）家庭收入水平差异

家庭收入水平差异是农户之间贫富差距最直观的体现。调研发现，村庄高收入群体与低收入群体的家庭年收入存在较大差距。表 21-1 以农民家庭年收入范围为衡量指标，展现了湖南省照水县关下村和浙江省天歌县前楼村这两个分属不同地区的村庄贫富等级分化情况。

表 21-1　湖南省关下村和浙江省前楼村农民家庭年收入比较

单位：万元

贫富等级	湖南省照水县关下村	浙江省天歌县前楼村
高收入	15 以上	100 以上
中上收入	8—15	30—100
中等收入	5—8	10—30
中下收入	2—5	2—10
低收入	1—2	1—2

从表 21-1 中可以发现，首先，关下村和前楼村虽然分属不同地区，但是两个村庄低收入家庭的年收入范围并没有太大差异，相关数值均为 1 万—2 万元。其次，关下村的高收入家庭年收入在 15 万元以上，是本村低收入家庭年收入的 10 倍左右；前楼村的高收入家庭年收入在 100 万元以上，是本村低收入家庭年收入的上百倍。可见，随着脱贫攻坚战的全面胜利，低收入农户彻底摆脱了绝对贫困状态，但是他们依然属于相对贫困群体，大多是社会救助对象或贫困边缘户、临时困难户等脱贫未脱困的人口，面临返贫风险高、内生动力不足的困境（杨立雄，2021）。与同处一村的高收入农户相比，这些贫困农户不仅家庭收入较低，而且与高收入农户的收入差距持续拉大。收入鸿沟是农户之间、地区之间贫富差距的根源，也是实现共同富裕的重要突破口。

---

① 国家统计局，https：//data. stats. gov. cn/easyquery. htm？cn＝C01&zb＝A0A09&sj＝2022。

（二）生计选择空间差异

农户收入水平与家庭生计方式密切相关。在外出务工成为大多数农民家庭主要收入来源的背景下，务工收入的高低成为村庄内部收入水平差异的重要影响因素。调研发现，中低收入家庭大多受限于家庭人口结构和劳动力数量而务工收入较低，其家庭收入水平也因此不高。以被访农民周某为例，他55岁，家中有5口人，分别为自己、妻子、两个女儿和一个儿子。其中，两个女儿正在读书，儿子患病需要长期治疗。妻子留守在家照料子女，同时种着4.5亩水稻，而周某常年在外务工，由于没有手艺，只能在建筑工地做小工。周某表示，他患有腰椎间盘突出，劳动能力有限，不能保障每个月都能获得稳定收入。由于家中不仅有正在上学的孩子，还有需要去市级医院治疗的孩子，负担过重，所以他对目前的生活状态并不满意。

从这个案例不难发现，对于普通农村家庭而言，如果有家庭成员遭遇重大疾病困扰，若再面临老人需要照料、子女需要上学等多重压力，家庭劳动分工就很有可能发生调整：一方面，需要劳动力留守在家，从事照料活动；另一方面，需要劳动力外出务工，赚取更多收入来维持家庭正常运转。在这样的情况下，其家庭生计方式可选择空间非常有限，只能以维持生存为目的谋得一份工作，以维持家庭生计。

（三）住房等硬件设施差异

住房作为农民最大的消费支出项，是透视贫富差距的重要视角（刘祖云、胡蓉，2010）。调研发现，不同农户在住房这一硬件设施上存在巨大差异。部分村民在村中修建豪华气派的别墅，或在乡镇、县城、地级市甚至北京、广州等大城市购房；而另一些村民即便选择在村中自建房屋，也可能面临高额负债，甚至有村民仍然居住在较为破旧的房屋中。例如，被访农民刘某，50岁，家中有4口人，分别为自己、丈夫、儿子和孙子。刘某的丈夫在村里为大户做工，主要工作是运输木料；儿子前几年因违法被判刑；孙子在上学。刘某本人身体有残疾，且腰部有疾病，不能干重活儿，因此没有外出务工，也没有种地，她的主要任务是照顾孙子。目前，刘某一家的主要收入来源是丈夫一人村内务工的收入。在刘某看来，"生个大病，就会致贫"。此外，刘某家因为修房子欠债20多万元，因此她认为，"家里面的房子修得好，不欠别人家钱，就算得上生活富裕了"。再如，被访农民王某，72岁，家中有4口人，分别为自己、丈夫、儿子和孙子。王某的家庭情况比较困难：丈夫生病，长期在县城医院住院；儿子多年前离婚，未外出务工，目前在医院照顾父亲；孙子患有精神疾病，在邻近乡镇的一所精神病医院住院治疗；只有她一人在村居住。王某居住的房子是三间连屋的旧房，因为家中没钱而未修缮。

与住房类似，入户道路也能在很大程度上反映出农户贫富分化状况。随着国家对乡村基础设施建设的投入逐渐增多，大部分村庄的主干道进行了硬化处理，然而农户家的入户道路有时需要农户自行出资硬化。调研发现，村庄中的相对贫困农户大多无力承担这笔费用，因此这些农户家门口的道路很多仍是土路。

（四）教育等软性消费差异

随着经济发展水平的提高，农民对美好生活有了更多需求和期许。调研发现，不同农户在教育、医疗、商业保险、休闲娱乐、清洁能源使用等软性消费方面呈现很大差异。具体来看，第一，随着农村中小学布局调整的推进，城乡之间在教育资源分配上出现较大差距，很多农村家长选择将子女送到县城学校甚至私立学校就读。然而，教育的主动上移意味着家庭需要承担更高的教育成本。调研中，有农民表示，"一年要多花好几万元在孩子的教育上，这个负担对于一般的农村家庭来说根本承受不了"。第二，农户之间的贫富差距也体现在生病后的就医选择和就诊方式上。有老年农民表示，"害怕生病，因为一生病就得问女儿要钱，有病也不敢去医院"。第三，农民对养老保障和医疗服务愈发关注，他们购买商业保险的意识也愈发强烈。然而，调研发现，实际购买相关商业保险的大多是村中的精英和高收入农户，低收入群体不具备购买商业保险的经济基础。第四，农户之间在闲暇娱乐的时间和方式上也呈现很大差异。与高收入农户经常练习广场舞、有时外出参观旅游相比，相对贫困群体大多忙于生计，既缺乏跳广场舞的休闲娱乐时间，也没有外出参观旅游的消费能力和消费意识。第五，随着经济发展水平的提高，农民对日常生活便利性、舒适性和清洁性的追求也越来越高。然而，调研显示，在清洁煤的推广过程中，一些贫困群体由于清洁煤的使用费用较高而继续选择将柴草作为做饭和取暖的重要燃料。可见，经济困难家庭在清洁能源使用方面也受限。

（五）家庭结构与可行能力差异是导致农户之间贫富差距的重要原因

调研发现，农户之间的贫富差距之所以形成，与农户家庭结构和可行能力密切相关。随着经济的快速发展，乡村中的高收入农户已经有能力获得住房、教育、医疗等优质服务，然而，与之相对的是，乡村中部分低收入农户可能没有能力获得任何服务。这些低收入农户的家庭收入来源较为单一且不稳定，总体收入甚至无法满足日常生活支出；与此同时，他们大多将家庭收入用于修建房屋、购买医疗服务等较为基础的消费事项，且在支付这些消费事项时需要承担债务压力。正因如此，这些低收入农户对"生活富裕"的要求很低，他们并不追求高水平消费，如有农户表示，"只要身体不出毛病，一天三顿饭能吃饱就得了"。可见，他们最惧怕的事情是生病，他们对未来美好生活的期许就是不生病。大多数农村低收入农户面临劳动力缺失和治病、上学等生活负担沉重的双重压力，处于弱势地位的他们缺乏改变现状的能力。正因如此，在家庭需要更多承担提供优质教育、购买婚房、抚育孙辈等责任的现实背景下，一方面，低收入农户替代性生计方式较少，一旦遭遇自然灾害、企业裁员、政策变动等突发状况，往往面临更多风险；另一方面，低收入农户很可能会因为无法为子女提供优质的住房和教育等服务而出现贫困代际传递。农户之间多元的贫富差距，无疑成为迈向共同富裕最基础、最直观的挑战。

二 村庄之间贫富差距的多维表现与原因分析

示范工作的推进和亮点工程的打造，使各地涌现出一批重点村。在调研的 10 个村庄中，共有 4 个重点村。调研发现，各地投入大量资金用于重点村的相关建设活动，同属一县的重点村和非重点村之间存在明显的贫富差距，突出表现在村庄产业发展、基础设施建设、文化活动建设等方面。

（一）村庄产业发展差异

在乡村振兴战略总体要求的五个方面里，产业兴旺居首位。产业兴旺也是各地在打造重点村时，优先考虑的一个重要因素。调研发现，各个重点村均已形成相对规模化的支柱产业。例如，陕西省松涛村在发展普通茶叶、特色茶叶、烤烟等农业产业的同时，重点围绕"田园综合体"项目启动民宿建设、农场建设和桃园建设，为后期旅游产业的发展奠定基础。湖南省关下村自 2017 年起先后共接收千万元以上的政府投资和市场资本投资，目前已初步形成芦笋、脐橙、金银花、稻米、紫薇花海五大产业并行发展的格局。山东省红果村自 1989 年开始发展苹果产业，在 2001 年自行建设果品批发市场。如今，该村几乎每家每户都种有苹果，种植总面积达 3000 亩。与此同时，该村自 2017 年开始借助农村综合性改革试点试验项目进行集体大棚建设，主要种植圣女果，目前也已初具规模。浙江省前楼村借助诗画风光带建设的契机，自 2016 年以来每年都能接收来自政府的千万元级投资，目前已培育出相对成熟的旅游产业。

与之相对的是，非重点村在产业发展方面获得的政府资金支持较少，难以形成规模效应。以河北省山桃村为例，该村的支柱产业是农业，以玉米、红薯和花生等粮食作物为主，几乎都是小农户自主经营。目前，村内既没有新型农业经营主体，也没有正在规划中的新产业和新业态。可见，重点村和非重点村在产业发展方面存在巨大差异。

（二）基础设施建设差异

近年来，国家对农村基础设施建设的投入力度不断加大，农村基础设施建设取得重要进展，成为发展农村生产、确保农民生活的有力保障。然而，调研发现，重点村与非重点村在基础设施建设上存在巨大差异。具体来看，重点村接收的基础设施投资较多，现有的基础设施已较为完备，且有进一步提升的行动或计划。例如，陕西省松涛村建设了污水处理厂，也在计划扩建社区服务场所和文化广场，加强全村范围内的亮化、绿化工程以及生态河堤人行观光道建设；湖南省关下村不仅拥有综合文化服务中心、休闲广场、农家书屋、日间照料中心、儿童之家、老人餐桌、宗祠等公共空间，而且生态无害化卫生厕所改造比例较高；山东省红果村先后投资1700 多万元，建起文化大院和休闲公园，新建社区服务楼，配套党员活动室、农家书屋、妇女之家、儿童之家、文化活动室、篮球场等多个场所；浙江省前楼村同样拥有村级广场、宗祠等公共活动场所，并在宗祠旁边修建了共享食堂。

与之相对的是，非重点村的很多村民仍在反映道路修建、路灯安装等最为基础的设施建设问题。以同属山东省青云县的红果村和川溪村为例，前者是重点村，该村为了方便村民上山采摘、运输苹果，修好了上山公路；后者是非重点村，迄今为止该村上山种地的路依旧是土路，每次下雨后村民都不得不踩着泥泞的路下地干活儿，村民虽然多次向上反映村内修建上山道路的需求，但至今没有接收到任何倾斜性建设资金。调研发现，川溪村的基础设施建设现状并非特例，而是非重点村的普遍事实。由于没有上级资金扶持，非重点村在道路修建、路灯安装等最为基础的设施建设方面无力实现全村覆盖。虽然以湖南省飞燕村为代表的一些村庄主动通过村民自筹、村干部"化缘"等方式进行基础设施建设，但村庄整体性的基础设施建设进度仍然处于滞后状态。

（三）文化活动建设差异

文化活动建设是精神文明建设的重要内容。调研发现，重点村都有自发性的文化特色活动。例如，陕西省松涛村大力开展"星级文明户""最美婆婆"等道德评选活动，并通过红黑榜，在全村范围内开展宣传教育活动；湖南省关下村积极利用传统特色节日，在春节举办舞龙灯表演，在端午节举办划龙舟比赛；山东省红果村利用新修建的文化大院，在村干部的组织带动下，衍生出广场舞、唱歌、抽鞭子等多种形式的娱乐活动，每晚都能吸引很多其他村庄的农民来共同参与；浙江省前楼村以推动当地旅游产业发展为前提，每逢大型节日都会在新修建的宗祠举办传统文化保护活动。

与之相对的是，非重点村除基础性的广场舞外，几乎没有文化建设活动。非重点村的村干部和村民大多认同文化活动组织开展的必要性，但又强调文化活动组织不起来主要有三个方面的原因。第一，没人组织。村庄大量青壮年劳动力外出务工，留守在村的老人和为数不多的妇女则忙于生计和照料等，无力承担文化活动的组织工作。这导致的现实是，重点村的村级文艺组织建设情况明显优于非重点村。调研发现，重点村村民认为村庄有文艺队的比例达44.3%，远高于非重点村的16.8%。第二，没钱组织。非重点村每年接收的上级经费只有基本运营经费，且主要用于卫生清理和环境整治，没有用于文化活动建设的多余资金。与之形成鲜明对比的是，重点村各类经费较多，完全可以从中安排部分资金用于文化活动建设。第三，活动场地受限。正如前面已经提及的，非重点村在文化基础设施建设、道路交通条件等方面处于劣势，这也会影响文化活动的实施过程和实施效果。例如，受山区地形条件影响，河北省山桃村很多村民居住分散，距离公共活动场地较远，因此他们参与公共文化活动的积极性不高。

（四）政策干预力度不同是影响村庄之间贫富差距的重要因素

从上述分析不难发现，重点村与非重点村的贫富差距大多表现为公共品供给存在差距。行政力量外部干预原本具有调节村庄之间贫富差距的功能，但是资源大量集中的过度干预可能造成村庄之间新的不平衡，以及村干部和村民之间的贫富差距感知。具体来看，政府往往选取已经具备良好产业基础和硬件设施的村庄作为重点村，并将大量项目资源下沉至重点村以打造亮点工程。在这种情况下，本就具备发展优势的村庄又多了外部资源的助力，这会进一步拉大重点村与非重点村之间的贫富差距。调研发现，这一现象已经引发非重点村村民的心理不平衡感，并对非重点村的干群关系造成影响。随着越来越多的村级公共品由国家财政直接供给，很多村民逐渐形成了这样一种认知，即村干部能否争取到上级项目用于村级公共品建设，体现了村干部的能力大小。正因如此，非重点村的村民大多认为本村之所以陷入公共品供给不足的困境，是因为"村干部能力不足，难以从上级跑下来项目"。此外，外部资源在重点村内部的分配不公也引发了部分村民的不满情绪。例如，在某重点村下辖的一个自然村，村民普遍反映，"很多村庄公共文化设施和文化建设活动，这边都没有，都在主村"。一方面，政策干预可以缩小部分贫富差距，使村庄之间的发展趋于相对平衡；另一方面，政策的过度干预或通过特殊化资源堆积的"重点打造"会拉大村庄之间的发展差距，并产生分化和割裂，不利于共同富裕的实现。

三 地区之间贫富差距的多维表现与原因分析

改革开放以来，我国区域经济格局发生重大演变，区域差距成为不可回避的重大现实问题（陈秀山、徐瑛，2004）。本研究所调研地区同时涉及东、中、西部地区，不同地区之间的贫富差距非常明显，且主要表现在地方财政投入、公共品供给、发展理念转向等方面。

（一）地方财政投入差距大

调研发现，由于区域经济发展水平不同，地方财政投入力度存在很大差异，这成为透视地区之间贫富差距的重要方面。通过对比浙江省天歌县政府和湖南省照水县政府 2020 年的财政收支情况，不难发现，天歌县由于自身及所在省的经济发展水平较高，所以财政预算和支出水平较高①；照水县则恰恰相反，财政预算和支出水平较低②。正因如此，两县对重点村的资金投入呈现很大的差异。以天歌县前楼村和照水县关下村为例，两村均为所在县的重点村。其中，前楼村 2016—2020 年获得的外部投入资金分别为 1741 万元、1400 万元、1500 万元、1700 万元和 4500 万元，除了观光园和高端民宿获得的非官方投资（主要是招商引资）外，其余资金几乎全部来自上级政府的相关部门和建设工程。这些资金主要用于助力当地的旅游产业发展，如景区环境提升、基础设施建设、河道治理和历史文化保护等方面。与之形成鲜明对比的是，关下村在产业发展方面获得的政府资金远少于市场资本投入。具体来看，关下村目前的投资性产业主要有四个，分别是现代农业产业园、生态芦笋有限公司、农林综合开发有限公司和金银花基地，除现代农业产业园和生态芦笋有限公司分别获得 1000 万元和 20 万元的上级政府投资外，其余资金全部来自社会资本。

（二）公共品供给层次有差距

由于地方财政支持力度存在差异，不同地区在公共服务供给水平上也存在差异，这成为反映不同地区贫富差距的重要维度。调研发现，在道路和饮水工程修建等基础性公共服务方面，浙江省天歌县正在致力于追求更高质量的服务，而河北省千山县、陕西省红石县、湖南省照水县等地的公共服务供给仍停留在较低水平上。具体来看，自实施乡村振兴战略以来，浙江省天歌县新建和改造提升农村公路 207.4 公里，扎实开展农村饮用水达标提标行动，饮用水困难发生率小于 2%。调研显示，天歌县农民对村庄交通情况和自来水供给情况的满意率分别为 82.1% 和 83.9%。然而，湖南省照水县在进

---

① 资料来源：当地政府网站。
② 资料来源：当地政府网站。

行道路硬化时，要求村庄自行出资建设路基，政府的财政支持只用于基本的路面硬化。因此，该县村庄修路需要依靠村民自筹或村干部"化缘"，很多道路由于村庄无力承担路基建设费用而路况不好，很多村民反映"路面不平、不宽"。另外，湖南省照水县的两个调研村庄均存在严重的饮水问题。在天歌县已经开始追求更好水质的同时，照水县的村民还在强调村内引入自来水的重要性。因此，照水县农民对村庄交通情况和自来水供给情况的满意率分别只有 53.5% 和 37.6%，远低于天歌县。

（三）发展理念转变的条件和步伐有差距

不同于河北省、陕西省、湖南省等地尤其关注地方经济发展的思维，浙江省特别强调美丽乡村建设，其发展理念已有明显的生态文明建设转向，且采取了诸多行动策略。具体来看，浙江省的生态文明建设起步较早，可以追溯至 2003 年习近平总书记担任浙江省委书记时提出的"千村示范、万村整治"工程。天歌县也是从那时起开始强调农村环境综合整治工作，当时的任务主要是村庄道路硬化、简单的污水整治和基础性的垃圾处理。2016 年，浙江省提出美丽乡村示范县的建设行动，天歌县由此启动了以整治污水、垃圾、厕所、庭院为主的四大革命。2019 年，浙江省提出未来社区建设的试点方案，天歌县便不再只是强调村庄基础设施建设和村庄风貌提升工作，而是更加关注发展产业、留住人才、留住乡愁。经过长期的生态文明建设，天歌县的生态环境、空气、地表水和饮用水都达到较高水平：生态环境状况指数基本维持在 90 左右；农村空气质量在"十三五"期间的达标率是 100%；饮用水检测涉及的 28 项指标全部达标；地表水中的Ⅰ类水和Ⅱ类水占比约为 78%，至今未检测到Ⅳ类水和Ⅴ类水。河北省、陕西省、湖南省、山东省等地则均苦于不同程度的生态约束而处于无法按照地方需要充分发展产业的困境之中。

（四）经济发展水平差异是导致地区之间贫富差距的直接原因

由于改革开放初期国家整体发展政策的倾斜性支持，以及地理区位、市场化程度、资源禀赋等多种优势要素的综合作用，我国东部地区的经济发展水平明显高于中部地区和西部地区。虽然为促进中西部地区经济发展，中央政府在后期采取了西部大开发、东西部扶贫协作和定点帮扶等多项举措，但地区之间的经济发展水平仍然存在很大差距。甚至有研究表明，我国的区域差距自 2015 年以来呈现缓慢扩大趋势（张红梅等，2019）。值得强调的是，随着经济的发展，农民不再满足于基本的物质生活需求，而是追求更为多元和全面的富裕，如"精神的自信自立自强、环境的宜居宜业、社会的和谐和睦、公共服务的普及普惠、文化产品的丰富共享"（刘培林等，2021）。在这样的背景下，东部地区由于经济发展水平较高，地方财政收入也更为充足，而在公共品供给和生态环境改善等方面具有明显的优势。

四 城乡之间贫富差距的多维表现与原因分析

调研发现，在农民的表述中，一方面，商品化和市场化的侵袭使他们面临巨大的生活压力；另一方面，随着生活水平的提高，他们对美好生活有了更多需求和期许。在这两种力量的交互作用下，当下的农民群体尤为关注城乡之间的贫富差距，并认为城镇居民拥有更优越的就业机会、公共服务和生活方式。

（一）就业机会供给差异

随着精准扶贫和乡村振兴的推进，乡村产业获得了发展。调研村庄目前主要有三类产业，一是苹果、香菇等特色农业种植养殖业，二是针织、来料加工等转移性工业生产，三是近年来不断涌现的旅游产业。虽然上述产业发展在很大程度上改善了乡村就业形势，但乡村在就业机会和就业收入方面与城镇之间依然存在很大差距。首先，乡村的就业机会有限。对于大多数乡村地区而言，一方面，产业发展没有形成规模效应，所能提供的就业机会较少；另一方面，乡村产业普遍存在低效同质化、产业结构不合理等问题，所能提供的就业岗位较为低端。其次，乡村的就业收入较低。即便是从事同一类型的工作，乡村产业的收入一般也低于城市。此外，在调研中，虽然很多农民承认从事捕捞、大棚种植等工作的收入有时不亚于外出务工，但他们普遍认为乡村中的这类工作又脏又累，不仅年轻人不愿意从事相关劳动，家长们也不希望自己的孩子以之为业。在这样的背景下，多数村民表示，"我们村的出路就是打工，本村没有什么发展，（人）回来之后没有前途"，"有能力的人都往外跑"，"发展势头还是在城市"。正因如此，目前农村的普遍现实是外出务工人口很多，主动返乡的人员数量有限。

（二）公共服务保障差异

由于城乡二元结构长期不平等，城乡公共服务差距长期存在。对于农民而言，他们对城乡差异化公共服务的认知集中于养老保障、医疗服务和教育资源三个方面。首先，在养老保障方面，农民最关心的是农村养老金问题。农民认为他们通过交公粮、上工分等方式为国家发展做出贡献，与城市职工相比只是分工不同，但是他们之间的养老金数额却相差很多。这一现象引发了很多农民的心理不平衡。其次，在医疗服务方面，虽然国家要求"村村有卫生室，乡乡有卫生院"，但是乡村医生医疗水平有限、乡村医院医疗器械不足是事实，这也使得大多数农民在生病时会直接选择去县级及以上医院看病。然而，医院层级越高，报销比例越低，这也使得很多农民无力负担在大医院就诊的医疗费用，发出"有病不敢上医院""（去）三甲以上的医院根本看不起（病）"的感慨。最后，在教育资源方面，农民认为城乡之间在师资力量、教育方式和教学质量等方面存在很大差距。很多农民表示，乡村学校的好老师都被选拔到县级及以上的学校，如今留在乡村学校的一些老师不仅教学能力不强，无法保证教学质量，部分教师还同时经营家庭产业，教学投入较少，责任心较弱，管理松散。一位农民表示，"家庭基础好一些的，就把孩子送去县里、市里等更好的地方上学。那里的教育资源更好，教育质量肯定不一样"。

（三）生活方式选择差异

随着农民对美好生活有了更多需求和期许，城乡生活方式的差距被越来越多的农民提及。在农民的认知中，乡村在生活便利性和生活丰富性方面远不及城市。首先，农民围绕生活便利性的表述主要集中在两个维度：一是在乡村，医疗、教育、商品消费等优质服务的可及性较低；二是在乡村，水、气、暖、厕所、公共交通等基础设施建设相对较弱。其次，农民围绕生活丰富性的表述大多强调乡村缺乏精神文化活动和娱乐方式。有农民表示，"农村不缺吃、不缺穿，也有汽车，与城里人最大的差别就是精神文化生活。以前村里的赌博现象很普遍，通过大力整治，取得了很好的效果；但是不能打牌之后，农户就去钓鱼；目前村民的精神文化生活还处于空白期"。如今，越来越多的农村劳动力外出务工，留在村里的大多是劳动能力受限的老年群体，他们虽有更多闲暇时间，却普遍缺乏精神文化活动。在农民看来，城镇代表着比农村更好的生活方式。不少农民感慨，"现在要想给儿子娶上媳妇，就必须在城镇买房，年轻人想有更多的生活享受"。

（四）城乡体制机制差异是导致城乡之间贫富差距的根本原因

城乡之间的贫富差距是历史发展的产物，与城乡体制机制差异密切相关。1949 年以来，随着城乡体制机制的调整，我国的城乡关系经历了四个发展阶段，分别为城乡二元对立阶段（1949—1978 年）、城乡关系趋好发展阶段（1978—2003 年）、城乡统筹发展阶段（2003—2012 年）、城乡全面融合发展阶段（2012 年至今）（叶璐、王济民，2021）。蔡禾（2021）细致梳理了 1949 年以来我国城乡关系发展的历程：在城乡二元对立阶段，我国采取"农业支持工业，乡村支持城镇"的发展思路，利用国家行政手段分别在城镇和乡村建立了完全不同的经济社会体制，城乡之间不仅在劳动力、资本、技术、商品等要素流动方面存在限制，而且在社会保障体系方面出现明显区隔；在城乡关系趋好发展阶段，市场经济体制改革虽然在很大程度上推动了劳动力、资本、技术、商品等要素在城乡之间的自由流动，但城乡差距因城乡二元结构关系的影响而呈现扩大趋势；在城乡统筹发展阶段，国家秉持"工业反哺农业、城市带动农村"的发展理念，通过取消农业税、加大农村公共服务支持力度、实施社会主义新农村建设等一系列举措缩小城乡差距，但这一阶段所贯彻的仍是"以城镇为中心"的发展理念，对乡村内生发展活力的关注不足；在城乡全面融合发展阶段，城乡发展"不再分彼此，不再分先后，不再分主次"，转而强调"乡村振兴与新型城镇化共同发展"。可以说，乡村振兴战略意味着我国的发展理念实现了从追求"更快发展"到追求"更好发展"的转变（叶敬忠，2018）。乡村振兴战略的核心是"破解城乡发展不平衡、农村发展不充分等突出问题，弥补全面建成小康社会的乡村短板"（刘彦随，2018），有利于从根本上缩小城乡贫富差距。

五 结论与建议

本研究通过对实地调研资料的分析，发现贫富差距突出体现在农户之间、村庄之间、地区之间和城乡之间，而且体现在收入水平等多个维度。具体来看，农户之间的贫富差距表现在家庭收入水平、生计方式选择、住房等硬件设施和教育等软性消费方面，村庄之间的贫富差距表现在村庄产业发展、基础设施建设和文化活动建设方面，地区之间的贫富差距表现在地方财政投入、公共品供给层次与发展理念转变的条件和步伐方面，城乡之间的贫富差距表现在就业机会供给、公共服务保障和生活方式选择方面。从某种意义上讲，上述贫富差距的多维表现反映了当下我国社会的主要矛盾，即人民日益增长的美好生活需要和不平衡不充分的发展之间的矛盾。

在全面建成小康社会、向第二个百年奋斗目标迈进的关键历史时点，党中央和政府将促进全体人民共同富裕摆在更加重要的位置，无疑是将其视为解决新时代我国社会主要矛盾的根本举措。值得强调的是，随着时代的变迁，共同富裕的内涵也在不断扩展。将"共同富裕"拆解为"共同"和"富裕"两部分加以理解，可以发现："共同"历经三重深化：在广度上，不是少数人的富裕，而是全体人民的富裕；在深度上，不是同等的富裕，而是有差异的富裕；在时间上，不是同步的富裕，而是分阶段的富裕。正因如此，有学者将共同富裕的核心内涵归纳为全民富裕、全面富裕、渐进富裕和共建富裕（燕连福、王亚丽，2022）。"富裕"已不只包括基本的物质生活富裕，还包括"精神的自信自立自强、环境的宜居宜业、社会的和谐和睦、公共服务的普及普惠、文化产品的丰富共享"（刘培林等，2021），其最终指向是实现人的全面发展。然而，上述贫富差距的现实存在对扎实推进共同富裕形成了直接挑战。首先，很多相对贫困群体仍然面临返贫风险高、内生动力不足的困境，不利于实现全民富裕；其次，部分村庄和部分地区在公共服务、文化活动、精神面貌等方面存在明显劣势，不利于实现全面富裕；再次，由于相对弱势单元的自我发展能力和风险抵御能力较弱，不同层级的贫富差距均存在进一步扩大的风险，不利于实现渐进富裕；最后，部分贫富差距形成的关键在于外部政策干预，很多弱势群体对此产生心理不平衡感，不利于实现共建富裕。

面对贫富差距的多维表现及其对共同富裕的多重挑战，本研究认为，应结合不同层级贫富差距的形成原因，分别提出改进建议。首先，农户之间的贫富差距之所以形成，与农户家庭结构和可行能力密切相关。大多数农村低收入家庭面临劳动力缺失和治病、上学等生活负担沉重的双重压力，处于弱势地位的他们缺乏改变现状的能力。因此，建议围绕这些相对贫困群体，做好兜底性民生保障工作，防止返贫。其次，村庄之间的贫富差距主要集中于公共品供给，行政力量外部干预是导致村庄之间贫富差距的主要原因。鉴于重点村的打造过程不仅容易造成资源的虹吸效应，而且可能引发非重点村的心理不平衡，建议改变通过盲目增加外部资源投入来打造重点村的偏差性做法，避免村庄之间的政策悬崖，减少投入差别。再次，经济发展水平存在差距是导致地区之间贫富差距的直接原因，而且在没有外部强烈干预的情况下，经济发展水平差异会具体表现为收入、生态、基础设施、文化活动等多个维度的贫富差距，故建议从国家层面给予整体性干预，为相对贫困地区提供倾斜性政策，如持续推动东西部协作和定点帮扶工作，并优化具体方案，切实提升帮扶效果。最后，城乡之间的贫富差距是历史发展的产物，与城乡体制机制差异密切相关。虽然乡村振兴战略的实施意味着城乡全面融合发展阶段的启动，但是城乡户籍差异所导致的社会权利不平等现象依然十分突出，因此建议切实加强城乡基本公共服务均等化建设，尤其关注乡村在就业机会与就业收入、养老保障、医疗服务、教育资源和生活方式等方面的短板现象和现实需求。

22

乡村振兴的现实问题和农民关切

农民是乡村振兴的主体和受益者，他们对乡村振兴的理解、期望和需求应作为乡村振兴工作的依据。本研究团队深切体会到，乡村振兴是亿万农民的殷切期盼，是全面建设社会主义现代化国家的重大历史任务。但是，我们也发现，目前乡村振兴战略在实施和推进过程中面临一些新问题，这些问题关系到对党的方针政策的正确理解和贯彻，也关系到农业农村现代化和农民的切身利益，应该在乡村振兴战略推进过程中给予高度关注。

乡村振兴要为农民而兴，乡村建设要为农民而建。调研发现，目前农民最关心、最迫切希望解决的依次是医疗、教育、养老、就业、种粮等九个方面的问题。尤其是，前四个方面体现了农民对乡村振兴和生活富裕最直接的理解与期盼。这九方面问题的解决将极大地提升农民的获得感、幸福感、安全感，因此应将解决现阶段农民最关心的这九方面问题作为推进乡村振兴和实现共同富裕的优先任务与重点工作。

以上总结和发现是基于本研究的访谈资料和问卷数据，前面章节已对这些总结和发现做出具体分析和详细讨论。本部分集中概要再现目前乡村振兴推进过程中的九个问题和现阶段农民最关心的九个问题，并就每个方面提出应对思路或解决方案。

一　目前乡村振兴推进过程中的九个问题

（一）农民愿当配角，主体性普遍缺位

农民应该是乡村振兴的主体，但调研发现，分别有 83.9%、66.2%、

62.6%、83.5%的被访农民认为产业兴旺、生态宜居、乡风文明、治理有效主要需靠政府等外部主体，而非主要靠农民群体自身即可。农民普遍认为，政府才是乡村振兴的主体，无论是产业发展与村庄建设，还是乡风建设与村庄治理，都要靠政府，即靠政府的资金和政策，尤其是要靠政府的资金。农民说："乡村振兴就是拿国家的钱搞农村建设"，"没有国家的钱，农村多少年也是老样子，不可能搞起来。"农民认为自己没能力、没见识，若没有政府支持，自己什么也做不了。农民说："要实现乡村振兴，国家应该当主人，老百姓见识少，起不到什么作用"，"国家支持就可以发展起来，靠老百姓是发展不起来的。"农民普遍将自己视为乡村振兴的配合者或被动参与者，认为"领导干部是乡村振兴的核心，农民是配角，主要就是帮衬"，"农民就是要积极配合上级的政策和安排"，"国家怎么说，农民怎么做就行了"。有些农民认为，村庄公共事务和公共建设需要政府花钱雇工完成，即"政府出钱，农民干活挣工资"。更有甚者，有些农民认为乡村振兴与自己无关，认为"乡村振兴不是农民自己的事情，而是国家和各级干部的事情，一切要看政府的投入和支持"。一位乡镇干部感慨道："现在的老百姓，都是两眼望着政府。"

可见，虽然国家对"三农"工作的重视程度日益提高，对农村的投入逐渐增加，但是农民的主体性和内生动力并没有相应增强。在农民心中，国家已经非常强大，既有能力，也有资源。农民说："现在国家钱多，乡村振兴就是国家要花钱搞建设"，"国家力量大，支持哪个村，哪个村就能发展，其他力量都太小。"同时，农民见证了国家在脱贫攻坚行动中对原贫困户和原贫困村的大量资金支持，以及取得的巨大脱贫成就。这些都让农民产生了政府会包揽一切的认识，而没有认识到乡村振兴的艰巨性和长期性。81.9%的被访农民明确表示对实现乡村振兴有信心，但大多数农民对乡村振兴的推进步骤和实现时间没有概念，或认为三五年、十年左右可以完成，而"具体哪年能够实现乡村振兴，就看国家的投入力度"。因此，在乡村振兴推进过程中，迫切需要从政策宣讲、媒体引导、项目设计、村庄决策、公共性培育、能力建设等方面重建农民的主体性和内生动力。

（二）乡村缺少发展机会，青年返乡意愿低

乡村振兴需要年轻人，这不仅是客观现实，也是农民的共识。农民说：

"留不住年轻人，就不可能振兴乡村"，"村庄发展需要年轻人，尤其是大学生，因为他们有朝气、有文化、有本事、有见识，还掌握技术和当前形势，能为村庄发展出谋划策"，"只有大学生来工作，村里才能变样。"然而，大多数村庄青壮年劳动力外出务工，留在村里的主要是老人和少数儿童。某调研县一位县级干部说："我们县号称有 36 万人口，但是有 10 万人口在外地，出去的绝大多数是年轻人，这对乡村振兴来说是一种隐痛，没有人怎么振兴？"

调研发现，农民普遍认为乡村振兴急需年轻人，但大多数农民又都不愿意外出家人回乡发展，主要因为年轻人在农村没有就业机会和挣钱机会，没有发展空间和发展前途。农民说："留在家里没前途、没事干、没钱赚"，"在家种地不赚钱，养不了家"，"在外能学到知识、见到世面，工作机会多、挣钱多，能有出息"，"在村里见不到什么人"，"村里的孩子教育、医疗条件都跟不上。"可见，一方面，农民普遍认识到，"只有年轻人回来了，才算是乡村振兴了"；另一方面，正如一位村干部所说："这几年，农村建设确实好起来了，但若说返乡的年轻人多起来了，那确实没有。"其实，无论是外出的年轻人，还是他们留在乡村的家人，在情感和心理上，当然都希望一家人能够在一起，而年轻人选择外出而不返乡的主要原因，是农村缺少发展机会，以及教育、医疗等设施条件与城市差距太大。其中，最关键的因素是农村没有足够的就业机会。正如一位农民指出的，"对于年轻人来说，就业是最大的吸引力。就业问题不解决，年轻人不可能回来，回来又能干什么呢？"因此，应在政策导向、物质支持、荣誉奖励等方面，鼓励年轻人尤其是大学生到乡村发展，为大学生设立村官、社工等专项岗位；应在政策、资金、用地等方面，为返乡创业青年提供支持；应将高质量就业岗位数量作为产业发展的重要指标，积极拓展乡村新业态，支持发展为农民提供多样化灵活就业机会的乡村产业。

（三）小农户生产面临"无人种地"困境，粮食安全面临挑战

调研发现，较多农村家庭的农活主要由 60 岁以上老人完成，农业老龄化是普遍的现实。尤其需要认识到，种地的群体在近几十年里基本没有改变过，即都是同一茬人，只是 20 年前他们 40 多岁，十年前他们 50 多岁。这些目前仍在种地的 60 岁以上农民坚定地认为，他们将是"最后一茬"种地

人，再过五到十年，他们不能下地干活后，农村就没人种地了。因此，十余年前人们开始讨论的"谁来种地"的问题，今天已经迫在眉睫、真的必须面对了。与此同时，现在的年轻人大多不愿回到村里种地，即使留在家乡也不会种地。"谁来种地"的主体断层问题其实已经开始显现，令农民十分担忧。一位农民说："年轻人出去打工，都不愿回来。再过十年八年，老一辈没法种地了，将会是非常严重的问题。"一位村党支部书记表示，"非常担心以后没人种地了，再过五到十年，估计一半的地都没人种了，国家的粮食安全将没法保障"。年轻人不种地的主要原因是"种地不挣钱"，从事一般的农业生产养不了家，甚至会亏本，若想靠种地来发家致富，那几乎不可能。农村人只有外出务工，才能支撑家庭生计。一位农民说："年轻人种地，养不活自己。种一年地赚的钱，还不如在城里打一个月的工。又累又不能养家，哪个年轻人会去种田？只有六七十岁的老人还在地里干活。"

当前，我国有 2.3 亿小农户，占农业经营主体的 98% 以上；小农户从业人员占农业从业人员的 90%；小农户经营耕地面积占总耕地面积的 70%①。若小农户家庭未来无人耕种土地，将严重影响国家整体的粮食安全形势。因为对于国家粮食安全来说，即使小农户只是解决自己家庭的吃饭问题，也是对国家粮食安全做出贡献。一位农民说："如果 70% 的农民能自己生产粮食，我们就很安全。如果我们国家有 4 亿—5 亿农村人口需要买粮食吃，那就是大问题。"因此，应提前做好顶层设计，以应对小农户家庭不久的将来即可能出现的"无人种地"局面；应对受年龄限制不得不返乡的农民工进行农业生产培训，鼓励他们继续从事农业生产，并加大或提高针对小农户农业生产的支持力度和补贴标准；应大力培育新型农业经营主体，在土地流转、种子资源、生产设备、基础设施、市场准入等方面提供信息服务、技术支持、财政支持，在帮助其发展壮大的同时，鼓励其融入更多绿色、共享、团结理念，与小农户及其他社会主体形成多层次、多维度的有机联结。

（四）各地普遍打造重点村，但示范作用较小

调研发现，基层干部普遍反映乡村振兴的政策导向在县（市）和乡镇层

---

① 《全国 98% 以上的农业经营主体仍是小农户》，中国政府网，2019 年 3 月 1 日，http://www.gov.cn/xinwen/2019-03/01/content_5369755.htm，最后访问日期：2022 年 3 月 22 日。

面并不明朗，实施路径并不具体。调研各地目前的做法主要是打造重点村，有的县明确提出，乡村振兴就是要抓点，不能撒"胡椒面"。调研的 5 个县均制订了建设重点村的计划，有的县计划"十四五"期间建设 3 个片区、2 个示范乡、100 个美丽乡村，有的县已经启动在每个乡镇建设 1 个重点村的行动，有的县计划在全县打造 5 个精品村。然而，这些县对重点村的选择，要求村庄必须已经具备很好的发展基础。一位县农业农村局局长说："重点村不仅要环境好，各方面都要好。如果只是环境好，而没有产业、没有文化，也不行。"可见，打造重点村的原初目标不是发挥代表性和示范性作用。尤其是，重点村通常意味着巨大的财政资金和社会资本支持。例如，所调研的某个重点村已经获得 30 多个项目共约 1.5 亿元的资金支持。这显然是其他村无法学习、无法效仿的。当地农民评价道："全县那么多村，基本都学不来，大部分村子的建设资金连重点村的零头都没有。"

这样的重点村打造，不仅起不到示范作用，没有可复制性和可推广性，也容易因过量的外部投入而导致资源的虹吸效应。地方政府常常因为需要连年投入项目和资金而无法抽身，大部分投资又以亏损收尾，出现重点村普遍负债的现象。与此同时，一些重点村的重点项目由外部公司运营，普通村民并没有参与其中，也没有获得收益。尤其是，大量资金投给重点村，而非重点村几乎得不到任何项目和资金支持。因此，部分基层干部对重点村模式表示担忧。一位村党支部书记说："社会要均衡发展，不能上面来的所有钱都堆到一个村里去，而其他村什么也拿不到。"有村干部指出，重点村在一定程度上有"跑马圈地"、套取资金之嫌，因为每年都有上级安排的大量资金，常常是为了"实施项目"而建设，需要按照政策要求而包装项目。这不仅造成了村庄之间严重的攀比现象，也拉大了村庄之间的发展差距。一位乡镇干部感慨道："乡村振兴的重点应该是非重点村。"因此，乡村振兴急需扭转催熟式重点村打造的普遍做法，在共同富裕的思想指导下，防范政策悬崖，缩小地区之间、村庄之间的投入差别和发展差距。

（五）乡村旅游民宿多旅客少，盲目开发造成乡村旅游繁荣幻象

乡村旅游是很多地方开展乡村振兴工作的重要抓手，也几乎是所有重点村的发展目标。调研的 5 个县都提出了"全域旅游"的发展构想。在调研的 10 个村中，有 7 个已经开展乡村旅游或已经制订明确的计划。有的调研县计划在几乎一半的乡镇和行政村发展乡村旅游，很多调研村将旅游视为发展的唯一出路，希望以乡村民宿、休闲农业、艺术小镇等形式吸引八方游客，带动餐饮等配套服务业的发展。然而，与民宿建设热和旅游项目热形成鲜明反差的是，游客很少，收入有限，效益不佳。某调研乡依托万亩油菜基地，发展休闲观光乡村旅游，举办油菜花文化旅游节，但当地村党支部书记坦言道："只有油菜花，也吸引不了多少人，有点空。"某调研省乡村旅游的投入力度很大，硬件设施等建设得很好，但农民说："民宿多、旅客少，人气上不来，星期一到星期五没什么人来"，"各村都办民宿，项目盘子搞得都很大，但游客从哪里来？"这也导致了乡村旅游的普遍亏损。当地一位村干部指出，"在光鲜的'中国最美乡村'背后，是普遍性的亏本经营"。当地一个旅游村原有10余家民宿，目前只剩下路边的2家还开着；另一个旅游村原有10余家饭店，目前只剩下3家在营业。很多民宿和饭店长期亏本，虽多次更换经营者，但最终还是会因经营不下去而关闭。

乡村旅游的主要问题在于太多地方一哄而上，盲目上马民宿、村庄改造等旅游项目，过分关注外来艺术文化的包装而忽视乡村特色文化的挖掘。这种打造方式被村民形容为"不伦不类"，因缺乏核心元素，对游客的吸引力不大且不长久。总的来说，在全国范围内，以旅游为目标的各类民宿客房、农业景区、特色小镇等项目大多高度同质化，缺乏鲜明特色，很多开业不久便早早关闭，有的靠政府补贴或举债艰难维持。一位农民指出，"村里景致没什么特别，就一条河，游客看一眼就走了，饭都不吃，留不住人"。因此，应充分认识到"旅游产业容易市场饱和"的客观现实，扭转"乡村振兴就是发展乡村旅游"的片面认识，及时遏制全国性的乡村旅游发展热，尤其是民宿建设热。与此同时，应以村庄、农民为中心，依托本地特色产业和文化开发优质旅游业态，科学研判市场需求，引导乡村旅游与耕读研学、旅居养老、农产品消费对接等相结合。

（六）村庄公共文化设施利用率低，文化下乡等活动流于形式

很多村庄修建了公共文化设施，但利用率普遍不高。一位农民说："村里有儿童之家、老人之家、农家书屋之类的东西，但种田辛辛苦苦，大家都很忙，基本没人去，都没时间参加。"另一位农民说："这里要求每个村都修建农家书屋，但利用率很低。老年人很忙，没时间去看书；年轻人更愿意看

手机，而不是去读书。"与之相对的是，与农民日常生活密切相关的公共文化活动却十分匮乏。75.8%的被访农民指出，村中没有开展过节日和民俗活动。北方的一位农民表示，"非常希望村子能像南方那样，多举办一些节日或民俗活动"。即使有些调研村庄开展过一些公共活动，也多流于形式。尤其是一些地方开展的星级文明户、文明家庭、道德文明户、好公婆、好儿媳等评比表彰活动，形式化明显。一位农民反映，"村干部评完之后，将名单上报就完事了，被评者本人都不知道自己被评上了"。一位村干部坦言道："这些活动的实际意义不大，过于偏重资料迎检，很多时候是为了表彰而表彰。"

调研各地还开展了"送戏下乡""电影下乡"等活动，但由于脱离农村现实，形式化更为严重，常常出现观众没有演员/放映员多的情况。一位县级干部说："'送戏下乡'花费了大量物力、人力和财力，但到底会起多大作用，还需要研究。"对于调研各地开展的"电影下乡"活动，无论是村民还是基层干部，都觉得是浪费资源，没有必要。一位农民说："很多时候，幕布一摆，3个放映员，2个观众，放电影的人比看电影的人还多。"被访农民普遍认为，现在家里都有网络、高清电视、手机里面都有电影，看起来很方便，闲时主要在家看电视、玩手机，没人会去看电影，而且都是老片子，画质模糊，基本只有放映员在看。因此，应从农民的文化习俗和生活需求出发，开展丰富多彩的节日和民俗活动；应鼓励、引导并支持农民自发组织文艺表演、体育运动等村庄公共活动；应通过成立老年协会、村庄文艺队等形式，开展常态化的农民自我组织、自我服务的文化建设和社会建设活动。此外，无论是各类评比还是文化下乡活动，都应该适应时代发展，符合现实需求，充分提升农民的参与感和获得感。

（七）乡村老龄化严重，乡村建设容易忽视适老化需求

10个调研村庄常在村人口中60岁及以上老年人口的占比平均为33.7%。"老年人多、年轻人少"是调研各地农村的普遍景象。几乎所有的年轻人都离开了村庄，被访农民普遍觉得"村庄空荡、人气不旺"。一位村党支部书记说："农村孩子从小接受的教育就是要'跃农门'，也就是要好好学习、远离农村。一个2000多人的村子，常年在家的只有几百人，还都是老人和孩子。"一位村干部说："农村最大的变化就是人老了，屋空了，五里之遥，

千里之别。"村庄老龄化导致了一系列的村庄失活，越来越多的年轻人将打工积蓄用于在城镇买房，农村商业因缺少年轻人消费而逐渐式微。一位农民说："在村里开小店越来越难了。20多年前，村里什么都有卖的，服装、玩具、小电器等，还有理发店、台球厅、卡拉OK，现在经营不下去了，没人气了。"在此背景下，未来谁将留在乡村，其实并不确定。很多被访农民认为年轻人不会再回农村，未来农村一定是更加空心化。一位农民说："再过几年，老年人做不动了，走了，那会变成真的空心村。"另一位农民说："乡村已经没有劳力了，我们都老了，干不动了。再过20年，村里就基本没人了。"而当前，绝大多数年轻人选择在城镇定居或在乡城之间流动，返乡意愿极低。

按照目前的趋势，很多村庄将高度老龄化。那么，这样的村庄应该如何实施乡村振兴？一些被访农民也对此产生了疑问，"10年、20年之后，村庄到底会怎样，没有年轻人在家，谁来搞乡村振兴？"一位村党支部书记说："我已经思考了八九年，村里老街区90%的地是空的，农地也有不少是抛荒的，土地资源浪费严重。国家应该将小片变大片，大片变区块。"也有很多农民指出，"乡村振兴要考虑谁来照顾老人"。总的来说，乡村老龄化将是无法逆转的趋势，至少有些村庄未来20年将高度空心化。对于这样的村庄，应尽早明确乡村振兴的方向，研究、探索适老化的现代化发展道路；应围绕以老人为主体的村庄的独特发展需求，改善老人的生产条件、生活设施、公共空间、养老服务等；应提前部署人口极度减少后的村庄调整规划，在土地制度、生产组织、设施服务、村庄治理等方面探索一系列创新。

（八）基层组织和村干部队伍建设不坚实，乡村治理效果不佳

办事公平公正、不谋私利和带领群众致富，是农民最看重的村干部能力。农民对村两委理性化管理满意度较高，但对其经营性管理满意度相对较低。有些村干部只顾忙自家的产业，将村务工作看作副业。一位农民说："村干部光忙自家事情了，忙着为自家挣钱，忙着承包工程，没把心思放在为村庄谋发展上。"有的村干部甚至为了自家的经济发展，而影响村集体的发展或阻碍其他人的发展、损害其他人的利益。农民认为，基层干部尤其是村干部群体的品格和作风是乡风文明的风向标，起着价值引领的作用。一位农民表示，"干部带得好，就有乡风文明"。农民对村庄事务的参与程度不

高，甚至有参与越来越少的趋势。部分村庄需要通过雇工形式，解决原本由村民协力完成的部分公共事务，乡村整体治理效能不高。

值得注意的是，在近几年的村两委换届中，新上任的年轻村党支部书记和村主任一肩挑，但普遍存在年纪轻、阅历浅、经验少、权威弱的问题，且有的只是为进入公务员队伍积累基层经历，并没有长期扎根村庄、为村庄发展做奉献的理想和精神。他们在领导村两委、治理村庄和带领村庄发展的过程中，常常面临各种困难和挑战。因此，应在全国范围内对村干部进行一系列主题轮训，对村庄治理中的群众参与、群众监督和群众评价进行规范并在村内公示，对新上任的年轻村党支部书记开展能力培训，并做好全方位的支持工作。

此外，不少被访农民认为，村里党员的作用发挥不明显。村内党员的发展也面临家族化、圈子化、关系化、利益化、老龄化、男性化等现实问题。尤其是女性党员占比极低，如某调研村 54 名党员中只有 3 名女性，另一个调研村 55 名党员中只有 5 名女性。总的来说，调研村庄的整体党建工作质量还不高，党组织活动较少，现有党建工作很多只是"做台账，应付检查"，影响了乡村治理的效果。因此，应在全国范围内开展村庄党建质量提升行动，对农村党员开展常规教育和培训，有意识地发展年轻党员和女性党员，探索城乡党建共建机制，开展"村庄党支部对接共建"全覆盖行动（即每一个村庄党支部对接一个城市党支部开展党建共建，城市党支部指国家机关、企事业单位的基层党支部）。

（九）短视频成为农民了解政策的重要途径，农民对政策的理解易被带偏

"玩手机"已经成为被访农民的主要休闲娱乐方式之一。农民说："晚上吃完饭没事了，翻会儿手机，看会儿抖音、快手，时间很快就过去了。"调研发现，32.3% 的被访农民频繁或经常玩手机；33.2% 的被访农民通过网络（手机/电脑）了解到国家的乡村振兴战略；45.1% 的被访农民使用智能手机时，主要用来了解政策新闻。最受农民欢迎的，便是抖音、快手等短视频平台。一位农民说："现在即使是七八十岁的老人，也经常看抖音。岁数大了，干完活儿回来吃个饭，刷一会儿抖音，就睡着了。"农民指出，对于"耕地保护""农业补贴""退林还耕""乡村振兴""农村养老"等政策的最新信息，以及种植养殖技术、市场信息等，他们大多是通过抖音、快手了解到的。然而，为了博取眼球、增加流量，一些短视频主播在介绍国家政策等信息时，常常刻意夸大或扭曲政策的核心意涵，或随意解读社会问题。

总的来说，抖音、快手等短视频平台已经成为农民了解国家政策的重要途径，影响着农民对政策的认知和理解。在流量至上的海量碎片化信息面前，农民不一定有足够的辨别能力，极容易产生政策认知偏差，这会影响干群关系、村庄治理以及政府在农民心目中的形象。因此，应在政策传播方面创新形式，借鉴短视频等通俗方式或主动利用抖音、快手等短视频平台准确传递国家政策；应在村两委培养"政策明白人"，使其既能全面准确掌握国家政策，又能以适合乡村的方式为农民释疑解惑。

二　现阶段农民最关心的九个问题

（一）医疗负担重：看病难、看病贵是农民心头的最大担忧

医疗问题排在被访农民最关心问题的第一位。在农村，因为生病而导致整个家庭的生活急转直下的情况非常普遍，农民平时最担心的就是生病和由此产生的支出负担。因此，有良好的医疗保障是农民心目中生活富裕的基础和底线。有农民说："生活富裕就是看得起病，不怕生病"；也有农民感叹道："农村家庭最怕生病，一场大病就会拖垮一个家。"现阶段，农村医疗条件有限，与城市差距较大，农民生病往往需要到县城医院或大城市的大医院治疗，医疗支出常常超出很多农民家庭的承受能力。农民反映，"乡村很难留住好医生"，"村里只能看常见的小病，生病了经常被推到乡里，乡里又推到县里或市里"。同时，基本医疗保险缴费标准上涨过快。一位农民说："过去每人每年缴10元，现在（2021年）每人每年缴280元，太贵了，种一年地也不够缴费，而且越到县外医院，报销比例越低，三甲医院根本看不起。"调研中，44.2%的被访农民指出，看病就医是其家庭近三年主要的消费支出之一。农民努力挣钱的目的之一，就是万一家庭成员生病，可以让其得到较好的医疗服务。

为农民提供医疗卫生服务，需要重点考虑资源和服务的"可获得性"与

农民的"可承担度"。建议通过建设城乡医疗联合体的方式，带动基层改善医疗设施条件；通过荣誉、职称、待遇等激励方式，鼓励高水平医生到基层工作；通过稳定医保缴费标准、提高大病报销比例等方式，减轻农民的医疗负担。

（二）教育压力大：农村孩子上学面临在村困境、离村难题

子女成才是所有农村家庭的最大愿望，而教育几乎是农家子女成才唯一的公平路径。无论家庭经济状况如何，无论需要付出多少辛劳，农民都会倾尽一切，让子女上好的学校，得到好的教育。因此，农民对教育的关心常常超乎想象。农民说："最关心的就是把孩子教育好，要搞乡村振兴，就必须解决农村的教育问题。"但是，2001年农村中小学布局调整开始后，全国范围内的村庄小学教育普遍消失，乡镇初中教育普遍式微，农村教育普遍上移至乡镇和县城，给农村家庭带来巨大的经济压力，给农村孩子带来巨大的入学和升学压力。调研发现，50岁以下的被访者对农村教育问题的反映强烈，31.3%的农村家庭明确表示对教育不满意。调研的10个村庄仅一半有幼儿园，无一有完整小学。农民表示，"学校没有了，年轻人走了，村里没人气了"，"农村的好老师都走了"，"上小学要走好几公里，接送孩子负担很重"。目前，农村教育普遍面临"城市挤不进、农村又很空"的困境。为了子女教育，农村家庭常常需要在县城购房入学或租房陪读等，很多家庭因此负债。

农村教育需要重点关注"就近上学"和"高水平师资"两个方面。建议适当考虑通过相邻村庄共建（恢复）完整村小的方式，让农村孩子"就近入学"，让教育回归农村，让农村再现活力；通过城乡教育联合体的方式，创新教育内容和形式，带动农村学校提高教学水平；通过荣誉、职称、待遇等激励方式，鼓励高水平教师到农村学校工作。

（三）养老挑战多：农村家庭养老功能弱化，养老金杯水车薪

人口老龄化成为目前中国农村的普遍现实。面对子女的"不在场"和农村生产生活条件的约束，老人养老成为每个农村家庭必须面对的压力，也是乡村振兴必须面对的现实。农民说："生活富裕要让养老有保障"，"最关心村庄的养老服务"，"最大的压力来自养老。"目前，居家生活是农村养老的

主要方式，但家庭养老的功能不断弱化，自我养老的质量不断降低。在调研村庄，70.3%的老人为老两口共同生活或独居，子女照护越来越少。被访老人表示，"孩子们都在外面，不可能在家守着我们"。此外，目前农村居民养老金水平远不能满足农村老人基本生活需要。许多农民反映，"70多岁还要打工，80多岁还得种地，每月100元钱没有办法养老"。同时，精神孤寂也是农村老人的普遍状况。总的来说，农村养老在经济供养、生活照料和精神慰藉三个方面均面临问题和挑战。

农民养老需要在家庭养老的基础上，重点考虑社区功能的发挥和社会政策的支持。建议积极推动村庄"互助养老""抱团养老"等新型社区养老方式的实践和落地；建设共享食堂、日间照料中心等场所，以解决老人（特别是空巢老人）最紧迫的生活难题；适当上调农村养老金、增加餐食补贴，以满足农村老人的基本生活需要。

（四）就业机会少：农村缺乏就业岗位，农民在地就业需求得不到满足

乡村振兴，产业兴旺是重点。在农民看来，产业兴旺，就业是重点。农民说："乡村振兴的首要任务是让农民在乡村有事做、有活干、有钱挣，这样就不用到处乱跑，而是在本地就可以打工生活了。"因此，在衡量农村产业发展水平和产业兴旺程度时，一个重要的标准就是提供就业岗位的数量。一位农民说："带动周围群众一起富起来，才算是真正的产业兴旺。如果就一个人富裕，那不叫产业兴旺。产业兴旺的标准，要看这个产业能养活多少人。"调研发现，目前乡村产业的发展无法提供吸引年轻人回乡就业的岗位，也不能满足农村中老年人口的就业需求。尤其是，随着城市"禁止60周岁以上男性、50周岁以上女性进入施工现场从事建筑施工作业"等规定的出台，不少从事相关行业的农民工不得不返回家乡，然而他们不可能立即开始养老生活。截至2022年2月，西部某调研乡约有500人因此而被迫返乡，他们收入锐减，生活状况堪忧，就地就业需求强烈。

乡村振兴中的产业兴旺需要重点关注就业和收入两个方面。应该以实现充分就地就业为目标，制定乡村产业发展规划，将就业岗位数量作为乡村产业发展政策设计和财政支持的重要指标；应该在土地流转、新型主体培育等旨在实现规模化产业发展的过程中，避免以牺牲小农户劳动就业机会为代价

来实现效率和效益的提高；应该支持发展各种可持续的乡村工坊和小车间，为农民提供多样化的灵活就业机会。

（五）种粮风险高：种粮不挣钱，农业生产面临不确定性

调研发现，"种粮不挣钱"是许多农民的共识。尽管如此，大量小农户并不愿意放弃种地，因为粮食生产是其家庭的一种安全保障。一位农民说："钱重要，粮食也很重要。"小农户普遍认识到，解决自己家庭的吃饭问题，这本身就是对国家粮食安全的贡献。但是，未来粮食种植面临很多风险和挑战。一是目前农村只剩"最后一茬"种地人，他们很多已经 60 多岁，甚至 70 或 80 多岁，而大量年轻人和二代农民工不愿种地或不会种地，再过几年农村可能面临"无人种地"的局面。二是农资、农机等粮食生产投入成本逐年上涨，而粮价长期保持较低水平，种地普遍不挣钱甚至亏本。三是粮食作物容易遭遇自然与气候灾害，以及野猪破坏等生态保护冲突，且常常没有补偿或补偿很少。四是土地被流转后，往往因为用途改变而地力受损，地貌很难恢复。

粮食生产需要充分发挥小农户的积极作用。建议针对粮食生产的一切政策支持、项目申请和补贴奖励，取消规模门槛；提高针对小农户粮食生产的补贴标准；针对因年龄限制而不得不返乡的农民工，进行农业生产培训，鼓励他们继续从事农业生产；针对遭受自然与气候灾害影响或为了生态保护而遭受野猪破坏的农作物，进行足额补贴或保险赔偿；加大对流转土地的监管力度，确保地力、地貌不受损坏。

（六）污水排放乱：生活污水缺乏处理，影响地下水源和农民健康

随着农村生活水平的提高和生活方式的现代化，农民家庭产生的生活污水越来越多。调研发现，在居住环境方面，农民普遍对目前的污水排放处理表示不满。农民说："现在农村生活污水的排放大多是'顺其自然'。"受客观条件限制，农村特别是村民居住较为分散的山区村庄，目前很难实现对家庭生活污水进行集中无害化处理。此外，因"厕改"不彻底而产生的排污问题正逐渐显现。目前，大部分调研村庄未能同步建成并入管网的污水收集系统，农民家庭产生的大量生活污水都是独立排放，且直接或通过化粪池排放到河流、湖泊、池塘、农田，或因无处可排而直接渗入地下。因此，生活污水成为农村生态宜居建设中的重大问题。一位农民反映，"排出去的污水肯

定会渗下去，而井就在家门口，所以家里的井水基本不敢吃，吃了会长结石，因此大家都买水吃"。这样的排放方式不仅污染了村庄环境和地下水资源，也威胁着农民的饮水安全和身体健康。

农村生活污水的治理需要从规范排放和科学处理两个方面入手。建议严格禁止生活污水直接向土壤排放，要求生活污水必须经管道进入村庄集中处理单元或家庭自建的化粪池；对农民进行污水处理和化粪池建设维护的技术培训，并培养农民在环境治理方面的合作意识；在"厕所革命"推进过程中，配套建设污水处理设施；在乡村建设中，优先规划和实施农村垃圾和污水处理工程。

（七）基础设施缺：部分村庄道路落后，生产生活用水无保障

基础设施关乎民生福祉。我国脱贫攻坚取得巨大成就，极大地提高了农村地区的基础设施水平。然而，调研发现，在部分丘陵地区或山区，尤其是非原贫困村，农民对乡村振兴的理解首先就是"基础设施能跟上"。他们非常希望"把家门口的路修好"，"喝上自来水"。有3个调研村庄的硬化道路未能入组入户。其中，某村通往外面的道路坑坑洼洼，一下雨就泥泞不堪，村民认为自己被路"困"在了村里，他们抱怨道："去镇上只有那一条路，还那么烂，来回10里，走路、骑车都会摔倒"，"路又破又烂，粮食既没人上门收，也很难拉到镇上卖"，"就是因为路不好，年轻人走了以后，都不愿回来"，"路不好，都不爱出门。"此外，某省的2个调研村均未实现自来水入户，因为不敢吃井水，家家户户不得不购买桶装水或净水器。除了饮水，有些调研村的生产用水也非常紧缺，影响着农业生产。在另一个省的调研村，农民普遍认为灌溉是农业生产最需要解决的问题，因为该村"浇不上水，靠天吃饭，没有保障"。

基础设施与农民的生产生活密切相关，是实现乡村振兴的基础性保障。建议对道路和用水等基础设施薄弱的村庄进行专项财政支持，确保其基础设施达到脱贫村的水平；充分调动乡贤、企业等社会资源，鼓励他们（它们）为村庄基础设施建设出钱出力；加强村庄污水治理，对村民开展节水教育和技术培训。

（八）公平感受低：村干部不能"一碗水端平"，农民评价不高

对于农民来说，村干部是与其日常生产生活联系最直接、最密切的

"官"。农民认为，村干部最重要的是在安排村庄事务、分配利益资源、处理村内纠纷时保持公正，要"一碗水端平"。在农民看来，公平是乡村治理的最重要原则，村干部不一定要有经济实力，但一定要办事公平公正。调研发现，71.0%的被访农民看重村干部"办事公平公正、不谋私利"的能力和表现。农民说，治理有效要靠"村干部以身作则，解决不公平的问题"。然而，部分村干部在处理村庄事务时，常常看其他人与自己的关系远近，尤其是在利益和资源分配中，与村干部关系近的家族、亲戚、朋友等，或者村干部自己，往往获得更多。在扶贫、低保、救助等各类政府支持项目的实施过程中，那些未获得利益和资源的农户甚至是村庄，产生了巨大的心理不平衡。农民常说："农村是熟人社会，办事容易'看关系'"，"很多补贴分配不合理，不是亲戚、朋友的，根本轮不上。"在脱贫攻坚过程中，贫困户与非贫困户待遇悬殊、重点村与非重点村资源差距大，农民对此有较大的意见。

要想治理公平，需要提高村庄治理的透明度和参与度。建议对国家、社会和村庄自己创造的各项资源的分配过程和结果进行规范，并在村内公示，尽可能避免在农户之间出现悬崖式差距；对村庄各项工作中的群众参与、群众监督和群众评价进行规范，并在村内公示；对村干部开展常态化的职业道德和能力提升培训。

（九）政策执行硬：地方政府"一刀切"，影响农民正常生产生活

全国有 50 多万个行政村[①]，具有异质性是乡村的基本特点，因此国家政策的实施必须因地制宜，充分考虑各地的自然条件和农民的生产生活现实。国家多次强调，乡村振兴不搞"一刀切"、不刮风。然而，一些地方政府为了"保证不出事"，常常采取"免责第一"的简单化思维，不顾农民生产生活的特点，制定各种"不准""不得""不允许"的禁令，并整齐划一地将其移植到村庄，强加给农民。一位农民反映，当地要求农民不得无证使用电焊，若要使用，必须办证，使用前必须向镇政府申请备案。还有农民反映，当地以"生态"之名，禁止村庄出现"三堆"，即草堆、土堆、粪堆，但这显然与农民使用柴草烧炕和家庭养殖相矛盾。虽然很多"禁令"的出台是因

---

① 《全国 51.2 万个行政村全面实现"村村通宽带"》，光明网，https://politics.gmw.cn/2022-01/20/content_35462009.htm。

为当地出现过"事故",但只要进行生产生活,某些"事故"就不可能完全避免。

政策执行是为了发展农村、服务农民。乡村振兴的各类政策应以发展农村生产为目标,加强生产过程中的技术服务和监督指导,而不是简单地禁止正常的生产活动;应以服务农民生活为目标,加强对农民生活方式的科学引导和现代化改造,而不是一味地消灭农民的生活方式。

参考文献

蔡禾，2021，《新中国城乡关系发展与当下面临的问题》，《社会学评论》第1期。

蔡松涛，2020，《实现脱贫攻坚与乡村振兴有效衔接的探索与启示——以兰考县为例》，《中州学刊》第11期。

曹端波、李亚，2019，《社区营造视角下的乡村社会建设——以侗寨占里的乡村权威"寨老"为例》，《原生态民族文化学刊》第1期。

陈宝玲、黄英、国万忠，2021，《乡村治理现代化视域下的村干部职业化：时代特征与实践逻辑》，《农林经济管理学报》第2期。

陈锋，2015，《分利秩序与基层治理内卷化 资源输入背景下的乡村治理逻辑》，《社会》第3期。

陈浩天，2014，《回应性治理：农户需求与国家政策整合的基层面向》，《西北师大学报》（社会科学版）第6期。

陈家建，2013，《项目制与基层政府动员——对社会管理项目化运作的社会学考察》，《中国社会科学》第2期。

陈家建，2017，《项目化治理的组织形式及其演变机制——基于一个国家项目的历史过程分析》，《社会学研究》第2期。

陈家建、巩阅瑄，2021，《项目制的"双重效应"研究——基于城乡社区项目的数据分析》，《社会学研究》第2期。

陈那波、蔡荣，2017，《"试点"何以失败？——A市生活垃圾"计量收费"政策试行过程研究》，《社会学研究》第2期。

陈秀山、徐瑛，2004，《中国区域差距影响因素的实证研究》，《中国社会科学》第5期。

陈义媛，2017，《土地托管的实践与组织困境：对农业社会化服务体系构建的思考》，《南京农业大学学报》（社会科学版）第6期。

陈义媛，2018，《中国农资市场变迁与农业资本化的隐性路径》，《开放时代》第

3 期。

程为敏，2005，《关于村民自治主体性的若干思考》，《中国社会科学》第 3 期。

崔晶，2022，《基层治理中的政策"适应性执行"——基于 Y 区和 H 镇的案例分析》，《公共管理学报》第 1 期。

丁波，2020，《乡村振兴背景下农村集体经济与乡村治理有效性——基于皖南四个村庄的实地调查》，《南京农业大学学报》（社会科学版）第 3 期。

豆书龙、叶敬忠，2019，《乡村振兴与脱贫攻坚的有机衔接及其机制构建》，《改革》第 1 期。

杜春林、张新文，2015，《从制度安排到实际运行：项目制的生存逻辑与两难处境》，《南京农业大学学报》（社会科学版）第 1 期。

杜姣，2022，《乡村振兴背景下村治主体精英结构的转型及其影响》，《探索》第 3 期。

范德普勒格，扬·杜威，2013，《新小农阶级》，社会科学文献出版社。

范德普勒格，扬·杜威，2020，《小农与农业的艺术：恰亚诺夫主义宣言》，潘璐译，叶敬忠译校，社会科学文献出版社。

范跃进，1998，《农业的弱质特性与农业保护》，《东岳论丛》第 6 期。

费孝通，2012，《乡土中国》，北京大学出版社。

冯朝睿、徐宏宇，2021，《当前数字乡村建设的实践困境与突破路径》，《云南师范大学学报》（哲学社会科学版）第 5 期。

冯道杰、汪婷，2010，《合力推进农村集体经济发展与农民组织化》，《武汉理工大学学报》（社会科学版）第 6 期。

冯军旗，2010，《中县干部》，博士学位论文，北京大学。

冯旭，2021，《乡村振兴中的农村生态环境治理共同体建设》，《甘肃社会科学》第 3 期。

付伟、焦长权，2015，《"协调型"政权：项目制运作下的乡镇政府》，《社会学研究》第 2 期。

干靓、钱玲燕、杨秀，2020，《乡村内生型发展活力测评——德国巴伐利亚州的实践与启示》，《国际城市规划》第 5 期。

高宏存、马亚敏，2018，《移动短视频生产的"众神狂欢"与秩序治理》，《深圳大学学报》（人文社会科学版）第 6 期。

高鸣、芦千文，2019，《中国农村集体经济：70 年发展历程与启示》，《中国农村经济》第 10 期。

高万芹，2019，《村干部职业化的实践，后果及其制度监控——以南京远郊农村经验为例》，《南京农业大学学报》（社会科学版）第 1 期。

高雪莲、李阳阳，2019，《农业跑步机理论：研究述评与中国实践》，《中国农业大学
学报》（社会科学版）第 2 期。

龚丽兰、郑永君，2019，《培育"新乡贤"：乡村振兴内生主体基础的构建机制》，
《中国农村观察》第 6 期。

郭磊，2020，《乡村振兴视域下乡村治理的困境与对策》，《农业经济》第 5 期。

郭琳琳、段钢，2014，《项目制：一种新的公共治理逻辑》，《学海》第 5 期。

郭倩倩、王金水，2021，《乡村振兴背景下农民主体性提升的困境及其纾解》，《江海
学刊》第 5 期。

郭占锋、李轶星、张森、黄民杰，2021，《村庄市场共同体的形成与农村社区治理转
型——基于陕西袁家村的考察》，《中国农村观察》第 1 期。

郭占锋、张森、黄民杰，2021，《旅游文化发明与乡村市场体系重构——对一个关中
村庄的社会学剖析》，《社会学评论》第 6 期。

国家统计局，2021，《国务院第七次全国人口普查领导小组办公室负责人接受中新社
专访》，国家统计局网站，5 月 13 日，http://www.stats.gov.cn/ztjc/zdtjgz/zgrk
pc/dqcrkpc/ggl/202105/t20210519_1817705.html，最后访问日期：2022 年 9 月
1 日。

韩博天、石磊，2008，《中国经济腾飞中的分级制政策试验》，《开放时代》第 5 期。

韩庆龄，2020，《村社统筹：小农户与现代农业有机衔接的组织机制》，《南京农业大
学学报》（社会科学版）第 3 期。

郝晓雅、陈胜开、张茜，2021，《新乡贤一定会受欢迎吗——乡村治理中新乡贤参与
的困境破解与路径优化》，《领导科学》第 18 期。

何慧丽、苏志豪，2019，《返乡青年何以返乡？——基于主体性视角的考察》，《贵州
社会科学》第 10 期。

何阳，2020，《多元主体互动视域下民族地区"三治合一"乡村治理体系建设》，《西
南民族大学学报》（人文社会科学版）第 12 期。

贺雪峰，2018，《乡村振兴战略要服务老人农业》，《河海大学学报》（哲学社会科学
版）第 3 期。

贺雪峰，2019，《乡村振兴与农村集体经济》，《武汉大学学报》（哲学社会科学版）
第 4 期。

胡溢轩，2019，《生存之忧与发展之惑：乡村振兴视域下青年村干部的角色重构》，
《中国青年研究》第 9 期。

湖南省人民政府网，2021，《湖南省"两办"印发〈意见〉：进一步加快发展壮大农

村集体经济》，9 月 15 日，https：//www. hunan. gov. cn/hnszf/hnyw/sy/hnyw1/
　　202109/t20210915_20580417. html，最后访问日期：2022 年 7 月 29 日。

黄承伟，2021，《脱贫攻坚有效衔接乡村振兴的三重逻辑及演进展望》，《兰州大学学
　　报》（社会科学版）第 6 期。

黄克己、张朝枝、吴茂英，2021，《遗产地居民幸福吗？基于不同旅游扶贫模式的案
　　例分析》，《旅游学刊》第 11 期。

黄永林、吴祖云，2021，《乡村文化建设中农民主体意识建构与作用发挥》，《理论月
　　刊》第 3 期。

黄震方、张圆刚、贾文通、洪学婷、余润哲，2021，《中国乡村旅游研究历程与新时
　　代发展趋向》，《自然资源学报》第 10 期。

黄宗智，2016，《中国的隐性农业革命（1980—2010）——一个历史和比较的视野》，
　　《开放时代》第 2 期。

黄宗智、龚为纲、高原，2014，《“项目制”的运作机制和效果是“合理化”吗?》，
　　《开放时代》第 5 期。

黄祖辉，2018，《准确把握中国乡村振兴战略》，《中国农村经济》第 4 期。

霍军亮、吴春梅，2018，《乡村振兴战略背景下农村基层党组织建设的困境与出路》，
　　《华中农业大学学报》（社会科学版）第 3 期。

霍军亮、吴春梅，2019，《乡村振兴战略下农村基层党组织建设的理与路》，《西北农
　　林科技大学学报》（社会科学版）第 1 期。

贾俊雪、秦聪、刘勇政，2017，《“自上而下”与“自下而上”融合的政策设计——
　　基于农村发展扶贫项目的经验分析》，《中国社会科学》第 9 期。

江小娟，2020，《江小娟学术自传》，广东经济出版社。

江宇，2020，《“烟台经验”的普遍意义》，《开放时代》第 6 期。

江宇、戚桂峰，2019，《实现邓小平“两个飞跃”思想的有益探索——对烟台市推进
　　“党支部领办合作社”的调研》，《世界社会主义研究》第 11 期。

姜长云，2018，《实施乡村振兴战略需努力规避几种倾向》，《农业经济问题》第
　　1 期。

姜正君，2020，《脱贫攻坚与乡村振兴的衔接贯通：逻辑、难题与路径》，《西南民族
　　大学学报》（人文社会科学版）第 12 期。

蒋永甫、张东雁，2019，《自主与嵌入：乡村振兴战略中基层党组织的行动策略》，
　　《长白学刊》第 1 期。

景跃进，2013，《中国的“文件政治”》，载北京大学国家发展研究院编《公意的边
　　界》，上海人民出版社。

景跃进，2018，《中国农村基层治理的逻辑转换——国家与乡村社会关系的再思考》，《治理研究》第 1 期。

柯炳生，2021，《更好发挥两个作用，确保国家粮食安全》，《农业经济与管理》第 3 期。

雷刘功、徐刚、周嵘，2021，《铸牢共同富裕的基石——浙江高质量发展新型农村集体经济的实践与启示》，《农村工作通讯》第 19 期。

李长健、李曦，2019，《乡村多元治理的规制困境与机制化弥合——基于软法治理方式》，《西北农林科技大学学报》（社会科学版）第 1 期。

李华胤，2019，《乡村振兴视野下的单元有效与自治有效：历史变迁与当代选择》，《南京农业大学学报》（社会科学版）第 3 期。

李怀瑞、邓国胜，2021，《社会力量参与乡村振兴的新内源发展路径研究——基于四个个案的比较》，《中国行政管理》第 5 期。

李建勇、张建英，2020，《"空心村"与"老龄化"背景下乡村振兴路径探析——以山东省 N 村为例》，《华北电力大学学报》（社会科学版）第 4 期。

李骏，2016，《中国城镇劳动力市场分割：一个整合与比较分析》，《江海学刊》第 3 期。

李丽娟，2021，《乡村旅游中"乡土性"的传承与保护》，《社会科学家》第 5 期。

李梅，2021，《新时期乡村治理困境与村级治理"行政化"》，《学术界》第 2 期。

李瑞昌，2012，《中国公共政策实施中的"政策空传"现象研究》，《公共行政评论》第 3 期。

李希光、杜涛，2009，《超越宣传：变革中国的公共政策传播模式变化——以教育政策传播为例》，《新闻与传播研究》第 4 期。

李小艺，2021，《中国公共政策执行中的程序认证——基于贵州省 P 县精准扶贫动态管理的政策实践分析》，《公共管理学报》第 1 期。

李小云、齐顾波、龙治普、赵静娟，2008，《乡村社区秩序重塑：外部干预与农户生计的互动》，《广西民族大学学报》（哲学社会科学版）第 3 期。

李晓晴，2022，《新时代乡村振兴战略全面推进（中国这十年·系列主题新闻发布）》，《人民日报》6 月 28 日，第 2 版。

李亚、尹旭、何鉴孜，2015，《政策话语分析：如何成为一种方法论》，《公共行政评论》第 5 期。

李燕凌、高猛，2021，《农村公共服务高质量发展：结构视域、内在逻辑与现实进路》，《行政论坛》第 1 期。

李耀锋、熊春文、尹忠海，2020，《新型农业经营主体嵌入式培育及其带动作用——

以石城为例》，《西北农林科技大学学报》（社会科学版）第 6 期。

李祖佩，2012，《论农村项目化公共品供给的组织困境及其逻辑——基于某新农村建设示范村经验的实证分析》，《南京农业大学学报》（社会科学版）第 3 期。

李祖佩，2015，《项目制的基层解构及其研究拓展——基于某县涉农项目运作的实证分析》，《开放时代》第 2 期。

李祖佩，2016，《"新代理人"：项目进村中的村治主体研究》，《社会》第 3 期。

刘畅、吕杰、付娆，2021，《小农户嵌入现代农业的衔接模式及其绩效研究》，《农村经济》第 10 期。

刘河庆、梁玉成，2021，《政策内容再生产的影响机制——基于涉农政策文本的研究》，《社会学研究》第 1 期。

刘焕、秦鹏，2020，《脱贫攻坚与乡村振兴的有机衔接：逻辑、现状和对策》，《中国行政管理》第 1 期。

刘军强、鲁宇、李振，2017，《积极的惰性——基层政府产业结构调整的运作机制分析》，《社会学研究》第 5 期。

刘栋子，2017，《乡村振兴战略的全域旅游：一个分析框架》，《改革》第 12 期。

刘民坤、任莉莉、邓小桂，2021，《乡村振兴战略的旅游路径研究——准入门槛及其差异化选择》，《经济管理》第 10 期。

刘培林、钱滔、黄先海、董雪兵，2021，《共同富裕的内涵、实现路径与测度方法》，《管理世界》第 8 期。

刘培伟，2010，《基于中央选择性控制的试验——中国改革"实践"机制的一种新解释》，《开放时代》第 4 期。

刘启英，2019，《乡村振兴背景下原子化村庄公共事务的治理困境与应对策略》，《云南社会科学》第 3 期。

刘少杰、林傲耸，2021，《中国乡村建设行动的路径演化与经验总结》，《社会发展研究》第 2 期。

刘守英、熊雪锋，2018，《我国乡村振兴战略的实施与制度供给》，《政治经济学评论》第 4 期。

刘学武、杨国涛，2020，《从脱贫攻坚到乡村振兴的有效衔接与转型》，《甘肃社会科学》第 6 期。

刘彦随，2018，《中国新时代城乡融合与乡村振兴》，《地理学报》第 4 期。

刘依杭，2022，《小农户融入农业产业链的选择偏好及异质性研究——以河南省为例》，《地域研究与开发》第 1 期。

刘祖云、胡蓉，2010，《城市住房的阶层分化：基于 CGSS2006 调查数据的分析（英文）》，《社会》第 5 期。

刘祖云、张诚，2018，《重构乡村共同体：乡村振兴的现实路径》，《甘肃社会科学》第 4 期。

楼栋、孔祥智，2013，《新型农业经营主体的多维发展形式和现实观照》，《改革》第 2 期。

卢祥波、邓燕华，2021，《乡村振兴背景下集体与个体的互惠共生关系探讨——基于四川省宝村的个案研究》，《中国农业大学学报》（社会科学版）第 3 期。

鲁杰、王帅，2021，《乡村振兴战略背景下农村基层党组织的定位、困境与发展》，《西北农林科技大学学报》（社会科学版）第 6 期。

陆林、任以胜、朱道才、程久苗、杨兴柱、杨钊、姚国荣，2019，《乡村旅游引导乡村振兴的研究框架与展望》，《地理研究》第 1 期。

吕方、苏海、梅琳，2019，《找回村落共同体：集体经济与乡村治理——来自豫鲁两省的经验观察》，《河南社会科学》第 6 期。

吕鹏、刘学，2021，《企业项目制与生产型治理的实践——基于两家企业扶贫案例的调研》，《中国社会科学》第 10 期。

罗敏，2019，《从"离乡"到"返乡"：青年参与乡村振兴的行动逻辑——基于 H 省 Z 市 1231 名青年的问卷调查分析》，《中国青年研究》第 9 期。

罗萨，哈特穆特，2018，《新异化的诞生：社会加速批判理论大纲》，郑作彧译，上海人民出版社。

马彦涛、于珊，2018，《谁来担负乡村振兴的重任》，《人民论坛》第 12 期。

毛一敬、刘建平，2021，《乡村文化建设与村落共同体振兴》，《云南民族大学学报》（哲学社会科学版）第 3 期。

梅立润、唐皇凤，2019，《党建引领乡村振兴：证成和思路》，《理论月刊》第 7 期。

孟凯、李佳宾、陈险峰、范士陈、娄晨曦，2018，《乡村旅游地发展过程中"公地悲剧"的演化与治理》，《旅游学刊》第 8 期。

苗大雷、王修晓，2021，《项目制替代单位制了吗？——当代中国国家治理体制的比较研究》，《社会学评论》第 4 期。

慕良泽，2018，《村民自治研究 40 年：理论视角与发展趋向》，《中国农村观察》第 6 期。

欧阳静，2009，《运作于压力型科层制与乡土社会之间的乡镇政权 以桔镇为研究对象》，《社会》第 5 期。

欧阳静，2011，《压力型体制与乡镇的策略主义逻辑》，《经济社会体制比较》第 3 期。

潘坤、黄杰，2018，《农村污染治理中的农民主体性思考》，《农村经济》第 4 期。

覃志敏、陆汉文，2021，《细分式组织化：小弱农户和现代农业发展有机衔接的具体路径——以广西两个脱贫村的农业发展为例》，《江汉论坛》第 11 期。

邱新有、肖荣春、熊芳芳，2005，《国家农村政策传播过程中信息缺失现象的探析》，《江西社会科学》第 10 期。

邱泽奇、张樹沁、刘世定、许英康，2016，《从数字鸿沟到红利差异——互联网资本的视角》，《中国社会科学》第 10 期。

曲甜、黄蔓雯，2022，《数字时代乡村产业振兴的多主体协同机制研究——以 B 市 P 区"互联网+大桃"项目为例》，《电子政务》第 1 期。

渠敬东，2012，《项目制：一种新的国家治理体制》，《中国社会科学》第 5 期。

全世文，2022，《中国粮食安全战略及其转型》，《华南师范大学学报》（社会科学版）第 3 期。

《人民日报》，2013，《习近平：建设宏大高素质干部队伍 确保党始终成为坚强领导核心》，6 月 30 日，第 1 版。

《人民日报》，2015，《习近平在贵州调研时强调：看清形势适应趋势发挥优势 善于运用辩证思维谋划发展》，6 月 19 日，第 1 版。

任克强，2017，《政绩跑步机：关于环境问题的一个解释框架》，《南京社会科学》第 6 期。

任宇东，2015，《农村雇佣关系中的权宜理性——以鲁东 A 村烟草种植户为例》，《湖南农业大学学报》（社会科学版）第 4 期。

阮海波，2022，《"趋粮化"抑或"非粮化"：粮食安全的张力及调适》，《华南农业大学学报》（社会科学版）第 4 期。

阮荣平、曹冰雪、周佩、郑风田，2017，《新型农业经营主体辐射带动能力及影响因素分析——基于全国 2615 家新型农业经营主体的调查数据》，《中国农村经济》第 11 期。

沈费伟、叶温馨，2021，《数字乡村建设：实现高质量乡村振兴的策略选择》，《南京农业大学学报》（社会科学版）第 5 期。

史普原，2016，《政府组织间的权责配置——兼论"项目制"》，《社会学研究》第 2 期。

司振中、代宁、齐丹舒，2018，《全球替代性食物体系综述》，《中国农业大学学报》（社会科学版）第 4 期。

斯科特，詹姆斯·C.，2007，《弱者的武器》，郑广怀、张敏、何江穗译，译林出版社。

斯科特，詹姆斯·C.，2013，《农民的道义经济学：东南亚的反叛与生存》，程立显、刘建译，译林出版社。

斯科特，詹姆斯·C.，2019，《国家的视角：那些试图改善人类状况的项目是如何失败的》，王晓毅译，胡博校，社会科学文献出版社。

搜狐网，2019，《浙江省委、省政府办公厅发文强调 推进村级集体经济"飞地"抱团发展》，1月7日，https：//www.sohu.com/a/287295996_822829，最后访问日期：2022年6月10日。

隋筱童，2019，《乡村振兴战略下"农民主体"内涵重构》，《山东社会科学》第8期。

孙瑞，2016，《老龄化背景下传统村落发展的新思路》，《规划60年：成就与挑战——2016中国城市规划年会论文集（15乡村规划）》，辽宁沈阳。

孙新华，2020，《统分结合双层经营的地权基础》，《人文杂志》第8期。

孙秀林，2011，《华南的村治与宗族——一个功能主义的分析路径》，《社会学研究》第1期。

孙英，2018，《正确认识全面把握人民美好生活需要》，《光明日报》12月26日，第2版。

孙兆霞，2017，《以党建促脱贫：一项政治社会学视角的中国减贫经验研究》，《中国农业大学学报》（社会科学版）第5期。

谭秋成，2008，《农村政策为什么在执行中容易走样》，《中国农村观察》第4期。

汤茜、丁圣彦，2020，《多功能农业景观：内涵、进展与研究范式》，《生态学报》第13期。

唐仁健，2021a，《以高度政治自觉奋力开创乡村振兴新局面》，《中国纪检监察》第6期。

唐仁健，2021b，《从讲政治的高度看"三农"抓"三农" 推动"十四五"农业农村工作开好局起好步——在全国农业农村厅局长会议上的讲话》，《农村工作通讯》第7期。

唐兴军、李定国，2019，《文化嵌入：新时代乡风文明建设的价值取向与现实路径》，《求实》第2期。

田毅鹏、胡曜川，2021，《农村政策传递过程中的技术选择及乡土契合性初论》，《社会政策研究》第4期。

涂尔干，埃米尔，2000，《社会分工论》，渠东译，生活·读书·新知三联书店。

涂圣伟，2014，《工商资本下乡的适宜领域及其困境摆脱》，《改革》第9期。

汪锦军、王凤杰，2019，《激发乡村振兴的内生动力：基于城乡多元互动的分析》，

《浙江社会科学》第 11 期。

汪三贵、冯紫曦，2020，《脱贫攻坚与乡村振兴有效衔接的逻辑关系》，《贵州社会科学》第 1 期。

王春光，2018，《关于乡村振兴中农民主体性问题的思考》，《社会发展研究》第 1 期。

王春光，2021，《社会治理"共同体化"的日常生活实践机制和路径》，《社会科学研究》第 4 期。

王剑峰，2018，《小国在联合国中的制度性权力探析》，《国际关系研究》第 3 期。

王杰，2020，《村干部职责超载现象探析》，《重庆科技学院学报：社会科学版》第 5 期。

王扩建，2017，《城镇化背景下的村干部职业化：生成逻辑、困境与对策》，《中共天津市委党校学报》第 1 期。

王乐君、寇广增、王斯烈，2019，《构建新型农业经营主体与小农户利益联结机制》，《中国农业大学学报》（社会科学版）第 2 期。

王立胜，2018，《从农业产业化到农业农村现代化》，《大众日报》11 月 21 日，第 11 版。

王丽惠，2015，《控制的自治：村级治理半行政化的形成机制与内在困境——以城乡一体化为背景的问题讨论》，《中国农村观察》第 2 期。

王宁，2019，《乡村旅游与乡村文化复兴：一个消费者赞助的视角》，《旅游学刊》第 6 期。

王浦劬、赖先进，2013，《中国公共政策扩散的模式与机制分析》，《北京大学学报》（哲学社会科学版）第 6 期。

王绍光，2008，《学习机制与适应能力：中国农村合作医疗体制变迁的启示》，《中国社会科学》第 6 期。

王思斌，2018，《社会生态视角下乡村振兴发展的社会学分析——兼论乡村振兴的社会基础建设》，《北京大学学报》（哲学社会科学版）第 2 期。

王思琦，2022，《中国政策试点中的随机实验：一种方法论的探讨》，《公共行政评论》第 1 期。

王廷勇、杨丽、郭江云，2021，《数字乡村建设的相关问题及对策建议》，《西南金融》第 12 期。

王宪魁，2022，《提高政治站位 确保国家粮食安全》，《人民日报》2 月 25 日，第 9 版。

王亚华，2018，《什么阻碍了小农户和现代农业发展有机衔接》，《人民论坛》第

7 期。

王亚华，2022，《激发乡村振兴活力的制度建构》，载叶敬忠等《多学科视角的乡村振兴与共同富裕——第一届"开化论坛"主旨发言要点摘编》，《中国农业大学学报》（社会科学版）第 1 期。

王亚华、苏毅清、舒全峰，2022，《劳动力外流、农村集体行动与乡村振兴》，《清华大学学报》（哲学社会科学版）第 3 期。

王伊欢、叶敬忠，2005，《农村发展干预的非线性过程》，《农业经济问题》第 7 期。

魏姝，2012，《政策类型与政策执行：基于多案例比较的实证研究》，《南京社会科学》第 5 期。

温锐、陈胜祥，2007，《政府主导与农民主体的互动——以江西新农村建设调查分析为例》，《中国农村经济》第 1 期。

文军、吴晓凯，2018，《乡村振兴过程中农村社区公共服务的错位及其反思——基于重庆市 5 村的调查》，《上海大学学报》（社会科学版）第 6 期。

吴宾、张丽霞，2022，《"政策扩散异化"何以发生？——以 A 区共有产权住房政策过程为例》，《公共管理学报》第 2 期。

吴理财，2019，《实施乡村振兴战略 社会建设应先行》，《华中师范大学学报》（人文社会科学版）第 1 期。

吴毅，2002，《双重边缘化：村干部角色与行为的类型学分析》，《管理世界》第 11 期。

吴重庆、张慧鹏，2018，《以农民组织化重建乡村主体性：新时代乡村振兴的基础》，《中国农业大学学报》（社会科学版）第 3 期。

吴重庆、张慧鹏，2019，《小农与乡村振兴——现代农业产业分工体系中小农户的结构性困境与出路》，《南京农业大学学报》（社会科学版）第 1 期。

习近平，2017，《决胜全面建成小康社会 夺取新时代中国特色社会主义伟大胜利》，《人民日报》10 月 28 日，第 1 版。

习近平，2019，《习近平李克强王沪宁韩正分别参加全国人大会议一些代表团审议》，中共中央党校官网，3 月 10 日，https：//www.ccps.gov.cn/xtt/201903/t20190310_130283.shtml，最后访问日期：2022 年 7 月 29 日。

习近平，2022，《坚持把解决好"三农"问题作为全党工作重中之重，举全党全社会之力推动乡村振兴》，《求是》第 7 期。

夏银平、汪勇，2021，《以农村基层党建引领乡村振兴：内生逻辑与提升路径》，《理论视野》第 8 期。

夏柱智，2019，《"中坚青年"和乡村振兴的路径选择——兼论青年研究视角的优势》，《中国青年研究》第 8 期。

萧子扬、陈艺华、吴若琼，2019，《"缺席"和"回归"：新时代我国青年参与乡村振兴的研究》，《青年探索》第 3 期。

谢岳，2007，《文件制度：政治沟通的过程与功能》，《上海交通大学学报》（哲学社会科学版）第 6 期。

邢成举、李小云，2013，《精英俘获与财政扶贫项目目标偏离的研究》，《中国行政管理》第 9 期。

熊磊，2020，《新型农业经营主体与小农户协同发展：现实价值与模式创新》，《当代经济管理》第 9 期。

熊万胜，2009，《合作社：作为制度化进程的意外后果》，《社会学研究》第 5 期。

熊跃根，2019，《政策下乡与发展中的乡土躁动——对江西农村精准扶贫的田野观察》，《社会科学研究》第 2 期。

徐琴，2021，《乡村振兴背景下农民主体性建设的自组织路径研究》，《内蒙古社会科学》第 1 期。

徐晓鹏，2020，《小农户与新型农业经营主体的耦合——基于中国六省六村的实证研究》，《南京农业大学学报》（社会科学版）第 1 期。

徐勇，2002，《村干部的双重角色：代理人与当家人》，《二十一世纪》第 7 期。

徐勇，2007，《建构"以农民为主体，让农民得实惠"的乡村治理机制》，《理论学刊》第 4 期。

徐勇，2008，《"政策下乡"及对乡土社会的政策整合》，《当代世界与社会主义》第 1 期。

徐勇，2019，《国家化、农民性与乡村整合》，江苏人民出版社。

许汉泽、李小云，2016，《精准扶贫视角下扶贫项目的运作困境及其解释——以华北 W 县的竞争性项目为例》，《中国农业大学学报》（社会科学版）第 4 期。

许惠娇、贺聪志、叶敬忠，2017，《"去小农化"与"再小农化"？——重思食品安全问题》，《农业经济问题》第 8 期。

许佳彬、王洋、李翠霞，2020，《新型农业经营主体有能力带动小农户发展吗——基于技术效率比较视角》，《中国农业大学学报》第 9 期。

许伟，2019，《新时代乡村振兴战略实施中"坚持农民主体地位"探研》，《湖北大学学报》（哲学社会科学版）第 6 期。

《学习时报》，2021，《"习书记善于以典型的力量教育人、引导人、带动人"——习近平在浙江（三十五）》，4 月 16 日，第 3 版。

严瑾、林莲华、黄祖辉，2020，《村级集体经济"消薄"防滑长效机制研究——以浙江省为例》，《广西社会科学》第 9 期。

阎云翔，2017，《私人生活的变革》，龚小夏译，上海人民出版社。

颜海娜，2001，《政府公共政策传播机制存在的问题及对策》，《探索》第 5 期。

燕连福、王亚丽，2022，《全体人民共同富裕的核心内涵、基本遵循与发展路径》，
《西安交通大学学报》（社会科学版）第 1 期。

杨红炳，2011，《发展现代农业重在农业组织制度创新》，《经济问题》第 3 期。

杨君、郑雪、王韵琪，2018，《公众议程、媒体议程与政府工作报告的政策沟通过
程——基于中国 19 个主要城市的观察》，《上海行政学院学报》第 6 期。

杨立雄，2021，《低收入群体共同富裕问题研究》，《社会保障评论》第 4 期。

叶敬忠，2008，《走出发展干预的认识误区》，《中国农业大学学报》（社会科学版）
第 1 期。

叶敬忠，2017，《作为治理术的中国农村教育》，《开放时代》第 3 期。

叶敬忠，2018，《乡村振兴战略：历史沿循、总体布局与路径省思》，《华南师范大学
学报》（社会科学版）第 2 期。

叶敬忠，2021a，《〈江村经济〉：中国的农政问题与农政转型》，《社会》第 3 期。

叶敬忠，2021b，《从脱贫攻坚到乡村振兴：脱贫地区内的衔接抑或发展时代间的转
型?》，《社会发展研究》第 3 期。

叶敬忠，2022，《农政问题：概念演进与理论发展》，《社会学研究》第 1 期。

叶敬忠、陈诺，2021，《脱贫攻坚与乡村振兴的有效衔接：顶层谋划、基层实践与学
理诠释》，《中国农业大学学报》（社会科学版）第 5 期。

叶敬忠、程恬淑、杨照、赵小宇，2005，《造林治沙项目设计中的社会经济分析》，
《中国软科学》第 8 期。

叶敬忠、豆书龙、张明皓，2018，《小农户和现代农业发展：如何有机衔接?》，《中
国农村经济》第 11 期。

叶敬忠、贺聪志，2008，《静寞夕阳：中国农村留守老人》，社会科学文献出版社。

叶敬忠、贺聪志，2019，《基于小农户生产的扶贫实践与理论探索——以 "巢状市场
小农扶贫试验" 为例》，《中国社会科学》第 2 期。

叶敬忠、王伊欢，2006，《发展项目教程》，社会科学文献出版社。

叶敬忠、徐勇、张文宏、田毅鹏、罗必良、仇焕广、张安录、贺雪峰、王亚华、周晓
虹、周大鸣、邹志辉、胡荣、卢云峰、文军、毛丹，2022，《多学科视角的乡村
振兴与共同富裕——第一届 "开化论坛" 主旨发言要点摘编》，《中国农业大学
学报》（社会科学版）第 1 期。

叶敬忠、张明皓，2019，《 "小农户" 与 "小农" 之辩——基于 "小农户" 的生产力

振兴和"小农"的生产关系振兴》,《南京农业大学学报》(社会科学版) 第 1 期。

叶敬忠、张明皓,2020,《小农户为主体的现代农业发展:理论转向、实践探索与路径构建》,《农业经济问题》第 1 期。

叶敬忠、张明皓、豆书龙,2018,《乡村振兴:谁在谈,谈什么?》,《中国农业大学学报》(社会科学版) 第 3 期。

叶璐、王济民,2021,《新中国成立以来城乡关系的演变历程与未来展望》,《华中农业大学学报》(社会科学版) 第 6 期。

叶敏、李宽,2014,《资源下乡、项目制与村庄间分化》,《甘肃行政学院学报》第 2 期。

尹利民,2015,《也论项目制的运作与效果——兼与黄宗智等先生商榷》,《开放时代》第 2 期。

印子,2014,《治理消解行政:对国家政策执行偏差的一种解释——基于豫南 G 镇低保政策的实践分析》,《南京农业大学学报》(社会科学版) 第 3 期。

应星,2007,《草根动员与农民群体利益的表达机制——四个个案的比较研究》,《社会学研究》第 2 期。

游鱼、罗双根,2008,《话语权与公共政策价值取向的应然逻辑》,《求索》第 11 期。

袁金辉、乔彦斌,2018,《自治到共治:中国乡村治理改革 40 年回顾与展望》,《行政论坛》第 6 期。

袁明旭,2022,《新时代村干部群体特征及其对乡村治理的影响》,《人民论坛》第 5 期。

曾东霞,2020,《青年反哺与回归:破解乡村振兴短板之道》,《中国青年研究》第 8 期。

曾亿武、宋逸香、林夏珍、傅昌銮,2021,《中国数字乡村建设若干问题刍议》,《中国农村经济》第 4 期。

张爱凤,2019,《"底层发声"与新媒体的"农民叙事"——以"今日头条"三农短视频为考察对象》,《广州大学学报》(社会科学版) 第 4 期。

张焘、孙正,2010,《论我国农村集体经济在社会主义市场经济中的地位及发展意义》,《农业经济》第 3 期。

张红梅、李善同、许召元,2019,《改革开放以来我国区域差距的演变》,《改革》第 4 期。

张慧瑶、李长健,2019,《多元主体参与乡村治理的风险防范研究》,《农业经济》第 3 期。

张建雷、席莹，2019，《关系嵌入与合约治理——理解小农户与新型农业经营主体关系的一个视角》，《南京农业大学学报》（社会科学版）第 2 期。

张静，2021，《为何有些社会政策失去效果——基于试验区农贷下乡的调研观察》，《中国社会科学评价》第 3 期。

张良，2013，《现代化进程中的个体化与乡村社会重建》，《浙江社会科学》第 3 期。

张青、郭雅媛，2020，《脱贫攻坚与乡村振兴的内在逻辑与有机衔接》，《理论视野》第 10 期。

张旭，1996，《中国农业发展：农民主体论》，《山东经济战略研究》第 2 期。

张玉林，2012，《流动与瓦解：中国农村的演变及其动力》，中国社会科学出版社。

张玉林，2019，《21 世纪的城乡关系、要素流动与乡村振兴》，《中国农业大学学报》（社会科学版）第 3 期。

张芷婧，2019，《农村环境治理中的农民主体性探究》，《农业经济》第 9 期。

张志安、彭璐，2019，《混合情感传播模式：主流媒体短视频内容生产研究——以人民日报抖音号为例》，《新闻与写作》第 7 期。

张志银，2022，《陕西安康宁陕县："三个一" 抓实抓细衔接资金项目》，国家乡村振兴局网站，3 月 23 日，http：//www.nrra.gov.cn/art/2022/3/23/art_4316_194555.html，最后访问日期：2022 年 7 月 9 日。

赵梦宸，2019，《以农民为主体推动乡村文化振兴》，《人民论坛》第 11 期。

赵晓峰、赵祥云，2018，《新型农业经营主体社会化服务能力建设与小农经济的发展前景》，《农业经济问题》第 4 期。

赵秀玲，2014，《"微自治" 与中国基层民主治理》，《政治学研究》第 5 期。

赵宇峰，2017，《重构基础社会：日常生活、共同体与社区建设》，《社会科学》第 4 期。

折晓叶、陈婴婴，2011，《项目制的分级运作机制和治理逻辑——对 "项目进村" 案例的社会学分析》，《中国社会科学》第 4 期。

郑观蕾、蓝煜昕，2021，《渐进式嵌入：不确定性视角下社会组织介入乡村振兴的策略选择——以 S 基金会为例》，《公共管理学报》第 1 期。

钟曼丽、杨宝强，2021，《再造与重构：基于乡村价值与农民主体性的乡村振兴》，《西北农林科技大学学报》（社会科学版）第 6 期。

仲崇建、乔丽荣，2021，《多元主体协同参与乡村振兴的路径探索》，《人民论坛》第 31 期。

周飞舟，2006a，《分税制十年：制度及其影响》，《中国社会科学》第 6 期。

周飞舟，2006b，《从汲取型政权到 "悬浮型" 政权——税费改革对国家与农民关系之影响》,《社会学研究》第 3 期。

周飞舟,2009,《锦标赛体制》,《社会学研究》第 3 期。

周飞舟,2012,《财政资金的专项化及其问题 兼论"项目治国"》,《社会》第 1 期。

周志忍、蒋敏娟,2013,《中国政府跨部门协同机制探析——一个叙事与诊断框架》,《公共行政评论》第 1 期。

朱启臻、陈倩玉,2008,《农业特性的社会学思考》,《中国农业大学学报》(社会科学版)第 1 期。

朱尧、邹永广、柴寿升、陈品宇,2022,《乡村旅游社区隐性冲突演变机理研究——基于社区居民的视角》,《旅游学刊》第 11 期。

邹君、陈菡、黄文容、刘沛林,2020,《传统村落活态性定量评价研究》,《地理科学》第 6 期。

Binimelis, R., W. Pengue, and I. Monterroso. 2009. "'Transgenic Treadmill': Responses to the Emergence and Spread of Glyphosate–resistant Johnsongrass in Argentina." *Geoforum* 40: 633–644.

Cvitanović, Marin, Ivana Lučev, Borna Fürst–Bjeliš, Lana Slavuj Borčić, Suzana Horvat, and Luka Valožić. 2017. "Analyzing Post–Socialist Grassland Conversion in a Traditional Agricultural Landscape–Case Study Croatia." *Journal of Rural Studies* 51: 53–63.

Enns, C. 2019. "Infrastructure Projects and Rural Politics in Northern Kenya: The Use of Divergent Expertise to Negotiate the Terms of Land Deals for Transport Infrastructure." *The Journal of Peasant Studies* 46: 358–376.

Ertör, I. 2021. "'We Are the Oceans, We Are the People!': Fisher People's Struggles for Blue Justice." *The Journal of Peasant Studies*: 1–30. DOI: 10.1080/03066150.2021.1999932.

Escobar, A. 1995. *Encountering Development: The Making and Unmaking of the Third World* (Princeton: Princeton University Press).

Ferguson, J. 1994. *The Anti-politics Machine: Development, Depoliticization, and Bureaucratic Power in Lesotho* (Minneapolis: University of Minnesota Press).

Fox, J. 2020. "Contested Terrain: International Development Projects and Countervailing Power for the Excluded." *World Development* 133: 104978.

Heilmann, Sebastian, Lea Shih, and Andreas Hofem. 2013. "National Planning and Local Technology Zones: Experimental Governance in China's Torch Programme." *The China Quarterly* 216.

Howell, J. 2007. "Village Elections in China: Recent Prospects, New Challenges." *Études rurales* 179: 213–234. https://doi.org/10.4000/etudesrurales.8487/.

Keyder, Çağlar, and Zafer Yenal. 2011. "Agrarian Change under Globalization: Markets and Insecurity in Turkish Agriculture." *Journal of Agrarian Change* 11: 60–86.

Levins, R. A., and W. W. Cochrane. 1996. "The Treadmill Revisited." *Land Economics* 72: 550–553.

Long, N. 2001. *Development Sociology: Actor Perspectives* (New York: Routledge).

Mei, Ciqi, and Zhilin Liu. 2014. "Experiment–based Policy Making or Conscious Policy Design? The Case of Urban Housing Reform in China." *Policy Sciences* 47: 321–337.

Myrdal, Gunnar. 1957. *Economic Theory and Undeveloped Regions* (London: Gerald Duckworth & Co.).

Netting, R. M. 1993. *Smallholders, Householders: Farm Families and the Ecology of Intensive*, Sustainable Agriculture(Stanford California: Stanford University Press).

Oi, J. C., and S. Rozelle. 2000. "Elections and Power: The Locus of Decision–Making in Chinese Villages." *The China Quarterly* 162: 513–539.

Ostrom, Elinor. 2005. *Understanding Institutional Diversity* (Princeton: Princeton University Press).

Schiavoni, C. M. 2017. "The Contested Terrain of Food Sovereignty Construction: Toward a Historical, Relational and Interactive Approach." *The Journal of Peasant Studies* 44: 1–32.

Schnaiberg, A., D. N. Pellow, and A. Weinberg. 2002. "The Treadmill of Production and the Environmental State." In Arthur P. J. Mol and Frederick H. Buttel edited, *The Environmental State Under Pressure* (Bingley: Emerald Publishing Limited), pp. 15–32.

Stone, G. D., and A. Flachs. 2018. "The Ox Fall Down: Path Breaking and Technology Treadmills in Indian Cotton Agriculture." *The Journal of Peasant Studies* 45: 1272–1296.

Sugden, F., B. Agarwal, S. Leder, P. Saikia, M. Raut, A. Kumar, and D. Ray. 2021. "Experiments in Farmers' Collectives in Eastern India and Nepal: Process, Benefits, and Challenges." *Journal of Agrarian Change* 21: 90–121.

Tsai, Wen Hsuan, and Nicola Dean. 2014. "Experimentation Under Hierarchy in Local Conditions: Cases of Political Reform in Guangdong and Sichuan." *The China Quarterly* 218.

Yackee, Susan W., and Christine Kelleher Palus. 2010. "Learning from Experience? Second–

Order Policy Devolution and Government Responsiveness. " *Lex Localis – Journal of Local Self–Government* 8 (1).

Zhong, Y. , and J. Chen. 2002. "To Vote or Not to Vote: An Analysis of Peasants' Participation in Chinese Village Elections. " *Comparative Political Studies* 35: 686 – 712.

附录
乡村振兴调研问卷[*]

问卷编号_____

调研地点_____省_____市_____县_____乡（镇）_____村

被访者姓名_____联系电话_____

调研员姓名_____调研日期_____

一　基本信息

1. 出生年份：_____；性别：男/女；民族：_____；是否建档立卡贫困户：是/否

2. 您的婚姻状况？_____A. 未婚　B. 已婚　C. 离异　D. 丧偶

3. 您的文化程度？_____

   A. 未上过学　B. 小学及以下　C. 初中　D. 高中/中专/职高

   E. 大专/高职　F. 本科及以上

4. 您是否为中国共产党党员（含预备党员）？_____A. 是　B. 否

5. 您目前从事什么？_____

   A. 纯务农　B. 兼业（除农业外，兼做_____）　C. 非农工作：_____

   D. 只做家务　E. 其他：_____

6. 一年中，您的居住地点与时间？A. 在本村，_____月　B. 在城镇，_____月

7. 您是否有外出务工经历？

   A. 是，累计外出年限：_____；主要务工地点：_____；主要务工类型：_____

   B. 否，为什么？_____

8. 家庭总人口数：_____；其中：男性_____，女性_____；在外务工人数：_____

二　对乡村振兴的认识

9. 您是否听说过乡村振兴或乡村振兴战略？_____

   A. 是（→继续回答9.1、9.2）　B. 否

   　9.1　您是通过什么途径知道的？_____（可多选）

---

[*]　问卷中的所有选项均由调研员向被访者一一解释和询问，而非由被访者自述后选择。

340

A. 电视　B. 收音机　C. 报纸　D. 网络（手机/电脑）

E. 村委宣传　F. 亲友邻里交流　G. 其他：＿＿＿＿＿＿＿

9.2　您听说了些什么？＿＿＿＿＿＿＿＿＿＿＿＿＿＿＿＿＿＿＿＿

10. 您认为什么是乡村振兴？＿＿＿＿＿＿＿＿＿＿＿＿＿＿＿＿＿＿

三　产业兴旺

11. 您（家）目前主要从事哪种农业生产活动？＿＿＿＿＿＿＿（可多选）

A. 种植业（含林果）　B. 畜牧养殖　C. 水产养殖　D. 林业

E. 其他：＿＿＿＿＿＿　F. 不从事（→跳至第 33 题）

12. 您（家）的农业生产属于什么类型？＿＿＿＿＿＿＿

A. 小农户

B. 新型农业经营主体（□专业大户　□家庭农场　□领办合作社　□农业企业）

13. 您（家）的土地总面积＿＿＿＿亩。

其中：自家承包地＿＿＿＿亩，流转进＿＿＿＿亩，流转出＿＿＿＿亩，抛荒耕地＿＿＿＿亩。

其中：水田＿＿＿＿亩，旱地＿＿＿＿亩，林地＿＿＿＿亩，草场＿＿＿＿亩，

养殖水面＿＿＿＿亩，其他类型土地＿＿＿＿亩。

其中：粮食作物＿＿＿＿亩，非粮食作物＿＿＿＿亩。

14. 过去三年，您（家）的粮食种植面积有何变化？＿＿＿＿＿＿＿

A. 增加（原因：＿＿＿＿＿＿＿＿＿）　B. 减少（原因：＿＿＿＿＿＿＿＿＿）

C. 保持不变　D. 不了解

15. 未来三年，您（家）在粮食种植方面有何打算？＿＿＿＿＿＿＿

A. 增加面积（原因：＿＿＿＿＿＿＿）　B. 减少面积（原因：＿＿＿＿＿＿＿）

C. 保持不变　D. 没想过/没想好

16. 您（家）农业生产劳动由谁完成？＿＿＿＿＿＿＿（可多选）

A. 家庭劳动力（→继续回答 16.1）　B. 雇工　C. 邻里、亲戚等帮工

D. 农业社会化服务者　E. 其他：＿＿＿＿＿＿

16.1　家庭劳动力以＿＿＿＿＿＿＿为主？（可多选）

A. 40 岁以下男性　B. 40 岁以下女性　C. 40（含）—60 岁男性

D. 40（含）—60 岁女性　E. 60（含）—70 岁男性

F. 60（含）—70 岁女性　G. 70 岁及以上男性

H. 70 岁及以上女性

▲【若第 12 题选 A，回答第 17~23 题，并跳至第 33 题】

17. 您（家）农产品的去向：（若全部家用，跳至第 19 题）

农产品类型 （有则勾选方框）	全部家用	大部分家用	半家用、半销售	大部分用于 销售	全部用于 销售
□粮食					
□非粮食农产品					

　　17.1　您家吃的粮食主要是自家生产的还是市场购买（或交换）的？_____

　　　　　A. 自家生产　B. 市场购买（或交换）　　C. 一半一半

18. 目前您（家）农产品的销售方式有哪些？_____（可多选）其中最主要的是哪个？_____

　　A. 等人上门采购　B. 自己本地销售　C. 约定销售　D. 电商销售

　　E. 其他：_____

19. 目前制约您（家）农业生产的主要问题是什么？_____（可多选）

　　A. 自然灾害　B. 缺少土地　C. 缺少劳动力　D. 缺少资金

　　E. 缺少设备　F. 缺少技术　G. 基础设施不完善

　　H. 销售难　I. 政策限制　J. 其他：_____

20. 您（家）在农业生产方面最需要什么帮助？_____

21. 您（家）与新型农业经营主体的联结：

联结方式	专业大户		家庭农场		合作社		农业企业		其他_____	
	有/无	是/否满意	有/无	是/否满意	有/无	是/否满意	有/无	是/否满意	有/无	是/否满意
土地流转										
土地托管										
务工										
入股分红										
获得生产服务										
获得加工、仓储、物流等服务										
获得销售服务										
其他：_____										

22. 您认为目前与新型农业经营主体的联结存在哪些问题和风险？_____

23. 您认为未来中国农业生产主要靠谁？_____（可多选）

　　A. 小农户　B. 专业大户/家庭农场　C. 合作社　D. 企业　E. 集体

　　F. 其他：_____　　G. 不知道

　　为什么？_____

▲【若第12题选B，回答第24～32题，并续答第33题】

24. 您销售的农产品形式主要是？_____（可多选）

　　A. 初级农产品　B. 简单加工农产品　C. 精深加工农产品

25. 您目前销售的农产品品牌类型是？_____（可多选）

　　A. 自己注册的品牌　B. 区域公用品牌　C. 其他：_____　　　D. 没有品牌

26. 您目前的农产品销售方式有哪些？_____（可多选）其中最主要的是哪个？_____

　　A. 等人上门采购　B. 自己本地销售　C. 约定销售　D. 电商销售

　　E. 其他：_____

27. 您在农业生产中面临的主要困难是什么？_____（可多选）

A. 自然灾害　B. 土地流转困难　C. 雇工难　D. 资金投入紧张

E. 技术跟不上　F. 缺乏经营管理人才　G. 基础设施不完善

H. 市场风险大　I. 政策限制　J. 与小农户关系难协调

K. 地方关系难协调　L. 其他：_____

28. 您在农业生产方面最需要什么帮助？_____

29. 您与小农户存在哪些利益联结？_____（可多选）

A. 流转土地　B. 托管土地　C. 雇工　D. 股份分红　E. 提供生产服务

F. 提供加工、仓储、物流等服务　G. 提供销售服务　H. 其他：_____

I. 没有利益联结

30. 您认为目前与小农户的联结存在哪些问题和风险？_____

31. 您认为未来中国农业生产主要靠谁？_____（可多选）

A. 小农户　B. 专业大户/家庭农场　C. 合作社　D. 企业　E. 集体

F. 其他：_____　G. 不知道

为什么？_____

32. 您是否愿意带动小农户发展？

A. 是，您愿意以什么方式带动？_____

B. 否，为什么？_____

33. 您（家）经营哪些农业生产之外的乡村产业？_____（可多选）

A. 工业加工　B. 农产品加工　C. 手工业　D. 建筑业　E. 交通运输业

F. 商业　G. 服务业　H. 其他：_____　I. 没有其他产业（→跳至第36题）

34. 从事上述产业活动面临的困难是什么？_____（可多选）

A. 土地使用限制　B. 雇工难　C. 资金投入紧张　D. 技术跟不上

E. 缺乏经营管理人才　F. 基础设施不完善　G. 市场风险大　H. 政策限制

I. 地方关系难协调　J. 行政服务不到位　K. 其他：_____

35. 您（家）在上述产业方面最需要什么帮助？_____

36. 您认为怎样才算是产业兴旺？_____

37. 您认为乡村产业的发展主要靠谁？_____（可多选）

A. 村民　B. 本地能人　C. 返乡人员　D. 外来企业/外来投资者

E. 村干部/村集体　F. 政府　G. 其他：_____

为什么？_____

四　生态宜居

38. 近三年，您（家）在农业生产中各类化学品的投入量变化趋势与原因：

化学品	投入量变化趋势（A. 减少 B. 不变 C. 增加 D. 不清楚）	原因	不适用（填√）
化肥			
农药（杀虫剂）			
农药（除草剂）			
添加剂			

39. 您（家）的农业生产废弃物如何处理？（可多选）

农业生产废弃物	资源化利用	出售	随意丢弃	村里集中处理	不适用（填√）
种植业生产废弃物（秸秆等）					
禽畜养殖废弃物					
农膜（地膜）					
化肥、农药包装废弃物					

40. 您认为村庄的生产活动带来哪些环境问题？_____ （可多选）
   A. 土壤污染　B. 水污染　C. 废弃物污染　D. 大气污染
   E. 噪声污染　F. 其他：_____　G. 没有环境问题

41. 您（家）如何处理日常生活垃圾？_____ （可多选）
   A. 随意丢弃　B. 自行处理（包括直接焚烧、直接填埋、回收利用）
   C. 无分类集中处理　D. 分类后集中处理　E. 其他：_____

42. 您（家）如何处理日常生活污水？_____
   A. 随意排放　B. 自家（清洁）处理　C. 地方统一（清洁）处理
   D. 其他：_____

43. 近三年，您（家）是否改厕了？_____　A. 是（→继续回答43.1）　B. 否
   43.1 您对改厕效果是否满意？_____
        A. 非常满意　B. 满意　C. 一般　D. 不太满意　E. 很不满意

44. 您对村庄居住环境的哪些方面不满意？_____（可多选）最不满意的方面是：_____
   A. 垃圾处理　B. 污水处理　C. 厕所改造　D. 村庄美化/绿化/亮化
   E. 其他：_____　　　F. 没有不满意

45. 如果有以下改善环境的活动，您愿意参与吗？愿意怎样参与？

改善环境的活动（有则勾选方框）	是否愿意参与（填√或×）	如果愿意参与，自己的投入方式			
		只出钱	只出工（义务工）	出钱出工（义务工）	都不
□生产废弃物处理					
□生活垃圾处理					
□生活污水处理					
□厕所改造					
□道路硬化					
□村庄亮化					
□环境绿化/村容美化					
□生态保护与修复					

46. 您认为村庄生态环境治理与改善主要靠谁？_____ （可多选）
   A. 村民　B. 企业、投资者　C. 村干部　D. 政府　E. 社会组织　F. 其他：_____
   为什么？_____

47. 您认为怎样才算是生态宜居？_____

五　乡风文明

48. 您平时做以下事情的情况如何？

活动内容	频繁	经常	有时	很少	从不
玩手机					
打牌打麻将					
串门聊天					
看电视					
参加广场舞等文艺活动					
读书看报					
旅游参观					

49. 您认为本村存在哪些不良风气或现象？_____（可多选）

    A. 赌博　B. 偷盗　C. 打架斗殴　D. 游手好闲　E. 封建迷信

    F. 信仰邪教　G. 天价彩礼　H. 红白喜事大操大办　I. 互相攀比

    J. 邻里不和　K. 家庭不睦　L. 虐待或不赡养老人　M. 以上都没有

50. 您对村庄公共文化设施及文化建设活动的参与、评价和建议：

村庄公共文化设施及文化建设活动 （有则勾选方框）	是否 使用/参与	是否 满意	是否 必要	改进建议 （如有则填写）
□公共文化设施 （广场、书屋等）				
□节日或民俗活动 （重阳节、丰收节等）				
□公共文艺活动 （戏曲、广场舞、外来演出等）				
□群众性体育活动				
□其他集体活动 （饺子宴、流水席等）				
□思想政治教育活动 （升国旗、政策宣讲宣传等）				
□民主法治教育活动 （普法宣传、选举动员会等）				
□道德规范教育活动 （如道德讲堂、星级文明户评比、文明家庭评比等）				
□科普教育活动 （科学知识宣讲、技术培训等）				

51. 您认为本村是否有必要开展以下活动，为什么？

乡村文化振兴和乡风文明建设活动	是否必要	为什么（意义和价值）
家风建设（勤俭节约、孝亲敬老、家庭美德教育；好媳妇、好儿女、好公婆等评比活动）		
移风易俗（遏制陈规陋习、婚事新办、丧事简办、祛除迷信）		
文化进村与文化下乡（电影下乡、艺术进村等）		
农耕文化传承保护（传统村落、古村落、古建筑、农业遗迹等乡村文化古迹）		
乡村文化资源挖掘与传承（传统手工艺、民间艺术等）		
乡村史志汇编修编		

52. 您认为怎样才算是乡风文明？ _____

53. 您认为实现乡风文明主要靠谁？ _____ （可多选）

    A. 村民　B. 乡贤、文艺能人　C. 村干部　D. 地方政府

    E. 企业、投资者　F. 社会组织　G. 其他： _____

    为什么？ _____

六　治理有效

54. 近三年，您参与过村庄哪些活动或事务？ _____ （可多选）

    A. 村干部选举　B. 村庄发展规划讨论　C. 村规民约制定　D. 村务监督

    E. 村民会议　F. 以上都没有

55. 您看重村干部哪些方面的能力和表现？ _____ （可多选）

    A. 跑项目、跑政策　B. 招商引资　C. 带领群众致富

    D. 办事公平公正、不谋私利　E. 帮贫帮弱　F. 组织动员能力

    G. 有知识、有主意　H. 自身经济实力　I. 其他： _____

    其中，您最看重的是： _____

56. 您认为村内党员主要发挥了哪些作用？ _____ （可多选）

    A. 宣传国家政策　B. 在村庄发展中做表率　C. 带领村民共同致富

    D. 道德模范　E. 帮助群众解决实际困难　F. 团结凝聚群众

    G. 其他（包括村民评价）： _____ 　H. 没有发挥作用　I. 不知道

57. 您对村庄各类协会/组织的参与和评价：

村庄各类协会/组织（有则勾选方框）	是否参与	是否满意	改进建议（如有则填写）
□生产互助组织			
□志愿者协会/服务队			
□老年协会			
□民间调解委员会			
□文艺队			
□红白理事会			
□其他_____			

58. 您对村里以下事务满意吗?

工作内容	非常满意	满意	一般	不太满意	很不满意	不了解
土地开发、流转、征用等						
集体资产经营管理/发展集体经济						
村务管理、公开、决策						
村庄选举						

59. 您认为村庄目前主要应该加强哪些方面的工作? _____ (最多选 3 项)

    A. 村庄党组织建设　B. 有能力的村干部选拔　C. 贤能人才作用发挥

    D. 村规民约制定与执行　E. 村庄各类协会及村民互助组织建设

    F. 村民道德修养提升　G. 法律服务、法律知识学习和法治意识培养

    H. 上级政府的领导和监督　I. 驻村工作队、第一书记、包村干部、帮扶单位等

作用发挥

60. 您认为怎样才算是治理有效? _____

61. 您认为实现村庄的有效治理主要靠谁? _____ (可多选)

    A. 村民　B. 村两委　C. 党员　D. 乡村贤能人才　E. 政府

    F. 驻村工作队、帮扶单位等　G. 企业、投资者

    H. 村庄各类协会及村民互助组织　I. 其他: _____

为什么? _____

七　生活富裕

62. 您觉得自己家的经济条件在村里处于什么水平? _____

    A. 高水平　B. 中上水平　C. 中间水平　D. 中低水平　E. 低水平

63. 您(家)拥有以下哪些设施、设备或物品? _____ (可多选)

    A. 城镇商品房　B. 私家车　C. 老年代步车

    D. 热水器 (太阳能、电、燃气) E. 洗衣机

    F. 冰箱　G. 宽带网络　H. 电脑 (含平板电脑)　I. 以上都没有

64. 您(家)主要的收入来源是: _____ (可多选)

    A. 本地农业经营收入　B. 本地非农业经营收入　C. 本地务工收入

    D. 在外务工收入　E. 在外经营经商收入

    F. 租金、分红等资产资源性收入　G. 投资理财收入

    H. 亲属支持　I. 退休金　J. 社会保障 (低保、养老金等) 收入

    K. 其他: _____

其中,最主要的收入来源是: _____

65. 近三年,您(家)主要的消费支出是: _____ (可多选)

    A. 日常生活开支　B. 教育支出　C. 看病就医　D. 人情往来

    E. 彩礼支出　F. 购买家具家电　G. 购买私家车

    H. 城市购房 (及装修)　I. 村内房屋翻建 (及装修)

    J. 租房支出　K. 娱乐消遣　L. 外出旅游　M. 其他: _____

其中,最主要的支出是: _____

66. 您（家）目前是否有负债？_____ A. 有（→继续回答 66.1） B. 无

    66.1 导致负债的最主要原因是：_____（选项同第 65 题）

67. 您平时是否使用智能手机？_____ A. 是（→继续回答 67.1） B. 否

    67.1 您主要用来做哪些事情？_____（可多选）

        A. 了解政策新闻 B. 了解村务信息 C. 参与或组织村庄公共活动

        D. 获取生产经营信息 E. 学习知识和技能

        F. 投资炒股 G. 生活服务（缴费、挂号、购票等）

        H. 网购 I. 网上销售 J. 聊天 K. 娱乐 L. 以上都不会

68. 您最希望的养老方式是：_____

    A. 居家生活（没有上门养老服务） B. 居家养老（有上门养老服务）

    C. 机构养老 D. 社区互助养老 E. 其他_____

69. 您对养老方面的评价：（60 岁以下请跳过此题）

养老内容	非常满意	满意	一般	不太满意	很不满意
物质生活条件/经济支持					
生活上的照料					
情感和精神需求的满足					

70. 您对本村以下公共设施和服务的评价和建议：

公共设施和服务	是/否满意	最关心的方面（填写左边字母）	改进建议
A 交通			
B 自来水			
C 燃料改造(煤改气、煤改电、清洁煤使用等)			
D 居住环境			
E 农村教育			
F 医疗卫生			
G 养老(服务)			
H 就业(信息、渠道、服务)			
I 物流			
J 网络通信			
K 便民服务(商店、取款等)			
L 防灾救灾			

71. 您对未来三至五年的家庭收入预期是：_____

    A. 会继续增长 B. 会保持稳定 C. 不稳定，难以预判 D. 会有所减少

72. 您对自己目前生活状态的评价是：_____

    A. 非常满意 B. 满意 C. 一般 D. 不太满意 E. 很不满意

    为什么：_____

73. 您认为怎样才算是生活富裕？_____

八　综合访谈

74. 村庄目前已经开展了哪些乡村振兴工作？您如何评价？

75. 您认为要实现乡村振兴，国家/政府应该怎么做？农民应该怎么做？村干部应该怎么做？乡村振兴还会涉及哪些人？他们应该怎么做？

76. 您认为乡村振兴需要避免哪些错误做法？

77. 您是否希望在外家人回乡发展？为什么？

78. 您对实现乡村振兴有没有信心？为什么？什么时候能够实现乡村振兴？

图书在版编目（CIP）数据

农民视角的乡村振兴：全 2 册 / 叶敬忠等著. --北京：社会科学文献出版社，2023.3（2024.4 重印）

ISBN 978-7-5228-0663-1

Ⅰ.①农… Ⅱ.①叶… Ⅲ.①农村-社会主义建设-研究-中国 Ⅳ.①F320.3

中国版本图书馆 CIP 数据核字（2022）第 173861 号

农民视角的乡村振兴（全 2 册）

著　　者 / 叶敬忠　刘　娟　等

出 版 人 / 冀祥德
组稿编辑 / 宋月华
责任编辑 / 韩莹莹
责任印制 / 王京美

出　　版 / 社会科学文献出版社·人文分社（010）59367215
　　　　　地址：北京市北三环中路甲 29 号院华龙大厦　邮编：100029
　　　　　网址：www.ssap.com.cn
发　　行 / 社会科学文献出版社（010）59367028
印　　装 / 三河市尚艺印装有限公司

规　　格 / 开　本：787mm×1092mm　1/16
　　　　　印　张：44　字　数：743 千字
版　　次 / 2023 年 3 月第 1 版　2024 年 4 月第 3 次印刷
书　　号 / ISBN 978-7-5228-0663-1
定　　价 / 198.00 元（全 2 册）

读者服务电话：4008918866